অন্য কোনোখানে

অন্য কোনোখানে

ডা. স্বপন চট্টোপাধ্যায়

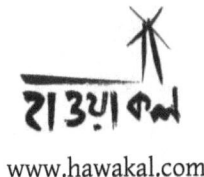

হাওয়াকল
www.hawakal.com

প্রথম প্রকাশ: অগস্ট ২০১৮

© লেখক

প্রচ্ছদ: চিত্রাঙ্গী

হাওয়াকল পাবলিশার্স কর্তৃক ১৮৫, কালি টেম্পল রোড, নিমতা, কলকাতা—৭০০০৪৯ থেকে প্রকাশিত এবং এস পি কমিউনিকেশনস, গড়পাড় রোড, কলকাতা ৭০০০০৯ থেকে মুদ্রিত।

info@hawakal.com

8420758224

৫৫০.০০/-

www.facebook.com//hawakaal.publishers

ISBN: 978-93-87883-11-6

বাবা ও মাকে

সুশীল কুমার চট্টোপাধ্যায় এবং করুণাময়ী চট্টোপাধ্যায়

লেখকের নিবেদন

আমার এই রচনাটি স্মারকগ্রন্থ হিসেবে গণ্য করা যেতে পারে। এই স্মরণিকার পরিধি ১৯৪৭ সালের ১৫ অগস্ট থেকে ২০১৪ সাল পর্যন্ত। এই সৃজনকার্জটি আত্মজীবনীমূলক রচনা নয়। বহুদিন ধরেই আমি আমার নানা অভিজ্ঞতার কথা লিপিবদ্ধ করে রাখব বলে মনে স্থির করেছিলাম, কিন্তু লেখা আর হয়ে উঠছিল না।

একদিন আমার বৌদি রমা চট্টোপাধ্যায় আমাকে বলল, 'তুমি তো অনেক খাতা ও কলম কিনে ফেলেছ, লেখা শুরু করবে কবে?' সম্ভবত দুই-তিন মাস পরে লেখা শুরু করেছিলাম। প্রথমে 'জাম্বিয়া' আখ্যানটি শেষ করলাম।

পুলক রায়ের (আমার স্ত্রী মমতার ছোট ভাই) আমার এই লেখাটি মনে ধরল। পুলক ও ওর স্ত্রী সুদীপ্তা ধৈর্য ধরে আমার লেখাটি বসে শুনল। আমার স্ত্রী মমতা ও দুই মেয়ে সুদেষ্ণা ও লুনা আমার এই লেখার ব্যাপারে অনেক উৎসাহ জুগিয়েছে। এ ছাড়া মমতা ধৈর্য ধরে আমার লেখা এই স্মারকগ্রন্থটি শোনার পর কয়েক জায়গায় পরিবর্তনের জন্য আমাকে অনুরোধ করে। এদের সবার কাছে কৃতজ্ঞ। আমার বেশ কিছু চরিত্র বাস্তব, আবার অনেক চরিত্রই কাল্পনিক। তবে এই কাল্পনিক চরিত্রের সঙ্গে যদি বাস্তব জগতের কোনো মিল খুঁজে পাওয়া যায় তবে তা আকস্মিক ঘটনা মাত্র, ইচ্ছাকৃত নয়।

আমার এই রচনাটি তিনটি দেশ ও এই তিনটি দেশের মানুষকে নিয়ে (ভারতবর্ষ, জাম্বিয়া ও যুক্তরাজ্য)। ডাক্তার হওয়ার আগে ও পরে, যে সব মানব চরিত্রে সাধারণ ও জটিল দিক আমার কাছে উন্মীলিত হয়েছে, সেই সব চরিত্রদের নিয়েই আমার এই উপাখ্যান। সব শেষে বলি, অনিবার্য কারণে কিছু মুদ্রণপ্রমাদ ঘটা অসম্ভব নয়। এই অনিচ্ছাকৃত ভুলের জন্য আগাম ক্ষমাপ্রার্থী।

শ্রদ্ধাবনত

স্বপন চট্টোপাধ্যায়

সূচিপত্র

ভারতবর্ষ আমার মাতৃভূমি

আজ ১৪ই ফাল্গুন ১৪১০ (২৭.০২.০৪)। বিছানায় অর্ধশায়িত অবস্থায় জানলার স্বচ্ছ কাঁচের ভেতর দিয়ে যখন দৃষ্টি প্রসারিত করি, তখন একটা চিরন্তন ছবি মনের ফ্রেমে ধরা পড়ে। নীলাকাশ ও খণ্ড খণ্ড মেঘ, কখনো স্থির, কখনো বা ধাবমান। দক্ষিণ ওয়েল্‌স্‌-এর এই জায়গাটি পাহাড় দিয়ে ঘেরা। এর এক দিন পরিচয় ছিল বিখ্যাত কয়লাখনি অঞ্চল হিসেবে। একটি দু'টি করে এখনো তার সাক্ষ্য বহন করছে।

আমার গল্প এই অঞ্চলকে কেন্দ্র করে নয়। এই মুহূর্তে আমি আমার সমস্ত সত্তাকে নিয়ে যেতে চাই আর এক কয়লাখনি অঞ্চলে, যেখানে গল্পের শুরু ১৯৪০-এর দশকে।

দ্বিতীয় মহাযুদ্ধের স্মৃতি আমার থাকার কথা নয়, কারণ যুদ্ধের দামামা যখন সারা বিশ্বকে ধ্বংসের পথে নিয়ে যেতে শুরু করেছে, সেই সময়ে কোনো এক শীতের আঁধার রাতে আমি আবির্ভূত হয়েছি এই পৃথিবী নামক গ্রহে। যে স্থানটি আমার জন্মস্থান হিসেবে চিহ্নিত, তার পরিচয় ৭/৮ নম্বর জামুড়িয়া কালিয়ারীর কোনো একটি বাংলো বাড়ি। যখন আমার সমস্ত অনুভূতি ধীরে ধীরে চিনতে শিখল সারা বিশ্বের রূপ, রস, গন্ধ তখন মনের সব দরজাগুলো খুলে যেতে থাকলো সদ্যফোটা পদ্মের পাপড়ির মতো। আস্তে আস্তে চিনতে শিখলাম রহস্যে ভরা এই বিশ্বপ্রকৃতিকে।

শিশিরসিক্ত ঘাসের ওপর দিয়ে চলতে চলতে প্রকৃতি বিষয়ে সহজ পাঠ নেওয়া শুরু হলো। সৌভাগ্যক্রমে দ্বিতীয় বিশ্বযুদ্ধের ধ্বংসলীলার স্মৃতি আমাকে বহন করতে হয়নি। অস্পষ্টভাবে যুদ্ধের যে দু'একটা ঘটনা আমার মনে আছে তা সত্যিই বিস্ময়কর।

হঠাৎ খুব জোরে সাইরেন বেজে উঠলে বাবা আমাদের সবাইকে বাড়ির ভেতর ঢুকে যেতে বললেন, যদিও এই "যুদ্ধ" ব্যাপারটা আমার তখন বোধের বাইরে ছিল।

এর পরের ঘটনাটি একটি শিশুর চোখে খুবই মর্মান্তিক। দুর্গাপুজো উপলক্ষে নবমীর দিন পাঁঠাবলি। একটি ছাগশিশুর মুণ্ড ও ধড় আলাদা হয়ে গেলো একটি কোমল হৃদয় মানব শিশুর সামনে। বিস্ময়ে বিস্ফারিত চোখে এই শিশুটিকে দেখতে হলো ছাগ শিশুটির ছটফট করা ধড়, যা কিছুক্ষণ বাদে স্থির হয়ে পড়ে রইলো উঠোনে। সেই শিশুটি আরো বিস্মিত হলো এই দেখে যে, আশেপাশের অসংখ্য মানুষ এই দৃশ্যটি দেখে উল্লাসে ফেটে পড়লো। আরও একটি ঘটনা এই শিশুটির মনে আছে। বিজয়া দশমীর দিনে একটি শিশুর মৃতদেহ বহন করে নিয়ে চলেছে বেশ কয়েকজন লোক।

পরের ঘটনাটি দুঃখের নয়, আনন্দের। এই ঘটনাটি কুমোর পাড়ার কুমোরদের নিয়ে। এরা গেলাস, থালা, ঘটি, বাটি, আরও কত কিছু তৈরী করে চলেছে। আমরা ছোটরা অবাক বিস্ময়ে তাকিয়ে আছি চলমান চাকার দিকে। কুমোরের দু'টি হাতের কৌশলে আমাদের চোখের সামনে গড়ে উঠছে গেলাস, থালা, ঘটি ও বাটি।

আমি ভাবছি, এরা নিশ্চয় যাদুকর। এদের হাতের স্পর্শে এরা সব কিছুকে সোনা করে দিতে পারবে।

আমাদের, অর্থাৎ ছোটদের, একটা 'ফুটবল টিম' ছিলো। সেই টিমে এগারো জন, অর্থাৎ দু'পক্ষে বাইশ জন খেলোয়ার না হলেও যে ক'জন ছিলাম তাই দিয়েই কাজ চালিয়ে নিতাম। আমি ছিলাম দলের ক্যাপ্টেন। দু'টো ফুটবলের মালিক হওয়ার জন্য আমি এই ক্যাপ্টেন হওয়ার সৌভাগ্য লাভ করেছিলাম। ব্লাডারে পাম্প দেওয়া দু'টো ফুটবল ছিলো আমার। খেলার সময় আমার সঙ্গে কেউ ঝগড়া করলে আমি বলটা বগলে নিয়ে একটা ছোট গাছে চড়ে বসতাম। ওখানে কেউ আমাকে ধরতে পারতো না। অন্যান্য খেলোয়াড় বন্ধুরা নীচে দাঁড়িয়ে আমার দিকে হাঁ করে তাকিয়ে থাকতো। আমি সুযোগ বুঝে গাছ থেকে নেমে বাড়ির দিকে চলে যেতাম। অন্যদের আর কিছু করার থাকতো না।

আমাদের আদি বাড়ি জগন্নাথপুর হলেও ঠাকুরদা বাড়ি করেছিলেন ভাটপাড়া নৈহাটিতে। আদি বাড়ি জগন্নাথপুর পাণ্ডুয়া স্টেশন থেকে যেতে হত।

আমরা প্রতি বছর কালীপূজার সময় ভাটপাড়া যেতাম। বাবার দায়িত্বে ছিলো এই কালীপুজো। নৈহাটি স্টেশনে নেমে ঘোড়ায় টানা পাল্কি গাড়ি করে ভাটপাড়ার বাড়িতে যেতাম। বাড়িতে পৌঁছে আধ ঘণ্টার মধ্যেই আমি ও ছোড়দি নমিতা বেরিয়ে পড়তাম ললিতবাবুর দোকানের উদ্দেশে। সেখানে গিয়ে ছোড়দি নিজের পয়সা খুব তাড়াতাড়ি খরচ করে ফেলত কাঁচের চুড়ি, লজেঞ্চুস, টফি ও আরো অনেক কিছুতে। কিন্তু তারপর ছোড়দি জানতে চাইত আমার কাছে কত পয়সা আছে। সেই বয়সে আমাকে দাতাকর্ণ বলা চলে। পকেট থেকে সব পয়সা ছোড়দির হাতে দিয়ে যেতাম। এই বাকি পয়সা আলুকাবলি ও জল কচুরির মতো মুখরোচক খাবারে খরচ হয়ে যেতো। সে যে কী সুস্বাদু খাবার, যে না খেয়েছে সে কখনোই জানতে পারবে না। সে সব দিন আর কখনো ফিরে আসবে না।

ভাটপাড়া যাওয়া ছাড়াও আমরা প্রায়ই মামার বাড়ি দমদমায় যেতাম। গরুর গাড়ি চড়ে প্রায় দশ ক্রোশ যেতে হতো। বেশির ভাগ রাস্তাই কাঁচা রাস্তা। দুলুনি খেতে খেতে মামার বাড়ি পৌঁছে যেতাম।

১৯৪৭ সালের ১৫ই অগাষ্ট। শতশত মানুষের ভিড়ে তিল ধারণের স্থান নেই। পায়ে হেঁটে চলা যায়। আমার অবশ্য ও সব চিন্তার বালাই নেই। বয়স মাত্র ছয় বছর। আমাদের বাংলো পাহারা দেয় ভগন, তার স্কন্ধে চড়ে আমি ঘুরে বেড়াচ্ছি। আমার থেকে এক বছর ন'মাসের বড়ো ছোড়দি নমিতা ভগনের হাত ধরে চলেছে। এতো লোক আনন্দ করছে। আমরাও কিছু না বুঝে হাততালি দিচ্ছি। সবাই সবাইকে মিষ্টি খাওয়াচ্ছে। আমরা খোকা খুকুরাও এর থেকে বঞ্চিত হচ্ছি না— এই স্মৃতিটুকু ছবির মতো ধরা আছে মনের ফ্রেমে।

দেশ স্বাধীন হওয়ার আগে এই চল্লিশ দশকে যে সব ঘটনা ঘটেছে তা চিরদিনের জন্য ইতিহাসের পাতায় স্থান করে নিয়েছে। দ্বিতীয় বিশ্বযুদ্ধ,

নেতাজি সুভাষচন্দ্র বসুর অন্তর্ধান, মহাকবি রবীন্দ্রনাথ ঠাকুরের মহাপ্রয়ান, ৪২-এর আন্দোলন ও দুর্ভিক্ষ। তবে অবিভক্ত বাংলায় ৪২-এ যে দুর্ভিক্ষ ঘটল বা ঘটানো হলো তা পৃথিবীর ইতিহাসে কলঙ্কজনক ও লজ্জাকর ঘটনা ছাড়া আর কিছু বলা যায় না। বহু দিন ধরে যে মানবতাবাদ নিয়ে সারা বিশ্বে চাঞ্চল্যের সৃষ্টি করেছিলো, ওই একটি ঘটনায় সেই মানবতাবাদের অপমৃত্যু ঘটলো। কী নিদারুণ পরিস্থিতি। ফ্যান দাও ফ্যান দাও, বলতে বলতে মানুষ রাস্তায় লুটিয়ে পড়েছে। অবশ্য এ সব ঘটনা আমার সবই শোনা কথা ও বইয়ে পড়া।

মাঝে মাঝে মনে হয়, এ সব ঘটনা যদি ভুলে যেতে পারতাম তা হলে সব থেকে ভালো হতো। কিন্তু বাস্তবক্ষেত্রে মানুষের মনের কোণে জমা এই সব নির্মম ঘটনাগুলির সত্য যখনতখন বহিঃপ্রকাশ ঘটে।

১৯৪৯ সালে আমার বাবা হঠাৎ অসুস্থ হয়ে পড়েন। যৌবনকালে বাবা খেলাধুলা করতেন ও ভাল সাঁতারু ছিলেন। খেলার মধ্যে ফুটবল ও টেনিস খেলতেন। আমি যখন স্কুলের ছাত্র তখন বাবাকে ফুটবল খেলার মাঠে রেফারি হিসেবে দেখেছি। অবশ্য বাবা নিয়মিত টেনিস খেলেছেন অনেক দিন। তবে সে যুগে অনেকের মতো বাবা সিগারেট খেতেন।

বাবা অসুস্থ হওয়ার ফলে আমরা জগন্নাথধাম পুরীতে গিয়েছিলাম এক মাসের জন্য। সমুদ্রের ধারে একটা বাড়ি ভাড়া করা হয়েছিলো। নিয়মিত সমুদ্রস্নান করা হত। একদিন মনের আনন্দে বাবার হাত ধরে ঢেউয়ের মধ্য দিয়ে এগোচ্ছি আর ভাবছি আমি সাঁতার না জানলে কী হবে, আমি তো বাবার হাত ধরে আছি। এই সব ভাবনার মধ্যে হঠাৎ দেখলাম আমি একা সমুদ্রে দাঁড়িয়ে আছি। অজস্র ভয় আমাকে গ্রাস করলো। দূরে একটা বেশ বড়ো ঢেউকে আমার দিকে আসতে দেখলাম। ওই বয়সে মৃত্যুভয় আমাকে ঘিরে ফেললো। বাবার ওপর ভয়ানক অভিমান হলো। ভাবলাম বাবা কেন আমাকে ছেড়ে গেলেন? এই সব ভাবনার মধ্যেই বিরাট একটা ঢেউ আমাকে গ্রাস করলো। নাকানি চুবানি খাচ্ছি। মনে হলো যেন মৃত্যুকে আলিঙ্গন করছি। জীবনের শেষ মুহূর্ত আমার কাছে এসে গেছে। চকিতেই ঢেউ সরে

গেলে এই সব ভাবনার মধ্যে আমি নিজেকে সৈকতে আবিষ্কার করলাম। বুঝতে পারলাম আমি জীবন্ত অবস্থাতেই আছি, মরে যাইনি।

বড়ো হয়ে বুঝেছিলাম বাবা আমাকে সাহসী করতে চেয়েছিলেন, অর্থাৎ ভয়ের সঙ্গে মোকাবিলা করে শক্তি সঞ্চয় করার শিক্ষা দিতে চেয়েছিলেন। বাবার সাহসিকতার ব্যাপারে অনেক কিছু শুনেছিলাম।

ছোটোবেলায় বাবা বড়োদিদির (আমার বড়ো পিসিমা) সঙ্গে থাকতেন পূর্ণিয়াতে। সেই সময়টা বিংশ শতাব্দীর প্রথম দশকের শেষ দিকে। তখন নাকি ওখানকার জঙ্গলে মাঝে মাঝে বাঘ দেখা যেতো বলে শোনা যায়। সন্ধে হয়ে গেছে। আট বছর বয়সে বাবা গৃহশিক্ষকের সঙ্গে জঙ্গলের ভেতর দিয়ে যাচ্ছেন। ঘন জঙ্গল। একে বন তার ওপর আবার অন্ধকার। মাষ্টারমশাই বলছেন, 'খোকা, তাড়াতাড়ি চল, যাতে বন ছেড়ে তাড়াতাড়ি মাঠের মধ্যে গিয়ে পড়তে পারি।' হঠাৎ শোনা গেলো কোনো এক জন্তুর কান ফাটানো গর্জনের শব্দ। দু'জনেই বিদ্যুৎগতিতে দৌড়ে চলেছে। মাষ্টারমশাই শক্ত করে খোকার হাত ধরে রেখেছেন। হঠাৎ হাত ছাড়াছাড়ি হয়ে গেলো। বিপদের কথা ভেবে মাষ্টারমশাই চিৎকার করে হাঁক পাড়লেন 'খোকা কোথায় গেলি?' এক দিকে বাঘের ভয়, অন্য দিকে শিশুটিও হাতছাড়া হয়ে বাঘের সামনে পড়লো কি না, সে চিন্তা অস্থির করে তুলেছে মাষ্টারমশাইকে।

মাষ্টারমহাশয়ের চিৎকার চেঁচামিচি করার পরই শিশুটির গলা ভেসে এলো। মনে হলো একটু যেন ওপর থেকে। অবশ্য গলার শব্দ স্পষ্ট। মাষ্টারমশাই ওপর দিকে তাকিয়ে দেখতে পেলেন, শিশুটি গাছের ওপর চড়ে বসে আছে। এর থেকে নিরাপদ জায়গা আর কী হতে পারে। সম্ভবত বাঘ মহারাজ খুব কাছাকাছি ছিলো না বা শিকারের সন্ধানে অন্য দিকে চলে গেছে। এ রকম অনেক ঘটনাই বাবার সাহসের পরিচয় বহন করে।

১৯৫৩ সাল। আমার ঊষাগ্রাম স্কুলে পড়াশোনা চলছে। কয়েক জন শিক্ষক অত্যন্ত স্নেহশীল ছিলেন। আবার কয়েকজন শিক্ষকের ব্যবহার প্রকৃত শিক্ষকজনোচিত ছিলো না। যে ছাত্রদের প্রাইভেট পড়াতেন, তাদের প্রতিই সজাগ দৃষ্টি ছিলো। এই স্কুলে যথেষ্ট ভালো রেজাল্ট করেছি, তবুও মাঝে

মাঝে কটু কথা শুনতে হতো। শিক্ষা মানুষকে মার্জিত করে তোলে এই কথাটি বুঝতে চাইতেন না দু'একজন শিক্ষক। যাই-হোক এক ঝুড়ি আপেলের মধ্যে যেমন একটা দুটো পচা আপেল থাকে, মানুষের মধ্যেও ওই একই নিয়ম। জগৎ সংসার এই ভাবেই চলছে যুগ যুগ ধরে। এই ভাবেই শিশু বয়স থেকেই নানা অভিজ্ঞতার মধ্যে দিয়েই শিশুটি বড়ো হতে থাকে।

স্কুলে প্রতি বছর একটি ম্যাগাজিন ছাপা হতো, বহু কাল ধরেই এটা চলে আসছিলো। আমি যখন ক্লাস নাইনে পড়ি, তখন একটি পুরীর ভ্রমণকাহিনী লিখে জমা দিয়েছিলাম। এরপর গরমের ছুটি হয়ে গিয়েছিলো। গরমের ছুটিতে স্কুলের কথা আর কে মনে রাখে। ছুটির প্রতিটি দিন কী ভাবে উপভোগ করা যায় তার পরিকল্পনা তো অনেক দিন থেকেই হতে থাকে। এই ট্রাডিশন সমানে চলেছে, যুগ যুগ ধরে। মনে হয় স্কুল জীবনে সব বালক বালিকার মন একইভাবে বেড়ে ওঠে। তখন বেশির ভাগ মধ্যবিত্ত পরিবারে বাবা মার একমাত্র লক্ষ্য, তাদের ছেলেমেয়েরা কীভাবে ভবিষ্যৎকে মোকাবিলা করবে। সে যুগে ধারণা একটাই— উচ্চ-শিক্ষার সিঁড়ি বেয়ে কী করে ডাক্তার-ইঞ্জিনিয়ার-চাটার্ড অ্যাকাউন্টেটের পরীক্ষা পাশ করে জীবনে সুপ্রতিষ্ঠিত হবে। কেউ ভাবতেও পারতেন না, ছেলেমেয়েরা খেলার জগতে ক্রিকেটার, ফুটবলার বা হকি প্লেয়ার ও অন্যান্য খেলায় মুখ উজ্জ্বল করবে। এখন অবশ্য পৃথিবীর সর্বত্রই নানা পেশার কথা ভাববার সুযোগ এসেছে।

যাই হোক, স্কুল ছুটিতে যতটা আনন্দের সাজি ভরে নেওয়া যায় তা ভরে নিয়ে আবার গতানুগতিক জীবনের দিকে পা বাড়ালাম। প্রথম দিন স্কুলে পৌঁছে শুনলাম, আমাদের বার্ষিক ম্যাগাজিন বেরিয়েছে এবং আমার ভ্রমণকাহিনীর কবিতাও রয়েছে ম্যাগাজিনে। যে বন্ধুটি আমাকে খবরটি দিলো তারা বললো, 'কি রে, খুশি তো?'

বন্ধুরা আরো কিছু বলার আগে বললাম, কই আমি তো কোনো কবিতা লিখিনি। আমার কথা শুনে ওরা অবাক বিস্ময়ে আমার দিকে তাকিয়ে রইলো। দেখলাম একজন ম্যাগাজিনটি নিয়ে আমার দিকে আসছে। খুলে দেখলাম আমার নামে একটি রাঁচির ভ্রমণকাহিনী কবিতা আকারে বেরিয়েছে।

অথচ আমি লিখেছিলাম পুরীর ভ্রমণকাহিনী গদ্যে। বুঝলাম এখানেও সেই নোংরা রাজনীতি। যে শিক্ষক মহাশয় অশ্লীল ভাষায় কথা বলতেন, তিনিই এই কাজটি করেছেন। মনটা খারাপ হয়ে গেলো এই ভেবে যে, যে শিক্ষক আমাদের ভবিষ্যৎ গড়ার জন্য দায়বদ্ধ তিনি এতটা নিচু হতে পারেন কী করে! যখন ওই শিক্ষকের সঙ্গে দেখা হলো তখন বলতে বাধ্য হলাম যে, যে কবিতা আমি লিখিনি সেটি ছাপার অক্ষর দেখে আমি মোটেই খুশি নই। এ কথা বলা সত্ত্বেও তিনি আমাকে অভিনন্দন জানিয়ে চলে গেলেন। এই ঘটনার এখানেই পরিসমাপ্তি ঘটলো।

যখন ক্লাস টেনে পড়ি, তখন একজন নতুন বাংলার শিক্ষক যোগদান করলেন। উনি "ডাবল এম এ" পাশ ছিলেন। একটি অবশ্যই বাংলা ভাষা ও সাহিত্যে। অত্যন্ত পরিমার্জিত ভদ্র ও সংস্কৃতিমনস্ক ব্যক্তি ছিলেন। প্রতিদিন এই শিক্ষকের জন্য আমরা অধীর আগ্রহে অপেক্ষা করে থাকতাম, যখন পড়াতে শুরু করতেন আমরা মন্ত্রমুগ্ধের মতো প্রত্যেকটি কথা আত্মীকরণ করতাম। কীভাবে যে সময়টা কেটে যেতো বুঝতে পারলাম।

এক দিন গল্পের ছলে সুভাষ বোসের জীবনের একটি ঘটনা ব্যক্ত করলেন। আরো বললেন 'সুভাষ তখন তোমাদের মতোই স্কুলের ছাত্র। এই গল্পের সারমর্মটি তোমাদের শোনাচ্ছি।'

'পরীক্ষা চলছে'। সুভাষ ও ক্লাসের অন্যান্য ছাত্র পরীক্ষায় লিখে চলেছেন। সুভাষ অত্যন্ত মেধাবী ছাত্র, সবার থেকে অনেক এগিয়ে, পরীক্ষা শেষ হওয়ার বেশ কিছুক্ষণ আগে পরীক্ষা হল থেকে বেরিয়ে এলেন। পরীক্ষা হল থেকে অনেক আগেই সুভাষকে বেরোতে দেখে শিক্ষক ও অন্যান্য ছাত্ররা বিস্মিত হলো। অবশ্য সব শিক্ষকই জানেন সুভাষ সব বিষয়ে প্রথমই হবে। পরীক্ষার ফল যখন বেরোলো তখন দেখা গেলো, সুভাষ দ্বিতীয় হয়েছে। শিক্ষকরা বিস্মিত হলেও সুভাষের মনে কোনো আক্ষেপ ছিলো না। ঘটনাটি আসলে সুভাষ ছাড়া আর কেউ জানতে পারলো না। যে ছেলেটি প্রথম হলো, তার অর্থাভাব ছিলো। সুভাষ জানতেন তার বন্ধুটি প্রথম হলে 'বৃত্তি' থেকে বঞ্চিত হবে না। সুভাষের এই অর্থের কোনো প্রয়োজন নেই। তাই কাউকে

কিছু না বলে একটা প্রশ্নের উত্তর না দিয়েই বেরিয়ে এসেছিলেন। কেউ জানতেও পারলো না, অথচ ওই বন্ধুটির অত্যন্ত উপকার হলো।'

গল্পটি শুনে আমার ইচ্ছে হলো, আমি ম্যাগাজিনের জন্য এই গল্পটি লিখবো। যথাসময়ে গল্পটি লিখে ওই বাংলার শিক্ষক মহাশয়ের হাতে তুলে দিলাম। উনি ক্লাসের শেষে পুরো গল্পটি পড়লেন। বললেন, 'বাঃ, বেশ সুন্দর হয়েছে।' তারপর সুন্দর কলম দিয়ে একটি লাইন জুড়ে দিলেন। ঠিক কথাটি এখন আর মনে নেই। তবে এর নিহিত অর্থ হলো, প্রেমই সত্য। এর কাছে সব কিছুই হার মানে। গল্পটি যথারীতি ম্যাগাজিনে ছাপা হয়েছিলো। আমার মনে হলো এক শিক্ষকের সুরুচি আর এক শিক্ষকের কুরুচির আবর্তে সত্যই প্রকাশ পেলো। অর্থাৎ কুরুচি সুরুচির কাছে হার মানল। চালাকির দ্বারা যে মহৎ কাজ করা যায় না, সে তো স্বামী বিবেকানন্দ অনেক আগেই বলে গেছেন।

আর একটা কথা না বলে পারছি না। ইদানীং দেখছি, রবীন্দ্রনাথকে নিয়ে নানারকম পরীক্ষা চলছে। কিন্তু সেই পরীক্ষার মধ্যে নিজের জ্ঞান বিতরণের যত প্রচেষ্টা, তার থেকে অনেক কম রবীন্দ্রনাথকে প্রকৃত অনুধাবন করার প্রয়াস। এতে সস্তায় বাজিমাত করা যায় কিছু দিনের জন্য সে কথা ঠিক। কিন্তু এ-ও ঠিক ওইসব লিখিত গ্রন্থরাজি অনতিকালের মধ্যেই ডাস্টবিনে স্থান পাবে। এখন দেখি বাংলা সিরিয়ালে কারণে অকারণে রবীন্দ্রসঙ্গীত সংযোজন করা হচ্ছে। আমার মনে হয়, এই সব জায়গায় রবীন্দ্রসঙ্গীতের অপব্যবহার না করে এখনকার সঙ্গীত রচয়িতাদের সৃষ্ট যুগোপযোগী গান দিয়ে ভরিয়ে দেওয়া উচিত। এতেই বেশি মানানসই হবে। এখনকার টেকনোক্রাটদের যুগে নতুন ভাবে ভাবনার সময় এসেছে। রবীন্দ্রনাথকে নিয়ে নানা "এক্সপেরিমেন্ট" না করে যুগোপযোগী জিনিস দিয়ে সিরিয়ালের বাস্কেট ভরিয়ে দিন। এতেও "পাবলিক খাবে"। দেখুন না একবার চেষ্টা করে।

স্কুল জীবনের এ বার ইতি টানা দরকার।

স্কুল জীবন থেকে কলেজ জীবনের ধারা সম্পূর্ণ আলাদা। বিশাল লেকচার থিয়েটারে কলেজের প্রফেসর মহাশয় মঞ্চের এক প্রান্ত থেকে অন্য প্রান্তে তড়িৎ গতিতে ঘুরে পদার্থবিদ্যা, রসায়ন ও অঙ্ক শাস্ত্রে ঝড় তুলতেন। কিছু মেধাবী ছাত্র মনোযোগ দিয়ে শুনছে। বাকিরা অন্য কাজে নিজেদের ব্যস্ত করে রাখছে। এক একটা বিষয়ের বক্তৃতা এক ঘণ্টা করে চলে। সারা দিনে বেশ কয়েক ঘণ্টা ধৈর্য ধরতে হয়।

১৯৫৮-৫৯ সালে আসানসোল কলেজের অবস্থা সঙ্গীন ছিলো। গ্রীষ্মের কাঠফাটা রোদে মনে হতো, আমরা যেন অগ্নিকুণ্ডে প্রবেশ করেছি। "কুছ পরোয়া নেহি"— আমাদের মহাপুরুষরা বলছেন, 'জীবনে কষ্ট না করলে কেষ্ট মেলে না।'

এই মহাপুরুষরা হলেন স্বাধীন ভারতের ক্ষমতাশালী রাজনীতিবিদ। এই মহাপুরুষদের বক্তব্য, আমরা স্বাধীনতার জন্য জীবন উৎসর্গ করেছি বলেই আজকে "শীততাপনিয়ন্ত্রিত" বাড়িতে বাস করছি ও উর্দিপরা চালক বাহিত যানে যত্রতত্র গমন করছি। তোমরাও কষ্ট করো তোমরাও আমাদের মতো জীবনযাপন করতে পারবে। এক একটি দলের সমর্থক হয়ে কাজ গুছিয়ে নাও। যৌবনে উত্তীর্ণ হওয়ার কিছু দিন আগে থেকেই চারিদিক থেকে শুধু বাণীই ভেসে আসতে লাগল।

যাই হোক, পড়াশোনা চলতে থাকলো যথারীতি। সাইকেলে চড়ে কলেজে যাতায়াত করি। ইতিমধ্যে শ্রী সুকুমার ভট্টাচার্য নামে রামকৃষ্ণ মিশনের এক শিক্ষকের কাছে প্রাইভেটে পড়াশোনা শুরু করলাম। বাবার সুকুমারবাবুকে খুবই পছন্দ হয়েছিলো। ইনি পদার্থবিদ্যা, গণিতশাস্ত্র ও রসায়ন শাস্ত্রে বি.এস.সি. পাশ ছিলেন বলেই জানতাম। আমার সারাজীবনে যত মানুষ দেখেছি তার মধ্যে ইনি একজন আদর্শবান ব্যক্তি হিসেবে জেনেছি।

দেখতে দেখতে প্রথম বছর শেষ হলো। "টার্মিনাল" পরীক্ষার ফল বার হলো। অঙ্কের ফল খুবই খারাপ হলো।

যখন সুকুমারদার বাড়িতে পড়তে গেলাম উনি সবার পরীক্ষার ফল জানতে চাইলেন। আমাকে জিজ্ঞেস করাতে আমি অম্লানবদনে বলে দিলাম আমার অঙ্কশাস্ত্রে কৃতিত্বের কথা।

উনি আমার দিকে খানিকক্ষণ তাকিয়ে রইলেন। আমি স্থির নিশ্চিত এ বার কানমলা খেতে হবে। উনি অন্য সবার দিকে তাকিয়ে বললেন 'দেখ, দেখ, স্বপনের দিকে তাকিয়ে দেখ।' আমি ভাবছি কেউ অঙ্কে পাঁচ পেলে তাকে দেখার কী আছে? এটা তো কোনো মহৎ কাজ নয়। নাকি হাস্যকর জীব হিসেবে দর্শনীয় কিছু। না, ওনার হাত তো আমার কানের দিকে এগিয়ে আসছে না। আমিও নির্বিকার চিত্তে বসে আছি। সুকুমারবাবু অন্য সবাইকে বললেন, 'দেখ স্বপন কিন্তু সততা দেখিয়েছে বলেই অঙ্কে পাঁচ পেয়েছে। মুখটা এ দিক ও দিক ঘোরালেই পাশ মার্ক অর্থাৎ ত্রিশটা নম্বর জুটে যেতো।'

এরপর আমার দিকে তাকিয়ে বললেন, 'তোকে অঙ্ক ছাড়তে হবে না। আমি তোকে অঙ্কে ৬০% পেতে সাহায্য করবো। মন দিয়ে লেখাপড়া করবি।' একেই বলে আদর্শ শিক্ষক। শুনেছি বেশির ভাগ শিক্ষক মহাশয় কোচিং ক্লাস খুলে ব্যবসায়ীর বুদ্ধিতে প্রচুর অর্থ উপার্জন করেন। ছাত্রদের দিকে তাঁদের কোনো মনোযোগ নেই।

সুকুমারদার সে সময় একজন ছাত্র খুব বড়োলোকের ছেলে ছিলো। সে বেশ ফ্যাশনদুরস্ত। তিনি সেই ছাত্রটিকে দেখলেই খুব বিরক্ত হতেন। ওই রকম ছাত্র কী করে সুকুমারদার কাছে পড়ার সুযোগ পেয়েছিলো, ভাবলে অবাক লাগে। সুকুমারদাকে দেখেও মনে হতো ওই ছাত্রটিকে বিদায় করার জন্য তিনি সুযোগ খুঁজছেন। অবশ্য বিনা কারণে কাউকে বিতাড়িত করা সম্ভব নয়।

একদিন সুযোগ এসে গেলো। আমাদের সাধারণ বেশভূষা থেকে ওই ছাত্রটির বেশভূষার অনেক তফাৎ ছিলো। পড়াশোনার থেকে অন্য দিকেই তার মন। একদিন আমরা সুকুমারদার কাছে পড়ছি হঠাৎ দেখি ওই ছেলেটি এসে হাজির। সুকুমারদা ওর দিকে তাকিয়ে অত্যন্ত বিরক্ত হয়ে বললেন

'হঠাৎ এ সময় উদয় হলে?' ছেলেটি উগ্র ভঙ্গিতে বললো 'স্যার আমি কয়েকদিন আসতে পারবো না। আমার কিছু ব্যক্তিগত কাজ আছে।'

ওই ফ্যাশনদুরস্ত ছেলেটির দিকে সুকুমারদা স্থির দৃষ্টিতে তাকিয়ে রইলেন কিছুক্ষণ। তারপর ধীর স্থির ভঙ্গিতে আস্তে আস্তে বললেন 'দেখো আমার কাছে শিক্ষাগ্রহণ করতে হলে কিছু নিয়ম মেনে চলতে হবে।' আমাদের দেখিয়ে বললেন, 'আমার এই ছাত্ররা সেই নিয়ম মেনে চলে। আমার মনে হচ্ছে তুমি এই নিয়ম মেনে চলতে অপারগ। তাই আমি তোমাকে চিরদিনের জন্য মুক্তি দিলাম। আমার অক্ষমতার কথা তুমি তোমার অভিভাবকদের জানিয়ে দেবে।'

ছেলেটি একেবারে হতবাক, আমাদেরও বিস্ময়াবিষ্ট অবস্থা। আমরা আশ্চর্য হলাম এই ভেবে, কত সহজে এই কঠিন কথাগুলো সুন্দরভাবে ব্যক্ত করলেন। অর্থের দাপটে সবাই যে ধরাশায়ী হয় তা নয়। ছেলেটি আর একটা কথাও না বলে অবনত মস্তকে তড়িৎ গতিতে বিদায় গ্রহণ করলো। সুকুমারদা পরমুহূর্তেই আমাদের দিকে মনোযোগ দিলেন।

দেখতে দেখতে বছর পেরিয়ে গেলো। ফাইনাল পরীক্ষা দিলাম। সুকুমারদার শিক্ষকতার দক্ষতায় ও আমার এক বছরের চেষ্টার ফলে আমি অঙ্কে দু'শোর মধ্যে একশো বাইশ পেলাম। আমার এই পরীক্ষার ফল বলার জন্য এতো কথার প্রয়োজন ছিলো না। আমার বক্তব্য, সব ছাত্রের মধ্যে যে ক্ষমতা সুপ্ত অবস্থায় আছে সেই ক্ষমতাকে জাগিয়ে তোলাই আদর্শবান শিক্ষকের কাজ। সুকুমারদা কথা রেখেছিলেন, মিথ্যা স্তোকবাক্য দেননি।

কলকাতা মেডিক্যাল, নীলরতন মেডিক্যাল ও ন্যাশনাল মেডিক্যাল কলেজে ইন্টার্ভিউ দিলাম। ন্যাশনাল মেডিক্যাল কলেজে ভর্তি হওয়ার সুযোগ পাওয়াতে আর আর.জি.কর-এ ইন্টারভিউ দিতে যাইনি। যতদূর মনে পড়ে, ৫ই অগাষ্ট ১৯৫৯ সালে আমাদের ন্যাশনাল মেডিল্যাল কলেজের ছাত্রজীবন শুরু হয়েছিলো। মেডিক্যাল কলেজের জীবন নিয়ে অনেক বই ও সিনেমা হয়েছে। সে জন্য এ সব বিষয়ে আমি আরেকটি মহাভারত রচনা করতে চাই না।

ক্লাস শুরু হয়ে গেছে। পূর্ব ও পশ্চিমের লেকচার থিয়েটারে লাগাতার লেকচার চলত নানান বিষয়ে। অবশ্য অ্যানাটমি লেকচার অ্যানাটমি বিল্ডিং-এ হতো। ওই বিল্ডিং-এ অ্যানাটমি ডিসেকশনের ব্যবস্থা ছিলো। এক-একটি মৃতদেহ চারজন ছাত্র-ছাত্রীকে দেওয়া হতো ডিসেকশন করার। কিন্তু আমি আশাহত হলাম এই জেনে, অন্য তিনজন আমার সগোত্রীয় নন অর্থাৎ তাঁরা তিনজন ছাত্রী। দু'জন ছেলে, দু'জন মেয়ে হলে আমার আপত্তি ছিলো না। কিন্তু তিনজন মেয়ের সঙ্গে একটি ছেলের কাজ করা আমার কাছে হাস্যকর মনে হলো। আমি বিদ্রোহ ঘোষণা করে ওখান থেকে চম্পট দিলাম। যোগদান করলাম চার জনের একটি দলের সঙ্গে "পঞ্চম" হিসেবে কোনো অনুমতি না নিয়েই। "একত্রী" হিসেবে যোগদান করাতে আমার বড়োই ক্ষতি হয়েছিলো।

অ্যানাটমির শিক্ষক মহাশয় আমার প্রতি সন্তুষ্ট ছিলেন না। জোর করে ওই গ্রুপে যোগদান করাতে বিরক্তই হয়েছিলেন। পঞ্চম স্থানে থাকায় আমার "ডিসেকশন" করার সুযোগও কম ছিলো। মফঃস্বলের মুখচোরা ছেলে হওয়াতে নিজের জায়গা জোর করে কেড়ে নেওয়ার ক্ষমতাও তেমন ছিলো না। 'যারে দেখতে নারি তার চরণ বাঁকা'-থিওরির মধ্যে পড়ে গেলাম।

প্রথম বছরের শেষে কেমিষ্ট্রি পরীক্ষা দিতে হতো। পরীক্ষার প্রস্তুতি ভালোই চলছিলো—কিন্তু ওই যে বলেছে না, 'অভাগা যে দিকে চায়, সাগর শুকায়ে যায়।' আমার ভাগ্যে তাই হলো।

একদিন রবিবারে আমরা সবাই নিজের জায়গায় বসে পড়াশোনা করছি। হঠাৎ খেয়াল হলো, জানলার ধারে এক ভদ্রলোক দাঁড়িয়ে আছেন। আরো বিস্ময় অপেক্ষা করেছিলো আমার জন্য। ওই ভদ্রলোকে আমারই জামাইবাবু। যিনি বছর তিনেক হলো আসানসোলে ডাক্তারি প্র্যাকটিস করছেন।

কিছুক্ষণের মধ্যেই গাড়িতে উঠলাম। মাঝে আর কোনো কথা নেই। আমহার্স্ট স্ট্রিটে ছোড়দির হস্টেলের দিকে চলেছি। জামাইবাবুর সঙ্গে আমাদের এক মাসতুতো দাদা এসেছিলেন। উনি ছোড়দিকে আনতে গেলে

জামাইবাবু বাবার মৃত্যুসংবাদ জানিয়ে দিলেন। মনে হলো, মাথার ওপর সমস্ত আকাশ ভেঙ্গে পড়েছে। যেন আমার নিজের অস্তিত্ব লুপ্ত হতে চলেছে। হুঁশ ফিরলে প্রথমেই মায়ের কথা মনে পড়লো। ছোড়দি এসে আমাকে জড়িয়ে ধরলো। এই দুঃখ কাহিনী বর্ণনার আর কোনো প্রয়োজন নেই। কারণ প্রত্যেক পরিবারেই এই মৃত্যুর বিভীষিকা নানা রূপে দেখা দিয়েছে।

প্রকৃতির অমোঘ নিয়মে যা ঘটবার তা ঘটলো। সময় নষ্ট করবার সময় কোথায়। ছোড়দির বিএসসি ফাইনাল। আমারও প্রথম বর্ষের পর কেমিষ্ট্রি পরীক্ষা। যখন সবই খারাপ হতে থাকে তখন দু'একটা ভালো জিনিসও দেখা দেয়। এ ক্ষেত্রে আমাদের দু'জনেরই ভাগ্য সুপ্রসন্ন ছিলো অর্থাৎ দু'জনেই পরীক্ষায় উত্তীর্ণ হলাম। এই পরীক্ষা দেওয়ার আগে আমাকে একটা বড়ো কাজ করতে হলো। কলকাতায় একটা ভাড়া বাড়ির ব্যবস্থা করে মাকে কলকাতায় নিয়ে আসা।

প্রতিদিন সকালে বেরোই, সন্ধেয় হোস্টেলে ফিরি ঘর্মাক্ত কলেবর হয়ে। চানটান করে কিছু খাবারদাবার খেয়ে খানিকটা পড়াশোনা করি কারণ সামনে কেমিষ্ট্রি পরীক্ষা। পরীক্ষার আর যখন দশদিন বাকি তখনই একটা দু'কামরার ঘরের সন্ধান পেলাম। পিকনিক গার্ডেন রোডের পিকনিক পার্কে। ভাড়া ৬০ টাকা। ১৯৬০ সালে, ওই ভাড়ায় তখন সেন্ট্রাল কলকাতায় বস্তির কাছাকাছি বাসস্থান ছাড়া আর কিছু পাওয়া যেতো না।

আমাদের এ দিক দিয়ে ভাগ্য সুপ্রসন্ন ছিলো বলে দু'কামরার এই বাড়িটি পাওয়া গেলো।

যখন এই বাড়িটির সন্ধান পেলাম তখন নিশ্চিন্ত হয়ে এ বার কদিন পড়াশোনা করতে হবে এই ভাবনা ভাবতে ভাবতে হোস্টেলের ঘরে এসে ঢুকেছি। দেখলাম ওই ঘরের ফাইনাল ইয়ারের ছাত্র অমলদা অর্থাৎ অমল সেন এক দৃষ্টিতে আমার দিকে তাকিয়ে আছেন।

এরপর জিজ্ঞেস করলেন, 'স্বপন তোমার কেমিষ্ট্রি পরীক্ষার তো আর ক'দিন বাকি। আশা করি পড়াশোনা সব হয়ে গেছে।' তখনকার দিনে আমাদের "সিনিয়ার" দাদারা সত্যই আমাদের জুনিয়ারদের শুভাকাঙ্ক্ষী

ছিলেন। শুনে আমি লজ্জা পেলাম। ওই দিন থেকে পনেরো ষোলো ঘণ্টা পড়ে পরীক্ষা দিলাম ও পাশ করলাম।

বাবার মৃত্যুর পর আর একটা ঘটনা না বললে আমাদের দেশে সে সময় ডাক্তারি পড়ার অন্ধকার দিকটা আলোকিত করা যাবে না। দশদিন পরে শ্রাদ্ধশান্তির পর যখন কলকাতায় সুন্দরীমোহন হোস্টেলে ফিরলাম, তখন মুণ্ডিত মস্তকে অবস্থা বড়োই পীড়াদায়ক হয়েছিলো।

আমাদের কলেজে আমাদের ক্লাসের একজন ছাত্রকে আমরা "বড়দা" বলতাম। বড়দা সম্ভবত বিএসসি পাশ করে ডাক্তারি পড়তে এসেছিলো। এই জন্যই হয়তো আমরা বড়দা বলতাম। সে আমার মুণ্ডিত মস্তকে দেখে অত্যন্ত দুঃখিত হলো। অনেক সান্ত্বনা বাক্য জানিয়ে আমাকে শান্ত করতে চাইলো। তবে এ কথাও মনে করিয়ে দিলো আমাকে, যে ডেমনস্ট্রেটরের "আন্ডারে" ডিকেসশন করতে হবে তাঁর সঙ্গে দেখা করে দুর্ঘটনার কথা বলা উচিত।

বড়দা আমার সঙ্গী হতে চাইলো। আমরা দু'জন অ্যানাটমি হলের দিকে এগোলাম। যখন ওই ডেমনস্ট্রেটরের কাছে পৌঁছলাম, তখন উনি মুখ তুলে চাইলেন, কিন্তু কিছু বললেন না। বড়দাই উপযাচক হয়ে কথা শুরু করে দিলো।

বড়দা বললো, 'স্যার একটা বড়োই দুঃখের খবর আছে, স্বপনের বাবা হঠাৎ মারা গেছেন। এই জন্য ও ডিসেকশনের দিক দিয়ে অনেকটা পেছনে পড়ে আছে। কী করবে, আপনিই বলুন।'

ডেমনস্ট্রেটর মহাশয় নির্বিকার চিত্তে একবার বড়দার দিকে, তারপর আমার দিকে তাকালেন। আমার দিকে তাকিয়ে বললেন, 'বাবা মারা গিয়েছে তো কি হয়েছে? সময় হলে সব বাবারাই মারা যান। তাতে তো হাত গুটিয়ে বসে থাকলে চলবে না। আজ থেকেই কাজ শুরু করা উচিত। তুমি অনেক পেছনে পড়ে আছো। তোমাকে অ্যানাটমি হলে বেশিক্ষণ থেকে কাজ সম্পূর্ণ করতে হবে।'

এমন হৃদয়হীন কথাবার্তা শুনে আমাদের দু'জনের পিলে চমকে উঠলো। কেউই আমরা এ রকম উত্তরের প্রত্যাশা করিনি। ভেবেছিলাম দু'একটা সান্ত্বনা বাক্য বলে উনি কাজে মনোযোগ দিতে বলবেন।

একজন মানুষের ভাবনা যে অন্য মানুষের ভাবনার সঙ্গে মেলে না এটাই তার প্রমাণ। এখন মনে হয়, ওই শিক্ষকটির জীবনেও হয়তো আমার মতো বা আমার থেকেও অনেক প্রতিকূল পরিবেশের মধ্যে দিয়ে যেতে হয়েছে।

সুপ্রসিদ্ধ সাহিত্যিক মণিশঙ্কর মুখোপাধ্যায়ের লেখা পড়লে বোঝা যায়, বিশ-ত্রিশ-চল্লিশ দশকে যারা জন্মগ্রহণ করেছিলো, তাদের অনেকের জীবনেই নানাভাবে চরম দুর্ভাগ্য নেমে এসেছিলো। যারা অসীম চেষ্টায় সমস্ত বাধা-বিপত্তি অতিক্রম করে সামনের দিকে এগোতে পেরেছে, তারাই জয়ী হয়েছে।

জীবনের এই "হার্ডল রেসে" যারা বেড়া অতিক্রম করতে পারেনি, তারা মুখ থুবড়ে পড়েছে। জীবনের অন্য নাম যে যন্ত্রণা, তা অনেকেই স্বীকার করবেন। তবে এ কথা ঠিক, মানুষের অসাধ্য কোনো কাজ নেই। জীবনযুদ্ধেও যে আসল যুদ্ধের মতো জয় পরাজয় আছে, তা আমরা জানি। জয়ের মুকুট পরে আমরা উদ্বেলিত হই ঠিকই, কিন্তু পরাজয়ের গ্লানিতে যেন আমাদের মনুষ্যত্ব বিসর্জিত না হয়—এ কথাও মনে রাখা দরকার। পরাজয়ের গ্লানি থাকলেও আসল যোদ্ধার মতো লড়ে যাওয়ার প্রয়োজন আছে।

মেডিক্যাল কলেজে ভর্তি হওয়ার একবছর আগে মা-এর আগুনে দগ্ধ হওয়া এবং চোদ্দ মাস শয্যাশায়ী থাকা। শুধু শয্যাশায়ী নয়, যন্ত্রণায় ছটফট। এ সবেরই নীরব দর্শক ছিলাম আমি ও আমার বাবা। ডাক্তারিতে ভর্তি হওয়ার সময় মা মৃত্যুর দ্বার থেকে ফিরে আসার ফলে আমরা সবাই স্বস্তির নিশ্বাস ফেললাম। জীবন বয়ে চললো ধীর গতিতে। কিন্তু বিধি বাম, এক বছর না যেতেই বাবার মৃত্যু হলো আমাদের মামার বাড়ি পাণ্ডুয়া থেকে ১৫-২০ মাইল দূরে দমদমা গ্রামে।

এখন কী অবস্থা জানি না। তবে সে সময় গ্রামে মোটরগাড়ি চলার রাস্তা হয়নি। সে সময় মধ্যবিত্ত পরিবারগুলিতে অনেক সময় একই ধরনের বিপদ ঘনিয়ে আসতো। তার কারণ গরিবদের আশা আকাঙ্ক্ষা কম আর ধনী লোকেদের চাহিদা মেটাবার জন্য সারা দেশ উৎসুক।

গরিব লোকের মেধাবী ছেলে উচ্চশিক্ষার স্বপ্ন দেখতে পারে, কিন্তু বাস্তবে সে স্বপ্ন সফল হওয়া দুরূহ। ধনী লোক অর্থ দিয়ে সব কিছু কিনতে পারে। তাদের ক্রয় ক্ষমতা অসীম। তাই 'ডোনেশন' অর্থাৎ অর্থদান করেও উচ্চশিক্ষার সুবিধে পাওয়া যেতো। আমাদের সময়ে ন্যাশনাল মেডিক্যাল কলেজেও অনেকে অর্থদান করে ডাক্তারি পড়ার সুযোগ নিতো। ওই কলেজটি তখন "প্রাইভেট" মেডিক্যাল কলেজ ছিলো। এখন যতদূর জানি, কলকাতার চারটি মেডিক্যাল কলেজই সরকার পরিচালিত কলেজ। বাবার মৃত্যুর পর পড়াশোনা যথারীতি চলতে লাগলো। পড়াশোনায় বরাবরই মনযোগী ছিলাম। তাই মনযোগের অভাব ছিলো না। তবে এ কথাও ঠিক বাবার মৃত্যুকে আমি মেনে নিতে পারিনি। মনটাকে শক্ত করে বেঁধে রেখেছিলাম ঠিকই, কিন্তু কোনো কোনো ফাঁকফোকর দিয়ে মনটা বিদ্রোহ করতো, পড়াশোনায় বাধা পড়তো। এইভাবে চলতে থাকায় অনেক ক্ষতি স্বীকার করতে হলো। একদিন হঠাৎ দেখলাম একজন সার্জেন আমার দিকে তাকিয়ে বললেন, 'তোমারে তো কোনোদিন দেখি নাই।" এর কোনো উত্তর নেই। যদি "তৈলমর্দন সমিতিতে" নাম লেখাতাম তা হলে আখের গুছিয়ে নিতে পারতাম কিন্তু ঈশ্বর আমাকে ওই বিদ্যে দিয়ে পাঠাননি। মফস্বলের মুখচোরা ছেলে ছিলাম আমি। তবে ডাক্তারিতে মেধাবি ছাত্রদের কথা আলাদা—তারা নিজগুণেই সব বাধাবিপত্তি অতিক্রম করে এগিয়ে চলে।

আমাদের সময় অনেক ছাত্রকেই দেখেছি শিক্ষকমহাশয়কে নানাভাবে "তৈলমর্দন" করে চলেছে। কেউ কেউ এতে আত্মতৃপ্তি লাভ করতেন, আবার অনেক শিক্ষক বিরক্তও হতেন। একেক সময় কোনো ছাত্র এই তোষামোদের মাত্রা চড়াতে চড়াতে এমন জায়গায় পৌঁছে যেতো, যা

দেখে অন্যদের বুঝতে অসুবিধে হতো না যে, ওই ছাত্রটির আসল উদ্দেশ্য কী।

দেখতে দেখতে মেডিক্যাল কলেজের পাঠ শেষ হওয়ার সময় এসে গেলো। এই সময় একটা মজার ঘটনা ঘটে। ১৯৬৪-৬৫ সালের ঘটনা। আমার বড়দিদি সবিতা মুখোপাধ্যায় শার্ট তৈরি করার জন্য একটি ক্রিম রঙের কাপড় দিয়েছিলো। কাপড়টি নাইলনের। ষাটের দশকে অনেকেই নাইলনের জামা কাপড় পরতে ভালোবাসতো। আমিও তাদের মধ্যে একজন। ঠিক হলো বৌদি ও আমি গড়িয়াহাটে গিয়ে শার্টটা তৈরি করতে দেবো। বন্ডেল গেট পেরিয়ে আমরা একটা "ডাবলডেকার" বাসে চড়লাম। নির্দিষ্ট স্থানে পৌঁছে প্যাকেট থেকে কাপড়টা বার করতে গিয়ে দেখলাম প্যাকেটটা শূন্য। বুঝলাম আমাদের অবস্থা সঙ্গীন। বৌদি খুব ঘাবড়ে গেলো। আমাদের অবস্থা দেখে দর্জি মহাশয় আমাদের বললো যে, মনে হচ্ছে বাসেতে কেউ কাপড়টা চুরি করেছে। বৌদি বললো, কাপড়টা প্যাকেট থেকে পড়েও যেতে পারে। এখন কী উপায়ে উদ্ধার পাওয়া যাবে সেটা ভাবতে হবে।

দর্জির দোকান ছেড়ে আমরা হাঁটা পথ ধরলাম। সারা রাস্তা হেঁটে ঠিক হলো আমার "অ্যানাটমি" বইটা বিক্রি করে দেবো। কারণ অ্যানাটমি তো অনেকদিন আগেই পাশ করে গেছি। বৌদিও ভাবলো, এ ছাড়া আর কোনো উপায় নেই।

যথাসময়ে অ্যানাটমি বই বিক্রি করে ঠিক একই ক্রিম রঙের কাপড়া কিনে শার্ট তৈরি করা হলো। আমি ও বৌদি ছাড়া এ কথা কেউ কোনোদিন জানতে পারেনি। জানতে পারলে বকুনি খাওয়ার যথেষ্ট সম্ভাবনা ছিলো। এ ঘটনাটি ঘটবার কয়েকদিন পরেই আমি ও বৌদি চিন্তামুক্ত হয়েছিলাম।

মধ্যবিত্ত পরিবারগুলো কীভাবে নানা ফাঁদে আটকে যায়, সে কথা আমাদের মনেও আসে না। ঈশ্বর দেখবেন— এই রকম মানসিকতা তখন অনেকের গড়ে উঠেছিলো। এখন মানুষ সর্বত্রই অনেক বেশি বুঝতে শিখেছে। নিজের মুখের অন্ন নিজেকেই জোগাড় করতে হবে, এ কথা সবাই

জানে। অনেক ক্ষতি স্বীকার করে ফাইনাল পরীক্ষা পাশ করলাম। নামের শেষে এম.এম.বি.এস. ডিগ্রি স্থান পেলো।

এরপর বাঙ্গুর হাসপাতাল। কোন বিভাগে অর্থাৎ মেডিসিন বা সার্জারি, তাই ঠিক করতে পারছি না। তাই স্টাফরুমের বাইরে "করিডরের" সামনে দাঁড়িয়ে আছি। কী করবো ভেবে পাচ্ছি না। হঠাৎ দেখি এক ভদ্রলোক অপারেশন থিয়েটারের বেশ পরে বেরিয়ে আসছেন। ক্ষিপ্র গতি। আমার দিকে একবার দৃষ্টি নিক্ষেপ করে স্টাফরুমের দিকে খানিকটা এগিয়ে গেলেন। হঠাৎ দেখি ওই ভদ্রলোক আমার কাছে এসে দাঁড়ালেন। জিজ্ঞেস করলেন, 'তুমি কে?'

প্রশ্নের উত্তরে বললাম, 'আমি একজন সদ্য পাশ করা ডাক্তার। হাউস অফিসারের কাজ খুঁজছি।' কী জানি কী মনে হলো। হঠাৎ বললাম—জেনারেল মেডিসিনে কাজ করার ইচ্ছে। আরো কিছু বলতে যাচ্ছিলাম। উনি বাধা দিয়ে আমার হাতটা ধরলেন। বললেন—চলো চলো এখুনি একজন রোগীর ব্রেস্ট ক্যানসারের জন্য অপারেশন করতে হবে। তুমি আমাকে "অ্যাসিস্ট" করবে। কথাগুলি খুবই আন্তরিকতার সঙ্গেই বললেন। হ্যাঁ বা না কিছু বলবার আগেই আমাকে অপারেশন থিয়েটারের চেঞ্জিং রুমে নিয়ে গিয়ে হাজির করলেন। বললেন তাড়াতাড়ি থিয়েটারের পোশাক পরে নাও।

থিয়েটার সিস্টার ও অন্যান্য স্টাফ ছাড়া আরেকজন ব্যক্তিকে দেখলাম। বুঝলাম ইনিও একজন ডাক্তার। এরপর পরিচয় পর্ব। যিনি আমাকে ভেতরে নিয়ে এলেন তিনি রেসিডেন্ট সার্জেন ডাঃ সুনীল ঘোষ। দ্বিতীয় জনের নাম ভবেশ গুপ্ত। ইনি এখানে বহু দিন আছেন সিনিয়র হাউস অফিসার হিসেবে। পরে এই ব্যক্তিকে আমরা "লর্ড ভাবিশ" বলতাম। কারণ এই ব্যক্তির চলন-বলন ছিলো লর্ড বা প্রভু সদৃশ। লম্বা লম্বা পা ফেলে চলতেন সব সময়। মুখে দামি সিগারেট গোঁজা থাকতো। দৈর্ঘ্যে পাঁচ ফুট চার-পাঁচ ইঞ্চির বেশি নয়। কথা বলতেন টেনে টেনে।

যাই হোক রোগীকে অজ্ঞান করা হয়ে গেছে। "অ্যানাসথেটিক"-কে দেখে মনে হলো, বেশ গণ্যমান্য ব্যক্তি। রোগীর মাথার কাছে দণ্ডায়মান। আমাকে দেখে ডাঃ ঘোষকে জিজ্ঞেস করলেন, এই ছেলেটি কে?

ডাঃ ঘোষ বললেন, এ সবে ডাক্তারি পাশ করে হাউস অফিসারের চাকরি খুঁজতে এসেছিলো। আমি বাইরে থেকে ধরে নিয়ে এলাম। ও আমাকে অ্যাসিস্ট করবে 'সেকেন্ড অ্যাসিস্ট্যান্ট" হিসেবে। এখন বুঝলাম এই অপারেশনে আমার অবস্থান কোনো সাহায্যকারী হিসেবে। প্রথম ব্যক্তি হলেন ডাঃ ভবেশ গুপ্ত, দ্বিতীয় জন আমি।

ডাঃ ঘোষের কথা শুনে অ্যানাসথেটিক হো হো করে হাসতে লাগলেন। বললেন এখন বুঝতে পারছি আপনার কর্মক্ষমতা অসীম। দু'নম্বর সহকারীর সমস্যাও মিটিয়ে ফেললেন এতো তাড়াতাড়ি। অপারেশন শুরু হয়ে গেলো। তার আগে "ড্রেপিং"এর সময় লর্ড ভাবিশ বা ভবেশদা আমাকে ধমকানি লাগালেন। বললেন তুমি বড়ো "বকা" (উনি বোকা উচ্চারণ করতে গিয়ে বকা বলেন)। কাপড়টা দিয়ে রোগীকে ঠিকমতো ঢাকছে পারছো না। মনে মনে ভাবলাম "লর্ড ভাবিশ" কি প্রথম থেকেই সব বিষয়ে গুণান্বিত ছিলেন। কী আর করি। ভাবলাম সিনিয়র দাদাকে কিছু বলা ঠিক হবে না। তবে ডাঃ ঘোষ আমাকে উৎসাহিত করার জন্য বললেন, 'স্বপন তো ঠিক করেছে ভবেশ। প্রথম প্রথম সবারই ও রকম মনে হয়। আমারও তো হতো।'

বাঙ্গুর হাসপাতালের কাহিনী পাঁচ সাড়ে পাঁচ বছরের। প্রায় পাঁচ বছর "সার্জিকাল ডিপার্টমেন্টে"-ই ছিলাম। আগে ভাগেই কিছু কথা বলে নিলে পাঠকের বুঝতে সুবিধা হবে। এ কাহিনী কোনো ভাবী শল্যচিকিৎসকের জীবনী নয়। কারণ ডাক্তার হিসেবে আমার ভবিষ্যৎ কর্মজীবন স্থির হয়েছিলো এখানকার জীবন থেকে আরো বারো তেরো বছর পর। অবশ্য চিকিৎসক হিসেবেই অবসর গ্রহণ। আর একটা কথা—আমার এ কাহিনী আত্মজীবনী নয়। এ কাহিনী একজন সাধারণ মানুষের যে নানা প্রতিকূল অবস্থার সঙ্গে মোকাবিলা করতে করতে ভবিষ্যতের দিকে এগিয়ে চলে। এই চলার মধ্যে

যে বৈচিত্র্য লক্ষণীয় তা হলো ষাট সত্তর দশকের বঙ্গ সন্তান নানা প্রতিকূল অবস্থার শিকার। তখনকার দিনে দেশে সৎভাবে জীবনযাপন করতে হলে অর্থনৈতিক বিপর্যয় অবশ্যম্ভাবী ছিলো। সে ক্ষেত্রে মানুষকে ত্যাগ স্বীকারের ব্রত গ্রহণ করতে হতো। ওই সময়ে যারা ত্যাগ স্বীকার করেছেন তাঁরা সত্যই আমার কাছে নমস্য ব্যক্তি। দ্বিতীয় দল উল্টো রাস্তায় চলেছিলো। অর্থাৎ দুর্নীতিগ্রস্থ ব্যক্তিদের খাতায় নিজেদের নাম লিখিয়েছিল। অর্থনৈতিকভাবে তারা লাভবান ব্যক্তি। তৃতীয় দল এর কোনোটারই নয়। নিজেকে এই দুই দলের উপযোগী মনে না করে "য পলায়তি স জীবতি" এই ধারণার বশবর্তী হয়ে দেশত্যাগ করেছিলাম। একদিকে দেশসেবা করে নিজেকে আত্মোৎসর্গ করার অক্ষমতা আর অন্যদিকে অসৎ ব্যক্তি না হওয়ার টানাপড়েনে এই মধ্যপন্থা গ্রহণ করতে বাধ্য হয়েছি। বিদেশে গিয়ে প্রভূত বিত্তশালী হওয়ার স্বপ্ন নয়, দেশের নানা অরাজকতা থেকে মুক্তি পাওয়ার বাসনা।

অবশ্য ডাক্তার হিসেবে ভারতে রোজগার করে বিত্তশালী হওয়া খুব একটা কঠিন কাজ নয়। সবাই যে অসৎ তাও বলছি না। হয়তো অনেকেই সৎভাবে প্রচুর অর্থোপার্জন করেছেন কিন্তু তাঁদের সংখ্যা হাতে গোনা যায়।

বাঙ্গুর হাসপাতালে সার্জিকাল ডিপার্টমেন্টে কাজ করে যে অভিজ্ঞতা হয়েছিলো সেটাই লিপিবদ্ধ করতে চাই। এই অভিজ্ঞতা আমাকে ও অনেককে বিহ্বল করেছিলো। কাজ শুরু করার বেশ কিছুদিন পরে রাজনৈতিক অস্থিরতা সারা পশ্চিমবঙ্গে ছড়িয়ে পড়লো। জানলাম এর সূত্রপাত নকশালবাড়ি, উত্তরবঙ্গের একটি অঞ্চল। এখানে কৃষক আন্দোলন শুরু হলো। এই আন্দোলনে যোগদান করলেন তাবড় তাবড় ব্যক্তি যারা মস্তিস্ক চালনায় অদ্বিতীয়। প্রেসিডেন্সি কলেজের মেধাবী ছাত্ররাও জড়িয়ে পড়লো এই আন্দোলনে। শুধু প্রেসিডেন্সি কেন, কলকাতা বিশ্ববিদ্যালয়, যাদবপুর বিশ্ববিদ্যালয় এমনকী সব মেডিক্যাল কলেজ ও বি.ই. কলেজের ছাত্রছাত্রীরা অংশগ্রহণ করলো।

এক কোথায় শিক্ষিত যুব সমাজ মাথা চাড়া দিয়ে উঠলো এই আন্দোলনের শরিক হওয়ার জন্য। এই আন্দোলনের নাম হলো নকশালবাড়ি

আন্দোলন। ডাক্তার হিসেবে আমাদের কাজের চাপ বেড়ে গেলো। আমি তখন নানারকম ইমার্জেন্সি অপারেশন করার শিক্ষা গ্রহণ করেছি। চার নম্বর এমার্জেন্সি ওয়ার্ড ভরে যাচ্ছে বোম, ছুরি ও আরো নানা অস্ত্রের আঘাতে আহত তরুণ তাজা যুবকে। মনে আছে— একটি যুবককে আনা হয়েছে বোমের আঘাতে ক্ষতবিক্ষত অবস্থায়, তখনো প্রাণ আছে। যন্ত্রণায় আর্তনাদ করে চলেছে যতটুকু শক্তি আছে। বলছে 'জল দাও, জল দাও। আমার গলা শুকিয়ে যাচ্ছে যে।' এদের দেখে মনে হচ্ছে যে শবদেহের ওপর শব-ব্যবচ্ছেদ নয়, জ্যান্ত শরীরে এই ঘটনা ঘটছে। জল দাও, জল দাও—করতে করতে চোখের সামনে স্তব্ধ হয়ে গেলো চিরকালের জন্য। অবশ্য এরকম ঘটনা একটা নয়। অনেক ঘটেছিলো। ইচ্ছে করছে আরো কয়েকটা ঘটনা বলতে। একদিন আমি ইমার্জেন্সি ডিউটিতে। মাসি "কল" খাতা নিয়ে হাজির। স্টাফ নার্স লিখেছেন 'ডাক্তারবাবু যত তাড়াতাড়ি পারেন ওয়ার্ডে চলে আসুন। একটি বোমে আহত রোগী এসেছেন। অন কলের সময় সব সময় প্রস্তুত থাকতাম কলের জন্য। ঘন ঘন কল আসতো। তখন তো আবার এখনকার মতো মোবাইল ফোন ছিলো না। আর মাসিও কোনো অলিম্পিকে দৌড়-প্রতিযোগিতায় জেতা ব্যক্তি নন, তাই যেটুকু সময় আসতে যেতে নষ্ট হতো সেটাকে পুষিয়ে নেওয়া হতো যতো তাড়াতাড়ি সম্ভব চার নম্বর ওয়ার্ডে হাজির হয়ে। গিয়ে দেখলাম রোগীটিকে চার নম্বর থেকে অপারেশন থিয়েটারে নিয়ে যাওয়া হচ্ছে। চার নম্বর ওয়ার্ড স্টাফদের বাহবা দিলাম। কিছুমাত্র সময় নষ্ট করেননি স্টাফেরা।

থিয়েটারে গিয়ে দেখলাম, রোগী অপারেশন টেবিলে শায়িত। ভেবেছিলাম, থিয়েটারে ঢোকার আগেই যন্ত্রণার চিৎকার শুনবো। কিন্তু আশ্চর্য হয়ে গেলাম এই দেখে যে যুবকটির মুখে একটুও শব্দ নেই। যেন সে ধ্যানস্থ। আমি যথারীতি প্রস্তুত হলাম মেরামত কাজের জন্য। তখন এই ধরনের এত রোগী আসতো যে, এদের অজ্ঞান করার সুযোগ থাকতো না। অনেক রোগীকে লোকাল অ্যানেসথেসিয়া দিয়ে কাজ সারতে হতো।

বিনীত ভাবে এই যুবকটিকে বললাম, 'আপনার হাতটাকে অসাড় করার জন্য একটা ইনজেকশন দিচ্ছি।' উত্তর এলো, 'দিন।' আর কোনো কথা নয়।

সেলাই ফোঁড়াই শুরু হয়ে গেলো। লোকাল অ্যানেসথেসিয়া দিলেও ব্যথা তো খানিকটা লাগবেই। দেখলাম কোনো টুঁ শব্দ করছে না যুবকটি। সাহস পেয়ে ভাবলাম জিজ্ঞেস করি বোম ফেটে কী করে হাতের এই অবস্থা হলো। এই প্রশ্ন জিজ্ঞেস করার পর দেখলাম মিনিটখানেক কোনো উত্তর নেই। তারপর যুবকটি বললো, 'দেখুন ডাক্তারবাবু কৌতুহল থাকা ভালো কিন্তু অতিরিক্ত কৌতুহল ভালো নয়। আপনি ডাক্তার, আপনি আপনার কাজ করুন। আমি রোগী হিসেবে ধৈর্য ধরে অপেক্ষা করবো আপনার কাজ শেষ হওয়া পর্যন্ত। এর মধ্যে কোনো প্রশ্ন করবার চেষ্টা করবেন না।' আমি সত্যিই আশ্চর্য হয়ে গেলাম এই ভেবে যে, একটি তাজা যুবকের মুখ থেকে এ রকম অবস্থায় কী করে এই রকম কথা বলার সাহস বা শক্তি থাকে। ভাবলাম এরা এতো শক্তি কোথা থেকে পাচ্ছে।

এরপর চুপচাপ কাজ চলতে থাকলো। থিয়েটার স্টাফ নার্সের সঙ্গে দু'একটি কথা ছাড়া আর কোনো কথা হলো না।

এই ধরনের "ইনজিউরি"-কে বলা যেতে পারে "বাস্ট" (Brust) ফিঙ্গার। ডাক্তার হিসেবে যেটুকু জেনেছিলাম সেটা লিখছি।

শুনেছি বোম বাঁধার সময় বাম হাতে বোম রেখে ডান হাত দিয়ে নানাভাবে বাঁধাছাঁদা চলতে থাকে। এমন সময় হঠাৎ বোমটা ফেটে গেলে বাম হাতটি ক্ষতবিক্ষত হয়, আবার ছেলেটি যদি ল্যাটা হয় তাহলে ঠিক উল্টো হবে। এ সময় অনেক অনেক ডান বা বাম হাতের ক্ষতবিক্ষত অবস্থা দেখেছি। আর একটি ঘটনায় আমি ভয়ঙ্কর বিপদের মধ্যে পড়েছিলাম। যথারীতি মাসিকে দিয়ে "কল" বই পাঠানো হয়েছে। বোমে আহত একজন রোগী এসেছে এই খবর পেয়ে দৌড় দিলাম ওয়ার্ডের দিকে। ওয়ার্ডে আর যেতে হলো না। "করিডরে ট্রলির ওপর আহত রোগী শুয়ে আছে, হাত ক্ষতবিক্ষত। ব্যাপার কিছু বোঝার আগেই আমি ঘেরাও হয়ে গেলাম।

প্রায় ত্রিশ-চল্লিশজন যুবক আমাকে ঘিরে ফেলেছে। অকথ্য ভাষায় আমাকে গালাগালি করছে। সে সব ভাষা এখানে না লেখাই যুক্তিযুক্ত হবে। একজন যুবক আমার দিকে আঙুল তুলে বললো, 'তুমি শালা ডাক্তার হাঁ করে দাঁড়িয়ে আছো কেন? যতো তাড়াতাড়ি পারো কিছু একটা করো।'

বললাম, 'রোগীকে তো থিয়েটারে নিয়ে যেতে হবে। তবেই তো কিছু করতে পারবো।'

ওই যুবকটি বললো, 'তুমি শালা লব কার্তিক। থিয়েটারে নিয়ে যাবি তুই কী করে, থিয়েটার তো বন্ধ। শালা কোনো খবরই রাখিস না। রোগীর যদি কিছু হয় অর্থাৎ যদি মারা যায় তাহলে তোকে ও রোগীকে একসঙ্গে শ্মশানে নিয়ে গিয়ে দু'টো চিতা জ্বালাব। একটিতে রোগীর মৃতদেহ আর অন্যদিকে তোর জ্যান্ত দেহ পোড়ানো হবে।' বুঝলাম আমার অবস্থা সঙ্গীন। এদের পক্ষে আমাকে খুন করাও অসম্ভব নয়। গালাগালির বর্ষণ নেমেছে আমার চারিধারে। হঠাৎ ডাঃ সুনীল ঘোষকে দেখলাম ওয়ার্ডের দিকে যেতে। আমি জানতাম ডাঃ ঘোষ ছুটিতে আছেন। হঠাৎ ওয়ার্ডের দিকে যাচ্ছেন কেন বুঝতে পারলাম না। দু'এক মিনিটের মধ্যে হন হন করে হাসপাতালের এক প্রান্ত থেকে অন্য প্রান্তে চলে গেলেন।

আমার তখন ভয়ার্ত অবস্থা। মন কিছু ভাবতে পারছে না। পা দু'টো যেন অসাড় হয়ে গেছে। ওদিকে ধারাবর্ষণের মতো গালিবর্ষণ চলেছে। হঠাৎ দেখি ওয়ার্ড মাস্টার হন্তদন্ত হয়ে চাবি হাতে আমার কাছে এসে হাজির। উনি বললেন, 'ডাঃ চ্যাটার্জি চলুন, রোগীকে অপারেশন থিয়েটারে নিয়ে যাই।' ছেলেগুলোর দিকে তাকিয়ে বললেন, 'আপনারা কোনো ঝামেলা করবেন না, ডাক্তারবাবুর কোনো দোষ নেই।'

থিয়েটারের চাবিটা যে ওয়ার্ডবয়ের কাছে ছিলো সে হাসপাতালের বাইরেই যে চায়ের দোকান, সেখানে চা খেতে চলে গিয়েছিলো। 'আপনারা ডাক্তারবাবুকে ঘিরে ধরে রেখে লাভের থেকে নিজেদের ক্ষতিই করেছেন। ডাক্তারবাবুকে ধরে না রাখলে উনি আমাকে জানালেই আমি তখনই ব্যবস্থা নিতে পারতাম।'

পরে জেনেছিলাম ওয়ার্ডসিস্টার ভয়ের চোটে কাউকে কিছু না বলে ওই অবস্থায় রোগীটিকে বারান্দায় ফেলে ওয়ার্ডে ঢুকে গিয়েছিলো। আমি না এলে হয়তো ওদেরও গুন্ডা বাহিনী আক্রমণ করতো।

ইতিমধ্যে ডাঃ ঘোষ ওয়ার্ডে ঘটনাটি জেনেই ওয়ার্ডমাস্টারকে "মাস্টার কি" দিয়ে থিয়েটার খুলতে অনুরোধ করেন। ওয়ার্ডমাস্টার ওদের দিকে তাকিয়ে বললেন, 'যেন থিয়েটারে ঢোকবার চেষ্টা করবেন না। তা হলে পুলিশ ডাকতে বাধ্য হবো।' তখন ওরা অনেকটা ঠাণ্ডা হয়েছে। সিগারেট খেতে খেতে হাসপাতালের প্রধান দরজা দিয়ে বাইরে গিয়ে অপেক্ষা করতে লাগলো।

আমি আমার কাজ শুরু ও শেষ করলাম। অবশ্য কাজ শুরু করার আগে থিয়েটার স্টাফকে বলে পাঠালাম সামনের দরজা দিয়ে না ঢুকে থিয়েটারের পাশে যে দরজা সে দিক দিয়ে ঢুকতে।

আমার পরমায়ু যে সে দিনই ফুরিয়ে যায়নি, থিয়েটার থেকে বেরোনোর সময় সেটাই মাথায় ঘুরতে লাগলো। একটা কথা বললে ভুল হবে না যে এ সময় নানা রাজনৈতিক দলের মধ্যে বেশ কিছু গুন্ডাবাহিনী তৈরী হয়েছিলো। এরা নানা ফায়দা ওঠানোর জন্য গুন্ডামি করতো। বিপদ বুঝলে কোনো রাজনৈতিক দলের ছত্রছায়ায় নিজেদের লুকিয়ে ফেলতো। শেষের এই ঘটনাটি সম্ভবত ওই গুন্ডাবাহিনীর কাজ।

এরপরের ঘটনা টালিগঞ্জের সিনেমা পাড়ার এক সহকারী পরিচালককে নিয়ে।

একদিন গভীর রাত্রে আহত হয়ে একজন ভর্তি হলো চার নম্বর ওয়ার্ডে। সেদিন অবশ্য আমি ডিউটিতে ছিলাম না। আমার এক সহকর্মী ডাঃ ভট্টাচার্য ছিলেন খুবই বিচক্ষণ ডাক্তার। ওই অবস্থায় ওই রোগীকে যা করা প্রয়োজন তাই করা হলো। কিন্তু রোগী মৃত্যুর সঙ্গে ঘণ্টা দুই পাঞ্জা লড়ে জীবনের কাছে হার মানলো। সকাল হতে না হতেই টালিগঞ্জ পাড়ায় ছড়িয়ে পড়লো এই ঘটনার কথা। সবাই চড়াও হলো হাসপাতালে। প্রথম প্রশ্ন— কোন শালা ডাক্তার এই রোগীর চিকিৎসা করেছে। আমার সহকর্মীকে এগিয়ে

যেতে হলো। এই জনতার মধ্যে দেখা গেলো টালিগঞ্জের এক বিখ্যাত অভিনেতাকে। ভীড়ের মাত্রা আরো বাড়লো। আমার সহকর্মী ও বিখ্যাত অভিনেতা সামনাসামনি দাঁড়িয়ে। আমার জন্যে এখন থিয়েটারে অপেক্ষা করছে পেটে ছুরির আঘাতে আহত এক রোগী।

বিখ্যাত অভিনেতা ওই বিশাল গুন্ডাবাহিনীর খেলার পুতুল ছাড়া আর কিছুই ছিলেন না। নিজের প্রাণ বাঁচানো ছাড়া আর কোনো উদ্দেশ্য ওই ব্যক্তির ছিলো না। আমরাই ওইসব ব্যক্তিকে আমাদের স্বপ্নজগতের মহামানব হিসেবে দেখি ও কল্পনার গজদন্ত মিনারে অধিষ্ঠিত করি। অচিরেই ওইসব ব্যক্তি আমাদের কাছে বিশেষ খ্যাতিমান ব্যক্তির সম্মান পায়। তাই এই দেবতাস্বরূপ ব্যক্তিরা আমাদের কাজের সমালোচনা বা নিন্দা করলে বড়োই মর্মাহত হই।

ঘণ্টা দুই বাদে কাজ শেষ করে যখন বাইরে বেরিয়ে এলাম তখন জানতে পারলাম ডাঃ প্রাণেশ ভট্টাচার্যকে অপমান করেছেন ওই সুশিক্ষিত সুবিখ্যাত বাঙালি অভিনেতা। ওদের মতে ওই পরিচালকের মৃত্যুর জন্য আমরা—ডাক্তাররা বা হাসপাতাল কর্তৃপক্ষ দায়ী। আমাদের খুব রাগ হলো ওই অভিনেতার ওপর।

সব শিক্ষিত ব্যক্তিরা যদি গুন্ডাবাহিনীর মতোই ব্যবহার করে তাহলে আমরা সাধারণ মানুষেরা কাদের ওপর ভরসা রাখবো। এখন বুঝি সে সময় আমার ধারণা ভুল ছিলো। বিখ্যাত অভিনেতা, গায়ক, খেলোয়াড় ও অন্যান্য তথাকথিত প্রসিদ্ধ বা বিশিষ্ট ব্যক্তির দলেরও যে কোন সাধারণ মানুষের মতো উদ্দেশ্য একই, অর্থাৎ বিপদে পড়লে তারা "চাচা আপণ প্রাণ বাঁচা" নীতিবাক্য মেনে অন্যকে বিপদের মুখে ফেলে দিতে কিছুমাত্র দ্বিধা করে না।

রাগে, ক্ষোভে আমরা দিশেহারা হয়ে গেলাম। একটা কিছু ব্যবস্থা নিতেই হবে। আমাদের পেশায় যেহেতু পুরোপুরি ধর্মঘট সম্ভব নয় তাই আংশিক ধর্মঘট করবো বলে ঠিক করলাম। ইমার্জেন্সি কাজ চালু রেখে "রুটিন" কাজ বন্ধ করবো বলে স্থির হলো আলোচনার মাধ্যমে। যেমন ভাবা তেমনই কাজ। কিছুক্ষণের মধ্যেই আমাদের এই কর্মপন্থা চালু হয়ে গেলো।

এই খবরও কয়েক ঘণ্টার মধ্যে লালবাড়ি অর্থাৎ রাইটার্স বিল্ডিংয়ে পৌঁছে গেলো। যুক্তফ্রন্ট সরকার তখন পশ্চিমবঙ্গের শাসনভার পরিচালনা করছেন। যতদূর মনে আছে জ্যোতি বসু (সি.পি.এম) তখন পুলিশমন্ত্রী। কয়েকদিনের মধ্যেই আমাদের ডাক পড়লো বসুমহাশয়ের বিভাগ থেকে। প্রায় নয়-দশ দিন হয়ে গেছে। হাসপাতাল আংশিক ভাবে অচল। মন্ত্রীমহাশয়রা ভেবেছিলেন দু'একদিনের মধ্যেই ধর্মঘট মিটে যাবে। কিন্তু বাস্তবে তা ঘটলো না। ইতিমধ্যে আই.এম.এ (ইন্ডিয়ান মেডিক্যাল অ্যাসোসিয়েশন) থেকে কর্তৃপক্ষ এসে ধর্মঘট তুলে নেওয়ার অনুরোধ করলেন। কিন্তু প্রচণ্ড তর্কাতর্কির পর কোনো মীমাংসায় আসা গেলো না। দশ দিনের মাথায় জ্যোতিবাবুর ডাক এসে পৌছলো। বললেন সে দিনই কয়েকজন ডাক্তারদের প্রতিনিধি দল এসে জ্যোতিবাবুর সঙ্গে দেখা করেন। উনি আশ্বাস দিলে আলোচনার মাধ্যমে একটা মীমাংসায় আসা যাবে। শর্ত থাকলো মীমাংসা হয়ে গেলে তখনই ধর্মঘট তুলে নিতে হবে।

আট দশ জন ডাক্তারের দল তৈরি হলো, যথা সময়ে লালবাড়িতে উপস্থিত হওয়ার জন্য। আমি ইমার্জেন্সি "অন কল" থাকাতে যেতে পারলাম না। ওই ডাক্তারের দল চলে গেলে আমরা যারা হাসপাতালে ডিউটিরত তাদের অপেক্ষা করা ছাড়া আর কোনো উপায় রইলো না। ঘণ্টা তিনেকের মধ্যে ডাক্তারের দল ফিরে এসে আমাদের বললেন ধর্মঘট তুলে নিতে হবে কারণ জ্যোতিবাবু ওই অভিনেতাকে গ্রেফতার করার নির্দেশ দিয়েছেন। আমরাও খুশি হয়ে নিশ্চিন্ত মনে ধর্মঘট তুলে নিলাম। অপেক্ষা করতে থাকলাম অভিনেতার গ্রেফতারের। বেশ কয়েকদিন পর বোঝা গেলো অভিনেতা বহাল তবিয়াতেই আছেন। গ্রেফতারের কোনো প্রশ্ন ওঠে না। আমরা হাসপাতালের সব ডাক্তার "উজবুক" বনে গেলাম। দুষ্টলোকে রটালো ওই অভিনেতা কংগ্রেসের ছত্রছায়া থেকে নাম কাটিয়ে সি.পি.এম-এর দলে নাম লিখিয়েছিলেন। তাই ওই ব্যক্তির বিরুদ্ধে অভিযোগ গ্রহণ করার প্রশ্নই ওঠে না। আমরা ডাক্তারেরা রাজনৈতিক প্রতিষ্ঠানের কাছে কতটা অসহায় জীব সে দিন এ কথাটা সবার কাছে পরিষ্কার হয়ে গেলো। অবশ্য এ কথাও

ঠিক ওই বিখ্যাত অভিনেতা নিরুপায় হয়ে নিজের দেহকে অক্ষত রাখার জন্য ওই গুন্ডাবাহিনীর হাতে আত্মসমর্পণ করতে বাধ্য হয়েছিলেন।

বাঙ্গুর হাসপাতালে আমাদের মতো কর্মরত "জুনিয়র ও সিনিয়র হাউস অফিসার"-দের মধ্যে একতা ছিলো। তাই কাজের ফাঁকে ফাঁকে সবাই মিলে হৈচৈ করে সময় কাটানো হতো। যখন "আন্তর্জাতিক টেস্ট ক্রিকেট" খেলা চলতো আমরা সময় পেলেই রেডিও কানে লাগিয়ে ধারাবিবরণী শুনতাম। তখন আমরা টেলিভিশনের জগৎ থেকে অনেক দূরে।

আমি যখন এই হাসপাতালে যোগদান করি তখন লর্ড ভাবিশ ছাড়া আরো কয়েকজন আমার থেকে সিনিয়র ডাক্তার ছিলো। মুখার্জিদা শর্ট সার্ভিস কমিশনে ক্যাপ্টেন হিসেবে পাঁচ বছর ইন্ডিয়ান আর্মিতে ডাক্তার হিসেবে কাজ করেছিলো। আর্মিতে কাজ করলেও বেশ হাসিখুশি ও শান্ত স্বভাবের মানুষ ছিলো। মুখার্জিদা সম্বন্ধে দু'একটা কথা এখানে বলবো।

একদিন কাজের শেষে মুখার্জিদা আয়েশ করছে। আমিও সেই দুপুরে তখনকার মতো কাজ শেষ করে এসে দেখি মুখার্জিদা চোখ বুজে শুয়ে আছে ও আমাদের ডাক্তার কোয়ার্টারের জন্য নিযুক্ত কর্মী গোবিন্দ, যার বয়স তেরো চোদ্দো বছরের বেশি নয়, মুখার্জিদার সারা শরীর দলাই-মলাই করে চলেছে। ছেলেটি যতোবারই বলছে, 'বাবু এ বার আমায় ছেড়ে দিন, আমার আরো অনেক কাজ আছে। মুখার্জিদা ততোবারই শান্ত গলায় উত্তর দিচ্ছে, 'না না এখনো হয়নি, আরো কিছুক্ষণ গা হাত পা দলাই-মলাই করে দে বাবা গোবিন্দ। বড়ো লক্ষ্মী ছেলে তুই।' এদিকে গোবিন্দও একই কথা বলে চলেছে। 'অনেকক্ষণ তো হলো, আর কতক্ষণ গা টিপতে হবে বাবু।' মুখার্জিদারও সেই একই কথা 'আরো দশ মিনিট'।

আমরা এ দিকে বসে মজা দেখছি। হঠাৎ দেখি একটি শীর্ণকায় লোক আমাদের সামনে উদয় হয়ে বিনয়বিগলিত চিত্তে আমাদের সবার দিকে তাকিয়ে বললো, "ডাক্তারবাবুরা আপনারা পেন্নাম নিন।' আমরা সবাই অবাক হয়ে লোকটির দিকে তাকিয়ে রইলাম। লোকটি মুখার্জিদাকে উদ্দেশ্য করে মৃদু গলায় বললো, 'ডাক্তারবাবু, আমার রোগীটি কেমন আছে?' মুখার্জিদা চোখটা

একবার খুলেই আবার সঙ্গে সঙ্গেই চোখ বন্ধ করে জিজ্ঞেস করলো, 'কোনো রোগীটির কথা বলছো?' লোকটি সঙ্গে সঙ্গে উত্তর দিলো, 'ওই যে সাত নম্বর বেডে যার নাকে নল আর হাতে জল দেওয়া হচ্ছে।' মুখার্জিদার কাছ থেকে সঙ্গে সঙ্গে উত্তর এলো, 'ওই রোগীর অবস্থা খুব খারাপ।' লোকটি বোধহয় এতো তাড়াতাড়ি এইরকম উত্তর আশা করেনি। যেই লোকটি "এজ্ঞে, ডাক্তারবাবু" বলে কিছু বলতে শুরু করেছিলো মুখার্জিদা কথার মাঝে ওকে ইশারায় থামিয়ে দিয়ে বললো, 'আর সময় নষ্ট না করে রোগীর পাশে গিয়ে দাঁড়াও। আমি খানিকক্ষণ বাদে গিয়ে তোমার রোগীটিকে দেখে আসবো।

লোকটি চলে গেলে আমরা মুখার্জিদাকে জিজ্ঞেস করলাম, 'এটা কী হলো দাদা। লোকটাকে একেবারে মুখে মুখে নোটিস ধরিয়ে দিলেন। দেখে মনে হলো লোকটা খুব ঘাবড়ে গেছে।' আমাদের কথা শুনে তিনি বেশ খানিকক্ষণ ধরে হো হো করে হেসে নিলেন। তারপর আমাদের দিকে তাকিয়ে বললেন, 'তোমরা এখনো নাবালক ডাক্তার আছো। তাই এসব রোগীর লোকের কথা বুঝতে পারছো না। আমি যদি বলি রোগী ভালো আছে তা হলে আট দশদিন আর এদের টিকিটি দেখা যাবে না। তখন রোগীর ব্যাপারে কোনোকিছু অর্থাৎ ওষুধপত্তর ইত্যাদির প্রয়োজন হলে এদের পাবো কোথায়? রোগীর অবস্থা খারাপ জানলে রোজ আসবে।' মুখার্জিদার বুদ্ধিমত্তার প্রশংসা না করে পারা গেলো না। দাদাকে জিজ্ঞেস করলাম, 'এটাও কি আর্মির ট্রেনিং?' মুর্খাজিদা উত্তর না দিয়ে উচ্চস্বরে হাহা করে হাসতে থাকলেন। দশমিনিটের দলাই মলাই তখনো থামেনি। এই হাসপাতালের অন্যান্য ডাক্তার হলো—গণেশ মণ্ডল, সুবল চৌধুরী, তড়িৎ দাস, প্রশান্ত মুর্খাজি, সুনীল সেন ও ব্যানার্জি। মেয়ে ডাক্তারদের মধ্যে মাধবী ব্যানার্জি, ইরানী মণ্ডল, গোপা গুহ ও দীপ্তি ঘোষ। আরো সম্ভবত দু'তিন জন ছিলো।

এখানে নিজেদের মধ্যে মোটামুটি সদ্ভাব ছিলো। মাঝে মধ্যে কথা কাটাকাটি যে হয়নি তা নয়, তবে তা খুব সহজেই মিটিয়ে নেওয়া সম্ভব হতো। আমাদের কাজ যে কখন আরম্ভ আর কখন শেষ হতো তার হিসেব রাখা প্রায় অসম্ভব ছিলো। তবুও ওর মধ্যে কিছু সময় বার করে গল্পগুজব

করতাম। কখনো বা দল বেঁধে সিনেমায় যাওয়া হতো। হাতে তেমন কিছু পয়সা থাকলে টিকিট কেটে ইডেন গার্ডেনে খেলা দেখতে যাওয়াও একেবারে অসম্ভব ছিলো না। যদিও ক্রিকেট খেলা দেখতে যাওয়ার পয়সা জোগানো অতো সহজ ছিলো না তখনকার দিনে। অর্থাৎ ষাটের দশকে।

মানুষের জীবন বয়ে চলে নদীর মতো। নদীর দুই পাড় দু'রকম। নদীর একদিকে যেমন গড়ে ওঠে জনবসতি, অন্যদিকে পাড় ভেঙ্গে নদী আবার গ্রাম ভাসিয়ে দিয়ে যেতে পারে। ভাঙ্গা গড়া এই খেলা যুগ যুগ ধরে চলে আসছে। মানুষের জীবনেও এইরকম ভাঙ্গা গড়ার খেলা চলেছে যুগ যুগ ধরে। বাবার মৃত্যুর পরই হাসপাতালে ছাত্র অবস্থা থেকে মৃত্যুর সঙ্গে যোগাযোগ শুরু হলো। ডাক্তারি পাশ করার পর হাউস সার্জেনের কাজ শুরু হলে বিরামহীন এই মৃত্যুর মিছিল দেখে দেখে মন অনেকটা অভ্যস্ত হতে শুরু করলো। মানুষের মন অনুভূতিপ্রবণ। তাই প্রথম প্রথম মনকে সংযত রাখা কষ্টসাধ্য ছিলো। বিশেষ করে আমি যে সময়ে ডাক্তার হিসেবে কাজ শুরু করেছি সে এক ভয়ঙ্কর সময়। বোমাবাজি, ছুরিকাঘাত ও আরো নানা উপায়ে শত শত মানুষ জখম হয়ে ইমার্জেন্সি বিভাগে আসতো, সেখান থেকে তাদের সার্জিকাল ওয়ার্ডে স্থানান্তরিত করা হতো। ওয়ার্ডে পর্যাপ্ত বেড না থাকায় মাটিতে এইসব মুমূর্ষ রোগীর শয্যা পাতা থাকতো। এইসব দেখে যুদ্ধের ছবি আমাদের চোখের সামনে ভেসে উঠতো। প্রতিমুহূর্তে শত শত তরতাজা তরুণ যুবককে মৃত্যুর দ্বারে এসে উপস্থিত হতে দেখলাম আমরা। এখনো আমার চোখের সামনে ভাসে এক একটি নিদারুণ ঘটনার ছবি। ক্ষতবিক্ষত যুবককে আনা হয়েছে হাসপাতালে, বেড পাওয়া যায়নি বলে মাটিতে কোনোরকমে শুইয়ে দেওয়া হয়েছে। বোমার আঘাতে মুখ ও গলা ক্ষতবিক্ষত। দেখে মনে হয় কেউ যেন জ্যান্ত মানুষের ওপর নিপুণ হাতে শব ব্যবচ্ছেদ করার দুঃসাহস দেখিয়েছে। এখনো চোখের সামনে স্পষ্ট দেখতে পাই একটি তরুণ যুবক এসে কিছুক্ষণ আগেই বোমার আঘাতে ক্ষতবিক্ষত হয়ে হাসপাতালের মাটিতে শুয়ে চিৎকার করে বলছে, 'আমাকে জল দাও। আমার গলা শুকিয়ে যাচ্ছে।' একই কথা বারকয়েক বলার পর আমার

চোখের সামনে আস্তে আস্তে তার দেহ নিথর হয়ে পড়লো। মুহূর্তের মধ্যে সব যন্ত্রণার অবসান ঘটে যাওয়ার পর একটি চিরন্তন প্রশান্তি নেমে এলো যেন তার চোখেমুখে। এইসব মৃত্যুর মিছিল দেখতে দেখতে আমাদের মনে প্রশ্ন এসেছে এরা কেন বা কীসের জন্য তাদের অমূল্য প্রাণ বিসর্জন দিচ্ছে? দেশ স্বাধীন হওয়ার আগে অনেক তরতাজা যুবক, যুবতী ও সব বয়সের মানুষ স্বাধীনতার জন্য প্রাণ দিয়েছে। কিন্তু এরা কীসের জন্য তাদের জীবন উৎসর্গ করছে? এইসব মহামূল্যবান জীবন যদি একযোগে দেশের উন্নতির জন্য নূতন দিক দেখাতে পারতো, যদি সবার সাথে হাত মিলিয়ে চলতে পারতো, হিংসার বশবর্তী না হয়ে অহিংসার মন্ত্রে দীক্ষিত হতে পারতো তাহলে সব পেশার মানুষই যে সাহায্য করতে এগিয়ে আসতো এ বিষয়ে কোনো সন্দেহ নেই। ভারতবর্ষের মতো বিশাল দেশের স্বাধীনতার জন্য অনেক, প্রাণ তো বিসর্জন দিতে হয়েছিলো। সে সময় ভাঙ্গনের খেলা খেলতে হয়েছে। স্বাধীনতা প্রাপ্তির পর কি দেশকে গড়ে তোলার স্বপ্ন সফল করার সময় আসেনি? দেশ স্বাধীন হওয়ার পর কিছুদিন আনন্দের স্রোতে ভেসে যাওয়ার পর এই গড়ে তোলার স্বপ্নকে সফল করার ভাবনা করা কি উচিত ছিলো না? ষাটের দশকে স্বাধীন দেশে এরকম অবস্থা দেখে আমরা ডাক্তাররা ভাবতাম কেউ যদি নিঃস্বার্থভাবে পথ দেখাতে পারে, দেশের উন্নতির জন্য তাহলে আমরা আমাদের পেশাগত বিদ্যা সঠিকভাবে কাজে লাগাতে পারবো। ডাক্তার হিসেবে যে ক'বছর দেশে ছিলাম সে ক'বছর সে রকম চেষ্টা করতে কাউকে দেখা যায়নি। দেখেছি শুধু মৃত্যুর মিছিল। যেন রক্তগঙ্গা বইছে। আমরা সবাই হতাশায় ভুগছি সেই সময়।

পেশাদারি বিদ্যা অর্জন করেছি। কিন্তু দিনের পর দিন আমরা কী কাজ করে চলেছি? একদিকে বোমাবাজি ও ছুরিকাঘাতে আহত মৃত্যুপথযাত্রী রোগী, অন্যদিকে হতদরিদ্র শ্রেণীর মানুষ যাদের দুপুরে খাওয়ার পর ভাবতে হয় রাত্রে খাবার জুটবে কি না তারাও দলে দলে ভীড় করে চলেছে হাসপাতালের বিছানায়। তারা খাদ্যাভাবে জীর্ণ ও অপুষ্টির শিকার। এদের দিনের পর দিন রাতের পর রাত দেখে বুঝতে পারতাম এরা হাসপাতালে

অনেক সুখে আছে। কারণ ,এখানে দু'বেলা খাবার জুটছে নিয়মিত। এদের মধ্যে অনেকেই মৃত্যুপথযাত্রী, যাদের শল্য চিকিৎসার প্রয়োজন আছে। তাদের মধ্যে কেউ কেউ ডাক্তারের অভাবে বিনা চিকিৎসায় চোখের সামনে মৃত্যু পথযাত্রীদের দলে নাম লিখিয়ে ফেলছে। আমাদের কাছে সবচেয়ে লজ্জাজনক ব্যাপার বলে মনে হতো যখন দেখতাম সেই সব রোগী যারা রাজনৈতিক বা অন্য কারণে গঠিত দলের সদস্য, তাদের খ্যাতির পাওয়ার অধিকার অন্য রকম।

আমাদের মতো ডাক্তারদের বলা হতো এইসব ব্যক্তিকে ঘনঘন গিয়ে দেখাশোনা করতে। কেবিনে গিয়ে ডাক্তারবাবুরা বত্রিশ পাটি দাঁতের যতোটা পারা যায় উন্মোচন করে ইয়েস স্যার, ইয়েস ম্যাডাম, নো স্যার, নো ম্যাডাম, স্যার স্যার স্যার....ম্যাডাম ম্যাডাম ম্যাডাম.........এইসব শব্দগুলি অকারণে যত্রতত্র ব্যবহার করতো।

কয়েকজন ডাক্তার নিজেদের আখের গুছোনোর জন্য যখন তখন কেবিনে হাজিরা দিয়ে ওইসব মহাপুরুষ ও মহিয়সী নারীদের কৃপাদৃষ্টি লাভ করে ধন্য হতো। আমার বুঝতে অসুবিধে হতো না ভগবান আমাকে এই বিশেষ গুণ ও ক্ষমতা দেননি। সত্যি কথা বলতে কী মেডিক্যাল কলেজে পড়াশোনা করার সময়ই আমার কাছে স্পষ্ট হয়ে গিয়েছিলো যে অন্যকে চালাকির দ্বারা সন্তুষ্ট করার যে পদ্ধতি সেই বিদ্যেটি ছোটোবেলা থেকে আয়ত্ত করতে আমি অক্ষম ছিলাম। আমার অভিজ্ঞতা বলে ছোটোবেলা থেকেই শিশুদের মধ্যে এক একটি পদ্ধতি বা স্টাইল গড়ে ওঠে। আমার ধারণায়, এই শিশুদের মধ্যে কেউ কেউ ছোটোবেলা থেকেই অন্যদের খুশি করার স্টাইল আয়ত্ত করে নেয়। এরপরের বিভাগের শিশুরা সে রকম ভাবে কথায় খুব পারদর্শী হয় না বা হলেও মুখচোরা স্বভাবের জন্য ভালো মন্দ যাই বলুক না কেন তা বলতে দ্বিধা করে।

অর্থনীতিবিদদের কথায় জানতে পারি বাড়ির দাম যদি বিদ্যুৎগতিতে বাড়তে থাকে তাহলে একদিন না একদিন সেই বাড়ির অবস্থাটা হঠাৎ চুপসে গিয়ে বিপর্যয়ের সৃষ্টি করে। সর্বক্ষেত্রেই যে একটা সংযমের প্রয়োজন সে

কথাটা বুঝতে আমাদের খুব একটা অসুবিধে হওয়ার কথা নয়। ২০০৮ সালে সারা পৃথিবীর তড়িৎ গতিতে এই বাড়বাড়ন্ত বিপর্যয়ের মুখে সবাইকে ঠেলে দিয়েছিলো। অতিরিক্ত লোভ কি এর জন্যে মূলত দায়ী নয়? অবশ্য যদিও এইসব আলোচনা বিশ্বের বিশাল বিশাল জ্ঞানী ও পণ্ডিত ব্যক্তিরা দিবারাত্র করে চলেছেন এবং এর থেকে মুক্তি পাওয়ার চেষ্টা চালিয়ে যাচ্ছেন তাদের মুখের নিঃসৃত বাণী শোনার জন্যই আমাদের অপেক্ষা করতে হবে। আমার মতে ক্ষণিকের সুখের জন্য স্বাচ্ছন্দ্যের মাত্রা পেরিয়ে বাহুল্যের রাস্তায় পৌঁছানোর আগেই ব্রেক কষে নিজেদের সংযত করতে হবে। একটা মানুষের জীবনে কতোটা প্রয়োজন সেটার মীমাংসা অন্য কেউ করে দিতে পারবে না, আমাদেরি করে নিতে হবে।

হঠাৎ এই সময়ে আমাদের একটা সুযোগ এসে গেলো। 'সব তীর্থ বারবার গঙ্গাসাগর একবার।' অর্থাৎ জীবনে একবার পদার্পণ করলেই পুণ্যলাভ ঘটে। স্বাস্থ্য বিভাগ থেকে কিছু "সিনিয়র" সরকারি ডাক্তারদের কাছে চিঠি পাঠানো হলো যেন তাদের মধ্যে জনা চারেক ডাক্তার সাগরমেলায় যায়। কারণ, সেখানে পুণ্যার্থীদের দল অসুস্থ হয়ে পড়লে বা দুর্ঘটনায় পতিত হলে এইসব অভিজ্ঞ ও বিশেষজ্ঞ ডাক্তাররা এদের ভার গ্রহণ করতে পারবে।

এই ডাক্তাররা ছাড়াও রাজ্যের বিভিন্ন জায়গা থেকে সাধারন চিকিৎসকেরাও উপস্থিত থাকবে। আমাদের হাসপাতালের বিশেষজ্ঞরা এই বিষয়ে উৎসাহবোধ করলেন না। সংসারধর্ম ছেড়ে কোথায় মাঠে ঘাটে পড়ে থাকতে হবে, সম্ভবত ভয়েই সাগরমেলায় না যাওয়ার পরিকল্পনা করে কোনো একটি কারণ দেখিয়ে স্বাস্থ্য দফতরকে জানিয়ে দেওয়া হলো। মনে হলো সবারই কিছু না কিছু অজুহাত ছিলো। স্বাস্থ্য দফর থেকে উত্তর এলো বিশেষজ্ঞ ডাক্তাররা না যেতে পারলেও কাজ জানা কিছু ডাক্তারকে পাঠালেই চলবে। আমাদের চারজনকে বলাতেই আমরা রাজি হয়ে গেলাম।

আমি ও প্রাণেশ ভট্টাচার্য ইমার্জেন্সি সার্জারিতে দক্ষ। প্রাণেশ আবার অ্যানাসথেসিয়া কাজও কিছু জানতো। বাকি আমার থেকে জুনিয়র প্রশান্ত মুখার্জি স্ত্রীরোগ বিশেষজ্ঞ হওয়ার ট্রেনিং নিচ্ছিলো আর আমার এক বছরের

জুনিয়র গণেশ মণ্ডল মেডিসিনে তখন বেশ খানিকটা অভিজ্ঞতা লাভ করেছে। আমরা কেউই বিশেষজ্ঞ না হলেও উৎসাহের আতিশয্যে আমাদের মনের কোণে কোথাও ভয় বাসা বাধেনি। আমরা কয়েকজন ডাক্তার অভিজ্ঞতা থেকে বুঝতে পেরেছিলাম যে ওইরকম জায়গায় আমাদের কতটুকুই বা করণীয় থাকবে। এই সুযোগে সাগরমেলায় কষ্টবরণ করতে হলেও একটা নতুন অভিজ্ঞতা তো লাভ করা যাবে। আমরা চারজন সাগরমেলায় যাবার তোড়জোড় শুরু করে দিলাম। সমুদ্রের ধারে শীতের প্রাবল্য যে খুব বেশি হবে তা বুঝতে অসুবিধে হলো না। আমরা সবাই বেশ কিছু শীতবস্ত্র সঙ্গে নিয়ে যাবার পরিকল্পনা করলাম। কোনো অসুবিধেই আমাদের পরাস্ত করতে পারবে না। এ বিষয়ে আমরা নিশ্চিন্ত ছিলাম।

জীবন নাটকের শেষ অঙ্কে পৌঁছে এখন বুঝতে পারি তরুণের কর্মশক্তি এতটাই অবিচলিত থাকে যে বাইরের কোনো বাধাবিপত্তি অন্তরায় হয়ে দাঁড়াতে পারে না। আমরা চারজন ডাক্তার বয়সে তরুণ, তাই আমাদের উৎসাহের কোনো অভাব ঘটেনি।

অবশ্য এটাও ঠিক যে প্রতিদিন নিয়মমাফিক কাজ করতে করতে আমাদের সবার প্রাণ হাঁপিয়ে উঠেছিলো। তাই কয়েক দিনের জন্য আমাদের মুক্তির বাসনা জেগেছিলো। যাই হোক আমার মাকে গঙ্গাসাগর মেলায় যাওয়ার পরিকল্পনা জানালে মায়ের মুখ দেখে মনে হলো আমি যেন এমন একটা কথা বলেছি যা বিশ্বাসযোগ্য নয়। আমি ঈশ্বরবিশ্বাসী হলেও কাশীতে বিশ্বনাথের মন্দিরে খুব ছোটোবয়সে পাণ্ডার হাতে চপেটাঘাত খাওয়ার ফলে তীর্থস্থানের ব্যাপারে আমার এক বিরুদ্ধ ধারণা গড়ে উঠেছিলো। ওই ঘটনার পর যে আর কোনো তীর্থস্থানে কখনোই যাইনি এমন নয়, তবে ওই ঘটনার পর ঈশ্বর যে সর্বত্র বিরাজমান এই সিদ্ধান্তে উপনীত হয়েছিলাম। তাই নিজের তাগিদে তীর্থদর্শনের বাসনা ঘটেনি। প্রথমে মায়ের ধারণা হয়েছিলো আমি একাই সাগরমেলায় যাবার পরিকল্পনা করেছি। এখন মনে হয় মা কি ভেবেছিলো আমার সংসারের প্রতি আসক্তি কমে আমি ধর্মের দিকে এগিয়ে চলেছি? কারণ ভারতীয় সব মায়েদের এরকম ধারণা হওয়া হয়তো

অস্বাভাবিক নয়। মাকে বিস্তারিতভাবে যখন এই পরিকল্পনার কথা ব্যাখ্যা করলাম, মা বললো, 'তুই তো গঙ্গাসাগরে গিয়ে আমার আগেই পুণ্যলাভ করতে যাচ্ছিস, আমার আর ইহজীবনে এটা ঘটবে না।' মায়ের এই কথা শুনে আমি হাসিতে ফেটে পড়লাম।

আমাকে ওইভাবে হাসতে দেখে মা বিরক্ত হয়ে বললো, 'ওইভাবে হাসছিস কেন, আমি কি কিছু ভুল বলেছি নাকি, ঠিকই বলেছি।' সবাই বলে, 'সব তীর্থ বারবার গঙ্গাসাগর একবার।' আমি বললাম, 'তোমার মতে আমি যদি পুণ্যবান হওয়ার জন্য সাগরমেলা যাচ্ছি ধরে নেওয়া যায় তা হলে সে বিষয়ে আমি তোমার সঙ্গে তর্কে যাবো না। সত্যি কথা বলতে কী বাবার মৃত্যুর পর তোমার ত্যাগ স্বীকারের ফলে আমরা যে কিছুটা প্রতিষ্ঠিত হতে পেরেছি তাতেই আমার সারাজীবনের তীর্থ দর্শন হয়ে গেছে।' সে যুগে আমাদের মায়েদের ত্যাগ স্বীকারের কাহিনী তো অনেক লেখকের গল্পেই স্থান পেয়েছে।

মাকে আরো বললাম, 'তুমি গঙ্গাসাগর বা কুম্ভমেলায় না গেলেও অনেক তীর্থ দর্শন করেছো।' মাকে বললাম, 'আমরা চারজন ডাক্তার ওখানে একটু মজা করতে যাচ্ছি। মনে হয় না ওখানে ডাক্তার হিসেবে আমাদের খুব একটা কাজ করতে হবে।' মা কী বুঝলো জানি না, তবে মনে হলো আমার সব কথা শুনে আশ্বস্ত হলো।

সাগরদ্বীপ গঙ্গা বদ্বীপের একটি দ্বীপ। এই দ্বীপটি দক্ষিণ কলকাতা থেকে ১০০ কি.মি. দূরে ও পশ্চিমবঙ্গ সরকার দ্বারা শাসিত একটি দ্বীপ। এই দ্বীপে ৪৩ টি গ্রাম। এখানকার জনসংখ্যা ১৬০,০০০ এর থেকে বেশি। সবচেয়ে বড়ো গ্রামটির নাম গঙ্গাসাগর। এই দ্বীপটি গঙ্গাসাগর। এই দ্বীপটি গঙ্গাসাগর অথবা সাগরদ্বীপ নামে খ্যাত।

সাগরদ্বীপ হিন্দু তীর্থযাত্রার স্থান একথা সব বাঙালিই জানে। প্রতি বছরে মকর সংক্রান্তিতে (১৪ই জানুয়ারি) হাজার হাজার হিন্দু তীর্থযাত্রী গঙ্গানদী ও বঙ্গোপসাগর যেখানে মিলিত হয়েছে সেখানে ডুব দিয়ে স্নান করে পুণ্য অর্জন করে। স্নান সেরে পবিত্র চিত্তে কপিল মুনির আশ্রমে পুজো দেয়।

এ বার আবার আসা যাক আমাদের কথায়। নির্দিষ্ট দিনে আমরা চারজন ডাক্তার সাগরমেলার উদ্দেশ্যে রওনা দিলাম। প্রথমে সরকারি জিপে করে কাকদ্বীপে পৌঁছানো গেলো। কলকাতা থেকে কাকদ্বীপের দূরত্ব প্রায় ৯০ কি.মি. পৌঁছতে সময় লাগে ২ ঘণ্টার মতো। ওখানে নেমে হাত পা ছাড়িয়ে নেওয়া গেলো। তারপরেই সবাই দৌড়লাম স্থানীয় চায়ের দোকানে। চা ও গরম গরম শিঙাড়া (এখন কলকাতায় সবাই সামোসা বলে) সহযোগে ক্ষিদে মেটানো গেলো। জানলাম কিছুক্ষণের মধ্যেই "বনলক্ষ্মী" মোটরবোটে করে সমুদ্রভ্রমণ শুরু হবে। এই ভ্রমণের স্বাদ পাওয়ার জন্য সবার মন চঞ্চল হয়ে উঠেছে। তাড়াতাড়ি নির্দিষ্ট স্থানে গিয়ে পৌঁছলাম। কাকদ্বীপ থেকে গন্তব্য স্থান কচুবেড়িয়া। জলপথে দূরত্ব চার মাইল। সময় মতো "বনলক্ষ্মী" মোটরবোটে চড়ে কচুবেড়িয়ায় পৌঁছলাম। তখন সূর্যদেব ছুটি নিয়েছেন। রাতের অন্ধকার ছেয়ে আছে চারিদিকে। রাস্তার আলোয় যতটুকু নজরে পড়ে সেটুকু দেখেই চক্ষু সার্থক করলাম। এখান থেকে বাসে চড়ে সাগরদ্বীপে পৌঁছতে হবে। নির্দিষ্ট সময়ে যাত্রীবোঝাই বাসে চড়ার পর বাসটি চলতে শুরু করলো। সেই চলমান যানটির গন্তব্য স্থান সাগরমেলা যেখানে আমাদের সবার বিশ্রাম মিলবে এই দীর্ঘ ভ্রমণ পথের শেষে। রাস্তার দু'পাশে যা কিছু চোখে পড়লো দু'নয়ন ভরে দেখতে থাকলাম।

এতোদিন পরেও যেন চোখের সামনে স্পষ্ট হয়ে ভেসে ওঠে মোটরবোট ও বাসে করে ভ্রমণের আনন্দ। বেশ খানিকটা পথ অতিক্রম করতে হলো বাসে চড়ে। এতোটা পথ অতিক্রম করার পর শেষের দিকে সবারই ক্লান্তি নেমে এসেছিলো। হয়তো পনেরো কুড়ি মিনিটের মতো অনেকেই ঘুমিয়ে পড়েছিলো। আমরাও তাদের মধ্যে কয়েকজন।

চলমান বাসের একঘেয়ে দুলুনিতে ঘুম আসা খুব অস্বাভাবিক নয়। হঠাৎ চিৎকার চেঁচামেচিতে নিদ্রাদেবী বিদায় নিলো।

আচমকা ঘুম ভেঙ্গে যাওয়ার পর বুঝতে পারলাম সাগরমেলায় পৌঁছে গেছি। বাস থেকে আমরা সবাই নেমে পড়লাম। নিজের নিজের সুটকেস নিয়ে হাঁটতে শুরু করলাম। এ বার আমাদের খুঁজে বার করতে হবে

আমাদের তাঁবু কোথায় খাটানো হয়েছে। যতদূর চোখ যায় চারিদিকে নজরে পড়ে চলমান জনতা ও অজস্র খাটানো তাঁবু। সমুদ্রের ঢেউয়ের মতো এক একটা তাঁবু বাতাসে অল্প অল্প আন্দোলিত হচ্ছে। এসব দেখে আমাদের সবার মন রোমাঞ্চিত হলো। নানা ভাষাভাষী মানুষের সমারোহ ঘটেছে সাগরমেলার তীর্থে। শিশু থেকে বৃদ্ধ-বৃদ্ধা অজস্র মানুষ এসে মিলেছে এই পুণ্যভূমিতে।

এই তীর্থে অর্থাৎ মহামানবের সাগরতীরে আমরা সবাই উপস্থিত হয়েছি। এইসব মানবতীর্থে বিশ্বমানবের মিলন ঘটে চলেছে যুগ যুগ ধরে। এইসব ভাবনাকে কিছুক্ষণের জন্যে বিশ্রাম দিয়ে আমরা চারজন তাঁবুর সন্ধানে এদিক ওদিক ঘুরপাক খেতে থাকলাম বেশ কিছুক্ষণ ধরে। হঠাৎ দেখলাম একজন ভারত সেবাশ্রম সঙ্ঘের স্বেচ্ছাসেবক আমাদের দিকে এগিয়ে এসে হিন্দিতে জিজ্ঞেস করলেন—আপনারা কি আপনাদের তাঁবুর সন্ধানে ঘোরাঘুরি করছেন? আমাদের বাংলা মেশানো ভাঙ্গা হিন্দি শুনে উনি মৃদু হেসে বিশুদ্ধ বাংলায় জিজ্ঞেস করলেন, 'মনে হচ্ছে আপনারা কলকাতা থেকে এসেছেন, বলুন আপনাদের কীভাবে সাহায্য করতে পারি।' আমরা ডাক্তার শুনে ওই স্বেচ্ছাসেবক বললেন, 'চলুন আমরা আগে পুলিশের দপ্তরে যাই, ওরা আপনাদের তাঁবুর খবর দিতে পারবে।' আমরা ওই ভদ্রলোকের গমনপথকে অনুসরণ করে নির্দিষ্ট দফতরে পৌঁছলাম। সেখান থেকে শুধু তাঁবুই নয় আরো অনেক কিছু জানা গেলো।

কিছু কিছু বিষয় বেশ হতাশাজনক বলেই জানলাম। যেমন আমাদের স্বাস্থ্য দফতরের নিজস্ব কোনো অফিস নেই। তাই পুলিশের সাহায্যের দরকার আমাদের প্রতি পদক্ষেপে। যিনি এই মেলায় সরকারের তরফ থেকে সবার ওপরে, তিনি জেলাশাসক দীপক রুদ্র মহাশয়। পদমর্যাদা অনুযায়ী অবশ্যই এই ব্যক্তির সুযোগ সুবিধে সবচেয়ে বেশি হবে এটাই স্বাভাবিক।

যতদূর মনে আছে এই জেলাশাসক এখানে এসে উপস্থিত হয়েছেন "বনলতা" নামধারী একটি লঞ্চে। শুনেছিলাম ও পরে দেখেছিলাম

দীপকবাবুর সঙ্গে বেশ কয়েকজন আধিকারিক (কোনো দফতরের উচ্চপদস্থ কর্মচারি বা অফিসার) মেলা তত্ত্বাবধানের কাজে নিয়োজিত ছিলেন।

স্বাভাবিক কারণেই জেলাশাসকের ও অন্যান্য আধিকারিকের পদমর্যাদা অনুযায়ী তাঁবু খাটানো হয়েছিলো।

আমরা কয়েকজন ডাক্তার তখনই বুঝতে পারলাম যে আমাদের স্বাস্থ্য দফতর অন্যান্য দফতরের থেকে অনেকটাই নিকৃষ্টশ্রেণীর। এই বিভাগের অর্কমণ্যতার জন্যই হয়তো এই অবস্থার সৃষ্টি হয়েছে। আমাদের অবস্থা বুঝে পুলিশ দফতর আমাদের সব ব্যাপারে সাহায্যের হাত এগিয়ে দিতে উৎসুক হলো। আমরা তাঁবুতে পৌঁছানোর পর বিছানাপত্তর পেতে ফেললাম। তাঁবুর এক প্রান্ত থেকে আরেক প্রান্ত পর্যন্ত খড়ের ওপর চাদর ও কম্বল বিছানো হলো। অবশ্য সবার গায়ে দেওয়ার জন্য যথেষ্ট কম্বলও ছিলো। কিছুক্ষণের মধ্যেই এই অস্থায়ী বাসস্থান সম্বন্ধে আমরা খানিকটা নিশ্চিন্ত হলাম।

টয়লেটের ব্যবস্থা শোচনীয় বলে মনে হলো। চারিদিকেই তো বালি। এ বিষয়ে আর বিশদ বিবরণ না দেওয়াই আমি যুক্তিযুক্ত বলে মনে করি। মনকে প্রস্তুত করলাম এই ভেবে যে, সব রকম কষ্ট ও অসুবিধা ভুলে গিয়ে এই কয়েকটা দিন ও রাত্রি আমরা যতোটা পারি নিজেদের মধ্যে হইহট্টগোল করে যেন কাটিয়ে দিতে পারি। যেহেতু আমাদের স্বাস্থ্য দফতরের খাদ্য পানীয়ের দোকান বা ক্যান্টিন নেই, তাই আমরা পুলিশ দফতরের ক্যান্টিনে খাওয়া দাওয়া সেরে নিলাম সেই রাত্রে। এখন আর কাজ কী। রাত্রের খাওয়ার আগে সন্ধ্যাকালে বেশ কয়েক ভাঁড় চা আমাদের খাওয়া হয়ে গেছে, সঙ্গে সিগারেটের সুখটান তো আছেই। আমরা বুঝে গেছি এই চা সিগারেটই আমাদের ঢিলেঢালাভাবে কয়েকটা দিন ও রাত্রি কাটাতে সাহায্য করবে।

আমাদের সবার মনে হলো খুব সম্ভবত এখানে ডাক্তারি কাজের খুব একটা প্রয়োজন হবে না। শুধু হৈ চৈ করে আমরা চারজনে কয়েকটা দিন কাটিয়ে দিতে পারবো। বেশ কয়েকটা সিগারেট খাওয়ার পর সবাই কম্বল

ঢাকা দিয়ে শুয়ে পড়লাম। খুব বেশি রাত না হলেও পথের ক্লান্তিতে কিছুক্ষণের মধ্যেই আমরা সবাই ঘুমিয়ে পড়লাম।

ভোর চারটের সময় আমাদের সবার ঘুম ভেঙ্গে গেলো। ঘুম ভাঙ্গার কারণ একটিই। এখানকার হাড়ভাঙ্গা শীত আমাদের সবাইকে অচিরেই কাহিল করে ফেললো। আমরা সবাই ঠক্ ঠক্ করে কাঁপতে লাগলাম। প্রত্যেকের জন্য গোটা দুই কম্বল ছিলো। এই প্রচণ্ড শীতে অন্তত পাঁচ ছটা কম্বল হলে খানিকটা শীত নিরসন হয়। অথচ আমাদের কাছে প্রত্যেকের জন্য আছে দু'টো করে কম্বল। কী করে রাত্রি বাকিটা কাটানো যায় তাই নিয়ে আমরা সবাই গবেষণা শুরু করে দিলাম। কেউ বললো গরম গরম চা পেলে ভালো হতো। আবার কেউ বললো শুধু চা খেলে কিছু হবে না সঙ্গে ঘনঘন সিগারেটও খেতে হবে। মানুষ যখন বিপদে পড়ে তখন উদ্ভট চিন্তাই মাথায় আসে। শেষ পর্যন্ত ঠিক হলো যেহেতু এ সময় অর্থাৎ এই কাক ভোরে চা পাওয়া প্রায় অসম্ভব তাই তারস্বরে সবাই মিলে গান ধরা যাক। অবশ্য গান যে বেসুরো হবে সে বিষয়ে কারো সন্দেহ ছিলো না। সবাই একমত হলাম যে এ সময় হেমন্তকুমারের গানই উপযুক্ত। কারণ ভদ্রলোকের এত সুন্দর মধুর গলা যে খানিকটা নকল করে গাইলে বেসুরো হলেও অতোটা খারাপ শোনাবে না। অবশ্য আমাদের সবাইকে কোরাস গাইতে হবে। সবাই শুরু করে দিলো। প্রথমে ঝড় উঠেছে বাউল বাতাস। অবশ্য একজন "ঝড়" বলে তো অন্যজন বলে "উঠেছে" তৃতীয় জন "বাউল"। চতুর্থ জনের কথা আর না বলাই ভালো।

অবশ্য একথা ঠিক আমাদের কোরাসে গান গাওয়ার উদ্দেশ্য হাড় কাঁপানো শীত থেকে নিজেদের ভুলিয়ে রাখা। সুরের মাত্রা 'সা' থেকে 'নি' পর্যন্ত আমাদের খুশি মতো ওঠানামা করছে। একজনের গলা দ্বিতীয় গলা ঢেকে দিলে সেই দ্বিতীয়জন সুর চড়িয়ে প্রথম জনের গলা ঢেকে দেবার আপ্রাণ চেষ্টা চালিয়ে যাচ্ছে।

বেশ কিছুক্ষণ গান চালাবার পর আমরা যেই একটু বিরতিতে এসেছি শুনতে পেলাম পাশের তাঁবু থেকে মনে হলো একজন ভদ্রমহিলা

বলছেন, “হ্যাঁ গো, এরা কারা? পাগল ছাগল নয় তো। তীর্থযাত্রীরা তো এ রকম আচরণ করে না।’ ভদ্রলোক ফিস্‌ফিস করে বললেন, ‘কী হচ্ছে কী গিন্নী একটু আস্তে কথা বলো, ওরা শুনতে পাবে যে।’ আমরা শুনতে পেলাম ভদ্রমহিলা বললেন, ‘রাখো তো, শুনতে পেলো তো বয়েই গেছে, ভোরের ঘুমটাকেই একেবারে মাটি করে দিলো আমার। আগের দিন কতো ধকল গেছে সে কথা নিশ্চয় ভুলে যাওনি। তা ছাড়া হেমন্তকুমারের এমন সুন্দর গানটাকে একেবারে ধ্বংস করে ছেড়ে দিলো।’ আমরা সবাই বিরস বদনে ভদ্রমহিলার এইসব কথা শুনলাম। ভদ্রমহিলা আমাদের সঙ্গীত প্রতিভা সম্বন্ধে যে সব মধুর বাণী নিক্ষেপ করলেন সেই শুনে সবাই বড়ো মর্মাহত হলাম।

কোনো মতে ঘণ্টা দুই কেটে যাওয়ার পর বাইরে অনেকের গলার আওয়াজ শুনতে পেলাম। তখন আমরা সবাই তাড়াতাড়ি বেশ পরিবর্তন করে চায়ের সন্ধানে পুলিশের দফতরে গিয়ে হাজির হলাম। সেখানে গিয়ে অবাক হয়ে দেখলাম সবাই প্রাতরাশ শুরু করেছে। অন্যদের দেখে আমরা চারজনও বসে পড়লাম সুস্বাদু খাবারের স্বাদ গ্রহণ করতে। চা সহযোগে প্রাতরাশ সেরে সবার মন খুশিতে ভরে উঠলো। তাঁবুতে ফিরে ঘণ্টাখানেকের মধ্যে আমরা উপযুক্ত পোষাক পরে তাঁবু থেকে বেরিয়ে মেলার চারিদিকে ঘোরাঘুরি শুরু করলাম। যতদূর চোখ যায় চারিদিকে দেখতে পাই শুধু জনসমুদ্র।

আমরা সবাই ওরই মধ্যে একটু ফাঁকা জায়গা দেখে দাঁড়িয়ে পড়লাম। একটু দূরে চোখে পড়লো গঙ্গানদী ও বঙ্গোপসাগরের মিলনস্থল। এই চারিদিকে ছড়িয়ে আছে তীর্থযাত্রীর দল। এই পবিত্র জলে স্নান করে মনকে পাপমুক্ত করার বাসনা তাদের মনে। আমার মনে হলো আমি যেন মানবতীর্থে এসে পৌঁছেছি। এই জনারণ্যের মাঝে কয়েকদিন কাটিয়ে আবার সবাই নিজ নিজ স্থানে ফিরে যাবো।

এখান থেকে যে চলমান চিত্রটি আমার মনের কোণে আঁকা হবে সেটি হয়তো কালপ্রবাহে মলিন হয়ে আসবে ঠিকই, কিন্তু সম্পূর্ণ মুছে যাবে না। এসব জায়গায় বারবার খুব কম লোকই আসে। যারা পুণ্যলোভী তাদের কথা আলাদা। আমার মনে হয় এইসব তীর্থস্থানগুলির একটা মাহাত্ম্য আছে।

যুগ যুগ ধরে অসংখ্য মানুষ অশেষ কষ্টবরণ করে এইসব তীর্থক্ষেত্রে এসে পৌঁছেছে। যখন যানবাহনের ব্যবস্থা আজকের আধুনিক যুগের তুলনায় অপ্রতুল ছিল তখনো হাজার হাজার মানুষ পায়ে হেঁটে, সাধারণ নৌকায় চড়ে, অশেষ কষ্টবরণ করে পূণ্য লাভের আশায় এই সব তীর্থস্থানে এসে পৌঁছেছিল। এদের এই কষ্টবরণ বৃথা যায়নি। আমরা সবাই সীমাবদ্ধ মানুষ। সেই সীমার বন্ধন ছেড়ে আমরা কখনো-সখনো পাখা মেলে দিতে চাই অসীমের সন্ধানে, আমরা সবাই জানি অনেক কষ্টবরণ করতে হবে আমাদের।

অভ্যস্ত জীবন থেকে নিজেকে বিচ্ছিন্ন করে দিতে হবে জেনেও আমরা এই কষ্টবরণকে দু'হাতে জড়িয়ে ধরি। কেন করি? সব সময় এর উত্তর মেলে না। মনে প্রশ্ন জাগে, কেন অভ্যস্ত আরামদায়ক জীবন ছেড়ে আমরা বেরিয়ে পড়ি অজানার সন্ধানে। সুযোগ পেলে আমরা সবাই বিশ্বপথিক হতে চাই।

আজকের আধুনিক যুগেও মানুষ অনেক দুর্গম স্থানে যেতে চায়। এইসব জায়গায় গিয়ে হয়তো ধারণা করা যায় কয়েক শতাব্দী আগে এইসব জায়গায় পাড়ি দিতে গিয়ে মানুষকে কতই না কষ্টবরণ করতে হয়েছে। মানুষ তখন নিজের জীবনের ঝুঁকি নিয়েও সেইসব দুর্গম জায়গায় যাওয়ার পরিকল্পনা করেছে। আমাদের আধুনিক মন ও চোখ সেই সুদূর অতীতের মানুষদের মন বিচার করতে অক্ষম, এই বিষয়ে কোনো সন্দেহ নেই।

আমরা এই চারজন তরুণ ডাক্তার হয়তো সেই অন্তর্দৃষ্টি দিয়ে সব কিছু দেখার বাসনা নিয়ে আসিনি। তবু বলবো এখানে এসে আমরা যেন দৈনন্দিন জীবনের দেখার বাইরে কিছু দেখতে পেলাম। সেটা যে ঠিক কী তা হয়তো ব্যাখ্যা করে আমরা পক্ষে বলা সম্ভব নয়। মাঝে মাঝে আমার মনে হয় এই আধুনিক যান্ত্রিক যুগে আমাদের অন্তর্দৃষ্টি থেকে আমরা অনেক দূরে সরে গেছি। বেঁচে থাকার লড়াই চালাতে চালাতে আমরা সবাই যেন ক্লান্ত হয়ে পড়ছি। বাইরের চোখ দিয়ে যা দেখি তাই এখন আমাদের আধুনিক দর্শন। অন্তরের চোখ যেন শুধু অন্ধকার আর অন্ধকার। যারা এই অন্তরের

চোখ নিয়ে কোনোদিন মাথা ঘামায়নি তারা আজকের যুগে হয়তো আপাতদৃষ্টিতে বেশ সুখে আছে। আমাদের মহামানবেরা এই অন্তর্দৃষ্টির কথা নানাভাবে বলে গেছেন—কবিতা, গান, প্রবন্ধ ও গল্পের ছলে। কিন্তু আমরা যদি সেই আলোর জগতে প্রবেশ করতে না পারি তাহলে এই সব গান কবিতার অর্থ বুঝবো কী করে। এখন তো আমরা 'বাজার অর্থনীতি'র নতুন জগতে বাস করছি। এই জগতে থেকে অন্তর্দৃষ্টির কথা বলা বা ভাবা হাস্যকর। পৃথিবী যেভাবে চলছে বা ভবিষ্যতে চলবে তাতে এই সব গান, কবিতা, প্রবন্ধ ও গল্পকথা বাজার অর্থনীতির নিয়মে নতুন করে লেখা হবে।

আমাদের সব মহামানবদের বক্তব্য পাল্টে দিয়ে আধুনিক যান্ত্রিক যুগের সঙ্গে খাপ খাইয়ে নতুন ভাবে লেখা হবে। আমি 'বাজার অর্থনীতির' সমালোচনা করছি না। কারণ, করার মতো বিদ্যে আমার নেই। কিন্তু সাধারণ চোখে যা দেখছি বা বুঝছি তাতে মনে হচ্ছে এই অর্থনীতি যেখানে বিশেষ ভাবে কাজে লাগানো দরকার, সেখান থেকে সরে এসে অন্য জায়গায় এই নীতিকে স্থাপন করা হচ্ছে বা কিছুটা হয়েছে। পুরাতন যা কিছু শ্রেয় সেইসব পুরাতনকে বর্জন করে বর্তমানের আবর্জনা ফেলার ঝুড়িতে নষ্ট করে ফেলে দেওয়া হচ্ছে। পুরাতন মানেই সব কিছু শ্রেয়, আর নতুন মানে আবর্জনা এটা আমার বক্তব্য নয়।

আবার এর উল্টোটাও যে ভুল নয় একটু বিচার বিবেচনা করলেই সহজে বোঝা যাবে। তাই পুরোনো যুগের যা কিছু শ্রেয় সেগুলিকে ফেলে না দিয়ে আধুনিক যুগের শ্রেয়ের সঙ্গে মিলিয়ে দিতে পারলে আমরা লাভের অঙ্ক বাড়াতে পারবো। এখানেও সেই বাজার অর্থনীতি—লাভ-ক্ষতির হিসেব চলে আসা। আমার মনে হয় সব বিষয়েই লাভ-ক্ষতির অঙ্ক আসতে বাধ্য।

সেই ১৯৬৮ সালে যখন আমার বয়স সাতাশ বছর, তখন আমি তিনজন বন্ধুসহ সাগরমেলায় পাড়ি দিয়েছিলাম। তখন আমি সেখানে গিয়ে আমার অন্তর্দৃষ্টি দিয়ে আমার মাতৃভূমি ভারতবর্ষের অন্তরাত্মার সন্ধান পেয়েছিলাম কি না সে কথা গভীর প্রত্যয়ের সঙ্গে বলার শক্তি আমার নেই। তবে এটুকু বুঝেছিলাম, ভারতের এইসব জায়গায় কোথায় যেন লুকিয়ে আছে

সেই চাবিকাঠিটা যে চাবিকাঠিটার সাহায্যে আমাদের এই অতি প্রাচীন দেশ মহাভারতের অন্তরাত্মার সন্ধান পাওয়া যায়। আমার যেহেতু সে ক্ষমতা নেই তাই চেষ্টা করা বৃথা। কিন্তু যারা যুগ যুগ ধরে ভারতের এই আত্মার সন্ধান করে এসেছেন তাঁরা এক পরম আনন্দময় অন্তর্জগতে প্রবেশ করেছেন তাঁদের কালব্যাপী সাধনার ফলে। এই ঘটনার পর বহুকাল অতীত হয়েছে। আমি আমার জীবনে অনেক অভিজ্ঞতা সঞ্চয় করেছি। কিন্তু সে দিনের এই অভিজ্ঞতার সঙ্গে এইসব অভিজ্ঞতার কোনো মিল নেই। এত কথা বলার উদ্দেশ্য এই যে, আমরা যদি এই ভেতর ও বাইরের মধ্যে একটা সামঞ্জস্য সাধন করতে পারতাম তাহলে জীবন সহজ সরল পথে এগিয়ে যেতে পারত।

ভারতবর্ষ এমন একটি দেশ যাকে নিয়ে আমরা গর্ব করতে পারি। অবশ্য এই ভারতবর্ষ নবীন ভারতবর্ষ নয়, অতি প্রাচীন ভারতবর্ষ। নবীন ভারতবর্ষ প্রতিযোগীতার আসনে নিজের স্থান করে নিয়েছে সারা পৃথিবীর সঙ্গে এ কথা সত্য এবং এর প্রয়োজনও আছে। কিন্তু প্রাচীন ভারতকে অবহেলা করে নয়।

সাগরমেলায় ঘটনা লিখতে বসে আমার মনের ফ্রেমে এতদিন ধরে যে ছবিটি ধরা ছিল তা যেন ফ্রেম থেকে মুক্ত হয়ে আমাকে মহাভারতের হৃদয়ে লুকোনো গোপন কক্ষটির সন্ধান দিলো। শুধু তো সাগরমেলা নয়, কুম্ভমেলা ও অজস্র অতি প্রাচীন কারুকার্য খচিত মন্দির যেগুলি মহাভারতের চারিদিকে ছড়িয়ে আছে। সেখানে দেবতার মূর্তিটির মধ্যে, আরতির ঘণ্টাধ্বনির মধ্যে উদাত্ত কণ্ঠে সংস্কৃত মন্ত্র উচ্চারণের মধ্যে মহাভারতের অন্তরাত্মাটি লুকোনো আছে যুগ যুগ ধরে।

ভারতবর্ষ, জাম্বিয়া ও ইউরোপে থেকে আমার মনে হয়েছে আমরা পৃথিবীর সব মানুষেরা সব দেশের বাইরের জিনিস নিয়েই ব্যস্ত থাকি।

এই আত্মাকে জানতে হলে নিজের মাতৃভাষার প্রতি শ্রদ্ধা ও ভালোবাসার প্রয়োজন আছে। এরপর ভাবতে হবে নিজেদের সংস্কৃতি। যে সভ্যতা ও সংস্কৃতি যুগ যুগ ধরে আমাদের ভারত গড়ে তুলেছে তাকে অন্য সংস্কৃতির প্রভাবে বিসর্জন দিলে চলবে না। প্রত্যেক মানুষের কিছু না কিছু

সংস্কার থাকতে পারে সেগুলি তাদের ব্যক্তিগত ব্যাপার। সেই সংস্কার যদি সমাজের ক্ষতি না করে তবে সেটাকে মেনে নেওয়া মোটেই অযৌক্তিক নয়। এবার আবার ১৯৬৮ সালের সাগরমেলার প্রত্যক্ষ ঘটনায় ফিরে যাওয়া যাক। সাগরমেলায় প্রথম রাত্রিশেষে আমরা বেশ খানিকটা ভোরে উঠতে বাধ্য হয়েছিলাম। গঙ্গাসাগর মেলায় দাঁড়িয়ে গঙ্গাসঙ্গমে অজস্র পুণ্যলোভী মানুষদের ডুব দিয়ে স্নান করতে দেখেছিলাম। প্রচণ্ড শীত জনগণকে কাবু করতে পারেনি।

পুণ্যার্থীকে গঙ্গা স্নান করতে দেখা ছাড়া যা চোখে পড়ে তা হলো নাগা সন্ন্যাসী দলের এক প্রান্ত থেকে অন্য প্রান্তে ঘুরে বেড়ানো। জানুয়ারী-ফেব্রুয়ারির প্রচণ্ড ঠাণ্ডায় এদের বস্ত্রহীন অবস্থায় নির্বিকারভাবে ঘুরে বেড়াতে দেখা গেলো। আমরা অবশ্য মাথায় জলের ছিটে দেওয়ার পরই ক্ষান্ত হয়েছিলাম। ওই ঠাণ্ডা জলে ডুব দেওয়ার কথা আমাদের ভাবনার মধ্যেই আসেনি। ঘুরপাক খেতে খেতে আমরা কপিলমুনির আশ্রমের সামনে এসে পৌঁছলাম।

ভিতরে ঢুকে দেখার ইচ্ছা যে একেবারে ছিলো না তা নয়। কিন্তু বার কয়েক ওদিকে গিয়ে দেখলাম মন্দিরের ভেতর ও আশেপাশে মানুষ গিজগিজ করছে। কোথাও যেন তিলধারণের স্থান নেই।

ওখানে ঘোরাঘুরি করা—চা, সিগারেট ও সময় মতো পুলিশ দফতরে ভুরিভোজন করা ছাড়া আমাদের আর কোনো কাজ ছিলো না। এই ভাবেই কয়েকদিন কেটে গেলো। বেশ আনন্দেই কাটালাম এই মহাতীর্থে। পরের দিনই আমাদের বিদায় নিতে হবে এই সাগরমেলা থেকে। কিন্তু হঠাৎ একটি দুর্ঘটনা ঘটে সব ওলটপালট করে দিলো। খবর পেলাম ১৫০ জন লোক একটি নৌকায় ওঠার সময় নৌকাটি উল্টে যায় ও তার ফলে ওই ১৫০ জন ব্যক্তির সলিল সমাধি ঘটে। বহুকষ্টে ওইসব ব্যক্তির দেহ ডাঙায় তোলা হয়। এই ঘটনায় নিয়মমাফিক সব ডাক্তাররাই ব্যস্ত হয়ে পড়লো।

আমাদের প্রত্যেককে এক একজন লোক হাত ধরে ওই মৃতদেহের কাছে পৌঁছে দেওয়ার পর আমরা ডাক্তারি মতে তাদের মৃত ঘোষণা

করেছিলাম। এই দুর্ভাগ্যজনক ঘটনার পরে আমাদের সবার মন খুব খারাপ হয়ে গিয়েছিলো।

এ বার আমাদেরও পাততাড়ি গোটাবার পালা। পরের দিন সকালে জিনিসপত্তর গুছিয়ে আমরা যখন পুলিশ দফতরের দিকে পা বাড়িয়েছি, হঠাৎ নজরে পড়লো সেখানেও সব প্রায় গোটানো হয়ে গেছে। আগেই বলেছি আমাদের স্বাস্থ্য দফতর বলে কিছু ছিল না। আগের রাত্রে আটটা নাগাদ খাওয়াদাওয়া সেরে ও একটু ঘোরাঘুরি করে শুয়ে পড়েছিলাম। ভেবেছিলাম সকালে প্রাতরাশ করে রওনা দেব, কিন্তু দেখলাম বিধি বাম। সবাই খুব সকালে খাওয়াদাওয়া করে যাওয়ার প্রস্তুতি করতে লেগেছে। খাওয়া তো জুটল না, খাওয়ার কথা আপাতত ভুলতেই হবে। কারণ এখান থেকে আমাদের গন্তব্য স্থানে অর্থাৎ কাকদ্বীপে পৌঁছতে তো অনেক সময় লাগবে।

কিন্তু আমাদের যাওয়ার ব্যবস্থা কী হয়েছে তা তো আমাদের জানা নেই। কাকেই বা বলবো, আমাদের বিভাগের কাউকে তো দেখতেই পাচ্ছি না। ভয়ে আমাদের হাত পা গুটিয়ে আসার ব্যবস্থা। বাকি জীবনটা কি এখানে সাধুবাবা হয়ে কাটাতে হবে। যখন স্বাস্থ্য দফতরের কাউকে খুঁজে পেলাম না তখন ঠিক করা হলো যেমন করেই হোক আমাদের বাধা দিলেও জেলাশাসক দীপক রুদ্র মহাশয়ের সঙ্গে দেখা করতে হবে। ঠিক করলাম সবাই না গিয়ে আমাদের মধ্যে একজন ডাক্তার জেলাশাসকের সঙ্গে দেখা করার চেষ্টা করবে। প্রাণেশই যে উপযুক্ত ব্যক্তি ও ব্যাপারে আমরা সবাই একমত হলাম।

হঠাৎ দেখলাম প্রাণেশ আমাদের মধ্যে নেই। ভীড়ের মধ্যে এ ব্যাপারটা চোখে পড়েনি। ওকে খুঁজতে যাবার আগেই দেখলাম প্রাণেশ হাসিমুখে আমাদের দিকে আসছে। আমাদের দেখে বললো ভালো খবর আছে। আমরা একসঙ্গে কোরাস গাওয়ার মতো বলে উঠলাম কী কী কী ভালো খবর? আমাদের আর তর সইছিলো না। প্রাণেশ মৃদু হেসে বললো আমি জেলাশাসকের সঙ্গে দেখা করে অনুমতি নিয়ে এসেছি যে ওদের আলবার্ট রস্ জাহাজে আমাদের তুলে নেওয়া হবে। প্রথমে ওদেরই একটা ছোটো নৌকা করে ওই বড়ো জাহাজটির কাছে পৌঁছতে হবে। এর থেকে

ভালো খবর আর কী থাকতে পারে। শুনলাম এই জাহাজে জেলাশাসকের নিম্নপদস্থ কর্মচারী, রাধুনি, চাকর আরো অন্যান্য দেখাশোনার লোক যাবে। সঙ্গে অবশ্যই অন্য সব জিনিসপত্তর।

সে যাই হোক, আমরা সবাই খুশিতে ডগ্‌মগ্‌ করতে থাকলাম এই ভেবে যে আমাদের ফিরে যাওয়ার ব্যবস্থা হয়েছে। আমরা জিনিসপত্তর নিয়ে যখন নৌকার অপেক্ষায় দাঁড়িয়ে আছি হঠাৎ দেখি একটা নৌকা থেকে একজন চিৎকার করে বলছে, "আপনারা চারজন তরুণ ডাক্তার কে আছেন এই নৌকায় চলে আসুন।" আমরা তড়িঘড়ি করে নৌকার দিকে দৌড়লাম। নৌকা ডাঙ্গার কাছেই ছিলো তাই জুতো জোড়াকে হাতে নিতে হলো না। হঠাৎ পিছন দিকে দেখি আমাদের জেলা স্বাস্থ্য আধিকারিক দু'টি জুতো দুই বগলে রেখে তড়িৎগতিতে এগিয়ে আসছেন নৌকার দিকে। নৌকার মাঝিরা ওই আধিকারিকেরা দিকে তাকিয়ে বললো, 'না না আপনার জন্য এই নৌকা আসেনি, কেবল চারজন তরুণ ডাক্তারকে নিয়ে যাওয়ার আদেশ দিয়েছেন ডিস্ট্রিক্ট ম্যাজিস্ট্রেট সাহেব।

কথা শেষ হওয়ার পরই নৌকা যখন পাড় থেকে একটু দূরে চলে গেছে তখন আমরা ওই মাঝিদের বললাম, 'আমরা বলছি ওই ডাক্তারবাবুকেও তুলে নাও।' ওই মাঝিরা আমাদের কথা শুনে ওই আধিকারিককে নৌকায় তুলে নিল। নৌকায় উঠে ভদ্রলোক আমাদের থেকে একটু দূরে গিয়ে বসলেন। কয়েক মিনিট পরেই আমরা সবাই আলবার্ট রস্‌ জাহাজে উঠে গেলাম। জাহাজ ছাড়তে খানিকক্ষণ দেরি আছে। মিনিট দশেক পরে দেখলাম বনলক্ষ্মী মোটরবোট আমাদের জাহাজের দিকে আসছে। আমরা সবাই তখন করুণ নয়নে আমাদের চেনা মোটরবোটের দিকে তাকিয়ে রইলাম।

অবশ্য আমাদের মনে সে রকম কোনো ক্ষোভ নেই। কারণ একটু আগে আমাদের ফিরে যাওয়ার কোনো নিশ্চয়তা ছিলো না। নেহাতই জেলাশাসকের বদান্যতায় একটি জাহাজে স্থান পেয়েছি আমরা চারজন। হঠাৎ দেখি বনলক্ষ্মী আমাদের খুব কাছাকাছি চলে এসেছে। তারপর শুনতে পেলাম

কেউ চেঁচিয়ে বলছে আপনারা যারা চারজন তরুণ ডাক্তার এই জাহাজে চড়েছেন তাদের এখুনি বনলক্ষ্মী মোটরবোটে আসতে অনুরোধ করছি। কারণ জেলাশাসকের এ রকমই নির্দেশ আছে। আমরা আবার ধড়ফড় করে জিনিসপত্তর নিয়ে লাফিয়ে বনলক্ষ্মীতে পদার্পণ করলাম। এখানেও দেখলাম জীবনের ঝুঁকি নিয়ে বনলক্ষ্মী যখন ভাসতে শুরু করেছে ওই আধিকারিক কালবিলম্ব না করে লাফ দিলেন জাহাজ থেকে মোটরবোটে।

আরেকটু হলে পা পিছলে পড়েও যেতে পারতেন গভীর জলে। মোটরবোটের লোকটি বললো আপনার কিন্তু এই বোটে আসার কথা নয়। ভদ্রলোক রাগত মুখে একটা কথাও না বলে কেবিনের মধ্যে অদৃশ্য হয়ে গেলেন। আমরা কেবিনের ভেতরে না গিয়ে বাইরেই রয়ে গেলাম। ভাবলাম সমুদ্রের হাওয়া খেতে খেতে গেলে মন্দ হবে না। মিনিট কুড়ি যাওয়ার পর হঠাৎ আমাদের খেয়াল হলো আমরা অনেকক্ষণ অভুক্ত অবস্থায় আছি। এখন বেলা দশটা বাজে, প্রায় চোদ্দ ঘণ্টা কোনো খাবার জোটেনি। সমুদ্রের হাওয়ায় আমাদের সবার ক্ষিধে কয়েকগুণ বেড়ে গেল। দূরে দেখলাম একজন ভদ্রলোক বসে আছেন পাশে রাখা আছে এক ঠোঙা কমলালেবু। ভদ্রলোক অবশ্য চুপচাপ বসে আছেন সমুদ্রের দিকে তাকিয়ে। ওই কমলালেবু দেখে আমাদের সবার লোভ হলো, ক্ষিধের জ্বালা কাকে বলে এখন তা বুঝতে পারছি। সবাই ভাবলাম একটা সুযোগ আমাদের নিতেই হবে। গুটি গুটি আমরা সবাই ভদ্রলোকের পাশে গিয়ে বসলাম। দু'একটা কথার পর জানতে পারলাম ইনি স্বাস্থ্য দফতরের সহকারি ডিরেক্টর। "রাইটার্স বিল্ডিংস"-এ এই পরিচালকের অফিস। কথাবার্তা খুবই মার্জিত ও পরিশীলিত। আমরা কাজ ও বয়সের দিক থেকে অনেক ছোটো হলেও উনি খুব অমায়িকভাবেই আমাদের সঙ্গে কথা বলেছিলেন। অবশ্য যদিও এখন আমাদের সবার লক্ষ্য কমলালেবুর ঠোঙার দিকে। এ কথা সে কথার পর আমরা বললাম, 'স্যার আপনার এই কমলালেবুগুলো খুব ভালো মনে হচ্ছে।' উনি বললেন, 'বেশ তো তোমরা যদি....উচ্চপদস্থ ওই আধিকারিক মহাশয়ের কথা শেষ হওয়ার অনেক আগেই আমরা ছোঁ মেরে ঠোঙাটাকে হস্তগত করলাম। সাত-আটটা

কমলালেবু ছিলো ওই ঠোঙাতে। আমাদের দিকে তাকিয়ে মৃদু হেসে বললেন, তোমাদের খুব ক্ষিদে পেয়েছে বুঝতে পারছি। আমরা বললাম আমরা একটা করে খাই। উনি বললেন, না না সবগুলোই খাও আমার লাগবে না। আমরা আর কথা না বাড়িয়ে সবগুলোই খেয়ে ফেললাম। ভদ্রলোক আমাদের দিকে তাকিয়ে মৃদু মৃদু হাসতে লাগলেন। পরে এই কথা মনে হলেই লজ্জা হতো। কী নির্লজ্জের মতো কাজ করেছিলাম। আমরা ভদ্রলোককে এখনো মনে মনে নমস্কার জানাই। পৃথিবীর বহু দেশ দেখে এই কথাই এখন মনে হয় ভালো লোক পৃথিবী থেকে এখনো অবলুপ্ত হয়ে যায়নি।

আমাদের সবার কিছুক্ষণের জন্য ক্ষুণ্ণিবৃত্তি ঘটলেও আধঘণ্টা যেতে না যেতে ক্ষিধে চাগাড় দিয়ে উঠতে শুরু করলো। অবশ্য আমাদের কাছে খাবার জিনিস একটাই। সেটা বঙ্গোপসাগরের বিশুদ্ধ হাওয়া। এই হাওয়ায় পেট ভরে না, ক্ষিধে বাড়ে। চাতক পাখির মতো আকাশের দিকে তাকাচ্ছি জলের জন্য নয়, খাবারের জন্য। যদি কোনো দৈব কৃপায় সুস্বাদু খাদ্য আমাদের নৌকায় এসে পড়ে। অবশ্য তখনো স্বনামধন্য সত্যজিৎ রায়ের "গুপী গায়েন বাঘা বায়েন" ছবি দেখার সৌভাগ্য ঘটেনি। সেখানে গুপী বাঘার প্রার্থনায় ভালো ভালো খাদ্যবস্তু থালায় সাজিয়ে ওদের সামনে উপস্থিত করা হচ্ছিল। ভাগ্যিস ওই ছবি তখনো অজ্ঞাত ছিলো। তা না হলে আমাদের কষ্টটা আরো বেশি হতো।

আমরা সবাই জানি আমাদের দীর্ঘপথ অতিক্রম করতে হবে অভুক্ত অবস্থায়। মনে মনে ভাবছি যখন ডাঙার দেখা পাবো তখন আমাদের মনে হবে আমরা বিশ্বজয় করে ফেলেছি। এইসব নানা ভাবনার মধ্যে দিয়ে আমরা সমুদ্র বিহার করে চলেছি।

বেশ কয়েক ঘণ্টা ভাসার পর আমরা ডাঙার দর্শন পেলাম। চোখ বিশ্বাস করতে চাইছে না যে আমাদের উদরপূর্তির জায়গাতে পৌঁছতে বেশি দেরি নেই। যথাসময়ে মোটরবোট পাড়ে গিয়ে ঠেকলো। এ বার একটুক্ষণের জন্য আমাদের ধৈর্য ধরতে হবে। যাত্রীদের যাতে কোনো অসুবিধে না হয়

তাই মোটরবোটে ঠিক মতো নোঙর বাঁধা হলে আমরা সবাই ধীরে ধীরে নামতে শুরু করলাম মোটরবোট থেকে।

সবাইকে তড়িঘড়ি বিদায় সম্ভাষণ জানিয়ে আমরা চারজন উর্দ্ধশ্বাসে দৌড়তে শুরু করলাম খাবার দোকানের সন্ধানে। চারিদিকে অন্ধকার নেমে আসায় অচেনা জায়গায় আমাদের দু'একবার দিকভ্রান্তি ঘটলো। তবে খুব তাড়াতাড়িই আমরা পরপর কয়েকটি দোকানের সন্ধান পেলাম। একটা দোকানে দেখলাম গরম গরম জিলিপি ভাজা হচ্ছে। এ ছাড়াও নানা রকম নোনতা জিনিসও দোকানে সাজানো রয়েছে। দোকানদার আমাদের চারজনকে দেখে মুচকি হেসে জিজ্ঞেস করলো বাবুরা গরম গরম জিলিপি খাবেন? উত্তর তো একটাই। এ কথাটা আমরা সবাই যদি আকাশ ফাটানো চিৎকার করে বলতে পারতাম তা হলেই বোধহয় সবাই খুশি হতাম। কিন্তু সে শক্তিও আমাদের ছিলো না। কোনো রকমে হ্যাঁ খাবো বলেই আমরা চারজন বেঞ্চিতে বসে পড়লাম। দোকানদারটি খুব চালাক চটপটে হওয়ায় আমাদের একটুও অপেক্ষা করতে হলো না।

চার প্লেট জিলিপি আমাদের চারজনের সামনে এসে উপস্থিত হলো। আমরা চারজন বুভুক্ষু মানুষ লোভী চোখে একবার জিলিপির দিকে তাকিয়ে একের পর এক জিলিপি গোগ্রাসে গিলতে থাকলাম। সেদিন বুঝেছিলাম অভুক্ত থাকার জ্বালা বা যন্ত্রণা কতটা। একের পর এক জিলিপি আমরা নিজের নিজের পেটে চালান করে চলেছি, অন্যদের দিকে তাকাবার কারো যেন ফুরসৎ নেই। দোকানদার হাসিমুখে আমাদের প্লেটে একটা একটা করে জিলিপি রেখে যাচ্ছে আর আমরাও খেয়ে চলেছি।

আমাদের সবার খাওয়া শেষ হলে জানতে পারলাম আমরা এক একজনে তিরিশটা করে জিলিপি সম্পূর্ণরূপে গ্রাস করেছি। ওই একবারই। সারা জীবনে একেবারে আমি তিন চারটে জিলিপির বেশি খেতে পারিনি। এ যেন আমাদের প্রত্যেকের মনের রেকর্ড-বুকে চিরকালের জন্য লেখা হয়ে রইলো। এতদিন পরেও কোথাও জিলিপি দেখলে আমাদের এই চারজনের জিলিপির খাওয়ার ঘটনাটা আমার চোখের সামনে ভেসে ওঠে। দোকানদার

আমাদের বললো, 'প্রায়ই সাগরমেলা থেকে ফেরৎ যাত্রীদের অনেকেই ক্ষিদের চোটে শিঙাড়া জিলিপি খায় তবে আপনারা আজ ওদের সবার রেকর্ড ভেঙ্গে দিয়েছেন।' অবশ্য এ ব্যাপারে আমাদের কোনো সন্দেহ ছিলো না।

এবার আমাদের গন্তব্য স্থানে অর্থাৎ হাসপাতালে ফিরে যেতে হবে। মোটরযানে অনেকটাই সময় লাগবে। সে না হয় ঘুমোতে ঘুমতো চলে যাব। হঠাৎ খেয়াল হলো আমরা ফিরব কী করে সে কথা তো আমাদের কেউ বলেনি এখনো পর্যন্ত। কিছুক্ষণ বাদে হঠাৎ দেখলাম জেলা স্বাস্থ্যবিভাগের আধিকারিক দোকানের দিকে আসছেন। মনে হলো আধিকারিক মহাশয়ও খাবারের সন্ধানে আসছেন। দোকানে এসেই কোনো দিকে না তাকিয়ে কয়েকটা সিঙাড়া ও জিলিপি দিতে বললেন। আমরা চুপচাপ খানিকক্ষণ বসে রইলাম।

আধিকারিক মহাশয়ের যখন কয়েকটা জিলিপি ও সিঙাড়া খাওয়া হয়ে গেল, তখন আমরা কাছে এসে জানতে চাইলাম আমাদের ঘরে ফেরার ব্যবস্থা কী করা হয়েছে।

এই প্রশ্নের সময় আমরা কোনো মতে আমাদের রাগ চেপে রেখেছিলাম। ভদ্রলোক আমাদের দিকে একবার চোখ তুলে তাকিয়ে গম্ভীরভাবে বললেন, 'তোমরা অ্যাম্বুলেন্সে চলে যাও'। আমরা মানসিকভাবে এই যানটিতে যাওয়ার জন্য প্রস্তুত ছিলাম না। আমরা বললাম, 'আমরা তো রোগী নয় যে অ্যাম্বুলেন্সে আমাদের বাধ্য হয়ে যেতে হবে। আমরা জীপ বা ওই জাতীয় কোনো গাড়ীতে যেতে চাই।' উনি বিরক্তমুখে বললেন, 'তোমাদের কথা মতো আমাকে চলতে হবে এমন কথা তো নয়। যা বলছি শোনো, তোমাদের অ্যাম্বুলেন্সে যেতে হবে।' এই কথা শুনে আমরা সবাই রাগে ফেটে পড়লাম। বললাম, 'এখানে এসে আপনি আপনার কর্তৃত্ব দেখাতে শুরু করেছেন। সাগরমেলায় আমরা যদি মাঝিদের ও কর্মচারিদের আপনাকে নৌকায় তুলে নেওয়ায় জন্য অনুরোধ না করতাম আপনি এখনো সাগরমেলায় একা পড়ে থাকতেন সেটা বোধহয় আপনি ভুলে গেছেন এখন।' আমাদের কাছ থেকে এসব কথা শোনার পর আধিকারিক মহাশয়ের চোখমুখ লাল হয়ে

গেল ও মুখ দিয়ে আর কোনো কথা বেরোলো না। আমরা বুঝলাম আর বেশি কিছু বলে লাভ হবে না। দু'এক মিনিট পরে বললাম, 'ঠিক আছে আপনি যখন বলছেন আমরা অ্যাম্বুলেন্সেই যাবো। তবে ছোট ভাইদের কথা একটু মনে রাখবেন।' শেষের কথায় একটু কাজ হলো। রাগ পড়ে যাওয়ার পর বললেন, 'কী করবো ভাই, আমাদের মতো সরকারি চাকুরেদের অনেক নিয়ম-কানুন মেনে চলতে হয়। আমাদের আবার ওপরতলার কাছে হাত-পা বাঁধা থাকে। তাই অনেক কাজই ইচ্ছে মতো করতে পারি না।' আমরা সবাই বুঝতে পারলাম ভদ্রলোকের আঁতে ঘা লেগেছে ও খানিকটা লজ্জাও পেয়েছেন। চাকরি জীবনে একজন আধিকারিক তার অধীনে কাজ করা ব্যক্তিকে ধমকানি দেন যখন তখন, আবার ওপরওয়ালাকে তুষ্ট করার জন্য খানিকটা চাটুকারিতা তো করতেই হয়। এই ট্র্যাডিশন সমানে চলেছে। এর কোনো ব্যক্তিক্রম নেই।

ভদ্রলোককে বিদায় জানিয়ে আমরা অ্যাম্বুলেন্সে চড়ে বসলাম। ওই যান চলতে শুরু করার কিছুক্ষণের মধ্যেই আমরা নিদ্রাদেবীর কোলে আশ্রয় নিলাম। যখন ঘুম ভাঙ্গলো তখন গন্তব্য স্থানে পৌঁছে গেছি।

হাসপাতাল পৌঁছনোর পর সেখানে কিছুক্ষণ সময় কাটিয়ে বাড়ির পথে রওনা হলাম। পকেটে খুব বেশি টাকাকড়ি ছিলো না। সাগরমেলায় সব খরচ হয়ে গেছে। আমি আরামপ্রিয় লোক। বেহিসেবি খরচ করি তাও বলতে পারি না তবে যেটুকু আরাম আমার না হলে চলবে না সেটার পেছনে খরচ করতে একটুও পিছপা হই না।

হাসপাতালে আমার বাগহ্যান থেকে কয়েকটা জিনিস নিয়ে রাস্তায় বেরিয়ে পড়লাম। আমার গন্তব্যস্থানে পৌঁছতে কোনো ট্রাম বা বাসে সোজাসুজি যাওয়া যাবে না। তা ছাড়া বন্ডেল গেটে পৌঁছে ঠিক করতে হবে হেঁটে যাব, না রিক্সায়। এসব ভাবতে ভাবতে একটা ট্যাক্সিকে দাঁড় করিয়ে উঠে পড়লাম। ট্যাক্সি চলতে শুরু করলে আমি অন্য কোনোদিকে না তাকিয়ে মিটারের দিকে চোখ রাখলাম।

ট্যাক্সির পেছনে খরচ করার বাবদ আমার "বাজেট" পাঁচ টাকা। মিটারে যেই চার টাকা আশি পয়সা হয়েছে দেখলাম, ট্যাক্সি ড্রাইভারকে সেখানেই থামতে বললাম। ট্যাক্সি ড্রাইভার আমার দিকে একবার অবাক বিস্ময়ে তাকিয়ে একটু দূরে গিয়ে ট্যাক্সি থামালো। ইতিমধ্যেই মিটারে চার টাকা আশি এখন চার টাকা বিরানব্বইয়েতে পৌঁছে গেছে। এই জায়গাটি বালিগঞ্জ ফাঁড়ির বেশ খানিকটা আগে। ট্যাক্সি ড্রাইভাররা দীর্ঘকাল ট্যাক্সি চালিয়ে অভ্যস্ত থাকে বলে ওরা জানে আরোহীর গন্তব্যস্থান কোথায়। আমি ড্রাইভারকে বন্ডেল গেট বলাতে আশ্চর্য হয়ে জানতে চাইলো আমি এখানে নামলাম কেন? বন্ডেল গেট তো এখান থেকে বেশ খানিকটা দূরে। আমি বেশি কথা না বাড়িয়ে বললাম, 'হ্যাঁ হ্যাঁ আমি জানি তবে একটা কারণে আমি এখানে নামতে বাধ্য হলাম।' কারণের ব্যাপারটা বিস্তারিত না জানিয়ে আমি ট্যাক্সির দরজা বন্ধ করে হাঁটতে আরম্ভ করলাম। মনে মনে ভাবলাম বাসে যদি খুব ভীড় থাকতো তা হলে কষ্ট অনেক বেশি হতো। এর থেকে ট্যাক্সিতে বেশ আরামে আসা গেলো।

বাড়িতে পৌঁছে প্রথমে মায়ের সঙ্গে দেখা হলো। দাদা ও বৌদি ততক্ষণে শুয়ে পড়েছে। আমার পৌঁছতে পৌঁছতে রাত্রি এগারোটা বেজে গেছে। মা-ও শোবার তোড়জোড় করছিলো। মা জানতো যে সেদিন আমি ফিরবো সাগরমেলা থেকে। তবে কখন ফিরবো আর ফিরলেও সে রাত্রে বাড়িতে আসবো কি না এসব কিছুই জানা ছিলো না। মায়ের প্রথম প্রশ্ন, 'কী রে এতো রাত্রে এলি, খাওয়া দাওয়া করেছিস তো, নাকি অভুক্ত অবস্থায় এখানে এসেছিস? আমি বরং রান্নাঘরে গিয়ে তোর জন্যে তাড়াতাড়ি কিছু রেঁধে ফেলি।' আমি বললাম, 'তোমাকে অত ব্যস্ত হতে হবে না। তোমার প্রশ্নের উত্তর "হ্যাঁ", আমি খেয়ে এসেছি। তোমার বিশ্বাস করতে কষ্ট হবে যে তোমার কনিষ্ঠ পুত্র ত্রিশটা জিলিপি খেয়েছে।' একথা শুনে মায়ের তো প্রায় মূর্ছা যাওয়ার অবস্থা। যে ছেলে খাওয়ার ব্যাপারে বরাবরই মাকে জ্বালিয়েছে সে কী কখনো তিরিশটা জিলিপি খেতে পারে। যাই হোক আমি মাকে বললাম, 'খিদের জ্বালা কাকে বলে কখনো কি টের পেয়েছো মা। কাল রাতে

খাওয়ার পর সারা দিন কোনো খাবার জোটেনি। আর আসার পথে আরো মিষ্টি ও নোনতা খাবার সঙ্গে নিয়ে এসেছিলাম। হাসপাতালে পৌঁছে ওইসব খাবার কয়েকটা খেয়ে বাকি খাবারগুলো আমাদের ওখানে যে দু'জন বাচ্চা ছেলে কাজ করে ওদের দিয়ে দিয়েছি।' মা বললো, 'খুব ভালো কাজ করেছিস।' হঠাৎ দেখলাম মায়ের মনটা কিছুক্ষণের জন্য যেন উদাস হয়ে গেলো। মাকে যে কথাটা বলতে শুনলাম সেটা স্বগতোক্তির মতো শোনালেও সব কথা আমার কানে গেলো। মাকে বলতে শুনলাম, 'তোর বাবা জীবিত অবস্থায় কোনোদিন কোনো অভাবে বা কষ্টে রাখেনি আমাদের।' আমি তখন প্রায় ভুলেই গেছি যে আমি মাকে একটু আগেই তো বলেছিলাম 'খিদের জ্বালা কাকে বলে কখনো টের পেয়েছ।' এখন বুঝতে পারি বাবার মৃত্যুর পর মাকে কেন সংসারের হাল ধরতে হয়েছিল। বছর পাঁচ-ছয় অশেষ কষ্টবরণের মধ্যে দিয়ে যেতে হয়েছে মাকে। বড়দি সবিতা নিজের হাতখরচের টাকা থেকে মাকে যতটা সাহায্য করা সম্ভব ততটা করেছে। কতই বা বয়স তখন তার। আমার দিদির মনটা সব সময়ই উদার আকাশে পাখা মেলে দিত। এ বিষয়ে কোনো দ্বিমত থাকতে পারে না। তবুও ব্যাঙ্কে জমানো ছিল কিছু টাকা। দাদা মানিক চট্টোপাধ্যায় যখন কেন্দ্রীয় সরকারের অধীনে প্রথম শ্রেণীর কর্মচারি হিসেবে কাজ করতো তখন প্রথম দিকে কিছু টাকা দিয়ে সাহায্য করেছে ঠিকই কিন্তু তাতেও সংসারের হাল মা যদি শক্ত হাতে না ধরত তা হলে আমাদের অবস্থা কোথায় গিয়ে দাঁড়াত সে কথা ভাবলে এখনো আতঙ্কে শিউরে উঠি। বিপদ যখন আসে তখন নানা দিক থেকেই আসে। বাবার মৃত্যু ১৯৬০ সালে আর দাদা কর্মহীন হলো ১৯৬৪ তে। এদিকে আমার ডাক্তারি পড়ার মতো ব্যয়বহুল পড়াশোনা। এছাড়া আমার ছোড়দি বিশ্ববিদ্যালয়ে এম.এস.সি পড়ছে 'সাইকোলজি' বিষয়ে। তাই ষাটের দশকে শেষার্ধে মা যখন বললো "তোর বাবা কোনোদিন আমাদের কষ্টে বা অভাবে রাখেনি" সে কথার গুরুত্ব তখন না দিলেও এখন বুঝতে পারি সে কথার প্রকৃত অর্থ কী। মাকে সেই সময় যে কী অশেষ কষ্টবরণ করতে হয়েছিল— হয়তো বা মায়ের অনেকদিন ঠিক মতো খাবার জোটেনি। সে কথা আমরা কেউ সে সময় ভেবে

দেখিনি। বাবার মৃত্যুর পর আমার মা প্রতি মাসে ছেচল্লিশ টাকা করে পেনশন পেতেন। আমি ১৯৭৩ সালে দেশ ছেড়েছি। এরপর একচল্লিশ বছর কেটে গেছে। ভারতবর্ষে বড়লোকদের কথা বাদ নিয়ে আমি যখন মধ্যবিত্তদের কথা ভাবি ও দেখি তখন যে ছবিটা চোখের সামনে স্পষ্ট হয়ে ওঠে সেটা হলো অর্ধশতাব্দীর কিছু কম সময়ে মধ্যবিত্ত শ্রেণী অর্থনৈতিকভাবে বেশ খানিকটা ওপরে উঠে এসেছে। তাই এই যুগে দাঁড়িয়ে এখনকার মধ্যবয়সী ও তরুণ বয়সের যুবক যুবতীদের পক্ষে বুঝে ওঠা সম্ভব হবে না সে যুগে মধ্যবিত্ত শ্রেণীর বিপর্যয়ের কথা। সে যুগে আমরা তো মধ্যবিত্ত শ্রেণীভুক্ত ছিলাম। পঞ্চাশ দশকে প্রখ্যাত সাহিত্যিক শঙ্করের "কত অজানারে" পড়ার পর আমরা দেখতে পাই মধ্যবিত্ত শ্রেণীর মানুষদের পিতার মৃত্যুর পর যে বিপর্যয় ঘটে যেত তার নিখুঁত ছবি আঁকা হয়েছে শঙ্করের নিপুণ হাতে। সে যুগে সদ্য কৈশোরে উত্তীর্ণ হওয়া এক নব্য যুবকের কলমের জোরে ঘটে গেছে এক অনবদ্য সাহিত্য সৃষ্টি। তারপরে তো এই লেখকের হাত দিয়ে তখনকার মধ্যবিত্ত সমাজের ছবি নানা উপন্যাসে প্রকাশিত হয়েছে। এইসব ঘটনার সাযুজ্য তো একটাই, সে যুগে মধ্যবিত্ত সমাজে যে কোনো কারণে বিপর্যয় ঘনিয়ে আসত, বিশেষ করে উপার্জনে সক্ষম একজন ব্যক্তির মৃত্যুতে, তখন সন্তানদের রক্ষা করতে এগিয়ে আসতেন বাংলার কোটি কোটি মায়েরা। এখন বুঝতে অসুবিধে হয় না যে বাবার মৃত্যুর পর আমাদের মাকে অশেষ কষ্টবরণ করতে হয়েছিল। এ কথাটা তখন আমাদের বোধগম্যের মধ্যে ছিলো না। আমি যখন ডাক্তারি পাশ করে কিছু রোজগার করতে শুরু করলাম, যার পরিমাণ যৎসামান্যই বলা চলে, সেই রোজগারের অর্ধেক মাকে দিতাম। দাদা তখন কিছুদিন বাধ্য হয়ে কর্মহীন অবস্থার থাকার পর ছোটোখাটো কিছু কাজ করতে শুরু করছে, যদিও দাদার বেতনও যৎসামান্য। এই উপার্জনে সংসার খুঁড়িয়ে খুঁড়িয়ে চলতে শুরু করলো। অদূর ভবিষ্যতেও হাঁটতে শুরু করলেও দৌড়ে চলার কোনো সম্ভবনা নেই তখনও অর্থনৈতিক দিক দিয়ে। মায়ের মৃত্যুর পর জেনেছিলাম যে আমার দেওয়া সব

টাকা মা পোস্টঅফিসে জমা করে রেখেছিলেন। একটা পয়সা খরচ করেননি নিজের জন্য। কী অসীম ত্যাগ স্বীকার ছিলো আমাদের মায়েদের সে যুগে।

আবার সে রাত্রের কথায় ফিরে আসা যাক। মা বললো, 'তুই ভালো ভাবে খেয়েছিস জেনে নিশ্চিন্ত হলাম। এখন বলতো দেখি কেমন লাগলো সাগরমেলা। তুই তো অনেক পুণ্যার্জ্জন করে এলি সেখান থেকে।' মায়ের দিকে তাকিয়ে বোঝবার চেষ্টা করলাম মা কি আমাকে ঠাট্টা করছে নাকি সত্যি সত্যিই ভাবছে আমি সেখানে পুণ্যলাভ করতে গিয়েছিলাম। আমি মায়ের কথার উত্তরে বললাম, 'সে তো তুমিই ভালো বলতে পারবো, আমি তো তোমারই ছেলে।'

পৃথিবী আহ্নিক গতিতে ঘুরে চলেছে কক্ষপথে। আমাদের জীবনও নিজের নিজের কক্ষপথে এগিয়ে চলেছে সামনের দিকে। কখনো বা লক্ষ্যপথে কখনো লক্ষ্যহীন পথে। জীবন আমাদের কোথায় নিয়ে যাবে আমরা আগে থেকে কেউ বুঝতে পারি না। আমরা না বুঝলেও প্রত্যেকের জীবন একটি নির্দিষ্ট পথেই এগিয়ে চলে এটাই আমার বিশ্বাস। আমার জীবনে যা যা ঘটে গেছে তা দেখেই আমার এই বিশ্বাস দৃঢ় হয়েছে। আমার বিচারে এই বিশ্বাসকে 'নিয়তি' আখ্যা দেওয়া যায় না। আমাদের জীবনে নানা ঘটনা পরম্পরাক্রমে ঘটে চলে। সেদিকে ফিরে তাকালে এই ধারণাই স্পষ্ট হয়ে ওঠে। মনে হয় এই ঘটনাগুলো যেন একটির সঙ্গে আরেকটি যুক্ত। বিজ্ঞানের আলোকে হয়তো এইভাবে বিচার সম্ভব নয়। তবে যুক্তির বিচারে বিবেচনা করলে এই বিষয়টি মেনে নেওয়া একেবারেই অসম্ভব নয়। এই ভাবনাটিকে কি কার্যকারণ সম্বন্ধে ফেলা যায়? আমি জানি বিচক্ষণ ব্যক্তিরা এইসব উদ্ভট চিন্তাকে মাথা থেকে ঝেড়ে ফেলতে বলবেন। তবুও বলবো আমার মনে এ ব্যাপারে একটা সন্দেহ থেকেই যাবে। আমার লেখার শেষে এই ধারণাগুলির হয়তো একটা উত্তর পাওয়া যেতে পারে।

দেখতে দেখতে বছর ঘুরে গেল। কাজের ভিড়ে মাঝে মাঝে নিজেকে হারিয়ে ফেলি। সময় পেলে হয় বন্ধুবান্ধবের সঙ্গে একটু এদিক ওদিক ঘুরে আসি। 'অন কল' না থাকলে বাড়ি চলে যাই। এইভাবেই ১৯৬৯

সালের অক্টোবর মাস এসে গেলো। মা বড়দিদিদের সঙ্গে প্রথমে কাশীধাম ও সেখানে কিছুদিন থেকে হৃষিকেশ ও লছমন ঝোলার উদ্দেশ্যে রওনা হলো। ওই তীর্থস্থানে যাবার আসল উদ্দেশ্য দিদি ও জামাইবাবুর গুরুদেব ওঙ্কারনাথ ঠাকুরের আশ্রমে ওদের সবার সাথে গুরুদর্শনে যাওয়া। আমার মন খুশিতে ভরে উঠলো এই ভেবে যে অনেকটা শান্তি পাবে এই তীর্থদর্শন ও গুরুদেব দর্শন করে। এরপর বেশ কয়েকদিন কেটে গেছে। আমি বাড়িতে পা রাখার আগেই পিকনিক পার্কের ময়দানে বৌদির (রমা) সঙ্গে দেখা হয়ে গেলো। বৌদি আমাকে দেখে দু'একটা কথা বলার পর কাঁচুমাচু করে বললো মা ওঙ্কারনাথ ঠাকুরের আশ্রমে গুরুতরভাবে অসুস্থ হয়ে পড়েছে। সম্ভবত মাকে কাশীধামে ফিরিয়ে নিয়ে আসা হচ্ছে যত তাড়াতাড়ি সম্ভব। কারণ আমার ছোটো জামাইবাবু শচীনন্দন চক্রবর্তী ওখানকার ভালো হাসপাতালে চিকিৎসার ব্যবস্থা করবেন। আমি আর কালবিলম্ব না করে হাসপাতালে ফিরে গেলাম। কিছু জামাকাপড় নিয়ে ট্যাক্সি করে হাওড়া স্টেশনে গিয়ে পৌঁছলাম। এত তাড়াতাড়ি ট্রেনে "রিজারভেশন" পাওয়া মুস্কিল তাই একটা সাধারণ টিকিট কেটে কুলির সাহায্যে রাত্রি কাটাবার বন্দোবস্ত করা গেল। বারে বারে মায়ের মুখটা ভেসে উঠতে থাকল।

আমার ট্রেন যাত্রা দীর্ঘ অর্থাৎ হাওড়া থেকে হৃষিকেশ। সেখানে ওঙ্কারনাথ ঠাকুরের আশ্রমে গিয়ে শুনলাম মাকে নিয়ে সবাই কাশীধামে ফিরে গেছে। আমি কাশীধামে ফিরে আসার কয়েক ঘণ্টার মধ্যে আমার মা বেনারস মেডিকেল কলেজে ৫ই নভেম্বর ১৯৬৯ সালে শেষ নিঃশ্বাস ত্যাগ করলেন। মায়ের মৃত্যুর পর আমি বেনারসে তিন সপ্তাহ।

হাসপাতালে ফিরে এসে যেন খানিকটা স্বস্তি পেলাম। চারিদিকে বন্ধুবান্ধব, সহকর্মী, কিন্তু কেউ আমার আত্মীয় নয়। আমার সঙ্গে তাদের কোনো রক্তের সম্পর্ক নেই। এই হাসপাতালে বেশ কিছুদিন কাজ করায় এরা সবাই আমার খুবই পরিচিত। এরা সবাই সহানুভূতিশীল। কিন্তু আমার মায়ের এই মৃত্যুর ভার শুধু আমাকেই বহন করে নিয়ে যেতে হবে। প্রত্যেকের জীবনে এই মৃত্যুর ঘটনা একই নিয়মে চলেছে। এদের কাছ থেকে

খোলা মনে আমার মায়ের মৃত্যুর ব্যাপারে সহানুভূতিশীল কথা শুনে আমার মন ভরে উঠলো। একজন মানুষ যখন অন্য মানুষের দুঃখ বুঝে সমব্যথী হতে পারে তখনই মানুষের জীবন সার্থক হয়ে ওঠে, এটাই আমার ধারণা। বন্ধুবান্ধবদের সঙ্গে অনেকটাই সহজ হলেও তখনো কাজের কথা ভাবনায় আসেনি। একদিন ডাঃ সুনীল ঘোষ যিনি আমার কাছে "ফ্রেন্ড ফিলোজফার ও গাইড" হিসেবে সম্মানিত ছিলেন, তিনি আমার ঘরে এসে নিজের দাদার মতো অনেক কথা বললেন। ডাঃ ঘোষ বললেন, 'দেখো স্বপন তোমার ক্ষতি অভাবনীয় তা আমি জানি। বিশেষ করে এই আকস্মিকভাবে ঘটে যাওয়া মৃত্যু, কিন্তু একটা কথা বলতে তোমায় বাধ্য হচ্ছি যে তুমি যদি এখন চুপচাপ না বসে কাজের মধ্যে নিজেকে জড়িয়ে ফেলো তবে এই মায়ের মৃত্যুচিন্তাটা তোমায় অতটা কষ্ট দেবে না। তুমি আমার এই কথাটা ভেবে দেখো। যদি মনে করো তোমার পক্ষে এত তাড়াতাড়ি কাজে ফেরা সম্ভব নয় তাহলে আর কিছুদিন তুমি যেভাবে থাকতে চাইছো সেইভাবেই থাকো। মনে অশান্তভাবটা থেকে যখন নিজেকে মুক্ত মনে করবে তখনই কাজে ফিরে আসবে।' আমি বললাম, 'আচ্ছা স্যার, আমি ভেবে দেখি।'

সেই রাত্রে ভালো করে ঘুম হলো না, নানা চিন্তায় মাথাটা ভারী হয়ে উঠলো। পরের দিন সকালে ঠিক করলাম যে দু'দিন বাদে অর্থাৎ সোমবারে কাজে যোগ দেব।

জীবন নিজের গতিতেই চলে। কাজের মধ্যে এখন একটা প্রধান ভাবনা আমার মনে স্থান পেয়েছে—'হেথা নয়, হেথা নয়, অন্য কোথা, অন্য কোনোখানে।' মা আমাকে আটকে রেখেছিলেন এ দেশে। মায়ের মৃত্যুর পর আমি মুক্ত। তাই আমি পৃথিবীর যে কোনো প্রান্তে গিয়ে হাজির হতে পারি কারণ আমার সে ভাবে কোনো পিছুটান নেই। একের পর এক বিদেশে দরখাস্ত পাঠাতে লাগলাম।

প্রথম "ইন্টারভিউ" পেয়েছিলাম অস্ট্রেলিয়ার এমব্যাসি থেকে। সেখানে গিয়ে দেখলাম অনেক "অ্যাংলো ইন্ডিয়ান" ইন্টারভিউ দিতে এসেছে। এরা সবাই এক পেশার লোক নয়। আমি ঘরে ঢুকে দেখলাম একজন

"ফ্রেঞ্চকাট" অস্ট্রেলিয়ান ভদ্রলোক আমাকে কয়েকটা প্রশ্ন করলো। এই ভদ্রলোকের পাশে আরো কয়েকজন ছিল। আমি নির্ভয়ে সব উত্তর দিলাম। কারণ প্রশ্নগুলি খুবই মামুলি ধরণের। দু-এক দিনের মধ্যেই জানলাম আমি ওদের দেশে যাওয়ার ভিসা পাওয়ার যোগ্য প্রার্থী।

যথাসময়ে পার্কস্ট্রিটে একজন বিদেশী ডাক্তারের কাছে গিয়ে উপস্থিত হলাম। ভদ্রলোকের ডাক্তারখানাটি বেশ সুসজ্জিত। ডাক্তারি পরীক্ষার পর এবার রক্ত পরীক্ষার পালা। ওই ডাক্তারের কাছ থেকে কয়েকটা 'ফর্ম' নিয়ে নার্সিংহোম গিয়ে উপস্থিত হলাম। রক্ত পরীক্ষার পর এবার আমার অপেক্ষার পালা। অবশ্য এ নিয়ে আমার কোনো মাথাব্যথা নেই। কারণ ডাক্তার হিসেবে আমার বিদেশ যাওয়ার কারণ কোনো বিশেষ পরিকল্পনা মাফিক ঘটার কথা নয়। আগেই বলেছি যে এর প্রথম ও বিশেষ কারণ এটাই যে মায়ের মৃত্যুর পর আমার দেশ ছাড়ার ব্যাপারে কেউ আপত্তি করবে না।

এ কথা ঠিকই ছোটোবেলা জ্ঞান হওয়া থেকে কলিয়ারী অঞ্চলেই কেটেছে। তবে এখন তেরো-চোদ্দ বছর ধরে আমাদের অর্থাৎ বাঙালিদের সবার প্রিয় নগরী কলকাতা আমাকে চুম্বকের মতো টেনে রেখেছে। কয়েক দিনের জন্য কলকাতা ছেড়ে গেলে প্রাণ অস্থির হয়ে ওঠে। ভাবনা শুরু হয় কবে আবার আমার প্রিয় নগরীতে ফিরে যাবো। আমার বিশ্বাস এই বঙ্গ সন্তানেরা পৃথিবীর যে কোনো প্রান্তেই থাকুক না কেন, এদের কলকাতার সঙ্গে যোগসূত্র কখনই ছিন্ন হয় না। কেন হয় না আমার মতে তার কোনো ব্যাখ্যা নেই।

অস্ট্রেলিয়ার ভিসা পেলেও আমার প্রধান আকর্ষণ ছিলো জাম্বিয়ার উদ্দেশ্যে পাড়ি জমানো। সেখানে আবেদন পত্র পাঠিয়ে অপেক্ষা করে আছি কবে ডাক আসবে। ইতিমধ্যে আমার মমতার সঙ্গে বিবাহবন্ধন ঘটলো ২৩ শে ফেব্রুয়ারি ১৯৭২ সালে। কয়েক মাসের মধ্যেই জাম্বিয়ার চাকরিটা পেয়ে গেলাম। সেখানে যেতে আমার যাত্রাপথের খরচ জোগাবে জাম্বিয়া সরকার।

দেখতে দেখতে ২৪শে ফেব্রুয়ারি ১৯৭৩ চলে এলো। যথাসময়ে আমি ও মমতা ট্যাক্সি চড়ে দমদম নেতাজি সুভাষচন্দ্র বসু এয়ারপোর্টের উদ্দেশ্যে রওনা দিলাম।

জাম্বিয়া

২৪ শে ফেব্রুয়ারী ১৯৭৩। আমাদের দেশ ছাড়ার সময়। আমরা মানে আমি ও মমতা। প্লেনে চড়ার অভিজ্ঞতা আমার একবার হয়েছে, চাকরির সন্ধানে আগরতলা যাত্রা। চাকরির থেকে বেশি উৎসাহ আকাশ ভ্রমণে, নতুন জায়গা দেখতে, আর সেখানে চাকুরিরত বন্ধুর সঙ্গে দেখা হওয়াতে। পেশায় আমরা সবাই ডাক্তার। আমার সঙ্গী প্রদীপদা।

দেশ ছাড়ছি, প্রশ্ন অনেকগুলো—আনন্দে না নিরানন্দে, ভয়ে না নির্ভয়ে। সে যুগে উচ্চশিক্ষার জন্য ভারতীয় ডাক্তাররা বিলেত, আমেরিকায় গিয়ে পৌঁছত। উচ্চশিক্ষার পরে অনেকেই দেশে ঘুরে আসতো বা কেউ কেউ আবার ফিরে যেতো। অনেকেই আবার সে দেশে থেকে যেতো। এ ধারা বহুদিন চলেছে, হয়তো এখনো চলছে।

১৯৬৯ সালে আমার মায়ের মৃত্যু পর আমি যেন হয়ে গেলাম বাঁধনহারা। নানা জায়গায় চাকরিতে ইন্টারভিউ দিই। বেশির ভাগ ক্ষেত্রে চাকরিও পাই, কিন্তু কোথাও 'জয়েন' করি না। দায়িত্ববোধের তেমন বালাই নেই। হয়তো মনের কোণে উঁকি দেয় দেশ ছাড়ার ইচ্ছে। কিন্তু কেন? তার উত্তরও খুব পরিষ্কার নয়। হয়তো সে যুগে কেউ কেউ, যদিও সবাই নয়, একই মানসিকতার শিকার। যাই হোক আমাদের গন্তব্য স্থান জাম্বিয়া। কাউন্ডা তখন সে দেশের প্রেসিডেন্ট।

শুনেছি তিনি মানুষ হিসেবে ভালো। সে যুগে ইদি আমিনের অমানুষিকতার প্রমাণ সর্বত্র ছড়ানো, অবশ্য সে দেশটা উগান্ডা।

যথাসময়ে দমদম এয়ারপোর্টে পৌঁছনো গেলো। বিদায়কালে সবার চোখই অশ্রু সজল হয়। এ ক্ষেত্রেও ব্যতিক্রম হয়নি। নতুন অভিজ্ঞতার দিকে মানুষ যখন এগিয়ে যায় তাতে রোমাঞ্চ থাকে। এ তো বিলেত বা আমেরিকা নয়। এর নাম জাম্বিয়া। ১৯৬৪ সালে দেশ স্বাধীন হয়, মুক্ত হয়, ব্রিটিশ শাসন থেকে। তখন এ দেশের নাম ছিলো উত্তর রোডেশিয়া।

বিদায়ক্ষণ এসে উপস্থিত। পাসপোর্ট ও অন্যান্য জরুরি কাগজপত্র নিয়ে আমরা মানে আমি ও মমতা কাউন্টারের দিকে এগোই।

অবশ্য এই বিমানে আমরা উড়ে যাব বোম্বে (এখন মুম্বাই) এয়ারপোর্টে যার এখনকার নাম সান্তাক্রুজ।

প্লেন যথাসময়ে আকাশে পাখা মেলে দিল। কলকাতা দৃষ্টির বাইরে চলে গেল ধীরে ধীরে। এখন শুধু বিমানের মৃদু মৃদু শব্দ ও এয়ারহোস্টেসদের ব্যস্ত গতিতে চলাফেরার ছন্দ। এইসব শব্দকে ছাড়িয়ে মনের গহন গভীরে নানা চিন্তার বাস। ‘হেথা নয় হেথা নয়—অন্য কোথা অন্য কোনোখানে’—যুগ যুগ ধরে মানুষ কি এইভাবেই এক দেশ ছেড়ে অন্যদেশে পাড়ি দিয়েছে?

সম্ভবত আড়াই-তিনঘণ্টা পরে আমরা ভারতের বিখ্যাত বাণিজ্যিক নগরের কাছাকাছি এসে উপস্থিত হলাম। বিমান সেই নগরের উপর দিয়ে এগিয়ে চলেছে এয়ারপোর্টের দিকে। আস্তে আস্তে ছোটো ছোটো ঘরবাড়ি মুহূর্তে একটু একটু করে বড়ো হয়ে উঠছে চোখের সামনে। এও এক নতুন অভিজ্ঞতা। বিমান মাটি স্পর্শ করলো, এখনো সে মাটি আমাদের মাতৃভূমির।

এয়ারপোর্ট থেকে বেরিয়ে দেখলাম ঘড়িতে বাজে সন্ধে সাতটা, দিনের আলো ঝলমল করছে। এ অভিজ্ঞতা কলকাতাবাসীদের নেই। ৭টায় সেখানে অন্ধকার। জাম্বিয়া সরকারের কৃপায় স্থান পেয়েছি চার-তারা বিশিষ্ট হোটেল হরাইজান-এ। নিজের পকেটের পয়সা খরচ করে সেখানে থাকার যোগ্যতা তখন অর্জন করিনি। হোটেলে যখন পৌঁছলাম তখন নিজেদের বেশ ‘কেউকেটা কেউকেটা’ মনে হচ্ছিল। হোটেলের নির্দিষ্ট রুমে আমরা পৌঁছলাম। ঝকঝকে তকতকে ঘর ও সংলগ্ন বাথরুমে দেখে মুগ্ধ। যদিও এই হোটেলে থাকার সময় মাত্র কয়েক ঘণ্টা। রাত কাটাতে না কাটাতেই পাড়ি জমাতে হবে—আন্তর্জাতিক বিমানে চড়ে আফ্রিকা মহাদেশের উদ্দেশ্যে।

পরের কথা পরে। এখন কয়েকটি মুহূর্ত আনন্দ করে নেওয়া যাক। সুটকেস খুলে দেখা গেলো সবই এসেছে কেবল হাওয়াই চটি নিতে ভুলে গেছি। এই হাওয়াই চটি কেনার নাম করে জুহু বিচের পাশ দিয়ে ট্যাক্সি চড়ে

হাওয়া খাওয়ার একটা বিশেষ কারণ ঘটলো। যত তাড়াতাড়ি পারা যায় দু-জনে হাত মুখ ধুয়ে বেরিয়ে পড়লাম রুম থেকে।

হোটেলের সামনের রাস্তার পা দিয়ে এদিক ওদিক তাকাচ্ছি ট্যাক্সির সন্ধানে। সে সময় আমাদের কলকাতার অভিজ্ঞতা খুব ভালো নয়। ডাকলে ট্যাক্সি পাওয়ার আগে ভগবানকে হয়তো তাড়াতাড়ি পাওয়া যেত। সম্পূর্ণ নিরাশ হওয়ার আগেই একটা বিশাল শব্দে আমরা দু-জনেই চমকে উঠলাম। আমার তখনকার কলকাতায় যখন তখন বোম ফাটার শব্দের সঙ্গে পরিচিতি ও অভিজ্ঞতা ছিল। তাই চমকে উঠলাম। না না সেসব কিছু নয়। পিছনে তাকাতেই দেখলাম 'ইউনিফর্ম পরিহিত' হোটেল রক্ষীর কায়দা মাফিক স্যালুট দেওয়ার শব্দ।

আশপাশে কোনো বিখ্যাত ব্যক্তি তো নয়ই, কোনো ব্যক্তিকেই চোখে পড়লো না। অবশ্য আমি ও মমতা ছাড়া।

আমাদের এদিক ওদিক তাকাতে দেখে হোটেল রক্ষী আরেকটি স্যালুট দিয়ে (এবার বুঝতে ভুল হয়নি স্যালুটের লক্ষ্য ব্যক্তি আমরাই) বিনীত ভঙ্গীতে জিজ্ঞেস করলো, 'ডু ইউ ওয়ান্ট এ ট্যাক্সি স্যার অ্যান্ড ম্যাডাম?'

উত্তর দেওয়ার আগেই দেখলাম হুইসলের শব্দে দু'দিক থেকে দু'টো ট্যাক্সি এসে উপস্থিত। হোটেলে রক্ষী দরজা খুলে দেওয়ার সঙ্গে সঙ্গে আমরা গাড়ির ভেতর আসন গ্রহণ করলাম এবং নিমেষে ট্যাক্সি হোটেলকে পেছনে রেখে জুহু বিচের দিকে এগিয়ে চলল। নতুন নগর নতুন অভিজ্ঞতা, নিজেদের বেশ ভিআইপি, ভিআইপি মনে হতো লাগল। একদিনের জন্য রাজা মহারাজা ভাবতে ক্ষতি কী?

ইচ্ছে ছিল প্রাণভরে আরব সাগরের সৌন্দর্য উপভোগ করব। কিন্তু তখন শুধু সূর্য অস্তমিতই যে হয়েছে তাই নয়, বেশ অন্ধকারও নেমে এসেছে। অন্ধকারে সমুদ্র আকাশ সব একাকার।

জুহু বিচের আলোর মালা দেখতে দেখতে এগিয়ে চলল ট্যাক্সি আমাদের মতো আনাড়ি দু'জনকে নিয়ে শপিং সেন্টারের দিকে। অবশ্য তখনও সেই পুরনো আমলের দোকান। দু'একটা দোকান ঘুরে দু'জোড়া

মনোমতো হাওয়াই চটি সংগ্রহ করে, আশেপাশে একটু ঘোরাঘুরি করা গেল। এক চেনা নগরী থেকে আর এক অচেনা নগরীর মধ্যে এসে পড়েছি। দুই নগরীর মধ্যে খুব একটা তফাৎ চোখে পড়লো না। পরে নাইরোবি, লুসাকা, লন্ডন, প্যারিস, রোম, বার্সিলোনা, নিউ ইয়র্ক, লস্ এঞ্জেলস সব নগরী দেখে অনেক সাদৃশ্য চোখে পড়েছে, তফাৎ যে একেবারেই নেই সে কথা বললে ভুল হবে। সব নগরেই কিছু বিশেষত্ব থাকবেই। তবে জহুরির চোখ দিয়ে না দেখে সাধারণ চোখে দেখলে বোঝা যাবে প্রাচীন ও নবীন সভ্যতার সংমিশ্রণে এইসব নগর জীবন গড়ে উঠেছে। কিছু কিছু ক্ষেত্রে নবীন সভ্যতা যে প্রাচীন সভ্যতাকে গ্রাস করেছে এটা দুঃখজনক। বিভিন্ন দেশের গ্রামে গেলে বিশেষ বৈচিত্র্য চোখে পড়ে। এ সব আমার ব্যক্তিগত মত। অনেকেই এসব কথা মানতে চাইবেন না। বলবেন, চোখ থাকলে সব জায়গার বৈশিষ্ট্য ধরা পড়বে।

বাজারে ঘুরলেও আর কিছু কেনার ইচ্ছে বা প্রয়োজন কিছুই ছিল না। হাওয়াই চটির দাম কত ছিলো তখন, একটাকা না দু'টাকায় এক জোড়া, এখন আর মনে নেই। যথাসময়ে হোটেলে ফিরে এলাম। রুমে গিয়ে একটু হাত পা ছাড়িয়ে নেওয়া গেলো। ঝকঝকে বাথরুমের শাওয়ারে চান করে আরাম বোধ করলাম। এরপরই খিদেয় পেটে ছুঁচোর কেত্তন শুরু হয়ে গেলো। মমতার শরীর খারাপ লাগাতে ও কিছু খেতে চাইলো না। অগত্যা রুম সার্ভিসের শরণাপন্ন হলাম। আধঘণ্টার মধ্যে মোমবাতি জ্বালিয়ে খাবার চলে এলো।

কী কী খাবার এসেছিলো এখন আর মনে নেই। তবে প্রথমেই স্যুপ খেয়েছিলাম বলে মনে আছে। ওই রুম সার্ভিসের জন্য বিল হয়েছিল তিরিশ টাকা। ৩০ টাকায় এখন বোধহয় তিনটে রসগোল্লা কেনা যাবে না সাধারণ দোকান থেকে।

সাধারণভাবে সব দেশেই মানুষের আর্থিক অবস্থার উন্নতি হয়েছে ঠিকই। কিন্তু ৭০ দশকের হিসেবে বিচার করতে গেলে সবাই যে নিজেকে খুব ধনী লোক ভাবতে শুরু করবে, সে ভাবনা ঠিক নয়।

যাই হোক, ঘুমোবার চেষ্টা করতে হলো। তখন ৯/১০টা বেজে গেছে। ভোর চারটের মধ্যে অন্ধকার থাকতে থাকতেই হোটেল ছাড়তে হবে। হোটেল ছাড়ার আগে কয়েকটা কথা বলতে চাই। সেইদিন বলিউড ফিল্মস্টারদের একটা পার্টি ছিলো, বহু স্টারের সমাগম হয়েছিল জানতে পারি। বিখ্যাতরাই ছিলেন। কিন্তু আমরা দু'জনেই হিন্দি সিনেমা দেখায় তেমন অভ্যস্ত না থাকায় খুব একটা কাউকে চিনতে পারিনি।

একদিক দিয়ে ভালোই হয়েছে, ফিল্মস্টার বা ওই ধরনের কোনো সেলিব্রিটিদের নিয়ে হ্যাংলাপনা আমাদের সহ্য হয় না। ওরা ওদের কাজ করে, আমরা আমাদের। অবশ্য যে কাজ করি না কেন নিজের কাজে উৎসাহ থাকা প্রয়োজন। আর একটা কথা। ওই হোটেলের কর্মচারীদের ব্যবহার আমাদের খুবই ভালো লেগেছিল। ওরা যেন আমাদের সব ভার বহন করবার জন্যই তৎপর। অনুষ্ঠানের কিছুমাত্র ত্রুটি ঘটেনি ওদের দিক থেকে। ভোর চারটেয় তাড়াতাড়ি করে তৈরি হওয়া গেল। হোটেলের বাইরে এয়ারপোর্টের বাস অপেক্ষারত। রুমের চাবি দিয়ে ফেরত বাসে উঠে বসলাম।

যথাসময়ে বাস ছেড়ে দিলো, এখন গন্তব্য স্থান সান্তাক্রুজ। সান্তাক্রুজ পৌঁছে লাইন দেওয়া গেল। নির্দিষ্ট কাউন্টারে খুব একটা ভীড় ছিলো না। 'চেক ইন' হয়ে যাবার পর কিছুক্ষণ বসতে হল, এরপরেই ডাক এল প্লেনের দিকে এগিয়ে যেতে। কিছুটা রোমাঞ্চিত, কিছুটা দ্বিধাগ্রস্থ। সন্দেহ নেই সবারই একই অবস্থা হয় এইসময়, দু-একজন ছাড়া।

প্লেনের সিঁড়ি দিয়ে উঠে যখন ক্যাবিনের কাছাকাছি এসে পৌঁছেছি, তখন মিষ্টি গলায় দু'জন সুন্দরী এয়ারহোস্টেস ঘোষণা করলেন গুড মর্নিং ডক্টর ও মিসেস চ্যার্টাজী। ইউ আর ওয়েলকাম টু দ্য এয়ার ইন্ডিয়ান এরোপ্লেন ইত্যাদি। খুবই ভালো লাগলো। আজকাল এসব সম্বোধন শুনতে পাওয়া যায় না, ইকনমি ক্লাসে তো নয়ই, এমন কি বিজনেস ক্লাসেও নয়। নম্বর মিলিয়ে দু'টো পাশাপাশি সিটে বসে পড়লাম। হ্যান্ডব্যাগ ইত্যাদি নির্দিষ্ট স্থানে রাখা গেল।

কিছুক্ষণের মধ্যেই ‘টেক অফ্’ করার সময় উপস্থিত হলো। দেখতে দেখতে বিদ্যুৎ গতিতে এয়ার ইন্ডিয়ার বোয়িং ৭০৭ যেন দেশের মাটিকে শেষ চুম্বন করে আকাশের পথে পাড়ি দিল। সব বাড়িঘর, রাস্তাঘাট, চলন্ত গাড়ি বড় থেকে ছোটো হতে থাকলো। একসময় বোম্বে নগরী অদৃশ্য হয়ে গেল। এখন নীচে শুধু জল আর জল, ওপরে আদিগন্ত আকাশ। নীচে মেঘ ভেসে যাচ্ছে। আমি ও মমতা চুপচাপ বসে আছি। নতুন ভাবনায় মন ভরে আছে—কোথায় চলেছি আমরা, কোন উদ্দেশ্যে?

জানলা দিয়ে বাইরে দৃষ্টি প্রসারিত করলাম, এখনো নীচে দেখতে পাচ্ছি খণ্ড খণ্ড মেঘ ভাসমান। কোথায় চলেছে তারা? কবি হলে মহাকবি কালিদাসকে স্মরণ করা যেত বা এ যুগের বিশ্বকবি রবীন্দ্রনাথকে। কিন্তু ক্ষমতা যেহেতু সীমিত, সেখানে উচ্চ ভাবনার ওপর ‘ব্রেক’ দিয়ে সাধারণ ভাবনায় ফিরে এলাম। সাধারণ ভাবনা অর্থাৎ বাস্তবকে নিয়ে ভাবা—এ-ও এক অন্তহীন ভাবনা। ‘প্রফেশনাল’ ব্যক্তি সাধারণত অনেক ভাবনা চিন্তা করে জীবনের গতিপথকে সুনিয়ন্ত্রিত করে। আমি পেশায় চিকিৎসক হলেও সেরকম কোনো বাঁধাধরা ছকের মধ্যে নিজেকে ফেলতে পারিনি। এর হয়তো অনেকগুলো কারণ আছে। ডাক্তারিতে ঢুকে প্রথম বর্ষের শেষের দিকে পিতৃদেবের মৃত্যু আমাকে অনেকটা উদ্দেশ্যহীন জীবনের দিকে ঠেলে দিচ্ছিল। অবশ্য অনেক কষ্টে নিজেকে নিয়ন্ত্রিত করতে হয়েছিলো। অনেকেই হয়তো এরকম অবস্থায় ডাক্তারি পড়াশোনা ছেড়ে অন্য কিছু করার চেষ্টা করত। মাঝে মাঝে মনে হয় সেটাই হয়তো সমীচীন হত, আবার কখনো মনে হয় ভাগ্যই সব কিছু নিশ্চিত করে। অবশ্য এ সব কথা আগেই বলেছি। বারে বারে একই কথা বলে পাঠকের ধৈর্য্যের বাঁধ ভাঙ্গার দরকার নেই। পাঠকই বিচার করবেন এরকম অবস্থায় পড়লে কি করতেন। সে যুগের বাঙালি যুবকরা তো অনেক শিক্ষাই পেয়েছে শঙ্করের ‘কত অজানারে’ পড়ে। শঙ্করের চরিত্রের দৃঢ়তা বুঝিয়ে দিয়েছে ইচ্ছে থাকলে, চেষ্টা থাকলে আপাতদৃষ্টিতে যা অসম্ভব মনে হয় তাকেও সম্ভব করা যায়। কী অসম্ভব মানসিক শক্তির অধিকারী আমাদের প্রিয় শঙ্কর। পথের সব বাধাকেই দৃঢ় চিত্তে ছুঁড়ে ফেলে

দিয়ে এগিয়ে গেছেন সামনের দিকে। যাইহোক বাস্তবে ফিরে আসি। জানি আরব সাগর পেরোলেই আফ্রিকার ওপর দিয়ে বিমান কিছুক্ষণ উড়ে নাইরোবি এয়ারপোর্টে নামবে।

সময় এগিয়ে এল।

বিমান যথাসময়ে নাইরোবির ভূমি স্পর্শ করল। ছোটোবেলায় পড়েছি অন্ধকারাচ্ছন্ন মহাদেশ আফ্রিকা। নাইরোবি সেই মহাদেশেরই একটি দেশ। বিষুবরেখার ওপরে ভারতেরই মতো। বিমান থেকে নেমে দেখলাম রোদে ঝলমল করছে নাইরোবি। ওপরে সেই চিরপরিচিত আকাশ। এই আকাশের রং কি আলাদা? অবশ্য এতকিছু ভাববার তখন সময় নেই। আমি ও মমতা হ্যান্ডব্যাগ ঝুলিয়ে অনেক যাত্রীর সঙ্গে নেমে এলাম বিমান থেকে। গন্তব্য স্থান নাইরোবি এয়ারপোর্ট। এয়ারপোর্টে পৌঁছে যথারীতি ট্রান্‌স্‌জিটে পাসপোর্টে ও অন্যান্য কাগজপত্র দেখিয়ে বেরিয়ে এলাম। অবশ্য বেরোবার আগে একটা অপ্রীতিকর ঘটনা ঘটল। কাউন্টারে গিয়ে জিজ্ঞেস করলাম আমাদের গন্তব্য স্থান এখন কোথায় এবং কখন। কাউণ্টারের লোকটি অত্যন্ত অভদ্র ব্যবহার করল। একটু হকচকিয়ে গেলাম। মানসিকভাবে আমরা প্রস্তুত ছিলাম না।

বিদেশের মাটিতে প্রথম পা পড়ল, আশা করেছিলাম ভালো ব্যবহারই পাবো। অবশ্য যা ভাবা যায় তা সব সময় হয় না। একটাই সান্ত্বনা যে নাইরোবিতে আমাদের অবস্থান কয়েক ঘণ্টা। এই কয়েক ঘণ্টা কাটিয়ে আবার বিমানে চড়ে জাম্বিয়ার উদ্দেশ্যে রওনা হব।

বাইরে বেরিয়েই দেখলাম কোচ দাঁড়িয়ে আছে আমাদের সবাইকে নাইরোবি শহরের দিকে নিয়ে যেতে।

অনেকটা রাস্তা চলার পর নাইরোবি শহরে অ্যামবাসাডার হোটেলে আমাদের 'কোচ' থামলো। আমরা সবাই হোটেলের দিকে এগোলাম। এই হোটেলটি সম্ভবত তিন তারা হোটেল। হোটেল হরাইজনের সঙ্গে তুলনাই হয় না। এখানে ঘণ্টা তিনেকের অবস্থান।

হাত মুখ ধুয়ে ডাইনিং রুমের দিকে এগোলাম। খাবার দেখে নিরাশ হতে হলো। আমরা নিরামিষাসী না হলেও আমিষ বলতে সারা বিশ্বে যা বোঝায় সে দলভুক্ত নই। অবশ্য বিমানে যথাসময়ে খাওয়ার জন্য খুব যে আমাদের একটা ক্ষিদে ছিলো তা বলতে পারি না। ছোটোখাটো কিছু খেয়ে আবার রুমে ফিরে এলাম। কিছুক্ষণের বিশ্রাম।

অবশ্য দেহের বিশ্রাম হলেও মনের বিশ্রামের কোনো প্রশ্নই আসে না। মন কোনো সীমিত গতির ধার ধারে না। তার 'স্পীড' আলোর গতির থেকেও দ্রুততম। এ গতি বাঁধন হারা, সব সময় নির্দিষ্ট গতিপথ মেনেও চলে না। মনের লাগাম ছেড়ে দিলাম, যেদিকে যায় যাক। ক্লান্তিতে আমরা হয়তো কিছুক্ষণের জন্য ঘুমিয়ে পড়েছিলাম। আচমকা টেলিফোনের শব্দে আমাদের ঘুম ভেঙ্গে গেলো। টেলিফোন ধরে জানতে পারলাম আধঘণ্টার মধ্যে আমদের হোটেল ছেড়ে এগোতে হবে আবার নাইরোবি এয়ারপোর্টের দিকে। রেডি হতে বেশি সময় লাগলো না, কারণ আমরা তো এখন ট্রানজিট প্যাসেঞ্জার হিসেবে সব সময় রেডি আছি। আবার কোচে চড়ে পৌঁছলাম নাইরোবি এয়ারপোর্ট।

কিছুক্ষণের মধ্যেই বিমান ছেড়ে দিলো জাম্বিয়ার রাজধানী লুসাকার উদ্দেশ্যে। ঘণ্টা দু-তিনের মধ্যে লুসাকায় প্লেন ল্যান্ড করল।

এয়ারপোর্টে পৌঁছে চেক আউট-এ পাসপোর্ট দেখিয়ে যখন বেরিয়ে এলাম তখন আর চিন্তার কারণ নেই। সামনে অসংখ্য ভিজিটারের মধ্যে চোখে পড়লো দু'জনের চেনা মুখ।

প্রথম জন অর্ধেন্দু ঘোষ। মাত্র ৮ মাস আগে জাম্বিয়াতে এসেছে। অবিবাহিত। মনের দৃঢ় বাসনা এখানে কিছু পয়সা জমিয়ে ব্রিটেনের উদ্দেশ্যে যাত্রা করবে উচ্চশিক্ষার জন্য।

আরেকজন বিধান অধিকারী। প্রায় বছর তিনেক এখানে সরকারি হাসপাতালে চাকুরিরত। এই হাসপাতালের সঙ্গে যুক্ত লুসাকা মেডিকেল কলেজ। বিধান বিবাহিত।

চেনা মুখ দেখে আমি ও মমতা এগিয়ে গেলাম ওদের দিকে। মমতা অর্ধেন্দুকে চিনলেও বিধানকে চিনত না। আমাদের বিয়ের দু-বছর আগে বিধান জাম্বিয়ার উদ্দেশ্যে পাড়ি দিয়েছিলো। লুসাকা এয়ারপোর্টের কর্মচারীরা সবাই আমাদের সঙ্গে ভাল ব্যবহার করল। নাইরোবির ঘটনায় মন খানিকটা অশান্ত থাকলেও এখানে এসে প্রাণের আরাম বোধ করলাম।

বিধান, অর্ধেন্দু ও আমাদের মধ্যে কুশল বিনিময়ের পর বিমান আমাকে একটা 'ট্রিপল ফাইভ' সিগারেট অফার করল। আজকের ভারতবর্ষে এর কোনো বিশেষ মূল্য নেই। তা ছাড়া সিগারেট টানায় স্বাস্থ্যহানির আশঙ্কা যে পাহাড়প্রমাণ তা আজকাল একটা শিশুও জানে। কিন্তু ষাট-সত্তরের দশকে এ সব নিয়ে কারো মাথাব্যথা ছিল না। বাংলা হিন্দি সিনেমার নায়কেরা এইসব মহামূল্যবান সিগারেট মুখে গুঁজে নানান কায়দায় দর্শকের দৃষ্টি আকর্ষণ করতেন।

ক্ষণিকের জন্য সব ভারতীয় যুবকেরই রুপোলি পর্দার নায়ক হবার বাসনা জাগত। আজ এ সব কথা ভাবলে হাসি পায়। এবার এয়ারপোর্ট ছেড়ে ট্যাক্সির দিকে রওনা হওয়া গেলো। বিধান বলল, 'আমিই আপনাদের গন্তব্য স্থানে পৌঁছে দিতে পারতাম, কিন্তু সেটা ভালো দেখাবে না। কারণ ওরা সরকারি দফতর থেকে আপনাদের নিয়ে যাওয়ার ব্যবস্থা করছে।' একথা শুনে হাসি পেল। আমার মতো একজন সাধারণ ডাক্তারের জন্য এ রকম ব্যবস্থা যখন, তখন এদের ডাক্তারের প্রয়োজন খুবই বেশি। অবশ্য পরে জেনেছিলাম এরা বেশ কিছু নিয়ম মেনে চলে।

এ কথা বললে অন্যায় হবে না যে বড় ছোটর ভেদ আমাদের দেশেই বড্ড বেশি। যদিও এখনো দেশে মহান লোকের অভাব নেই। কিন্তু তাদের ক্ষমতা অত্যন্ত সীমিত। বেশির ভাগ মানুষ ক্ষমতার চূড়ায় উঠে বড়ই অহংকারী হয়ে ওঠে। যদিও আজকের ভারতবর্ষে এ সব ব্যাপারে প্রচণ্ড আলোড়ন ও আন্দোলন চলছে।

গাড়িতে আমি ও মমতা চড়ে বিধান ও অর্ধেন্দুকে তখনকার মতো বিদায় জানিয়ে সরকারি আবাসস্থলের দিকে রওনা হলাম। এইখানেই

কয়েকদিন থেকে আমার কর্মস্থল কিটওয়ের দিকে যাত্রা করা। বিধান বলল, 'আজকে ওখানে বিশ্রাম করুন। কালকে আপনাকে ও বৌদিকে হোস্টেলে থেকে সন্ধেবেলা নিয়ে যাবো। ওখানেই খাওয়াদাওয়া করবেন।'

কিছুক্ষণের মধ্যে গাড়ি বিদ্যুৎগতিতে দৌড়তে শুরু করলো। তখন কলকাতাবাসীদের অত জোরে যাওয়ার অভ্যাস ছিলো না। রাস্তাঘাটের তখন বেহাল অবস্থা। এখনকার মতো হাইওয়ের ছড়াছড়ি ছিলো না, বিশ্ব অর্থনীতির থিওরি অনুযায়ী সারা বিশ্বের মধ্যবিত্ত শ্রেণী একই সুযোগ সুবিধে ভোগ করছে, ধনী ব্যক্তিদের কথা তো বাদই দিলাম। গরীবদের অবস্থা সমানুপাতে উন্নত হয়েছে তা বলা যাবে না। এখনো অনেক পথ চলতে হবে। এই যে ব্যবধান—এর সমস্যা সমাধান কী ভাবে হবে?

অর্থনীতির থিওরিতে কেতাবি বুলি অনেক দেখানো হয়েছে কিন্তু সত্যি কথা বলতে কী মানুষের "গ্রীড ওভার নীড" থিওরি অনুযায়ী লোভকে কিছুটা সংযত যতদিন করা না যাচ্ছে, ততদিন এর সুরাহা হবে বলে মনে হয় না। আমি অর্থনীতিবিদ্ নই তবে সাধারণ বুদ্ধিতে এটাই মনে হয়। এর জন্য জ্ঞানের ভাণ্ডারে হাবুডুবু খাওয়ার দরকার নেই। সর্বশক্তিমান ঈশ্বরের নাম স্মরণ করতে করতে আমি ও মমতা গন্তব্য স্থানে পৌঁছে স্বস্তির নিঃশ্বাস ফেললাম।

জ্যোতিষশাস্ত্রে আমাদের দীর্ঘ পরমায়ুর কথা নিশ্চয় লেখা ছিলো। জাম্বিয়ায় রোড অ্যাকসিডেন্টের হার অত্যন্ত বেশি ছিলো তখন।

আমাদের জন্য একটি ঘর নির্দিষ্ট ছিলো। ঘরের সংলগ্ন বাথরুম, বেশ ছিমছাম। নীচে খাবার দাবারের ব্যবস্থা। রাতের খাবার এখানেই খাবো। তার আগে চান করতে নেওয়া দরকার। নির্দিষ্ট সময়ে নীচে নেমে গেলাম। ডাইনিং রুমে এদিক ওদিক তাকিয়ে দেখতে থাকলাম কোনো ভারতীয় মুখ চোখে পড়ে কি না। প্রথমে নিরাশ হলাম। ডাইনিং টেবিলে দু'জনে চুপচাপ বসে আছি খাবারের অর্ডার দিয়ে। হঠাৎ নজরে পড়লো এক কোণাতে আমাদেরই মতো দু'জন ভারতীয়। চোখ মুখ দেখেই বোঝা যাচ্ছে নবাগত। অসাচ্ছন্দ্যের ভাব চোখে মুখে, ভাবখানা—কী জানি বাবা কোথায় এসে পড়লাম। আমাদের

মনের ছাপই সেখানে প্রতিফলিত। হোস্টেল ছাড়ার আগেই পরিচয় হওয়াতে জানতে পারলাম দিল্লি থেকে এসেছেন দু'জনে—আমারই মতো ডাক্তার হিসেবে চাকরি করতে। পদবী তেওয়ারী। এদেরও কর্মস্থল কিটওয়ে। কিটওয়ে জাম্বিয়ার রাজধানী লুসাকা থেকে সম্ভবত আড়াইশো মাইল উত্তরে। দীর্ঘ বিমানযাত্রার ক্লান্তি দু'জনকেই ছেয়ে ফেলেছিলো। বিছানায় পড়তে না পড়তেই ঘুমের দেশে পৌঁছে গেলাম। কতক্ষণ ঘুমিয়েছি জানি না। ঘুম ভেঙে দেখি জানালা দিয়ে দিনের আলো প্রবেশ করেছে। আরো দৃষ্টি প্রসারিত করে দেখতে থাকলাম আফ্রিকা মহাদেশের নীলাকাশ। মনে খটকা লাগলো, সব দেশের আকাশের রং কি এক? নাকি ভিন্ন ভিন্ন দেশে আকাশের রং ভিন্ন? আমার তো তাই মনে হচ্ছে। বুঝলাম এটা কোনো বিজ্ঞানের 'থিওরি' অনুযায়ী নয়, ভিন্ন ভিন্ন মানুষের মনের রং-এর সঙ্গে মিলিয়ে আকাশের রং পালটায়। আমার এই থিওরটি ধোপে টিকবে কি না জানি না। অন্যের মত জানতে পারলে ভালো হতো। পাশে বসা মমতাকে জিজ্ঞেস করে কোনো উত্তর পেলাম না। মনে হলো বিয়ের এক বছর পরেই বাবা মা ভাইদের ছেড়ে দেশান্তরী হয়ে ওর মনটা ভারাক্রান্ত। অবশ্য মমতা খুবই চাপা স্বভাবের মানুষ। তাই বোঝা গেলো না ওর মনে কী ভাবছে এই মুহূর্তে। সন্ধ্যার সময় বিধানের বাড়িতে আমি ও মমতা নিমন্ত্রিত। নতুন দেশে চেনা মানুষের সঙ্গে দেখা হবে এটাই আনন্দের।

সন্ধ্যা হতে বেশি দেরী লাগলো না। বিধান যথাসময়ে এসে আমাদের নিয়ে ওর বাড়ির দিকে রওনা হলো। গাড়িতে ওর সঙ্গী অর্দ্ধেন্দু। ওর সাজানো গোছানো বাড়িতে পৌঁছে পরিচয় হলো বিধানের স্ত্রীর সঙ্গে। খুব হাসিখুশি ভদ্রমহিলা। আদর আপ্যায়নের কোনো ত্রুটি ছিলো না। ওদের এক ছেলে। বিধান অনেক কষ্টে যতোটা সম্ভব ভালো মাছ জোগাড় করেছিলো। যদিও দেশ থেকে গিয়ে প্রথমে এসব মাছ খেতে অভ্যস্ত হতে সময় লাগে। সর্ষের তেলে মাছ ভাজা হয়েছে। তখনই রহস্য উদ্‌ঘাটন হলো বিধান কেন আমাদের সর্ষের তেল আনতে বলেছিলো।

বিধান লিখেছিলো, ‘স্বপনদা অতি অবশ্যই এক টিন সর্ষের তেল আনিতে ভুলিবেন না। এটা এখানে অত্যন্ত জরুরি।’ সত্যিই তো বঙ্গসন্তান সর্ষের তেলে মাছ না ভেজে খেতে পারে না। এখন অবশ্য অনেক রকমের তেলের ব্যবহারে অভ্যস্ত। বঙ্গ সন্তানদের এতে মাছ ভাজা খেতে কোনো অসুবিধে হয় না।

আমাদের অস্থায়ী আবাসস্থল থেকে এক দিন সম্ভবত ব্যাংকে গিয়েছিলাম অ্যাকাউন্ট খুলতে। ফিরতে দেরী হয়েছিলো। তবু ভাবলাম একবার খাবারের সন্ধানে নীচের তলার ডাইনিংরুমে যাওয়া যাক। নিরাশ হওয়ার সম্ভবনাই বেশি। হলও তাই। ঘণ্টাখানেক আগে দুপুরের খাবারের পাঠ চুকে গেছে। কাউন্টার থেকে জানালো দুঃখিত। খিদেও পেয়েছে অনেকক্ষণ থেকে। এ কথা অনেকবার বলেছি মমতাকে। মমতা চাপা স্বভাবের। ওর ক্ষিধে পেয়েছ কি না জিজ্ঞেস করাতে বলল একটু একটু। মনে হলো না ঠিক বললো। বাইরে গিয়ে খাবারের সন্ধান করতে হবে। সম্পূর্ণ অপরিচিত দেশ। কোনো অভিজ্ঞতাই নেই বিদেশ সম্বন্ধে। বাইরে বেরিয়ে তো ইডলি, ধোসা, অনাদির মোগলাই পরোটা, বা নিজামের রোল (মুর্গিভরা) পাওয়া যাবে না। কলকাতায় তো মুখরোচক খাবারের অভাব নেই। সবগুলোর নাম করতে গেলে একটা খাবারের মহাকাব্য লেখা হয়ে যাবে।

বাইরে বেরিয়ে আমি ও মমতা এদিক ওদিক তাকাচ্ছি আর মধ্য পদক্ষেপে এগিয়ে চলেছি। খিদের চোটে খুব জোরে হাঁটার ইচ্ছে নেই, আবার খুব আস্তে হাঁটলেও খিদে আরো বাড়তে থাকবে। খুব একটা আশা দেখছি না, হেঁটেই চলেছি। বেশ কিছুক্ষণ হাঁটার পর মশলাযুক্ত কিছু খাবারের ঘ্রাণ নাকের মধ্যে ঢুকল, যদিও কোনো দোকান চোখে পড়লো না, দূরে শুধু একটা ঠেলাগাড়ি ও কিছু লোকজন। মমতা বললো ওখানে কিছু খাবার পাওয়া যাবে বলে মনে হচ্ছে। আমি বললাম ওটা তো একটা ঠেলা গাড়ি। কেউ কোনো জিনিস এক জায়গা থেকে আরেক জায়গায় নিয়ে যাচ্ছে নিশ্চয়। মমতা কথাটাকে মেনে নিতে পারলো না। ঠেলাগাড়ির দিকেই এগোতে থাকলো। অগত্যা আমিও মমতাকে অনুসরণ করলাম। খিদেয় মানুষ যে কত কষ্ট পায়

তা আর একবার বোধগম্য হলো। পৌঁছে বুঝলাম সত্যিই ওটা খাবারের ঠেলাগাড়ি। তখন কলকাতায় এখনকার মতো ঠেলাগাড়ি করে রোল বিক্রি করতো না। দেখলাম একজন লোক দাঁড়িয়ে আছে কিছু খাবার কেনার জন্য। দু'তিনজন লোক কিছু খাবার সার্ভ করছে। একজন সার্ভ করছে আরেকজন পয়সা গুনে নিচ্ছে। আমরাও দাঁড়িয়ে গেলাম ওদের পিছনে। বেশি সময় লাগলো না, কিছু খাবার আমাদের হাতে এসে পৌঁছল। যত তাড়াতাড়ি সম্ভব ব্যঙ্ক থেকে তোলা "কোয়াচা" গুনে দিলাম একজনের হাতে। তখন এক পাউন্ড ছিল দেড় "কোয়াচা"। এখন জেনেছি এক পাউন্ড হচ্ছে কয়েক হাজার কোয়াচা। তখন জাম্বিয়ায় সারা জায়গা জুড়ে কপারের রমরমা ব্যবসা।

খিদের চোটে তখন আর খাবারের বাছবিচার করার কথা মনে আসেনি। বিদেশে প্রায় সর্বত্রই মাংসের প্রচলন খুব বেশি ঠাণ্ডার দেশগুলোতে তো বটেই। কপালগুনে দেখলাম খাবারটা খেতে মন্দ না, বলতে গেলে ভালই। মমতা হয়তো একটু খুঁত খুঁত করছিল। তবে ওরও যে ভালোই খিদে পেয়েছিলো বোঝা গেলো। ভারতবর্ষসহ সারা বিশ্বই এখন জানে এর নাম 'হট্ ডগ্'। আগে হলে হয়তো খাবারটি ব্যাখ্যা করার প্রয়োজন হতো, এখন সবাই এই খাবারটির সঙ্গে পরিচিত।

পরে এইসব খাদ্য আমি কখনওসখনও বাধ্য হয়ে খেলেও মমতা আর কোনোদিন খায়নি। আমার মতে এইসব খাদ্য কেউ যদি ভালোবেসে বা প্রয়োজনে খায় তাতে আপত্তি তো কিছু নেই। সারা বিশ্বে অনেকেই তো এইসব খাবার খেয়ে আনন্দ পায়।

আবার অন্যদিকে, যেহেতু আমরা বিদেশে আছি সেই জন্য এইসব খাওয়া একান্তই দরকার, এই ব্যাপারটা আমি বা মমতা কিছুতেই মানতে পারি না। এই যুগে অর্থাৎ বিশ্বায়নের যুগে সব রকমের জিনিস সর্বত্রই পাওয়া যায়। সত্তরের দশকে এসব ব্যাপার চিন্তার বাইরে ছিলো। একটা কথা বললে ভুল হবে না। সব বিষয়ে নাক গলানো আমাদের স্বভাব। আমি যেটা ভালো মনে করি সেটাই ভালো আর অন্যরা যা ভাবছে তা মোটেই সমর্থনযোগ্য না এ রকম মনোবৃত্তি নিজের বা সমাজের পক্ষে ক্ষতিকর।

নিজের স্বাধীন মতামত অবশ্যই জানানো দরকার কিন্তু সেইসঙ্গে অন্যান্য ব্যক্তিরা কী রকম ভাবছেন তা ধৈর্য্য সহকারে শুনলে বিচার বুদ্ধির দ্বারা আলাদা করে মুক্ত চিন্তা করার স্বাধীনতা পাওয়া যায়। অন্যের কোনো যুক্তিকে গ্রহণ না করে সম্পূর্ণ খণ্ডন করে, নিজের বিচার বুদ্ধির দ্বারা শাসানো যুক্তি (যুক্তি বা অযুক্তি) গায়ের জোরে চাপানোর চেষ্টা ঠিক নয়।

দেখতে দেখতে তথাকথিত 'হানিমুন পিরিয়ড' শেষ হতে চলল। এটা অবশ্য বিবাহ সংক্রান্ত হানিমুন পিরিয়ড নয়, এটা কাজ আরম্ভ করার আগের পিরিয়ড।

নির্দিষ্ট দিনে বিধানদের বিদায় সম্ভাষণ জানিয়ে গুটি গুটি আবার এয়ারপোর্টের দিকে যাবার প্রস্তুত হলাম। এ বারেও দুয়ারে প্রস্তুত গাড়ি। চালকের সিটে বসা একজন বলিষ্ঠ যুবক। দুরুদুরু বক্ষে আমি ও মমতা পিছনের সিটে গিয়ে বসলাম। মনে আশা এই যুবকটি নিশ্চয় ধীরস্থির গতিতে আমাদের আনন্দ দিতে দিতে এয়ারপোর্টে পৌঁছে দেবে। কর্মস্থলে গিয়ে অর্ধেন্দুকে বলতে পারবো এ বার আর কোনো অসুবিধে হয়নি।

মমতা কী ভাবছিলো জানি না। আমি খুশি খুশি থাকলেও মমতাকে দেখে মনে হল চিন্তিত। ও যে ভীতু মেয়ে তা নয়, তবে প্রাণ হাতে করে আমরা যেভাবে এয়ারপোর্ট থেকে এখানে এসে পৌঁছেছিলাম তাতে চিন্তা হওয়ার যথেষ্ট কারণ ছিলো।

আমি যে খুব আশাবাদী তা নয়, নিরাশাবাদী বললেই হয়তো ঠিক বলা হবে। তবে এ ক্ষেত্রে আশাবাদী হওয়াটা বুদ্ধিমানের কাজ বলে মনে করাটাই যুক্তিযুক্ত না অযৌক্তিকতা ভেবে পেলাম না। মনকে সান্ত্বনা দিলাম—না না বারে বারে একই জিনিস ঘটে না। তা না হলে পৃথিবীতে এতো বৈচিত্র্য কেন? দিনের পর রাত, শীতের পর বসন্ত—যুগযুগ ধরে এ ভাবেই তো চলেছে। মানুষের ক্ষেত্রেও তাই তো হবে। কেউ ভদ্র, কেউ অভদ্র, কেউ রাগী, কেউ শান্ত। এটাই তো জগতের নিয়ম। আপনারাই বলুন এ ক্ষেত্রে দার্শনিক হওয়া ছাড়া অন্য কোনো পথ আবিষ্কার করা সম্ভব? আপনারা কী করতেন এ রকম অবস্থায় জানতে পারলে ভালো হতো।

যুবক সারথিটি একবার ঘুরে আমাদের দিকে তাকিয়ে জিজ্ঞেস করল ডক্টর অ্যান্ড ম্যাডাম, 'মে আই স্টার্ট'? দুরুদুরু বক্ষে বললাম অবশ্যই অবশ্যই (বাংলায় বলিনি, ইংরেজিতেই বলেছিলাম)। ভাব দেখালাম চালাও না তুমি যেমন খুশি। লোকটি মুচকি হেসে গাড়িয়ে স্টার্ট দিলো। আমরা রেডি হয়ে বসলাম, কী জানি কপালে কী আছে।

গাড়ির স্পিডোমিটারের কাঁটা নিমেষে সত্তরে পৌঁছে গেলো। আমরা আমাদের নির্দিষ্ট সিটে সিটিয়ে গেলাম। কাঁটা আরো ওপরের দিকে উঠছে—বোধহয় নব্বই একশো-একশো কুড়িতে পৌঁছে গেছে। বীরপুরুষের মতো মমতাকে সান্ত্বনা দেওয়ার চেষ্টা করলাম—ভয় নেই মনে হচ্ছে খুব 'এক্সপার্ট ড্রাইভার'।

মমতা বললো—আমাকে সান্ত্বনা দিচ্ছ দাও, ইচ্ছে হচ্ছে একটা বড়ো আয়না থাকলে তোমার মুখের সামনে ধরি। বুঝলাম ভয়ার্ত মুখের চেহারা স্পষ্ট বোঝা যাচ্ছে। মমতাও সিটিকে আছে। না থাকাটাই তো অস্বাভাবিক। মনে মনে ভাবছি করুণাময় ঈশ্বর জাম্বিয়া নিয়ে এসে আমদের পরপারে পাঠানোর ব্যবস্থা করলেন কেন? তার কী দরকার ছিলো, দেশেও তো মেরে ফেলবার অনেকরকম ব্যবস্থা আছে। যে কোনো একটা ব্যবস্থা নিলেই তো নিতে পারতেন পরম করুণাময় ঈশ্বর (এখন আর ঈশ্বরকে পরম করুণাময় ভাবতে কষ্ট হচ্ছে)। চালক জিজ্ঞেস করলো, আমরা ঠিক আছি তো, জার্নিটা এনজয় করছি তো ইত্যাদি ইত্যাদি। মুখে বললাম নিশ্চয় নিশ্চয়, যদিও মনে মনে বললাম যম কি তোমায় স্পেশাল কনট্রাক্ট দিয়েছে আমাদের ওনার কাছে পৌঁছে দেওয়ার। লোকটা কেন বুঝতে পারছে না ওকেও তো আমাদের সঙ্গে যেতে হবে পরপারে।

ভাবলাম একবার অনুরোধ করে দেখি। চিঁচিঁ গলায় বললাম একটু আস্তে চালানো যায় না। আমার গলাটা এতোই বসে গিয়েছিলো যে শব্দ ড্রাইভারের কর্ণ কুহরে প্রবেশ করিলো না। দেখছেন বিপদে বাঙালি কেমন শুদ্ধ বাংলায় কথা বলতে শুরু করে! নির্দিষ্ট সময়ের অনেক আগেই আমরা এয়ারপোর্টে এসে পৌঁছলাম। প্লেন ছাড়তে অনেক দেরি, ভগবান ও

ড্রাইভারকে ধন্যবাদ জানিয়ে (কারণ ঈশ্বর ও মানুষের করুণায় আমরা জীবন্ত অবস্থায় এয়ারপোর্টে এসে পৌঁছেছি) কাউন্টারের দিকে এগোলাম।

কিটওয়ের ছোট্ট এয়ারপোর্ট থেকে বেরিয়ে দেখলাম কয়েকটা ট্যাক্সি যাত্রীদের জন্য অপেক্ষা করছে। একজন ট্যাক্সি ড্রাইভার এগিয়ে এসে মালপত্র বুটে (ডিকি) তুলতে তুলতে জিজ্ঞেস করলো 'বোয়ানা' কিটওয়ে হাসপাতালে যাবে তো? আমি বললাম, না, হাসপাতালে নয়, হোটেলে যাবো।

যে হোটেলে কয়েকদিন থাকার ব্যবস্থা হয়েছিলো, সেটা ফোর স্টার হোটেল। আধুনিক সব সরঞ্জামই সেখানে বিদ্যমান। আমার ও মমতার দু'জনেরই বিশ্রামের দরকার। দু'টো সিঙ্গল বেড আমাদের রুমে। আমি ও মমতা দু'জনেই ভাবলাম একটু ঘুমিয়ে নেবো। কিছুক্ষণ পরে যে অর্ধেন্দু ও কয়েকটি নতুন মুখের দেখা পাব। এ আশা আমাদের ছিলো। কিন্তু বেডে শুয়ে দু'জনেরই মধ্যে কথার প্রবাহ শুরু হয়ে গেলো। চুপচাপ শুয়ে থাকলে রাশি রাশি চিন্তা মনকে ভারাক্রান্ত করে তুলবে, তাই কথা দিয়ে মনের সেই অবস্থাকে আমরা ঢেকে দিতে চাইলাম। কতক্ষণ নানা কথার জাল বুনেছি জানি না, হঠাৎ কলিং বেলের শব্দে চমকে উঠে বাথরুমের দিকে দৌড় দিলাম। অতিথি অ্যাপায়নের ব্যাপারটা মমতার ওপরই ছেড়ে দিলাম। বেশভূষা পরিবর্তন করে যখন বেরোলাম তখন একজোড়া নতুন মুখের সন্ধান মিললো। পরিচয় পর্ব শেষ হলো। ডঃ ও মিসেস বোসের প্রায় ছ'বছর কেটে গেছে জাম্বিয়ার নানা শহরে।

সমীরদা ও সবিতা বৌদি হাসিমুখে আমাদের দিকে তাকিয়ে বললেন, ভয় পেয়ো না। কিছু দিনের মধ্যেই সব অভ্যেস হয়ে যাবে। তা ছাড়া আমরা তো আছি। মনে মনে আমরা দু'জনেই সর্বশক্তিমান ঈশ্বরকে প্রণাম জানালাম। এরকম অচেনা অজানা জায়গায় আত্মীয় স্বজন ও বন্ধু বান্ধবহীন হয়ে এসে মনে হলো দাদা বৌদি যেন বিশাল মরুভূমির মাঝে এক মরুদ্যান। শুনলাম অর্ধেন্দু হাসপাতালের অন ডিউটিতে থাকায় আসতে পারেনি। হাসপাতালের কাজে আটকে পড়েছে।

দাদা বৌদি তাড়া লাগালেন। হোটেলে বসে থেকে কী করবে, চলো আমাদের সঙ্গে। বলার সঙ্গে সঙ্গেই আমরা রাজী হয়ে গেলাম। ওনারাও খুশি হলেন খুব। দাদা বৌদির ফোর্ড করটিনা গাড়ি। দাদা চালকের সিটে বসে গাড়িতে স্টার্ট দিলেন। মুখে পাইপ গোঁজা, ঠোঁটের কোণে একটু হাসির ঝিলিক। দাদা বৌদির বাড়ি খুব একটা দূরে নয়, খুব যত্ন করে আমাদের বাড়ির ভেতরে নিয়ে গেলেন। বিদেশে এমন এক উচ্চমানের মানুষের সংস্পর্শে এসে মনটা আনন্দে নাচতে লাগল সেই মহামানবের কথা স্মরণ করলাম, 'হৃদয় আমার নাচেরে আজিকে ময়ূরের মতো নাচে রে। হৃদয় নাচে রে। হৃদয় নাচে রে।' মমতাকেও বেশ খুশি খুশি দেখলাম।

মমতার পক্ষে কষ্টটা আমার থেকে অনেক বেশি। কারণ আমি তো ইতিমধ্যে বাবা ও মা দু'জনকেই হারিয়েছি। মাকে বছর তিনেক আগে। কিন্তু ওর তো বাবা মা দু'জনেই জীবিত ও সুস্থ। আমার থেকে ওর মনের ওপর চাপ অনেক বেশি।

দাদা বৌদি অল্প সময়ের মধ্যেই এই দুঃখটা ভুলিয়ে দিলেন। আমাদের আলাপ আলোচনা বেশ জমে উঠেছে হঠাৎ দেখি অর্ধেন্দু দমকা হাওয়ার মতো হাসিমুখে ঘরে ঢুকেছে, বললো কখন থেকে ছটফট করছি আপনাদের আড্ডায় যোগদান করবো। সে আর হয়ে উঠছে না। একটা না একটা কাজে জড়িয়ে পড়ছি। বুঝলাম আড্ডার নেশা বড় নেশা। অর্ধেন্দু বললো, স্বপনদা আপনাকে আর কি বলব, এই দাদা বৌদি না থাকলে আমার যে কি অবস্থা হত সে আর বলবার নয়। হয়তো দেশেই ফিরে যেতাম একঘেয়েমির শিকার হয়ে। তবে আপনারা আসায় মনটা আরো খানিকটা হালকা হলো। হঠাৎ মনে পড়ে গেলো জাম্বিয়া থেকে লেখা অর্ধেন্দুর চিঠির বক্তব্য। অর্ধেন্দু লিখেছিলো— "স্বপনদা আপনারা তাড়াতাড়ি চলে আসুন, মাসের পর মাস অপেক্ষা করতে করতে আমার চোখ যে পচে গেলো।'

দাদা বৌদির তিন ছেলে। মমতার সঙ্গে বড় ছেলের বেশ বন্ধুত্ব হয়ে গিয়েছিলো। মমতা অবাক হত ওর বুদ্ধিমত্তার পরিচয় পেয়ে। ছেলেটির বয়স বোধহয় ১৫/১৬ আর মমতার বয়স পচিশ। বয়সের ব্যবধান থাকলেও

ছেলেটির সঙ্গে মমতার মনের কোনো ব্যবধান ছিলো না। ছেলেটি অসুস্থ ছিলো।

মানুষের মন বড়োই বিচিত্র। দাদা বৌদির আরো দুটি ছেলে। খুবই ছোটো। ওই বয়সেও অত্যন্ত মার্জিত।

দু'একদিনের মধ্যেই শুরু হলো কর্মজীবন।

সে দিন আমি জুনিয়র ডাক্তার হিসেবে 'অন কল করছি।' আমাদের সবার ওপরে 'অন কল' রয়েছেন মিঃ বিমল ব্যানার্জি। থিয়েটার সিস্টার আমাকে জানালেন একটা রোগী এসেছে স্ট্রানগুলেটেড্ হার্নিয়া নিয়ে। থিয়েটারে ওই রোগীর অপারেশনের জন্য সবকিছু প্রস্তুত। দরকার সার্জেন ও অ্যাসিস্টেন্টের। থিয়েটার সিস্টার আমাকে নির্দেশ দিলেন মিস্টার ব্যানার্জিকে জানাতে। আমি ওনাকে ফোন করতে উনি কিছুক্ষণ চুপ করে রইলেন। 'বস' বিরক্ত হয়েছেন ভেবে আমি একটু চিন্তিৎ হলাম। অবশ্য মিনিট দুয়েকের মধ্যে সন্দেহের নিরশন ঘটলো। গম্ভীর গলায় জিজ্ঞেস করলেন 'হ্যাভ্ ইউ এভার পারফর্মড্ অপারেশন লাইক স্ট্রানগুলেটেড্ হার্নিয়া?' আমি একটু ইতস্তত করে উত্তর দিলাম, 'হ্যাঁ মিঃ ব্যার্নাজি আমি অনেক অপারেশন করেছি। আপনি আমার ওপর ভরসা রাখতে পারেন।' অনুভবে বুঝলাম উত্তর শুনে উনি খুশি হয়েছেন।

গ্লাভস ও গাউন পরে যখন অপারেশন থিয়েটারে ঢুকেছি দেখলাম অ্যানাসথেটিস্ট রেডি। জিজ্ঞেস করলেন 'হোয়ার ইজ মিঃ ব্যার্নাজি?' ভদ্রলোক স্থানীয় লোক অর্থাৎ জাম্বিয়ান। বললাম মিঃ ব্যানার্জি আমাকে অপারেশন করার অনুমতি দিয়েছেন। শুনে খুবই বিস্মিত হলেন মনে হলো। অত্যন্ত বিরক্তির সঙ্গে বললেন 'দেখুন আপনাকে দেখে মনে হচ্ছে না আপনি অপারেশন করতে পারবেন।' মিঃ ব্যানার্জিকে ফোন করুন, বলুন আমি বলেছি। মিঃ ব্যানার্জিকে ফোন করতে উনি অত্যন্ত বিরক্ত হলেন বললেন, আমি এক্ষুনি আসছি।

কয়েক মিনিটের মধ্যেই উনি এসে হাজির হলেন। মুখে পাইপ গোঁজা। ধোঁয়া ছাড়তে ছাড়তে মিঃ মুবাঙ্গকে কিছুটা ধমকের সুরে বললেন

আপনি অকারণে দেরী করিয়ে দিলেন। আপনাকে জানাচ্ছি ডাঃ চ্যাটার্জি অপারেশন করবেন। মি মুবাঙ্গা মুখ নিচু করে নিজের কাজ করতে লাগলেন। আমি ছুরি কাঁচি নিয়ে প্রস্তুত হলাম। মিঃ ব্যানার্জি একটু দূরে দাঁড়িয়ে দাঁড়িয়ে অপারেশন দেখলেন। মনে হল সন্তুষ্ট হয়েছেন। আমার সহযোগী ছিলেন একজন নার্স—ইউরোপীয়ান। ইনস্ট্রুমেন্টের টেবিল থেকে ছুরি কাঁচি নিজেই তুলে নেওয়াতে বেশ আশ্চর্য হচ্ছিলেন। উনি তো জানেন না আমাদের দেশে ষাট দশকে অনেক সময়ই অ্যাসিসটেন্ট পাওয়া যেত না। তাই জুতো সেলাই থেকে চণ্ডীপাঠ সব নিজেকেই করতে হত।

'এলেম নতুন দেশে'। তাই নানা অভিজ্ঞতার মালা গেঁথে চলেছি। মালা যাতে অকালেই শুকিয়ে না যায় তার আপ্রাণ চেষ্টা। শ্বেতবর্ণের বহু মানুষ দেখেছি দেশেই। দেশ স্বাধীন হওয়ার পর তারা আস্তে আস্তে ভারতবর্ষ ছেড়েছে একে একে। কিন্তু আফ্রিকার কৃষ্ণবর্ণের লোকের সংস্পর্শ প্রায় নেই বললেই চলে। আমার মনে হয় পৃথিবীর নানা প্রান্তে গিয়ে মানুষকে আবিষ্কার করাটাই সবচেয়ে বড় প্রাপ্তিযোগ।

প্রথম দর্শনে মনে হয় আমরা আর ওরা আলাদা। আমাদের সঙ্গে কোনো মিল নেই। সত্যিই কি তাই?

গভীরভাবে চিন্তা করলে বুঝতে পারা যায় বাহ্যিক ভাবে আমরা সবাই আলাদা হলেও কোথায় যেন আমাদের সবার সঙ্গে সবার আত্মিক যোগ আছে। আমাদের সূক্ষ্ম অনুভূতিগুলো কি একটার থেকে আরেকটা বিচ্ছিন্ন?

প্রথম প্রথম ভাবতাম ওরা বুঝি মনের দিক থেকে খুবই কর্কশ। কিছুক্ষণ কথাবার্তা বলার পর মনে হতো আপাতদৃষ্টিতে কঠিন দেহের অন্তরালে একটা কোমল মন বিরাজ করছে। একজন মানুষের প্রতি অন্য একটি মানুষের সম্ভ্রম বোধ অত্যন্ত প্রবল। অবশ্য মদ্যপানের পর নিজেদের মধ্যে মারামারি করা একটি নিত্য নতুন ঘটনা। বীরত্ব দেখানো প্রকৃত পুরুষের ধর্ম। এদিকে আমরা পেছিয়ে আছি। আমাদের সব বীরত্ব দুর্বলের প্রতি। প্রথম দিকে ওদের দেখে বিস্মিত হতাম এই ভেবে যে রাত্রি তিনটে পর্যন্ত নাচগান, হৈ হুল্লোড়, প্রচুর মদ্যপান করার পর কী করে ওরা যথারীতি

আটটা থেকে নটার মধ্যে অফিসে গিয়ে কাজের টেবিলে বসত? অনেক জায়গায় আমাদের সঙ্গে ওদেরও মিল ছিল যথেষ্ট। দিন চলছে বিদ্যুৎ গতিতে, মনে হচ্ছে সময়ের বড় অভাব। তবু ওর মধ্যে সময় বার করে নিতে হল ড্রাইভিং শিক্ষার জন্য। পাশ না করলে তো গাড়ি চালানো যাবে না। গাড়ি না চালাতে পারলে গাড়ি কিনেও কোনো লাভ নেই। যে কোনো কাজের প্রথম দিন সব মানুষকেই উত্তেজিত করে। আমিও তার ব্যতিক্রম নই। জাম্বিয়ান ড্রাইভিং ইন্‌স্ট্রাকটর আমাকে হাসি মুখে উইশ করলো। যথারীতি ড্রাইভিং সিটে বসে সিটবেল্ট বেঁধে নিলাম। মনে মনে বললাম ড্রাইভিং-এ আর এমন কী শক্ত কাজ। গাড়িতে পাশাপাশি বসে ইনস্ট্রাকটর মশাই কিছু উপদেশ দিতে শুরু করলেন। আমিও ভাল ছেলের মতো মন দিয়ে শুনতে লাগলাম ওই ছ'ফুট দু'ইঞ্চি লম্বা মানুষটির ভাষণ। ওই কথাগুলির কতটা মাথায় ঢুকল জানি না। হঠাৎ চমকে উঠলাম যখন আমার পরামর্শদাতা নির্দেশ দিলেন গাড়িটিকে উপযুক্ত স্পীডে চালিয়ে নিয়ে যেতে। অভয় দিলেন, 'কোনো ভয় নেই আমি আছি।' ভয় প্রশমিত হলে গাড়িটিকে আস্তে আস্তে চালাতে থাকলাম। এই স্পীডে ইনস্ট্রাকটর মহাশয় সন্তুষ্ট হলেন না। আরও স্পীড দিতে বললেন। আমিও নিজেকে কেউকেটা ভেবে গাড়ির অ্যাকসিলেটারে দিলাম চাপ। গাড়ি এক লাফে ছুটতে আরম্ভ করে দিল। সে সময় আমার কী অবস্থা হয়েছিলো আমার মনে নেই। শুধু মনে আছে কিছুক্ষণের মধ্যেই চোখে সর্ষে ফুল দেখছি। কারণ ওই দীর্ঘদেহী বলিষ্ঠ যুবকটির বুট জুতো পরা বলিষ্ঠ ডান পাটি আমার পায়ের উপর চেপে বসল। যন্ত্রণায় আমি যে চোখে অন্ধকার দেখিনি তা আমার চোদ্দ পুরুষের সৌভাগ্য। ইতিমধ্যেই নির্দেশ এসেছে ডক্টর পেট্রো অর্থাৎ ডাক্তার অ্যাকসিলেটরে আস্তে আস্তে চাপ দাও। গাড়ি আবার ছুটুক একটা নির্দিষ্ট গতিতে। নির্দেশ কানে ঢুকলেও পায়ের জোর একটুও অবশিষ্ট নেই। তাই গাড়ি হঠাৎ দাঁড়িয়ে পড়ল। দীর্ঘ মানুষটি আমার দিকে অবাক বিস্ময়ে তাকাতে আমি বলতে বাধ্য হলাম আগের দিন নাইট ডিউটি করার ফলে আজ আমি অত্যন্ত ক্লান্ত, তাই আজ আমি এখানেই ছুটি নিতে চাই। আমাকে দেখে লোকটির দয়া হলো। আমাকে নামিয়ে দিয়ে কোয়াচাটি

পকেটস্থ করে বিদায় নিল সে দিনের মতো। দু'দিন বাদে আবার ড্রাইভিংয়ের সিটে বসলাম। মনে মনে ঠিক করেই এসেছি। যখনই ওই দীর্ঘদেহ মানুষটির পদ যুগলের একটি আমার পায়ের দিকে ধেয়ে আসবে ওই মুহূর্তেই আমার বেচারা পাটিকে তড়িৎ গতিতে অ্যাকসিলেটার থেকে অনেক দূরে সরিয়ে নেব।

সে সময় আসতে দেরী লাগল না। ওর দীর্ঘ বলিষ্ঠ পদের আক্রমণের মুহূর্তে আমার নাতিদীর্ঘ দুর্বল পদ বিদ্যুৎ গতিতে স্থানচ্যুত হলো। আর ওই দীর্ঘপদ সোজাসুজি ব্রেকের ওপর ঝাঁপিয়ে পড়ল তড়িৎ গতিতে, ভাবলাম এ বারের মতো ফাঁড়া আমার কাটল। লোকটিও আমার বুদ্ধির তারিফ করল। কিছুক্ষণের মধ্যেই বলল ডকোটরো পেট্রো।

পাঠকদের জানাই জাম্বিয়ার সে সময় ইনস্ট্রাকটরের গাড়িতে 'ডুয়েল কনট্রোল' ছিল না।

আবার গাড়ি চলতে শুরু করল। ডুয়েল ক্যারেজ ওয়ে, ক্রস রোড, থ্রি পয়েন্ট টার্ন, রিভার্স গাড়ি চালাতে হলে যা যা শিক্ষণীয় তা নিয়মমতো চলতে লাগল।

অবশ্য জাম্বিয়ায় আধ ঘণ্টার বেশি ট্রেনিং দেওয়া হত না।

জুনিয়ার ডাক্তার হিসেবে অক্লান্ত পরিশ্রম, ড্রাইভিং শিক্ষা—এরই ফাঁকে সুপার মার্কেট জেড ও কে ও সিবিসিতে ঘুরে বেড়ান।

এই রুটিনের ফাঁকে অবসর মিলত বোস দাদা বৌদির বাড়িতে আড্ডা দেওয়ার সময়। বৌদি লেখিকা। দু'একটা বই ছাপা হয়েছে। ছুটির দিনে আমাদের পড়ে শোনাতেন। এতদিন পরে গল্পের চরিত্রগুলো মন থেকে মুছে গেলেও, স্মৃতি হাতড়ে এটুকু বলতে যে পারি বৌদির তৈরি চরিত্রগুলো যথেষ্টই বলিষ্ঠ ছিল। আমরা শত কাজের ফাঁকেও মন দিয়ে শুনতাম।

বৌদির ইচ্ছে ছিল তখনকার সব জানা চরিত্রগুলো নিয়ে আরেকটা বই লিখবেন। সে বই বেরিয়েছে কি না বলতে পারব না।

মাস তিনেক 'সার্জিকাল' বিভাগে কাজ করে মনে হল কিছু দিন 'মেডিক্যাল' বিভাগে কাজ করা উচিত। যেমন ভাবা তেমন কাজ। সার্জিক্যাল

বসের অনুমতি না নিয়েই আবেদন পত্র পাঠিয়ে দিলাম সুপারিন্টেডেন্টের কাছে। যদিও ওই বিভাগে কাজের অনুমতি পেলাম কিন্তু মিঃ বিমল ব্যানার্জি আমার প্রতি বিরূপ হলেন। একদিন লিফটে দেখা হলে বিরক্তি প্রকাশ করলেন। আমি সত্যিই খুব বিব্রত হয়েছিলাম। ভুলটা বুঝতে পেরে ক্ষমা চেয়ে নিয়েছিলাম।

আরেকটা ঘটনাতে বুঝতে পারলাম সময়টা খুব ভাল যাচ্ছে না।

ডাঃ উইলসন তখন মেডিসিন বিভাগে সিনিয়র রেজিস্টার। বহুদিন ধরে চেষ্টা চালিয়ে যাচ্ছেন বিভাগীয় প্রধান হওয়ার। কিন্তু কোনো এক অজ্ঞাত কারণে সেটা আর হয়ে উঠছে না। যিনি প্রধান তিনি চেকোশ্লোভেকিয়ান। এদের দু'জনের মধ্যে সাপে নেউলের সম্পর্ক।

এইসব কারণে উইলসন মেজাজ বেশির ভাগ সময় উচ্চ গ্রামে বাঁধা থাকত।

একদিন মেডিসিনে আমার বিদ্যের দৌড় বিচার করার জন্য একটি প্রশ্ন করে বসলেন। আমার জ্ঞান সীমিত। উত্তর দিতে অক্ষম আমি প্রশ্নটার উত্তর ডাঃ উইলসনের কাছেই জানতে চাইলাম। আমার স্পর্ধায় অত্যন্ত বিরক্ত হয়ে সুপারিন্টেনডেন্টকে আমার বিরুদ্ধে অভিযোগ জানাবেন বলে হুমকি দিলেন। বিপদ সংকেত বুঝেও মনে হল মুখে বললেও হয়তো অতটা বাড়াবাড়ি করবেন না। কিন্তু আমার ধারণা ভুল ছিল। দু'একদিনের মধ্যেই জানতে পারলাম সত্যি সত্যিই অভিযোগ পৌঁছে গেছে চিফের কাছে। একদিকে অমানবিক পরিশ্রম, অন্যদিকে অভিযোগের খাঁড়া।

আমি ভালমন্দ সবই মমতাকে জানাতাম। আগেই বলেছি মমতা চাপা স্বভাবের মানুষ। তবে বুঝতে পারলাম ওর মনের মধ্যেও নানা রকম আলোড়ন সৃষ্টি হয়েছে।

এদিকে আমাদের প্রথম সন্তান কয়েক দিনের মধ্যে পৃথিবীর প্রথম আলো দেখবে।

রাত্রে শুয়ে শুয়ে আলোচনা হয়, যদি খুব বিপদে পড়ি তা হলে দেশে ফিরে যাওয়া ছাড়া আর কোনো উপায় থাকবে না। যদিও ফিরে গেলে অনেক টাকা ফেরত দিতে হবে যেটা আমার ক্ষমতার বাইরে।

রাতের পর রাত এসব আলোচনা করে কেটেছে। কিন্তু শুধুই আলোচনা—সমাধান কিছু করা যায়নি।

দেখতে দেখতে সেইদিন এসে পড়ল যেদিন মমতা হাসপাতালে ভর্তি হল স্ত্রীরোগ বিশেষজ্ঞ ডাঃ নেলসনের ওয়ার্ডে। ১৮ই মে। রাত্রি কাটতে চাইছে না। ভয়ঙ্কর দীর্ঘ সেই রাত। শেষের দিকে কখন যে ঘুমিয়ে পড়েছিলাম জানি না। হঠাৎ টেলিফোন বেজে উঠল ভোর ছটার সময়। তখন রাত্রি কেটে দিনের আলো দেখা দিয়েছে। খবর এলো 'বেবি গার্ল' হয়েছে তবে মা অর্থাৎ মমতার অবস্থা খুব ভাল নয়। ওয়ার্ডে চলে আসতে বলা হল যত তাড়াতাড়ি পারা যায়। দুরু দুরু বক্ষে ওয়ার্ডে গিয়ে উপস্থিত হলাম।

সারা রাস্তা বিভূতি বন্দোপাধ্যায়ের লেখা ও সত্যজিৎ রায়ের অপুর সংসারের কাহিনী মনের কোণে ভেসে যেতে লাগল। মন শক্ত করে ডাঃ নেলসনের সামনে গিয়ে হাজির হলাম, দেখলাম মমতা স্ট্রেচারে শায়িত, সেই স্ট্রেচারের এক দিক ধরে আছেন ডাঃ নেলসেন নিজে। তখন চেষ্টা চলছে বেডে ট্রান্সফার করার। আমাকে ভয়ার্ত চোখে অর্থহীন দৃষ্টিতে দাঁড়িয়ে থাকতে দেখে মৃদু হেসে ডাঃ নেলসন বললেন, 'ইয়ং ম্যান গিভ্ মি ইউর পেয়ার অফ্ হ্যান্ডস্, নাথিং টু ওয়ারি আব্যাউট।'

অনেকক্ষণ দাঁড়িয়ে ছিলাম বেডের পাশে। ডাঃ নেলসেন বেশ কিছুক্ষণ ব্যস্ত থাকলেন রোগীকে নিয়ে।

সহকারি ডাক্তারও ডাঃ নেলসনকে সাহায্য করে চলেছেন। অনেক্ষণ ধরে এসব ঘটনা ঘটতে থাকল। বুঝলাম এখন আর ভয়ের কোনো কারণ নেই। ডাঃ নেলসেন বললেন যে সন্ধের মধ্যে মমতার জ্ঞান ফিরবে। আর উনি প্রতিনিয়ত দেখে যাবেন রোগীকে। আমি আশ্বস্ত হয়ে ঘরে গেলাম। ডাঃ নেলসন আমাকে বললেন সন্ধের দিকে এসে মমতার সঙ্গে দেখা করতে এবং কথা বলতে।

শ্রদ্ধায় আমার মাথা নত হয়ে এল। দেশ থেকে কয়েক হাজার মাইল দূরে এসে এমন এক উচ্চমানের ও আদর্শবান ডাক্তারের সংস্পর্শে এসে মনটা আনন্দে ভরে উঠল। ডাঃ নেলসন শ্রীলঙ্কাবাসী, ধর্মে খৃষ্টান। পৃথিবীতে এইসব মানুষের বোধহয় আজকাল বড়ই অভাব।

যথাসময়ে সন্ধেবেলা যথারীতি হাজির হলাম। দেখলাম মমতার জ্ঞান ফিরেছে। তবে বড়ই ক্লান্ত দেখাচ্ছিল।

দু'একটা কথা বলেই মনে হল ক্লান্ত হয়ে পড়ছে।

আরেকটি রাত্রি কাটল। ২০শে মে সকালে তৈরি হয়ে দৌড়লাম শিশু বিভাগে যেখানে আমাদের প্রথম কন্যাকে রাখা হয়েছে। শিশু কন্যার ওজন ৪ পাউন্ড ১৫ আউন্স অর্থাৎ ওজনের দিক দিয়ে বিচার করে প্রিম্যাচিওর বেবি।

ইনকিউবেটারে রাখা হয়েছে। দেখলাম শিশুর হাত পা গুলো লম্বা ও সরু সরু। বড় বড় দু'টি চোখ। খানিকক্ষণ দাঁড়িয়ে থেকে বেরিয়ে এলাম। ক্ষণিকের জন্য দার্শনিক চিন্তা মনে এল। এইটুকু শিশু ধীরে ধীরে বাড়তে বাড়তে পূর্ণ মানুষের রূপ ধারণ করবে। কিছু দিনের অপেক্ষা।

পরের সমস্যা দেখা দিল বাসস্থান সমস্যা রূপে। ডাক্তার বিবাহিত হলে দেওয়া হত একটা দু'বেডরুমের বাড়ি, একটা বসার ঘর, এক কোনায় একটা ডাইনিং টেবিল পাতা থাকত। এ ছাড়া বাথরুম ও ছোট্ট একটা রান্নাঘর। ডাক্তারের পদের ওপর বিচার করে বাড়ির আয়তন ঠিক করা হত।

আমার পদ নীচের দিকে থাকায় প্রথমে বর্ণিত একটা দু'বেডরুমের বাড়ি আমাকে দেওয়ার কথা। ওখানে বাড়ি সমস্যা ছিল সে কথা ঠিকই কিন্তু তখন একটি বাড়ি খালি ছিল। যতক্ষণ না পাচ্ছি ততক্ষণ চিন্তা, তবে যথেষ্ট আশার আলোও দেখতে পাচ্ছিলাম। এত কথা বলার উদ্দেশ্য এই জন্যে যে অনেক সময় তা বেআইনি ভাবে জানাশোনা ব্যক্তিকে দেওয়া হত, অন্যকে বঞ্চিত করে। হাসপাতালের সুপারিন্টেনডেন্ট একজন ভারতীয় গুজরাতি। মানুষটি অহঙ্কারে ভরা। দু'এক দিনের মধ্যেই জানতে পারলাম বাড়ি দেওয়া হবে ডাঃ দেশাই বলে একজন ডাক্তারকে যার বেশ কয়েকজন আত্মীয়স্বজন

ও দেশে ছড়িয়ে ছিটিয়ে আছে। অর্থাৎ ওর সমস্যা আমার মত অতটা তীব্র নয়। দীর্ঘকাল (প্রায় তিন মাস) পড়েছিলাম 'নার্সেস অ্যাকোমোডেশনের' এক কোণায়। একটি মাত্র ঘর। এমনকী বাথরুম টয়লেটও অনেকের ব্যবহারের জন্য।

মমতা ও শিশুকন্যা তখনও হাসপাতালে। ডাঃ নেলসন আমাকে আশ্বাস দিলেন যতদিন আমি বাড়ি না পাচ্ছি ততদিন তিনি হাসপাতালের সবচেয়ে ভাল জায়গায় রেখে দেবেন। যদিও উনি বললেন বেশিদিন হাসপাতালের পরিবেশে থাকা ঠিক হবে না।

ডাঃ নেলসন উপদেশ দিলেন আমাকে হাসপাতাল সুপারিন্টেনডেন্টের কাছে যেতে ও বাড়ির জন্য অনুরোধ করতে। ইতিমধ্যে গুজরাতি সুপারিন্টেনডেন্ট ছুটিতে চলে গেছেন এবং কিছুদিনের মধ্যেই ইংল্যান্ডের উদ্দেশে পাড়ি দেবেন।

ভাবলাম নতুন সুপারিন্টেনডেন্ট যদি মানবিকতার খাতিরে বাড়ির ব্যবস্থা করেন। এই ভদ্রলোক ডাচ। সম্ভবত এঁর পূর্বপুরুষ দক্ষিণ আফ্রিকায় এসে স্থায়ীভাবে বসবাস করেন। ইনি এসেছেন জাম্বিয়ায় স্থায়ীভাবে থাকার জন্য।

দুরুদুরু বক্ষে বিশাল অফিস ঘরে ঢুকলাম পারমিশন নিয়ে।

গুরুগম্ভীর গলায় বললেন, "কাম ইন ইয়ংম্যান"। এই ভদ্রলোকের বপুটি বিশাল। প্রথম দর্শনে ভয় পাওয়াই স্বাভাবিক। যাই হোক বসার অনুমতি চেয়ে চেয়ারে বসলাম। ইতস্তত করতে দেখে বললেন যা বলার সরাসরি বলে ফেলো। মনে বল পেলাম, গলার স্বর তখন বন্ধুত্বভাবাপন্ন। ভাল করেই বুঝিয়ে বলতে পারলাম আমার প্রয়োজনের কথা। মন দিয়ে শুনলেন সব কথা। আশার আলো দেখতে পাচ্ছি। মনে খুশি খুশি ভাব আসতে শুরু করেছে। এখন বড় সাহেবের উত্তরের অপেক্ষায়। খানিকক্ষণ চুপ করে বসে রইলেন। তারপর আমার একটা ফাইল খুলে কিছু দেখে আমার মুখের দিকে তাকালেন। আমার কাছে তখন এক একটা মুহূর্ত মনে হচ্ছে এক একটা যুগ। হৃদ্‌স্পন্দন বাড়তে শুরু করেছে, এ বার মুখ খুললেন

'ডাচ' সাহেব। বললেন তোমার অসুবিধের কথা বুঝতে পারছি। কিন্তু এই মুহূর্তে কোনো বাড়ি খালি নেই, আগের গুজরাতি সুপারিন্টেনডেন্ট জানিয়ে গিয়েছেন। আমার পক্ষে এই মুহূর্তে তোমার জন্য কিছু করা সম্ভব নয়।' সাধারণত এই রকম অসহায় অবস্থায় মানুষ ভেঙ্গে পড়ে অথবা গর্জে ওঠে। আমি দ্বিতীয় দলের মধ্যে নাম লেখালাম। প্রথম রাগের মাত্রা প্রকাশ পেল আমার ওঠার ভঙ্গিতে। বললাম অনেক আশা নিয়ে এসেছিলাম যে মানবিকতার দিক দিয়ে বিচার করে আপনি আমাকে সাহায্য করবার চেষ্টা করবেন, কিন্তু কিছুই করলেন না আমার শিশুকন্যার জন্য। আপনার কোনো দয়ামায়া নেই এটা আমি আশা করিনি।

বিহ্বল বিস্ময়ে 'ডাচ সাহেব' আমার দিকে মুখ তুলে তাকালেন। কোনো কথা বললেন না। আমিও এক মুহূর্ত অপেক্ষা না করে বেরিয়ে এলাম অফিস ঘর থেকে। রাগে মুখ বেগুনি (লাল নয়) রঙ ধারণ করেছে। চোখে মুখে হতাশার চিহ্ন।

হাসপাতালের করিডর দিয়ে যেতে যেতে হঠাৎ নাটকীয় ভাবে ডাঃ নেলসনের সঙ্গে দেখা হয়ে গেল। উনি দেখেই বুঝেছেন আমার মনের অবস্থা অত্যন্ত খারাপ। তবু জানতে চাইলেন বাড়ির ব্যাপারে। বললাম 'ডাচ সাহেব' না করে দিয়েছেন আগের গুজরাতি বসের আদেশ অনুযায়ী।

উনি সান্ত্বনা দিলেন 'ঘাবড়ে যেও না, একটা না একটা বাড়ি কোথাও না কোথাও পাওয়া যাবে। যদি অদূর ভবিষ্যতে নাও পাও, তোমরা আমাদের বাড়ি এসে কিছুদিন থাকতে পারবে যতদিন না নিজের বাড়ি পাও। তাছাড়া মমতা ও শিশুকন্যা যাতে আরও কয়েকদিন হাসপাতালে থাকতে পারে সে ব্যবস্থা আমি করব।'

ইচ্ছে হচ্ছিল পায়ে হাত দিয়ে ডাঃ নেলসনকে প্রণাম করি কিন্তু সিন ক্রিয়েট করাটা ঠিক হবে না। চোখে মুখে স্বাভাবিক ভাবেই নেমে এল কৃতজ্ঞতার চিহ্ন। এই ভাবনা মনে এল যে মানুষে মানুষে কত তফাৎ এই পৃথিবীতে। আজও ডাঃ নেলসনের কথা মনে হলে মাথাটা শ্রদ্ধায় নীচে নেমে আসে।

যাইহোক শূন্য মনে ঘরের দিকে এগোচ্ছি। সে দিনের মতো কাজ শেষ। কিছুক্ষণের মধ্যে ব্লিপ অফ করে বিশ্রাম নেব। মনটাকে শান্ত করতে হবে। তারপর সময় মতো মমতা ও শিশুকন্যাকে দেখে আসব।

এমন সময় হঠাৎ ব্লিপটা বেজে উঠল পিঁপ পিঁপ পিঁপ—একটা ফোনের দিকে এগোলাম। ফোন করে বললাম—আমি এখন অফ আমাকে ব্লিপ করা হচ্ছে কেন? অন্য দিকের মহিলা কণ্ঠস্বর ওয়ার্ড থেকে মনে হল না, হওয়ার কথাও না।

মহিলার কণ্ঠস্বরের গুণ বিচার করার ব্যাপারে মনোযোগ দেবার মনের অবস্থা তখন আমার নেই। আমার কথার মধ্যে খানিকটা বিরক্তিও প্রকাশ পেল। মহিলা খুব বিনীত ভাবে বললেন, তোমাকে বিরক্ত করার জন্য দুঃখিত। তবে খবরটা শুনে তুমি খুশি হবে এটা হলফ করে বলতে পারি। আমি মাথামুণ্ডু কিছুই বুঝতে পারছি না। আমার এই দুরবস্থায় এ আবার কী ভাল খবর দেবে।

ভদ্রমহিলা বললেন—বড় সাহেবের অফিস থেকে নির্দেশ এসেছে তোমাকে জানাতে। আমি ওনার সেক্রেটারি বলছি যে তোমার জন্য একটা বাড়ির ব্যবস্থা করা হয়েছে। এই মুহূর্তে এর থেকে ভাল খবর আর কী থাকতে পারে। আনন্দে ফোন ছেড়ে আমার লাফাতে ইচ্ছা করছিল। তা না করে নিজেকে সংযত করলাম। সেক্রেটারি বললেন একটাই খালি অসুবিধের কথা বলতে হচ্ছে তোমাকে যে বাড়িটা হাসপাতাল সংলগ্ন নয়। আবার আমার মনে চিন্তার পালা। সেই চিন্তারও নিরসন হল এটা জেনে যে হাসপাতাল থেকে আমার জন্য ট্রান্সপোর্টের ব্যবস্থা থাকবে। তবে এর জন্য আমাকে কিছু খেসারত দিতে হবে। অনেক আগে থেকে রেডি থাকতে হবে হাসপাতালে পৌঁছনোর জন্য (তখন আমি ড্রাইভিং লেসন নিচ্ছি)। এই বাড়িটা আসলে আমার থেকে উচ্চ পদমর্যাদার ডাক্তারের জন্য নির্ধারিত।

সুতরাং এই বাড়িটি আমাদের কিছু দিনের জন্য ব্যবহার্য। এটি একটি তিন বেডরুমের বাড়ি, যথেষ্ট বড় সাইজের। আমার পাওনা এক বা দুই বেডরুম বিশিষ্ট বাড়ি।

দু-একদিনের মধ্যে আমি, মমতা ও শিশুকন্যা ওই বাড়িতে স্থানান্তরিত হলাম। একটা হাউস বয়ও পাওয়া গেল সাহায্যকারী হিসেবে। ডাঃ নেলসেনও খুব খুশি হয়েছিলেন বাড়ি পাওয়ার জন্য। ওই বাড়িতে আমরা দু-তিন সপ্তাহের বেশি ছিলাম না। হাসপাতাল সংলগ্ন একটি বাড়িতে স্থানান্তরিত হলাম, এক বেডরুমের বাড়ি। এখানে এসে আমরা যারপরনাই খুশি হলাম। আমার পদমর্যাদা অনুযায়ী এই বাড়িই আমার প্রাপ্য, তাছাড়া সকালে হাসপাতাল ট্রান্সপোর্টের জন্য অপেক্ষা করতে হবে না। ডিউটির দিন চারটে বেজে গেলেই হাসপাতাল ছেড়ে বাড়িতে আসতে পারব এবং প্রয়োজন মতো কল বাড়ি থেকে করতে পারব। এর থেকে খুশির খবর আর কী হতে পারে।

দিন এগিয়ে চলেছে, সেখানে কোনো ফাঁকি নেই। রাত্রে তার বিশ্রাম, আবার রাত্রির নাইট ডিউটি শেষ হলে দিনের প্রত্যাগমন। কর্মব্যস্ত মানুষের জীবনও যে রুটিন মাফিক চলে না তা নয়। তবে অনেকেই তার ব্যতিক্রম ঘটাতে পারে। রুটিন ভেঙে বেরিয়ে পড়ে অজানার সন্ধানে। সবচেয়ে বিচিত্র জীব বোধহয় মানুষ। মানুষের জীবনের বিভিন্ন সমস্যার কোনো সরল সমাধান নেই। মানুষের সমস্যা সমাধানের গতি প্রকৃতি অত্যন্ত জটিল। যারা এই মানবপ্রকৃতির জটিলতার মধ্যে নিজেকে হারিয়ে ফেলে তাদের মধ্যে হতাশার সঞ্চার হয়। তাই এই ছোট্ট জীবনে আমাদের বাঁচতে হবে আশার আলোতে, 'রাত্রির তপস্যা সে কি আনিবে না দিন?'

মহামানবের এই উক্তি কি আমাদের আশা জাগাবে না?

দেশের মাটি ছাড়লে ক্ষণে ক্ষণে মনের কোণায় এইসব তত্ত্ব ভেসে ওঠে। প্রশ্ন ওঠে কেন আমি দেশ ছাড়লাম? নিশ্চয় কোনো কারণ আছে। বেশির ভাগ মানুষ মনে করে বেশি রোজগার করব এটাই প্রধান কারণ। এয়ারপোর্টে পৌঁছেই শুনেছি কয়েকজন ডাক্তারদের ও দেশে থাকা ডাক্তারদের জিজ্ঞাসা করতে "আচ্ছা তিন বছরের কনট্রাক্টে ভাল টাকা জমবে তো?" যে দেশেই কাজ করি টাকা রোজগারের প্রশ্নটা তো আসছেই। বাঁচার জন্য অত্যন্ত প্রয়োজন। তবে শুধু বেশি রোজগারের জন্য নিজের দেশ ছেড়ে

চিরতরে অন্য দেশে গিয়ে স্থায়ী বাসিন্দা হওয়া এটা বোধহয় ঠিক ধারণা নয়। প্রয়োজনে এইসব কথা আলোচনা করা যাবে আরও বিস্তৃত ভাবে।

আস্তে আস্তে শিশুকন্যা প্রকৃতির নিয়মে বড় হচ্ছে। বাইরে ঘোরাঘুরির সুযোগ খুবই কম। কাজের চাপ অত্যন্ত বেশি। তাছাড়া গাড়ি কেনা হয়নি। কারণ ড্রাইভিং লেসন চলছে আগেই বলেছি। বোস দাদা বৌদিদের বাড়িতে নিয়মিত যাতায়াত করি। কাজের ফাঁকে ফাঁকে দিনগুলি ভালই কাটছে।

একটা কথা বলতে ভুলে গেছি, শিশুকন্যা জন্মাবার ৩/৪ সপ্তাহ আগে বৌদির পরামর্শ মতো কিছু জামা কাপড় কেনা হয়েছিল আগাম হিসেবেই। এখনও মনে আছে তাতে পঞ্চাশ কোয়াচা খরচ হয়েছিল। তখনকার হিসেবে পঞ্চাশ কোয়াচা মানে ৬০০ টাকার সমান। সত্তর দশকে দেশে ৬০০ টাকা কিন্তু অনেক টাকা।

আমার চোখে মুখে বিস্ময়ের ভাব দেখে বৌদির ধমকানি খেতে হল। শুধু ধমকানিই নয়, খেতাব জুটল "কিপটে"। আমি অবশ্য খরচের জন্য চিন্তিত ছিলাম না। আমার মনে হয়েছিল শিশুর জন্মাবার আগে অতটা টাকা খরচ করা হয়তো ঠিক নয়।

দিন কেটে যাচ্ছে, নতুন নতুন ডাক্তার আসছেন, আবার অনেকে চলে যাচ্ছেন। আমি তখন একজন চেকোশ্লোভাকিয়ান কনসালটেন্টের অধীনে কাজ করি। ভদ্রলোক সত্যিই বিনয়ী। বিশেষ সমস্যার সৃষ্টি হয় না। কাজ করে আনন্দেই কেটে যাচ্ছিল দিন। মাঝে মাঝে ডাঃ উইলসনের সঙ্গেও কাজ করতে হয়। আমার সঙ্গে সম্পর্ক ভাল নয়। কনসালটেন্ট-এর পদ না পাওয়ার জন্য সব সময় বিরক্তভাব। একদিন সম্ভবত ওই চেকোশ্লোভাকিয়ান কনসালটেন্টের সঙ্গে মনোমালিন্য হয়েছে। লোকমুখে তাই শুনেছিলাম। পরের দিন শুনলাম ডাঃ রবিনসন ওই চেকোশ্লোভাকিয়ান কনসালটেন্টের গাড়ি পার্কিং-এর জায়গায় তাড়াতাড়ি এসে গাড়ি পার্ক করে দিয়েছেন। কনসালটিং রুমের দরজায় লাগানো "নেম প্লেট" ভেঙে দিয়েছেন ইত্যাদি আরও অনেক কিছু।

যাইহোক এইসব ঘটনার কিছুদিন পরে শুনলাম ডাঃ উইলসন দেশে অর্থাৎ ইংল্যান্ডে ফিরে যাচ্ছেন। এখনও চেহারাটা স্পষ্ট মনে পড়ে। ৩৭/৩৮ বছর বয়স। মনে পড়ে, গাড়ি থাকা সত্ত্বেও হেলমেট পরে মোটরবাইকে চড়ে আসতে যেতে। সত্যি কথা বলতে কী ডাঃ উইলসনের চলে যাওয়ায় আমার দুঃখিত হওয়ার কোনো কারণ নেই।

কিছুদিন যাওয়ার পর হঠাৎ শুনলাম দু'জন রাশিয়ান ডাক্তার এসেছেন, স্বামী স্ত্রী দু'জনেই ডাক্তার।

গুজব শুনলাম ওই লেডি রাশিয়ান নাকি শিশুরোগ বিশেষজ্ঞ। দূর থেকে দেখে একটু চিন্তিত হয়ে পড়লাম। বেশ গম্ভীর গম্ভীর চেহারা। আবার না সমস্যায় পড়তে হয়। যদিও আমি মেডিসিন বিভাগে কাজ করি কিন্তু কখনও কখনও বাচ্চাদেরও দেখাশোনা করতে হয়। দু'চার দিন ভাবনার ভেতর দিয়ে সময় কাটল। তবে কয়েকদিনের মধ্যেই জানতে পারলাম ভদ্রমহিলার স্বামী শিশুরোগ বিশেষজ্ঞ। নিশ্চিন্ত হলাম এই ভেবে যে ভদ্রলোকের চেহারাটা বেশ শান্ত প্রকৃতির। সুতরাং ভদ্রমহিলার সঙ্গে সে রকম যোগাযোগের কোনো কারণ নেই। আর থাকলেও উনি আমার 'বস' নন। আমি আমার কাজ করে যাচ্ছি নিয়ম মতো। হঠাৎ দেখলাম ওই রাশিয়ান লেডি ডাক্তার আমার ওয়ার্ডেই আগে এসে উপস্থিত। সুপ্রভাত জানালাম দু'জনে দু'জনকে। দেখলাম বেশ কুণ্ঠিত ভাব। বুঝলাম তার প্রধাণ কারণ ইংরেজি ভাষা।

এটা জেনে ও বুঝে বেশ আরামবোধ করলাম। সব সময়ে আমাদের খানিকটা হীনমন্যতায় ভুগতে হয় এই ভেবে কর্মক্ষেত্রে বিদেশী ভাষার ওপর আমরা সম্পূর্ণ নির্ভরশীল। ভদ্রমহিলা বয়সে যুবতী, খুবই সুন্দরী (সম্ভবত টেনিস চ্যাম্পিয়ান শারাপোভার সৌন্দর্যের কাছাকাছি যেতে পারেন, অবশ্য ইনি এত লম্বা নন)।

কথাবার্তায় অত্যন্ত বিনয়ী। ভদ্রমহিলা একই ওয়ার্ডে কাজ করেন। আমাকে দেখে চোখে মুখে তাঁর আশার আলো দেখা দিয়েছে।

কাজ এগিয়ে চলল। রাশিয়ান লেডির ক'দিনের মধ্যেই কুণ্ঠিত ভাব কেটে গেল। নানা কথাবার্তার মধ্যে বুঝলাম রাশিয়ান মেডিকেল কলেজের ট্রেনিং-এ ওষুধপত্রের নাম ও ডোজের মধ্যে বোধহয় কিছু পার্থক্য আছে। এ বিষয়ে পরে বলছি।

এই রাশিয়ান লেডিরা (এ নামে বলছি কারণ আসল নাম মনে নেই) আমাদের বাড়ি ছাড়িয়ে একটু দূরে থাকতেন একটা বড়সড় বাড়িতে। বাড়িটা খুব দূরে নয়, হাঁটা পথেই হাসপাতালে যাতায়াত করতেন। যাওয়ার সময় মাঝে মাঝে দেখা হত। আমাদের বাড়ি হাসপাতাল থেকে ১০-১২ মিনিটের পথ। একসঙ্গে গেলে টুকটাক দু'একটা কথাই হয়, বিশেষ কিছু বিষয়ে নয়। হঠাৎ একদিন জিজ্ঞেস করলেন, 'তুমি কোথা থেকে এসেছ?' (ভাঙা ভাঙা ইংরেজিতে)। বললাম ভারতবর্ষ থেকে।

উনি বললেন, সে তো বুঝতেই পারছি।

আমি বললাম, পশ্চিমবঙ্গ থেকে। বললেন, হ্যাঁ হ্যাঁ তাও জানি। এ বার আমার বিস্ময়ের পালা। শেষে বললাম, কলকাতা।

উত্তরে যা শুনলাম তা আমাকে মুহূর্তের জন্য হতবাক করে দিল। বললেন, 'ও ক্যালকাটা—ইউ মিন্ "ল্যান্ড অফ ট্যাগোর"।'

আমার মুখ দিয়ে কথা সরছে না। আমতা আমতা করে বললাম তুমি ট্যাগোরের নাম জানো?

কথাটা বোকার মতো শোনালো। এতদিন যে "স্মার্টনেস" দেখিয়েছি তা ধুলোয় মিশে গেল। মনে মনে বলছি ধরণী দ্বিধা হও। ধরণী দ্বিধা হবে কি, তিনি তখন আমার বোকামো ভালই উপভোগ করছেন।

উনি বললেন, আমি ট্যাগোরের অনেক লেখা পড়েছি। তবে রাশিয়ান ভাষায়। তাই তোমাকে ইংরেজিতে ব্যাখ্যা করে বোঝানো আমার এই অল্প ইংরেজি বিদ্যেতে সম্ভব নয়। মনে হল একটা জাত বড় হয় তার বিনয় প্রকাশে, অহঙ্কার প্রকাশে নয়। ভাবলাম খুব বেঁচে গিয়েছি ভদ্রমহিলার ইংরেজি জ্ঞান কম বলে, না হলে নিজের ট্র্যাপে নিজেই পড়ে যেতাম। ওনার ইংরেজি জ্ঞান ভাল হলে রবীন্দ্রনাথ সম্বন্ধে অনেক কথা জিজ্ঞেস করে

ফেলতেন। ধরণী দ্বিধা হয়নি ঠিকই, কিন্তুই ঈশ্বর আমাকে বাঁচিয়ে দিয়েছেন। এই মুহূর্তে রবীন্দ্রনাথের কথা ঘুরিয়ে বলতে ইচ্ছে করল—বিপদে মোরে রক্ষা করো এই ছিল মোর প্রার্থনা। রবীন্দ্রনাথ বিষয়ে ভদ্রমহিলার জ্ঞানের পরিধি অবশ্য জানা হল না। ভগবানকে ধন্যবাদ জানালাম রবীন্দ্রনাথকে আমার জন্মভূমি পশ্চিমবঙ্গে পাঠিয়েছিলেন বলে।

আরও একটি মজার ব্যাপার জানলাম এই ভদ্রমহিলাকে নিয়ে। কিছু দিনের মধ্যে দেখলাম এই ভদ্রমহিলা সম্বন্ধে কেউ কিছু বলতে গেলে ওনার খোঁপার রেফারেন্স দিচ্ছেন। তখন থেকে উনি সুন্দর খোঁপার অধিকারিণী হয়ে পরিচিত হয়ে গেলেন। এর ব্যাপারে আরও দু'একটা ঘটনা বলেই পরিসমাপ্তি টানব।

একদিন একজন রোগীর লাম্বার পাংচার করার চেষ্টা করছি—এটা করতে কখনও সফল হই কখনও সিনিয়ারের শরণাপন্ন হই। সে দিনও খুব সুবিধে করতে পারছি না, খোঁপা দিদিমণি রোগীটিকে বেঁকিয়ে ধরে আছেন। খানিকক্ষণ চেষ্টা চালিয়ে—বলতে গেলে যখন গলদঘর্ম হচ্ছি—খোঁপা দিদিমণি বললেন, ওয়েত এ মিনিট, ওয়েত এ মিনিট, মে আই কল মাই হাজব্যান্ড।'

আমি বললাম, 'থ্যাঙ্ক ইউ, দ্যাটস নট এ ব্যাড আইডিয়া'। বলতে না বলতে লাম্বার পাংচার নিডিল যথাস্থানে ঢুকে গেল।

আরেক দিনের ঘটনা। আমি খোঁপা দিদিমণির হাজব্যান্ডের সঙ্গে 'রাউন্ড' দিচ্ছি। কে 'বস' বোঝা মুস্কিল। খুব ধীর স্থির স্বভাবের ভদ্রলোক। অহঙ্কারের কোনো চিহ্নমাত্র নেই। রোগীর ওষুধপত্তর দেখছিলেন বেশ চিন্তিত মুখে। আমার দিকে তাকিয়ে জিজ্ঞেস করলেন, আচ্ছা ডাঃ চ্যাটার্জি এই কটা ওষুধের "ডোজ" ঠিক আছে কি না।

আমি তো ঘাবড়ে গেছি। ভাবছি পরীক্ষা করছে নাকি আমার বিদ্যে। আমার মুখের অবস্থা দেখে বুঝে গেছেন আমার মনের খবর। বললেন, আমাদের দেশে এইসব ডোজের ধারণা থেকে একটু অসুবিধা হচ্ছে বুঝতে। আমি জানালাম ডোজগুলো সব ঠিকই আছে। বলতে ভুলে গেছি প্রথমে রাশিয়ান কনসালট্যান্ট—তারপর আমি আর আমার পিছনে খোঁপা দিদিমণি।

রাউন্ড শেষ হওয়ার পর আমরা একসঙ্গে চা বিস্কুট খেলাম। এদের বৃত্তান্ত এইখানেই শেষ হল। এরা কতদিন ছিল আর কবেই বা জাম্বিয়া ছেড়ে অন্য জায়গায় চলে গেল তা মনে নেই। বিস্মৃতির অন্তরালে চলে গেছে সে সব দিনের অনেক ঘটনা।

দিন রাত বয়ে চলেছে প্রবাহমান নদীর মতো। পিছনে ফিরে তাকাবার সময় বড়ই কম।

বড়দিন আসতে এখনও প্রায় দু-মাস বাকি।

নভেম্বর মাসে পরিকল্পনা হলও ভিক্টোরিয়া জলপ্রপাত দেখতে যাওয়ার।

আমার তখনও ড্রাইভিং লেস্‌ন চলছে। সুতরাং গাড়ির মালিক হইনি। চন্দ্রেশ প্যাটেলের গাড়ি আছে। বরোদার ছেলে চন্দ্রেশ। সঙ্গে স্ত্রী নলিনী ও পুত্রসন্তান বিকাশ আমার মেয়ের থেকে এক-দেড় বছরের বড়।

চন্দ্রেশের গাড়িতেই যাওয়ার ঠিক হল। কিটওয়ে থেকে লিভিংস্টোনে-এর দূরত্ব ৩৮০ মাইল। অনেকটা পথ। মাঝরাস্তায় বেশ কয়েকবার থামতে হবে। মাঝখানে পড়বে লুসাকা, জাম্বিয়ার রাজধানী।

নির্দিষ্ট দিনে বেরিয়ে পড়া গেল, উৎসাহের অভাব নেই। সঙ্গে খাবারদাবারও নেওয়া হল প্রয়োজন মতো। দুর্গা নাম জপ করতে করতে যাত্রা শুরু হল। সত্তরের দশকে আমাদের দেশের তুলনায় রাস্তাঘাট যথেষ্টই ভাল। অবশ্য এখন ভারতবর্ষে সুন্দর সুন্দর রাস্তার ছড়াছড়ি। অতবড় একটা দেশের সংযোগ ব্যবস্থা প্রথম শ্রেণীর।

নানা কথাবার্তা ও খাওয়াদাওয়ার মধ্যে সময় কেটে যাচ্ছে। গাড়ির চালক চন্দ্রেশ। ওকে রাস্তার দিকে মন সংযোগ করতে হচ্ছে। আমার ও সব বালাই নেই। চারিদিকে দৃষ্টি প্রসারিত করে দেশটিকে উপভোগ করছি। এখানকার প্রাকৃতিক আবহাওয়ার কোনো তুলনা নেই। যেন চির বসন্ত। বিষুবরেখার নীচে বলে জুন-জুলাই শীতকাল আর নভেম্বর থেকে মার্চ গ্রীষ্মকাল। তবে চির বসন্তের দেশ বললেও খুব একটা ভুল বলা হয় না। দেড় বছরের জাম্বিয়া-জীবনে দেখেছি বৃষ্টি পড়ার পর জল কোথাও দাঁড়িয়ে

অনাসৃষ্টি করে না। কিছুক্ষণের মধ্যে মাটি জল শুষে নেয়। কর্দমাক্ত হয়ে জামাকাপড় নোংরা হওয়ার বিপদ কম। নানা গ্রাম শহর পিছনে ফেলে এগিয়ে চলেছি আমরা। খুব সকালেই যাত্রা শুরু হয়েছে। আমাদের লক্ষ্য সন্ধের আগেই পৌঁছে যাওয়া।

৩৮০ মাইল দূরত্ব পেরোতে অনেকটাই সময় লাগার কথা। মাঝে বেশ কয়েকবার দাঁড়ানোর ব্যাপার আছে। সবাই বয়সে তরুণ, সেদিক থেকে কোনো সমস্যা নেই। তবে দু'টি শিশু সঙ্গে। আবার আমাদের শিশু কন্যাটি খুবই ছোট, সে জন্য মমতার ওপর চাপ অনেক বেশি।

নানা রকম গল্পগুজবের মধ্যে সন্ধের আগেই লিভিংস্টোনে পৌঁছে গেলাম। আমাদের জন্যে ভিক্টোরিয়া ফল্স্-এর পাশেই কটেজ বুক করা ছিল। সেখানে যথাসময়ে পৌঁছানো গেল।

একটা কটেজে চন্দ্রেশ, নলিনী ও বিকাশ। অন্যটায় আমি, মমতা ও শিশুকন্যা। অবশ্য শিশুকন্যাটির নাম ঠিক করে দিয়েছেন বোস বৌদি।

ওর নাম সুদেষ্ণা।

এখন নিজের নিজের কটেজে ঢুকে খানিকক্ষণ বিশ্রাম দরকার। তার আগে স্নান করে নেওয়ার প্রয়োজন। একটু বিশ্রামের পর খাবার সন্ধান। এ সব ঘটনা নিয়মমাফিক চলতে লাগল। খুবই ক্লান্ত, অতটা গাড়িতে আসা। তাই খাওয়াদাওয়ার পর নিদ্রা যাওয়া ছাড়া আর কিছু করার মতো উৎসাহ ছিল না। যথাসময়ে ভোরের আলো ফুটে উঠল। গভীর ঘুমের পর দিনের আলো আমাদের অভ্যর্থনা করল। নতুন দেশের নতুন শহর। ব্রেকফাস্ট খেয়ে সারাদিন ঘুরে বেড়ানোর পরিকল্পনা করলাম। প্রথম দর্শন অবশ্যই ভিক্টোরিয়া ফল্স্। এ ছাড়া বনে জঙ্গলে ঘুরে বেড়ানো। ভিক্টোরিয়া ফল্স্ এবং কাছাকাছি গেমপার্ক বলতে জামবেজি ন্যাশনাল পার্ক। ব্রেকফাস্ট খেয়ে বেরিয়ে পড়লাম ভিক্টোরিয়া জলপ্রপাত দর্শনে। বড়রা সংখ্যায় চার জন আর দুটি শিশু—সব কিছু তাদের বোধগম্যের বাইরে।

ভিক্টোরিয়া জলপ্রপাত সপ্তম আশ্চর্যের মধ্যে একটি। এখন অবশ্য এই সপ্তম আশ্চর্যের মধ্যে অনেক শ্রেণী বিভাগ। তবে স্বীকার করতেই হবে

যে, যা দেখলাম তা অতুলনীয়। প্রকৃতির সৌন্দর্য উপভোগ করার এটি একটি শ্রেষ্ঠ নিদর্শন। সে সময়ে জিম্বাবোয়ের দিকে যাওয়া রাজনৈতিক দিক দিয়ে নিষিদ্ধ। তাই জাম্বিয়ার দিক থেকেই ভিক্টোরিয়া ফল্‌সের সৌন্দর্য্য উপভোগ করলাম। চারপাশে ঘোরাঘুরি করে দেখছি আর আমাদের সবার প্রাণ ভরে যাচ্ছে। জাম্বিয়া আসার সার্থকতা উপলব্ধি করলাম। ছোটবেলা ভুগোল বই-এ উত্তর রোডেশিয়া ও দক্ষিণ রোডেশিয়া নাম দেখেছিলাম আর ছবি দেখেছিলাম আফ্রিকার ম্যাপে। তখন কি জানতাম একদিন এখানে এসে ভিক্টোরিয়া ফল্‌সের পাশে দাঁড়াব।

আজকাল এক ফ্যাশান হয়েছে "কত দেশ দেখেছি" তার প্রতিযোগিতা। আমার মনে হয় দেখার সংখ্যাটা বড় কথা নয়—সেই দেশ সম্বন্ধে জানার কতটা আগ্রহ সেটাই শেষ কথা। অবশ্য অনেকেই বলতে পারেন, "ওটা মশাই আপনার মতামত। আমরা সংখ্যাটাই দেখাতে চাই।" নানা জনের নানা মত তো থাকবেই। পছন্দ অপছন্দ সবই ব্যক্তিগত ব্যাপার। এরপরেই গেমপার্ক দেখতে যাব বলে ঠিক করলাম। অবশ্য এ কথা স্বীকার করতে হবে যে টানজানিয়া নাইরোবির গেমপার্কের সঙ্গে এর কোনো তুলনাই হয় না। "বর্ন্ ফ্রি" যারা দেখেছেন তাঁরা সহজেই অনুমান করতে পারবেন (অবশ্য যারা চাক্ষুস দেখেছেন তাদের কথা আলাদা)।

জাম্বিয়া থেকে টানজানিয়া, নাইরোবির গেমপার্ক দেখার সুযোগ হয়নি।

অবশ্য ভারতবর্ষেই তো অনেক সুন্দর গেমপার্ক আছে। সুন্দরবনের সৌন্দর্য তো অতুলনীয়।

গেমপার্ক গিয়ে যাদের দর্শন মিলল তারা হল জেব্রা, জিরাফ, জলহস্তী, গন্ডার—এইসব জন্তু জানোয়ার। এসব জায়গায় দেখলে মনে পড়ে যায় ওরা মানুষের নজরের মধ্যে থাকলেও চিড়িয়াখানা বন্দী জীব নয়। পূর্ণ স্বাধীনতা এদের আছে। এদের রক্ষণাবেক্ষণের ভার মানুষের ওপর। সবচেয়ে ভাল কথা এখন এদের হত্যা করা পৃথিবীর সর্বত্রই বেআইনি।

এরপর লিভিংস্টোন শহরটি ঘুরে ফিরে দেখা গেল। সব শহরের মধ্যেই বেশ কিছুটা মিল খুঁজে পাওয়া যায়। কেবল আশেপাশে প্রকৃতির রূপের বৈচিত্র্য চোখে পড়ে, অবশ্য চোখ কান খোলা রাখলে এটা বুঝতে সুবিধে হয়।

অনেক ঘোরাঘুরির পর ক্লান্ত হয়ে আমরা কটেজে ফিরে এলাম। এই কটেজগুলি খুবই সুন্দর, প্রকৃতির সঙ্গে সদ্ভাব রাখার জন্য যেন এই কটেজগুলো তৈরি করা হয়েছে। বাহুল্য নেই অথচ প্রয়োজনের জিনিসের অভাব নেই। এ সব জায়গা যেন অতীত ও বর্তমানের মিলনস্থল।

দেখতে দেখতে ছুটির দিন কেটে গেল। এ বার আবার কর্মস্থানে ফিরে যাওয়া। ওই একই রাস্তা দিয়ে সকালে বেরিয়ে সন্ধেয় এসে পৌঁছানো গেল। পরের দিন রোববার, তাই ছুটির দিন। একদিন বিশ্রাম করে কাজে লেগে যাওয়া। কাজ না করলে তো জীবন চলবে না। তাই ইচ্ছা অনিচ্ছার মাঝে থেকেই বছরের পর বছর কাটাতে হয় এই জীবন চলার তাগিদে।

দেখতে দেখতে ২৫ শে ডিসেম্বর চলে এলো। অনেক দিন ধরেই এর প্রস্তুতি চলছিল। Christmas পার্টির দিনটির জন্য সবাই উন্মুখ হয়ে থাকে। ওইদিন ওয়ার্ডে যেতেই দেখলাম নানা বোতলের সমারোহ অর্থাৎ শেরি, ওয়াইন, স্কচ কোনো কিছুরই বিশেষ অভাব নেই। নার্সিংস্টাফ শেরির গ্লাস এগিয়ে সবাইকে অভ্যর্থনা করছে। খানিকটা হালকা আবহাওয়া হাসপাতালের গণ্ডীর মধ্যে। সাধারণত এর উল্টোটাই থাকে অর্থাৎ কর্মব্যস্ত থাকেন ডাক্তার, নার্স ও অন্যান্য হাসপাতাল কর্মচারী। এ দিনও কাজ চলছে নিয়মমাফিক, তবে শ্লথ গতি। কারণ রুটিন কাজ হচ্ছে না, তাই অনেকেই স্বস্তির নিঃশ্বাস ফেলছে। ইমার্জেন্সির কথা আলাদা। সেখানে যারা কর্মরত তারা সদা ব্যস্ত। তবে কয়েকঘণ্টা কাজের পর তাদের যখন মুক্তি মিলবে, তখ একটু শেরি বা অন্য কিছু সুরাপান করে কিছুক্ষণের জন্য চিত্ত বিনোদন করবে। বছরের পর বছর একই ধারায় চলে আসছে।

দেখতে দেখতে ক্রিসমাস পার হয়ে গেল। এ বার নতুন বছরের অপেক্ষায়। তিয়াত্তরের পর চুয়াত্তর সাল।

নতুন বছর নতুন দিনগুলোর আশা নিয়ে আসে। কারণ পিছন ফিরে তাকালে বেশির ভাগ ক্ষেত্রে দেখা যায় মানুষের জীবন নানা ঘাত প্রতিঘাতের মধ্যে এগিয়ে চলেছে। তবে মানুষ আশাবাদী। যা ঘটেছে তা তো ঘটেছেই এখন নতুন উদ্যমে নতুন বছরকে অভ্যর্থনা করা যাক। ক্রিস্টমাসের পরই নতুন বছরের আবির্ভাব। দু'টো উৎসব এত কাছাকাছি যে বেশ কিছুদিন মানুষের মন ভরে থাকে। আশা নিরাশার দোলায় না দুলে আশার আলোয় মানুষ নিজেকে ভাসিয়ে নিয়ে যেতে চায়। কিন্তু হায়, আশার পাশেই তো দাঁড়িয়ে আছে নিরাশা, সুখের পাশে দুঃখ, জন্মের পাশে মৃত্যু।

জানুয়ারি মাস কাটতে না কাটতেই কিটওয়ে হাসপাতালে সবার মনে বিষাদের ছায়া পড়ল।

আমাদের দু'জন সহকর্মী ছিলেন যারা দক্ষিণ ভারতের অধিবাসী। একজন অর্থাৎ কৃষ্ণমূর্তি ইংল্যান্ডে ২/৩ বছর থেকে এখানে কনট্রাক্ট সার্ভিসে কাজ করতে এসেছে। অন্য জন আমারই মতো সোজাসুজি ভারতবর্ষ থেকে এসেছে। ডাঃ কৃষ্ণমূর্তি কথায় কথায় একদিন আমাকে বলল—'চ্যাটার্জি, তুমি যদি ইংল্যান্ডে যাও তোমাকে কতকগুলি জিনিস শিখে যেতে হবে। ধরো কারও সঙ্গে দেখা হলে গুডমর্নিং বা আফটারনুন এ সব তো বলতে হয় সবাই জানে। কিন্তু এ ছাড়াও বলতে হবে আবহাওয়া সম্বন্ধে', আমি তো কথা শুনে হাসতে আরম্ভ করলাম। বললাম, 'আবহাওয়া সম্বন্ধে আর বলার কী আছে। দেশে তো হয় রোদ, না হয় মেঘ বা বৃষ্টি বা বলা যায় শীত-গ্রীষ্ম, বর্ষা এরা তো নিয়মমাফিক আসে বা যায়।' কৃষ্ণমূর্তি আমাকে যুক্তি দিয়ে বোঝাতে চাইল, বলল, 'কিন্তু বিলেতের 'ওয়েদার' খুবই বিচিত্র, আগে থেকে ভবিষ্যৎবাণী করা যায় না।' ওর কথা মেনে নিলাম। এ নিয়ে আর কোনো কথাবার্তা হল না।

অন্য ডাক্তারটি নাম নারায়ণমূর্তি। অ্যামেরিকার 'ইসি এম্ জি' পরীক্ষা দিয়ে পাশ করে আমেরিকা যাওয়ার জন্য প্রস্তুতি নিচ্ছে। অনেকেই এখান থেকে আমেরিকা চলে যাবে, ডাঃ নারায়ণমূর্তি এদের একজন। খুবই স্মার্ট ছেলে। আমরা অর্থাৎ ডাক্তাররা সবাই কাজের ফাঁকে ফাঁকে মিলিত হই

বিশ্রামের জায়গায়, নানা রকম গুজব চলে। ভবিষ্যতের রঙীন স্বপ্ন বেশির ভাগেরই চোখে। আমি অবশ্য স্বপ্নটপ্ন নিয়ে মাথা ঘামাই না। দিন চলছে চলবে। এই আর কী! এই ভাবেই আনন্দেই দিন কাটছিল। হঠাৎ জানুয়ারির শেষে আমাদের সহকর্মী দুঃসংবাদ দিল আমাদের দুই বন্ধু ডাঃ কৃষ্ণমূর্তি ও ডাঃ নারায়ণমূর্তি রোডট্রাফিক অ্যাকসিডেন্টে গুরুতর আহত। চালকের আসনে ছিলেন মিস্টার প্যাটেল বলে ওখানকার এক বিশিষ্ট ধনী ব্যবসায়ী। এইসব গুজরাতি ধনী ব্যবসায়ীরা "কাকাওয়ালা" বলে পরিচিত। নানা রকম খবর ভেসে আসছে, সঠিক কোনোটাই নয়। হঠাৎ জানলাম ওদের হাসপাতালে নিয়ে এসেছে। কোনও রকম সময় নষ্ট না করে পৌঁছলাম হাসপাতালের দিকে। একজন হাসপাতাল কর্মচারীকে ওদের সম্বন্ধে জিজ্ঞেস করতে একটা ঘর দেখিয়ে বলল ওখানে আছে।

কী অবস্থায় দেখব ওদের, মনে সংশয় নিয়ে নির্দিষ্ট ঘরের দিকে এগোলাম। মনে আশা, হয়তো খুব বড় অ্যাকসিডেন্ট ঘটেনি, ছোটোখাটোর ওপর দিয়েই গেছে। এসব নানা ভাবনার জালে জড়িয়ে ঘরে ঢুকে পড়লাম। কয়েকজন সহকর্মীকে দেখে জিজ্ঞেস করলাম ওরা কেমন আছে। কোনো কথা না বলে ঈশারায় দেখিয়ে দিল দু'টো পড়ে থাকা নিথর দেহের দিকে। দেখলাম ঘরের এককোণে দু'টো বেঞ্চের ওপর শায়িত দেহ। মুহূর্তের জন্য চোখে অন্ধকার দেখলাম। কোনোরকমে নিজেকে সামলে নিয়ে সোজা হয়ে দাঁড়ালাম। মন বিশ্বাস করতে চায় না যে, দু'জন সুস্বাস্থের অধিকারী, সকালে যাদের সঙ্গে স্বাভাবিক ভাবে কথাবার্তা হয়েছে, তারা আর জীবিত নেই—মাত্র কয়েক ঘণ্টারই তফাৎ।

ডাঃ কৃষ্ণমূর্তি বিবাহিত ও এক পুত্রসন্তানের পিতা। ডাঃ নারায়ণমূর্তি অবিবাহিত। এদের দু'জনেরই বাড়িতে বাবা, মা, ভাই, বোন আছেন। কৃষ্ণমূর্তির স্ত্রী বর্তমান। নানা ভাবনার ভীড়ে মন ক্ষতবিক্ষত। অঙ্ক মেলানো দায়। মন বলে, এসব অঘটন কেন ঘটে! আমাদের জীবন কত ভঙ্গুর। 'আজ আছে কাল নেই'—এ ভাবেই চলেছে মানবসমুদ্রে ঘাত প্রতিঘাত। জীবন প্রবাহ থেমে নেই। ঘর থেকে বেরিয়ে এসে পুরো ঘটনাটা

জানা গেল। সকাল বেলায় কাজ শেষ করে দু'জনে মিলে মিঃ প্যাটেল বলে একজন কাকাওয়ালার বাড়ি যায়। এই গুজরাতি ভদ্রলোক অত্যন্ত সজ্জন ব্যক্তি। বিরাট ব্যবসা জাম্বিয়ায় বহুদিন ধরে। বিরাট অট্টালিকায় তিনি সপরিবারে থাকেন। বাড়ি সংলগ্ন স্যুইমিং পুল। শুনলাম কিছুদিন আগে আমাদের সহকর্মী দু'জনের এই ভদ্রলোকের সঙ্গে আলাপ পরিচয় হয়। এদেরও গাড়ি না থাকাতে ভদ্রলোক এদের সাহায্য করেন। সামনে 'উইক এন্ড' প্যাটেল সাহেব ওদের নিয়ে কিছুদূরে গিয়ে বেড়িয়ে আসার পরিকল্পনা করলেন। ওরাও এক কথায় রাজি হয়ে গেল। সত্যিই তো কেই বা না রাজী হয়ে যায়। ভদ্রলোক এমনিতে নিরহঙ্কারী, আমুদে আসর জমানো ভদ্রলোক। তাই ছুটির দিনগুলো হৈ চৈ করে কাটাতে বাধা কোথায়? ভাবনা বাস্তবে পরিণত হল। মিঃ প্যাটেলের ড্রাইভার চালকের আসনে বসল। উনি পাশের আসনে, আর পেছনে দুই ডাক্তার। ঘণ্টা দুয়েক পরে গন্তব্য স্থান পৌঁছে ওরা সবাই হৈ চৈ করে কাটাল। মাঝখানে খাওয়া দাওয়া হল। এরপর বাড়ি ফেরার পালা। আগেই বলেছি জাম্বিয়ার ড্রাইভিং সব সময় নির্দিষ্ট নিয়ম মেনে চলে না। তাই অ্যাকসিডেন্টের রেট বড্ড বেশি। নানা রকম গল্পগুজবের মধ্যে অর্ধেক রাস্তা পেরিয়েছে। স্বাভাবিক নিয়মেই নানা দিক থেকে গাড়ি আসছে যাচ্ছে। হঠাৎ একটা পাশের রাস্তা থেকে বিদ্যুৎ গতিতে গাড়ি এসে প্যাটেল সাহেবের গাড়িটাকে চুরমার করে দিয়ে চলে গেল। জানা গেল আমাদের দুই সহকর্মী সম্ভবত অকুস্থলেই মৃত। কারণ অ্যাম্বুলেন্স যখন ওদের হাসপাতালে নিয়ে আসে ডাক্তার দেখেই তাদের মৃত বলে ঘোষণা করে। মিঃ প্যাটেল আশ্চর্য রকম ভাবে জীবিত ছিলেন। ড্রাইভারের অবস্থা মোটামুটি ভাল। এ জন্যেই তো বলে 'রাখে হরি মারে কে?' আবার এটাও ঠিক 'মারে হরি রাখে কে।'

প্যাটেল ও ড্রাইভারকে হাসপাতালে ভর্তি করা হল। প্যাটেল সাহেবকে ক্যাবিনে এবং ড্রাইভারকে জেনারেল ওয়ার্ডে। দু'জনের কাছ থেকেই দুর্ঘটনার বিবৃতি নেওয়া হল। কয়েক ঘণ্টার মধ্যেই মিঃ প্যাটেলের

অবস্থা খারাপের দিকে গেলে 'ইনটেনসিভ কেয়ার ইউনিট'-এ ট্রান্সফার করা হল।

পরের দিন সকালে তিনি মৃত বলে বাড়ির লোককে জানানো হল। কারণ শরীরের রক্তক্ষরণ হচ্ছিল দুর্ঘটনার পর। সাময়িক ভাবে সেটা বন্ধ থাকায় কিছুক্ষণের জন্য খানিকটা সুস্থ বোধ করেছিলেন। আস্তে আস্তে অবস্থা অবনতির অবনতির দিকে যায়। শত চেষ্টা সত্ত্বেও তাঁকে বাঁচানো সম্ভব হল না।

ঈশ্বরের অসীম করুণা। ড্রাইভার কয়েক দিনের মধ্যেই সুস্থ হয়ে উঠলে হাসপাতাল থেকে ছাড়া পেয়ে গেল। ড্রাইভার স্থানীয় লোক। ওর মানসিক অবস্থা সে সময় অবর্ণনীয়। বেচারি খুবই ভেঙ্গে পড়েছিল।

এখানেই এই ঘটনাটির পরিসমাপ্তি টানছি।

"দুঃখ যদি না পাবে তো
দুঃখ তোমার ঘুচবে কবে?"

মহান কবি রবীন্দ্রনাথের এই উক্তি প্রমাণ করে—এই সব দুঃখ কষ্ট থেকে উত্তরণের চেষ্টাই মানুষের মূল লক্ষ্যগুলোর মধ্যে একটি।

জানুয়ারি পেরিয়ে গেছে, ফেব্রুয়ারিও শেষ হওয়ার দিকে। গতানুগতিক জীবন চলেছে। কখনও গতি হারাচ্ছে, কখনও বা বিদ্যুৎ গতিতে ছুটছে একটা বৈজ্ঞানিক যুক্তির ভিত্তিতে বা আমাদের মনের গতির সঙ্গে সামঞ্জস্য রেখে। সময় সময় মানুষের মন যেন গতিহীন হয়ে যায়। কখনও বা বিদ্যুৎগতিতে দৌড়তে থাকে। ফেব্রুয়ারি-মার্চ কেটে গিয়ে এল এপ্রিল মাস। জাম্বিয়া যে হেতু বিষুব রেখার নীচে তাই ওখানকার ঋতুর সঙ্গে আমরা অভ্যস্ত নই। আমাদের দেশের ঋতুর ঠিক উল্টোটাই। এখানে এপ্রিলের মাঝামাঝিতে বড় যে ঘটনা ঘটতে চলেছে তা হলো মমতার দেশে কিছু দিনের জন্যে ফেরত যাওয়া, সঙ্গে অবশ্যই শিশুকন্যা। দিন এসে গেল। কয়েক দিন ছুটি নিয়ে চলে গেলাম লুসাকায়। প্লেনে যেতে ঘণ্টা দুই সময় লাগে। বিধান অধিকারীদের বাড়িতে উঠলাম। ওরা স্বামী স্ত্রী দু'জনেই অতিথিবৎসল। লোকজন বন্ধু বান্ধবে ঘর ভরে থাকে।

পরের দিনই প্লেন সকালে। লুসাকা (জাম্বিয়া) থেকে যথারীতি নাইরোবি ইস্ট আফ্রিকান এয়ারওয়েজে। সেখান থেকে ইন্ডিয়ান এয়ার লাইনস্-এ মমতা একলা ফিরছে ওইটুকু একটা শিশুসন্তানকে নিয়ে। এ ছাড়াও আর একটা ব্যাপার আছে যেটা ক্রমশ প্রকাশ্য। মনে নানা চিন্তার জাল বুনে কাটছে। আমার পক্ষে সঙ্গ দেওয়া সম্ভব নয়, তাই মমতাকে একাই যেতে হচ্ছে। বুঝতে পারছি নিজের চিন্তার থেকে আমার চিন্তাই মমতার মাথায় বেশি ঘুরছে।

যদিও মুখ দেখে বোঝার উপায় নেই।

পরের দিন সকালে 'লুসাকা' এয়ারপোর্টে নির্দিষ্ট সময়ে পৌঁছনো গেল। এখন কিছুক্ষণের জন্য ভাবনাগুলোকে বন্দী করে কাজের কাজ করার দিকে মন দিতে হল।

যতক্ষণ না প্লেন ছাড়ল ততক্ষণ এয়ারপোর্টেই ছিলাম। প্লেনটি আস্তে আস্তে ছোট হতে হতে বিন্দুতে পরিণত হলে আমরা এয়ারপোর্ট ছেড়ে বিধানের বাড়ির দিকে রওনা হলাম।

বাড়িতে বসে সিগারেট টানতে টানতে আমি ও বিধান গল্প করে চলেছি—মনের কোণে জমে থাকা নানা কথাবার্তা। পরের দিন সকালেই কর্মস্থলে ফেরত যেতে হবে। প্রথমে কিছু দিন অচেনা পরিবেশ বলে মনে হবে। এই পরিবেশে নিজেকে খাপ খাইয়ে নিতে কিছু দিন টানাপড়েন চলবে। তবে মানুষ অভ্যেসের দাস, তাই সহজেই অনেকটা মানিয়ে নেয়। এ ক্ষেত্রে তার ব্যতিক্রম হল না। অবশ্য প্রথম দশ দিন মনের ওপর চাপ অত্যন্ত বেশি ছিল। তার কারণ সত্তরের দশকে টেলিফোন ব্যবস্থা দু'টি দেশেই অত্যন্ত নিম্নমানের। যদিও আজকাল মোবাইল ফোনের অতিরিক্ত ব্যবহারে আমি অত্যন্ত ক্লান্তি বোধ করি, তবে এ কথা মানতেই হবে যে ইমার্জেন্সিতে এর চাহিদা তুলনাহীন। আজকের দুনিয়ায় আমরা যে ভাবে এই যন্ত্রটিকে ব্যবহার করি তাতে মনে হয় আমাদের মনের দাঁড়িপাল্লার যন্ত্রপাতি বেনিয়মে কাজ করছে। মানুষের জীবনের প্রধান কাজ তো যতটা সম্ভব সব কিছুতেই সামঞ্জস্য রক্ষা করা। পৃথিবীর কোথাও তা দেখা যাচ্ছে না।

আজকের দুনিয়ায় মোবাইলের দাপটে প্রাণকে "ত্রাহি ত্রাহি মধুসূদন" ডাক ছাড়তে হচ্ছে। সব দেশের সরকারের দায়িত্ব থাকা উচিত এই যন্ত্রটিকে প্রয়োজন মতো সংযত করার ব্যাপারে।

অনেক দুঃখের কথা ও সামঞ্জস্যহীন পৃথিবীর কথা বলা হল। আর একটা কথা এখানে বলে এই ধরনের বৃত্তান্তের ইতি টানছি। সামঞ্জস্যের কথা বলতে গিয়ে একটা জিনিস মনে পড়ে গেল। আমরা মানুষেরা সামঞ্জস্যহীন হয়ে পড়লেও প্রকৃতি যতদূর সম্ভব সামঞ্জস্য রক্ষা করে চলেছে। এমন কী জন্তুজানোয়ারও প্রকৃতির নিয়ম মেনে চলবার চেষ্টা করে। একমাত্র বুদ্ধিজীবী মানুষই পৃথিবীতে যত অঘটন ঘটানো যায় ঘটিয়ে যাচ্ছে। অবশ্য এটা মানি, নিজের আত্মরক্ষার জন্য মানুষকে বুদ্ধি খাটিয়ে অনেক কিছু করতে হয়েছে। কারণ আমরা মানুষেরা অন্য অনেক জীবজন্তুর তুলনায় দুর্বল। তাই ঈশ্বর বা প্রকৃতি যাই বলা হোক বা কেন, এখানে নিজেকে রক্ষা করার জন্য অনেক কৌশলের প্রয়োজন হয়েছে। কিন্তু এর বেশি তো নয়। এরপর মানুষের মধ্যে যেটা বাসা বেঁধেছে তা হল লোভ। এই লোভের বশে মানুষ, প্রকৃতি ও জন্তু জানোয়ারকে বহু শতাব্দী ধরে ধ্বংস করার চেষ্টা চালিয়ে যাচ্ছে। আশার কথা ভারতবর্ষ এই ব্যাপারে অনেক বেশি সচেতন হয়েছে। অন্তত লোভের হাত থেকে মুক্ত করে এই প্রাণীগুলোকে বাঁচিয়ে রাখার অধিকার প্রতিষ্ঠা হয়েছে।

অবশ্য একটা কথা না বললেও অন্যায় হবে। আমরা এখনও অনেকেই তারিয়ে তারিয়ে অনেক জন্তু জানোয়ারের মাংস খেয়ে চলেছি। আমিও অনেকের মধ্যে একজন। এ ব্যাপারেও আমাদের সবার ভাবনা শুরু হবে বলে আশা করি। এ সব গভীর তত্ত্ব বুঝতে ও কাজে লাগাতে অনেক সময় তো লাগবেই। সারা বিশ্বে জ্ঞানী শ্রেষ্ঠ ব্যক্তিরা নানা বিষয়ে ভেবে চলেছেন। আমাদের পরবর্তী যুগের মানুষের এই সব বিষয়ে চিন্তা ভাবনা আরও স্বচ্ছ হবে।

এপ্রিল মাস শেষ হতে চলেছে। এর মধ্যে একটা মজার ঘটনা বলা হয়নি। মিঃ মালহোত্রা বলে এক ভদ্রলোক দিল্লী থেকে এসেছেন আমাদের আসার অনেকটা আগেই। উনি তিন বছরের কনট্রাক্টে এসেছেন। স্ত্রী ও

ছেলেমেয়ে সঙ্গে আসেনি। এটাও উদ্দেশ্যমূলক। ভদ্রলোক প্রকৃত অর্থেই অতি কৃপণ স্বভাবের। যত কম 'কোয়াচা' ও 'এনগুয়ে' খরচ করে দিন চালানো যায়, তার চেষ্টা অনবরত চালিয়ে যাচ্ছেন। কারণ একটাই। এই তিন বছর এখানে থেকে যতটা সম্ভব কোয়াচা সংগ্রহ করে 'গ্র্যাচুইটি'-সহ সব টাকাটাই দেশে পাঠিয়ে দিতে চান। অবশ্য প্রতি মাসের টাকা তো পাঠানো চলছেই। বাড়িতে থাকলে পয়সা খরচ করতে হবে বলে বাস করেছেন একটা ক্যারাভ্যানে, সম্ভবত সেটা বিনা মাসুলে। জামা কাপড়ের অবস্থা তথৈবচ। দেশ থেকে যে কয়েকটা জামা প্যান্ট এনেছেন তাই দিয়েই চলছে। বড় বড় অর্থনীতিবিদদেরও এই ব্যক্তির কাছে শিক্ষা নিতে হবে। এইভাবে চললে এ কথা ঠিক অর্থনৈতিক অবস্থা কখনই ধসে পড়বে না। নোবেল লরিয়েট অর্থনীতিবিদদের এ সব ধরনের ব্যক্তির সঙ্গে পরামর্শ করা উচিত। ভদ্রলোক আমাকে ও অর্ধেন্দুকে অনেক বোঝাবার চেষ্টা করছিল যে কষ্ট করলেই কেষ্ট পাওয়া যায়। আমরা দু'জনেই ওই ব্যক্তির প্রথম শ্রেণীর ছাত্র হতে পারিনি। হয়তো কোনও রকমে পাসমার্ক পাওয়ার যোগ্যতা অর্জন করেছিলাম। সত্যি কথা বলতে কী আমরা দেশ থেকে অনেক জামা কাপড় আনলেও এ দেশে বিশেষ কিছু কিনিনি।

দেড় বছরের অবস্থানে আমি একটি ট্রাউজার ও আরেকটি গলাবন্ধ সোয়েটার কিনেছিলাম। সোয়েটারটার দাম এখনও মনে আছে। পাঁচ কোয়াচা লেগেছিল অর্থাৎ টাকার হিসেবে ১৯৭৪ সালে ষাট টাকা। তখনকার হিসেবে অনেকটাই বলতে হবে। যে দোকানে কিনতে গিয়েছিলাম সেখানে একটি ঘটনা ঘটেছিল যা দেখে আমার হৃদ্‌স্পন্দন বেড়ে গিয়েছিল। আমরা বেশ কয়েকজন যখন দোকানে ঘোরাঘুরি করছি, দেখি আমাদের একজন চেনাশোনা ডাক্তার, আমি যে সোয়েটারটা পছন্দ করেছি ওই রকমই আর একটা সোয়েটার পরে দেখছেন কেনা যায় কি না। ওই ভদ্রলোক খুব একটা চেনা নয়। ডাক্তার ভদ্রলোক আয়নার সামনে দাঁড়িয়ে অনেকবার নিজেকে দেখে হঠাৎ দেখলাম আগের পরা সোয়েটারটা ব্যাগে ঢুকিয়ে হনহন করে বেরিয়ে গেলেন। ১৯৭৪ সালে ও দেশে তখন ট্যাগ লাগানো থাকত না অথচ

ইউরোপ আমেরিকার মতো দোকানে ডিস্প্লে করার কায়দাটা একই। ভাবলাম মানুষের রিস্ক নেওয়ার ক্ষমতা অসীম। ধরা পড়লে নিশ্চয় শ্রীঘর দেখিয়ে দিত। বিদেশে ডাক্তারি করার অধিকার থাকত না। নিজের দেশের পক্ষেও অপমানজনক।

যাই হোক আবার মিঃ মালহোত্রার কথায় আসা যাক। মমতা ও শিশুকন্যা চলে গেলেও আমি একই বাড়িতে থাকি। "হাউসবয়" বাড়ির রক্ষণাবেক্ষণ করে। হয়তো ষোলো সতেরো বছর বয়স হবে। ছেলেটি বেশ ভদ্র। মালহোত্রা মহাশয় এখন প্রায় রোজই আসেন আমাদের বাড়িতে। ছুটির দিনে আমি ও অর্ধেন্দু সিগারেট ফুঁকছি আর নানা গল্পে মশগুল। হঠাৎ মালহোত্রা মহাশয়ের আগমন ঘটল। আমাদের কথার মাঝে কথা বলছেন। অবশ্য ভাষাটাকে বাংলা ছেড়ে কাঁচা হিন্দি ও ইংরেজিতে চালান করতে হয়েছে। কথার ফাঁকে ফাঁকে এ দিক ও দিক ঘোরাঘুরি করছেন। প্রথম এই ঘোরাঘুরির উদ্দেশ্য বুঝতে পারিনি। পরে অবশ্য বুঝতে অসুবিধে হয়নি। একদিন দেখি ঘোরাঘুরি করতে করতে রান্না ঘরে ঢুকলেন, বেশ কয়েকটা টমেটো রাখা ছিল রান্নাঘরে। সে দিনের রান্নার কাজে লাগবে বলে। দেখি অচিরেই দু'তিনটে টমেটো মালহোত্রা সাহেবের হাতে। বললেন, এই টমেটোগুলো খুব ভাল কিনেছেন। ভাবলাম আমাদের বাজার করার প্রশংসাপত্র দিচ্ছেন। কিন্তু কিছুক্ষণের মধ্যেই বোঝা গেল আমাদের ধারণাটা ভুল। হাতে ধরা তিনটে টমেটোর মধ্যে একটাকে সদ্ব্যবহার করা শুরু করলেন। আমি ও অর্ধেন্দু অবাক বিস্ময়ে তাকিয়ে আছি। ওর ফাঁকেই আর দু'টো টমেটোকে ইতিমধ্যে গলাধঃকরণ করেছেন। সে দিন দু'একটা কথা বলেই তাড়াতাড়ি বেরিয়ে গেলেন। আমরা দু'জনেই ভেবে নিলাম ভদ্রলোকের হয়তো কাজ থেকে ফিরে এসে খুব ক্ষিধে পেয়েছিল। তাই ক্ষিধে সহ্য করতে না পেরে টমেটো তিনটে খেয়ে ফেলেছেন। ঘটনাটা এক দু'দিনের মধ্যে ভুলে গেলাম। কিন্তু মালহোত্রা সাহেব আবার মনে করিয়ে দিলেন।

দু-চার দিন পরেই আর একদিন এসেছেন। সে দিনও দু-চারটে কথার পর আবার রান্নাঘরের দিকে ধাবমান। এ বার আমি ও অর্ধেন্দু দু-

জনেই রান্নাঘরের দিকে পা চালালাম। আমাদের পৌঁছনোর আগেই উনি ফ্রিজ থেকে এক বোতল দুধ হাতে ধরে তখন পান করতে শুরু করেছেন। বললেন, 'ডাঃ চ্যাটার্জি ও ডাঃ ঘোষ আপনারা খুব ভাল কোয়ালিটির দুধ পেয়েছেন। সব সময় এটাই জোগাড় করার চেষ্টা করবেন।'

আমাদের দু-জনের মুখ অবাক বিস্ময়ে অনেকটাই হাঁ হয়ে গেছে। এ বার আর বুঝতে অসুবিধা হল না এটা আমাদের বাজার করার পারদর্শিতা সম্বন্ধে বক্তৃতা নয়। এটা ওই ব্যক্তির ধান্দাবাজির উৎকৃষ্টতম নমুনা। এ বার আমার ও অর্ধেন্দুর গবেষণা শুরু—কী করে এই লোকটির হাত থেকে নিস্তার পাওয়া যায়। মাথা থেকে কিছু বেরোলো না। ওই ভদ্রলোক আমাদের থেকে বয়েসে অনেকটা বড়। মুখের ওপর কিছু বলতে পারা প্রায় অসম্ভব। তাই ঘটনা একই ভাবে চলতে লাগল।

একদিন আমরা (আগে থেকেই ঠিক করা ছিল কী বলব) অনেক ইনিয়ে বিনিয়ে বলতে শুরু করলাম, মালহোত্রা সাহেব শুনেছি আপনি খুব ভাল রাঁধুনি। শুনেছি মুর্গির অনেক রকম প্রিপারেশন করতে পারেন। তার সঙ্গে দু'একটা পরোটা হলে দারুণ জমবে। একদিন আপনাকে আপনার হাতের সুস্বাদু রান্না খাওয়াতেই হবে, না বলতে পারবেন না।

মালহোত্রা সাহেব খানিকক্ষণ চুপচাপ বসে রইলেন। মনে হল কিছুক্ষণ ভাবনার জালে আটকে আছেন। ভাবছি, এত কিপটে লোক কি অত সহজে রাজি হবে? আমাদের আশ্চর্য করে বললেন, 'কিউ নেহি, কিউ নেহি, একদিন হোবে খানাপিনা।' মালহোত্রা সাহেব মাঝে মাঝে বাংলাভাষা চালিয়ে যান, শুনতে ভালই লাগে। তবে এ কথাও ঠিক হিন্দীভাষীরা যেহেতু জানে হিন্দী রাষ্ট্রভাষা তাই ভাল হিন্দী বলতে না পারলে চটেও যায় অনেক সময়।

যাইহোক, আমাদের খাওয়ানোর কথা প্রায়ই ভুলে যান আর আমরাও যথাসময়ে মনে করিয়ে দিই। এ রকম বেশ কিছুদিন চলার পর একদিন নিরুপায় হয়ে নেমন্তন্ন করেই ফেললেন। আমি ও অর্ধেন্দু তো আগে থেকেই রান্না বিষয়ে প্রশংসাপত্র দিয়েই রেখেছি। বুধবার রান্নার নেমন্তন্ন হল সামনের শনিবারের সন্ধেতে। বেশি দূরে যেতে হবে না। অর্ধেন্দু ব্যাচিলারস্

কোয়ার্টারে থাকে। তার পাশেই ক্যারাভানে মালহোত্রা সাহেবের বাস। আমার বাসস্থান হাসপাতালের অন্য প্রান্তে। ঠিক হল অর্ধেন্দু চলে আসবে আমার বাড়িতে কাজকর্ম শেষ করে। আমরাও কাজ শেষ একই সময়ে। তারপরে মালহোত্রা সাহেবের ক্যারাভানের দিকে ধাবমান হব। যেতে বড় জোর মিনিট দশেক সময় লাগবে। বৃহস্পতিবার থেকে আমাদের জল্পনা কল্পনা শুরু হল মালহোত্রা সাহেবের অনুপস্থিতিতে। উনি রোজ সন্ধেতে আমার বাড়িতে আসেন, অর্ধেন্দুও থাকে। উনি যথারীতি ফ্রিজের বেশ কিছুটা ফাঁকা করে দেন। অবশ্যই খাদ্যবস্তুর প্রশংসা করতে ভোলেন না। মাঝে দু'দিন ধরে আমাদের দু'জনের মধ্যে শলা-পরামর্শ চলেছে কী করে অনেকটা খেয়ে শোধ তোলা যায়। আমি অর্ধেন্দু কেউই বেশি খেতে পারি না। সামান্য একটু মুর্গির মাংস, খান দুই তিন পরোটা অর্থাৎ দু'জনে মিলে ছটা কোনও রকমে পেটে চালান করতে পারি। সুতরাং 'টাইট' দেওয়ার নানা পরিকল্পনার একটাও ধোপে টিকছে না। দু'জনে সিগারেট ফুঁকে চলেছি—বুদ্ধির গোড়ায় ধোঁয়া দিয়ে যদি উদ্ভাবনী শক্তির উন্নতি হয়। আমার মাথায় কিছু আসছে না। অর্ধেন্দুকে বেশ গম্ভীর লাগছে। ঘনঘন ধোঁয়া ছাড়ছে, মুখ অত্যন্ত চিন্তাগ্রস্ত। কী একটা কথা বলতে যাচ্ছিলাম হঠাৎ হাত তুলে আমাকে থামিয়ে দিল। মনে হল শার্লক হোমস্ (তখনও ফেলুদা সম্বন্ধে আমাদের জ্ঞানভাণ্ডার খুব অল্প) রহস্য সমাধানে ব্যস্ত। আমি ওই রকম এক গম্ভীর পরিবেশ থেকে দু-এক মিনিটের জন্য মুক্তি পেতে চাইছিলাম কিছুক্ষণ ধরে। তাই বসার ঘর ছেড়ে ভেতরে ঢুকে গেলাম। মানে শোবার ঘরে। দু'তিন মিনিট না যেতেই অর্ধেন্দু চিৎকার করে উঠল ইউরেকা, ইউরেকা পেয়ে গেছি। আমার তো চিৎকার শুনে পিলে চমকে গিয়েছিল। দৌড়ে ওই ঘরে ফিরে আসতে অর্ধেন্দুর উৎফুল্ল মুখ দেখে আশ্বস্ত হলাম যে ও কোনও একটা সমাধানে আসতে পেরেছে। অর্ধেন্দু বলল, ছটফট না করে বসে পড়ুন। বসতেই অর্ধেন্দু বলতে শুরু করল। বলল বৌদি (কখনও কখনও অর্ধেন্দু মমতাকে বুড়ির মা বলত—বুড়ি মানে আমার কন্যা) চলে যাওয়ার পর এই সুযোগে আপনিও তো মাঝে মধ্যে স্কচ্ হুইস্কি খান আর আমিও সকলের মত মাঝে মধ্যে খাই। পরিকল্পনাটা হচ্ছে সেদিন খেতে

যাওয়ার কিছুক্ষণ আগে খানিকটা স্কচ্ হুইস্কি খেয়ে মালহোত্রা সাহেবের ক্যারাভানের দিকে গুটিগুটি এগোবো। তারপর যতটা পরোটা ও মাংস সাঁটা যায় ততটাই খাব। পরিকল্পনাটা আমারও মনোমতো হল। নির্দিষ্ট দিনটির অপেক্ষায় রইলাম। সময়টা একটু যেন আস্তে যাচ্ছে বলে মনে হল। মাঝের দুদিনও মালহোত্রা সাহেবের আমার বাড়িতে হাজিরা দেওয়ার ব্যাপারে খামতি নেই। তবে ফ্রিজের ভেতর রাখা খাবারদাবারের কথা ভাবা ছেড়ে দিলাম এই দু'দিন। কাজকর্মের মধ্যে সময়টা কেটে গেল। আমি ও অর্ধেন্দু কেউ 'অন কল' নয়। সকাল থেকে সেদিন খাওয়া দাওয়াটা আমরা দু'জনেই একটু কম করলাম।

বিকেল হলে অর্ধেন্দু ঠিক সময়েই আমার বাড়ি এসে হাজির হল। সন্ধে সাতটা নাগাদ আমরা মালহোত্রা সাহেবের ক্যারাভানের দিকে এগোলাম। সেদিন আর উনি আমার বাড়ি আসার সুযোগ পেলেন না, ভাবছিলেন হয়তো একটা সন্ধে কোনও রকমে পার করে দিতে পারলে তারপর যথারীতি আমার বাড়ি গিয়ে বিকেলের জলখাবারটা খেয়ে আসবেন। ক্যারাভানের মধ্যে বসতে বললেন। নানা কথাবার্তা চলতে থাকল। ক্ষিধেটা বেশ ভালই চাগিয়ে উঠেছে। ভাবলাম অর্ধেন্দুরও একই অবস্থা নিশ্চয়। আধ ঘণ্টার মধ্যেই টেবিলে খাবার সাজানো হতে থাকল। আমাদের কথামতো মুর্গি রান্না হয়েছে। সঙ্গে গরম গরম পরোটা। দু'জনে খাওয়া শুরু করলাম। মালহোত্রা সাহেব বললেন উনি পরে খাবেন। অতিথিদের খাইয়ে বোধহয় খাওয়ার ইচ্ছে। খাওয়া চলছে। দু'জনেই ঝট্পট্ দু'টো পরোটা উদরস্থ করলাম। মালহোত্রা সাহেব চক্ষুলজ্জার খাতিরে বলতে থাকলেন "আউর লিজিয়ে আউর লিজিয়ে"। এই "আউর লিজিয়ে" কথাটাই ওনার কাল হল। আউর লিজিয়ে বলার পর থেকেই আমরা দু'জনেই বলতে শুরু করলাম হাঁ হাঁ "আউর দিজিয়ে আউর দিজিয়ে"। এই 'দিজিয়ে দিজিয়ে' করতে করতেই আটটা আটটা করে ষোলোটা পরোটা উদরস্থ করেছি। আমাদের কাণ্ডকারখানা দেখে মালহোত্রা সাহেব তাজ্জব বনে গেছেন, চক্ষু বিস্ফারিত। ভাবছেন এ রকম দু'জন দুব্লা পাতলা চেহারার লোক করছে কী। ওনার ভাবনার মধ্যে

আমরা আরও কয়েকটা পরোটা চালান করে দিয়েছি অবশ্য পেটে। দেখতে দেখতে দু-জনের পেটে তেরোটা তেরোটা অর্থাৎ ছাব্বিশটা পরোটা ঢুকে গেল। এমতাবস্থায় মালহোত্রা সাহেব দু-হাত তুলে দিলেন। বললেন, "আভি সব খতম হো গিয়া।"

আমি ও অর্ধেন্দু একেবারে পেশাদার অভিনেতার মতো অভিনয় করতে থাকলাম। একথা আপনার আগে বলা উচিত ছিল মালহোত্রা সাহেব। আমরা নয় দু-একটা পরোটা কম খেতাম, এটা খুব অন্যায়। আপনার খাবার শেষ হয়ে গেল, আপনি খাবেন কী?

মুর্গির অবস্থাটার কথা আর জানতে চাইলাম না। বুঝলাম ওটাও আর অবশিষ্ট নেই। আমরা চলে গেলেই উনি বাধ্য হলেন কিছু রান্না করতে সেই রাত্রির মতো। এই ছাব্বিশটা পরোটার শোক ভুলতে যে অনেক সময় লাগবে সে বিষয়ে আমার আর অর্ধেন্দুর মনে কোনও সন্দেহ রইল না।

আর এ কথা ঠিক মালহোত্রা সাহেব মাঝে মাঝে আমার বাড়িতে এলেও "ফ্রিজ অভিযান" তারপর থেকে একেবারেই বন্ধ হয়ে গেল। আমি অবশ্য মাঝে মাঝে কিছু জলখাবার খাবার জন্য অনুরোধ করতাম। উনি অবশ্য আমাকে সে ব্যাপারে কোনও দিন বঞ্চিত করেননি। পরে ফ্রিজের দিকে তাঁকে কোনও দিন যেতে দেখিনি। নিজে বুদ্ধিমান লোক হওয়ায় আমরাও যে বোকা নই এটা বুঝতে তাঁর বেশি সময় লাগেনি।

দেখতে দেখতে এপ্রিল মাস কেটে মে মাস এসে গেল। সপ্তাহ দুয়েকের মধ্যে অর্ধেন্দু পাড়ি জমাচ্ছে ইংল্যান্ডের উদ্দেশে।

বিদায়ের দিন এল। অর্ধেন্দুকে কিটওয়ে এয়ারপোর্ট থেকে বিদায় জানালাম। লন্ডনে ওর বড় দাদা থাকতেন। ওইখানেই ও উঠবে।

এটা মে মাসের মাঝামাঝি। আমাকে সাড়ে তিন মাস চার মাস থাকতে হবে, তারপর যাত্রা। মমতা চলে গেছে এক মাস হল। অর্ধেন্দুও বিদায় নিল। নিকট বন্ধু বলতে চন্দ্রেশ ও ওর স্ত্রী নলিনী। এ ছাড়া ছিলেন চোখের ডিপার্টমেন্টে ডাঃ তেওয়ারি ও ওনার স্ত্রী। গাইনি ডিপার্টমেন্টে কাজ

করতেন। দু'জনেই খুব ভদ্র ও অমায়িক। খুব যাতায়াত না থাকলেও দেখা হলে কথাবার্তা ভালই হত।

মে মাসের শেষ সপ্তাহ এসে হাজির। দেশ থেকে একটি সুসংবাদ পেলাম। আমার দ্বিতীয় কন্যা জন্মগ্রহণ করেছে ২৬শে মে।

আগেই বলেছি, সে যুগে খবর আসতে যেতে অনেক সময় লাগত। জানতে পেরেছি মা ও মেয়ে ভালই আছে।

দিন এগিয়ে চলেছে, অনেকেই চলে যাচ্ছেন। ডাঃ নায়ার, ডাঃ নেলসন আস্তে আস্তে সবাই জাম্বিয়া ছেড়ে আমেরিকার উদ্দেশে পাড়ি দিলেন। এরা বিশিষ্ট সার্জেন গাইনোকলজিস্ট। এরা ছাড়াও আরও অনেকে চলে গেলেন। নতুনের আবির্ভাব ঘটল। আমার এখানকার ব্যাপারে আর তেমন উৎসাহ থাকছে না। সময় উত্তীর্ণ হলে আবার আর এক দেশে পাড়ি দেওয়া। ইতিমধ্যে শুনলাম আমাদের দেশ থেকে বিখ্যাত ম্যাজিসিয়ান প্রদীপ সরকার এসেছেন ম্যাজিক দেখাতে। টিকিট কেটে দেখতে গেলাম সেই ম্যাজিক। ছোটবেলায় প্রদীপবাবুর বাবা পৃথিবী বিখ্যাত ম্যাজিসিয়ানের নাম জানতাম। কিন্তু কোনও ম্যাজিক দেখার সৌভাগ্য হয়নি। সুযোগ এসেছে এখন, পুরোপুরি উপভোগ করা যাক।

নানা রকম জাদুর খেলা চলেছে। ইন্দ্রজাল সবাইকে মুগ্ধ করে রেখেছে। হঠাৎ প্রদীপবাবু আমাদের অনুরোধ করলেন সবার নাম একটা কাগজে লিখে আমরা কে কী করতে চলেছি তাও লিখে দিতে। এইসব কাগজ জোগাড় হলে সব কাগজগুলো আগুনে পুড়িয়ে ফেলা হল। ভাবলাম ল্যাটা চুকে গেল। আর তো কিছু করার নেই। আমরা যা লিখেছি তা জানার উপায় নেই।

অবশ্য আমাদের ভাবা উচিত ছিল এটা ম্যাজিক অর্থাৎ ইন্দ্রজাল বিস্তার করাই এর কাজ।

আচমকা আমার নাম ডাকা হল—ডাঃ স্বপন চট্টোপাধ্যায় আপনি সামনের দিকে চলে আসুন।

আপনাকে একটা প্রশ্ন—আপনি কয়েক মাসের মধ্যে এদের দেশ ছেড়ে চলে যাচ্ছেন কেন? আপনাদের মতো ডাক্তারদের তো এদের প্রয়োজন আছে ইত্যাদি। চারিদিকে তাকিয়ে দেখলাম সবাই আমার দিকে মজার দৃষ্টিতে তাকিয়ে আছে। আমি আমতা আমতা করছি। আমার অবস্থা বা দুরাবস্থা দেখে প্রদীপবাবু আমাকে নিজের জায়গায় ফিরে যেতে বললেন এবং এ বিষয়ে আমাকে আর একবার ভেবে দেখতে বললেন। আমিও বাধ্য ছেলের মতো সম্মতিসূচক মাথা নেড়ে নিজের জায়গায় বসে পড়লাম। আমার মতো আরও কয়েক জনকে ডাকা হল। তাদের কী জিজ্ঞাসা করা হল আমার আর এখন মনে নেই। অবশ্য একথা ঠিক ওই দিনটা একটা বিশিষ্ট দিন হয়ে রইল। দিন থেমে থাকছে না। মমতা চলে যাবার পর কিছু রান্না শিখেছিলাম। আমার রান্না শেখার গুরু সেই অর্ধেন্দু। ওর থাকাকালীন বেশির ভাগ সময়ে সাহায্যকারী হিসেবে কাজ করতে হত। রন্ধন শিক্ষক হিসেবে ওর আইন খুব কড়া ছিল। নেহাৎ বয়সে আমি বছর চারেকের বড় বলে বেশি কিছু বলতে পারত না। প্রথম দিকে রান্নায় যে আমার খুব একটা মন নেই সেটা বুঝতে পেরেছিল। প্রথমে মমতা ও পরে অর্ধেন্দু চলে যাওয়ার পর দিনগুলোকে মোটামুটি কাজের মধ্যে ভরিয়ে রেখেছিলাম। রান্না কাজটা তখন বিশিষ্ট স্থান অধিকার করে বসেছিল। সন্ধের সময়টা কাটত ভালই। আর সুবিধে হয়েছিল হাউস বয় থাকার ফলে। ষোলো সতেরো বছরের জাম্বিয়ান ছেলে। বেশ ভদ্র। যেটুকু কাজ করার নীরবে করে যেত। বেশির ভাগ সন্ধেতে "অনকল" না থাকলে একটু "স্কচ" পান করে নিজের মুডটা তোলার চেষ্টা করতাম। একাকীত্বের যন্ত্রণা থেকে খানিকটা মুক্তি পাওয়া যেত। হাউস বয় আলু ও তরকারিগুলো ধুয়ে রাখত। বেশি কিছু রাঁধতাম না। (সত্যি কথা বলতে বেশি কিছু রান্না শিখিনি) মুর্গির মাংসের ঝোল আর ভাত বা ডিমের ঝোল। তার সঙ্গে অতি অবশ্যই আলু থাকত। অর্ধেন্দু চলে যাবার পর আমার রান্না করার হাত উন্নত হল। অন্যরা খেলে কখনও কখনও প্রশংসাও মিলত। এ সময়ে আরও একটি ঘটনা ঘটে। এখন ভাবলে হাসি পায়, সন্ধেবেলায় যে দিন হুইস্কি পান করতাম আর যেই মুডটা একটু ওপরের দিকে যেত অমনি শার্ট

বা ট্রাউজার হাউস বয়টিকে দান করতাম। এইভাবে বেশ কয়েকটি জামা কাপড় ওর লাভ হয়েছিল আমার কাছ থেকে। ছেলেটি খুবই কৃতজ্ঞ ছিল। আমারও মনটা ভাল থাকতো। এ সমস্ত জামাকাপড় দেশ থেকে নিয়ে গিয়েছিলাম।

দিন আরও এগিয়ে এসেছে। বিদায় পর্বের দিন আর বেশি দূর নয়। অগাস্টের শেষ দিনে বাড়ি ছেড়ে দেওয়ার কথা। যাত্রার দিন ঠিক হয়েছে দশই সেপ্টেম্বর। এখনও এক মাস সময় আছে। ভেবে দেখলাম যা জিনিসপত্র—বিশেষ করে জামাকাপড় এনেছিলাম তা এখানে বিক্রি করে যাওয়াই বুদ্ধিমানের কাজ।

অভিজ্ঞ ব্যক্তিরা বুদ্ধি দিয়েছিল এটা ভেবে দেখার জন্য। ভাবলাম বুদ্ধিটা মন্দ নয়। এত জিনিস তো সঙ্গে নিয়ে যাওয়া যায় না। বিশেষ করে এক বিদেশ থেকে আর এক বিদেশে যাচ্ছি।

যেই ভাবা সেই মতো কাজ। স্থানীয় সংবাদপত্রে বিজ্ঞাপন দিলাম বিক্রির কথা জানিয়ে। অনেক ভাল ভাল বই আছে সঙ্গে। মমতার বাড়ি থেকেও মমতাকে অনেক বই দিয়েছিল। কিছু কিছু পড়া হয়েছে কাজের ফাঁকে। তবে সেগুলোর সংখ্যা খুব কম নয়। ইংল্যান্ডে নিয়ে যাওয়া যাবে না আবার এখানেও বিক্রি করা যাবে না। কাউকে যে দিয়ে যাব সে রকম বাঙালির সংখ্যাও খুব বেশি নয়। তাই ফেলে যাওয়া ছাড়া আর কোনো উপায় রইল না। এই দুঃখ মনে এখনও বাজে।

বিজ্ঞাপন দেওয়া হয়েছে। আর তিন সপ্তাহ আছে এই দেশ ছাড়ার। তা ছাড়া শেষ দশ দিন চন্দ্রেশদের বাড়িতে গিয়ে থাকব। তার মানে দাঁড়াল এই বাড়িতে দু-সপ্তাহেরও কম থাকা হবে। দু-একজন এসে দু-একটা প্যান্ট শার্ট নিয়ে গেছে, কয়েকটা তো আগেই হাউসবয়কে দিয়েছি। ভাবলাম বাকিগুলো হয়তো ফেলেই যেতে হবে। এতে দুঃখ করার কিছু নেই যেখানে প্রিয় বইগুলো ফেলে যেতে হচ্ছে। আরও কয়েকদিন কেটে গেছে। বাড়ির মধ্যে বসে আছি। সেদিন রবিবার। অনকল নেই সেই রবিবারে। হঠাৎ বাইরে

তাকিয়ে দেখি দু-তিনটে পুলিশের গাড়ি এসে দাঁড়ালো, কেন বুঝতে পারছি না। ভয় যে একটু পেয়েছি সে বিষয়ে সন্দেহ নেই।

দেশ ছাড়ার কাছাকাছি এ কী বিপদ। জ্ঞানত অন্যায় তো কিছু করিনি। সঙ্গে কেউ নেই। আমি একেবারে একলা। অবশ্য যথারীতি হাউস বয়টি কিছু কাজে ব্যস্ত রান্নাঘরে। দরজায় কলিং বেলটা টিপতে দরজা খুললাম দুরু দুরু বক্ষে। কলিংবেলের শব্দ পেয়ে হাউসবয়টা এগিয়ে এল। একজন পুলিশ প্রথমে আমাকে ও পরে হাউসবয়টিকে ঈষৎ হাস্যরসে উৎফুল্ল করার চেষ্টা করল। আমি তার বিন্দুবিসর্গও বুঝতে পারছি না। মনের মধ্যে উত্তেজনা বেড়েই চলেছে। ওদের কথা চলছে তো চলছেই দু-তিন মিনিট ধরে। আমার ধৈর্যের বাঁধ ভাঙতে বসেছে। ওরা বেশ হেসে হেসে কথা বলেই চলেছে। অন্য পাঁচ জন পুলিশ নির্বাক দাঁড়িয়ে আছে। অবশ্য মুখের মধ্যে কোনও কাঠিন্যের চিহ্নমাত্র নেই। ওদের কথা শেষ হলে হাউস বয়টি বলল, 'বোয়ানা', অর্থাৎ স্যার এরা এসেছে তোমার জামা কাপড় কিনতে। ওরা আমাকে জিজ্ঞেস করছে তোমার যদি কোনও অসুবিধা না থাকে, বিশেষ করে ছুটির দিনে যেহেতু তুমি বিশ্রাম করছ, তাহলে জামাকাপড় দেখে ওদের কেনার ইচ্ছে আছে। আমি এমন সুখের খবর পেয়ে আর কালবিলম্ব করলাম না। যত জামাকাপড় বিক্রির জন্য রাখা ছিল তা নিয়ে এলাম। আমাকে বিস্ময়ে অভিভূত করে ওরা সব জামাকাপড়গুলোই ন্যায্য মূল্যে কিনে নিয়ে চলে গেল। মুখ দেখে বুঝলাম সবাই বেশ খুশি।

পুলিশ অফিসাররা কিছুক্ষণের জন্য যে আতঙ্কের সৃষ্টি করেছিল তা আমাকে লাভবান করে পুষিয়ে দিয়ে গেল। ঘাড় থেকে জামা কাপড়ের বোঝা অনেকটা কমলো। নিজের দেশে ফিরে গেলে সবগুলো নিয়ে যাওয়া যেত, কিন্তু এত বোঝা নিয়ে তো এক বিদেশ থেকে আর এক বিদেশে নিয়ে যাওয়া যায় না। যেহেতু জাম্বিয়া থেকে যাচ্ছি তাই পকেটে পাউন্ড যথেষ্ট পরিমাণ আছে। ৩১ শে অগাস্ট ১৯৭৪-এ বাড়িটা ছেড়ে দিলাম। চন্দ্রেশ ও নলিনী ওদের কাছে থাকার কথা বলেছে। আমিও এক কোথায় রাজি। যথাসময়ে হাউসবয়টিকে নোটিস দিতে হল ওর পাওনাগন্ডা মিটিয়ে দিয়ে। বুঝলাম

মনটা ওর খুবই খারাপ। আমাদের দু'জনের মধ্যে আত্মিকভাবে একটা সম্পর্ক তৈরি হয়েছিল যেটা সেই মুহূর্তে ছিন্ন হতে চলেছে। আমি সান্ত্বনা দিয়ে বললাম—তুমি আর একজন ভাল বোয়ানের (মানে স্যার) সন্ধান পেয়ে যাবে, ও কিছু বলল না। মাথ নিচু করে কিছুক্ষণ দাঁড়িয়ে থেকে নীরবে ঘর ছেড়ে বেরিয়ে পড়ল। মানুষ তার সারাজীবনে কত মানুষের সংস্পর্শে আসে, একটা সাময়িক সম্পর্ক তৈরি হয় আবার একদিন সে সম্পর্ক চিরদিনের মতো মিলিয়ে যায়। এই তো জগতের নিয়ম।

জিনিসপত্তর নিয়ে চন্দ্রেশ প্যাটেলের বাড়িতে উঠলাম। নিজের দেশ ছেড়ে দেড় বছর আগে একটি নতুন দেশে এসেছিলাম। সচরাচর এ সব দেশে খুব কম লোকই আসে নানা দেশ থেকে। ১৯৬৪তে দেশ স্বাধীন হওয়ার পর থেকেই ডাক্তারদের আসা শুরু হয়েছে। অনেকে আমার বা অর্ধেন্দুর মতো বেশি দিন না থেকে আমেরিকা বা ইউরোপের উদ্দেশে রওনা হয়েছে। চন্দ্রেশ প্যাটেলের ওখানে থাকার সময় একদিন রাত্রে একটি ছিঁচকে চোর এসে কিছু জিনিস নিয়ে চম্পট দিয়েছে শুনলাম। অবশ্য এ সব জিনিসের দাম খুব বেশি না হওয়ায় এ যাত্রায় কোনও রকমে রক্ষা পাওয়া গেল। দশটা দিন দেখতে দেখতে কেটে গেল। অর্ধেন্দুর মতোই আমিও কিটওয়ে থেকে প্লেনে চড়ে লুসাকার উদ্দেশ্যে রওনা দিলাম। আকাশপথে দু'আড়াই ঘণ্টার পথ খুব তাড়াতাড়ি কেটে গেল। এয়ারপোর্ট থেকে সোজা বিধানদের বাড়ি চলে এলাম।

ওদের আবার সেদিন রাত্রে মালাওয়িতে (জাম্বিয়ার পাশে) যাওয়ার কথা। কয়েক দিনের জন্য সেখানে সপরিবার 'হলিডে' কাটাতে যাচ্ছে। দু'তিন ঘণ্টার মধ্যেই ওদের বেরিয়ে পড়তে হল। ওদের বিদায় জানিয়ে এসে বসার ঘরে এসে বসলাম। আমি অবশ্য একা নই। সঙ্গে বিধানদের 'হাউস বয়' আছে। আমার কোনও অসুবিধা হবে না, সেই সব কিছু করে দেবে, সকালবেলায় ট্যাক্সি ডাকা পর্যন্ত। সময় মতো খাবার খেয়ে নিলাম। পরের দিন এগারোটা নাগাদ বিমানের আকাশে ওড়ার সময়। লুসাকা বিমানবন্দর খুব একটা দূর নয়। খাওয়া দাওয়ার পর যেহেতু কথা বলার কেউ নেই, তাই

তাড়াতাড়ি শুয়ে পড়লাম। ঘুম আসতে একটু সময় লাগলেও রাতে ভালই ঘুম হলো। সকালে হাউসবয়টি যথাসময়ে প্রাতরাশের ব্যবস্থা করল। আপ্যায়নের কোনো ত্রুটি নেই। যথাসময়ে তৈরি হয়ে বেরিয়ে এলাম। ভাবলাম 'দুয়ারে প্রস্তুত গাড়ি'। হাউসবয়টি আমার মালপত্র তুলছে। মালপত্র বলতে তো একটা মাঝারি সাইজের স্যুটকেস ও একটি হ্যান্ডব্যাগ। বাইরে বেরিয়ে দেখি স্যুটকেসটি দরজার গোড়ায় রাখা আছে আর হাউসবয়টির পাত্তা নেই।

এতক্ষণ নিশ্চিন্তেই ছিলাম, হঠাৎ একরাশ চিন্তা এসে আমাকে জর্জরিত করল। সময় তো হাতে খুব একটা বেশি নেই। আধঘণ্টার মধ্যে রওনা না দিলে সময়মতো বিমানবন্দরে পৌঁছতে পারব না। মিনিট দশেক বাদে হাউসবয়টি ফিরে এসে খবর দিল—বোয়ানা একটাও ট্যাক্সি পাচ্ছি না। এখন অফিস টাইম তাই সব ট্যাক্সি ভর্তি যাচ্ছে। আমার দিক থেকে বলার কিছু নেই। এমন অবস্থায় পড়ব তা আগে থেকে ভাবিনি। নিজেকেই দোষ দিচ্ছি। আমাকে তো বুদ্ধি খাটিয়ে আগে থেকে প্রস্তুত হয়ে থাকা উচিত ছিল। যদিও এখন এ সব ভাবার সময় নয়। স্যুটকেস ঘরের ভেতর রেখে দরজাটা বন্ধ করে আমরা দু'জনেই দৌড়লাম ট্যাক্সির সন্ধানে। যে আগে ট্যাক্সি পাবে সে উঠে এসে অন্য জনের কাছে পৌঁছে যাবে। এই ভাবে পঁয়ত্রিশ মিনিট কেটে গেছে। হঠাৎ দেখি একটা ট্যাক্সি হাউসবয়-সহ আমার কাছে এসে হাজির। আমি আর কালবিলম্ব না করে সোজা ট্যাক্সিতে সেঁধিয়ে গেলাম। হাউসবয়টা পেশাদার রানার। স্পিডে দৌড়ে আমার সুটকেসটা যথাস্থানে রেখে দিতেই ট্যাক্সিটা ছেড়ে দিল। আমিও নিশ্চিন্ত মনে ট্যাক্সিতে সুস্থির হয়ে বসে হাত নেড়ে হাউসবয়টিকে বিদায় জানালাম ট্যাক্সি চলা অবস্থায়। ওকে নিশ্চিন্ত ও খুশি মনে হল। ট্যাক্সি বিদ্যুৎগতিতে দৌড় দিল। এখন আর প্রাণের ভয় করছি না। অনেক দিন এ দেশে থাকার জন্যে খানিকটা অভ্যেস হয়ে গেছে।

গাড়ির চালক যথাসময়ে এয়ারপোর্টে পৌঁছে দিল। ট্যাক্সির ভাড়া মিটিয়ে ট্রলিতে স্যুটকেস ও হ্যান্ডব্যাগ রেখে এয়ারপোর্টের ভেতর তড়িৎ গতিতে পৌঁছে গেলাম। সময় নষ্ট করার সময় কোথায়। 'চেকইন' কাউন্টারে

আমার আগে তিন চার জনই ছিল। আর আধঘণ্টা দেরি হলেই প্লেন মিস করতে হত। এখন আর সে আশঙ্কা নেই। ওখানকার কাজ শেষ হতেই বাসে চড়ে প্লেনের উদ্দেশে রওনা হলাম। জাম্বিয়ান এয়ারলাইনস আমাকে নিয়ে যাবে নাইরোবি। সেখানে ঘণ্টা ছয়েক হোটেলে থেকে আবার ইস্ট আফ্রিকান এয়ারওয়েতে যাত্রা শুরু হবে ইংল্যান্ডের উদ্দেশে। সে কথায় পরে আসছি।

প্লেনে অনবোর্ড হয়ে নিশ্চিন্ত হলাম। আমার কাজ শেষ। এ বার ফ্লাইট ক্যাপটেনের দায়িত্ব আমাকে যথাস্থানে যথাসময়ে পৌঁছে দেওয়ার। এখন বেশ কিছুক্ষণ চুপচাপ বসে থাকা। যখন দেশ থেকে এসেছিলাম তখন মমতা ছিল। এখন একলা। কথা বলার লোক নেই। অবশ্য এসব ভেবে কোনও লাভ নেই। এয়ারহোস্টেসদের যাতায়াত চলছে। এরা সবাই জাম্বিয়ান। নিজেদের মধ্যে যখন কথা বলছে তখন "বেম্বা" ভাষায় বলছে, প্রায় আমাদের দেড় বছরের কর্মস্থলে যার একবর্ণও শিক্ষার সুযোগ হয়নি। হাসপাতালে আমরা সব সময়ই দোভাষীর সাহায্য পেতাম। যদিও বেশির ভাগ রোগীই ইংরেজিভাষী, তবে যারা বিশেষ করে গ্রাম থেকে আসত তাদের জন্য এই দোভাষীর প্রয়োজন হত। দু'একটা যে বেম্বা বলতে পারতাম তার একটা "মুই কিলা কুইসা"? অর্থাৎ তুমি কোথায় থাকো? "চিলা কারি পা" অর্থাৎ কোথায় যন্ত্রণা হচ্ছে?

বিমান যথাসময়েই চলতে শুরু করল। রানওয়ের এক প্রান্ত থেকে আরেকপ্রান্ত ধীর গতিতে এগিয়ে যেতে যেতে হঠাৎ শেষ প্রান্তে গিয়ে ঘুরে দাঁড়িয়ে ইঞ্জিনের গর্জন উত্তরোত্তর বাড়তে থাকল। এরপর দৌড়নোর পালা। সেই দৌড়ের গতি দেখেই খানিকটা আন্দাজ করা যায় আকাশে তার গতি কতটা হতে পারে। বেশ খানিকটা দৌড়ে গিয়েই জাম্বিয়ার মাটি ছাড়ল অর্থাৎ আমার ওখানকার দেড় বছরের জীবনের পরিসমাপ্তি ঘটল। নিজের দেশ অর্থাৎ ভারতবর্ষ ছাড়ার সময় মনে হয়েছিল এ দেশে তো কোনও না কোনও সময়ে ঘুরে আসবই। কিন্তু জাম্বিয়া ছাড়তে সে কথা মনে হল না। জাম্বিয়ার উদ্দেশে প্রণাম জানিয়ে শূণ্য দৃষ্টিতে চারিদিক পর্যবেক্ষণ করে নিজের মনের কাছে নিজেকে সমর্থন করলাম। ইতিমধ্যে বিমানসেবিকারা ব্যস্ত হয়ে গেছে

বিপদের সময় আমাদের কেমন ভাবে নিজেদের সংযত রেখে বিপদমুক্ত হবার চেষ্টা করতে হবে সেটা বোঝানোর। কেই বা শুনছে ওদের কথা। সবার বোধহয় ধারণা ওসব জেনে কী হবে। বিমান দুর্ঘটনা সচরাচর হয় না আর হলেও কিছু করার নেই।

এর পরের স্টপ তানজেনিয়া। কিছুক্ষণের মধ্যেই পৌঁছব। এটি জাম্বিয়ার উত্তরের একটি দেশ। এখানে যাত্রীদের নামতে দেওয়া হবে না। নতুন যাত্রী কিছু উঠবে। ওখানে বিমানে কয়েক জন যাত্রী ওঠানো হল ও আবার যাত্রা শুরু করতে ঘণ্টা খানেকের বেশি লাগেনি। মাঝখানে ওই সময়টুকু জানলা দিয়ে তাকিয়ে দেশটির যতটুকু দেখা যায় দেখে নিলাম। এরপর তো কিছুক্ষণের মধ্যেই নাইরোবি বিমানবন্দরে বিমান অবতরণ করবে। চা ও কিছু স্ন্যাকস খেতে খেতেই সময় কেটে গেল। বিমানে মাঝে মাঝে নানা পানীয় ও খাবার খেয়েই সময় কাটাবার ব্যবস্থা। একবার আকাশে উঠলে আর কিছু করার নেই। বিমানের একটানা গোঁ গোঁ শব্দ বড়ই বিরক্তিকর। কিছুক্ষণের মধ্যেই বিমান নাইরোবির মাটি স্পর্শ করল।

দেড় বছর আগে এই বিমানবন্দরটিকে কিছুক্ষণের জন্য চিনে গেছি তাই নতুনত্বের আস্বাদ এখানে পাওয়ার সম্ভাবনা নেই। বিমানবন্দরে ফর্মালিটিস অর্থাৎ আইন মতে কাজ সেরে হোটেলে নিয়ে যাওয়ার বাসের দিকে এগোলাম। যথাসময়ে হোটেলে পৌঁছলাম। হোটেলটি চারতারা বিশিষ্ট। নাম হোটেল ৬২৮। পাঁচ তলার একটা ঘরে কয়েক ঘণ্টার জন্য আমার অবস্থান। চুপচাপ বসে আছি। কী করে সময় কাটাই ভাবছি। হঠাৎ মনে হল একটি বিয়ার নিয়ে খানিকক্ষণ ভাবনার জগতে ঘোরাফেরা করা যাক। যেমনি ভাবা তেমনি কাজ। রিসেপশনে বিয়ারের অর্ডার দিলাম। কিছুক্ষণের মধ্যেই বিয়ার এসে হাজির হল। ওয়েটারকে কিছু টিপস ও ধন্যবাদ দিয়ে বিদায় দিলাম। বেশ খুশি হল বলে মনে হল টিপস পেয়ে। নানা ভাবনার মধ্যে নিজেকে ডুবিয়ে দিলাম। মাঝেমধ্যে উঠে জানলা দিয়ে আশেপাশে যতটা দেখা যায় ততটা দেখে নেওয়ার চেষ্টা করলাম। কেনিয়ার রাজধানী নাইরোবি। এখন আমরা জেনেছি এই নাইরোবিই আমেরিকান প্রেসিডেন্ট

১২৪

ওবামার বাবার জন্মস্থল। প্রেসিডেন্টের লেখা বইয়ে এখানকার বিস্তৃত বিবরণ পড়লে অনেক কিছু জানতে পারা যায় ওই দেশ সম্বন্ধে। একটুখানি বিয়ার খেয়েই কিছুটা সময় তন্দ্রাচ্ছন্ন হয়ে পড়েছিলাম। টেলিফোন বেজে ওঠাতে চমকে উঠে ফোনটা ধরলাম। খবর এল আর ঘণ্টাখানেকের মধ্যে কোচ আমাদের এয়ারপোর্টের দিকে নিয়ে যাবে। এক ঘণ্টা কাটাতে বেশি সময় লাগল না। যথাসময়েই কোচে করে এয়ারপোর্টে পৌঁছলাম।

এ বার ইস্ট আফ্রিকান এয়ারওয়েজ। এই বিমানটির সব যাত্রীদের পৌঁছে দেওয়ার দায়িত্ব লন্ডন হিথরো এয়ারপোর্টে পরের দিন সকালে। মাঝখানে এনটেবে এয়ারপোর্টে কিছুক্ষণের স্থিতি। তবে তানজানিয়ার মতো এখানেও নামতে পারব না। ভেতরেই বসে থাকতে হবে। দেখারও কিছু থাকবে না, তখন রাত্রি।

বিমান যথাসময়েই আকাশে পাখা মেলে দিল। এটা বড় বিমান। তিনশো লোকের স্থান হয়েছে এই বিমানে। ভাগ্যক্রমে জানলার ধারেই একটা সিট পেয়েছি। দম বন্ধ করে অনেকটা সময় কাটাতে হবে। আমার আবার যখন তখন যেখানে সেখানে ঘুমও আসে না। সেই জন্যই এ রকম ক্ষেত্রে সময়টা কাটতেই চায় না। ছোটবেলা থেকে পড়াশোনার অভ্যেস বরাবরই ছিল। দু'তিনটে বই সঙ্গে আছে। এদেরই সদ্ব্যবহার করতে হবে। খানিকক্ষণ তো সময় কাটবে। আবার মনে দুঃখ ভর করল। বাধ্য হয়ে কত ভালো ভালো বই হেলায় ফেলে আসতে হয়েছে। এই বইগুলোর অনেকগুলোই মমতার। ছোটবেলা ওগুলো নিয়ে অনেক নাড়াচাড়া করেছে ও সময় কাটিয়েছে। ছোটবেলার বই তো সবারই প্রিয়—অবশ্য যারা বই ভালবাসে। আমি নিজেও বই অত্যন্ত ভালবাসি। তাই অন্যের মনের অবস্থা বোঝা আমার পক্ষে সম্ভব। অবশ্য এটাও ঠিক এখন আর আফশোস করে কী হবে। প্রতি মুহূর্তে তো আমার সঙ্গে ওদের দূরত্ব বেড়ে চলেছে। মনে মনে ভাবছি যদি কোনও এক মন্ত্র বলে ওই বইগুলোকে নিজের কাছে নিয়ে আসতে পারতাম। এই সব আজগুবি কথা ভেবে মনে মনে হাসলাম। যখন প্রকৃত অর্থেই মানুষ কোনো ব্যক্তি বা বস্তুকে ভালবাসে তখন তার মনের অবস্থা এ রকমই

দাঁড়ায়। তা ছাড়া এটাও ঠিক মানুষ যখন একা থাকে তখন তার ভাবনাগুলোকে যুক্তি দিয়ে ধরে রাখতে পারে না সব সময়।

একটা বই খুলে বসলাম। হালকা ধরণের বই। সোজা ভাষায় লেখা। অনেকটাই পড়া গেল। খাওয়া দাওয়াও চলতে থাকল যথারীতি। খাওয়ার পর আবার খানিকটা পড়া। হঠাৎ মনে হল বিমান নীচের দিকে নামছে। বুঝলাম মাঝখানে বেশ কিছুক্ষণ তন্দ্রাচ্ছন্ন ছিলাম। বিমান সেবিকা অ্যানাউনস করল আমরা কিছুক্ষণের মধ্যেই এনটেবে বিমানবন্দরে পৌঁছব। জানালার ভেতর দিয়ে নীচের দিকে যতদূর দৃষ্টি প্রসারিত করা যায় তাই করলাম।

সেই অতি পরিচিত আলোকমালা। ঘোরতর রাত্রি, তাই তেমন কিছু দেখা যায় না। যথাসময়ে এনটেবে বিমানবন্দরে পৌঁছলাম অর্থাৎ উগান্ডা রাজ্যে। ইদি আমিনের উগান্ডা। সভ্য মানুষের পৃথিবীতে বর্বরতার চূড়ান্ত দৃষ্টান্ত দেখিয়েছে এই ইদি আমিন। বছর দু'য়েক আগে এশিয়াবাসী, বিশেষ করে ভারতবাসীদের দেশ ছাড়া করেছে অল্প সময়ের নোটিসে। মনে মনে ভাবলাম নিজেকে এখানকার মাটি স্পর্শ করতে হল না। ইদি আমিনের এই বর্বোরোচিত ব্যবহারের কালিমা কাটাতে অনেক সময় লাগবে। এই আফ্রিকারই একটি দেশে থেকেছি, কাজ করেছি। সত্যি কথা বলতে কী জাম্বিয়ার প্রেসিডেন্ট কেনেথ কাউন্ডার কোনো তুলনা নেই। আবার এখন তো আমরা আরও জেনেছি। সেই মহামানব নেলসন ম্যান্ডেলা। যার নাম শুনলে শ্রদ্ধায় মাথা নত হয়ে আসে। ঈশ্বরকে ধন্যবাদ এখনও ইদি আমিনের মতো বর্বরের সংখ্যা কম।

এক ঘণ্টার মধ্যেই বিমান আকাশে উড়তে থাকল। পেরোতে হবে ৭০০ মাইলের লম্বা সাহারা মরুভূমি। এই সাহারা মরুভূমির নাম কে না জানে। হঠাৎ মনে পড়ে গেল আমার ছোটবেলায় পড়া "ক্রসিং দ্য ডেসার্ট"-এর লেখক স্যার অ্যালেকজান্ডার উইলিয়াম কিংলেক। আমাদের স্কুল ফাইনাল পরীক্ষার সিলেবাসে ইংরেজি টেক্সট বুকে এই লেখাটি আমাদের পড়তে হত। আমার খুব ভাল লাগত। ছোটবেলার কল্পনাশক্তি আমাকে নিয়ে

যেত সাহারা মরুভূমিতে। ভেবে হাসি পেল যে আমি চলেছি সাহারা মরুভূমির অনেক ওপর দিয়ে, কিছুই দেখা সম্ভব নয়। ছোটবেলার কল্পনাশক্তির সঙ্গে এখন তো যৌবন বয়সের কল্পনাশক্তিকে মেশাতে হবে সাহার মরুভূমির ভাবনায় ভাবিত হতে গেলে। ভাবলাম কল্পনা থেকে বাস্তবে আর পৌঁছনো গেল না। ভেবে খানিকটা আনন্দ পেলাম তবু তো সাহারা মরুভূমির ওপরের আকাশটার মধ্যে আমার স্থান হয়েছে। খানিকটা তো তফাৎ আছেই। যেন বাস্তব ও কল্পনা হাত ধরাধরি করে চলতে চাইছে কিন্তু ছুঁতে পারছে না।

মানুষ তো তাই করে। মানুষও মানুষকে ছুঁতে চায় কিন্তু কখনওসখনও ছোঁয়ার মাঝে একটা ব্যবধান থেকে যায় বিশেষ করে মানুষ যখন একলা থাকে। মনের যে একটা লাগাম আছে বিশেষ করে অন্য সভ্য মানুষের সমাজে, যেটাকে আমরা তথাকথিত সভ্য মানুষেরা টেনে রাখি। একলা হলেই সেটা লাগাম ছাড়া হয়ে যায়। এই সব আজেবাজে নানা ভাবনায় ভাবিত হতে হতে কখন যে নিদ্রাদেবীর কোলে ঢলে পড়েছি তা মনে নেই। টের পেলাম আচমকা বিমানসেবিকার গলার আওয়াজ। বুঝলাম আমাদের বিমান কিছুক্ষণের মধ্যে রোমের মাটি স্পর্শ করতে চলেছে।

অন্ধকার কেটে দিনের আলোয় চারিদিকই এখন দৃষ্টি গোচর হয়েছে। ছোট ছোট বাড়িগুলো মুহূর্তে আকার পরিবর্তন করে বড় হয়ে উঠেছে। রোমের মাটির সঙ্গে আমাদের চোখের দূরত্ব কমে আসছে।

যথাসময়ে বিদ্যুৎগতিতে রোমের মাটি স্পর্শ করল আমাদের বিমান। অন্যমনস্কভাবে জানলা দিয়ে চারিদিকে তাকাতে থাকলাম। প্লেনটি তখনও ধীর গতিতে এগিয়ে চলেছে। যেখানে তাকে পার্ক করতে বলা হবে সেখানেই গিয়ে পৌঁছবে।

প্লেন দাঁড়াতেই সবাই সচকিত হয়ে উঠল। যদিও এখানেও নামার অনুমতি নেই। আবার ঘণ্টাখানেক অপেক্ষা।

অলস চোখে চারিদিক তাকাতে তাকাতে মন হঠাৎ সজাগ হয়ে উঠল। বিমানের আশেপাশে অনেক লোক ঘোরাঘুরি করছে। এরা সবাই এয়ারপোর্টের কর্মচারি।

চমকাবার কারণ হিসাবে মনে হল, যে মানুষগুলোর সঙ্গে দেড় বছর কাটিয়েছি তারা যেন রাতারাতি পালটে গেল। ওইসব দেশে প্রচণ্ড রৌদ্রের তেজে বিশেষ করে বিষুবরেখার ওপর দিকের আফ্রিকার দেশগুলির মানুষগুলো ঘোরতর কৃষ্ণবর্ণের। আর এখানকার অর্থাৎ রোমের মানুষের গাত্র শুভ্রবর্ণ। যদিও এরা উত্তর ইউরোপের মানুষের থেকে খানিকটা তামাটে বর্ণের ভুমধ্যসাগরীয় দেশের অধিবাসী হওয়াতে। উত্তর ইউরোপের মানুষ রৌদ্রের অভাবে এ সব দেশে এসে, বিশেষ করে গরমকালে, রৌদ্র স্নান করে যায়। যেদিন মানুষ আকাশ পথে ভ্রমণের সুযোগ পেয়েছে সে সময় থেকে এইসব বিচার করার ক্ষমতা অনেক বেড়ে গেছে। এটা হয়েছে প্রযুক্তিবিদ্যা বা প্রয়োগবিদ্যার দ্রুত উন্নতির ফলে। আগেই বলেছি এই হল একলা থাকার যন্ত্রণা। পাশে যে লোকটি বসে আছে সেও তার নিজের জগতে বাস করছে আমার মতো। অচেনা লোকের সঙ্গে দু'একটা ভদ্রতাসূচক কথা বলা ছাড়া আর কী বা বলার থাকতে পারে। ওর মনেও নিশ্চয় নানা ভাবনার ঝড় বয়ে চলেছে।

আবার বিমানসেবিকার গলা শুনে মনোযোগ দিলাম কথা শোনার। বুঝলাম দশ মিনিটের মধ্যেই বিমান আকাশে উঠে যাবে। হিথ্‌রো তার শেষ গন্তব্যস্থল। লন্ডন হিথ্‌রো এয়ারপোর্ট। সময় লাগবে চার ঘণ্টা। এখন সকাল ৭টা, পৌঁছবে লন্ডন টাইম হিসেবে সকাল ১০টায়। আজ ১১ ই সেপ্টেম্বর ১৯৭৪ সাল, বুধবার।

আবার আমরা খাঁচায় বন্দী পাখির মতো বিমানের গহ্বরে থেকে আকাশে উড়ে গেলাম। পাখি যখন খাঁচার বাইরে থাকে তখনই সে ওড়ে, খাঁচায় বন্দী থাকলে বসে থাকে। মানুষ খাঁচায় বন্দীও হয় আবার ওড়েও কিছু সময়ের জন্য। আবার ডাঙায় তাকে নামিয়ে দিলে ওড়ার ক্ষমতা থাকে না। আবার নানা চিন্তা মনে ভীড় করছে, কিন্তু পড়তেও ইচ্ছে করছে না। এক বিদেশ থেকে আরেক বিদেশে চলেছি। কিছু দিন এক বিদেশ থেকে বিদেশে থাকার খানিকটা অভ্যেস হয়ে গেছে। এটাই একটা সান্ত্বনা যে অর্ধেন্দু বিমানবন্দরে আমার জন্য অপেক্ষা করবে বলেছে। তা ছাড়া পকেটে পাউন্ডও

আছে যথেষ্ট। তাই খুব একটা ভয় লাগছে না। ইউরোপের নানা দেশের ওপর দিয়ে বিমান উড়ে চলেছে। অবশ্য কিছু দেখার উপায় নেই। প্লেন তো বেশিরভাগ সময়েই উপরে থাকে। কখনও সখনও নীচের দিকে নেমে এলে ছোট ছোট ঘরবাড়ি মাঠ চোখে পড়ে। দেখতে দেখতে ইংলিশ চ্যানেল পার হওয়ার সময় হয়ে এল। এটা তো মাত্র ২০ মাইলেরর চ্যানেল। বিমানের গতি হিসেবে কতটুকুই বা সময়ই লাগবে। এখন বিমান বেশ খানিকটা নীচে, ইংলিশ চ্যানেল অতিক্রম করছে। কিছুক্ষণের মধ্যেই চ্যানেল ছেড়ে বিমান এখন ইউনাইটেড কিংডমের আকাশে উড়ে চলেছে। আবার ভাবনা এসে ভীড় করল। এই ব্রিটিশ প্রভুরাই আমাদের দেশ প্রায় দুশো বছর ঔপনিবেশিক রাজ্য করে রেখেছিল। গত মাসে ২৭ বছর পেরিয়ে গেছে। আমার প্রকৃত জ্ঞান হওয়া থেকে আমি দেশকে স্বাধীন হিসেবে দেখতে অভ্যস্ত। এসব ভেবে এখন লাভ নেই। অতীত ছেড়ে বর্তমানকে আলিঙ্গন করা যাক এখন। আমি ইতিহাসের ছাত্র নই, যদিও কিছুটা ইতিহাস সকলেরই জানা উচিত বলে আমি মনে করি।

বিমান নীচের দিকে নামতে শুরু করেছে। ঘর বাড়ি দেখা যাচ্ছে। রাস্তা দিয়ে চলমান গাড়িও চোখে পড়ছে। যেন একটি মেয়ের পুতুল ঘরে ঢুকে পড়েছি। যথা সময়েই বিমান বেশ খানিকটা ঝাঁকুনি দিয়েই ইংল্যান্ডের মাটি স্পর্শ করল। তখন দৌড়ের গতি বিদ্যুৎ গতি। মাটি ছোঁওয়া মাত্র ব্রেকের সাহায্যে দৌড়ের গতিকে সংযত করা হল। স্পীড কমাতে কমাতে বিমান এগিয়ে চলেছে নির্দিষ্ট স্থানের দিকে। হিথরো এয়ারপোর্ট বিশাল। এখান থেকে প্রতি মুহূর্তেই বিমান উড়ে যায় পৃথিবীর নানা প্রান্তে।

বিমান থেকে নেমে চেক আউটের জায়গায় পৌছতে অনেক সময় লাগল। এটি তিন নম্বর টার্মিন্যাল। ইন্ডিয়ান পাসপোর্টের সঙ্গে এ দেশে আসার ভিসা দেখিয়ে এগিয়ে গেলাম ব্যাগেজের উদ্দেশে। কনভেয়ার বেল্টে পৌঁছে এখন খানিকক্ষণ বিস্ফারিত নয়নে স্যুটকেসের সন্ধান করতে হবে। একই রঙের ও ধরণের স্যুটকেসে ভুল হওয়ার সম্ভবনা থাকে।

অনেকক্ষণ অপেক্ষা করে ট্যাগ দেখে স্যুটকেসটি উদ্ধার হল। ট্রলিতে স্যুটকেস ও হ্যান্ডব্যাগ বসিয়ে গুটি গুটি এগোতে থাকলাম। সবুজ সঙ্কেতের দিকে এগোতে হবে। ডিক্লেয়ার করার মতো কোনও জিনিস নেই। আমার কাঁধের একপাশে একটি অলিম্পিক ক্যামেরা—যেটা জাম্বিয়া থেকে কিনেছিলাম। যার ক্রয়মূল্য ১৯৭৪ সালে ছিল ২৫ পাউন্ড। ১৯৭৪ সালে ১ পাউন্ডে ১৮ টাকা পাওয়া যেত। তাই টাকার হিসেবে তখন ওটার দাম ছিল ৪৫০ টাকা। কাঁধের অন্য পাশে ঝুলছে একটা প্যানাসনিকের টেপ রেকর্ডার। এটার দাম এখন ভুলে গেছি। সবুজ সঙ্কেত পার হয়ে একটু গিয়েই দেখা মিলল অর্ধেন্দু ঘোষের। এখনও মনে আছে ও একটা ওভারকোট পরে দাঁড়িয়ে ছিল। পরে জেনেছিলাম অর্ধেন্দু দশ পাউন্ড দিয়ে ওভারকোটটা কিনেছিল। হাসিমুখে দু-জন দু-জনকে অভিবাদন করে একই সঙ্গে বেরিয়ে যাওয়ার রাস্তা ধরলাম।

যুক্তরাজ্য

(ইউনাইটেড কিংডম)

দেশ ছেড়েছি ২৪ শে ফেব্রুয়ারি ১৯৭৩। বিদেশের মাটিতে পা রেখেছি ২৫ শে ফেব্রুয়ারি। প্রথম কয়েক ঘণ্টার জন্যে নাইরোবি পরে লুসাকা। কিটওয়েতে দেড় বছরের কর্মময় জীবন কেটেছে যা আগেই সবিস্তার লিপিবদ্ধ করেছি। জাম্বিয়াকে আমার দ্বিতীয় দেশ ধরলে ইংল্যান্ড তৃতীয় দেশ আমার বিবেচনায় ইউরোপ বিশেষ করে ইংল্যান্ডে ও আমেরিকায় ৬০-৭০ দশকে বহু লোকে অভিবাসন করেছে দক্ষিণ পশ্চিম এশিয়া থেকে।

আফ্রিকার নানা দেশে তখন সবে যাতায়াত শুরু হয়েছে, এ ছাড়া কিছু পরে লিবিয়া, আলজিরিয়াতেও অনেকে গিয়েছে। অবশ্য তারা পেশাদার অর্থাৎ ডাক্তার, ইঞ্জিনিয়ার, চাটার্ড অ্যাকাউন্টটেন্ট শ্রেণীর। তবে এ সব দেশে কিছুদিন অবস্থান করেই ইউরোপ-আমেরিকায় পাড়ি জমিয়েছে। আমিও ওই দলভুক্ত। আমাদের দেশে সূর্যের কোনো কৃপণতা নেই, বিশেষ করে গরমকালে সূর্যের তেজে মানুষ অতিষ্ট হয়ে ওঠে। এই জন্যই কবিরা বিশেষ করে রবীন্দ্রনাথ অজস্র বর্ষার গান লিখেছেন। জাম্বিয়াতেও একটা বিজ্ঞাপন চোখে পড়ত "জাম্বিয়া ইন দি সান" অর্থাৎ রৌদ্রস্নাত জাম্বিয়া। এখন যে দেশে পৌঁছলাম সেখানে সূর্যদেব বড়ই কৃপণ, কিছুক্ষণ কিরণ বিকিরণ আর তারপরই হঠাৎ দেখা গেলো ঝিরঝির করে ধারাবর্ষণ শুরু হয়েছে। সব চেয়ে কষ্টদায়ক শীতকাল। তবে সময় মানুষকে সব কিছুতেই অভ্যস্ত করে তোলে।

অবশ্য প্রথম দিন ইংল্যান্ডের সূর্য আমাকে কৃপণতা দেখায়নি। হিথরো এয়ারপোর্ট থেকে বেরিয়ে দেখলাম চারিদিকে রোদ ঝলমল করছে। আজ ১১ই সেপ্টেম্বর ১৯৭৪ সাল। এই দিনটিই কয়েক দশক পরে ইতিহাসের পাতায় জায়গা করে নিলো। বড়ই মর্মান্তিক দিন। এসব কথা এখন থাক।

একটা কোচের পেটে মালপত্র ঢুকিয়ে আমাদের যাত্রা শুরু হলো ভিক্টোরিয়া স্টেশনের দিকে। আমার কাছে সবই অচেনা। কোচের জানলা

দিয়ে চারিদিকের লোকজন নজরে এলো। মনে হলো সবাই খুবই ব্যস্ত, এক মিনিট সময় নষ্ট করার সময় নেই। পরে বুঝেছিলাম এটা এই জাতের স্বভাব। আরো একটা জিনিস নজরে এলো, চেঁচামিচি হইচই বলে তেমন কিছু নেই—যদিও আমাদের কোচ জনবহুল রাস্তার মধ্যে দিয়েই চলেছে।

ভিক্টোরিয়া স্টেশনে পৌঁছে অর্ধেন্দু ট্রেনের দু'টো টিকিট কাটল। আমাদের পৌঁছতে হবে ক্রলি। ক্রলি সাসেক্সের একটি শহর। অর্ধেন্দু অ্যাকসিডেন্ট ইমার্জেন্সিতে কাজ পেয়েছে। অবশ্য প্রথমে জেনারেল সার্জিকাল বিভাগে কাজ পাওয়া খুব কঠিন। আমার জন্যেও ই.এন.টি ডিপার্টমেন্টে দু'মাসের জন্য একটা "লোকাম" জোগাড় করেছে। অর্ধেন্দু করিতকর্মা ছেলে। যথাসময়ে ট্রেন ছেড়ে দিল। নানা সুখ-দুঃখের গল্প করতে করতে চলেছি দু'জনে। অর্ধেন্দুর চারমাস হয়ে গেছে এ দেশে, মে মাসে এসেছে। ওর সময়টা ছিল এ দেশের গরমকাল। আর আমি যখন এ দেশে পৌঁছলাম তখন গ্রীষ্মের শেষে শরৎকাল। শরতের শেষে দেখা দেবে শীতকাল। এ দেশের শীত হাড় কাঁপানো বললেও কম বলা হয়। এক একটা স্টেশন পার হচ্ছি হঠাৎ চোখে পড়ল ক্রয়ডন। এই নামটার পরিচিতি ছিল আগে থেকেই।এটা 'হোম অফিস'। এখানে ইমিগ্রেশনের ব্যাপারে যোগাযোগ করতে হয়।বেশ কয়েকটা স্টেশন পেরিয়ে ক্রলিতে পৌঁছানো গেল।স্টেশন সব জায়গায় আমার কাছে মনে হয় একই রকম।ট্রেন এসে দাঁড়ায়, কিছু লোক ওঠে, কিছু লোক নামে। যারা ওঠে তারা তাদের গন্তব্য স্থানের দিকে চলে যায়, যারা নামে তারা তাদের গন্তব্য স্থানে উপস্থিত হয়। পৃথিবীর বয়স যতই বেড়ে চলেছে মানুষের অস্থিরতাও বাধা বন্ধনহীন সীমাহীন হয়ে পড়ছে। মানুষ ছুটে চলেছে এক দেশ থেকে অন্য দেশে—"হেথা নয় হেথা নয় অন্য কোথা অন্য কোনোখানে"।

স্টেশন থেকে নেমে সেই চির পরিচিত "রেলওয়ে" সেতু পেরিয়ে বাইরে এসে পৌঁছলাম। মনে হল সবই তো একই রকম। কেবল এখানকার মানুষের চেহারার পার্থক্য চোখে পড়ে। যুবক যুবতী শ্রেণীর লোকেদের চেহারা বেশিরভাগই মজবুত ও দৈর্ঘ্যে বেশি। মোটা বেঁটে মধ্যবয়স্ক পুরুষ ও ভদ্র

মহিলাদের দর্শনও পাওয়া গেল। আর গাত্রবর্ণ তো সবারই জানা অর্থাৎ সাদা ফ্যাকাশে। স্টেশন থেকে হাসপাতাল চার মিনিটের হাঁটা পথ। চাকাওলা সুটকেস ঠেলতে ঠেলতে কিছুক্ষণের মধ্যেই পৌঁছে গেলাম। আর একটা কথা। ভিক্টোরিয়া লন্ডন থেকে ক্রলি 'রেলওয়ে' স্টেশন ৪৭ কিমি (২৯১/২ মাইল)। গন্তব্য স্থলে পৌঁছেই নিজের ঘরে গিয়ে জিনিসপত্র রেখে অর্ধেন্দুর ঘরে এলাম। কিছুদিন থাকার জন্য অর্ধেন্দু একটা ঘর সংলগ্ন "বাথরুম"ও পেয়েছিল। আমার ঘরটার সে সুবিধে নেই। সেদিন থেকে রাত্রে শোওয়া ছাড়া বাকি সময়টা অর্ধেন্দুর ঘরেই সময় কাটাত। অর্ধেন্দুকে যখন হিথরো এয়ারপোর্টে দেখলাম তখন ওর পরণে ছিল একটা মোটাসোটা ওভারকোট। দাম শুনলাম দশ পাউন্ড অর্থাৎ তখনকার টাকার হিসেবে একশো আশি টাকা। ওভারকোটটা পছন্দ হল বলে আমিও একটা কিনে ফেললাম। এদেশে এর প্রয়োজনীয়তা সর্বাগ্রে। "উইক এন্ড" এলে অর্ধেন্দু বলল, 'চলুন স্বপনদা লন্ডনে ঘুরে আসি। আমার সঙ্গে আমাদের কলেজের কুশধ্বজ ও চঞ্চলের যোগাযোগ হয়েছে। ওরা অক্সফোর্ড স্ট্রিটে আমাদের জন্যে অপেক্ষা করবে।' আমার মতামতের এ ক্ষেত্রে প্রয়োজন নেই, কারণ আমি এখনও এ দেশের কিছুই জানি না। অর্ধেন্দুর অনুসরণকারী মাত্র। যথাসময়ে ট্রেনে চেপে ভিক্টোরিয়া স্টেশনে পৌঁছলাম। এখান থেকে "টিউব"-এ চড়ে (মেট্রো রেলওয়ে) অক্সফোর্ডে পৌঁছব। অর্ধেন্দুর কাছে জানলাম সেটা খুব একটা দূরে নয়। কয়েকটা স্টেশন মাত্র। দূরে হোক, কাছে হোক, তাতে আমার কী যায় আসে। আমি তো এখন অর্ধেন্দুর ওপর নির্ভরশীল। অর্ধেন্দু আমার থেকে দৈর্ঘ্যে খাটো হলেও ওর হাঁটার গতি প্রায় দৌড়ের সমান। ও এগিয়ে চলেছে, আমিও দৌড় প্রতিযোগিতায় ওর সঙ্গে নাম লিখিয়েছি। লোকজনের ফাঁকফোকর দিয়ে ট্রেনের দিকে আমরা দু'জনেই বিদ্যুৎবেগে ধাবমান। দেখলাম ট্রেন স্টেশনেই দাঁড়িয়ে আছে। অর্ধেন্দু আগে আর আমি ঠিক ওর পেছনে। অর্ধেন্দু খোলা দরজা দিয়ে ভেতরে ঢুকে গেল, আমি যেই ট্রেনে চড়তে যাচ্ছি তখনই স্বয়ংক্রিয় দরজা বন্ধ হয়ে গেল। বাইরে থেকে দেখলাম অর্ধেন্দু ভ্যাবাচাকা খেয়ে আমাকে ইশারায় কিছু বলবার চেষ্টা করছে। এখন

মনে হয় আমাদের দু'জনেরই যদি "সাইন ল্যাঙ্গুয়েজ" জানা থাকত তা হলে ও রকম ভয়াবহ পরিস্থিতির মধ্যে দু'জনকে পড়তে হত না। ট্রেন ছেড়ে দেওয়া মাত্র আমার মাথায় আকাশ ভেঙে পড়ল।

পাঠকের জ্ঞাতার্থে জানাই আমি যখন দেশ ছাড়ি তখন কলকাতায় মেট্রো রেল চালু হয়নি। আর জাম্বিয়াতেও এ সবের বালাই ছিল না। আমি ক্ষণিকের জন্য চিন্তাশূন্য হয়ে পড়লাম। গোদা বাংলার বললে ফাঁকা মাথা। এইভাবে একই জায়গায় দাঁড়িয়ে আছি কতক্ষণ জানি না। বেশ কিছু সময় কাটার পর হঠাৎ দেখি একটা ট্রেন স্টেশনে ঢুকছে। কোনও রকম চিন্তা না করে ওই ট্রেনে উঠে পড়লাম। এই মুহূর্তে আমার গন্তব্যস্থান 'অজানার সন্ধানে'। ট্রেন চলছে অন্ধকার গুহার মধ্য দিয়ে, যে অভিজ্ঞতা আমার আগে ছিল না। এক একটা স্টেশন আসে। ট্রেন দাঁড়ায়। লোকজন ওঠানামা করে। আবার ট্রেন চলতে থাকে। এইভাবে চলতে চলতে পৌঁছে গেলাম "সেভেন সিস্টারস" নামের স্টেশনে। এখানেই এই ট্রেনের গতি স্তব্ধ হল, কারণ এই লাইনের এটাই শেষ স্টেশন। ভাবলাম আমার কপালে অনেক দুঃখ আছে। হয়তো আমার কাছে যে টিকিট আছে সেই টিকিটে এতদূর আসা বেআইনি। একটা আশ্বাস পেলাম এই ভেবে যে আমার পকেটে টাকাকড়ির অভাব নেই। সেই সময় যারা সোজাসুজি দেশ থেকে আসত তাদের পকেটে থাকত মাত্র তিন পাউন্ড। কারণ তখনকার সমাজবাদী ভারত সরকার তিন পাউন্ডের বেশি সঙ্গে নিয়ে আসার অনুমতি দিত না।

জাম্বিয়া থেকে আসার ফলে আমাদের ওই বিপদের মধ্যে পড়তে হয়নি। দুরু দুরু বক্ষে ট্রেন থেকে নেমে একজন ঘোর কৃষ্ণবর্ণের "টিকিট চেকারের" কাছে গিয়ে নিজেকে সমর্পণ করলাম। অনেক কাকুতিমিনতি করে বললাম, 'দেখুন আমি এ দেশে মাত্র কয়েক দিন হল এসেছি, এ দেশের নিয়মকানুন কিছুই জানি না।' তারপর ঘটনার বিশদ বিবরণ দিয়ে বললাম 'আমার বোকামোর জন্য আপনি আইনসঙ্গতভাবে যতটা "ফাইন" করার করুন কিন্তু অনুগ্রহ করে এর থেকে বেশি কিছু শাস্তি দেবেন না। এই কাজ আমি না জেনে করেছি, আমার জন্য অন্য কোনো দুরভিসন্ধি ছিল না।'

ওই চেকারটি কিছুক্ষণ আমার মুখের দিকে তাকিয়ে রইল তারপর উচ্চস্বরে হো হো করে হেসে উঠল। সে হাসি আর সহজে থামে না। আমার হৃদযন্ত্রের গতি ক্রমশ বর্ধমান—হয়তো বা স্তব্ধ হওয়ার উপক্রম। আমাকে ভয়ার্ত চোখে তাকিয়ে থাকতে দেখে চেকারটি বললেন, তোমার কোনো ভয় নেই, কারণ তুমি কোনো অন্যায় করনি। যতক্ষণ তুমি পাতালে আছো ততক্ষণ ওই টিকিটটি ব্যবহার করতে পারবে। তোমাকে 'ফাইন' দিতে হবে না। ঈশ্বরকে ও বিশেষ করে ওই ব্যক্তিকে অসংখ্য ধন্যবাদ জানিয়ে আমি উল্টো দিকের ট্রেনের জন্য অপেক্ষা করতে লাগলাম। উল্টো দিকের ট্রেনে উঠে ভাবলাম অর্ধেন্দু যখন অক্সফোর্ড স্ট্রিটের নাম করেছিল তখন ওই স্টেশনে নেমে একটু দেখা যাক না, কী করা যায়। এ ছাড়া আমার আর কী করার আছে। আগের থেকে মনের অবস্থা একটু ভাল। অনেকটা পথ পেরিয়ে যখন অক্সফোর্ড স্ট্রিট স্টেশনে ট্রেন এসে থামল তখন সেখানে নেমে পড়লাম। এরপর স্টেশনের বাইরে যেতে হবে। খানিকটা আন্দাজেই এ দিক ও দিক চলতে চলতে দেখি কখন যেন পাতাল রেল ছাড়িয়ে ওপরে উঠে এসেছি, এটা অক্সফোর্ড স্ট্রিট স্টেশন দুরপাল্লার ট্রেনের জন্য। আবার ভাবনা শুরু। এরপর কী করণীয়? স্টেশনের এক প্রান্ত থেকে অন্য প্রান্ত পর্যন্ত হেঁটে গেলাম, যখন ওই অন্য প্রান্ত থেকে ফিরে আসছি হঠাৎ দেখি অর্ধেন্দু "এই স্বপনদা" বলে ডাকছে। ধড়ে প্রাণ এল। হৃদয়ের গতি স্বাভাবিক হতে শুরু করল। অর্ধেন্দুকে জিজ্ঞেস করলাম তুমি নীচে কোথায় গিয়েছিলে? ও বলল, 'আমি ভাবলাম আপনি এখানে এসে অনেকক্ষণ ধরে ঘুরছেন তাই হয়তো টয়লেট যাবার প্রয়োজন হতে পারে—এই ভেবে নীচে গিয়ে "চেক" করে এলাম যদি ওখানে আপনার দেখা পাই। ওর কথা শেষ হলে দুজনেরই হাসি পেয়ে গেল। আমি হাসতে হাসতে বললাম, 'তোমার বুদ্ধির তারিফ না করে পারছি না অর্ধেন্দু।' অর্ধেন্দু আরও বলল, 'শুধু আমি নয়, আরও দু'জন আমাদের কলেজের ডাক্তারকে আপনার খোঁজে দু'জায়গায় দাঁড় করিয়ে রেখে এসেছি।' আমি বললাম, 'ওরা তো আমাকে চেনে না।' অর্ধেন্দু তখন আমার কাঁধের দুদিকে ঝোলানো দুটো জিনিস দেখিয়ে বলল, 'এই দুটো দেখে

চিনবে। এ দুটোর কথা ওই অসহায় মুহূর্তে আমার মাথায় ছিল না। একদিকে ছিল অলিম্পাসের ক্যামেরা অন্য দিকে একটা টেপ রেকর্ডার। এখনও মনে আছে এই ছোটোখাটো ক্যামেরাটা দাম ছিল ২৫ পাউন্ড অর্থাৎ ৪৫০ টাকা। ওগুলো এ দেশে আসার সময় জাম্বিয়া থেকে কিনেছিলাম।

এরপর আমরা চার জনে ট্রাফালগার স্কোয়ার, অক্সফোর্ড স্ট্রিট ও আরও কয়েকটা জায়গা ঘুরে নিজের নিজের গন্তব্যস্থলে ফিরে এলাম। ১৬ই সেপ্টেম্বর থেকে কাজ শুরু হল। কনসালট্যান্ট অর্থাৎ শীর্ষব্যক্তি একজন বাঙালি। শুনলাম ইনি এক ইংরেজ মহিলাকে বিয়ে করে এখানে প্রতিষ্ঠিত। একদিন অফিসে দেখা করতে বললেন। যথাসময়ে হাজির হয়ে ইংরেজিতে দু-একটা কাজের কথা হল। রাউন্ডের সময় ও অপারেশন থিয়েটারেই শুধু এই ভদ্রলোকের সামনাসামনি হতে হত। ই.এন.টি ডিপার্টমেন্টে, কাজ খুব বেশি ছিল না আমার। অর্ধেন্দুর কাজের চাপ খুব বেশি ছিল। উইক এন্ডে "অন কল" থাকলে শুক্রবার থেকে কাজ শুরু হয়ে সোমবার বিকেলে গিয়ে অর্ধেন্দু মুক্তি পেত। সোমবার ওর গাল দুটো চুপসে যেত, সারা সপ্তাহ লাগত ওই চোপসানো গাল দু'টোকে আবার আগের অবস্থায় ফিরিয়ে আনতে।

মাঝে মাঝে হাসপাতালের ট্যাক্সি চড়ে "হরসাম" বলে একটা জায়গায় "ক্লিনিক" করতে যেতাম। সেখানে আমি একাই ক্লিনিক করতাম। তখন "কান-নাক-গলা" বিভাগের কাজ আয়ত্তে এসে গেছে। একদিন একজন আঠারো-উনিশ বছরের মেয়ের কান পরীক্ষা করছি। পরীক্ষা শেষ হলে মেয়েটি জিজ্ঞেস করল আপনি কি "মিঃ বেটস্‌?" হঠাৎ এরকম উদ্ভট প্রশ্ন করায় আমি প্রথমে একটু হকচকিয়ে গেলাম। পরে নিজেকে সামলে নিয়ে আমার পরিচয় দিলাম। জিজ্ঞেস করলাম, 'তুমি কি মিঃ বেটস্‌-কে তোমার কান দেখাবার আশা নিয়ে এসেছিলে?' মেয়েটি একটু লজ্জিতভাবে বলল, 'না না সে রকম কিছু নয়। তুমি আমাকে ভালভাবে পরীক্ষা করেছ তাতেই আমি খুশি।' বুঝলাম ওই মেয়েটি মিঃ বেটস্‌-কে হয়তো কোনোদিন দেখেনি। মনে মনে এও ভাবলাম আমার তামাটে গাত্রবর্ণ কোনোমতেই মিস্টার বেটসের

গাত্রবর্ণের মতো নয়। তা সত্ত্বেও মেয়েটি ভুল করল, নাকি ইচ্ছে করেই এই ভুল।

এ সব ভাবার সময় নেই। আমার দু'মাসের "লোকাম" কাজ প্রায় শেষের দিকে। মাঝে মাঝে একজন মেডিক্যাল অ্যাসিস্টেন্টের (যাদের এখন অ্যাসোসিয়েট স্পেশালিস্ট বলা হয়) সঙ্গে "রেডহিল" বলে একটি জায়গায় ক্লিনিক করতে যেতাম। ইনি শ্রীলঙ্কা থেকে এসেছেন। "এফ.আর.সি.এস" পাশ করে এই কাজ করছেন। একদিন উনি আমাকে বললেন, 'ডাঃ চ্যাটার্জি তোমার তো এই কাজ শেষ হতে চলল। এ বার তো তোমার নতুন কাজ খুঁজতে হবে।' আমি সম্মতিসূচক মাথা নাড়লাম। উনি বললেন, 'যদি তোমার আপত্তি না থাকে তা হলে আমি তোমাকে আর একটি ই.এন.টি. লোকাম কাজের সন্ধান দিতে পারি। তবে এ কাজটা রেজিস্ট্রারের।' এই কথা শুনে আমি বললাম, 'আমার তো ই.এন.টি. কাজের তেমন অভিজ্ঞতা নেই, আমি রেজিস্ট্রারের কাজ কী করে করব?' উনি বললেন, 'আমার তো মনে হয় না তোমার কোনো অসুবিধে হবে। তুমি জেনারেল সার্জারির কাজ দেশে পাঁচ বছর ধরে করেছ। এই ই.এন.টি কাজ তো সার্জারিরই একটি শাখা।' আমি ভরসা পেলাম না। যতই সার্জারির কাজ জানি না কেন, এই শাখাটি আমার মতে সম্পূর্ণ আলাদা। আমার স্বভাবই ওই রকম— পুরোপুরি সুনিশ্চিত না হলে কোনো কাজের দায়িত্ব নিতে আমি ভরসা পেতাম না। ভদ্রলোক অনেক চেষ্টা করেছিলেন আমাকে দিয়ে কাজটা করানোর জন্য। আমি অবশ্য খুশি হলাম এই ভেবে যে আমার প্রতি ওই ভদ্রলোকের ভরসা আছে। কাজটা করতে না পারায় আমার খারাপও লেগেছিল। বিশেষ করে ওই শ্রীলঙ্কার সার্জেনের জন্য। জাম্বিয়া থেকে এ দেশে আসার ফলে আমার আর অর্ধেন্দুর সবচেয়ে বড় সুবিধে ছিল পকেট ভর্তি বেশ কিছু পাউন্ড। দু-হাজার পাউন্ড দেশে পাঠিয়েছিলাম। আর বাকি দু-হাজার পাউন্ড ইংল্যান্ডের ব্যাঙ্কে জমা পড়েছিল। জাম্বিয়াতে অতি অল্প সময়ের মধ্যে এটা সম্ভব হয়েছিল। এর কারণ ওখানে খরচ করার মতো তেমন কিছু ছিল না। তাছাড়া ডাক্তারি পড়ার সময় বাবার মৃত্যুর পর অর্থনৈতিক অবস্থার অবনতি হওয়াতে টাকার মূল্য

বুঝতে শিখেছিলাম। ভাবলাম অনেক দিন ধরে অনেক কাজই তো হল। এই ই.এন.টি. লোকাম কাজের পর মনোমতো কাজ না পেলে সাময়িক কাজের দিকে হাত বাড়াব না। দু-চারদিন বেকার বসে থাকলেও খাওয়ার তো অভাব হবে না। এই "লোকাম" প্রতিষ্ঠানগুলো ভালই ব্যবসা ফেঁদেছে বহুকাল ধরে।

কোনো এক প্রতিষ্ঠানে লোকামের লিস্টে নাম লেখাবার পর থেকেই ঘন ঘন টেলিফোন আসত। ভাগ্যে তখন মোবাইল ফোনের চল ছিল না। থাকলে তিষ্ঠানো দায় হত। একদিন এক প্রতিষ্ঠান থেকে ফোন আসতে লাগল। ওরা বলল, 'একটা ছ-ঘণ্টার "লোকাম" আছে। ঘণ্টায় সাড়ে আট পাউন্ড করে পাবে' (এটা ১৯৭৪ সালের কথা)। আমি বললাম, 'ভেবে দেখি।' আবার ঘণ্টা দু-য়েক বাদে ফোন এল, এবার নাছোড়বান্দা। আমাকে বোঝাতে লাগল এ দেশে এলে এইসব পাউন্ড জমিয়েই আমার অবস্থার উন্নতি হবে। আমার পকেটে যে দু-হাজার পাউন্ড আছে সে খবর তো ওদের জানা নেই। তাই আমার নিবুর্দ্ধিতার জন্য ওরা অবাক হল। বারকয়েক চেষ্টার পর শেষ পর্যন্ত রেগে হাল ছেড়ে দিল। আমিও নিশ্চিন্ত হলাম তখনকার মতো। মাসখানেক কাজ করিনি। লন্ডনে একজন ডাক্তারের সঙ্গে ছিলাম। উদ্দেশ্য, বেশ কিছু 'ইন্টারভিউ' দিয়ে একটা অন্তত ছ-মাসের কাজ জোগাড় করা।

একদিন "টিউব"-এ চড়ে লন্ডনের এক স্টেশন থেকে অন্য স্টেশনে এলাম। লন্ডন ইউস্টোন স্টেশন থেকে লিভারপুলগামী ট্রেন ধরতে হবে। লিভারপুল থেকে "ঝিক্ঝিক্" করা ধীর গতির ট্রেন করে একটা ছোট জায়গায় গিয়ে ওখানকার হাসপাতালে "ইন্টারভিউ" দেব। এখন নভেম্বর মাসের মাঝামাঝি হাড়-কাঁপানো ঠান্ডা। যতগুলো গরম জামাকাপড় আছে সব পরে ফেলেছি। হঠাৎ ব্যাগ ও পকেট হাতড়ে (পকেটের সংখ্যাও অসংখ্য) দেখলাম লন্ডন লিভারপুলের টিকিটটা পকেট থেকে অদৃশ্য হয়ে গেছে। অনেক খোঁজাখুঁজি করেও টিকিটের সন্ধান পাওয়া গেল না। বুঝলাম আমি মহা বিপদের সম্মুখীন। এত তাড়াতাড়ি টিকিট পাব কোথায়? কয়েকজন রেলের কর্মচারি ঘোরাঘুরি করছিল এদিক ওদিক। একজনকে কাকুতি-মিনতি করে বললাম, 'দেখুন আমার লিভারপুলে যাওয়া অত্যন্ত জরুরি, অথচ আমার

টিকিটটা খুঁজে পাচ্ছি না। আপনি কি আমাকে কোনোভাবে সাহায্য করতে পারেন?' ভদ্রলোক জিজ্ঞেস করলেন, 'লিভারপুলে তোমার কি কোনো জরুরি কাজ আছে নাকি ওখানে বেড়াতে যাচ্ছ?' মনে মনে ভাবলাম এই হাড় কাঁপানো ঠান্ডায় বেড়াতে যাওয়ার শখ আর কারও থাকলেও আমার অন্তত নেই। দেখলাম ভদ্রলোক আমার মুখের দিকে তাকিয়ে আছেন উত্তরের অপেক্ষায়।

বললাম, 'খুবই জরুরি কাজ, একটা ইন্টারভিউ আছে।' মুচকি হেসে একটা সাদা কাগজ বের করলেন। তারপর লিখলেন, 'এই ভদ্রলোক লিভারপুলের টিকিটটা হারিয়ে ফেলেছেন। আমার লেখা এই কাগজটিকে যেন টিকিট হিসেবে গণ্য করা হয়।' আমি তো অত্যন্ত খুশি হয়ে ভদ্রলোককে অশেষ ধন্যবাদ জানালাম। উত্তরে উনি জানালেন, আমি যেন ইন্টারভিউতে কৃতকার্য হই। ধন্যবাদ জানিয়ে যত তাড়াতাড়ি পারি ট্রেনের কামড়ায় ঢুকে গেলাম। ট্রেনের সব দরজা বন্ধ হল। তারপর ট্রেন চলতে থাকল। যথাসময়ে ট্রেন লিভারপুলে পৌঁছল। এ বার অপেক্ষা করতে হবে ওই ধীর গতির ঝিক্ ঝিক্ করা ট্রেনের। ট্রেনের ভেতরে ছিল শীততাপ নিয়ন্ত্রণের ব্যবস্থা। তাই কোনো অসুবিধা ছিল না। স্টেশনে দাঁড়িয়ে বুঝলাম ওখানকার ঠান্ডা লন্ডনের থেকেও অনেকটা বেশি। লিভারপুল লন্ডন থেকে উত্তরে। প্রতীক্ষালয়ে ঢুকলে অনেকটা গরম পেতাম। কিন্তু পরের ট্রেন ধরার উত্তেজনায় বাইরেই দাঁড়িয়ে রইলাম। হঠাৎ মনে হল জুতো মোজায় আচ্ছাদিত আমার চরণযুগল অদৃশ্য হয়ে গেছে। ভাবছি কী করে আমি দাঁড়িয়ে আছি! এইসব ভাবতে ভাবতে হাসি পেল। আরও হাসি পেল ছোটবেলার কয়েকটা কথা মনে হওয়ায়।

আমাদের ছোটবেলায় একটা গল্প প্রচলিত ছিল।

নিচু ক্লাসের পরীক্ষা হচ্ছে। ভুগোলে একটি প্রশ্ন এসেছে "লিভারপুল সম্বন্ধে যাহা জানো লিখ।"

একটি আট দশ বছরের ছেলে লিখেছে যে পুলের নীচে লিভারগ্রস্ত ব্যক্তিরা বাস করে তাহাকে লিভারপুল বলে।

হয়ত এই ঠান্ডায় মনকে সান্ত্বনা দেওয়ার জন্য এইসব কথা মনে পড়ছে। কিছুক্ষণ অপেক্ষা করার পরই ওই "ঝিক্‌ঝিক্" ট্রেন এসে হাজির হল। আমিও চড়ে বসলাম। ধীর গতিতে এগিয়ে চলল গন্তব্যস্থানের দিকে। ট্রেন কোনো লেট করেনি, তবে ঘড়ি দেখে বুঝলাম আমি কোনো কারণে খানিকটা দেরি করে ফেলেছি। হন্তদন্ত হয়ে হাসপাতালে পৌঁছলাম। এটা একটা অ্যাকসিডেন্ট ইমার্জেন্সির চাকরির ইন্টারভিউ। পৃথিবীর সর্বত্র তো সব হাসপাতালই ব্যস্ত। এখানেও তার ব্যতিক্রম নেই।

ভেতরে গিয়ে নির্দিষ্ট স্থানে গিয়ে বসলাম। শুনলাম এখানকার কন্‌সালট্যান্টও একজন বঙ্গসন্তান। যথাসময়ে ইন্টারভিউ নেওয়া হল। পকেটে পাউন্ড থাকার জন্যই বোধহয় ইন্টারভিউ দিতে গিয়ে আমি নার্ভাস হতাম না। প্রশ্ন করা হল, আমি উত্তর দিলাম। এইসব প্রশ্ন কাজ সংক্রান্ত। বাঙালি "বস" কে দেখে বেশ বিনয়ী মনে হল। ইন্টারভিউ-এর পর নির্দিষ্ট জায়গায় এসে বসলাম ফলাফলের অপেক্ষায়। আধঘণ্টা বসার পর একজন অ্যাডমিনিস্ট্রেটর এসে "আপনি ইন্টারভিউতে এসেছেন বলে ধন্যবাদ। কিন্তু দুঃখের সঙ্গে জানাচ্ছি এই কাজটিতে একজন ডাক্তারকে আগেই নেওয়া হয়ে গেছে। আপনার যাতায়াতের খরচের জন্য এই ফর্মটি ভর্তি করে অফিসে জমা দিয়ে যান। আমরা যথাসময়ে ডাকযোগে আপনাকে চেকটা পাঠিয়ে দেব। আপনাকে এই কাজটি দিতে পারলাম না বলে দুঃখিত।" বুঝলাম আমার আসার আগেই ইন্টারভিউ হয়ে গিয়েছিল ও ডাক্তারও নেওয়া হয়ে গিয়েছিল। কিন্তু ভদ্রতার খাতিরে আমার ইন্টারভিউ নেওয়া হল। ফর্মটা জমা দিয়ে বেরিয়ে পড়লাম। এখন বুঝতে পারলাম ভীষণ ক্ষিদে পেয়েছে। পথে তেমন কিছু খাওয়ার সুযোগ হয়নি। একটা বদ অভ্যেস ছিল সিগারেট খাওয়া। অনেকক্ষণ সিগারেট টানা হয়নি। দোকান খুঁজছি সিগারেট কেনার জন্য। হঠাৎ দোকান নজরে পড়ল। আশ্চর্য হলাম বেন্‌সন্ হেজেস, ডানহিল, সিল্ক কাট, ফাইভ ফাইভ ফাইভ এইসব সিগারেট না থাকায়। হঠাৎ নজরে পড়ল "ক্যাপস্টেন সিগারেট"। এই সিগারেটই তো বাবা খেতেন। এখন তো ফিল্টার ছাড়া সিগারেট এইসব দেশে বড় একটা দেখা যায় না। বহুক্ষণ পর

সিগারেটে সুখটান দিলাম। এখন ভাবি আমাদের কী সব বিচ্ছিরি অভ্যেস ছিল। পেটে তো এদিকে ছুঁচোর কেত্তন শুরু হয়েছে। তবে খাবারের জন্য আর সময় নষ্ট করতে হল না। একটা ট্রেন দাঁড়িয়ে ছিল সেটাতে উঠে পড়লাম। ভাবলাম লন্ডনগামী ট্রেনে খাওয়া কাজটা সারতে হবে। সে যুগে ট্রেনে আমাদের খাওয়ার মতো খুব একটা "স্ন্যাক্স" পাওয়া যেত না। উপযুক্ত চাকরি না পাওয়ার জন্য যখন ইন্টারভিউ-এর ধারা চলছে, তখন সকালবেলায় ট্রেন ধরার আগে "ভেনডিং মেশিন" থেকে চকলেটের বার আর আইসক্রীম বার করে নিয়ে "ব্রেকফাস্ট" সারতাম। কিছুদিন এইভাবে চলার পর এই দু-টো জিনিসের ওপর অরুচি ধরে গিয়েছিল। পর পর ইন্টারভিউ দিয়ে যাই আর প্রতিবারই "আমরা দুঃখিত" এই কথা শুনতে হয়। যেহেতু জাম্বিয়া থেকে দু-জন কনসালটেন্টের (যারা রয়েল কলেজ থেকে পাশ করা সার্জেন বা ফিজিশিয়ান) সুপারিশ পত্র জেনারেল মেডিক্যাল কাউন্সিলে পাঠিয়েছিলাম, তাই অর্ধেন্দু ও আমি নির্ধারিত সময়ের অনেক আগে আসতে পেরেছিলাম ইংল্যান্ডে। এই ব্যাপারটা সবার জানা ছিল না, তাই ধৈর্য করে সবাই অপেক্ষা করত। এতে তিন চার বছর বেশি লেগে যেত এ দেশে আসতে। অবশ্য যারা দেরিতে আসত তাদের চাকরি পাওয়ার সুবিধে বেশি ছিল। কারণ তারা ক্লিনিক্যাল অ্যাসেসমেন্টের জন্য কোনো একটা হাসপাতালে কনসালটেন্টের নাম "রেফারি" হিসেবে ব্যবহার করার অনুমতি পেত। আমাদের এ সবের বালাই ছিল না। দু-জন ই.এন.টি. কনসালটেন্টের নাম হয়তো দিতে পারতাম। কিন্তু যেহেতু আমি অ্যাকসিডেন্ট ও ইমার্জেন্সি বিভাগ ও অর্থপেডিক বিভাগে দরখাস্ত পাঠাচ্ছি তাই ওই দু-জন কনসালটেন্টের নাম দিলেও আমার ঠিক কোন ডিপার্টমেন্টে কাজ করার প্রকৃত ইচ্ছে তা বুঝতে ওদের অসুবিধে হচ্ছিল। তাই আমাকে
বাতিল করাই সহজ উপায় ছিল।

পর পর পাঁচটা ইন্টারভিউয়ে অকৃতকার্য হওয়ায় আমার মনে পড়ে গেল স্কটল্যান্ডের রাজা রবার্ট ব্রুসের কথা। ইনি বুঝেছিলেন, "ফেলিওরস আর বাট পিলারস্ অফ সাকসেস্।" রবার্ট ব্রুসের ঘটনাটি অবশ্য অনেকেরই

জানা আছে। স্কটল্যান্ডের এই রাজা নিজের দেশের স্বাধীনতার জন্য বার বার যুদ্ধ করেছিলেন কিন্তু প্রতিবারেই হার স্বীকার করে নিতে হচ্ছিল। বার বার হেরে গিয়ে বসে বসে নিজের দুর্ভাগ্যের কথা ভাবছিলেন। হঠাৎ দেখলেন একটা মাকড়সা "সিলিং" বা ছাদের দিকে পৌঁছবার জন্যে চেষ্টা করে যাচ্ছে। মাকড়সার জালটা রেশমি সুতোর সাহায্যে বারে বারে চেষ্টা করেছে ওপরে উঠতে কিন্তু প্রতিবারই নীচে পড়ে যাচ্ছে। ওই মাকড়সাটি ছ-বার অকৃতকার্য হল। পরের পর হেরে গিয়েও এই যুদ্ধ ছেড়ে দিল না। সপ্তম বারের চেষ্টায় কৃতকার্য হল। মাকড়সাটির অধ্যবসায় ব্রুসকে উৎসাহিত করল। তিনি আশার আলো দেখতে পেলেন। নতুন আশায় উৎসাহিত হয়ে তিনি যুদ্ধে জয়লাভ করলেন। এই হল রবার্ট ব্রুসের গল্প।

অবশ্য এইসব রাজা মহারাজাদের ব্যাপারে আমার কোনো উৎসাহ নেই। তবে মাকড়সার অধ্যবসায় আমাকে উৎসাহিত করেছিল। আমি মাকড়সার আগেই অর্থাৎ ছ-বারের চেষ্টায় ক্যাটারিং জেনারেল হসপিটালে এক বছরের জন্য চাকরি পেলাম। অবশ্য এই চাকরি পেতে এই ঠান্ডায় দমে না গিয়ে ইন্টারভিউয়ারদের উল্টোদিকের চেয়ারে গিয়ে বসতে আমার ধৈর্যের দরকার পড়েছিল। এই চাকরিটা পাওয়ার কারণ এরা রেফারির দু-টো নাম না চেয়ে "টেস্টিমোনিয়াল" চেয়েছিল। আমি কালবিলম্ব না করে একজন ইংরেজ কনসালটেন্ট যার নাম ডাঃ সিম্পসন এমডি, এফআরসিপি, তাঁর টেস্টিমোনিয়াল পাঠিয়ে দিলাম ও আরও একজন ই.এন.টি.-র কনসালটেন্টের নামও লাগিয়ে দিলাম। আশ্চর্যের ব্যাপার এই দু-টো বিভাগের কোনোটাতেই আমি কাজ করতে চাইছি না।

যে কারণেই হোক আমাকে নির্বাচিত করা হল। সম্ভবত এই ঠান্ডায় কে আর লেপ কম্বল ছেড়ে ইন্টারভিউ দিতে আসে! তাই আমার কষ্ট স্বীকার দেখে এরা আমাকে নির্বাচিত করল, যদিও এ ছাড়া এদের কোনও উপায় ছিল না। জাম্বিয়া পর্বে লিখেছি এই ডাঃ সিম্পসন আমার "স্মল পক্স" বিষয়ে জ্ঞান দেখে সন্তুষ্ট হয়েছিলেন। যদিও এই বিষয়ে আমার জ্ঞান স্কুলের স্বাস্থ্যবিদ্যার বই থেকে পাওয়া। জ্ঞান আমার যাই থাকুক না কেন, এই স্মল

পক্স বিষয়ে সম্ভবত আমার এই জ্ঞানের কারণেই আমি ইন্টারভিউতে উতরে গেলাম। তবে অর্থপেডিক কনসালটেন্টের ধারণা হয়ে গিয়েছিল আমি "স্মলপক্স" বিশারদ হওয়ার জন্য মেডিসিনে বিশেষ মনযোগী। এই কনসালটেন্ট একজন ভারতীয়—বোম্বের (অধুনা মুম্বাইয়ের) অধিবাসী ছিলেন। ইনিও ই.এন.টি.র বাঙালি কনসালটেন্টের মতই মেমসাহেব বিয়ে করেছিলেন। বিয়ে করে নাকি সর্বদাই হাহুতাস করতেন। নতুন ডাক্তার এলে উপদেশ দিতেন, 'আর যাই করো মেমসসাহেব বিয়ে কোরো না, করলেই পস্তাবে।' এমন একপেশে মন্তব্য সত্যিই হাস্যকর মনে হয় আমার কাছে। আমাকেও এই প্রশ্নবান নিক্ষেপ করেছিলেন এবং আমি বিবাহিত জেনে খুশি হয়েছিলেন। এ ছাড়া প্রতিবারে রাউন্ডের সময় জিজ্ঞেস করতেন তুমি তো জেনারেল মেডিসিনে কাজ করতে চাও? আমিও এক উত্তর দিতে দিতে ক্লান্ত হয়ে পড়েছিলাম। ডাক্তারি করতে করতে আশেপাশে যে সব ডাক্তারদের দেখেছি তাঁদের অনেকেই ডাক্তারিতে কৃতিত্ব দেখালেও জীবন সম্বন্ধে এমন কিছু ধারণা পোষণ করতেন যে মনে হত যেন জীবনটাও প্রেসক্রিপশনে লেখা বিভিন্ন রোগের জন্য নির্ধারিত ওষুধের মতো একই নিয়মে চলে। জীবনের নানা বৈচিত্রের সন্ধান তাদের অজানা। ডাক্তারদের ঘরোয়া আলোচনা সভায় ডাক্তারবাবুরা দু-একটা কথা বলার পরই ডাক্তারি আলোচনায় এসে হাজির হয়। যেন জীবনে ডাক্তারি করা ছাড়া আর কিছুই নেই। এটা বিশেষ করে আমাদের সম্প্রদায়ের মধ্যে বেশি দেখতাম। যারা ডাক্তার নয় তাদের কাছে এই ধরণের আলোচনা যে বিরক্তিকর হতে পারে, এটা বেশিরভাগ ডাক্তারবাবু মনে রাখেন না। ডাক্তার জীবনে নানা কৃত্বিতের কথা জাহির করতে করতে সময় কাটাতে পারলে তারা খুশি হয়। আমি অবশ্য সবাইকেই এই শ্রেণীর মধ্যে ফেলতে চাই না। অনেক ডাক্তারের বিভিন্ন বিষয়ে জ্ঞান তুলনাহীন। তবে এরা মুষ্টিমেয়। নিজেকে বিশিষ্ট ডাক্তার ভাববার যে রোগ তার বিবরণ আমি এই রচনার শেষে দেব।

এখন আগের কথায় ফিরে আসা যাক। ক্যাটারিং হাসপাতালে যোগদান করার পর মাসদুয়েক আমাকে যেন নরকযন্ত্রণা ভোগ করতে

হয়েছিল। সেটা কিন্তু হাসপাতালের কাজের জন্য নয়। প্রধান কারণ হাসপাতাল থেকে দু-তিন মাইল দূরে আমার একটি ঘরে থাকার ব্যবস্থা হয়েছিল। কিন্তু অত দূরে একটি ঘরে কাজের পর চুপচাপ বসে থাকতে হলে জীবন দুর্বিষহ হওয়ায়ই তো স্বাভাবিক। ওই হাসপাতালে কাজের চাপ খুব বেশি ছিল না। সন্ধ্যা ছটার পর কাজ শেষ হতো। পরের দিন আবার সকাল নটা থেকে কাজ। এই সময়টা যেন কাটতেই চাইত না। কাজের পর হাসপাতালে "ল্যাম্ চপ", আলু সবজি এই সব খেয়ে হাঁটা শুরু হত ওই দু-তিন মাইল পথ কনকনে শীতের রাত্রে।

একটি দোকানে মুর্গির রোস্ট ও আলু পাওয়া যেত, সেই প্যাকেটটা নিয়ে নির্দ্দিষ্ট ঘরের দিকে হাঁটা দিতাম। আমি যেখানে থাকতাম সেখানে কমনরুম ছিল, একটা টেলিভিশনও ছিল। কিন্তু সেখানে অনেক লোকের ভীড়ে নিজেকে হারিয়ে ফেলতে চাইতাম না। এ ছাড়া ভারত, পাকিস্তান বা বাংলাদেশ থেকে এসে বেশির ভাগ ডাক্তারই তাড়াতাড়ি মেমসাহেব গার্লফ্রেন্ড করে নিত। ধরে নিচ্ছি এরা সব অবিবাহিতের দল। আমি সেই দলে পড়ি না। তাই এই হাসপাতালে এক বছরের চাকরির মেয়াদ পেয়ে মমতাকে তাড়াতাড়ি ভিসার ব্যবস্থা করে দুই কন্যাকে নিয়ে ফেব্রুয়ারির মধ্যে আমার সঙ্গে যোগদান করার জন্য চিঠি দিলাম। কারণ তখন দেশে যোগাযোগ করার জন্য ফোনের ব্যবস্থা খুব ভাল ছিল না। ওরা এলেই প্রথমেই একটা ফ্ল্যাট বা বাড়ির ব্যবস্থা করতে হবে।

ক্রলিতে আমি ও অর্ধেন্দু যখন থাকতাম তখন অবসর সময়ে গল্পগুজব করে সময় কেটে যেত। এ ছাড়া কাজের পর দিনান্তে আমরা রান্নাবান্না করতাম দু-জনের খাবার মতো। অর্ধেন্দু ছিল আমার রান্নার গুরু। তাই এখানে দু-মাস কাটাতে কোনো অসুবিধে হয়নি। নির্জনতা কাটাতে আমরা এখানে প্রায়ই রাতের বেলা অল্প স্কচ হুইস্কি খেতাম। সঙ্গে মুর্গির রোস্ট ও আলুভাজা। নিজের ঘরে বসেই খেয়ে নিতাম। দেখতে দেখতে বড়দিন অর্থাৎ ২৫শে ডিসেম্বর এসে গেল। অবশ্য এখানে অনেক দিন আগে থেকেই উৎসব আরম্ভ হয়ে যেত। হাসপাতালের ওয়ার্ডের এক জায়গায়

এইসময় নানারকমের চকলেট বিস্কুট থরে থরে সাজানো থাকত। এছাড়া নানা বর্ণের ওয়াইন-শেরি, স্কচ ও ব্র্যান্ডি ওয়ার্ডের শোভা বর্ধন করত। নানা রকম ওষুধ কোম্পানি ও রোগীর আত্মীয়স্বজনরা এইসব সরবরাহের ব্যবস্থা করত। এইসময় যেন সবার মনে আনন্দের বান ডাকত। তখনকার ভারতীয়দের কাছে এসব অজানা থাকলেও এখনকার যুব সমাজের জ্ঞান হওয়া থেকেই এসব খাদ্য ও পানীয় দেখার অভ্যাস আছে—নিজের দেশেই অর্থাৎ ভারতে। এই দু-মাসের মধ্যে আমার সতীর্থ রঞ্জিত দে ও ওর গৃহিনী গায়েত্রী দে-দের বাড়িতে কয়েকবার নেমতন্ন খেতে গেছি। ওই কয়েক দিন ভালই কেটেছে। এছাড়া ওখানে থাকতে আর একজনও বন্ধু হয়েছিল। ওদের বাড়িতেও বেশ কয়েকবার সন্ধ্যার দিকে আড্ডা হয়েছে। বড়দিনের সময় আমার ছুটি ছিল।

সাধারণত প্রতিদিনের হাড়ভাঙা খাটুনির পর (এই হাসপাতালে অবশ্য খুব একটা খাটুনি ছিল না, তা আগেই বলেছি) হঠাৎ কিছুদিন ছুটি পেলে মনটা আনন্দে ভরে ওঠে, সেটা দেশেই হোক বা বিদেশেই হোক। আমার ক্ষেত্রে কিন্তু এখন খুশির বদলে বিষাদের ছায়া পড়ল। ভাবছি কী করব এখন এই পাঁচদিন। ঘণ্টাখানেক কেটে গেল এইকথা ভেবেই। হঠাৎ অর্ধেন্দুর কথা মনে হল। ওকে ফোন করলাম। অর্ধেন্দু বলল, "চলে আসুন স্বপনদা আমার হাসপাতালে।" ও তখন পড়াশোনা করছে। আমি জিজ্ঞেস করলাম, 'তোমার পড়াশোনার ক্ষতি হবে না তো?' অর্ধেন্দু বলল—'এই কয়দিন একটু আনন্দ করে নেওয়া যাক, পড়াশোনা তো আছেই।' বুঝলাম আমার ভাগ্য সুপ্রসন্ন। ব্যাগে আগে থেকেই জামা কাপড় ভরা ছিল। আর কালবিলম্ব না করেই স্টেশনের দিকে রওনা দিলাম।

অন্য সময় হলে এই ভ্রমণটি আমার কাছে বিরক্তিকর মনে হত। কারণ ছুটির দিনে এ দেশে সে সময় সব জায়গায় রেলপথ খুব আরামদায়ক ছিল না, অবশ্য বিশিষ্ট জায়গায় যাবার দূরপাল্লার ট্রেনগুলো ছাড়া। তাই খানিকটা পথ ট্রেনে গিয়ে কোনও এক স্টেশনে নেমে পড়লাম। ওই জায়গা থেকে আবার কোচে করে যেতে হল কিছুটা পথ। এরপর আবার ট্রেনে। ওই

পাঁচদিন লিন্‌কন্‌ কাউন্টি হাসপাতালে অর্ধেন্দু, কুশধ্বজ ও অজয় মিত্রের সঙ্গে ভালই কাটল।

দেখতে দেখতে ফেব্রুয়ারি মাস এসে গেল। ৫ই ফেব্রুয়ারি লন্ডনে গিয়ে একজন পরিচিত ব্যক্তির ডেরায় রাত কাটালাম। ইনি সোশ্যাল সার্ভিস ডিপার্টমেন্টে একজন অফিসার ছিলেন। আসানসোলে আমার দিদি জামাইবাবুর পরিচিত ছিলেন এই ভদ্রলোক। আমার তখন গাড়ি নেই। তাই ৬ই ফেব্রুয়ারি ১৯৭৫ সালে সকালে ওই ভদ্রলোকের গাড়িতে হিথরো ইন্টারন্যাশনাল এয়ারপোর্ট থেকে মমতা ও দু-কন্যাকে আনতে গেলাম। ওদের আসার দশদিন আগেই আমি একটা "সেমি ডিট্যাচ্‌ড হাউস" পেয়ে গিয়েছিলাম। হাসপাতাল পরিচালক যখন জানল যে আমার পরিবার দশদিন বাদে আসছে তখন এত তাড়াতাড়ি বাড়ি নেওয়ায় বেশ আশ্চর্য হল। কারণ ওই বাড়িটার জন্য প্রতিমাসে ভাড়া গুনতে হবে। এরা এসব ব্যাপারে খুব হিসেবি জাত। এদের খরচের জায়গা অন্য। আমি তো বাড়িটা পেয়ে মহাখুশি। একবার ওপরে যাচ্ছি তো পরমুহূর্তে নীচে নামছি। বাড়িটা আমাকে গতি দিয়েছে, এখন আর একটা ঘরে চুপচাপ বসে থাকতে হচ্ছে না। এর থেকে আনন্দের খবর আর কী হতে পারে? ইতিমধ্যেই চাল, ডাল, আটা, ময়দা, আলু আর কিছু সবজি জোগাড় করে রেখেছি, যাতে পরে অসুবিধেয় পড়তে না হয়।

মমতারা আসার পর সময় ভালই কাটতে লাগল। কিছুদিনের মধ্যেই তুষারপাত শুরু হল। সে বারে মার্চ মাসেও বরফ পড়েছিল।

শীতকাল শেষ হলে বসন্ত ও তিনমাস পরে গ্রীষ্মকাল শুরু হল। আমাদের দেশ ও জাম্বিয়া থেকে এসে এদের গরমকালে যে খুব একটা গরম বোধ হবে না সেটা আগে থাকতেই জানতাম। কিন্তু ভাগ্য সুপ্রসন্ন ছিল সে বারে ও পরের বছরও অর্থাৎ ১৯৭৫ ও ১৯৭৬ সালের গ্রীষ্মকালে বেশ অনেকদিন ধরেই এই শীতপ্রধান দেশের উষ্ণতা ভোগ করেছিলাম। আমাদের দুই মেয়ের বয়স ছিল তখন যথাক্রমে একবছর আটমাস ও আটমাস। এরপর থেকেই যথানিয়মে শুরু হয়েছিল এক হাসপাতাল ছেড়ে আর এক

হাসপাতালে স্থানান্তরিত হওয়ার জন্য মানসিক উদ্বেগ। জুনিয়র লেভেলের চাকরি স্থায়ী হয় না। এদেশে জাতীয় স্বাস্থ্য পরিচর্যার (National Health Services) স্থায়ী চাকুরে ডাক্তাররা হল কনসালটেন্টের যারা হাসপাতালে প্রতিষ্ঠিত। তা ছাড়া আগের মেডিক্যাল অ্যাসিস্টান্ট (এখন অ্যাসোসিয়েট স্পেশালিস্ট)।

আর প্রাইমারি কেয়ার ডাক্তাররা যারা প্র্যাকটিস করে তাদেরও এই পরিচর্যার নিয়মকানুন মেনে চলতে হয়। এই দ্বিতীয় শ্রেণীর কথা বেশ কিছু পরে বলব। এছাড়াও "কমিউনিটি মেডিসিনের" ডাক্তাররাও স্থায়ী পদের।

কয়েকটি উল্লেখযোগ্য ঘটনা বলি।

একদিন আমি ও মমতা দুই কন্যাকে নিয়ে ক্যাটারিং স্টেশনে এসে উপস্থিত হলাম। আমি বড় মেয়ে সুদেষ্ণার হাত ধরে রেখেছি। মমতা ছোট মেয়ে লুনাকে কোলে নিয়েছে। আমি ও মমতা দু-টো মাঝারি সাইজের চাকাওয়ালা স্যুটকেস টানছি। দেশে অভ্যেস ছিল কুলির মাথায় সব চাপানো। এখানে ওইসব শৌখিনতা-বিলাসিতার কথা চিন্তাই করা যায় না। কয়েক দিনেই এসব ব্যাপারে অনেকটা অভ্যস্ত হয়েছি। তবুও বলব দু-জনকেই বেশ কসরত করতে হচ্ছে। ব্রিজ পেরিয়ে আমাদের অন্যদিকের প্লাটফর্মে যেতে হবে। খুব সহজসাধ্য কাজ হবে না। মনে বল নিয়ে এগিয়ে চলেছি। হঠাৎ দেখি দু-জন সুট-টাই পরা ভদ্রলোক আমাদের সামনে এসে দাঁড়ালেন। বিনীতভাবে বললেন, 'আমরা কি তোমাদের কোনো সাহায্যে আসতে পারি।' আমরা প্রায় কিছু বলার আগেই ওই দুই ব্যক্তি সুদেষ্ণা ও লুনাকে কোলে চড়িয়ে ব্রিজ পেরিয়ে অন্য প্লাটফর্মে পৌঁছে দিলেন। আজকের দিনে অবশ্য অনেক ক্ষেত্রে এ দেশেও অচেনা কারও হাতে ছেড়ে দিলে বিপদের সম্ভাবনা আছে। ১৯৭৪ সালে এসব নিয়ে কেউ মাথা ঘামাতো না। অন্যের ওপর পুরোপুরি বিশ্বাস করা যেত।

লুনা কিছুদিন "বেবি ওয়াকার" ব্যবহার করার পর যেই নিজে নিজে হাঁটতে শিখল তখন তাকে নিয়ন্ত্রণ করা খুব সহজ হত না। সুযোগ পেলেই পালাবার চেষ্টা করত। একদিন দেখি নিমেষের মধ্যে গেট খুলে মাঝরাস্তায়

দাঁড়িয়ে আছে। ওই রাস্তায় পঞ্চাশ ষাট মাইল বেগে গাড়ি যেত। আমার তো ওই দেখে মাথার চুল সব খাড়া হয়ে গেল। মমতা কিছু বোঝারর আগেই ওকে চ্যাংদোলা করে বাড়িতে নিয়ে এলাম। বড় মেয়ে সুদেষ্ণা খুব সাবধানী। ও অনেক দিন পর্যন্ত কিছু না কিছু ধরে হাঁটত। কোনো রকম ঝুঁকি নেওয়া ওর স্বভাবের বাইরে ছিল।

দেখতে দেখতে এখানে পাত্‌তাড়ি গোটাবার সময় এসে গেল। আর একটি ঘটনা বলে এখানকার গল্প শেষ করব। আমাদের বিভাগে যিনি "সিনিয়র কন্‌সাল্‌ট্যান্ট" ছিলেন, তাকে দেখে আমার চার্লটন হেসটনের কথা মনে পড়ত। বেশ লম্বা সুগঠিত দেহ। কথাবার্তা খুব বেশি বলতেন না। গুজব শুনতাম উনি নাকি প্রচুর মদ্যপান করেন। কাজের সময় এদের যে গাম্ভীর্য থাকে, কাজের পর সামাজিক জীবনে মদ্যপানের পর এদের আর কোনও ভেদাভেদ থাকে না। বড় ছোট সব একসঙ্গেই ফুর্তি করে। এদেশে এই মদ্যপান করে গাড়ি চালানোর জন্যে এই ভদ্রলোকের চারবার জরিমানা হয়েছে। চারবারই পুলিশের নজরে আসেন। শুধু জরিমানাই নয় প্রতিবারেই তিন পয়েন্ট করে হারিয়ে চারবারে বারো পয়েন্ট হারানোর ফলে ওঁর ড্রাইভিং লাইসেন্স রদ করা হয়।

একদিন জানতে পারলাম অন্য একটা হাসপাতালে যেতে হবে এই "চার্লটন হেসটন" সাহেবের মতো দেখতে সার্জেনের অ্যাসিসটান্ট হিসেবে। হাসপাতালে ট্যাক্সি করেই যাব। "এনট্রান্স হলে" একটা বেঞ্চি পাতা আছে। ওইখানে বসেই অনেকদিন ট্যাক্সির জন্য অপেক্ষা করেছি। হঠাৎ দেখি ওই ভদ্রলোক আমার পাশে এসে বসলেন।

আমি তো ভ্যাবাচ্যাকা খেয়ে গেছি। বড় সার্জেন এভাবে জুনিয়রের পাশে বসেন না। একটা দূরত্ব বজায় থাকেই। আমি এভাবে অভ্যস্ত নই। উশখুস করছি। ট্যাক্সি এলে আমরা দু-জনেই পাশাপাশি ট্যাক্সিতে বসলাম। অবশ্য তখন আমি এই লাইসেন্স ক্যানসেলের ব্যাপারটা জানতাম না।

এখানকার কাজ শেষ হলে নতুন কাজের জন্য ইন্টারভিউ দিলাম। সেই একই ডিপার্টমেন্টে। এখন আর কাজ পেতে অসুবিধে হল না। এখানে

যিনি আমাদের “বস” ছিলেন তিনি খুব বন্ধুত্বভাবাপন্ন ছিলেন না। আমি একটা “ফ্র্যাকচার রিডাকশন” করেছি।। ডেকে পাঠালেন, বললেন, ‘তুমি ঠিকমতো এটাকে সেট করতে পারোনি।’ আমি ভয় পেয়ে গেলাম। তারপর বললেন, ‘না ঠিকই করেছো তবে আরও ভাল করা যেত।’

আবার খানিকক্ষণ চুপচাপ থাকার পর বললেন, ‘না, না, ভালই হয়েছে। আমি কোনো “ফ্র্যাকচার লাইন” দেখতে পাচ্ছি না।’

যথাসময়ে ক্যাটারিং ছেড়ে আমরা এই হাসপাতাল অর্থাৎ ওয়ালসল জেনারেল হাসপাতালে পৌঁছনোর জন্য ট্রেনে চেপেছি। এ জায়গাটা বার্মিংহামের থেকে দূরে নয়। ট্রেন থেকে নেমে যথারীতি টিকিট চেকারের সন্মুখীন হলাম। ইনি একজন ইংরেজ ভদ্রমহিলা। উনি টিকিট পরীক্ষা করে আমাদের একটু দূরে গিয়ে অপেক্ষা করার নির্দেশ দিলেন। আমি আর মমতা ভাবছি টিকিটে কোনো গন্ডগোল আছে নাকি? “ফাইন” দিতে হবে নাকি? এসব কথা ভাবনায় চলে এল। পাঁচ সাত মিনিট পরে ওই মধ্যবয়সী ভদ্রমহিলা এসে জিজ্ঞেস করলেন, ‘হাসপাতালে যাবে তো? কিন্তু এখন ট্যাক্সি পেতে অসুবিধে হবে। অনেকক্ষণ অপেক্ষা করতে হবে।’ এই বলে উনি এক ভদ্রলোকের কাছে গিয়ে কথাবার্তা বলতে লাগলেন। তারপর আবার আমাদের দিকে এসে বললেন, ‘পিটার তোমাদের হাসপাতালে ছেড়ে দিয়ে আসবে। ও একটু “কিন্তু কিন্তু” করছিল কারণ ওঁর বৌ আসছে লন্ডন থেকে পরের ট্রেনে। আমি ওকে বুঝিয়ে বলেছি তোমার বৌয়ের কোনো অসুবিধে হবে না, আমি আছি তো।’ আমরা তো অবাক হয়ে গেলাম। হঠাৎ দেখি একটা ফ্রেমে আটকানো কালো বোর্ড খানিকটা সামনে নিয়ে এসে পিটার চক দিয়ে লিখল ‘জেন, আমি দশ মিনিটের মধ্যে ফিরে আসব, তুমি অপেক্ষা কোরো—পিটার।’

ওই ভদ্রমহিলা বললেন, ‘ঠিক আছে তো পিটার? পিটার লাজুক হেসে বলল ‘তুমি যখন আছ আমার আর চিন্তা কী?’ বুঝলাম এরা সব চেনাশোনার মধ্যে পড়ে। পিটার আমাদের হাসপাতালে পৌঁছে দিল। গাড়িতে পাঁচ মিনিটের পথ। হাসপাতালের নির্দিষ্ট বাড়িতে আমরা গিয়ে উঠলাম। এখানে আবার ছয়মাসের কাজ ও সংসার।

এখানে ইমার্জেন্সি বিভাগে কাজ। আগের হাসপাতালে অর্থপেডিকেরও কিছু কাজ করতে হত। এখানে ছয় মাসের চাকরি।

দু-মাস চলার পর ভাগ্য সুপ্রসন্ন হল। ১৯৭৫-এর নভেম্বরে আমরা জুনিয়র ডাক্তাররা "ইনডাসট্রিয়াল অ্যাকশন" শুরু করলাম কম মাইনে ও অন্যান্য বিরূপ অবস্থার জন্য। তখনকার "কনট্রাক্ট" অনুযায়ী এতদিন কাজ চলছিল, এখন জুনিয়র ডাক্তাররা বিদ্রোহ ঘোষণা করল। ব্রিটিশ মেডিক্যাল অ্যাসোসিয়েশন থেকে বলা হল সপ্তাহে চল্লিশ ঘণ্টা কাজ করতে। এই কাজে শুধু ইমার্জেন্সি সামলাতে হবে। ডাক্তারিতে এর থেকে ভালো চাকরি আর কী হতে পারে জুনিয়র লেভেলে। এইভাবে একমাস কাটল। "লেবার গভর্মেন্ট" অনুমোদন করল ডাক্তারদের দাবি। চল্লিশ ঘণ্টার কাজে মূল বেতন যেমন ছিল তেমনই রইল। কিন্তু চল্লিশ ঘণ্টার ওপর সব জুনিয়র ডাক্তারদেরই কাজ করতে হত। ওই অতিরিক্ত কাজের জন্য তখন থেকে ইউ.এম..টি (Units of Medical Time) হিসাবে ঘণ্টাপ্রতি অতিরিক্ত অর্থোপার্জন হতে থাকল। অর্থাৎ কাজের চাপ আবার আগের মতন রইল, কিন্তু তবে আগের থেকে রোজগার বৃদ্ধি পেল। ওই অতিরিক্ত অর্থের বেশিরভাগই "বাই ওয়ান গেট ওয়ান ফ্রি"-র দোকানগুলোতে খরচ করতে লাগলাম সব জুনিয়র ডাক্তাররা।

ডাক্তার হিসেবে এখানে থাকার একটা সুবিধে হল কাজ শেখার ব্যাপার। হাড় কাঁপানো শীত ডিসেম্বরে। যথারীতি একদিন তুষারপাত ঘটে সব সাদা হয়ে গেছে। এই তুষারপাতের দ্বিতীয় দিন থেকে দলে দলে রোগীরা এই ইমার্জেন্সি বিভাগ ভরিয়ে তুলল হাড়-ভাঙা নিয়ে। কয়েকদিনে একশো জনের ওপর রোগীর ভাঙা জোড়া দেবার কাজে আমরা সবাই ব্যস্ত থাকলাম। যে কাজ শিখতে অন্তত ছয় মাস থেকে এক বছর লাগত তা কয়েকদিনে আয়ত্ত করা গেল। কাজের চাপ খুব বেশি হলেও কাজ শেখার দিক দিয়ে ভাবলে খুব একটা মন্দ লাগত না। এরপর আর আমাদের সমালোচক "বস" খুঁত ধরার সুযোগ পেত না। এই ভদ্রলোকের বিভাগে এত কম সময়ের মধ্যে এতগুলো ভাঙা হাড় জোড়া দিয়েছি আমরা কয়েকজন জুনিয়র ডাক্তার। এরপর ইনি বলবেনই বা কী?

এরপর সমালোচনা করলে তো এই "বসের" ওপরই দায় চাপবে। তাই আমাদের ধারে কাছে থাকার আর বেশি চেষ্টা করতেন না। নিজের ঘরে বসে সাহেব মেমদের গোড়ালি ইত্যাদি পরীক্ষা করতেন।

অর্থপেডিক ডিপার্টমেন্টের একজন কনসালটেন্ট ছিলেন যার নাম মিস্টার ফিশার (এ দেশে সব সার্জেনদের মিস্টার বলা হয়)। নিপাট ভদ্রলোক বলতে যা বোঝায় ইনি তাই ছিলেন। অনেক সময় আমাদের বিভাগে আসতেন। জুনিয়র ডাক্তারদের সঙ্গে বন্ধুর মতো কথা বলতেন। যখন দেখতেন আমরা এতই ব্যস্ত হয়ে পড়েছি, ঠিকমতো সামাল দিতে পারছি না, তখন বলতেন 'ঠিক আছে আমিও তোমাদের কয়েকটা রোগী দেখে নিচ্ছি'। আমি জুনিয়র ডাক্তার হিসেবে এদেশে তখন একবছর কাজ করেছি। কিন্তু এমন বন্ধুত্বভাবাপন্ন সিনিয়র ডাক্তার আর এক জনকেও দেখিনি। এখানে ঠিক কাজ শেষ হওয়ার আগে যখন বিভিন্ন হাসপাতালে আবেদনপত্র পাঠাচ্ছি তখন একজন রেফারি হিসেবে মিঃ ফিশারের নাম আবেদনপত্রে লিখব বলে ঠিক করলাম। অবশ্য এর জন্য আমাকে মিস্টার ফিশারের অনুমতি নিতে হবে।' দেখা করে রেফারির কথা বলতেই এক গাল হেসে বললেন, 'অবশ্যই, আমি তোমাকে চিনি। রেফারি হিসেবে আমার নাম দিয়ে দাও। ভাল চাকরি পেতে তোমার কোনো অসুবিধে হবে না।' যদিও আমি প্রত্যক্ষভাবে এই ভদ্রলোকের অধীনে কাজ করিনি। এইটুকু বুঝলাম আমাকে এই ভদ্রলোকের ভালই লেগেছে তা সে যে কারণেই হোক।

এই কাজ দেড় বছরের জন্য। এই জায়গার নাম শ্রুসবেরি। ছয়মাস করে এক একটা বিভাগে কাজ করতে হবে। যেমন প্রথমে অ্যাক্সিডেন্ট ও ইমার্জেন্সি, পরের ছয় মাস অর্থপেডিক আর শেষ ছয় মাস জেনারেল সার্জারি। ওই অর্থপেডিক সার্জেনের রেফারেন্সের জোরে চাকরি পেয়ে গেলাম। আটজন কর্মপ্রার্থীর মধ্যে আমরা তিনজন মনোনীত হলাম। ওই চাকরিটি পাওয়ার পর যখন হাসপাতালে আসছি হঠাৎ দেখি মিস্টার ফিশার গাড়ির ভেতর থেকে আমাকে হাত নাড়ছেন। হাসপাতাল চত্বরে গাড়ি থেকে নেমে এলেন গাড়ির ইঞ্জিন বন্ধ না করেই। কাছে এসে হাত বাড়িয়ে বললেন,

'তোমায় অভিনন্দন জানাচ্ছি কাজ পাওয়ার জন্য।' করমর্দন করার পর জিজ্ঞেস করলাম, 'আপনি জানলেন কী করে? ইন্টারভিউ তো মাত্র গতকাল হয়েছে।' উনি মৃদু হেসে বললেন, 'আমি জানি, কারণ আমি তো তোমার রেফারি।' আমি সত্যিই কৃতজ্ঞ বোধ করলাম এই ভদ্রলোকের মধুর ব্যবহারে। আমি আমার কৃতজ্ঞতা জানিয়ে দিলাম মিস্টার ফিশারের উদ্দেশে। এই ভদ্রলোক জাতিতে ইংরেজ। অনেক সময়ই আমরা বিরূপ হই এই জাতের বিরুদ্ধে। হঠাৎ শঙ্করের বিখ্যাত ব্যারিস্টার সাহেবের কথা মনে পড়ে গেল।

এইসময় মনে হল জাত নিয়ে কাউকে বিচার করা ঠিক নয়। সব মানুষই জাতের ঊর্ধ্বে। ভাল মানুষ যেমন যে কোনো জাতের হতে পারে, খারাপ মানুষও তাই। আমার মনে হয় আমরা যদি হিংসা, দ্বেষ, অতিরিক্ত ক্রোধ, লোভ, মোহ থেকে নিজেদের যতটা সম্ভব সংযত করে রাখতে পারি ততই সবার মঙ্গল। আর হ্যাঁ, আর একটা কথা। নারী পুরুষের ভেদ আজকের দুনিয়ায় জটিল থেকে জটিলতর হচ্ছে। আমরা ঈশ্বরকে শ্রদ্ধা করি, ভক্তি করি, পুজো দিই। কিন্তু একথা আমরা ভুলে যাই যে প্রত্যেক মানুষের মধ্যেই এই ঈশ্বরের বাস। একজন মানুষ যখন আরেকজন মানুষকে অপমান করে তখন সেই ঈশ্বরকে অপমান করা হয়, যিনি তাদের দুজনের অন্তরেই অধিষ্ঠিত। অবশ্য কেউ যদি বলেন আমি ঈশ্বর মানি না, তখন ওই ব্যক্তির বিশ্বাসকেও সম্মান জানিয়ে বলা যায় যে ঈশ্বরকে বিশ্বাস না করলেও ওই মানুষের মধ্যে আমি কি আমার নিজের অস্তিত্বকে খুঁজে পাই না?

আমাদের সবারই কি কখনও কখনও মনে হয় না এই 'আমি'টি কে? আমরা সবাই নিজেকে বোঝাতে "আমি" বলি কেন? প্রত্যেকের আলাদা আলাদা নাম আছে, কিন্তু সবাই আমরা "আমি"। এই আমার "আমি" জন্মের মুহূর্ত থেকে আমাদের শেষ নিশ্বাসের দিন পর্যন্ত আমাকে অর্থাৎ নিজেকে প্রকাশ করে থাকে। আমরা যখন এই "আমি"র প্রকৃত অর্থ বুঝতে পারব সেদিন আর কোনো দ্বন্দ্ব থাকবে না। কিন্তু দুঃখের বিষয় আমাদের এই "আমিত্ব" নিজের নিজের ক্ষেত্রে অহঙ্কারের স্তূপে চাপা পড়ে যায়। সেই

স্তূপের ভেতর থেকে বেরিয়ে আসার আর উপায় থাকে না। এই স্তূপের জঞ্জাল থেকেই আমাদের বেরিয়ে আসতে হবে। এছাড়া আমাদের, অর্থাৎ মনুষ্য সমাজের অন্য কোনও পথ নেই। বদ্ধ জীবন থেকে মুক্ত হবার কোনও পথ নেই। আমরা একই বৃত্তের মধ্যে অনন্তকাল ধরে ঘুরপাক খেতে থাকব। এই আবর্তের মধ্যে ঘুরতে ঘুরতে রঙীন স্বপ্নের জাল বুনতে বুনতে একদিন দেখতে পাবো বড় দেরি হয়ে গেছে। নিজেকে শুধরে নেওয়ার।

এই "মোহ আবরণ" খুলে আমাদের অনেক আগেই বেরিয়ে আসতে হবে। নিজের লক্ষ্য স্থির রেখে কাজ করে যেতে হবে। সবার পক্ষে সব কিছু করা সম্ভব নয়। আমরা ভারতীয়রা বড়ই আশাবাদী, অকৃতকার্যতার যন্ত্রণা সহ্য করতে পারি না। আশানুরূপ ফল না হলেই ভেঙে পড়ি। এমনকী জীবননাশ করতেও দ্বিধা করি না।

এত কথা বলার কারণ আমাদের বেশিরভাগ মানুষের ক্ষমতা খুব সীমিত। তবুও কখনও অন্যায়ের সঙ্গে আপোস করিনি। কাজের সময় মাঝে মাঝে আমার ক্ষমতার সীমা ছাড়িয়েও কাজ করে যাওয়ার চেষ্টা করেছি। অতিরিক্ত কাজের চাপে শরীরের ক্ষতি হয়েছে, মনের ওপরও চাপ পড়েছে। এইভাবে কাজ করার জন্য আজকের দুনিয়ায় আমাকে যে ওপরমহল থেকে কেউ প্রশংসা করবে বা আমার খ্যাতি বাড়বে তা কোনও দিনই ভাবিনি। অবশ্য বেশির ভাগ ক্ষেত্রে সব দেশেই রোগীদের ভালোবাসা পেয়েছি এটাই আমার পরম প্রাপ্য। নিজের দিকে না তাকিয়ে কাজে মনপ্রাণ সঁপে দিলে নিজের কাছে কৈফিয়ত দিতে হয় না। আজকের দুনিয়া সেলিব্রিটিদের দুনিয়া। সেই দুনিয়ায় শুধু কথা আর কথা। আমরা ডাক্তাররা সেই দলে পড়ি না। এদেশে আমরা রোগীর আজ্ঞাবহ কর্মচারী। "পান থেকে চুন" খসলেই আইনের খাঁড়া আমাদের গলার ওপর ঝুলতে থাকে। অনেক ডাক্তার এইসব যন্ত্রণা সহ্য করতে না পেরে অতিরিক্ত মদ্যপান করে। অনেকে আবার এই পেশা ছেড়ে অন্য পেশায় চলে যায়।

১৯৭৬ সালের ফেব্রুয়ারি মাসে আবার ওখান থেকে পাততাড়ি গুটিয়ে ফলতে হল। স্রুশবেরির হাসপাতালের দিকে রওনা দিলাম। এবার

ভ্যানে মালপত্র চড়িয়ে আমি, মমতা, সুদেষ্ণা ও লুনা নতুন জায়গায় পৌঁছালাম। এখানকার জীবন দেড় বছরের জীবন। এবার কয়েকটা উল্লেখযোগ্য ঘটনা বলি। প্রথমে একটা বাড়ি পেলাম যেটা হাসপাতাল থেকে কয়েকমাইল দূরে। বাড়িটাও আমাদের পছন্দ হল না। ফেব্রুয়ারি মাসেও বেশ ঠান্ডা। নতুন নতুন ফ্ল্যাটগুলো ছোটোখাটো হলেও বেশ আরামদায়ক। কারণ নতুন ধরণের তাপনিয়ন্ত্রণের ব্যবস্থা সব ঘরগুলোকে সমানভাবে গরম করে রাখে। একটা ঘরে গরম বেশী আর আরেকটা ঘরে গরম কম হয় না। তাছাড়া বাইরের দেওয়ালগুলোকে ভেতরের দিকে গরম করে রাখার ব্যবস্থা অনেক আধুনিক। তাই এই প্রাচীনকালের বাড়িটি গরমের সময় উপযুক্ত হলে শীতকালে মোটেও আরামদায়ক নয়। সঙ্গে আবার দু-টি শিশু। এই কাজ শুরু হওয়ার পর থেকেই চেষ্টা চলল একটি ফ্ল্যাট আদায় করা। ভাড়া যা লাগবে তা তো দেবই। "ওয়েটিং" লিস্টে নাম উঠল। এখন ধৈর্য পরীক্ষা। এর জন্য মাস দু-তিন অপেক্ষা করতে হল। অবশ্য তখন ঠান্ডাটা অনেক কমেছে, এমনকী ওই বছরের গ্রীষ্মকাল অনেকদিন উষ্ণতা ধরে রেখেছিল। ১৯৭৫ সালের গ্রীষ্মকালও মনে রাখার মতো। ফ্ল্যাটে গিয়ে আমাদের আনন্দ আর ধরে না। তিন বেডরুমের ফ্ল্যাট। বসার ঘর, খাবার ও রান্নাঘর একসঙ্গে, এছাড়া বাথরুম ও টয়লেট আলাদা।

এদেশে বেশি বড় বাড়িতে থাকা আমাদের মতে খুব আরামদায়ক নয়। অবশ্য এ বিষয়ে অনেকেই ভিন্নমত পোষণ করবেন।

ওয়ালসল থেকে ড্রাইভিং শিক্ষা শুরু হয়েছিল। ব্রিটিশ মোটর ড্রাইভিং স্কুল প্রতিষ্ঠান হিসেবে এটির সুনাম আছে। আমার অবশ্য নির্দেশকারী ব্যক্তির ব্যবহার ভাল লাগেনি।

কয়েকটি "লেসন্" নেওয়ার পর বন্ধ করে দিয়েছিলাম। যাই হোক এই নতুন জায়গায় একজন নির্দেশকারীর (ইন্‌স্ট্রাকটর) কাছে "লেসন" নিতে লাগলাম।

বেশ কিছুদিন নেওয়ার পর ওই ব্যক্তি একদিন বললেন, 'দেখুন ডাক্তার আপনাকে একটা কথা বলতে চাই। পাউন্ড কখনও নষ্ট করবেন না,

তবে প্রয়োজনে খরচ করবেন।' এই কথাতে হঠাৎ আমার টনক নড়ল। ওই ব্যক্তি লক্ষ্য করেছেন আমি নিয়মিত ড্রাইভিং শিক্ষা গ্রহণ করছি ঠিকই কিন্তু পুরোপুরি মন দিতে পারছি না। হাসপাতালের কাজে প্রচণ্ড চাপ। একটু আধটু পড়াশোনাও করি। এদিকে আবার ড্রাইভিং পাশ করিনি বলে গাড়ি কিনিনি। মমতা দু-টি শিশুকে সামলিয়ে বাসে করে বেশ কিছু দূরে বাজার করতে যায়। আমাদের দু-জনেরই প্রচণ্ড পরিশ্রম। কিছুদিন বাদে হঠাৎ কী মনে হল একটা গাড়ি কিনে ফেললাম। গাড়িটির নাম অস্টিনের উলস্‌লি গাড়ি।

এই গাড়িটি ১৯০১ সালে প্রথম তৈরি হয়। ১৯৭৫ সালের পর থেকে এটি অপ্রচলিত হয়ে যায়। আমি ১৯৭৩-এর মডেলটি কিনলাম ১৯৭৭ সালে অর্থাৎ চার বছরের পুরনো গাড়ি। ক্রীম রঙের গাড়িটি সত্যিই দেখতে সুন্দর ছিল। দাম লেগেছিল এক হাজার পাউন্ড অর্থাৎ তখনকার টাকার হিসেবে আঠারো হাজার টাকা। গাড়ি তো কেনা হল কিন্তু চালাবে কে? আমি আইনত গাড়ি চালাতে পারি না কারণ লাইসেন্স পাইনি। এদেশে ড্রাইভিং পরীক্ষা বড়ই কঠিন। ওই হাসপাতালের আর একজন বাঙালি ডাক্তারের সঙ্গে আলাপ হল। "ইনস্ট্রাক্টর"-এর কাছেই লেসন্ নিচ্ছি। প্রতি একঘণ্টার জন্য লাগত দুই পাউন্ড। "ইনস্ট্রাক্টর" মহাশয় একদিন বললেন, 'দেখুন ডাক্তার আপনার গাড়ি পরিচালনার কৌশল সবই খারাপ, খালি একটি জিনিস ছাড়া।' মৃদু হেসে আমি জিজ্ঞেস করলাম, সেটা কী?' ভদ্রলোক বললেন, 'আপনার স্টিয়ারিং ধরার কায়দাটা ভারী সুন্দর।'

হঠাৎ আমার বাংলা বা হিন্দি সিনেমার নায়কদের স্টিয়ারিং ধরে বাঁই বাঁই করে ঘোরানোর কথা মনে পড়ল। ওই বাঙালি ডাক্তার বিনয় মুখোপাধ্যায় আমাকে মাঝে মাঝে ড্রাইভিং লেসন্ দিত। কিছুদিনের মধ্যে টেস্ট দিলাম। পাশ হল না। প্রায় চল্লিশ পয়তাল্লিশটা বিষয়ের মধ্যে অর্ধেক বিষয়ে লাল কালির দাগ পড়ল। এদেশে পথেঘাটে দুর্ঘটনার কথা ভেবে খুব সহজে লাইসেন্স এরা দেয় না। অবশ্য এবারে আমার নিজের বিচারেও পাশ করার কথা নয়। তাছাড়া ইচ্ছে করেও কয়েকটা বিষয়ে ভুলভাল চালিয়েছিলাম। আগে থেকেই বুঝেছিলাম এবারে ড্রাইভিং পাশ হবে না।

হাসতে হাসতেই ফ্ল্যাটে ফিরলাম। মমতাও হয়তো জানতো এবার লাইসেন্স পাব না। দু-মেয়ের তো তখন বোঝার বয়স হয়নি।

শীতকাল বিশেষ করে বড়দিনের আগে ও পরে হাসপাতালে রোগী ভর্তির সংখ্যা অসম্ভব রকম বেড়ে যায়। আমি তখন জেনারেল সার্জারিতে কাজ করছি। সিনিয়র হাউস অফিসার হিসেবে। অনেক সময় দীর্ঘকাল এদেশে এই পোস্টেই বহাল থাকতে হয়। অবশ্য অভিজ্ঞতা বাড়ার পর একটু ভাল হাসপাতালে বা বিভাগে কাজ পাওয়া যায়। জেনারেল সার্জারি বা মেডিসিন, এইসব ডিপার্টমেন্টে এশিয়া থেকে এসে কাজ পাওয়া একটু মুশকিলই হত। তবে অভিজ্ঞতা বাড়লে সুযোগও বাড়ে।

যা বলতে চাইছি সে প্রসঙ্গে আসা যাক। সকালে ওয়ার্ডে গিয়ে শুনলাম "উইক এন্ডে" যে জুনিয়র হাউস অফিসারের "অন কল" থাকার কথা সে অসুস্থ হয়ে পড়েছে। যেহেতু কাউকে এত তাড়াতাড়ি "লোকাম" হিসেবে জোগাড় করা যাচ্ছে না তাই আমাকে অনুরোধ করা হল ওই উইক এন্ডটা সামলে দিতে। সেই সময়কার উইক এন্ড-এর কাজের বিবরণ নীচে লিখছি। শুক্রবার সকাল ন-টা থেকে বিকেল পাঁচটা পর্যন্ত 'রুটিন' কাজ করতে হত। পাঁচটার পর "অন কল" শুরু হত। শেষ হত সোমবার সকাল ন-টায়। আবার সোমবার সকাল ন-টা থেকে বিকেল পাঁচটা পর্যন্ত রুটিন কাজ করে মুক্তি পাওয়া যেত।

এইসব অমানুষিক কাজ করার ব্যাপারে আমরা দেশ থেকেই অভ্যস্ত ছিলাম। তবে এসব দেশে আবার আইনের কড়াকড়ি বড্ড বেশি। "পান থেকে চুন" খসলেই কৈফিয়ত দাবি করবে। আমি ভেবেছিলাম একটাই তো উইক এন্ড। কোনও রকমে জুনিয়র হাউস অফিসারের কাজ সহজেই করে ফেলতে পারব। ওই ডিপার্টমেন্টে তখন দু-জন সিনিয়র হাউস অফিসার। আমি ও আরেকজন ইংরেজ যুবক। আর জুনিয়র হাউস অফিসাররা সব সময়েই ব্রিটেনেরই সদ্য পাশ করা ছেলে। যথারীতি 'উইক এন্ড' চলে এল। আমিও সময় মতো কাজ শুরু করলাম। শুক্রবার পাঁচটা বাজার পর থেকে "অন্ কল" শুরু হল। রোগী ভর্তি হচ্ছে আর আমি "ক্লার্ক" করে চলেছি।

মাঝে মাঝে 'অন্ কল' ডাক্তারের জন্য নির্দিষ্ট ঘরে যাই। আবার ওয়ার্ডে এসে রোগী ভর্তি করি। সকাল হল, কাজ চলতে থাকল। দুপুর দু-টো বাজল। আমি নার্সদের বললাম, 'এ বারে আমি একঘণ্টা মতো আমার ফ্ল্যাটে যেতে চাই তাড়াতাড়ি খাওয়া দাওয়া করেই চলে আসব।' নার্সরাও সম্মত হল। কারণ ফ্ল্যাটটা কাছেই ছিল হাঁটাপথের মধ্যে। দু-চারটে কাজ বাকি ছিল। চট্‌পট্ সেরে ফ্ল্যাটের দিকে এগোতে যাচ্ছি হঠাৎ একজন নার্সিং স্টাফ দৌড়তে দৌড়তে এসে বলল, 'ডাক্তার, হঠাৎ ঝড়ের বেগে যেন রোগীরা হাসপাতালের দিকে ধাওয়া করেছে। জি.পি.দের কাছ থেকে অনুরোধ এসেছে কয়েকটা রোগীকে ভর্তি করে নিতে।' যে ঘটনা ঘটল তার জন্য প্রস্তুত ছিলাম না। একটা ফোন ছাড়লে আর একটা বেজে উঠছে। এ রকম অবস্থা আর কোথাও দেখিনি। বুঝলাম ফ্ল্যাটে যাওয়া "দূর অস্ত"। এখান থেকে এক পাও নড়তে পারব না। তখন খিদের জ্বালায় অজ্ঞান হয়ে যাওয়ার অবস্থা। নার্সদের বললাম, 'দেখো, যেহেতু ফ্ল্যাটে যেতে পারলাম না, তাই এখানকার ক্যান্টিন থেকে আমার জন্য কিছু খাবার জোগাড় করে নিয়ে আসতে পারবে? এখন না খেলে অজ্ঞান হয়ে পড়ব।' নার্সরাও আমার করুণ অবস্থা দেখে সহানুভূতিশীল হল। দু-জন নার্স দৌড়ল খাবার আনতে। কিছুক্ষণ বাদে দূর থেকে দেখলাম খাবার আসছে। আমার আর ধৈর্য নেই অপেক্ষা করার। বলল, "গোমাংস" আর "শুকর মাংস" ছাড়া আর কিছু নেই। ওই খাবারই তোমার জন্য নিয়ে এসেছি। এর আগে আমি "নিজামে" মাংস খেয়েছি। সেটা কী মাংস ছিল আমরা কখনও জিজ্ঞেস করিনি। "প্রবাসে নিয়ম নাস্তি" আপ্ত বাক্য মেনে নিয়ে গোগ্রাসে সব খাবারই গলাধঃকরণ করলাম।

কাজ চলতে লাগল "লাগাতার" নিয়মে। রবিবার ভোর চারটেয় ফ্ল্যাটে আসার সময় হল। তারপরেও একবার ফোন বেজে উঠেছিল। ফোনটা ধরতে গিয়ে মনে হল যেন চোখে সবকিছু অন্ধকার দেখছি। মনটাকে শক্ত করে ফোনের ওপারের বক্তব্য শুনলাম। কিছু উপদেশ দান করেই অজান্তে মাথাটা বালিশে পড়ে গেল। তারপর কয়েকঘণ্টা পর যখন ঘুম ভাঙ্গল বুঝলাম এবার 'অন কল' শেষ হয়েছে। ওই 'উইক এন্ডে' উনচল্লিশটা রোগী ভর্তি

হয়েছিল। যেটা রেকর্ড নম্বর বলা চলে। ঘণ্টা দুয়েক ঘুমিয়ে আবার প্রস্তুত হলাম সকালে হাসপাতালে যাওয়ার জন্য। মনে আশা যে বিকেল পাঁচটার পর আমাকে কেউ ধরতে পারবে না। তখন পরের দিন সকাল পর্যন্ত বিশ্রামের সময়। তাছাড়া এখন শুধু কনসালটেন্টের সঙ্গে ঘুরে ঘুরে রোগী দেখা, বিশেষ করে যেগুলো 'উইক এন্ডে' র সময় ভর্তি হয়েছে অর্থাৎ আমি ভর্তি করেছি। মিস্টার পোলোক (সার্জেনদের এ দেশে "মিস্টার" বলা হয় নামের আগে) শনি-রবিবারের ভর্তি করা রোগীদের দেখাশোনা করার দায়িত্বে আছেন। আমাকে ওয়ার্ডে দেখে মনে হল যেন অবাক হলেন। পরে আমার সহকর্মী ডাঃ ম্যান বলল, মিস্টার পোলোক তোমাকে যথাসময়ে ওয়ার্ডে দেখে অবাকই হয়েছেন। কারণ, 'উইক এন্ডে' এতগুলো রোগী ভর্তি করে যথাসময়ে ওয়ার্ডে হাজির হওয়া যে অসম্ভব সেটা এরা মেনেই নিয়েছে। মনে মনে ভাবলাম কী আর করা যায়, আমরা তো বিদেশি। কাজের মধ্যে যেন কোনও খুঁত না ধরা পড়ে তারই চেষ্টা করে যাওয়া। মিস্টার পোলোক অবশ্য মানুষ হিসেবে ভালই ছিলেন। আমার এই অমানুষিক পরিশ্রমের ফলও পেয়েছিলাম।

এখন থেকে আর "রেফারেন্সে"র ব্যাপারে অসুবিধে রইল না।

দিন কেটে যাচ্ছে, যখন সময় পাচ্ছি ড্রাইভিং লেসন্‌ও নিয়ে যাচ্ছি। পড়াশোনাও চালিয়ে যাচ্ছি। যদিও এই হাড়ভাঙ্গা খাটুনির পর পড়াশোনা করা প্রায় অসম্ভব ব্যাপার। এ দেশে দক্ষিণ-পশ্চিম এশিয়া থেকে আসার পর অনেকের "ফেলোশিপ" "মেম্বারশিপ" পরীক্ষার পেছনে বেশিরভাগ ক্ষেত্রেই একযুগ কেটে যায়। এতে সময়ের অপচয় হয়। যদি দীর্ঘকাল সাধনার ফলে কোনো মতে পাশ হয় (সাধনা না মোহ?) তখন মনে হয় অনেক দেরি হয়ে গেল। পাশের আনন্দ কয়েকদিন ভোগ করার পর মনে আসে একটা কথা "কিং কর্তব্যং অতঃপরম্"। বেশিরভাগ ডিগ্রিধারী ডাক্তার ভাবেন, দেশে ফিরে সবার সঙ্গে লড়তে পারব তো? আবার এদিকেও কনসালট্যান্ট হবার বয়সও পেরিয়ে গেছে। এসব ব্যাপারে পরে আরও লেখার সময় হবে।

অর্ধেন্দু অবিবাহিত, পড়াশোনা মনোযোগ দিয়ে চালিয়ে যাচ্ছে। হঠাৎ অর্ধেন্দু আমাদের জানাল গভীর মনোযোগ দিয়ে পড়াশোনার জন্য চাকরি

ছেড়ে কয়েক মাস আমাদের ফ্ল্যাটে থাকতে চায়। হাড়ভাঙ্গা খাটুনির পর পড়াশোনা করা যে মুশকিলের ব্যাপার এটা আর আমাদের বুঝতে অসুবিধে নেই। আমরা, অর্থাৎ আমি ও মমতা, দু-জনেই সম্মতি দিলাম। অবশ্য একথা অস্বীকার করলে অন্যায় হবে যে মমতার দু-টো শিশুকন্যাকে সামলে কাজের চাপ আরও খানিকটা বাড়ল। অবশ্য আগেই বলেছি, অর্ধেন্দু বরাবরই করিতকর্মা ছেলে ছিল।

একদিন আমি বসার ঘরে কিছু একটা করছি, অর্ধেন্দু তিন নম্বর বেডরুমে যথারীতি পড়াশোনা করছে। মমতা বাসে চড়ে শহরে গেছে বাজার করতে। আমাদের ওপর দু-টো শিশুকন্যাকে সামলানোর দায়িত্ব দিয়ে। ওরা দু-নম্বর বেডরুমে বসে আছে। কিছুক্ষণ বাদে অর্ধেন্দুর গলা পেলাম।

অর্ধেন্দু চেঁচিয়ে আমাকে বলল, 'স্বপনদা আপনাদের দুই কন্যার তেমন সাড়া শব্দ পাওয়া যাচ্ছে না, একবার গিয়ে দেখে আসুন।' একথা শুনে আমি চমকে উঠলাম। দৌড়ে ওদের ঘরে গিয়ে দেখলাম সুদেষ্ণা বসে বসে কিছু একটা করছে। তখন ওর বয়স চারের নীচে। কিন্তু লুনা ওই ঘরে নেই। ছোট ফ্ল্যাট। সব জায়গা দেখতে কয়েক মিনিটই লাগল। দেখলাম ফ্ল্যাটের কোথাও নেই। দরজার কাছে যেতে দেখলাম দরজাটা অল্প একটু ফাঁক করা। মমতা ফ্ল্যাটে নেই, আর ইতিমধ্যে ছোট কন্যা ফ্ল্যাট থেকে উধাও। আমার মাথার সব চুল খাড়া হয়ে গেল। হৃদ্‌যন্ত্রের গতি দ্রুত থেকে দ্রুততর হতে থাকল। অর্ধেন্দুও ঘাবড়ে গেছে। তবুও আমাকে দেখে বলল— 'স্বপনদা অত ঘাবড়াবেন না, বেশি দূর যেতে পারবে না কারণ আমি জানি কিছুক্ষণ আগেই ওরা দু-টোতে বক্‌বক্ করছিল।' আমিও বুকে সাহস সঞ্চয় করে ফ্ল্যাট থেকে বেরিয়ে পড়লাম। প্রথমেই দৃষ্টি গেল রাস্তার দিকে। ওই রাস্তায় পঞ্চাশ ষাট মাইল বেগে গাড়ি চলে। স্বস্তির নিশ্বাস ফেললাম এই ভেবে যে ওদিকে কোনো দুর্ঘটনা ঘটেনি। আমি কাজ করি রাস্তার ওপাশের হাসপাতালে। আমাদের ফ্ল্যাটের দিকে নতুন হাসপাতাল তৈরি হচ্ছে। ওইদিকে অসংখ্য গাড়ি "পার্ক" করা থাকে। এবার আমার দৃষ্টি গেল ওইদিকে। দু-চারজন লোক ইতস্তত ভাবে এদিক ওদিক ঘোরাঘুরি করছে কিন্তু লুনাকে চোখে

পড়ল না। ভয় উত্তোরোত্তর বেড়েই চলেছে। মনে প্রশ্ন, ওকে খুঁজে পাব তো? এত তাড়াতাড়ি ওইটুকু মেয়ে গেল কোথায়? ওর বয়স তো এখন তিনের নীচে। আমার কাছে প্রতিটি মুহূর্ত তখন এক একটা যুগ। মনে হচ্ছে চারিদিকে অন্ধকার ঘনিয়ে আসছে। কাকে জিজ্ঞেস করব, কেই বা বলবে ওইটুকু মেয়ের কথা? শুধু ভাবনার কালো মেঘ আমার মনের মধ্যে ঘুরপাক খাচ্ছে, হাত পা যেন অসাড় হয়ে আসছে। আমার মুখের অবস্থা ভাবলেশহীন। মনে হচ্ছে সবাই আমাকে বিদ্রুপ করছে। বলছে, বাবা হয়ে এতটুকু মেয়ের দায়িত্ব নিতে পারলে না—কর্তব্যের অবহেলা করলে। ওকে যদি ফিরে না পাও কীভাবে বেঁচে থাকবে বাকি জীবন? মমতাকেই বা কী বলবে তুমি, দায়িত্বজ্ঞানহীতার দায় থেকে নিজেকে কি কখনও মুক্ত করতে পারবে? এসব ভাবনার ভিড়ে যখন মন অবসাদগ্রস্থ হয়ে পড়েছে, হঠাৎ দেখি পচিশ ত্রিশ বছরের এক ভদ্রমহিলা লুনার হাত শক্ত করে ধরে আমার দিকে এগিয়ে আসছে। লুনাকে দেখেই আমার মন আনন্দে নৃত্য করে উঠল, মনে হল যেন আমি এই মুহূর্তে বিশ্বজয় করে ফেলেছি। আমি আর অন্য কিছু চাই না। আমার ও মমতার দুই অমূল্য সম্পদের মধ্যে একজনকে কিছুক্ষণের জন্য হারিয়ে ফিরে পেতে চলেছি। লুনার মুখ দেখে বুঝলাম ও খুব খুশি নয়। অবোধ শিশু হলেও ও জানত ওই পথেই ওর মা বাস ধরে ওকে ছেড়ে চলে গেছে। সবচেয়ে কঠিন হল শিশুদের মন বোঝা। ওইটুকু বয়সে সব শিশু মা-অন্ত প্রাণ হয়। এটাই তো স্বাভাবিক। ভদ্রমহিলা আমাকে দূর থেকে দেখতে পেয়ে আমার দিকেই এগিয়ে আসছেন দেখলাম। এই ইংরেজ মহিলা মুখের আকৃতিতে লুনার সঙ্গে আমার খানিকটা মিল দেখে হয়তো বুঝতে পেরেছেন ওই পুতুলের মতো ছোট্ট মেয়েটি আমারই মেয়ে। অবশেষে লুনাকে আমার হাতে সঁপে দিলেন। আমি অসংখ্য ধন্যবাদ জানিয়ে আমার কৃতজ্ঞতা প্রকাশ করলাম। ওই ভদ্রমহিলা একটু মুচকি হেসে জানতে চাইলেন, 'এই শিশুকন্যার মা কোথায়? কারণ এই অতি চালাক শিশুটি গুটি গুটি বাসের কাছে এসে বাসে উঠতে যাচ্ছিল। আমি ওখান থেকেই ওকে নিয়ে আসছি। ও কিছুতেই আসতে চাইছিল না। মুখে কিছু বলছিল না, কিন্তু আমার হাত

ধরাটা ওর যে পছন্দ হয়নি বুঝতে পারছিলাম।' ভদ্রমহিলাও নিশ্চিন্ত মনে নিজের কাজে চলে গেলেন। ছোট্ট শিশুটিকে নিয়ে ফ্ল্যাটে ঢুকলাম। ও আমার হাত ছেড়ে দিদির ঘরে ঢুকল। দু-টো অবোধ শিশু কতটুকুই বা বোঝে। কিছুক্ষণের মধ্যেই দিদির ঘর থেকে বেরিয়ে এসে এঘর ওঘর করতে লাগল। কোনো ঘরেই সে তার মাকে দেখতে পায় না। তার অন্তরের কথা বুঝতে পারার সাধ্য কারই বা আছে? এইভাবেই শিশুটি ছটফট করতে লাগল সারাক্ষণ। আমার তখন একটি ভাবনা। মমতা এসে গেলেই নিশ্চিন্ত হওয়া যায়। প্রতিটি মুহূর্তই যেন বড় দীর্ঘ। সময় আর কাটতেই চায় না। ঘণ্টাখানেক বাদে "কলিং বেল" বেজে উঠল। শিশুটি দৌড়ে দরজার সামনে এসে দাঁড়াল, দরজা খুলতেই গোটা কয়েক ভর্তি ব্যাগ নিয়ে ফ্ল্যাটের ভেতর এল মমতা। শিশুটির অভিমানে চোখ দু-টো ছলছল করে উঠল। সে তার সমস্ত শক্তি প্রয়োগ করে যেন দু-টি ছোট ছোট কোমল হাত দিয়ে তার মাকে ধরতে চাইল। সে যেন ওই দু-টি হাত দিয়ে বিশ্বমাতাকে আঁকড়ে ধরতে চায়। সব শিশুর জন্মদাত্রী মাতাই তার কাছে বিশ্ব। অভিমানে তার চোখ দু-টো জলে ভরে ওঠে। মা বলে, 'কাঁদছিস কেন? এই তো ফিরে এসেছি আমি।' কিন্তু এত ফিরে আসার জন্য নয়, তাকে একা ফেলে যাওয়ার জন্য। তার যত অভিমান যত কান্না—মা তো জানে না—সে মাকে খুঁজতে বাস স্টেশন পর্যন্ত চলে গিয়েছিল, কাউকে কিছু না জানিয়ে। মা-ও তাকে সোহাগে আদরে যখন ভরিয়ে তুলল, তখনই সে শান্ত হল। সে তো শিশু, বেশিক্ষণ সে ক্ষোভ জমিয়ে রাখতে জানে না। হাতে যখন মা তার মনোমতো কিছু জিনিস ধরিয়ে দিল তখন সে সহজেই ভুলে গেল আগেকার ঘটনা। দিদির সঙ্গে স্বাভাবিক নিয়মেই খেলতে শুরু করল, যেন কিছুই হয়নি এই ভেবে। হঠাৎ আমার চোখে উদ্ভাসিত হল সেই চিরন্তন রূপ। যুগ যুগ ধরে মায়ের স্নেহধারা প্রবাহিত হয়ে চলেছে শিশুর কোমল হৃদয়ের মধ্য দিয়ে। আজকের সমাজ ব্যবস্থায় এই চিরন্তন প্রেমের ফল্গুধারা ব্যাহত হচ্ছে প্রতি মুহূর্তেই। মা ও সন্তানদের মধ্যে বিচ্ছেদ ঘটছে প্রতিনিয়তই। স্বামী-স্ত্রীর বিচ্ছেদের ফলে শিশুটি বড় হচ্ছে মাতৃস্নেহ বা পিতৃস্নেহ থেকে বঞ্চিত হয়ে। এসব ক্ষেত্রে

কারণ দেখানো হয় স্বামী-স্ত্রীর মধ্যে প্রতিনিয়ত যে বিবাদের সৃষ্টি হয়, তার থেকে যত তাড়াতাড়ি পারা যায় মুক্ত হওয়াই নাকি সুস্থ সমাজের লক্ষণ। যুক্তির দিক থেকে হয়তো একেবারে অস্বীকার করা মুশকিল। বুদ্ধিজীবীরা এই নিয়ে অনেক গবেষণা করছেন।

আমিও একজন পেশাদার ডাক্তার হিসেবে এই পশ্চিমী দুনিয়ায় এসেই এই ধারণার সঙ্গে পরিচিত হয়েছি। এ বিষয়ে অনেক জ্ঞানীগুণী ব্যক্তির বক্তৃতা শুনেছি। তবু মনে হয়, একটি শিশুর দায়িত্ব সরকার বা কোনও প্রতিষ্ঠানের ওপর ছেড়ে দিলে হয়তো শিশুটির প্রতি পুরোপুরি সুবিচার করা হয় না। বহু যুগের চেষ্টায় এই সমাজ ব্যবস্থা তৈরি হয়েছিল। একে সম্পূর্ণ বর্জন না করে এর ভাল দিকগুলো সযত্নে লালিত করে, যেগুলো আবর্জনা সেগুলোকে সম্পূর্ণ ছুঁড়ে ফেলে দিতে হবে। শিশুটির কথা ভেবে আমাদের কী ত্যাগ স্বীকারের দরকার নেই? আমার তো মনে হয়, যখন এ ধরণের ঘটনা ঘটে, অর্থাৎ শিশুটি যখন অবহেলিত হয়, তখন মা-বাবা বা সমাজের দোষ না খুঁজে কীভাবে এই চিরন্তন রূপের সত্যতা ও প্রয়োজনীয়তা আত্মস্থ করা যায় সেইদিকে মনোযোগ দেওয়া উচিত। সহজ কথায় বলতে গেলে বলতে হয়, শিশু চায় তার মা ও বাবা দু-জনকেই। একজন তার থেকে দূরে চলে গেলে সে হয়ে যায় একটা ডানাকাটা পাখি। একটা ডানা কাটা গেলে আরেক ডানা থাকলেও সে নির্মল মুক্ত আকাশে নিজের ডানা মেলে দিতে পারে না, উড়তে চেষ্টা করলে মুখ থুবড়ে পড়ে যায়। ওই শিশুটির ডানা ঝাপটিয়ে ওড়ার স্বাধীনতা দেওয়ার দায়িত্ব আমাদের সবার। সুস্থ সমাজ গড়ে তুলতে হলে আমাদের সব ভুলে গিয়ে প্রত্যেকটি শিশুর প্রতি নজর দিতে হবে। কথাগুলো বক্তৃতার মতো শোনালেও এর সত্যতা অনেকেই স্বীকার করবেন।

দিন এগিয়ে চলল প্রাকৃতিক নিয়ম অনুযায়ী। আমরা সবাই তো প্রাত্যহিকতার মধ্যে নিজেকে সমর্পণ করি। আগেই বলেছি, প্রথমবার ড্রাইভিং পরীক্ষায় দারুণভাবে অকৃতকার্য হয়েছিলাম। দ্বিতীয়বার পরীক্ষায় সময় সব নিয়ম কানুন মেনে পরীক্ষা দিলাম। আমি জানতাম এবার পাশ করব। আমার

"ইনস্ট্রাকটারও" ভয়ঙ্কর আশাবাদী ছিলেন। কিন্তু অনেকগুলো বিষয়ের মধ্যে একটিতে লাল দাগ পড়ল। সেটি হল "স্লো প্রগেস" বা ধীর অগ্রগতি। আমি ও আমার 'ইনস্ট্রাকটার' কেউ বুঝতে পারলাম না ফেল করার কারণ কী। আমাকে দু-পাশে সার সার টেরাস হাউসের মধ্যে দিয়ে ড্রাইভ করতে হবে।। আবার দু-পাশে সবার নিজের নিজের গাড়ি পার্ক করা আছে। একটু অসর্তক হলে অন্য লোকের গাড়িতে লেগে যেতে পারে। এতে তো আমার দায়ভার পড়বে অন্য লোকের গাড়ি সারানোর। আমার ইনসিওরেন্স কোম্পানি ওই গাড়ি সারিয়ে আমার প্রিমিয়াম বাড়িয়ে দেবে। এক্ষেত্রে আমার ইনস্ট্রাকটারের মতে আমি আস্তে চালিয়েই ঠিক কাজ করেছিলাম। আবার রবার্ট ব্রুসের শরণাপন্ন হলাম। দিন এগিয়ে চলল। আমারর কাজের কিছু পরিবর্তন ঘটল। চার মাস ইমার্জেন্সি সার্জারি বিভাগে কাজ করে শেষের দু-মাস "কোল্ড" সার্জারি বিভাগে স্থানান্তরিত হলাম।

হাসপাতালটি বেশ খানিকটা দূরে হওয়ায় হাসপাতাল পরিবহনের শরণাপন্ন হলাম। সে জন্য সকালে তাড়াতাড়ি আমাকে প্রস্তুত হতে হত। কারণ বাস তো একটা নির্দিষ্ট সময়ে ছেড়ে চলে যাবে, আমার জন্য অপেক্ষা করবে না। এই হাসপাতালটি দূরে হলেও বেশ নিরিবিলি। কাজের সে রকম কোনো চাপই নেই। ওখানে একজন বিশিষ্ট সার্জেন ছিলেন ও অন্য একজন গাইনোকলজিস্ট। ওই সার্জেনের নাম মিস্টার বেটি। এই জেনারেল সার্জেন যথাসময়ে অবসর গ্রহণের পর আংশিকভাবে এই হাসপাতালের কাজ করছেন। ঘটনাটি ১৯৭৭ সালের। সার্জেনের বয়স সত্তর বা তার কাছাকাছি। বয়সের দিক দিয়ে বিচার করলে এই দুইজন ব্যক্তিই পিতৃতুল্য। মিঃ বেটি পড়াশোনার ব্যাপারে প্রায় প্রতিদিনই খোঁজ নেন। ইনি আমাকে প্রশ্ন করলে 'অ্যানাটমি' বিষয়েই করতেন। সার্জেন মানুষ, তাই এই বিষয়টি এখনও ভালই মনে আছে।

আমি বুঝতে পেরেছিলাম মিস্টার বেটির ফিজিওলজি বা প্যাথোলজি বিশেষ মনে নেই। অ্যানাটমি থেকে প্রশ্ন করলে মাঝে মাঝে উত্তর দিতে পারতাম না। অবশ্য উনি শিক্ষকের মতো বোঝানোর চেষ্টা করতেন। একদিন

ভাবলাম আমি প্রতিদিনই কেন অ্যানাটমি পড়ব, অন্য বিষয়ও তো পড়তে পারি। মনে মনে প্রস্তুত আছি প্রশ্নের জন্য। যথারীতি মিঃ বেটি আমাকে প্রশ্ন করলেন, আমি অ্যানাটমির কোন বিষয় নিয়ে পড়েছি? আমি সে দিন উত্তরের ব্যাপারে প্রস্তুত হয়েই ছিলাম। বললাম, আজ অ্যানাটমি তো পড়িনি, প্যাথোলজি পড়েছি। উনি একটু হতাশ হলেন। বললেন, অ্যানাটমি পড়নি, তাহলে আর কী করা যাবে। কারণ এই প্যাথোলজি বিষয়ে আমার জ্ঞান এখন সীমিত। যাইহোক যেদিন তুমি অ্যানাটমি পড়বে, আমাকে বলবে। আমি তোমাকে তখন প্রশ্ন করব। আমার মাথায় বুদ্ধি খেলে গেল। ভাবলাম যেদিন আমি অ্যানাটমি না পড়ে আসব সেদিন প্যাথোলজির নাম চালিয়ে দেব। মাঝেমাঝেই বলি, আজ অ্যানাটমি পড়িনি প্যাথোলজি পড়েছি। কিছুদিন এ রকম চলার পর মিস্টার বেটি একদিন ধরে ফেললেন আমার চাতুরি। বললেন, আজকাল দেখছি তুমি অ্যানাটমি কম পড়ে প্যাথোলজি বেশি পড়ছ। সে দিন উনি আবার অ্যানাটমি পড়াতে লাগলেন।

একদিন “সার্জারি” বিষয়ে একটা “সাইন”-এর কথা বলতে গিয়ে আমায় জিজ্ঞেস করলেন, ‘তুমি মার্সিডিজ বেন্‌জ গাড়ির লোগো চেনো?’ অ্যানাটমির উত্তর দিতে আমি যে ইতঃস্তত বোধ করতাম ওখানে কিন্তু তা করতে হল না, চটপট উত্তর বেরিয়ে এল। বললাম, ‘না। চিনি না।’

মিস্টার বেটি একটু থেমে বললেন, ‘ওই জানালাটার কাছে গিয়ে বাইরের দিকে তাকালে দেখবে একটা গাড়ি “পার্ক” করা আছে। গাড়ির সামনে যে চিহ্নটি আছে ওটাই মার্সিটিজ গাড়ির “লোগো” বা চিহ্ন।’

আর একজন কনসালটেন্ট ছিলেন যিনি ধাত্রীবিদ্যায় বিশেষজ্ঞ। হাসপাতাল থেকে অবসর গ্রহণের পর ইনিও মিস্টার বেটির মত কয়েক ঘণ্টার জন্য হাসপাতালে কাজ করতে আসতেন। ইনি মিস্টার বেনেট। ব্যবহার অত্যন্ত মোলায়েম সবার সাথে। এই দু-জন কনসালটেন্টের সাথে দু-মাস কাজ করে আনন্দ পেয়েছি। “সময় চলিয়া যায় নদীর স্রোতের প্রায়।’ একটি অতি চিরন্তন সত্য কথা। দু-মাস দেখতে দেখতে কেটে গেল। এখানকার দেড় বছরের চাকরির শেষে এবার আমার নতুন কাজের সন্ধান।

শেফিল্ড মেডিক্যাল কলেজে একটা চাকরি পেয়েছিলাম—৬ মাস ক্যাজুয়ালটি ডিপার্টমেন্টে ও বাকি ৬ মাস "কোল্ড" সার্জারি ও প্লাস্টিক সার্জারিতে। তখনও আমি গাড়ি চালানোর লাইসেন্স পাইনি। জানলাম যেখানে বাড়ি পাওয়া যাবে সেই জায়গাটি হাসপাতাল থেকে বেশ খানিকটা দূরে। ইন্টারভিউ-এ আমার অসুবিধের কথা বলাতে একজন প্রফেসর বললেন, 'কাম্ অন ইয়ংম্যান, এইটুকু হাঁটলে তোমার শরীর ভাল থাকবে। চাকরিটা নিলে তুমি ঠকবে না।'

আমি আর কিছু না বলে বেরিয়ে এলাম।

আর একটা চাকরি পেলাম "বোর্নমাথ"-এ একেবারে ইংল্যান্ডের দক্ষিণ প্রান্তে "ইউরোলজি" বিভাগে। 'ক্রাইস্ট চার্চ' বলে একটা ছোট জায়গায় এই হাসপাতালটি। অবশ্য পরে বুঝেছিলাম প্রথম চাকরিটা নিলেই ভাল হত।

প্রথম উল্লেখযোগ্য ঘটনার মধ্যে এখানেই ড্রাইভিং পরীক্ষায় কৃতকার্য হলাম। ড্রাইভিং পরীক্ষার দিন মমতাকে বললাম, 'এবার পরীক্ষা দেবার পর ফেল করলে আর পরীক্ষা দেব না।' মমতা অবশ্য কিছু বলল না। আমি যথারীতি পরীক্ষা দিতে গেলাম।

চালানো শুরু করার দশ মিনিটের মধ্যেই একটা মারাত্মক ভুল করতে যাচ্ছিলাম। কোনো মতে সামলে নিলাম। লক্ষ্য করলাম পরীক্ষকের কলম নীচে নেমে আসছে "পয়েন্টের" জায়গায় দাগ মারতে। না—হঠাৎ দেখি কলমটা সরিয়ে নিলেন ধীরে ধীরে। আমার মাথায় তখন ঢুকে গেছে আমি পরীক্ষায় আবার ফেল করব। আর কিছু করার নেই। ভয় একেবারেই কেটে গেল। ভাবছি ফেলই যখন করব তখন ভয় পেয়ে কী হবে। দক্ষ চালকের মতো বাকি সময়টা গাড়ি চালিয়ে গেলাম নির্ভীক চিত্তে। দেখতে দেখতে আধঘণ্টা কেটে গেল। এরপর মৌখিক প্রশ্নের উত্তর দিতে হবে। একবার ভাবলাম পরীক্ষককে সোজাসুজি বলেই দিই এসব ভনিতা করে কী হবে, বরঞ্চ ফেলের কাগজটা আমাকে ধরিয়ে দিলে আমি তাড়াতাড়ি বাড়ি চলে যেতে পারব। কী মনে করে জানি না, যে সব প্রশ্ন করা হল আমাকে, সব

কটারই উত্তর দিলাম নির্ভীক ভাবে। এরপর পরীক্ষকের বলার কথা (যা শুনতে আমি অভ্যস্ত) 'আমি খুবই দুঃখিত ইত্যাদি ইত্যাদি।' পরীক্ষক পরীক্ষার শেষে বলল তোমার ড্রাইভিং টেস্টের পরীক্ষা এখন শেষ হল। আমি নির্বিকার চিত্তে বসে আছি এবার ওর "দুঃখিত হওয়ার কথা" শোনার জন্য। কিন্তু না, হঠাৎ বিনা মেঘে বজ্রপাতের মতো পরীক্ষকের গম্ভীর গলা থেকে বেরিয়ে এল 'আমি আনন্দের সঙ্গে জানাচ্ছি তুমি ড্রাইভিং পরীক্ষায় কৃতকার্য হয়েছ।' ইত্যাদি ইত্যাদি। প্রথম যখন পরীক্ষক মহাশয় শুরু করেছিল এই বলে 'আমি আনন্দের সঙ্গে জানাচ্ছি তুমি ড্রাইভিং পরীক্ষায় কৃতকার্য হয়েছ ইত্যাদি ইত্যাদি' সেই মুহূর্তেও আমার সন্দেহ ছিল। ভাবলাম পরীক্ষক কী বলতে চাইছে, 'আমি আনন্দের সঙ্গে জানাচ্ছি তুমি এ বারেও ড্রাইভিং পরীক্ষায় ফেল মেরেছ।' অবশ্য যেহেতু তা ঘটেনি, স্বাভাবিক নিয়মেই আমার এবার খুশি হবার পালা। এরপর পরীক্ষক মহাশয় বলল, 'তুমি নিশ্চয় জানো তোমার দেশ ভারতবর্ষে "ইমারজেন্সি" অবস্থা জারি করা হয়েছ।' আমার সাধারণত প্রতিদিনই খবর শোনার অভ্যেস ছিল। কিন্তু কোনো কারণে ওই বিশেষ খবরটা শোনা হয়ে ওঠেনি আগের রাত্রে। হঠাৎ আমার মাথায় একটা বুদ্ধি খেলে গেল। পরীক্ষক মহাশয়কে খুশি করার জন্য বললাম, 'আমি আসলে গতকাল হাইওয়ে কোড আত্মস্থ করার জন্য এতই ব্যস্ত ছিলাম যে কাল রাত্রে খবর শোনার আমার আর সুযোগ হয়ে ওঠেনি।' পরীক্ষক মহাশয় মুচকি হেসে আমাকে পাশের সার্টিফিকেটটি হাতে ধরিয়ে দিল। আরও দু-একটা নানা বিষয়ে কথা বলার পর ধন্যবাদ জানিয়ে দু-জনেই গাড়ি থেকে বেরিয়ে এলাম। পরীক্ষক মহাশয় নিজের অফিসে ঢুকে গেল। আমি-ও যথারীতি বাড়ি চলে এলাম এবং মমতাকে শুভসংবাদটি দিলাম। দু-জনেই খুশি হলাম এই ভেবে যে এবার গাড়িটার সদ্ব্যবহার করা যাবে। অন্যের ওপর আর আমাদের ভরসা করতে হবে না।

ক্রাইস্ট চার্চের একটি বড় আকর্ষণ "মিনি ব্রিটেন"। গোটা দেশটা ছোট আকারে ধরা আছে এক জায়গায়। ওখানে কাজ করেছি মাত্র চার মাস

কিন্তু সমুদ্রের ধারে হওয়ায় সমুদ্রের এ ধার ও ধার ঘুরে বেড়িয়েছি আমরা বেশ কয়েকবার।

একবার অর্ধেন্দু ও অমরেশ "উইক এন্ডের" ছুটি কাটাতে আমাদের বাড়িতে এল। ওদের উদ্দেশ্য সমুদ্রে নৌকা চড়ে এদিকে ওদিকে ঘোরাঘুরি করা। সমুদ্রের আশে পাশে অনেক ঘোরাঘুরি করে আমরা সবাই ক্লান্ত হলেও বেশ আনন্দ উপভোগ করলাম।

ক্রাইস্ট চার্চ থেকে আমাদের আবার পাত্তাড়ি গোটানোর সময় এল। এবার আমাদের গন্তব্যস্থান কেম্ব্রিজের কাছে "ব্যারি সেন্ট এডমন্ডস"। এখানে আমার এক বছরের চাকরি। বহুদিন ধরে একই ভাবে কাজ করতে করতে ক্লান্ত হয়ে পড়েছিলাম। তাই ভাবলাম কাজটা একটু পরে আরম্ভ করব। তিন সপ্তাহ কাজে যোগদান না করে বাড়িতে চুপচাপ বসেছিলাম।

এখানে চাকরিটা নেবার আগে "রেডহিল" বলে একটা জায়গার হাসপাতালেও "ইন্টারভিউ" পেয়েছিলাম। এই চাকরিটিও "অর্থপেডিক" বিভাগে। ভাবলাম ফোন করে এই কাজের ধরণধারণ সম্বন্ধে কিছু জেনে নিতে হবে। একজন সেক্রেটারিকে ফোন করে জানলাম মিস্টার রিং এ ব্যাপারে বলতে পারবেন। আমি ভাবলাম মিস্টার রিং সম্ভবত এই সেক্রেটারির ওপরওয়ালা কেউ হবে। "সুইচ বোর্ড"-এর চেষ্টায় যখন মিস্টার রিং কে পাওয়া গেল তখন পরপর বেশ কয়েকটা প্রশ্ন করে ফেললাম।

মিস্টার রিং আমার সব কথা ধৈর্য ধরে শুনে একটু থেমে বললেন, 'তুমি যেসব প্রশ্ন আমাকে করছ সেসব প্রশ্নের উত্তরগুলো আমার থেকে অন্য একজন ঠিক ঠিক দিতে পারবেন। আমি তোমাকে ওই ভদ্রলোকের সঙ্গে যোগাযোগ করিয়ে দিচ্ছি।' আমার অনেকগুলো প্রশ্নের মধ্যে কাজ ছাড়াও কী রকম বাসস্থান ইত্যাদি পাওয়া যাবে সেসব প্রশ্নও ছিল। আমি বললাম, 'মিস্টার রিং আমার মনে হয় আপনিই আমাকে এ ব্যাপারে সাহায্য করতে পারবেন।' উনি উত্তরে বললেন, 'দেখি কী করা যায়, আরও বললেন এখন তুমি ফোনটা রেখে দাও। আধঘণ্টার মধ্যেই তোমাকে আবার ফোন করা হবে।'

ঠিক আধঘণ্টা পরে অন্য এক ব্যক্তি আমাকে ফোন করে সমস্ত প্রশ্নের জবাব দিল। "ইন্টারভিউ"-এর দিন উপস্থিত হলাম। এ বিষয়ে আমার খুব একটা চিন্তা ভাবনা ছিল না। বারে বারে ইন্টারভিউ দিতে দিতে অভ্যস্থ হয়ে গেছি। যখন আমাকে ডাকা হল, দেখলাম নিয়মমতো তিন-চারজন ব্যক্তি বসে আছেন। পরিচয়ের সময় জানতে পারলাম মিস্টার রিং একজন নামী "অর্থপেডিক" সার্জেন। ওঁর নামে "রিং প্রস্থেসিস" বলে একটা অপারেশন আছে "হিপ রিপ্লেসমেন্টের" ক্ষেত্রে।

এবার আমার লজ্জা পাওয়ার পালা। চাকরিটা দেওয়ার আগে মিস্টার রিং বললেন, 'দেখো এই কাজটাতে তুমি খুবই ব্যস্ত হয়ে পড়বে। তাই কাজটি নেওয়ার আগে তোমার ভেবে দেখা উচিত।' এত ব্যস্ত কাজ না করার ইচ্ছে থাকায় ওই হাসপাতালে যোগ দিলাম না। এই ঘটনাটি আমার কাছে এই জন্যেই উল্লেখযোগ্য যে কিছু না জেনেও এই বিখ্যাত সার্জেনকে সেক্রেটারির ওপরওয়ালা ভেবে ভুল করে প্রশ্ন করেছিলাম। অবশ্য উনি কিছু মনে করেননি। ব্যারি সেন্ট এডমন্ডসে কাজে যোগদান করার আগে ভাবলাম একবার হাসপাতালের "লিস্ট"-টা দেখি, যদি অন্য কোনো বঙ্গসন্তানের নাম চোখে পড়ে যায়। দেখলাম একটা নাম অনন্ত ভৌমিক। ফোন করলাম, নিজের পরিচয় দিয়ে হঠাৎ আমার মনে হল গলাটা চেনা চেনা মনে হচ্ছে। দু-একটা কথা বলার পরই বুঝলাম এই ব্যক্তিটি আমারই সহপাঠী। এ দেশে এসেছে মাস দশেক আগে। সবে স্ত্রীও এসে যোগদান করেছে। আমরা তখন পুরনো গাড়িটা বিক্রি করে দিয়ে "ওপেল ক্যাডেট" বলে একটা নতুন গাড়ি কিনেছি। লাইসেন্স পাবার পর বোর্নমথের আশেপাশে অনেক ঘোরাঘুরি করেছি। কিন্তু ক্রাইস্টচার্চ থেকে বারি সেন্ট এডমন্ডসে আসতে যে দীর্ঘ পথ অতিক্রম করতে হয়, সেটি করার সাহস তখনও অর্জন করিনি। আমি একজন ড্রাইভার জোগাড় করলাম। ড্রাইভারের সিটে আমি বসলাম, ওকে পাশে বসিয়ে নির্দেশ দিতে বললাম। ওই দীর্ঘ পথ অতিক্রম করার পর আমার ড্রাইভিং করার সাহস বেড়ে গেল। এরপর থেকে আর ড্রাইভারকে পাশে বসাতে হয়নি।

অনন্ত চট করে রাগে না। মুখ দেখে ওকে বোঝা খুব কঠিন। মনে হয় সব সময় চিন্তা করে যায় কী করলে নিজের সব দিক থেকে সুবিধে হবে বা লাভ হবে। অত্যন্ত আত্মকেন্দ্রিক ব্যক্তি। এ জাতের মানুষরা সহজে রাগে না। বোধহয় জানে রাগলে নিজেরই ক্ষতি। যারা জীবনে শুধু লাভের অঙ্কই বোঝে তারা ক্ষতি স্বীকার করতে চাইবে কেন?

বাঙালি মাত্রই সাধারণত রবীন্দ্রসঙ্গীত শুনে থাকে। কিন্তু এই ব্যক্তি রবীন্দ্রসঙ্গীতের ঘোর বিরোধী। তবে এটাও ঠিক রবীন্দ্রসঙ্গীত বুঝতে হলে বা ভাল লাগলে হলে, এ বিষয়ে অন্তত সামান্য কিছু জ্ঞান থাকা দরকার। অবশ্য একথা স্বীকার করতে দ্বিধা নেই যে এক একজন মানুষের রুচিবোধ অন্য একজন মানুষের রুচিবোধ থেকে আলাদা হবে এটাই স্বাভাবিক। কিন্তু সেটা যখন বাড়াবাড়ির পর্যায়ে পৌঁছয় তখন সেই অবস্থাকে অস্বাভাবিক না ভেবে অন্য কিছু ভাবা যায় না। বহুদিন পর ওর সঙ্গে সাক্ষাৎ হবার পর জানতে পারলাম অনন্ত ড্রাইভিং লেসন নিতে শুরু করেছে। ড্রাইভিং ইনস্ট্রাকটারের কাছ থেকে। কিছুদিনের মধ্যে আমি ওর পাশে বসতে আরম্ভ করলাম। না বসলে কাজটা বেআইনি হিসেবে গণ্য হয়। যদিও মাত্র বছর খানেক আগেই আমি পাশ করেছি, কিন্তু ততদিনে অনেক ঘোরাঘুরির ফলে অভিজ্ঞতা অনেক বেড়ে গেছে। আর সত্যি কথা বলতে কী এ দেশে সবাই বন্ধুবান্ধবদের সাহায্য করতেই চেষ্টা করে। আমাকে যে সাহায্য করেছিল সে তো আমার জানাশোনা ছিল না। কিন্তু এ বিষয়ে এত কথা বলার উদ্দেশ্য আমি যার কাছে ট্রেনিং নিয়েছিলাম তার প্রতি আমি কৃতজ্ঞ ছিলাম। কিন্তু অনন্ত কাউকে কৃতজ্ঞতা জানাতে অভ্যস্ত নয়। অনেকবার 'টেস্ট' দেওয়ার পর যখন 'লাইলেন্স' পেল তখন আমার সাহায্যের কথা মনেই রইল না। এ কথাটা আমার কাছে স্পষ্ট হল কিছুদিন পরে। এই হাসপাতালের চাকরি শেষ হওয়ার পর অন্তত ত্রিশ মাইল দূরে এক হাসপাতালে যোগদান করল। তখন আমরা দু-জনেই পড়াশোনা করি একসঙ্গে। ড্রাইভ করে যেতে চল্লিশ মিনিটের মতো লাগবে। ওর লাইসেন্স নেই, তাই আমিই যেতাম কাজের শেষে। ও ড্রাইভিং পাশ করার পর ভাবলাম কখনও সখনও আমার কাছে

আসবে আবার কখনও আমি যাব ওর কাছে। যদিও অনন্ত মেডিক্যাল কলেজে আমার বহুদিনের সহপাঠী তখনও কিন্তু আমি অনন্তকে পুরোপুরি চিনতে পারিনি। লাইসেন্স পাওয়ার পর দেখলাম অনন্তর টিকি-টি দেখা যাচ্ছে না। পরে জানলাম ও আমাকে বাদ দিয়ে আর এক বন্ধুর কাছে যেতে শুরু করেছে। এই কাজটি করল আমাকে কিছু না জানিয়ে। এ বিষয়ে যখন প্রশ্ন করলাম উত্তর না দিয়ে অন্য কথা বলতে লাগল। যখন অনন্ত লাইসেন্স পায়নি তখন আমাদের গাড়িতেই ওদের নিয়ে নানা জায়গায় ঘুরেছি। ওখান থেকে লন্ডন খুব বেশি দূরে ছিল না। প্রায়ই আমরা সবাই সেখানে যেতাম। এসব কথা ও একদম ভুলে গেল। আপাতত অনন্ত প্রসঙ্গ এখানেই শেষ করছি পরে আরও নানাভাবে বলা যাবে।

বারি সেন্ট এডমন্ডসে উল্লেখযোগ্য ঘটনা ঘটল আমার দাদার আগমনে। আমার দাদা মানিক চট্টোপাধ্যায় নিমন্ত্রিত হলেন প্যারিসের "কলেজ অফ অ্যাসট্রোনমিকা" থেকে। ওরা অবশ্য দাদার প্লেনের ভাড়া না দিলেও প্যারিসে থাকার ব্যয়ভার বহন করার প্রতিশ্রুতি দিল। প্যারিসে থাকতে হবে সাতদিন। পৃথিবীর নানাপ্রান্ত থেকে সেখানে বিদ্বজ্জনরা উপস্থিত হবেন এই অধিবেশনে। এদের মধ্যে অনেকেই শ্রোতা। কিন্তু আমার দাদা একজন বক্তা হিসেবে আমন্ত্রিত হয়েছেন। দাদার পক্ষে প্লেনের টিকিটের টাকা জোগাড় করা অসম্ভব, অথচ না আসতে পারলে এ রকম একটা সম্মানজনক আমন্ত্রণ রক্ষা করার থেকে বঞ্চিত হতে হবে। এসব শুনে আমি ঠিক করলাম দাদার প্লেনের টিকিটের টাকা পাঠিয়ে দেবো। এরপর এখানে এসে পড়লে দায়িত্বভার গ্রহণ করব আমি ও মমতা। তখন দাদার কোনো চিন্তার কারণ থাকার কথা নয়। দাদা ১৯৬০ সালে কেন্দ্রীয় সরকারের অধীনে "ওএনজিসি"-তে প্রথম শ্রেণীর অফিসার হিসেবে কর্মরত ছিলেন এবং সে সময় কেন্দ্রীয় সরকারের নির্দেশে এক বছরের জন্য তখনকার কম্যুনিস্ট শাসিত দেশ রুমানিয়াতে গিয়েছিলেন, উদ্দেশ্য ওখানকার "অয়েল অফ ন্যাচারাল গ্যাস" সম্বন্ধে অভিজ্ঞতা সঞ্চয় করা। তাই এই বিদেশ ভ্রমণ দাদার ক্ষেত্রে দ্বিতীয় বার ঘটল।

নির্দিষ্ট দিনে হিথরো এয়ারপোর্টে হাজির হলাম। সঙ্গে মমতা, আর আমাদের দুই মেয়ে সুদেষ্ণা ও লুনা। বয়স যথাক্রমে পাঁচ ও চার বছর। আমার হাসপাতাল থেকে এয়ারপোর্টের দূরত্ব ১১০ মাইল। পৌঁছতে সময় লাগে দুঘণ্টার মতো। যথাসময়ে গিয়ে পৌঁছলাম। বেশ খানিকক্ষণ বসে থাকার পর জানতে পারলাম বিমান লন্ডনের ভূমি স্পর্শ করেছে। বছর পাঁচেক হয়ে গেল দেশ ছেড়েছি। আত্মীয়স্বজন থেকে বেশকিছু দিন আলাদা হয়ে আছি বহু দূরে অন্য এক রাজ্যে। তাই উত্তেজনা হওয়াই স্বাভাবিক। প্রতি মুহূর্তেই আমরা ভাবছি এই বুঝি দাদার দর্শন পাওয়া যাবে। অনেকেই বেরিয়ে আসছে হাসিমুখে, কিন্তু দাদার কোনো পাত্তা নেই। কিছুক্ষণ পরে দেখি এয়ারপোর্টের পদস্থ কর্মচারী আমাদের দিকে এগিয়ে আসছেন একটি ফাইল হাতে। জিজ্ঞেস করলেন, 'আপনি কি ডাঃ চ্যাটার্জি?' উত্তর ইতিবাচক হওয়ায় উনি একটি চেয়ার টেনে আমাদের পাশে বসলেন। হাতে ফাইলটি শোভা পাচ্ছে। আমি ও মমতা হতবাক্। ভাবছি কোথায় দাদার দর্শন পাব, তার বদলে ফাইল হাতে অভিবাসন বিভাগের অচেনা এক ব্যক্তি। ফাইল খুলতে দেখা গেল দাদার নাম লেখা আছে। এরপর তিনি একের পর এক প্রশ্নবান ছুঁড়তে লাগলেন আমার দিকে। আমার কিছুই বোধগম্য হচ্ছিল না। কয়েকটা উত্তর দেওয়ার পর আমি বিরক্ত হয়ে জিজ্ঞেস করলাম, 'অফিসার সাহেব এ সব কী হচ্ছে, এত প্রশ্ন করছেন কেন? দাদা কোথায়?' খানিকক্ষণ থেমে বললেন, 'আপনার দাদা আমাদেরই একটা ঘরে অপেক্ষা করছেন।'

এরপর আমার ধৈর্যের বাঁধ ভেঙ্গে পড়ার পালা। আমি উত্তেজিত হয়ে বললাম 'দেখুন অফিসার, আপনি খোলাখুলি আমাকে কিছু বলছেন না, এতে দাদার ব্যাপারে আমার দুশ্চিন্তা বেড়ে যাচ্ছে। এই মুহূর্তে আমি আর আপনার সঙ্গে একটি কথাও বলব না। আমি আপনার উপরওয়ালার সাথে কথা বলতে চাই।' মনে হল আমার এই কথাতে অফিসার অত্যন্ত অপমানিত বোধ করলেন। কিছুক্ষণ কোনো কথা না বলে গুম হয়ে বসে রইলেন। মিনিট দশেক এইভাবে কাটার পর আমি জিজ্ঞেস করলাম, 'কী মশায় কিছু কথা না বলে চুপচাপ বসে আছেন যে। আশাকরি আমার কথা আপনার কানে গেছে।'

দেখলাম মমতা ও দুই মেয়ে একটু দূরে বসে আছে চুপচাপ। মমতা আমাদের দু-জনের মধ্যে কী কথা হচ্ছে শুনতে না পেলেও বুঝতে পারছে যে আমাদের দু-জনের মধ্যে কথা কাটাকাটি চলছে। ওই অফিসার আমার প্রশ্নের উত্তরে বলল, 'ঠিক আছে তুমি যখন বলছ আমি আমার 'বস্' এর সঙ্গে কথা বলে তোমাকে জানাব।' এবার আমার ধৈর্য ধরার পালা। মমতার কাছে গিয়ে বিপর্যয়ের কথা সংক্ষেপে বললাম। মিনিট পনেরো পরে এক "ফ্রেঞ্চকাট" দাড়িওয়ালা ব্যক্তি গম্ভীর মুখে আমার দিকে এগিয়ে এল। দু-জনে নির্দিষ্ট আসনে বসার পর ওই ভদ্রলোক ফাইল থেকে একের পর এক কাগজ বার করতে লাগল। অফিসার গম্ভীর গলায় বলল, 'আমার প্রথম কথা তোমার দাদা বলছেন উনি নাকি ছেচল্লিশ বছরের বৃদ্ধ ব্যক্তি। এর থেকে হাস্যকর আর কী হতে পারে। তোমার জ্ঞাতার্থে জানাই আমার বয়স পঁয়তাল্লিশ, আমি এখনও তরুণ যুবক বলে ভাবতে অভ্যস্ত। দ্বিতীয়ত, উনি বলেছেন আগে কোনোদিন এদেশে আসেননি অথচ উনি নির্ভুল ইংরেজি ভাষার কথা বলেন। তৃতীয়ত, তোমার দাদা বোম্বাই (অধুনা মুম্বাই) নগরে একটা চাকরি পেয়েছিলেন। ওই চাকরিতে উনি যোগদান করলে শিক্ষিত পেট্রোলিয়াম ইঞ্জিনিয়ার হওয়া সত্ত্বেও মাইনে পেতেন মাসে একহাজার টাকা। আমাদের পাউন্ডের হিসেবে মাসে পঞ্চান্ন পাউন্ড (তখন এক পাউন্ড সমান ভারতীয় আঠারো টাকা)। অবশ্য উনি ওই চাকরিতে যোগদান করেননি। সম্ভবত কর্তৃপক্ষ অত কম টাকা দেওয়ার প্রস্তাব করায়। চতুর্থত, তুমি, তোমার স্ত্রী ও তোমার দু-টি শিশুকন্যাকে দেখে বলতে পারি তোমরা সবাই নিখুঁত বেশভূষা পরিধান করে এসেছ। কিন্তু তোমার দাদার বেশভূষা অত্যন্ত মলিন ও সাধারণ মানের।'

'তাই আমরা নিয়মিত ভাবে পর্যবেক্ষণ করে এই সিদ্ধান্তে উপনীত হয়েছি যে তিনি একজন শিক্ষিত পেশাদার ব্যক্তি হওয়া সত্ত্বেও নিজের দেশে সুবিধে করতে না পারায় এ দেশে একজন অবৈধ অভিবাসী হিসেবে বসবাস করার সুযোগ নিতে এসেছেন। আমার মতে এই নির্ভুল ইংরাজি জানা শিক্ষিত পেশাদার ব্যক্তি অতি সহজেই এ দেশে একটা চাকরি জোগাড় করে

নিতে পারবে এবং তার পক্ষে সপ্তাহে দুশো পাউন্ড (অর্থাৎ তখনকার বিনিময় মূল্য হিসেবে সপ্তাহে চোদ্দো পনেরো হাজার টাকা) রোজগার করা এমন কিছু কঠিন কাজ হবে না। শুধু তাই ন্য আমাদের ধারণা হয়েছে তোমার দাদা আগেও অনেক বার অবৈধ অভিবাসী হিসেবে এ দেশে কাজ করে গেছে।'

'বেশভূষা দেখে মনে হচ্ছে এখন তোমার দাদার পয়সার অত্যন্ত অভাব। ডাঃ চ্যাটার্জি যেহেতু তুমি এ দেশে বছর চারেক আগে এসেছ তাই তোমার দাদা এই সুযোগটি হাতছাড়া করতে চাননি।'

এই অফিসারের কথা শেষ হল। এইসব কথা শুনে আমার মানসিক অবস্থা কোথায় গিয়ে পৌঁছেছে তা আর বলার হয়তো প্রয়োজন নেই। একে তো আমরা বহুক্ষণ অভুক্ত অবস্থায় রয়েছি, এদিকে দাদার কী অবস্থা ঠিক বুঝতে পারছি না। অবস্থা যে সঙ্গীন সে আর বলে দিতে হবে না। ক্ষিদের কথা ভুলে গিয়ে নিজেকে প্রস্তুত করলাম অফিসারের সব প্রশ্নের উত্তর দিতে।

আমি অফিসারের দিকে তাকিয়ে বললাম, 'দেখুন কিছু যদি মনে না করেন, আমি বলতে বাধ্য হচ্ছি আপনি ভারতীয়দের সাধারণ কথাবার্তার অর্থ বুঝতে অপারগ। আপনারা যেমন নিজেদের বৃদ্ধ বয়সেও যৌবনের দূত হিসেবে ভাবতে ভালবাসেন, আমরা কিন্তু ঠিক তার উল্টোটা ভাবি। আমাদের দেশে চল্লিশ বছর হয়ে গেলে মেয়েরা শাড়ির রঙ পালটে ফেলে। রঙিন শাড়ি সাদা শাড়িতে রূপান্তরিত হয়। ছেলেদের মধ্যেও ওইসময় থেকেই অনেকটা গাম্ভীর্য আসতে শুরু করে। আমার দাদার ক্ষেত্রেও এর ব্যতিক্রম ঘটেনি।

দ্বিতীয়ত, আমাদের দেশে অনেক শিক্ষিত ব্যক্তিই সুন্দর ইংরেজি বলেন। আমি আশ্চর্য হচ্ছি এই কথা ভেবে যে তুমি ভুলে গেছ ভারতবর্ষ মাত্র একত্রিশ বছর আগে ব্রিটিশ শাসন থেকে মুক্ত হয়েছে। দেশ স্বাধীন হয়েছে ১৯৪৭ সালে দু-শো বছরের পরাধীনতার শৃঙ্খলে আবদ্ধ থাকার পর। আমার দাদা কোনোদিনই এ দেশে আসেননি, তবে ১৯৬০ সালে কেন্দ্রীয় সরকারের অধীনে পেট্রোলিয়াম ইঞ্জিনিয়ার ও প্রথম শ্রেণীর আধিকারিক হিসেবে এক বছরের জন্য রুমানিয়াতে গিয়েছিলেন। আমি নিশ্চিতভাবে জানি যে আমার দাদা বোম্বাই নগরে একটি মাসিক এক হাজার টাকা মাইনের চাকরি

পেয়েছিলেন ঠিকই কিন্তু সেই ঘটনাটি ঘটেছিল আজ থেকে দশ-বারও বছর আগে। তাই তখনকার এক হাজার টাকা এখনকার হিসেবে অনেক বেশি টাকা হবে। শুধু ওই টাকার অঙ্ক নয়। আপনার যদি ভারতবর্ষ সম্বন্ধে কোনো ধারণা না থাকে তাহলে আমি বলতে বাধ্য হচ্ছি আমরা যে রাজ্যের অধিবাসী অর্থাৎ কলকাতা থেকে বোম্বাইয়ের দূরত্ব বারোশো মাইলের কাছাকাছি। আমার দাদা নিজের রাজ্য অর্থাৎ কলকাতা ছেড়ে অতদূরে যাওয়ার জন্য মনস্থির করে উঠতে পারেননি। তাছাড়া বোম্বাই কলকাতার তুলনায় ব্যয়বহুল নগরী। তবে তুমি যদি কলকাতার সঙ্গে লন্ডনের তুলনা করতে যাও অর্থাৎ এই ব্যয়বহুলতার হিসেবে, তাহলে আমার বিশ্বাস তুমি আকশ থেকে পড়বে। এক রাজ্যের সঙ্গে অন্য রাজ্যের এভাবে বিচার করা যায় না। আর তুমি এইসব কিছু না জেনে লন্ডনের সঙ্গে কলকাতা বা বোম্বাই-এর তুলনা করতে লেগেছে। এর থেকে হাস্যকর আর কী হতে পারে। আর চতুর্থত, আমার দাদার সম্বন্ধে তোমার শেষ বিশ্লেষণ দাদার বেশভূষার মলিনতা নিয়ে। অবশ্য এ বিষয়ে আমার কিছু বলা ঠিক হবে না যতক্ষণ না পর্যন্ত আমার সঙ্গে দাদার দেখা হচ্ছে। তবে তুমি যদি মনে কর আমি সত্যি কথা বলছি তবে বলব আমার দাদাকে আমি যা জানি তা হল তিনি একসময় বেশভূষা সম্বন্ধে অত্যন্ত সচেতন ছিলেন এবং রুচিসম্মত বেশভূষা করতেন। তুমি আমার, আমার স্ত্রী এবং আমার শিশু কন্যাদের বেশভূষা নিয়ে যে বক্রোক্তি করলে তা আমার কাছে অত্যন্ত অরুচিকর ও অশোভন মনে হল। আশা করি আমি তোমার সব প্রশ্নের যথাযথ উত্তর দিয়েছি। এর বেশি কিছু আমার বলার নেই।

ওই অফিসারটি আমার মুখের দিকে খানিক্ষণ তাকিয়ে থেকে বলল, 'তোমার কথা শুনে মনে হচ্ছে তোমাকে বিশ্বাস করা যায়। তোমাদের বেশভূষা সম্বন্ধে আমার মন্তব্যে তুমি যে ক্ষুণ্ণ হয়েছ তার জন্যে আমি ক্ষমা চেয়ে নিচ্ছি। তবুও বলতে চাই আমার সব প্রশ্ন তোমার উদ্দেশ্যে শুধু অনুসন্ধান পদ্ধতির একটি নিয়মের ভেতরেই পড়ে। যাই হোক, তোমার দাদার সম্বন্ধে তোমার সব উত্তরকে সম্মান জানিয়ে আমি তোমাদের অনুমতি

দিচ্ছি তোমার দাদার সঙ্গে দেখা করার। দাদার সঙ্গে তোমাদের দেখা হওয়ার পরও আমি তার সঙ্গে কিছু কথা বলতে চাই।' আমি ও মমতা সত্যিই আনন্দে উদ্বেলিত হয়ে উঠলাম। ইতিমধ্যে মধ্যপ্রাচ্যের একজন ব্যক্তিকে অত্যন্ত উত্তেজিত হয়ে বেরিয়ে আসতে দেখলাম। ওই ভদ্রলোকের অভিযোগ ছিল যে, 'আমি সদ্য বিবাহিত ব্যক্তি, স্ত্রীর সঙ্গে হানিমুন করতে যাচ্ছি আমেরিকায়। দু-একদিন লন্ডনে থাকার ইচ্ছে ছিল। জীবনে এতবড় ভুল আর কখনও করিনি, ভবিষ্যতেও আর করব না। আমাকে স্ত্রী সহ আমার দেশে ফেরত পাঠিয়ে দাও তারপর আমি তোমাদের বিরুদ্ধে যা ব্যবস্থা নেবার নেব।' দেখলাম ইমিগ্রেশনের কয়েকজন কর্মী ওই ভদ্রলোককে শান্ত করার চেষ্টা করছে, কিন্তু ভদ্রলোকের গলা আরও ওপরে চড়ছে। সদ্যবিবাহিত স্ত্রী অন্য কোন ঘরে আশঙ্কিত চিত্তে অপেক্ষা করে চলেছে। এরপর এদের কী হল জানতে পারলাম না। আমরা তাড়াতাড়ি একটা ঘরে গিয়ে দেখলাম দাদা চিন্তিত মুখ বসে আছে। পাশের ছাইদানিতে পোড়া সিগারেটের অংশে উপচে পড়ছে। বুঝলাম দাদা একের পর সিগারেট টেনে চলেছে অজানিত আশঙ্কায়। আমাদের দেখার সঙ্গে সঙ্গেই দুশ্চিন্তার কালো মেঘ খানিকটা সরে গেল। একটু আশার আলোয় চোখেমুখে প্রশান্তি নেমে এল। বেশি সময় নষ্ট না করে আমরা সবাই আবার অফিসারের সম্মুখীন হলাম। আবার প্রশ্ন শুরু হল। এই প্রশ্নোত্তর বিষয়ের আগে আমি স্বীকার করে নিতে চাই যে দাদার বেশভূষার দিকে তাকিয়ে আমি সত্যি আশ্চর্য হয়েছিলাম। শুধু বেশভূষা নয় একমুখ কাঁচাপাকা দাড়িগোঁফের জঙ্গল। ইস্তিরি না করা জামা প্যান্ট আর প্রাগৈতিহাসিক একটি জ্যাকেট। শার্টের ওপর একটি বহু জীর্ণ হাতে বোনা সোয়েটার। যে ব্যক্তির বারো তেরো বছর আগে ওয়ার্ডরোব খুললে সার সার দিয়ে টাঙানো থাকত নানা রঙের স্যুট ও অন্যান্য জামাকাপড় ও অসংখ্য নানা বর্ণের জুতোর জোড়া তার এই ক-বছরের মধ্যেই এই অবস্থা হল কী করে। আমরা ১৯৬২ সালে দাদার কর্মস্থলে অর্থাৎ দেরাদুনে দাদার শৌখিনতার নিদর্শন দেখে আমি সত্যিই হতচকিত হয়ে গেলাম ও মেনে নিতে বাধ্য হলাম

ওই আধিকারিক মহাশয়ের বিবরণ যুক্তিসঙ্গতই দাদার এই বেশভূষার ব্যাপারে।

এবার আবার জেরা শুরু হল। প্রশ্ন 'তোমার দাদা ইউনিভার্সিটি অব অ্যাস্ট্রোনমিকা' থেকে যে নিমন্ত্রণটি পেয়েছে সেটি লিখেছে ওই প্রতিষ্ঠানের "প্রেসিডেন্ট"। এর ইংরেজিতে লেখা চিঠিতে তিনটি বানান ভুল আছে। এছাড়া সব শব্দ ও বাক্যও উপযুক্ত নয়। এবিষয়ে তোমার মন্তব্য কী?' উত্তরে আমি বললাম, 'এই ভদ্রলোক একজন ফরাসি। ইনি ওই ভাষায় কথা বলেন। যেমন তুমি ইংরেজি ভাষায় কথা বলো। নিজের ভাষায় কথা বলতে সব মানুষই স্বাচ্ছন্দ্য বোধ করে এটা নিশ্চয় মানবে। এই প্রেসিডেন্ট যদি নিজের ভাষায় লিখে কয়েকটা শব্দ বা বাক্য ভুল লিখতেন তাহলে সত্যিই সন্দেহের কাওরণ থাকত। কিন্তু উনি একটা বিদেশি ভাষায় লিখেছেন আর তাতে ভুল থাকতেই পারে। অবশ্য এটা আমার ব্যক্তিগত মতামত। হতে পারে তুমি নির্ভুলভাবে ফ্রেঞ্চ ভাষায় কথা বলতে পারো বা লিখতে পারো কিছু সবাই তা পারে না। সে জন্য এই ব্যক্তিকে সন্দেহ করার যুক্তি আমি কিছু খুঁজে পাচ্ছি না।'

এই কথা শুনে আধিকারিক মহাশয় একটু লজ্জিত হল বলে মনে হল। লজ্জিত ভাবে বলল, 'না না আমার ওই ফ্রেঞ্চ ভাষায় দখল নেই, শুধু একটু আধটু লিখতে বা পড়তে পারি। পরের প্রশ্ন—'তোমার দাদার এই দেশে আসতে যে "ভিসার" জন্য একটি সরকারি সিলমোহর লাগে সেটি উনি লাগাবার প্রয়োজন বোধ করেননি। কী এর কারণ জানতে পারি?' এই বিষয়টি অবশ্য আমার জানা ছিল না। এর উত্তরের জন্য দাদার দিকে তাকালাম। দাদা বলল, 'যেদিন সিলমোহর লাগাবার কথা সেদিন "রামনবমী"-র জন্য ছুটি ছিল। আর হাতে সময় ছিল না এই কাজটি সুসম্পন্ন করার।' এইসব কথা শুনে আমি বিস্ময়ে হতবাক হয়ে গেলাম। মনে হল দাদার সম্বন্ধে আমার সব ধারণা যেন উল্টে পাল্টে যাচ্ছে। যে ব্যক্তি কিছুদিন আগেও বীরবিক্রমে নানা কাজ সুষ্ঠুভাবে করে গেছে তার পক্ষে এতগুলো ভুল কী করে করা সম্ভব। কী করব বুঝতে না পেরে ভাবলাম দাদাকে এই

‘এয়ারপোর্ট থেকেই বিদায় দিতে হবে। আর কোনো আশার আলো দেখছি না।

আমাকে চুপ করে থাকতে দেখে ওই আধিকারিক মহাশয় বলল, ‘আমি এই সমস্যার একটি সমাধান জানাচ্ছি। ডাক্তার চ্যাটার্জি তুমি এ দেশে কয়েক বছর আছ এবং হাসপাতালে কর্মরত। তুমি যদি তোমার দাদার সব দায়িত্ব নাও, তাহলে তোমার দাদার “ছাড়পত্রে” স্বাক্ষর দিতে আমাদের কোনো আপত্তি নেই। এ দেশে তোমার দাদা যদি অনৈতিকভাবে থেকে যায় তাহলে প্রথমে তোমাকে এর জন্য দায়ী করব। তুমি যদি এ বিষয়ে সম্মতি দাও আমি এক্ষুনি কয়েক দিনের জন্য ছাড়পত্রে স্বাক্ষর দিয়ে দেব। এই সময়ের মধ্যে তোমার দাদার প্যারিসে থাকা সম্ভব হবে এবং এরপরে এ দেশে কয়েকদিন থাকতে পারবে। এর অন্যথা হলে বিপদ আছে।’

এ বার দাদা মুখ খুলল। দাদা বলল, ‘আমি তোমাকে কথা দিচ্ছি আমি অনৈতিকভাবে কোনো কাজ করব না। কেন না আমার এই ছেচল্লিশ বছরের জীবনে আমি তা করিনি। বিশ্বাস করা না করা অবশ্য তোমার ব্যাপার। আমার প্রধান উদ্দেশ্য ফ্রেঞ্চ ইউনিভার্সিটিতে বক্তৃতা দেওয়া ও অধিবেশনের অন্যান্য বক্তাদের বক্তৃতা শোনা। এদেশে আমার ভাই, ভাতৃবধু ও ওদের দু-টি শিশুকন্যা আছে। তাই প্যারিসের অধিবেশনের শেষে এদের সঙ্গে কয়েকদিন থাকতে চাই তোমাদের দেশে। এরা না থাকলে আমি প্যারিস থেকেই দেশে ফিরে যেতাম। যদিও তোমাদের কেম্ব্রিজ বিশ্ববিদ্যালয়ের একই বিষয়ের অধিবেশনে উপস্থিত থেকে বক্তৃতা শোনার কথা। আমি তোমাদের দেশেও একজন নিমন্ত্রিত অতিথি।’ আধিকারিক বলল, ‘ঠিক আছে তোমাকে প্যারিসে যাওয়ার অনুমতি দিচ্ছি। তবে আগে থাকতে সাবধান করে দিচ্ছি যে তোমার এ দেশে থাকার অনুমতি মিলবে তখনই যখন আমরা আরও অনুসন্ধান করে বলতে পারব যে তোমার এ দেশে কয়েকদিন থাকার বিরুদ্ধে আমার অন্য কোনো কারণ জানা নেই।’ দাদা বলল, ‘ঠিক আছে, অনেক ধন্যবাদ। দেখা যাক কী হয়। তবে আমি তোমাকে অঙ্গীকার পত্র দিতে পারি যে প্যারিস থেকে এ দেশে এসে প্রয়োজন মনে করলে তোমার সঙ্গে দেখা

করে করমর্দন করব, এ বিষয়ে তুমি নিশ্চিন্ত থাকতে পারো। আর একটা কথা। তোমাকে আর বেশি কষ্ট করে হিথরো এয়ারপোর্ট থেকে আমাকে বিদায় দিতে হবে না। আমি যে একজন নৈতিকভাবে স্বীকৃত অভিবাসী আর কয়েকদিনের জন্য বিশেষ একটা কারণে এসেছি তা সহজেই প্রমাণিত হবে, তুমি এ ব্যাপারে নিশ্চিন্ত থাকতে পারো।'

ছাড়পত্র নিয়ে এ বার গন্তব্যস্থানে ফিরে যাওয়ার সময় হল। অবশ্য এখানে কয়েকটি কথা বলা দরকার দাদার এই দুর্ভোগের বিষয়ে। আমার মতে প্রথম দাদার বেশভূষা বিষয়ে একটু যত্নবান হওয়া উচিত ছিল। এ ছাড়া দিল্লির ভারতীয় হাই কমিশন থেকে উপযুক্ত সই করা ছাড়পত্র (ভিসা) না আনার ফলে দাদাকে এই বিপদের সম্মুখীন হতে হল। অবশ্য এটাও ঠিক, সে সময় অর্থাৎ ১৯৭৮ সালে, এমন কোনো ভয়াবহ ঘটনা ঘটেনি (পরবর্তীকালে যে অনেকগুলো হৃদয়বিদারক ঘটনা ঘটল যার ফলে অতি সর্তক হওয়ার প্রয়োজন ছিল)। এর বেশ কিছুদিন পরে বি.বি.সি চ্যানেলে একটি আলোচনা সভা হতে দেখেছি। যেখানে "ইমিগ্রেশন" বিভাগের নানা অসংগতির জন্য যে বিমানযাত্রীদের দুর্ভোগের সম্মুখীন হতে হচ্ছে সে বিষয়ে বিশদভাবে আলোচনা হয়।

হিথরো এয়ারপোর্ট ছেড়ে যাত্রা শুরু হল। এত সব ঝামেলার জন্য ক্ষিদের কথা ভুলেই গিয়েছিলাম। সময় অনেক নষ্ট হয়ে গেছে। তাই অল্প কিছু খেয়ে যাত্রা শুরু হল। অবশ্য দু-টি কন্যার কথা আলাদা। পথে যেতে যেতে অনেক দিনের জমানো কথা "সোডা ওয়াটারের" সদ্য খোলা বোতলের মতো বেরিয়ে আসছে। বিশেষ করে আমার ও দাদার, মমতাও মাঝে মাঝে দু-একটা কথা বলছে। দাদা এখন খুব নিশ্চিন্ত বোধ করছে। লন্ডন এলাকা পেরোনোর পর এম ১১ অর্থাৎ মোটরওয়ে ১১-তে গিয়ে পড়লাম। গাড়ির গতি উঠল ঘণ্টায় সত্তর/আশি মাইল। সারাদিন ধকল গেছে তাই তাড়াতাড়ি ফ্লাটে পৌঁছনো দরকার। গন্তব্য স্থানে পৌঁছতে যখন আর চল্লিশ মিনিটের মতো বাকি তখন একটি ফাঁকা জায়গা দেখে গাড়ি থামানো হল। এবার সবার খাওয়া দরকার। আমার ধূমপানের অভ্যেস (নাকি বদভ্যাস) বহুদিন আগে

থেকে। দাদাও ওই একই অভ্যাসের দাস। তবে দেশে থাকতে দাদার সামনে কোনোদিন সিগারেট খাইনি। কিন্তু এই মুহূর্তে একটি সিগারেট খাওয়া আমার বিবেচনায় অত্যন্ত জরুরি। কিন্তু খাব কী করে? সুযোগ খুঁজতে লাগলাম। সুযোগ এল যখন দাদা একটা জলের বোতল নিয়ে হাত ধুতে গেল, ভাবলাম খানিকটা দূরে গিয়ে কাজটা সেরে ফেলি। হঠাৎ দেখি দাদা আমার কাছে এসে জিজ্ঞেস করল, 'স্বপন তোর সিগারেটের প্যাকেট থেকে একটা সিগারেট দিতে পারবি, আমারগুলো এয়ারপোর্টেই সব শেষ হয়ে গেছে।' ভাবলাম একেই কি বলে টেলিপ্যাথির যোগাযোগ। মমতা খাবার-দাবার ঠিক করতে করতেই আমাদের দু-ভায়ের সিগারেট টানা শেষ হল। দাদার সামনে সিগারেট টানার লাইসেন্স পেয়ে গেলাম।মমতা অনেক কিছু খাবার-দাবারই তৈরি করে নিয়ে এসেছিল। পনেরো-কুড়ি মিনিট ধরে পরিতৃপ্তি সহকারে সব খাবার আমরা শেষ করে যাত্রা শুরু করলাম ও কিছুক্ষণের মধ্যেই আমরা সবাই আমাদের ফ্ল্যাটে পৌঁছে গেলাম। আমার কাজের ফাঁকে ফাঁকে দাদার সঙ্গে গল্পগুজব করে বেশ কয়েকদিন খুব তাড়াতাড়ি কেটে গেল। দাদার এবার প্যারিস যাবার পালা। দিন কয়েকের চেষ্টায় দাদা আবার আগেকার অবস্থায় ফিরে এল। এমনিতে অত্যন্ত "স্মার্ট" ব্যক্তি। ভাল ইংরেজি বলে। দাদা দৈর্ঘ্যতে আমার থেকে ইঞ্চি তিনেকের খাটো হলেও আমার কয়েকটা নতুন জ্যাকেট ও ট্রাউজারস্ ভুল করে এক সাইজ ছোট কেনায় সেগুলো দাদার কাজে লেগে গেল। এখান থেকে দাদাকে প্রথমে যেতে হবে "সাউথ এন্ড" এয়ারপোর্টে, দূরত্ব ৮১ মাইল, সময় লাগবে দেড় ঘণ্টা।

যথাসময়ে যাত্রা শুরু হল। সময় মতো পৌঁছনো গেল এয়ারপোর্টে। এখান থেকেই হয়তো দাদাকে বিদায় জানানো হতে পারে। এই বিট্রিশ জাতের স্বভাব এমনই একবার কাউকে সন্দেহ করলে সহজে তার মুক্তি মেলে না। দাদার ক্ষেত্রেও হয়তো তাই হবে। প্যারিস থেকে যখন ফেরত আসবে তখন এই এয়ারপোর্টে এসেই আগে নামবে। তারপর হয়তো ওরা এখান থেকে হিথরো এয়ারপোর্টে নিয়ে গিয়ে দেশান্তরিত করবে অর্থাৎ কলকাতায় ফেরত পাঠিয়ে দেবে। এসব ভাবতে ভাবতেই দাদাকে আমি ও

মমতা বিদায় জানালাম। অবশ্য দাদাকে একদম চিন্তিত মনে হল না। বরঞ্চ বেশ উৎফুল্লই মনে হল।

দেখতে দেখতে সপ্তাহ খানেক কেটে গেল। আবার যেতে হবে এয়ারপোর্টে। আমি ও মমতা গাড়িতে ভাবতে ভাবতে যাচ্ছি দাদার সঙ্গে ওরা কি আমাদের দেখা করতে দেবে। এদের সব ব্যাপারে আইন খুবই জটিল। আমাদের মতো সাধারণ মানুষের বোধগম্যের বাইরে। এইসব ভাবতে ভাবতেই এয়ারপোর্টে পৌঁছে গেলাম। পার্কিং লটে গাড়িটা পার্ক করে এয়ারপোর্টের দিকে এগোতে থাকলাম। মন দুশ্চিন্তায় ভরা। ভাবছি কতক্ষণ বাদে জানতে পারব দাদার সঙ্গে দেখা হবে কি না। বেশিক্ষণ ভাবতে হল না। হঠাৎ দেখি দাদা এয়ারপোর্টের বাইরে দাঁড়িয়ে পরমানন্দে সিগারেটের ধোঁয়া বার করে যাচ্ছে। আমি একটু অবাক হয়ে দাদাকে জিজ্ঞেস করলাম, 'এয়ারপোর্টের কর্মচারিরা তোমাকে বাইরে আসার অনুমতি দিল?' দাদা হো হো করে খানিকটা হেসে বলল, 'ওরা আমাকে অনুমতিই শুধু দিল না, "ইয়েস স্যার" "নো স্যার" করতে করতে অতিষ্ঠ করে তুলেছিল। আমার যাতে কোনো রকম অসুবিধে না হয় তার জন্যে মনে হল ওদের চিন্তার শেষ নেই। তাই একটু ফাঁক পেয়েই দৌড়ে এয়ারপোর্টের বাইরে এসে পরমানন্দে সিগারেট ফুঁকে চলেছি। আর এর মধ্যে দেখছি তোরাও পৌঁছে গেছিস।'

আমি দাদাকে জিজ্ঞেস করলাম, 'মাত্র কয়েকদিন আগেই এত ঝামেলা করার পর হঠাৎ এদের সুমতি হল কী করে?'

দাদা বলল, 'বলছি বলছি, সব বলছি। আর একটা সিগারেট দে দেখি, তুইও একটা খা।' দুজনে ধূমপান করতে করতে দাদার কাছ থেকে আমি ও মমতা সব বৃত্তান্ত শুনতে থাকলাম।

প্যারিসে পৌঁছে ওদের অ্যাসট্রোনমি ইউনিভার্সিটির প্রেসিডেন্টকে ইংল্যান্ডে হয়রানির কথা দাদা সবিস্তারে বর্ণনা করে। হিথরো এয়ারপোর্টে ইংরেজ অফিসার প্যারিসের অ্যাসট্রোনমি ইউনিভার্সিটির প্রেসিডেন্টের ইংরেজি বানান ভুলের কথা বলে প্রেসিডেন্টকে অপমান করেছে। এই সব কথা শুনে ইউনিভার্সিটির প্রেসিডেন্ট তো চটে আগুন। অপমানের জ্বালা সহ্য করতে না

পেরে প্রেসিডেন্ট সঙ্গে সঙ্গে ফোন তুলে ইমিগ্রেশন অফিসারকে বলল, তোমরা শুধু আমার নিমন্ত্রিত অতিথিকেই অসম্মান করোনি, আমাকেও অপমান করেছ। এর জন্যে এই মুহূর্তে তোমাদের ক্ষমা চাইতে হবে। না হলে এই অভিযোগটি আমি ওখানকার অর্থাৎ প্যারিসের ওপর মহলে জানাব। ভেতরে ভেতরে আরও কত কিছু ঘটেছিল জানা নেই। তবে ঘটনা যাই ঘটুক না কেন এইটুকু জেনে আমি নিশ্চিন্ত হলাম যে, দাদাকে আর এই মুহূর্তে এদের দেশ ছেড়ে আমাদের দেশ ভারতবর্ষে ফিরে যেতে হবে না।

আমার দাদা অনেক ডিগ্রিধারী না হলেও নিজ শিক্ষায় একজন উচ্চশিক্ষিত ও জ্ঞানী ব্যক্তি। কেউ যেন ভুল না বোঝেন যে, নিজের দাদা বলে এতটা সম্মান দিচ্ছি। দাদার বিষয়টি সম্বন্ধে আমার জ্ঞান সীমিত বলে আমার দিক থেকে কিছু না বলাই যুক্তিযুক্ত। দাদা বলল প্যারিসের "কলেজ অব অ্যাস্ট্রোনমিকার" প্রেসিডেন্ট দাদাকে ভরসা দিয়েছিল 'তোমার. চিন্তা নেই। ওরা তোমাকে আর কোনো ঝামেলা তো করবেই না বরং আমার মতে তোমাকে খাতির করবে। আমি ওদের খুব ধমকানি দেওয়ার পর ওরা মাফ চাইতে বাধ্য হয়।'

দাদা যে মুহূর্তে "সাউথ এন্ড এয়ারপোর্টে" "চেক আউট" করার জন্য লাইনে দাঁড়ায় তখন একজন ইউনিফর্ম পরিহিত দাদাকে বিনীতভাবে জিজ্ঞেস করে 'আপনি কি মি. মানিক চ্যাটার্জি?' দাদা উত্তর দেয় হ্যাঁ, আমিই সেই ব্যক্তি। দাদা তখন মনে মনে ভাবছে, 'এবার আমাকে এদেশ দেশ থেকে বিদেয় নিতে হবে।' ওই অফিসারটি দাদাকে বলল, 'আপনি আমার সঙ্গে অনুগ্রহ করে আসুন। দাদা আর একটা কাউন্টারে গিয়ে দাঁড়াল।' সেখানে কেউ লাইনে দাঁড়িয়ে নেই। ওই ব্যক্তি দাদার পাসপোর্টে স্ট্যাম্প মারতে মারতে বলল আপনার কতদিন এদেশে থাকার ইচ্ছে? দাদা বলল, 'মাসখানেক ভাই-এর সঙ্গে থাকব এই ইচ্ছেই তো ছিল। মনে হচ্ছে আপনারা আমাকে এখান থেকেই বিদায় করবেন।' ওই অফিসার লজ্জা পেয়ে বলল, 'আমরা জানি আপনাকে হিথরো এয়ারপোর্টে অনেক হয়রানি সহ্য করতে হয়েছে। তার জন্যে আমরা আন্তরিক দুঃখিত স্যার। আমরা আপনার কাছে

ক্ষমা চেয়ে নিচ্ছি। একটু ভুল বোঝাবুঝির জন্য এই ঘটনাটি ঘটেছে। আপনি ইচ্ছে করলে ছ'মাস পর্যন্ত থাকতে পারেন।'

দাদা ওই ব্যক্তিকে ধন্যবাদ জানিয়ে বলল, 'না না অতদিন থাকার দরকার হবে না, এক মাস হলেই চলবে। দেশে ফিরে গিয়ে আমাকে অনেক কাজ করতে হবে। এই বিষয়ে আপনাদের সাহায্যের জন্য অশেষ ধন্যবাদ।' ওই অফিসারটি আবার লজ্জিতভাবে বলল, 'না না এ তো আমাদের কর্তব্য। আশা করি আপনি যথাসময়ে কেম্ব্রিজের কনফারেন্সে যোগদান করে আমাদের বাধিত করবেন।'

দাদার এ বার সত্যিই খুশি হওয়ার পালা। আমরা যখন এয়ারপোর্ট পৌঁছলাম দাদা তখন মহানন্দে ধূমপান করে চলেছে এ কথা আগেই বলেছি। আমরা যখন কথা বলছি হঠাৎ দেখি একজন শিখ পাঞ্জাবি ভদ্রলোক আমাদের দিকে এসে আমার সঙ্গে করমর্দন করতে চাইলেন। আমি তো একটু ঘাবড়ে গেলাম হঠাৎ এই অচেনা ব্যক্তিকে আমার সামনে আসতে দেখে। অবশ্য সঙ্গে সঙ্গেই বুঝে গেলাম প্যারিসে দাদার সঙ্গে পরিচয় হয়েছে। দাদা পরিচয় করিয়ে দিল আমাদের সঙ্গে।

ইনি "প্রফেসর সিং"। ওই অধিবেশনের একজন নিমন্ত্রিত ব্যক্তি। ওইখানেই দাদার সঙ্গে পরিচয় হয়। ইনি চণ্ডীগড়ের কোনো এক কলেজের প্রফেসর। এরপর দাদার কাছে ওই প্রফেসর সম্বন্ধে যে গল্পটি শুনলাম তা অত্যন্ত দুঃখজনক। ভারতবর্ষের অনেক মানুষের ধারণা এসব দেশ সুসভ্য দেশ। তাই এখানে আমাদের দেশের মতো চুরি ডাকাতি খুব একটা হয় না। অবশ্য এটা আংশিকভাবে সত্য। সত্তর দশকে এ দেশে দেখেছি একজন মানুষ অন্য একজন মানুষকে বেশিরভাগ ক্ষেত্রেই বিশ্বাস করতে পারত। সে সময় অনেকে বাড়ির দরজা খুলে রেখেই বেরিয়ে যেত। চুরি-চামারির কথা খুব একটা শোনা যেত না। তবুও বলব পৃথিবীতে এমন কোনো জায়গা নেই যেখানে এ ধরনের ঘটনা একদম ঘটে না। এই প্রফেসর প্যারিসের নির্দিষ্ট হোটেলের সামনে পৌঁছে ট্যাক্সি থেকে সুটকেস, হ্যান্ডব্যাগ ইত্যাদি নামিয়ে হোটেলের এনট্রান্স হলে ঢুকে "চেক ইন" করতে ব্যস্ত হয়ে পড়ে। প্রফেসর

এইসব মালপত্রের কথা "হোটেলবয়"কে পর্যন্ত জানায়নি। "চেক ইন" করার পরে বাইরে এসে দেখে সব মালপত্র উধাও। অবশ্য এর বিস্তৃত বিবরণ আমার জানা নেই। তবে এইটুকু দাদার কাছে জানতে পারলাম যে দাদার কথায় এই প্রফেসরটিকে ইংল্যান্ডে ঢুকতে দেওয়া হয়েছে কয়েকদিনের 'ভিসা' দিয়ে। অর্থাৎ হিথরো এয়ারপোর্টে যে বিরক্তিকর ঘটনা ঘটেছিল দাদাকে নিয়ে, সেটির ক্ষতিপূরণ হিসেবে যতটা সাধ্য এদের করার কথা তার কিছুটা বেশিই করে ফেলেছে নিজেদের অকর্মণ্যতা ঢাকবার জন্য। অবশ্য একথা স্বীকার করতে আমার দ্বিধা নেই যে দাদার দিক থেকেও ভুল ছিল যেটা আমি আগেই বলেছি।

এর পরের ঘটনা গতানুগতিক। আমাদের দু-টি শিশুকন্যার মাথায় ঢোকেনি আমার কী করে ভাই থাকতে পারে যে আমাদের সঙ্গে থাকে না। ওরা দু-জন বোন তো একসঙ্গেই থাকে। কয়েক হাজার মাইল দূর থেকে আসা জেঠুর সঙ্গে এদের সখ্যতা গড়ে উঠল। হয়তো আস্তে আস্তে বুঝতে পারল ওদের মতো আমারও দাদা বা ভাই থাকতে পারে। একদিন আমরা সকলে স্থানীয় বাজারে গেছি। দাদা ঘুরে ঘুরে নানা দোকান দেখছে। হঠাৎ একটা দোকানের সামনে দাঁড়িয়ে বলল এই ওয়াইনটা খুব ভাল।

এই প্রসঙ্গে বলি, দাদা কর্মজীবনে একটু আধটু মদ্যপান করত। আমি মাথা চুলকে বললাম, 'তুমি খেতে চাও তো আমি কিনে নিচ্ছি।' দাদা বলল, 'হ্যাঁ হ্যাঁ কিনে ফেল, আমরা দু-জনে সন্ধেবেলায় একটু আয়েশ করে এই ভাল ওয়াইনটা খাব।' দাদা জানত মমতা মদ্যপান করে না। সেই রাত্রে দু-ভাইয়ে ওয়াইন খেয়ে প্রচুর গল্পগুজব করা হল। দাদা রুমানিয়ার অনেক স্মৃতির কথা বলল। আমাদের দুজনের কথাই বেশি। মমতা মাঝেমাঝে দু-একটা কথা বলে। তবে আমিও দাদার কাছ থেকে খোলামনে অনেক কথা শুনব বলে মাঝে মাঝে চুপ করে যাচ্ছিলাম। দাদা সেইসময় অ্যাস্ট্রোনমি/অ্যাস্ট্রোলজি ব্যাপারে গভীরভাবে মগ্ন থাকলেও ওর সাহিত্যেও যে গভীর জ্ঞান সেটা আমি ছোটবেলা থেকেই জানতাম। কিছু লেখা অর্থাৎ গল্প, প্রবন্ধ ও কবিতা বিক্ষিপ্তভাবে ছাপা হয়েছিল এককালে। তবে

জ্যোতির্বিদ্যা বিষয়ক লেখাই বেশি ছাপা হয়েছে। সেইরাত্রি এখনও আমাদের কাছে স্মরণীয় হয়ে আছে। ইংরেজদের সম্বন্ধে বিরক্ত হওয়ার ফলে দাদা আর কেম্ব্রিজে বক্তৃতা শুনতে গেল না। আমার মতে দাদার এই সিদ্ধান্তটি ঠিক ছিল না। অবশ্য দাদার আর ধকল সহ্য হচ্ছিল না। প্যারিসেও নাকি অসুস্থ হয়ে পড়েছিল অনেক ঘোরাঘুরির ফলে।

মাসখানেক থাকার পর দাদার আবার ঘরে ফেরার পালা এসে উপস্থিত হল। দাদা চলে যাওয়ার পর আমি আমার রুটিন মাফিক বাঁধা দৈনন্দিন কাজে ব্যস্ত হয়ে পড়লাম। ওই হাসপাতালে এক বছর কাটার পর ওখান থেকেই একটু দূরে "বিশপ স্টর্টফোর্ড" বলে একটি হাসপাতালে যোগদান করলাম। বহুদিন ধরে একঘেয়ে চাকরি করতে করতে মনে একটা দ্বন্দ্ব এসেছে, এভাবে আর কতদিন চলবে। মেয়েরা আস্তে আস্তে বড় হচ্ছে, কিছুদিনের মধ্যেই আমাদের কোনো একটা স্থায়ী ঠিকানা দরকার।

অন্যদিকে আছে "কমিউনিটিতে" চাকরি ও প্রাইমারি হেলথ কেয়ার ফিজিশিয়ন যাদের বহুকাল ধরে বলা হচ্ছে জি.পি বা জেনারেল প্রাকটিশনার। আমাদের দেশের জি.পি-র কাজ থেকে অনেকটাই অন্য রকম। এই চাকরিটি এন.এইচ্.এস-এর (NHS) অধীনে হলেও এরা স্বনিযুক্ত ডাক্তার। আমি যখনকার কথা বলছি অর্থাৎ সত্তর দশকে এম.বি.বি.এস ডিগ্রি নিয়েই এই কাজটি করা যেত। এইসব ভাবনা মনের কোণে উঁকি দিচ্ছে যে এভাবে আর বেশিদিন চলবে না। 'বিশপ স্টর্টফোর্ডে' ছ-মাসের চাকরি। হাসপাতালে থাকলে ছ-মাস পরে আবার একটা চাকরি খুঁজতে হবে। না, আর এভাবে জীবন চালানো সম্ভব নয়। ছ-বার হাসপাতাল পাল্টেছি। এই হাসপাতালটি সাত নম্বর। মন প্রস্তুত। ছ-মাসের মধ্যেই একটা চূড়ান্ত সিদ্ধান্ত নিতে হবে।

এই হাসপাতালে কাজ করার সময় একটা সুবিধে ছিল। সুবিধেটা হল লন্ডন এখান থেকে খুব একটা দূরে নয়, ৪০ মাইলের পথ, গাড়িতে সময় লাগে একঘণ্টা। কেম্ব্রিজ তো আরও কাছে, ২৮ মাইল মাত্র, সময় লাগে ৪০ মিনিট। প্রায় প্রত্যেক "উইক এন্ডে"ই লন্ডন চলে যেতাম। পৃথিবীর যে কোন নগরীতেই ঘোরাঘুরি করে সময় কেটে যায়। সারা পৃথিবীতে নগরে নগরে

প্রতিযোগিতা লেগে যায় যে কে কত সুন্দরভাবে তাদের নগরীকে সাজাতে পারে। সারা জীবনে অনেক দেশই তো দেখা হল। আমার মনে হয় (আমি নিশ্চিত এটা অনেকেরই মনে হয়) কংক্রিটের জঙ্গলে থাকতে থাকতে মানুষের মন হাঁপিয়ে ওঠে। মন বলে শ্যামল বনানীর নীচে একটু হাত পা ছড়িয়ে বসে নাও। দেখবে শান্তির দ্বার তোমার জন্য খুলে যাবে। সারা জীবনের ক্লান্তি দূর করার জন্য দু-দণ্ড নিশ্চিন্তে বসে থাকো নীল আকাশের দিকে দৃষ্টি প্রসারিত করে। দু-একটা ভেসে যাওয়া মেঘ দেখে তোমার হয়তো সে যুগের মহাকবি কালিদাসের কথা মনে পড়বে কিংবা এ যুগের মহাকবি রবীন্দ্রনাথের "মেঘদূত" কবিতা মনের কোণে উঁকি মারবে। মূর্ত জগৎ থেকে নিজেকে অমূর্ত জগতে কিছুক্ষণের জন্য প্রতিষ্ঠা করলে বুঝতে পারবে, শিল্পকলার সঙ্গে প্রযুক্তিবিদ্যা বা প্রয়োগবিদ্যার তফাৎ কোথায়। জীবনে দু-টিরই প্রয়োজন আছে। কিন্তু একথা সত্যি আজকের যুগে আধুনিক প্রযুক্তিবিদ্যার চাপে প্রাচীন শিল্পকলা ক্ষয়প্রাপ্ত হচ্ছে। আমার মনে হয়, অমূর্তভাবের সঙ্গে মূর্তভাবের মিলন সাধনাই একমাত্র লক্ষ্য হওয়া উচিত। সম্প্রতি ভেনিসে গিয়ে এ কথাটি মনে হয়েছে। এইসব ভাবনা হয়তো আমার মতো সাধারণ মানুষের জন্য নয়। সারা পৃথিবীর বহু বিদগ্ধজন অহোরাত্র এইসব ভাবনা ভেবে চলেছেন।

এ বার আমার ব্যবহারিক জীবনে ফিরে আসি। সেই জীবন—যেখানে আছে ভবিষ্যতের ভাবনা, টাকা রোজগার করা, শিশুকন্যাদের বড় হয়ে ওঠায় সাহায্য করা, কর্মজীবনের শেষে অবসর গ্রহণ করা ইত্যাদি। একপ্রান্ত থেকে আমাদের জীবন ছুটে চলেছে অন্যপ্রান্তের দিকে। এই ছোটার মাঝে প্রয়োজনমতো যা পারা যায় তুলে নিতে হবে এই মরণশীল জীবনে।

"এসেক্স অ্যান্ড বিশপ স্টটফোর্ড" হাসপাতালে কাজ করার সময় সে বার প্রচুর তুষারপাত ঘটেছিল। এইসময় বরফের ওপর দিয়ে হাঁটতে গিয়ে প্রায় বলতে গেলে সবার পতন অনিবার্য। ফ্ল্যাট থেকে কর্মক্ষেত্র হাঁটাপথ। এইটুকু রাস্তা যেতে অনেকবারই "পপাত ধরণীতল" হয়েছি। হাড়গোড় যে ভেঙ্গে যায়নি তা যে আমার কপালের জোরে সে বিষয়ে কোনো

সন্দেহ নেই। ওখানে একজন ইংরেজ ডাক্তার কাজ করত। শুনলাম সে ত্রিশ হাজার পাউন্ড জমিয়ে একটা নৌকা কিনে পৃথিবীর একপ্রান্ত থেকে অন্যপ্রান্ত পর্যন্ত সমুদ্রভ্রমণে যাবে। এই মুহূর্তে এটাই তার স্বপ্ন। এরা বেশির ভাগই একনাগাড়ে একই কাজ করতে পছন্দ করে না। সব সময়ই বৈচিত্র্যের সন্ধান করে। এর ফলে ক্ষয়ক্ষতি যাই হোক না কেন তা নিয়ে মাথা ঘামায় না।

এখানে চারমাসের মাথায় পদত্যাগপত্র দিলাম। কেন না ইতিমধ্যে বার্মিংহাম থেকে অনতিদূরে নানিটন বলে একটা জায়গায় ট্রেনি জি.পি (এখন রেজিস্ট্রার জি.পি. বলে) হিসেবে একটা এক বছরের কাজ জোগাড় করা হল। প্রথমে দেশে তারপর জাম্বিয়া এবং সব শেষে ইংল্যান্ডের হাসপাতালেই কাজ করে যাচ্ছি তেরো চোদ্দো বছর ধরে। এ বার এদের প্রাইমারি কেয়ারে জি.পি. কাজের চুক্তিতে নাম লেখানো যাক। অবশ্য তার আগে এক বছরের 'ট্রেনিং' নিলে কাজ পাওয়ার সুবিধে হবে।

এখানে এই চাকরির জন্য ইন্টারভিউ দেবার দিনটা স্মরণীয় হয়ে আছে।

অনেক দিন হাসপাতালে চাকরি করে হাসপাতাল ছাড়তেও একরকম অস্বচ্ছন্দতা কাজ করছিল মনের ভেতর। তবে কয়েকদিনের চেষ্টায় মেনে নিলাম যে সবকিছু নিয়তির ওপর ছেড়ে দেওয়া যাক। ইন্টারভিউ-এর দিন বাইরে তাকিয়ে দেখলাম আবহাওয়ার অবস্থা খুবই খারাপ। প্রায় দু-ঘণ্টার 'ড্রাইভিং'। প্রধান রাস্তা "মোটর ওয়ে ওয়ান।" একশো দশ মাইল রাস্তা পেরোতে হবে। অবশ্য এদেশের ভাল আবহাওয়া দেখে কোনো কাজ করতে গেলে প্রতিনিয়তই বঞ্চিত হতে হবে। রোদ ঝলমল দিন খুব কমই দেখা যায় এখানে। রোদ উঠলে খুব সুন্দর লাগে দেশটাকে। যথাসময়ে যাত্রা শুরু করলাম। প্রথমে যাব জাম্বিয়া থেকে চেনা একজন ডাক্তারের বাড়িতে। নাম চন্দ্রেশ প্যাটেল ও ওর স্ত্রী নলিনী, ওদের একটি শিশুপুত্র—বিকাশ। চন্দ্রেশ ওখানে ট্রেনিং নিয়ে ওই প্র্যাকটিসে কাজ করার সুযোগ পেয়েছে। এর জায়গাটা খালি হওয়ায় আমি ওই কাজে যোগদান করতে পারি এক বছরের জন্য। তারপর আমাকে কাজ খুঁজে নিতে হবে। যাত্রা শুরুর কিছুক্ষণ পর

থেকেই আবহাওয়া আরও খারাপ হতে আরম্ভ করল, ঝিরঝির করে বরফ পড়তে শুরু করল। খানিকক্ষণ ড্রাইভ করার পর বিরক্তি এসে গেল। মমতাকে বললাম, চলো ফিরে যাই। এত কষ্ট করে ইন্টারভিউ দিতে যাওয়া আর সম্ভব নয়। মমতা আর কী বলবে। বলল, 'দেখো যেটা ভাল মনে করো সেটাই করো।' অবশ্য এখান থেকে ফেরাই মুস্কিল। এ রকম বরফে ঢাকা রাস্তায় গাড়ির জট লেগে গেছে। কেউ জোরে গাড়ি চালাতে পারছে না। অনেকটা রাস্তায় পার হয়ে এসেছি। ফিরতে হলে পরের "একজিট" ধরতে হবে। সেটা ধরতেও অনেকতা ড্রাইভ করতে হবে। মনে মনে ঠিক করলাম, ফেরবার পথও যখন অনেকটা দূরে সামনের দিকে চলাই ভাল। অবশ্য গাড়ি যে গতিতে চলছে তাতে গন্তব্যস্থানে ঠিক সময়ে পৌঁছনো প্রায় অসম্ভব। ভাবলাম আর কিছু না হোক, চন্দ্রশের সঙ্গে দেখা তো হবে। ওদের সঙ্গে গল্পগুজব করে পরের দিন চলে আসব, অবশ্য বরফ যদি গলে যায়।

রবীন্দ্রসঙ্গীত শুনতে শুনতে রাস্তা পার হচ্ছি ধীর গতিতে। এখন একটাই কাজ— ধৈর্য ধরা। তখন "মোবাইল ফোনের" জন্ম হতে অনেক দেরি। তাই গাড়ি থেকে কাউকে যোগাযোগ করা অসম্ভব। নির্দিষ্ট সময়ের ঘণ্টা দুই-তিন পরে চন্দ্রেশের বাড়িতে গিয়ে উপস্থিত হলাম। ওরা অধীর আগ্রহে আমাদের জন্য অপেক্ষা করছিল। ঢুকেই বললাম, 'চন্দ্রেশ ও নলিনী ভাল করে আমাদের গরম গরম চা খাওয়াও আর আমাদের কন্যা দু-টিকে সামলাও। অনেক কাঠখড় পুড়িয়ে তোমাদের এখানে পৌঁছনো গেছে।' চন্দ্রেশ বলল, 'তুমি তাড়াতাড়ি একটু কিছু খেয়ে আমার সঙ্গে চলো "ইন্টারভিউ" দিতে।' আমি তো ওর কথা শুনে আকাশ থেকে পড়লাম। আমি বললাম, 'সে তো তিনঘণ্টা আগে হয়ে যাবার কথা।' চন্দ্রেশ বলল, 'না না ওরা তোমার জন্য অপেক্ষা করে আছে। এই প্রাকৃতিক দুর্যোগে তো দেরি হওয়ায় স্বাভাবিক।' চন্দ্রেশের গাড়িতে চললাম ইন্টারভিউ দিতে। জায়গাটির নাম "বেডওয়ার্থ", চন্দ্রেশের বাড়ি থেকে চার মাইল দূরে। বরফে আচ্ছাদিত রাস্তায় ধীর গতিতে গাড়ি চলতে লাগল। দশ পনেরো মিনিটের রাস্তা পেরোতে চল্লিশ মিনিট লেগে গেল। ওই সার্জারির (ডাক্তারের চেম্বারকে

এদেশে সার্জারি বলে) প্রধান ব্যক্তি একজন আইরিশম্যান। নাম ডাক্তার হিপ। মাথায় টাক। দেখলাম প্যান্টের ওপর ভুঁড়িটা শোভা পাচ্ছে। ভদ্রলোক ১৯৫১ সালে অক্সফোর্ডের মেডিক্যাল কলেজ থেকে পাশ করেছেন। বাবা ও মা-ও জেনারেল প্র্যাকটিস করতেন। উত্তরাধিকার সূত্রে বেশকিছু সম্পত্তির অধিকারী। এসব কথা চন্দ্রেশের কাছে কয়েকদিন আগেই শুনেছিলাম। ডাঃ হিপ মৃদু হাস্যে নিজের চেম্বারে স্বাগত জানালেন। ওখানে আর একজন ভারতীয় ডাক্তার দাঁড়িয়েছিলেন। আলাপের পর জানলাম ওই ব্যক্তির নাম ডাক্তার কাচরু। কাশ্মীর রাজ্যের অধিবাসী। আমি চা খাব কিনা জিজ্ঞেস করলেন। অত্যন্ত ভদ্র ব্যক্তি। বুঝলাম খুব ঘরোয়া পরিবেশেই এই "ইন্টারভিউ"। সোজা কথায় এদের একজন ডাক্তার দরকার আর আমার একটি কাজ দরকার। ডাঃ হিপ জিজ্ঞেস করলেন, 'তুমি হাসপাতাল ছেড়ে প্র্যাকটিসে যোগদান করতে চাইছ কেন? রসিকতা করে বললেন তুমি কি আমাদের মতো "অকৃতকার্য" শ্রেণীর ডাক্তারদের দলে তোমার নাম লেখাতে চাইছ?' এই কথা বলে মৃদু মৃদু হাসতে লাগলেন। আমি ডাঃ হিপকে খুশি করার জন্য বললাম, 'না না আমি তা ভাবছি না। হাসপাতালে তো অনেকদিন হল, এবার সাধারণ চিকিৎসক হিসেবে কাজ করতে কেমন লাগে তা দেখতে চাই। আমার কাছে সব কাজই কাজ।' ডাঃ হিপ একটু মুচকি হাসলেন। হাসি দেখে মনে হল আমার উত্তরটা হয় মনোমতো হয়েছে বা খানিকটা আগে থেকে তৈরি বক্তৃতার মতো শুনিয়েছে। অবশ্য এসব ব্যাপারে বেশিক্ষণ মাথা ঘামানো আমার স্বভাবের মধ্যে পড়ে না।

২রা এপ্রিল ১৯৭৯ সালে আমার কাজে যোগদান করার নির্দেশ এল। এই কাজের বিষয়ে কিছু বলার আগে এন.এইচ.এস. (ন্যাশনাল হেলথ্ সার্ভিস) সম্বন্ধে কিছু বলতে চাই।

১৯৪৮ সালে এন.এইচ.এস. শুরু হওয়ার আগে চিকিৎসার জন্য রোগীদের খরচপত্তর দিতে হত।

১৯১১ সালের "ন্যাশনাল ইনশিউরেন্স অ্যাক্ট" অনুযায়ী ডেভিড লয়েড জর্জ (ইনি একজন ব্রিটিশ লিবারেল রাজনীতিবিদ ছিলেন ও

যুক্তরাজ্যের প্রধানমন্ত্রী হয়েছিলেন ১৯১৬ থেকে ১৯২২ সাল পর্যন্ত) ব্রিটেনের কর্মচারিদের সাপ্তাহিক বেতন থেকে সামান্য কিছু কেটে নিতেন। এই কেটে নেওয়া অর্থের সঙ্গে যোগ হত নিয়োগকর্তার ও সরকারের চাঁদা। এই দেয় অর্থের পরিবর্তে ওই কর্মচারি তার স্বাস্থ্য সুরক্ষার সুবিধে পেত কর্মজীবনে, অবসরগ্রহণ করার পর এবং কোনো কারণে কর্মচ্যুতি ঘটলে কর্মহীন অবস্থায় অর্থসাহায্য পেত সরকারের কাছ থেকে। ন্যাশানাল হেলথ্ সার্ভিসের প্রতিষ্ঠা হয় ১৯৪৮ সালে। এই প্রতিষ্ঠানটির গঠন ইংল্যান্ড ও ওয়েলেস্-এ তিন ভাগে বিভক্ত ছিল : (১) হাসপাতালে সরকারি কাজ (২) প্রাইমারি কেয়ার সাধারণ চিকিৎসক যারা স্বাধীন চুক্তিধারী ব্যক্তি বা কনট্রাকটর। অর্থাৎ এরা মাইনে করা কর্মচারি নয়। এরা তাদের রোগীর সংখ্যা অনুযায়ী মাথাপিছু উপার্জন করবে। এদের দলে আছে দন্তচিকিৎসক, দৃষ্টিবিজ্ঞানী (অপটিশিয়ন) ও ফার্মাসিস্ট (৩) কমিউনিটি সার্ভিসেস মেটারনিটি, চাইল্ড ওয়েলফেয়ার ক্লিনিকস্ হেলথ ভিসিটর, মিড্ ওয়াইভস্, হেলথ এডুকেশন, ভ্যাকসিনেশন ও ইমিউনিজেশন এবং অ্যাম্বুলেন্স সার্ভিসেস ও এনভাইরনমেন্টাল হেলথ সার্ভিসের দায়িত্ব অর্পিত হয় স্থানীয় শাসক গোষ্ঠীর ওপর।

আমি হাসপাতালে জুনিয়র ডাক্তারের কাজ পরিত্যাগ করে প্রাথমিক স্বাস্থ্য পরিষেবাতে (Primary Health Care) এক বছরের জন্য শিক্ষানবিশ হিসেবে যোগদান করলাম। এই শিক্ষা সমাপ্ত হলে কোনো একটা প্র্যাকটিসে অংশীদার হিসেবে একজন সাধারণ চিকিৎসকের কাজে যোগদান করতে পারব। এক একটা প্র্যাকটিসে আজকাল অনেক ডাক্তার অংশীদার হিসেবে কাজ করে। এ যুগের চুক্তি অনুযায়ী অনেকগুলো “ক্লিনিক”-এর দায়িত্ব নিতে হয়। যেমন ডায়েবেটিস্, ব্লাডপ্রেসার, থাইরয়েডের সমস্যা, অতিরিক্ত মেদ কমানোর উপদেশ, অ্যান্টিনেটাল ও পোস্টনেটাল ক্লিনিল, মেটারনিটি কেয়ার, মাইনর সার্জারি ইত্যাদি। এ ছাড়া প্রত্যেক চিকিৎসক সাধারণ রোগীদের প্রতিদিনের সমস্যার জন্য দায়ী থাকে। অবশ্য চিকিৎসক একজন হলেও সাধারণ নার্স, মিডওয়াইফ, ডায়েবেটিক নার্স, ফিজিওথেরাপিস্ট ও আরও অনেকে সাহায্যকারী হিসেবে কাজ করে। অনেক চিকিৎসক মিলে একই

প্র্যাকটিসে কাজ করলে বহু সাহায্যকারীর সমারোহ ঘটে। এইসব পেশাদারি ব্যক্তি ছাড়া বেশ কয়েকজন অভ্যর্থনাকারী রোগীদের চিকিৎসকের সঙ্গে দেখা হওয়ার আগে নিয়মাবলি মেনে তাদের প্রতি মনোযোগ দেয়। এইসব রোগীরা সকাল ও বিকেলে পূর্ব-নির্ধারিত ব্যবস্থা অনুযায়ী চিকিৎসকদের সঙ্গে পরামর্শের জন্য নির্দিষ্ট ঘরে উপস্থিত হয়। অবশ্য জরুরি অবস্থা ঘটলে রোগী সরাসরি ডাক্তারের সম্মুখে উপস্থিত হয়, কোনো রকম অপেক্ষা না করে।

এখানকার জাতীয় স্বাস্থ্য পরিষেবা সম্বন্ধে বেশ কিছু কথা বলে এই প্রসঙ্গে সমাপ্তি টানছি।

কাজে যোগদানের দিন যথাসময়ে অনেকটা পথ অতিক্রম করে নতুন ঠিকানায় এসে পৌঁছলাম। এটি একটি "ডিট্যাচড্ হাউস"। পাড়াটি ভদ্রলোকের পাড়া। মোটামুটি সাজানো গোছানো। এখানে থাকতে হবে এক বছর। আমাদের বন্ধু চন্দ্রেশ ও নলিনীদের বাড়ি খানিকটা দূরে। চন্দ্রেশ এই প্র্যাকটিসেই একজন অংশীদার হিসেবে যোগদান করেছে। এটা সম্ভব হয়েছে ডাঃ কাচরু (যে কাশ্মীরি ডাক্তারের কথা বলেছি আগেই) এখানকার কাজ ছেড়ে বিখ্যাত রবিনহুডের স্থান নটিংহামে একজন ডাক্তারের প্রাকটিসের দায়িত্বভার গ্রহণ করার ফলে।

আমাদের প্র্যাকটিসে ডাঃ হিপ, তারপর ডাঃ দেশাই ও আমাদের বন্ধু ডাঃ চন্দ্রেশ প্যাটেল এই তিন ডাক্তারের প্র্যাকটিসে আমি "ট্রেনি" হিসেবে যোগদান করলাম।

নিয়ম অনুযায়ী বেশ কিছুদিন আমাকে ডাঃ হিপের চেম্বারে বসতে হল। নানা উপদেশ বর্ষণ হতে থাকল আমার ওপর। সদ্য হাসপাতাল ছেড়ে আসার পর এই নতুন পরিবেশে কী করে আমি নিজেকে মানিয়ে নিতে পারব সেই ভাবনা আমাকে ভাবিয়ে তুলত। হাসপাতালের নিয়মাবলী ও এখানকার নিয়মাবলীর মধ্যে অনেক পার্থক্য। হাসপাতালের সব কাজই একই ছাদের তলায়। অবশ্য অনেকগুলো বাড়ি নিয়ে হাসপাতাল হলেও, সবগুলিই ঢিল ছোঁড়া দূরত্বের মধ্যে পড়ে। কিন্তু এখানে বিশেষ করে অচেনা জায়গায় বাড়ি খুঁজে বার করা খুব সহজসাধ্য কাজ নয়। আজকের যুগে "টমটমের"

দৌলতে যে কোনো জায়গায় পৌঁছানো সহজসাধ্য হয়ে গেছে। তখন এই সুবিধেটি ছিল না। আমাদের দেশে অবশ্য ডাক্তারবাবুকে নির্দিষ্ট রোগীর বাড়িতে নিয়ে যাওয়ার দায়িত্ব গাড়ির চালকের ওপর, ডাক্তারবাবুকে এ নিয়ে মাথা ঘামাতে হয় না। এমন কী ডাক্তারির ব্যাগটি নিজেকে বইতে হয় না। এখানে এইসব কথা ভাবাই যায় না। খুব বেশি তুষারপাত ঘটলে গাড়িটিকে সুবিধাজনক জায়গায় রেখে অনেকটা বরফের ওপর দিয়ে হেঁটে যেতে হয়। বছরের পর বছর কাজ করতে করতে অভ্যেস হয়ে গেলে তখন আর অত চিন্তার থাকে না। অনেকদিন হাসপাতালে কাজ করে নতুন জীবন শুরু হওয়ায় বেশ খানিকটা ভ্যাবাচ্যাকা খেতে হল। আমি আবার তিনটি মহাদেশের তিনটি দেশে কাজ করেছি। তিনটি দেশের তিন বর্ণের মানুষের সংস্পর্শে এসেছি। এটুকু বুঝেছি যে বিভিন্ন দেশের মানুষের বাইরের রূপ বিভিন্ন হলেও অন্তরে সব দেশের মানুষই এক। অবশ্য নানা দেশের মানুষের নানা রকম আচার ব্যবহার।

"লজ্জা, মান, ভয়, তিন থাকতে নয়" ছোটবেলা থেকেই এই কথা শুনে এসেছি। এই লজ্জার প্রকাশও নানা দেশে নানা রকম। জাম্বিয়ার একদিন বর্হির্বিভাগে (আউট পেশেন্ট ডিপার্টমেন্টে) বসে রোগী দেখছি। একজন মহিলা রোগী চেয়ারে এসে বসল। প্রশ্নোত্তরের পরে মহিলাটিকে পরীক্ষার জায়গায় নিয়ে গিয়ে প্রস্তুত হতে বললাম। কিছুক্ষণ পরে ওই স্থানে গিয়ে আমি তো হতবাক। দেখি ওই ভদ্রমহিলা নির্বিকারভাবে তার জন্মদিনের পোষাকে দণ্ডায়মান। আমি তড়িৎগতিতে বাইরে এসে বললাম, 'তুমি তোমার জামাকাপড় পরে শুয়ে পড়ো। আমি তো তোমার বুক পেট এসব পরীক্ষা করব। তুমি যে জামাকাপড় পরে আছো তাতে আমার পরীক্ষা করতে অসুবিধা হবে না।' এই কথা শুনে মনে হল ভদ্রমহিলা বেশ বিরক্ত হল। বলল, 'আমি কী করে জানব তুমি আমায় কীভাবে পরীক্ষা করবে।' মনে হল বেশ অনেকক্ষণ ধরেই ওই রোগীর গজরানি চলছিল। আমি কিছুক্ষণ অপেক্ষা করে জিজ্ঞেস করলাম, 'এখন আসতে পারি?' মনে হল ভদ্রমহিলা একটু আশ্চর্য হল। বলল, 'তুমি তো ডাক্তার। তুমি যা যা করবে সেটা তো তুমিই

বলবে। তুমি তো তোমার সময়মতো এসে আমাকে পরীক্ষা করবে।' বুঝলাম ষাট সত্তর সালে আমাদের দেশে একজন ভদ্রমহিলাকে পরীক্ষা করতে গেলে যে নিয়মাবলী আমাদের পালন করতে হয় এখানে তার কোনো প্রয়োজন নেই। কিছুদিনের মধ্যেই বুঝতে পারলাম এদের ভাবভঙ্গী খুব সাবলীল।

প্রথম দিন যখন ডাঃ হিপের সঙ্গে রোগী দেখা শেষ হল তখন চা খেতে খেতে লক্ষ্য করলাম সে দিনের "হোম ভিজিটে"র লিস্ট চলে এল। ডাঃ হিপ বলল, 'প্রথম দিন তোমাকে বেশি রোগী দেখতে হবে না। আমার লিস্টে ৬টা হোম ভিজিট আছে। তুমি দু-টো আর আমি বাকি চারটে করব।'

ডাঃ হিপকে ধন্যবাদ জানিয়ে "হোম ভিজিটের" লিস্ট টেবিল থেকে তুলে নিলাম। প্রায় বারো তেরো বছর তিনটি মহাদেশের বিভিন্ন হাসপাতালে চাকরি করছি। বিভিন্ন হাসপাতালের মান বা নীতি এক না হলেও, রোগী দেখার পদ্ধতি তো একই। এই কাজে প্রথমেই যেটা আমাকে চিন্তায় ফেলল সেটা হল রোগীর বাড়ি খুঁজে বার করব কী করে। কারণ আজই আমি কাজে যোগদান করেছি। রাস্তাঘাটের চিন্তা বাদ দিলেও জায়গাটাই যে ভাল করে চিনি না সেটাই তো একটা বড় সমস্যা। ভাবলাম বেশি ভাবনা-চিন্তা করে সময় নষ্ট না করে দুর্গানাম জপ করতে করতে বেড়িয়ে পড়ি। অচেনা জায়গায় এই ভাবনাটাই মনে হয় সবার মনে ভিড় করে। এখনকার যুগে সমস্যা অনেক কম। কারণ সারা পৃথিবীতে সবার হাতেই "মোবাইল"। প্রয়োজনে ফোন করে জায়গাটা জেনে নেওয়া যায়। এছাড়া "টমটম-স্যাটেলাইট-ন্যাভিগেটরের" সাহায্যে নির্দিষ্ট ঠিকানায় পৌঁছনো অনেক সহজ ব্যাপার হয়ে গেছে। কারণ আগেই বলেছি এসব দেশে গাড়ির চালক নিজেকেই হতে হয়। পকেটের পয়সা খরচ করে চালক রাখতে হলে নিজের রোজগারের সমস্ত পয়সা নিঃশেষ হয়ে যাবে কয়েক মুহূর্তেই। ড্রাইভারের সিটে বসে নিজেকে প্রস্তুত করলাম, এই ভেবে যে খানিকটা ঘোরাঘুরি করলেই একসময় নিশ্চয় বাড়ি খুঁজে পাব। এখন বাজে সাড়ে বারোটা। একটু একটু ক্ষিদে পেয়েছে। কাপ দুয়েক চা পেটে ঢুকেছে। আমরা জানি চা খানিকটা ক্ষিদে মেরে দেয়। দুর্গা বলে যাত্রা শুরু করলাম। ম্যাপ দেখে

জায়গাটার অবস্থানের একটা ছবি মনের মধ্যে গেঁথে নিয়েছি। গাড়ি চলছে, চোখ কখনও রাস্তার দিকে, কখনও সারি সারি টেরাস হাউসের দিকে। "টেরাস হাউস" একটার সঙ্গে একটা লাগানো। আমিও বাড়ি দেখছি, রাস্তাও খুঁজছি, আবার গাড়িও চালাচ্ছি। মনে মনে নিজের সঙ্গে নিজেই কথা বলে চলেছি। রাস্তা খুঁজে না পাওয়াতে মাথাটা গরম হয়ে উঠছে মাঝে মাঝে। মাথাটাকে ঠাণ্ডা রাখার জন্য বেশ জোর গলায় নিজেকে বোঝাবার চেষ্টা করছি 'ধৈর্য ধরো বৎস অত উতলা হলে কি চলে। মহাজ্ঞানী মহাজনেরা আমাদের সবাইকে সহনশীল হতে বলেছেন।' মনে মনে এইসব উপদেশ বাক্য স্মরণ করে চলেছি রাস্তার দিকে চোখ রেখে। অনেক চেষ্টার পর অবশেষে রাস্তাটাতে পৌঁছনো গেল, খানিকটা নিশ্চিন্ত হলাম। এরপর বাড়ি খোঁজার পালা। বাড়ির নম্বর গুনে গুনে এগোচ্ছি। দুই নম্বর চার নম্বর। আমাকে পৌঁছতে হবে চল্লিশ নম্বর বাড়িতে। একদিকে জোড় সংখ্যা, অন্য দিকে বিজোড়। জোড় সংখ্যা দেখে দেখে এগোচ্ছি বত্রিশ, ছত্রিশ এই তো এসে গেলাম বলে এরপর আটত্রিশ তারপরেই চল্লিশ। আটত্রিশ নম্বর বাড়ি পেরোনোর পর ভাবলাম এবার গাড়িটাকে 'পার্ক' করি। হঠাৎ দেখি আটত্রিশ নম্বর বাড়ির পর চল্লিশ নম্বর বাড়িটি অদৃশ্য। আটত্রিশের পর শুরু হয়েছে পঞ্চাশ নম্বর থেকে। হঠাৎ গাড়ির আয়না দিয়ে দেখতে পেলাম আমার গাড়ির পেছনে বেশ কয়েকটা গাড়ি দাঁড়িয়ে আছে। খানিকক্ষণ বাদে বুঝলাম আমার বাড়ি খোঁজার ঠেলায় গাড়ি রাস্তার বাঁদিক ছেড়ে ডানদিকে চলে এসেছে আমার অজান্তে। আমেরিকা বা ইউরোপে ড্রাইভ করলে এটা ঠিকই ছিল। কিন্তু এদেশের হিসেবে (আমাদের দেশেও) গাড়িটাকে তো বাঁদিক দিয়ে ঘেঁসে চালাতে হবে। কিন্তু আমারই বা দোষ কী? বাড়ি খুঁজতে গিয়ে আমি অন্যমনস্কভাবে ডানদিক ঘেঁসে গাড়ি চালাচ্ছি। আমার তো খেয়ালই নেই এতগুলো গাড়ি আমার পিছনে দাঁড়িয়ে আছে। মনে হচ্ছে ওরাও সবাই বেশ বুঝে গেছে বাড়ি খোঁজার ঠেলায় আমি রাস্তার একদিক থেকে অন্যদিকে চলে এসেছি। ভাগ্যিস সামনে দিক থেকে কোনো গাড়ি আসেনি। এলে বড় রকমের দুর্ঘটনা না ঘটলেও ছোটখাটো তো ঘটতে পারত।

এরপর লক্ষ্য করলাম আমার পিছনের চালক আমার দিকে এগিয়ে আসছে। আমি কিছু বলার আগেই ওই চালক বলল, 'মনে হচ্ছে তুমি কোনো বাড়ির নম্বর খুঁজছো।' আমি বললাম, 'হঠাৎ লক্ষ্য করছি আটত্রিশ নম্বর বাড়ির পর পঞ্চাশ নম্বর বাড়ি। আমাকে যেতে হবে চল্লিশ নম্বর বাড়িতে।' ভদ্রলোক হাত পা নেড়ে আমাকে জায়গাটা বোঝাবার চেষ্টা করতে লাগল। আমার মুখ দেখে ওই ব্যক্তির হয়তো মনে হল আমি ঠিক বুঝতে পারছি না, জায়গাটা ঠিক কোথায় হবে। একটা কাগজ ও কলম বার করে রাস্তার ছবি আঁকল। মনে হল হয়তো এবার আমি বাড়িটা খুঁজে পাব। ভদ্রলোককে অনেক ধন্যবাদ জানালাম। যাবার সময় একটু মুচকি হেসে বলল, "তুমি এবার খেয়াল রাখো গাড়িটা যেন রাস্তার বাঁদিক ঘেঁসে চলে, তা না হলে তুমি বিপদের সম্মুখীন হবে।' লজ্জিত চিত্তে আবার ধন্যবাদ জানিয়ে গন্তব্যস্থলে পৌঁছলাম দেড়ঘণ্টা বাদে। ঠিকানাটা জানা থাকলে সময় লাগত পনেরো মিনিট। যে কোনো কাজের শুরুতে প্রায় সবাইকে এই ধরণের অসুবিধের মধ্যে পড়তে হয়। আমার আশ্চর্য লাগে এই ভেবে বেশির ভাগ ব্যক্তি এটা স্বীকার করতে চায় না। ভাবে স্বীকার করলে অন্যেরা যদি আমাকে বোকা মনে করে। আমার মতে প্রত্যেক মানুষের প্রকৃত বুদ্ধিমত্তার পরিচয় পাওয়া যায় অনেক বড় কাজে। সেই কাজে যারা পৌঁছতে পারে তারা স্বনামধন্য ব্যক্তি। তাদের নাম স্বর্ণাক্ষরে জ্বলজ্বল করে ইতিহাসের পাতায়। অবশ্য সে দিন "কল" শেষ করে যেটুকু সময় হাতে ছিল সেই সময়টুকু অর্থাৎ আধঘণ্টার মতো, বাড়ি ফিরে গোগ্রাসে কিছু খাবার গিলে বিকেলের সার্জারিতে (চেম্বার) হাজিরা দিলাম। নিয়মমাফিক কাজকর্ম চলতে লাগল। মাসখানেকের মত ডাঃ হিপের সঙ্গে বসেই রোগী দেখতাম। বুঝলাম এটা ট্রেনিং পর্বের একটা নিয়মের মধ্যে পড়ে। আস্তে আস্তে রাস্তাঘাট অনেকটা চেনা হয়ে গেল। যেখানে দু-টো "কল" করতে দুঘণ্টা লেগেছিল, এখন ওই সময়ে আটটা কল করতে পারি।

প্রতি বৃহস্পতিবার আমার "হাফ ডে" ছিল অর্থাৎ বিকেলের সার্জারি আমাকে করতে হত না। অবশ্য ওই দিন আমাকে আমাদের বাড়ি থেকে

আটমাইল দূরে "কভেন্ট্রি" নগরে শিক্ষামূলক সম্মেলনে যোগ দিতে হত। এটা এই সাধারণ পেশাদার চিকিৎসকের স্নাতকোত্তর শিক্ষার বাধ্যতামূলক ব্যবস্থা পদ্ধতি। এখানে বিভিন্ন বিভাগের দক্ষ চিকিৎসকেরা বিভিন্ন বিষয়ে বক্তৃতা দিত। প্রায় আট মাস ধরে গতানুগতিক কাজ চালিয়ে গেলাম। একই নিয়মে চলছিল। হঠাৎ একদিন সার্জারির শেষে ডাঃ হিপ বলল 'চ্যাটার্জি তোমার সঙ্গে একটা কথা আছে।' বললাম, 'বলুন কী কথা।' ডাঃ হিপ একটু ভণিতা করে বলল, 'আগে একটু চা খাওয়া যাক। কারণ এই কথার সময় ডাঃ দেশাইও থাকবে।' বুঝলাম কাজের কোনো ব্যাপারে বিশেষ করে ডাঃ দেশাই নোংরা রাজনীতি খেলতে চাইছে। যে কোনো ব্যাপারে আমাকে জব্দ করাই এর আসল উদ্দেশ্য। সত্যি কথা বলতে কী এই দেশাই লোকটিকে আমি সুনজরে দেখতাম না। কারণ নিজেকে সে একজন কেউকেটা ভাবত, যদিও সে রকম ভাববার কোনো কারণ ছিল না। এখানে সবাই কর্মরত ব্যক্তিরা প্রথমত, রানির চাকর, দ্বিতীয়ত, জনসাধরণের চাকর। সুতরাং নিজেকে বিশেষ ব্যক্তি ভাববার কোনো কারণ নেই।

পনেরো মিনিটের মধ্যে ডাঃ দেশাই এসে হাজির হল। এবার তথাকথিত সভার কাজ শুরু হল। একটু ইতঃস্তত করে ডাঃ হিপ বলল, 'আমি ও ডাঃ দেশাই আলোচনা করে দেখলাম তুমি তো এখন শিক্ষামূলক পদ্ধতির মধ্যে রয়েছ, তাই তোমাকে অধিক পরিশ্রম করে এই শিক্ষাকে আয়ত্তের মধ্যে আনতে হবে। এবং এই শিক্ষার শেষে তুমি "প্রধান পেশাদারি" চিকিৎসক হয়ে এ দেশের যে কোনো প্র্যাকটিসে যোগদান করতে পারবে। অবশ্য এই কাজে যোগদানের আগে তোমার ডাঃ দেশাই ও আমার সুপারিশের প্রয়োজন হবে।

তাই ডাঃ দেশাই ও আমি চাই যে তুমি "কভেনট্রি" থেকে ফেরার পথে সোজা সার্জারিতে এসে কাজে যোগদান করবে। তুমি রাজি হলে ডাঃ দেশাই ও আমি খুশি হব এবং আমাদের দু-জনের সুপারিশে তোমার কাজ পেতে কোনো অসুবিধে হবে না।'

ডাঃ দেশাইকে আড় চোখে দেখে মনে হল যেন ও একজন বকধার্মিক, এই পরিকল্পিত ফন্দির অধিনায়ক আমাকে কীভাবে জব্দ করা যায় তার ছক কষে চলেছে। লক্ষ্য করলাম ডাঃ হিপ আমার দিকে স্থির দৃষ্টিতে তাকিয়ে আছেন। এর কারণ একটাই আমার উত্তরের অপেক্ষায়। আমার বুঝতে বাকি নেই যে এই মুহূর্তে আমি চক্রান্তের শিকার। এই পাঠ্যক্রম শেষ হতে আর মাত্র চার মাস বাকি। এতদিনে বুঝে গেছি ডাঃ হিপের অধীনে শিক্ষানবিশ, কিন্তু ডাঃ দেশাই সব ব্যাপারে তার নিজের কর্তৃত্ব দেখাবার লোভ সংবরণ করতে পারে না। ভাবখানা যেন কেমন জব্দ করেছি, এবার তোমাকে এক হাত দেখে নেব। এইসব ব্যক্তিকে দেখলে মনে হয় যেন নিজের স্বার্থসিদ্ধি করার জন্যই এরা এই ধরাধমে অবতীর্ণ হয়েছে, আর এদের মহা আনন্দ যদি এরা অন্যদের ক্ষতি করতে পারে। মনে মনে ঠিক করে নিলাম আমি কোনোমতেই ডাঃ দেশাইয়ের চক্রান্তের শিকার হব না। তাই ডাঃ হিপকে সরাসরি জানিয়ে দিলাম আমার পক্ষে এটা মেনে নেওয়া সম্ভব নয়। এবার ওদের বিস্মিত হওয়ার পালা। আমি বললাম, 'দেখো আমাকে "কভেন্ট্রিতে" শিক্ষামূলক সম্মেলনে আমার নিজের প্রয়োজনে উপস্থিত থাকতেই হবে। এরপর সার্জারিতে পৌঁছতে আমার অনেক দেরি হয়ে যাবে। তাই ওইদিন আমার পক্ষে সার্জারি করা অসম্ভব। ডাঃ দেশাই বেশ বিরক্তভাবে বল এখানকার কাজও তোমার শিক্ষার পক্ষে প্রয়োজন আমার মতে ওইদিন তুমি সার্জারিতে না এলে তোমার শিক্ষা অসম্পূর্ণ থাকবে এবং এর ফলে তুমি স্নাতকোত্তর শংসাপত্র পাওয়ার যোগ্যতা হারাবে।' ভাবলাম আমার অনুমানই ঠিক। এই দুর্বুদ্ধির নায়ক ডাঃ দেশাই, ডাঃ হিপ নিমিত্তমাত্র। মানুষ যদি তার নিজের ক্ষমতা বিষয়ে ওয়াকিবহাল না থাকে তাহলে অন্যরা তো ক্ষমতার অপব্যবহার করবেই। আমার বুঝতে বাকি রইল না ডাঃ হিপের এ ব্যাপারে ক্ষমতা সীমিত। তাই এক্ষেত্রে আমার দু-টো পথ খোলা আছে। এক ডাঃ দেশাইয়ের আদেশ শর্তহীনভাবে মেনে নেওয়া, অন্য পথটি হল শর্তটি না মেনে কাজে ইস্তফা দেওয়া। আমার বিবেচনায় দ্বিতীয় পথটিই উপযুক্ত মনে হল। মনে মনে ঠিক করে নিলাম এখান থেকে বেরিয়ে

যে কোনো "অ্যাকসিডেন্ট ও ইমারজেন্সি" বিভাগে একটা কাজ জুটিয়ে নিতে পারব খুব সহজেই। এটা ঠিকই যে, আমি যেহেতু সংসারী মানুষ আমার পক্ষে কর্মহীন বসে থাকা সম্ভব নয়। আমার মতামত জানাতে ডাঃ হিপকে দেখে মনে হল ঘাবড়ে গেছে। ডাঃ হিপ আমার কাছে এই উত্তর প্রত্যাশা করেনি। ডাঃ দেশাই অবশ্য সহজে হেরে যাওয়ার লোক নয়। আমার এই কথা শোনার পরও হম্বিতম্বি করতে থাকল। আমি ভাবলাম এর মুখের ওপর কিছু বলা দরকার, চুপচাপ বসে থাকলে চলবে না। বললাম, 'ট্রেনিং যা হচ্ছে তা জানাই আছে, বিশেষ করে তোমার কাছে। আমি ডাঃ হিপের ইচ্ছেয় তোমার সঙ্গে বসেছিলাম, কয়েকদিন কিছু শেখার আশায়। দেখলাম তোমার কাজ প্রথমে আয়েস করে "পাইপে" ধূম্রপান করতে করতে রোগী দেখা। দ্বিতীয়, মেয়ে রোগীর ওভারকোটের ওপর স্টেথোসস্কোপ স্থাপন করে হৃৎস্পন্দন পরীক্ষা ও ফুসফুসের পরীক্ষা করা।' এই কথা শোনার পর ডাঃ দেশাইয়ের মুখ 'বেগুনি' বর্ণ ধারণ করল। দেখলাম ডাঃ হিপ হতচকিত অবস্থায় ডাঃ দেশাইয়ের দিকে তাকিয়ে আছে। ডাঃ দেশাই আর কাল বিলম্ব না করে ডাঃ হিপের চেম্বার থেকে তড়িৎগতিতে পলায়ন করে নিজেকে অপমানের হাত থেকে মুক্ত করল।

এবার ডাঃ হিপের আমাকে বোঝানোর পালা। ডাঃ হিপ বলল, 'দেখো চ্যাটার্জি, এত তাড়াতাড়ি অবিবেচকের মতো চূড়ান্ত সিদ্ধান্ত নিও না। ভাল করে ভেবে দেখ। মাঝখানে ছেড়ে দিলে তোমার ক্ষতি হবে।' আমি বললাম, 'দেখো ডাঃ হিপ আমার ক্ষতির কথা তোমাকে ভাবতে হবে না'। কেন না 'ট্রেনার' হিসেবে ডাঃ হিপকে ওপরওয়ালাদের সম্মুখীন হতে হবে। কোনো 'ট্রেনি' যদি শিক্ষা সম্পূর্ণ হওয়ার আগেই ছেড়ে দেয় তাহলে ট্রেনারকেই প্রশ্নের সম্মুখীন হতে হয়। আমি তো চেষ্টা করে আবার একটা 'ট্রেনিং'-এর ব্যবস্থা করে নিতে পারব। আজকের যুগে মানবতাবাদ ও গণতন্ত্রের নিয়মানুযায়ী দু-পক্ষেরই বক্তব্য সমান মূল্যের অধিকারী।

আমি যখন ডাঃ হিপের চেম্বার ছেড়ে চলে আসছি, বুঝলাম পেছন পেছন ডাঃ হিপও আমাকে অনুসরণ করছে। কিছুক্ষণের মধ্যেই ডাঃ হিপের

গলা শোনা গেল। বলল, 'চ্যাটার্জি, ট্রেনিং-এর মাঝে ছেড়ে যেও না। তুমি আমার সঙ্গেই থাকবে। ডাঃ দেশাইয়ের সঙ্গে তোমার কোনোরকম যোগাযোগ থাকবে না। তুমি ভাল করে ওইসব শিক্ষামূলক অধিবেশনে যোগদান করো। এমনকী আরও দু-চারটে অধিবেশনে যেতে চাইলে আমি তোমাকে যাওয়ার সুযোগ করে দেব।' এরপর আমার বলার পালা। বললাম, 'দেখো ডাঃ হিপ তোমাকে আমি বিশ্বাস করতে পারি। প্রত্যক্ষভাবে তোমার বিরুদ্ধে আমার কোনো অভিযোগ নেই। কিন্তু আমি জানি ডাঃ দেশাই আমার 'ট্রেনিং'এর ব্যাপারে কিছুমাত্র উৎসাহিত নয়। কেবল নিজের স্বার্থসিদ্ধির জন্য আমাকে ব্যবহার করতে চাইছে। আমি যখন তোমার অধীনে 'শিক্ষানবিশ' তখন আশা করব তুমিই আমার ভালমন্দের বিচার করবে। অন্য কোনো দ্বিতীয় বা তৃতীয় ব্যক্তি নয়।' ডাঃ হিপের মাথা নাড়া দেখে বুঝলাম আমার সব কথা মেনে নেওয়া হল।

শুনেছি চল্লিশ বছর বয়স পর্যন্ত সব মানুষের শেখার সময়। চল্লিশ বছরের পর আর নতুন করে কিছু শেখার নেই। চল্লিশোর্ধ বয়স থেকে অভিজ্ঞতার ঝুলিটি শুধু ভরে উঠবে জীবনের বিচিত্র ঘটনার ভারে। ছোটবেলা থেকে এমন একটা পরিবারে মানুষ হয়েছি যেখানে আমাদের জীবন একটা সাংস্কৃতিক পরিবেশের মধ্যে দিয়ে গড়ে উঠেছে। এখানে কেউই জাগতিক নিয়মে বিখ্যাত ব্যক্তি নয়, কিন্তু মনের দিক থেকে যে এই পরিবারটি অনেক উন্নত এটা বলতে আমার একটুও দ্বিধা নেই। সাধারণ সামাজিক জীব হয়ে যখন এমন একটি পরিবেশে মানুষ হতে হয় তখন নানা দ্বন্দ্বে প্রত্যেকটি মানুষের মন দ্বিধাগ্রস্থ হয়। এদের মনে শুধু একটিই প্রশ্ন জাগ্রত থাকে যে, যে দৃষ্টিকোণ থেকে আমি পৃথিবীটাকে দেখার চেষ্টা করছি, অন্যদের কাছে সেটা তুচ্ছ হয়ে যাচ্ছে কেন? এই প্রশ্ন বারবার আমার মনে এসেছে। অনেক সময়ই আমার মনে হয়েছে কোনটা সত্যি? আমি যেটা ভাবছি, নাকি অন্যেরা যেটা গায়ের জোরে প্রতিষ্ঠা করতে চাইছে? একথা ঠিক চিরন্তনের সঙ্গে তাৎক্ষণিকের দ্বন্দ্ব চলতেই থাকবে।

যা কিছু ভাল তা নিজের গতিতেই এগিয়ে চলবে, যদি না অসৎ মানুষ সেই গতিতে বাঁধার সৃষ্টি করে। আবার যা কিছু খারাপ তা জঞ্জালেরই মতো ধুয়ে মুছে সাফ হয়ে যাবে। এক্ষেত্রে কিছু অসৎ মানুষ নিজেদের স্বার্থসিদ্ধির জন্য এইসব জঞ্জালকে সযত্নে রক্ষা করে যাওয়ার চেষ্টা চালিয়ে যাচ্ছে।

এবার আবার বাস্তবজীবনে ফিরে আসা যাক। ডাঃ হিপ আমার সব দাবি মেনে নিল ঠিকই, কিন্তু তাই বলে আমি কখনও ভাবিনি যে এটা আমার জিত আর ডাঃ হিপের হার। আর সত্যি কথা বলতে কী এ ব্যাপারে ডাঃ হিপকে আমি পুরোপুরি দোষ দিই না। কিছু কুমন্ত্রণায় সাময়িকভাবে ডাঃ হিপের মতিভ্রম হয়েছিল ঠিকই। এটুকু বুঝতে আমার অসুবিধে হয়নি যে এই ঘটনার পর ডাঃ হিপ লজ্জিত হয়েছিল এবং নিজের ভুল বুঝতে পেরেছিল। বাকি চার মাস আমি সসম্মানে কাজ করে যেতে পেরেছিলাম। আর আমাকে কখনও বকধার্মিক ডাঃ দেশাই-এর সম্মুখীন হতে হয়নি। এখান থেকে বিদায় নিয়ে এবার স্থায়ী চাকরির সন্ধানে উঠে পড়ে লাগতে হবে। চাকরির বাজার খুব একটা ভাল নয়। মনে আছে দু-শো পঞ্চাশটা দরখাস্ত করার পর একটাও মনোমত চাকরি পাওয়া যায়নি। আমার বুঝতে অসুবিধে হল না যে সবাই প্রবঞ্চনার পথ অনুসরণ করতে চাইছে। সাধারণত আমরা এ দেশের বিদেশী ডাক্তাররা আমাদের দেশি ভায়েদের কাছেই চাকরির আবেদন করি। কিন্তু তার ফল মোটেই সুখদায়ক নয়। বেশিরভাগ ক্ষেত্রেই দেখেছি এইসব দেশি ভায়েরা "লাভের গুড়" নিজেই খেতে চায়। এক একজন সহকারী বা অংশীদারকে যতটা সম্ভব কম অর্থ দিয়ে যতটা বেশি খাটানো যায় ততটা খাটিয়ে নেয়। কারণ জিজ্ঞেস করলে বলে আমাকেও আমার ওপরের অংশীদার বেশি খাটিয়ে কম পয়সা দিয়েছে।

সাময়িকভাবে কিছুদিনের জন্য বেকার হলাম। অবশ্য এই বেকার হওয়াটা ইচ্ছাকৃত। আগেই বলেছি জাম্বিয়া থেকে আনা অর্থ ব্যাঙ্কে জমা রাখা আছে। তবে একথা ঠিক জমা টাকা বেরোতে আরম্ভ করলে ভাঁড় শূন্য হতে বেশি দেরি লাগে না। তাই ন্যানিটনে "লোকাম" শুরু করলাম (অর্থাৎ একজন

ডাক্তার ছুটিতে গেলে ওই ডাক্তারের স্থানে আর একজন ডাক্তার অস্থায়ী ভাবে কিছুদিন ওই ডাক্তারের কাজ চালিয়ে দেয়। আমিও সেই রকম কাজে যোগদান করলাম) এই সব কাজে দায়িত্ব কম। তাছাড়া এক সপ্তাহের বিজ্ঞপ্তি বা নোটিস দিয়ে চাকরি ছেড়ে দেওয়া যায়। এছাড়া রাতের দিকে যখন সার্জারির কাজ বন্ধ থাকে তখন সন্ধে ছটা বা সাতটার পর থেকে স্বাস্থ্য বিষয়ে পরামর্শাদির জন্য একটি বিভাগ দায়িত্ব গ্রহণ করে। আমি ওই সময়ে লেস্টার শহরে কিছুদিন "হেলথ কল" ডাক্তার হিসেবে কাজ করেছিলাম। এই লেস্টার ইংল্যান্ডের পূর্ব মিডল্যান্ডের একটি শহর।

এই কাজের সময়েই আমরা "শোফার ড্রিভেন কার" বা ড্রাইভার চালিত গাড়িতে চড়ে রোগী দেখতে যাওয়ার বিলাসিতা উপভোগ করতাম। সে সময়ে গাড়ি অনেক কম দামে কেনার সুযোগ থাকলেও ড্রাইভার রাখার ভাবনা আকাশকুসুম ছাড়া আর কিছু নয়। প্রতিবারই নতুন নতুন ড্রাইভারের সঙ্গে আলাপ হত। এক একজনের কাছ থেকে তাদের জীবনের নানা গল্প শুনতাম। কাজের ফাঁকে ফাঁকে গল্প করতে করতে আমারও সময় যেন বেশ তাড়াতাড়ি কেটে যেত। একদিন ত্রিশ বছরের এক যুবক, নাম তার পিটার, দেখলাম, বেশ গম্ভীর গম্ভীর চেহারা। ভাবলাম চুপচাপ বসে থাকতে হলে সময় যে আর কাটতে চাইবে না। প্রথমে পরিচয় পর্ব সারা হয়ে গিয়েছিল। এটা তো এদের সাধারণ ভদ্রতার মধ্যে পড়ে। ওই সময়েই নামটা জানতে পারলাম। আমি উসখুস করছি কী করে গল্প জুড়ে দেওয়া যায়। প্রথম রোগী দেখা হয়ে গেছে। পিটারের কাছে রোগীর লিস্ট আছে। দেখলাম ও গভীর মনোযোগ দিয়ে রোগীর নাম ও রাস্তাঘাট দেখে নিচ্ছে। বুঝলাম আমি যখন প্রথম রোগী দেখতে গিয়েছিলাম তখনই ও দ্বিতীয় রোগীর নাম ও রাস্তাঘাট ইত্যাদি জেনে নিয়েছিল। পিটার আমার দিকে তাকিয়ে বলল, 'ডক' আমাদের এই দুই নম্বর রোগীর বাড়ি যেতে একটু সময় লাগবে। ওই রোগীটি তোমার দেখা হলে আমরা একটা ফিশ অ্যান্ড চিপের দোকান থেকে খাবার কিনে ওইখানেই মিনিট পনেরো কুড়ির মধ্যে আমাদের সান্ধ্য ভোজটি সেরে নেব। তোমারও নিশ্চয় খুব খিদে পেয়েছে।' আমি বললাম, 'না না আমার খিদে

পায়নি, কারণ এখানে কাজ করতে আসার আগেই আমি পেটপুরে খেয়ে এসেছি। তা ছাড়া আমার সঙ্গে কিছু খাবারও আছে। সময় মতো এগুলোর সদ্ব্যবহার করে নেওয়া যাবে। আমি তো রোগী দেখার ফাঁকে ফাঁকে যে কোনো সময়ই খেয়ে নিতে পারি। পিটার আমার দিকে তাকিয়ে মৃদু হেসে বলল, 'তুমি যেমন ইচ্ছে করো, ডক'। এইটুকু কথার পরই পিটার আবার গম্ভীর হয়ে গেল। মনে হল বেশ চিন্তিত। অনেকটা রাস্তা অতিক্রমের পর দ্বিতীয় রোগীর আস্তানায় পৌঁছলাম। মিনিট পনেরো কুড়ি পরে ফিরে এসে গাড়িতে উঠলাম। এ বারেও দেখলাম ও গভীর মনোযোগ দিয়ে কিছু দেখছে, বোধ হয় আগে থেকেই তৃতীয় রোগীর আস্তানা সম্বন্ধে ওয়াকিবহাল হয়ে থাকছে। আমি গাড়িতে ওঠার সঙ্গে সঙ্গে পিটার গাড়ি চালিয়ে দিল। আমরা এখন শহরের কেন্দ্রবিন্দু থেকে অনেকটা দূরে চলে এসেছি। বুঝলাম পিটার এবার শহরের কেন্দ্রস্থলে পৌঁছে একটা ফিশ অ্যান্ড চিপ দোকানের সামনে দাঁড়াবে ও ওইখানেই ভোজনপর্ব সমাধান করবে। মনে মনে ঠিক করে নিলাম ওই সময়েই আমি পিটারের সঙ্গে কিছু কথা বলবার চেষ্টা করব। যদি তাতেও সাড়া না পাওয়া যায় তাহলে কোনো কিছু করার নেই। যথাসময়ে নগরের মধ্যে একটা ফিশ অ্যান্ড চিপের দোকানের সামনে গিয়ে পিটার গাড়িটাকে দাঁড় করিয়ে তড়িৎ গতিতে নেমে গিয়ে ওই দোকানের মধ্যে ঢুকে গেল। এদেশে প্রথম এসেই বুঝেছিলাম এই খাবারটি সবার প্রিয়। শিশু থেকে বুড়ো সবাই এটি তৃপ্তি সহকারে খেয়ে থাকে। আমি যখন এদেশে একলা ছিলাম, তখন আমরা কয়েকজন ডাক্তার একত্র হলে "ফিশ অ্যান্ড চিপ" দিনের বা রাত্রের প্রধান খাবার হিসেবে খাওয়া পছন্দ করতাম। আমার এইসব ভাবনার মধ্যেই পিটার এসে হাজির হল। বিনীতভাবে আমাকেও জিজ্ঞেস করল, 'আমি এখনই খাবারটা খেলে তোমার কোনো আপত্তি নেই তো?' আমি সঙ্গে সঙ্গে ওকে বললাম, 'কী যে বলো পিটার, তুমি নিশ্চিত মনে তোমার খাবার খেয়ে নাও।' আমি ভাবলাম এই সময়ে ওর সঙ্গে একটু আলাপ করার চেষ্টা করি। আমি সোজাসুজি ওকে প্রশ্ন করলাম, 'পিটার তোমাকে একটা কথা সোজাসুজি জিজ্ঞেস করছি, যদি কিছু না মনে করো।'

ও সঙ্গে সঙ্গে উত্তর দিল, 'না না ডাক্তার আমি কিছু মনে করব না। তুমি স্বচ্ছন্দে আমাকে যে কোন প্রশ্ন জিজ্ঞেস করতে পারো।'

আমার প্রশ্ন, 'তুমি কি সব সময়েই এ রকম খুব গম্ভীর, নাকি তোমার মনটা আজ ঠিক ভাল নেই?' ও খেতে খেতে আমার দিকে তাকিয়ে বলল, 'তুমি আমার মনের অবস্থা ঠিকই বুঝতে পেরেছ ডক। শুধু আজকে নয় কয়েকদিনই আমার মন ভাল নেই।' একটুক্ষণ চুপ করে থেকে পিটার বলল, 'আমি স্বভাবত খুবই মজাদার লোক। গম্ভীর হয়ে বেশিক্ষণ থাকতে পারি না। কিন্তু দিনদশেক হল ডক আমার জীবনের সব আনন্দ, সব আশার আলো নিমেষের মধ্যে নিভে গিয়ে জীবনটাকে অন্ধকারের দিকে ঠেলে দিয়েছে। এর জন্যে দায়ী অ্যাঞ্জেলা। ও আমার জীবনটা তছনছ করে দিয়ে ডেভিডের সঙ্গে ঘর বাঁধতে চলে গেছে। এই ঘটনাটি এতই আকস্মিকভাবে আমার জীবনে এসে পড়েছে যে, আমি কোনো মতেই আমার মনকে বোঝাতে পারছি না যে যত তাড়াতাড়ি অ্যাঞ্জেলাকে ভোলা যায় ততই আমার মঙ্গল। এখন আমি বুঝতে পেরেছি অ্যাঞ্জেলা আমাকে অনেক দিন আগে থেকেই প্রতারণা করে চলেছিল। ওকে আমি আমার সর্বস্ব দিয়েই ভালবেসেছিলাম। কী-ই বা পেলাম এই ভালবাসার প্রতিদান হিসেবে। পাঁচ বছরের বৈবাহিক জীবনে একটি কন্যাসন্তান ঈশ্বরের দান হিসেবে পেয়েছি। কত আশা ছিল আমরা দু-জনে আমাদের মন প্রাণ সঁপে দিয়ে এই শিশুকন্যাটিকে মানুষ করে তুলব। আমি একজন সামান্য ড্রাইভার হলেও আমার ইচ্ছে ওই শিশুকন্যাটিকে প্রকৃত মানুষ করে তোলা।' পিটারের কথার মধ্যে জানতে পারলাম যে ওদের দাম্পত্যজীবন যদিও মাত্র পাঁচ বছরের কিন্তু তার "রোমান্টিক" জীবন চলেছে আরও পাঁচ বছরের কিছু বেশি। এই দীর্ঘ সময়ে বুঝতে পেরেছে ওরা একজন আরেকজনের জন্য পূর্বনির্ধারিত। জানাশোনা হওয়ার কিছুদিনের মধ্যে থেকেই যেন ওদের জীবন হাওয়ায় ভেসে চলেছে। পিটারের জীবনে অ্যাঞ্জেলার যখন প্রবেশ ঘটেনি, পিটার তখন অনিয়মিত নারীসঙ্গলাভের সুখ আস্বাদন করেছে। পিটার জানে এখানে মন দেওয়া-

নেওয়ার কোনো প্রশ্ন ওঠে না। অপরপক্ষের মতামতও একই। পিটার নিজের পেট চালানোর জন্য যতটুকু প্রয়োজন ততটুকুই কাজ করে থাকে।

ওই অবকাশের দিনে বিশেষ করে প্রতি শনিবারে ওর গন্তব্যস্থল "নাইট ক্লাব"। সেখানে প্রতিবারেই নতুন নতুন মুখ দর্শন করে। কিছুদিনের জন্য এদের সাথে অস্থায়ী সম্পর্ক তৈরি হয় কিন্তু কখনোই মন দেওয়া-নেওয়া হয় না।

এভাবেই চলছিল জীবন। ধরাবাঁধা পাঁচদিন ট্যাক্সি ড্রাইভারের কাজ। কত যাত্রী তার ট্যাক্সিতে ওঠে। তাদের নির্দিষ্ট স্থানে নামিয়ে দিয়ে আবার পরের যাত্রীকে তুলে নেয়। রেডিও ও ক্যাসেটে বাজে ওর পছন্দমত চটুল গান। মন পড়ে থাকে শনিবারের আশায়। সে দিনই তো একঘেয়েমির হাত থেকে রক্ষা পাবে সারা সপ্তাহের শেষে। মদ পেটে পড়ার পরই চোখ নেশায় ভরে উঠবে। এই সময়ই খুঁজে নেবে ওর পছন্দমত হয়তো একটি বাদামি রঙের কেশবিশিষ্টা ও নীলাক্ষি এক চটুল রমণী। ওই লাস্যময়ী রমণীর সঙ্গে পপমিউজিকের তালে তালে উন্মাদের মতো নেচে যাবে কয়েক ঘণ্টা। কিছুদিনের সঙ্গিনী হবে ওই রমণী। তারপরে আবার পরের শুক্রবার বা শনিবার নতুন রমণীর সন্ধান। এইভাবেই কেটে যাচ্ছিল দিনগুলো। হঠাৎ একদিন তার জীবনের স্রোত অন্যদিকে বাঁক নিল। সেদিন তার বেশ কয়েকজন যাত্রী তোলা ও নামানো হয়ে গেছে। এবার একটু বিশ্রাম দরকার। গাড়িটাকে 'পার্ক' করে একটি ক্যাফেতে এক কাপ কফি খেয়ে নেওয়ার প্রয়োজন বোধ করল। একঘেয়ে কাজ করতে করতে মাঝে মাঝে তো একটু বিশ্রাম দরকার। ক্যাফেতে বসে ধীরে সুস্থে এক কাপ কফি নিয়ে কিছুক্ষণের জন্য হাত পা ছড়িয়ে আয়েস করে নিল। দেখতে দেখতে পনেরো কুড়ি মিনিট কেটে গেছে। এরপর আবার ড্রাইভারের সিটে গিয়ে বসতে হবে ভাবলেই মনটা খারাপ হয়ে যায়। তবে এটাও ঠিক কিছু অর্থ রোজগারের জন্য এর প্রয়োজন অস্বীকার করা যায় না। ধীরগতিতে একটা সিগারেট ধরিয়ে পার্ক করা গাড়ির দিকে এগোতে থাকল। হঠাৎ একটু অন্যমনস্ক হয়ে পড়েছিল। যখন ট্যাক্সির খুব কাছাকাছি এসে পড়েছে হঠাৎ চোখে পড়ল একটি

আঠারো-উনিশ বছরের মেয়ে ওর ট্যাক্সিটার দিকে তাকিয়ে আছে। পিটার সামনে এসে গাড়ির দরজায় চাবি লাগাতে মেয়েটি একটু যেন উত্তেজিত হয়ে বলতে লাগল, 'আমাকে ক্ষমা করুন। অনেকক্ষণ আমি এখানে দাঁড়িয়ে আছি, একটা ট্যাক্সিও পাচ্ছি না। আপনি যদি অনুগ্রহ করে যত তাড়াতাড়ি সম্ভব আমাকে হাসপাতালে পৌঁছে দেন তাহলে আমি আপনার কাছে চিরকৃতজ্ঞ থাকব কারণ আমি এক্ষুনি জানতে পারলাম মা অত্যন্ত অসুস্থ হয়ে পড়ায় মাকে ইমার্জেন্সি অ্যাম্বুলেন্স ডেকে হাসপাতালে নিয়ে গেছে। অনুগ্রহ করে আপনি 'না' বলবেন না।' পিটার দেখল মেয়েটি এক নিঃশ্বাসে এতগুলি কথা বলে ফেলল। মেয়েটির কথার মধ্যেই পিটার দেখল এই মেয়েটির রূপ যেন ঝলসে পড়ছে। একে হাসপাতালে পৌঁছে দিতে পারলে সে নিজেকে ধন্য মনে করবে। মেয়েটির চোখে মুখে উত্তেজনার চিহ্ন। পিটার বুঝতে পারছে বেচারি মেয়েটি আর এক মুহূর্ত সময়ও নষ্ট করতে চাইছে না। আর এই মুহূর্তে পিটার মেয়েটিকে তার ট্যাক্সিতে চড়িয়ে তড়িৎগতিতে গন্তব্যস্থানে পৌঁছে দেবার জন্য স্পীডোমিটারের কাঁটাটাকে যতটা সম্ভব উপরের দিকে চড়িয়ে দিল। গন্তব্যস্থানে পৌঁছতে বেশি সময় লাগল না। মেয়েটির এ রকম মানসিক অবস্থায় কোনো কথা বলে ওকে আর বিব্রত করতে চাইল না। শুধু দু-একটা কথার ফাঁকে মেয়েটির নাম জেনে নিল। পিটার বলল, 'অ্যাঞ্জেলা নামটি ভারী সুন্দর।' অ্যাঞ্জেলা ভদ্রতার খাতিরে পিটারকে ধন্যবাদ জানাল। পিটার অ্যাঞ্জেলার ঠিকানাটাও কায়দা করে জেনে নিল। পিটার বলল, 'মনে হচ্ছে যে জায়গা থেকে আমি তোমাকে তুললাম তার আশেপাশেই কোথাও নিশ্চয় থাক।' অ্যাঞ্জেলা সম্মতিসূচক ইশারায় জানিয়ে দিল যে সে ঠিকই বলেছে। পিটার বুদ্ধিমান ছেলে। ওর মতে এখন আর এর বেশি কৌতুহল দেখানো ঠিক হবে না। অ্যাঞ্জেলাকে হাসপাতালে নামিয়ে হাসপাতালের "কার পার্কে" ও অপেক্ষা করতে লাগল। এমনিতেই সকাল থেকে অনেক আরোহীকেই নানা জায়গায় ছেড়ে দিয়ে এসেছে।

পিটার মনে মনে ভাবল অ্যাঞ্জেলার জন্য একদিন একটু ক্ষতিস্বীকার করাই যুক্তিযুক্ত হবে। অন্য কোনো দিন এই ক্ষতিটা পুষিয়ে নিতে পারবে।

হাসপাতাল থেকে বেরিয়ে এসে রোগীর আত্মীয়রা ট্যাক্সি ধরবার চেষ্টা করছে। অবশ্য বেশিরভাগ নিজের গাড়িতেই এসেছে। নানা ভাবনার মধ্যে দিয়ে পিটারের এক ঘণ্টা কেটে গেল। এবার ওর অধৈর্য হবার পালা। অবশ্য এটাও ঠিক যে এসময় ধৈর্য হারালে নিজেরই ক্ষতি। এই এক ঘণ্টার পর সময়টা যেন আর কাটতে চাইছে না। প্রতিটি মুহূর্ত বড়ই দীর্ঘ মনে হচ্ছে। তবুও ওকে ধৈর্য ধরতেই হবে। ঘণ্টা দেড়েক বাদে অ্যাঞ্জেলাকে বেরিয়ে আসতে দেখল। অ্যাঞ্জেলা তখন ট্যাক্সির জন্য এদিক ওদিক তাকাচ্ছে। কোনো মতে যাতে অন্য ট্যাক্সিতে উঠে না পড়ে তাই পিটার তড়িৎগতিতে অ্যাঞ্জেলার দিকে এগিয়ে এল। অ্যাঞ্জেলা ট্যাক্সির দিকে তাকালে পিটার ওকে ট্যাক্সিতে উঠে বসতে বলল। অ্যাঞ্জেলা পিটারকে জিজ্ঞেস করল, 'তুমি কি আমাকে নামিয়ে এখানেই অপেক্ষা করছিলে? পিটার আগে থেকেই প্রস্তুত ছিল এই প্রশ্ন শোনার জন্য। ও সঙ্গে সঙ্গে বলল, 'না না তোমাকে ছেড়ে দিয়ে আমি আরো দু-টো আরোহী তুলেছি। এই তো দ্বিতীয় আরোহীকে এইমাত্র হাসপাতালে নিয়ে এলাম। তোমাকে হাসপাতাল থেকে বেরিয়ে আসতে দেখে বুঝলাম তোমার নিশ্চয় ট্যাক্সির দরকার। তাই তোমার দিকে এগিয়ে এলাম।' পিটার লক্ষ্য করল অ্যাঞ্জেলার চোখে মুখে সেরকম উত্তেজনার চিহ্ন এখন আর দেখা যাচ্ছে না। পিটার গাড়িতে "স্টার্ট" দিয়েই জিজ্ঞাসা করল, 'তোমার মা কেমন আছেন?' অ্যাঞ্জেলা একটু হেসে বলল, 'যতটা খারাপ ভেবেছিলাম ততটা খারাপ নয়। ডাক্তারেরা বেশ কয়েকটি পরীক্ষা করবে বলল। এ ও বলল ভয়ের কোনো কারণ নেই। সে জন্য আমি এখন অনেকটা নিশ্চিন্ত।' পিটার ভাবল প্রথম সাক্ষাতে খুব বেশি কৌতুহল দেখানো ঠিক নয়। বিশেষ করে এই মেয়েটিকে সে "নাইট ক্লাবের" চেনা মুখেদের সঙ্গে এক করে দেখতে চাইছে না। এই মেয়ে যে ওদের থেকে আলাদা সেটা বুঝতে তার এক মুহূর্ত দেরি হল না। মেয়েটি যেহেতু অনেকটাই দুশ্চিন্তা ও দুর্ভাবনা মুক্ত হয়েছে তাই পিটারের কথার উত্তরে অ্যাঞ্জেলার কুন্দশুভ্র দাঁতের ক্ষণিকের ঝলকানিতে পিটারের মনপ্রাণ আপ্লুত হয়ে উঠল। একেই কি বলে "প্রথম দর্শনে প্রেম"। পিটারের তেইশ/চব্বিশ

বছরের জীবনে অনেক মেয়ের সংস্পর্শ ঘটেছে, কিন্তু এখনও পর্যন্ত কোনো মেয়ে তার হৃদয় স্পর্শ করতে পারেনি। শুধুই দৈহিক সুখ করা ছাড়া আর কিছুই ঘটেনি।

আজ এতদিন পরে অ্যাঞ্জেলা পিটারের হৃদয়ে দোলা দিয়েছে। পিটার অ্যাঞ্জেলাকে ওর বাড়ির সামনে নামিয়ে দেওয়ার ফলে ঠিকানাটা জানা হয়ে গেল। প্রকারান্তরে জেনে গেল অ্যাঞ্জেলা বিকেল চারটে-পাঁচটার মধ্যে হাসপাতালে যাবে মাকে দেখতে। পিটার মনে মনে ঠিক করে নিল সে এইসময়ের একটু আগেই সব যাত্রীকে তাদের গন্তব্যস্থানে পৌঁছে দিয়ে এখানে এসে অপেক্ষা করবে।

সেই রাত্রে পিটারের ঘুম আসতেই চাইল না। এমনিতে দু-তিন পাইনট্ বিয়ার খেয়ে বিছানায় চলে যায় ও দু-এক মিনিটের মধ্যেই ঘুমিয়ে পড়ে। কিন্তু আজ তার মনের মধ্যে ঘুরপাক খাচ্ছে অ্যাঞ্জেলার হাস্যময় মুখমণ্ডলী। পিটারের মনে হল যেন কোন নিপুণ কারিগর তার সর্বশক্তি ব্যয় করে একটি ভুবনভোলানো মুখ ও দেহ গড়ে তুলেছে। এসব ভাবতে ভাবতে অনেক সময় কেটে গেলেও হঠাৎ কখন ঘুমিয়ে পড়েছে পিটার, সেটা বুঝতে পারেনি, যখন ঘুম ভাঙ্গল তখন সকাল হয়ে গেছে। তাড়াতাড়ি তৈরি হয়ে ব্রেকফাস্ট খেয়ে ট্যাক্সি নিয়ে বেরিয়ে পড়ল। ট্যাক্সি চলেছে রাস্তা ধরে কিন্তু পিটারের মন বাঁধা পড়েছে অ্যাঞ্জেলার কাছে। দেখতে দেখতে সাড়ে তিনটে বেজে গেল, পিটার অ্যাঞ্জেলার বাড়ির কাছে এসে অপেক্ষা করতে থাকল। একঘণ্টা অপেক্ষা করার পর অ্যাঞ্জেলা নিজের বাড়ি থেকে বেরিয়ে এদিক ওদিক তাকাতেই পিটার ট্যাক্সি এনে দাঁড় করালো অ্যাঞ্জেলার সামনে। অ্যাঞ্জেলা পিটারকে দেখে বিস্ময় প্রকাশ করে বলল, 'আজকেও তোমাকে দেখতে পাব আশা করিনি।' পিটার ইশারায় অ্যাঞ্জেলাকে ট্যাক্সিতে উঠে আসতে বলল। এই ভাবেই শুরু হল তাদের দেখাশোনা। অ্যাঞ্জেলার মা যেহেতু প্রায় দু-সপ্তাহ হাসপাতালে ছিল তাই প্রতিদিনই দেখা হতে থাকল দু-জনের, ইতিমধ্যে দু-জন দু-জনকে মনে দেয়ানেয়া করে ফেলেছে। প্রথমদিন অ্যাঞ্জেলার মন খারাপ থাকায় পিটারের দিকে তেমনভাবে নজর দেয়নি কিন্তু

দ্বিতীয় দিন থেকেই অ্যাঞ্জেলা পিটারকে ভালবেসে ফেলেছে। এ ক্ষেত্রেও প্রথম দর্শনে প্রেম বললে খুব একটা ভুল বলা হবে না। এ ভাবেই কেটে গেল বেশ কয়েক বছর। মন তো দেওয়া নেওয়া হয়েছে প্রথম দর্শনেই, বেশ কিছুদিন পর দেহমন সমর্পিত হয়ে গেল দু-জনের দু-জনকে। বেশ কয়েকবছর কাটার পর বিয়ের প্রস্তাব এল পিটারের তরফ থেকে। প্রথমত, হাঁটু গেড়ে অ্যাঞ্জেলার দিকে তাকিয়ে পিটার জিজ্ঞেস করল, 'তুমি আমাকে বিয়ে করবে? অ্যাঞ্জেলার উত্তর ইতিবাচক হবে সেটা ঠিক ছিল প্রজাপতি-নির্বন্ধে। পিটার ও অ্যাঞ্জেলার বিবাহবন্ধান ঘটল মহামান্য চার্চের প্রথা অনুযায়ী। এর আগেই আইনসম্মতভাবে দু-জনে বিবাহবন্ধনের কাগজে সই করেছিল। মধুচন্দ্রিমা যাপনের জন্য স্থির করল মালদ্বীপ। আমার কর্মজীবনে দেখেছি এদের মধ্যে অনেকেই এই দ্বীপটি 'হনিমুন' বা মধুচন্দ্রিমা যাপনের জন্য পছন্দ করে।

এই দ্বীপের অনেকগুলিই খুবই জাঁকজমকপূর্ণ আকার ধারণ করেছে। এখানকার প্রাকৃতিক শোভার মনোহারিত্বও অতুলনীয়। এখানকার তাল গাছের শাখার আন্দোলনে, সাদা বালির তটভূমিতে বলয়া কৃতি প্রবালদ্বীপের মধ্যস্থ গভীর নীল রঙের সমুদ্র জলের স্পর্শে আমাদের সবার মন ভাবতরঙ্গে ভেসে যায়। আমি অবশ্য ওই দ্বীপে কোনোদিন যাইনি। তাই পিটারের বর্ণনা অনুযায়ী মানসচক্ষে মালদ্বীপ সম্বন্ধে আমি কিছুটা জানতে পারলাম। কর্মব্যস্ত জীবন থেকে একপক্ষ কাল ছুটি নিয়ে পিটার ও অ্যাঞ্জেলা মালদ্বীপের উদ্দেশে পাড়ি দিল। প্রতিটি মুহূর্ত এই যুগলমূর্তি উপভোগ করল প্রকৃতির সঙ্গে নিজেদের মিলিয়ে দিয়ে। তারা প্রতিজ্ঞাবদ্ধ, একমুহূর্ত যেন নষ্ট না হয় তাদের এই মিলন যাত্রায়। দেখতে দেখতে দু-টি সপ্তাহ নিমেষের মধ্যে কেটে গেল। অনিচ্ছা সত্ত্বেও ফিরে আসতে হল নিজ দেশে। আবার সেই কর্মব্যস্ত জীবন। কিছুদিনের মধ্যে অ্যাঞ্জেলা পিটারকে জানিয়ে দিল তারা একটি সন্তানের জনক-জননী হতে চলেছে। এই কথা শুনে পিটার অ্যাঞ্জেলাকে শূন্যে তুলে ঘুরপাক খেতে থাকল পাগলের মতো। অ্যাঞ্জেলা ভয় পেয়ে এক ধমক দিল পিটারকে। বলল, 'এত উত্তেজনা ভাল নয়, এতে

হয়তো আমাদের সন্তানের ক্ষতি হতে পারে।’ অ্যাঞ্জেলার কথায় পিটার লজ্জা পেল, বুঝতে পারল ওর উত্তেজনার মাত্রা সীমা ছাড়িয়ে গেছে। অ্যাঞ্জেলার কাছে ক্ষমা চেয়ে নিল। অবশ্য অ্যাঞ্জেলাও খুব খুশি হল এই ভেবে যে পিটার তাকে সত্যিই খুব ভালবাসে। এইভাবেই চলতে থাকল জীবন, ঠিক সময়েই একটি শিশুকন্যার জন্ম হল। শিশুটির বয়স যখন পাঁচ তখনই অঘটন ঘটল পিটার ও অ্যাঞ্জেলার জীবনে। একসময় পিটারের সন্দেহ অ্যাঞ্জেলা যেন আর পিটারকে দেহমন উজার করে ভালবাসছে না। প্রথমে ভাবল যে, শিশুকন্যাটিকে নিয়ে অ্যাঞ্জেলা এতটাই ব্যস্ত হয়ে পড়েছে যে তার পিটারের দিকে পুরোপুরি মন দেওয়া সব সময় সম্ভব হচ্ছে না।

এইভাবেই দিন এগিয়ে চলল নিজস্ব গতিতে। কিছুদিন আগে যে আনন্দের জোয়ারে পিটার ভেসে যেত—এমনকী দৈনন্দিন কাজের একঘেয়েমি সত্ত্বেও, এখন দেখা গেল দিনের পর দিন সেটাই ভাঁটা পড়ছে। পিটারের এই পরিবর্তনে অ্যাঞ্জেলার যেন কোনো ভ্রুক্ষেপ নেই। ও নিজের মেয়ের জীবন নিয়েই যেন খুব ব্যস্ত। আস্তে আস্তে পিটারও এই জীবনই মেনে নিতে বাধ্য হল। এর কিছুদিন পর থেকে পিটারের মনে কে যেন সন্দেহের বীজ পুঁতে দিল। অ্যাঞ্জেলাকে সে প্রতি মুহূর্তেই সন্দেহের চোখে দেখতে আরম্ভ করল। অবশ্য এসব ব্যাপারে অ্যাঞ্জেলা যে খুব একটা পাত্তা দিল তা নয়। ও নিজের খেয়ালেই চলতে থাকল। কিছুদিনের মধ্যেই পিটার বুঝতে পারল মেয়েকে স্কুলে ছেড়ে দিয়েই আগে যেমন তাড়াতাড়ি বাড়িতে ফিরে আসত এখন নানা অজুহাতে বাড়ির বাইরেই বেশিক্ষণ সময় কাটায়। একদিন পিটার ভাবল আর দেরি নয়। সন্দেহের চোখে বেশিদিন না দেখে যত তাড়াতাড়ি সম্ভব সন্দেহ নিরসন করা দরকার। একদিন রাত্রি আটটার সময় দু-জনে খেতে বসেছে, একটু আগেই শিশুটিকে খাইয়ে অ্যাঞ্জেলা ঘুম পাড়িয়ে এসেছে। খাবার টেবিলে বসে ওদের কিছু মামুলি কথাবার্তা হয় প্রতি রাত্রেই। এদিনও প্রথমে সেরকমই ঘটল। হঠাৎ পিটার বোম ফাটানোর মতো ঘোষণা করল এই বলে, ‘দেখো অ্যাঞ্জেলা আমার বেশ কিছুদিন ধরেই মনে হচ্ছে আমাদের ভালবাসার বাঁধনের গ্রন্থি শিথিল হয়ে পড়েছে। যে নিবিড়ভাবে ভালবাসার বাঁধনে আমরা

বাঁধা ছিলাম বহুদিন পর্যন্ত, সেই বাঁধন কি আলগা হয়ে যায়নি? তুমি যদি বলো না হয়নি, আমি মেনে নেব তোমার কথা। তবে তোমার কাছে এইটুকুই আশা করব তুমি আমাকে মিথ্যে বলবে না। তুমি মিথ্যে বললে আমি সহ্য করতে পারব না। আমার মন ভেঙ্গে চুরমার হয়ে যাবে, যখন জানতে পারব তুমি আমাকে মিথ্যে বলেছ। তবে যদি আমাকে সত্যি কথা বলো আমি আমার নিয়তির কথা মেনে নেব ভগ্নহৃদয়ে। এইটুকুই আমি তোমার কাছে আশা করব অ্যাঞ্জেলা।'

অ্যাঞ্জেলা খানিকক্ষণ পিটারের মুখের দিকে তাকিয়ে শেষে টেবিলের দিকে চোখ নামিয়ে নিল। এরপর আবার বেশ কিছুক্ষণের নীরবতা। মনে হল এই মুহূর্তে দু-জনেই যেন হয়ে গেছে বাক্যহারা। পিটারের হৃদয় সমুদ্রে যেন তুফান উঠেছে। কিছুক্ষণের মধ্যেই যে এই তুফানে তার জীবনতরীর ভরাডুবি হবে সমুদ্রের অতল গভীরে তা যেন ধীরে ধীরে দিনের আলোর মতো স্পষ্ট হয়ে আসছে। ওদিকে অ্যাঞ্জেলার মন এই মুহূর্তে শান্ত সমাহিত। এ যেন ঝড়ের পূর্বাভাসের আগে শান্ত আবহাওয়ার সময়। অ্যাঞ্জেলা জানে না তার সত্যভাষণে পিটারের মনে কী প্রতিক্রিয়া ঘটবে। পিটার যদি হঠাৎ উত্তেজিত হয়ে কিছু অঘটন ঘটিয়ে ফেলে! অবশ্য একথা ঠিক যে এ প্রশ্নের উত্তর কেউই দিতে পারবে না। এমনকী ঈশ্বরও নন। অ্যাঞ্জেলা মনকে শক্ত করার চেষ্টা করছে। ইতিমধ্যে সে ভেবে নিয়েছে মিথ্যে সে বলবে না। তাতে যাই হোক না কেন। এই মুহূর্তে পিটারও মনকে শক্ত করে বাঁধতে লেগেছে। অ্যাঞ্জেলার নীরবতা তো বলেই দিচ্ছে তাদের দু-জনের পরিণতির কথা। পিটার দৃঢ়প্রতিজ্ঞ যে কোনো মতেই নিজেকে উত্তেজনার আগুনে পুড়তে দেবে না। সবকিছু মন দিয়ে শুনে পালছেঁড়া নৌকায় নিজেকে ভাসিয়ে দেবে। তবে বাধা একটিই—তাদের দুজনের ভালবাসার ফসল এই শিশুকন্যাটি। তার কী হবে? বেশ কিছুক্ষণ পর অ্যাঞ্জেলা নীরবতা ভেঙ্গে দিল দু-একটি ছোট কথা বলে। অ্যাঞ্জেলার সত্যভাষণ ঃ 'কিছুদিন আগে আমার জীবনে এসেছে ডেভিড নামের এক তরুণ যুবক।' অ্যাঞ্জেলা আরও কিছু বলার আগেই পিটার হাত তুলে ওকে থামিয়ে দিল, অ্যাঞ্জেলার আর কিছু বলার দরকার নেই।

মনকে শক্ত করে ধীরে ধীরে একটি কথাই বলল পিটার, 'আমাদের শিশুকন্যাটির কী হবে?' সেই মুহূর্তে অ্যাঞ্জেলা পিটারের মানসিক অবস্থা ঠিক বুঝে উঠতে পারল না। কয়েকদিন ধরে অ্যাঞ্জেলার মনে ঝড় বয়ে চলেছিল এ কথা ভেবে যে কী ভাবে সে দুঃসংবাদটি পিটারকে জানাবে এবং জানার পর পিটারের মনে কী প্রতিক্রিয়া ঘটবে?' পিটারের শান্ত সমাহিত ভাব দেখে অ্যাঞ্জেলার মনের ভেতরে ঝড় উঠল। পিটারের এই শান্তভাব ঝড় ওঠার পূর্বাভাস নয়তো?

পিটার নিশ্চিন্ত হল এই ভেবে যে সে অকারণে অ্যাঞ্জেলাকে সন্দেহ করেনি। কারণ এটা তার স্বভাববিরুদ্ধ। পিটার ভাবল এরপর যা করণীয় তা করতে হবে। আইনজ্ঞের পরামর্শ নিয়ে বিবাহবিচ্ছেদ যত তাড়াতাড়ি সম্ভব করে ফেলতে হবে। যদিও তাড়াতাড়ি বিয়ে ভেঙ্গে দেওয়া পিটারের হাতে নেই।

এই লম্বা কাহিনীকে ছোট করে বলতে হয়—বছর খানেকের মধ্যে বিবাহ বিচ্ছেদ ঘটে গেল। পিটারের কথানুযায়ী ওদের শিশুটিকে নিয়ে আইন বিশারদ লড়ে যাচ্ছেন। শিশুকন্যাটি এখন অ্যাঞ্জেলার কাছে থাকে। পিটার সপ্তাহান্তে কাজের শেষে শিশুকন্যার সঙ্গে দেখা করতে অনুমতি পেয়েছে। বেশ কিছুদিন ধরে এই ঘটনাই ঘটে চলেছে। রোগী দেখার ফাঁকে ফাঁকে পিটার গাড়ি চালাতে চালাতে আমাকে তার দুঃখের কাহিনী শুনিয়ে গেল। আমারও কাজ শেষ হল। এ বার বাড়ি ফেরার পালা। আমি যে ধৈর্য ধরে পিটারের কথা শুনেছি এতে ও আমাকে কৃতজ্ঞতা জানাল। আমি বললাম, 'না না পিটার একথা কী বলছ? আমি পেশায় একজন ডাক্তার, তাছাড়াও একজন মানুষ হিসেবে অন্য একজন মানুষের জীবনের কিছু সুখদুঃখের কথা শোনা আমার তো মনে হয় প্রত্যেক মানুষের ধর্ম। এই কাহিনী আমাকে বলে তুমি যদি মনের দিক থেকে কিছুটা হাল্কা হতে পেরেছ তাতে আমি নিজেকে ধন্য মনে করব। যদিও জানি এই ব্যাপারে তোমাকে কোনো কিছুই সাহায্য করতে পারব না।' আমার কথা শুনে মনে হল পিটার খুশি হল। পিটারের শিশুকন্যাটির মঙ্গলকামনা করার পর দু-জনে দু-জনের করমর্দন করে আমি

আমার গাড়ির দিকে এগিয়ে গেলাম। পিটারও আমার চোখের সামনে দিয়ে হাসিমুখে হাত নেড়ে গাড়ি নিয়ে অদৃশ্য হয়ে গেল। এখানেই এই ঘটনার যবনিকাপাত হল। আমি নিজের গাড়িতে উঠে বাড়ির দিকে রওনা দিলাম। প্রায় চল্লিশ মিনিটের পথ। গাড়িতে যেহেতু আমি একা তাই আমার মাথায় নানা ভাবনা ভর করল। পিটারের জন্য দুঃখ হলেও আমি ভাবলাম গল্পটাতো শুনলাম এক তরফা পিটারের দিক থেকে। তাই শুধু পিটারের কথা শুনে অ্যাঞ্জেলাকে দোষী সাব্যস্ত করা ঠিক হবে না। পিটারের কথামতো এই ঘটনা বিশ্লেষণ করে অ্যাঞ্জেলাকে সম্পূর্ণভাবে দায়ী করাই স্বাভাবিক। সেক্ষেত্রে এই পরিসমাপ্তিই টানা যায় যে অ্যাঞ্জেলা পিটারের নিঃস্বার্থ ভালবাসার মর্যাদা দিতে পারেনি। আবার অন্য কোনো দিক থেকে বিচার করলে এটাও মনে হতে পারে পিটার নিজের অপরাধ ঢাকার জন্য পুরো দোষটা অ্যাঞ্জেলার ওপর চাপিয়ে দিয়ে হাল্কা হতে চাইছে আমাকে গল্পটা বলে। পিটার প্রাকবিবাহিত জীবনে অনেক নারীসঙ্গ লাভ করেছে। অনেক ক্ষেত্রেই দেখা যায় একটি সন্তানের জন্মের পর মাতা ও শিশুটির মধ্যে যখন সংযোগ ঘটে তখন নারী ও পুরুষের মধ্যে যে প্রেম ভালবাসা তা শিশুটি অনেকটা দখল করে নেয়। মা প্রকৃতির নিয়মে শিশুটির প্রতি আকৃষ্ট হয়। এর ফলে স্বামী স্ত্রীর মধ্যে ভুল বোঝাবুঝির সম্ভাবনা থাকে। অবশ্য বিবাহবিচ্ছেদ হওয়ার এটা একটা প্রধান কারণ হতে পারে না। বিবাহবিচ্ছেদ বিশেষজ্ঞরাই বলতে পারবেন এই বিচ্ছেদের নানা কারণ। বাড়ির কাছাকাছি পৌঁছে গেছি। এবার পিটার-অ্যাঞ্জেলা বৃত্তান্ত মাথা থেকে ঝেড়ে ফেললাম। খিদেও পেয়ে গেছে খুব। আমার ছোট মেয়ে লুনা এখন আমাকে মনে করিয়ে দিল লেস্টারে "হেলথ কল" করার সময় কাজের শেষে বেশিরভাগ সময়ই চিনে খাবার নিয়ে আসতাম সবাই মিলে খাব বলে। আশি সালে ওর বয়স ছিল পাঁচ ও ছয়ের মধ্যে। এসব কথা আমি ভুলে গেলেও লুনা ভুলে যায়নি। ১৯৮০ সালের এপ্রিল মাসে ট্রেনিং শেষ হলে এবার জুনিয়র ডাক্তারের অস্থায়ী চাকরি ছেড়ে সিনিয়র ডাক্তারের স্থায়ী পদ খোঁজার পালা। যদিও একের একের পর এক আবেদন বা দরখাস্ত ছেড়ে চলেছি, অন্যদিক থেকে সেই একই কথাঃ তোমার

আবেদন পত্রের জন্য ধন্যবাদ, কিন্তু দুঃখের সঙ্গে জানাচ্ছি তুমি কৃতকার্য হতে পারনি। ব্রিটিশ ডাক্তারের দ্বারা সুপরিচালিত পেশাদারি ব্যবসায় বেশির ভাগ ক্ষেত্রেই সরাসরি নাকচ হয়ে যাওয়াই দস্তুর ছিল সত্তর আশির দশকে। এর ব্যতিক্রম যে হত না তা বলছি না। তবে আমাদের স্বদেশবাসীরা যে সহায়তা করার জন্য তাদের দক্ষিণ হস্ত প্রসারিত করত তা কিন্তু বলা যায় না। বিপরীত পক্ষে বলা যায়, এদের বামহস্ত এগিয়ে দেওয়ার রীতি খানিকটা প্রচলিত ছিল। এ ঘটনা আমি জোরের সঙ্গেই বলতে পারি। একথায় আমি পরে আসব। যাই হোক আবেদনপত্র একশো পেরিয়ে গেল। কয়েকজন স্বদেশবাসী আমাকে এই শর্তে চাকরি দিতে রাজি হল যে মাসের শেষে আমাকে মাইনে ঠিকই দেওয়া হবে কিন্তু অংশীদারীত্বের বিষয়ে সব সময়েই একটা জিজ্ঞাসার চিহ্ন টেনে দেওয়া হল। ওদের ভাবগতিক দেখে বুঝতে পারলাম স্থায়ী চাকরির ব্যাপারে কোনো অঙ্গীকার পত্র আমাকে দেওয়া হবে না। এইসব চাকরি গ্রহণ করার কোনো প্রশ্নই ওঠে না।

বুঝতে পারলাম অদূর ভবিষ্যতে চাকরি পাওয়ার ব্যাপারে অসুবিধে আছে। এদিকে আবার সংসার চালানোর জন্য অর্থের প্রয়োজন। লেস্টারের চাকরিতে কিছুটা অর্থাগম হলেও যথেষ্ট নয়। তাই কিছুদিনের মধ্যেই মনস্থির করে নিলাম যতদিন না পর্যন্ত স্থায়ী চাকরি পাচ্ছি ততদিন ক্যাজুয়েলটি বিভাগে কাজ করাই যুক্তিযুক্ত হবে। এই বিভাগে এমনিতেই ডাক্তার পাওয়া অসুবিধে বলে, এই বিভাগে কাজ করা আমার মতো অভিজ্ঞ ডাক্তারের চাকরি পেতে কোনো অসুবিধে নেই। এই চাকরি এদেশের যে কোনো জায়গায় পাওয়ার কথা। কিন্তু আমি ভাবলাম যদি ইংল্যান্ড ছেড়ে ওয়েলস-এর দিকে যাই, তাহলে হয়তো 'জেনারেল প্র্যাকটিসের' স্থায়ী চাকরি পেতে অসুবিধে হবে না। যেমন ভাবা তেমন কাজ। কয়েকদিনের মধ্যেই এখানকার বাড়ি ছেড়ে ওয়েলস-এর দিকে রওনা দিলাম। প্রায় ১৩০ মাইলের পথ, আড়াই তিনঘণ্টার মতো সময় লাগবে। ওয়েলস-এ ঢোকার পর কয়েকটা জায়গা দেখে মনে হল ইংল্যান্ডের বেশির ভাগ জায়গাই যেমন সযত্নে রক্ষিত এখানে

যেন তার কিছুটা অভাব। যাইহোক সময়মতোই এসে পৌঁছলাম এখানকার অর্থাৎ মার্থার টিড্‌ফিলের জেলা হাসপাতাল 'প্রিন্স চার্লস হাসপাতালে'।

তবে এখানেও অনেক স্বদেশবাসী থাকলেও তাদের অনেকেই ধূর্ত বা প্রবঞ্চক। এদের অর্থলোভের কোনো সীমা পরিসীমা নেই। অবশ্য সবাই যে খারাপ একথা বললে ভুল হবে। আমাদের জায়গা থেকে কিছু দূরে ডাঃ দত্ত বলে একজন ডাক্তার প্র্যাকটিস করতেন অনেকদিন ধরে। তিনি সব ব্যাপারে অত্যন্ত সৎ ছিলেন। এছাড়াও আরও বেশ কয়েকজন ছিলেন যাঁরা সমালোচনার ঊর্দ্ধে। সেইসময় এইসব প্র্যাকটিসে কোনো পদ খালি ছিল না। এখানকার হাসপাতালে কাজ করলাম ১৯৮০ সালের জুন মাস থেকে ১৯৮১ সালের সেপ্টেম্বর মাস পর্যন্ত। এবার হাসপাতাল ছেড়ে প্র্যাকটিসে যোগদান করলাম শতকরা ত্রিশভাগ অংশীদার হয়ে। এটা একজোড়া মামা ভাগ্নের প্র্যাকটিস। মামার প্রাপ্য শতকরা চল্লিশ ভাগ, ভাগ্নের ও আমার ত্রিশ ভাগ। তবে আমার ক্ষেত্রে এই অংশীদার হওয়ার ব্যাপারটি অত্যন্ত জটিল। প্রধান অংশীদার ঘোষণা করলেন আমাকে দু-হাজার পাউন্ড নগদ টাকা (এখন ভারতীয় টাকায় দু-লাখ টাকা, তখনকার হিসেবে ত্রিশ হাজার টাকা) দিতে হবে। এই টাকা দান করার কারণ হিসেবে জানা গেল যে এই প্র্যাকটিস বেশকিছু দিন হল হিসেবে দু-হাজার পাউন্ড খরচের দিকে ঝুলে আছে। এটিকে সুস্বাস্থ্যের অধিকারী করার দায়িত্ব নিতে হবে নতুন যোগদানকারী অংশীদারকে অর্থাৎ এক্ষেত্রে আমাকে।

অনেক ক্ষেত্রেই দেখা যায় এই ধরনের অদ্ভুত প্রস্তাব প্র্যাকটিসে যোগদান করার আগে প্রধান অংশীদারের দিক থেকে আসে। আপাতদৃষ্টিতে, এই ধরনের প্রস্তাব কখনই সততার দিক থেকে মানা উচিত নয়, কিন্তু বাস্তব ক্ষেত্রে তা ঘটে থাকে। অবশ্য একথাও ঠিক অনেক প্রধান অংশীদারই সৎ একথা মানতেই হবে।

পয়লা অক্টোবর ১৯৮১ থেকে যে প্র্যাকটিসে যোগদান করলাম সেই প্র্যাকটিস সম্বন্ধে আমি বেশকিছু কথা বলব। যে সময়ের কথা বলছি সেই

সময়ে এই প্র্যাকটিসে কাজ করছেন মামা ডাঃ বটব্যাল এবং ভাগ্নে ডাঃ ভূতনাথ ভাদুড়ি।

কিছুদিন আগে ডাঃ বটব্যাল-এর বেশ কয়েকজন অংশীদার একের পর এক ইস্তফা পত্র দিয়ে দিলে তিনি বিপদে পড়ে ভাগ্নের শরণাপন্ন হলেন। ভাগ্নে ভূতনাথ তখনও এদেশে পদার্পণ করেনি। জেনারেল মেডিক্যাল কাউন্সিলের সঙ্গে পত্রাঘাত চলছে। স্বাভাবিক নিয়মে আসতে বেশকিছু সময় লেগে যেতে পারে তাই এখান থেকে মামা নিজে জামিনদার হয়ে ভাগ্নে ভূতনাথ ভাদুড়ীকে এই যুক্তরাজ্যে আমদানি করলেন। অবশ্য এ ব্যাপারে যে কোনো বেআইনি কাজ করা হয়েছিল তা বললে ভুল বলা হবে। এই দেশে এই ধরনের প্র্যাকটিসে যোগদান করার আগে সব বিদেশী ডাক্তারই 'জুনিয়র' ডাক্তারের কাজ কিছুদিন করে, তবে প্র্যাকটিসে যোগদান করে। কিন্তু ভূতনাথ এ দেশে কাজটাজ করার ব্যাপারে পাত্তা না দিয়ে সোজা প্র্যাকটিসে যোগদান করল আমার ভুতোর মামার তদ্বিরে। ভূতনাথ যে সময়ে এসেছিল সেই সময়ে স্নাতকোত্তর শিক্ষার প্রচলন শুরু হয়নি।

দেশে দু-তিন বছর কাজ করে এদেশে সে আবির্ভূত হল ও মামার প্র্যাকটিসে যোগদান করল।

এবার সেই সময়ে আমি আমার কল্পনানেত্রে মামা ভাগ্নের মধ্যে আমাকে তৃতীয় অংশীদার হিসেবে নির্বাচিত করার জন্য যে আলোচনা ঘটেছিল সেই ঘটনাটি নাটকের আকারে পাঠকদের কাছে বর্ণনা করছি।

অত্র মামা ভাগ্নে কথা

মামা বঙ্কুবিহারী ও ভাগ্নে ভুতো তুই কি চ্যাটার্জির মাথায় পুরোপুরি কাঁঠাল ভাঙ্গতে চাইছিস নাকি? এ ব্যাপারে কিছুটা রয়ে সয়ে অন্য ফন্দি করে কড়কড়ে টাকাটা আদায় করবি?

ভাগ্নে ভূতনাথঃ এতে রয়ে-সয়ের ব্যাপার কীসে আসছে মামা? তোমার সোজাসুজি বলার কথা চাটুজ্জে কড়কড়ে দু-হাজার টাকার পাউন্ড দাও। আর প্র্যাকটিসে ঢুকে পড়ো। তবে এই দু-হাজার অঙ্কের পাউন্ডটি শুধু প্র্যাকটিসে ঢোকার জন্য। এরপর চাটুজ্জে যদি রোগী নিজের তালিকায় চায় তাহলে

সেটার হিসেব কত হবে হিসেব করে দেখা যেতে পারে। তোমার পাঁচ হাজার রোগীর থেকে দু-হাজার রোগী আমার তালিকায় ঢুকিয়েছ, এবার চ্যাটার্জির তালিকায় দু-শো রোগীর বেশি দেবে না। যখন তখন প্র্যাকটিস ভেঙ্গে দিয়ে চ্যাটার্জিকে ঘাড়ধাক্কা দিয়ে বিদেয় করা যাবে। কারণ মাত্র দু-শো রোগী চ্যাটার্জির তালিকায় থাকলেও প্র্যাকটিসকে বাঁচিয়ে রাখতে পারবে না। তখন স্ত্রী ও দুই কন্যা নিয়ে পথে বসবে। তখন আবার কিছু টাকার টোপ ফেলে চ্যাটার্জিকে ঘুরিয়ে নিয়ে আসা যেতে পারে।

মামা বঙ্কুবিহারী বটব্যালঃ (মামা বিস্মিত হয়ে ভাগ্নে ভুতোকে বললেন) তুই তো দেখছি একটি রত্ন বাবা ভুতো।

ভাগ্নে ভুতোঃ তাহলে প্রমাণ হচ্ছে তুমিও একটা রত্ন, তা নাহলে তুমি আমাকে চিনলে কি করে যে আমি একটি রত্ন। কথায় আছে না রতনে রতন চেনে।

মামা বঙ্কুবিহারীঃ হেঁ হেঁ হেঁ তা যা বলেছিস। তবে খুব তাড়াতাড়ি অতগুলো সিদ্ধান্ত একসঙ্গে নিস না বাবা ভুতো। একটু খেলিয়ে দেখতে হবে তো চাটুজ্জেকে। আমার তো মনে হয় চাটুজ্জে তোর মতো নয়ই, এমনকী আমার মতোও নয়। ও খুব সহজেই সবাইকে বিশ্বাস করে।

ভাগ্নে ভুতোঃ অত তাড়াতাড়ি মামা কোনো লোকের চরিত্র সম্বন্ধে সার্টিফিকেট দিয়ে বসো না। আরেকটু খেলিয়ে দেখতে হবে ওই চাটুজ্জেকে।

এবার কাজের কথায় আসা যাক। আমাদের কাছে কড়কড়ে দু-হাজার পাউন্ড এসে যাবে সে বিষয়ে কোনো সন্দেহ নেই। এবার তোমার আমার মধ্যে ভাগাভাগি করার হিসেবটা হয়ে যাক। এই হিসেবটা কিন্তু লিখিতভাবে হতে হবে। এই টাকাটার আধাআধি ভাগ হওয়া দরকার অর্থাৎ পঞ্চাশ ভাগ করে এক একজন। আরও পরিষ্কার করে বললে, তুমি নেবে এক হাজার পাউন্ড আর আমার জন্যেও বাকি এক হাজার।

এই কথা শুনে মামা বঙ্কুবিহারীর মুখটা হাঁ হয়ে গেল।

মামা বঙ্কুবিহারীঃ এটা কী বলছিস ভাগ্নে ভুতো? কথায় আছে নরানাং মাতুলক্রম। কিন্তু তোকে দেখে তো মনে হচ্ছে কথাটা পাল্টে দিয়ে

বলতে হবে নরানাং ভাগ্নেক্রম। একেবারে ফিফটি ফিফটি। তা কী করে হয় বাবা ভাগ্নে ভুতো। এত কম বয়সে এত লোভ ভাল নয়। লোভটাকে মামার মতো আস্তে আস্তে বাড়া। আমি তো তোর বয়োজ্যেষ্ঠ গুরুজন। আমার ভাগ তো বেশি হওয়াই উচিত। এটাই তো ধর্ম। তাই নয় কি?

ভাগ্নে ভুতোঃ মামা, তুমি খুব ভালই জানো আমরা করছি অর্ধমের কাজ অর্থাৎ চাটুজ্জেকে ধাপ্পা দিয়ে নগদ দু-হাজার পাউন্ড হাতিয়ে নিচ্ছি আর ভাগের বেলায় তোমার উপযুক্ত গুণধর ভাগ্নেকে লবডঙ্কা দেখাচ্ছো? আমিই তো ছলে-বলে কৌশলে চাটুজ্জেকে বুঝিয়েছি এই টাকাটা বছরের শেষে যখন আমাদের অংশীদারদের আয়ব্যয়ের হিসেব জানা যাবে হিসেবনিকেষের রিপোর্টে, তখন দু-হাজার পাউন্ড সেখান থেকে ফেরত দেওয়া হবে দু-তিন বছরের মধ্যে। আমার চালাকির টোপ গিলেছে বলেই মনে হল চাটুজ্জে। এরপরেও কি তুমি স্বীকার করতে চাইবে না কৃতিত্ব আমার? এ আমি বলে দিচ্ছি এই টাকাটা আধাআধি করতে হবে না হলে—

মামা বঙ্কুবিহারীঃ (ভাগ্নে চটে যাচ্ছে জেনে মামা ভাগ্নের কথার মাঝখানে থামিয়ে অনুনয়ের ভঙ্গীতে বলতে থাকল) আ হা হা চোটে যাচ্ছিস কেন বাবা ভাগ্নে ভুতো। আমি কি বলেছি তোকে টাকা দেব না?

তুই ভেবেছিস কি না জানি না শুধু দু-হাজার পাউন্ড নয় চাটুজ্জে যে স্নাতকোত্তর ভাতা পায় সেটা তুই পাস না। ওটাতেও তুই আর আমি ভাগ বসাবো। তোর কত লাভ—

ভাগ্নে ভুতোঃ মাঝখানে মামাকে থামিয়ে—

দাঁড়াও দাঁড়াও কী বললে? চাটুজ্জের ওই ভাতায় তুমিও ভাগ বসাবে। তুমি তো "সিনিয়রিটি" ভাতা পাও। চাটুজ্জের ওই ভাতাটা তিন ভাগ না করে আমাকে অৰ্দ্ধেক দাও না। তুমি ওটার লোভ ছেড়ে দাও মামা।

মামা বঙ্কুবিহারীঃ কী যে বলিস বাবা ভাগ্নে ভুতো। তা কি কখনও হয়।

আমি কত কষ্ট করে এই প্র্যাকটিস গড়ে তুলেছি, সে তো তুই জানিস। আমার ও তোর মামীর অনেক দিনের পরিশ্রমের ফলে এমন একটা

প্র্যাকটিস গড়ে উঠেছে। একজন 'সিনিয়র' অংশীদার হয়ে আমারই তো সবার রোজগারে থাবা বসাবার কথা। এটাতে তো কোনো অন্যায় দেখি না। ভুতো তোর তো কোনো অতিরিক্ত রোজগার নেই। তুই তো এদেশে কোনো 'ট্রেনিং' না নিয়েই ঢুকে পড়েছিস। আমি ছিলাম বলেই তুই সরাসরি ঢুকতে পেরেছিস। তোকে আমি শতকরা ত্রিশ ভাগ দিতে পারি ওই দু-হাজার পাউন্ড থেকে, বাকিটা আমার।

ভাগ্নে ভুতো বুঝল বেশি ধানাই-পানাই না করাই ভাল। একথা সত্যি যে মামা বঙ্কুবিহারী ছিল বলেই প্র্যাকটিসে ঢুকতে পেরেছে। তা না হলে বেশ কিছুদিন ট্রেনিং নেওয়ার পর চাকরির চেষ্টা করতে হত। ভুতো জানে চাকরির বাজার এমনিতেই খুব ভাল নয়। মামার প্র্যাকটিস থেকে বিতাড়িত হলে ওকে পত্রপাঠ দেশে ফিরে যেতে হবে সেটা ভুতো জানে, ও কোনো মতেই তা চায় না। কিন্তু একথা ভুললেও চলবে না যে সে বঙ্কুবিহারীর ভাগ্নে। ভুতোকে সহজে কাত করে ফেলা মুশকিল তাই শেষ চেষ্টা হিসেবে ভুতো বলল আচ্ছা শতকরা পঞ্চাশ ভাগ না দাও চল্লিশ ভাগ দাও। মামা বঙ্কুবিহারী ত্রিশ ভাগের এক পয়সাও বেশি দিতে রাজি হল না। ভাগ্নে ভুতো জানত এর বেশি তার প্রাপ্য নয় তাই সানন্দে রাজি হয়ে গেল। বঙ্কুবিহারী নিশ্চিন্ত হল এই ভেবে যে ভাগ্নে ভুতোকে শেষ পর্যন্ত রাজি করাতে পেরেছে। দু-হাজারের শতকরা ত্রিশ ভাগ অর্থাৎ ৬০০ পাউন্ড ভাণ্ডারে জমা পড়বে জেনে ভাগ্নে ভুতোর মন আনন্দে উৎফুল্ল হল এই কারণে যে এই অঙ্কের টাকার কর ওকে দিতে হবে না কারণ চাটুজ্জেই দিয়ে দিয়েছে। পাঠকের জ্ঞাতার্থে জানাই এই আশি সালের দু-হাজার পাউন্ড ২০১৪ সালের হিসেবে সাড়ে ছয় হাজার থেকে তেরো হাজারের মধ্যে পড়বে। আমার জাম্বিয়া থেকে অর্জিত অর্থের মধ্যে সঞ্চিত অর্থের পরিমাণ ছিল ১৯৭৪ সালে চার হাজার পাউন্ড। ১৯৮১ সালের শেষের দিকে মামা ভাগ্নে এই দুই লোভী হাঙরের মুখে ওই চার হাজার পাউন্ডের পঞ্চাশভাগ অর্থাৎ দু-হাজার পাউন্ড ধরে দিতে হল। এর কারণ দু-টো। প্রথম কারণটা দুই মেয়ে বড় হচ্ছে তাই এখন একটি স্থায়ী

চাকরি দরকার। দ্বিতীয়, বাড়ির 'মর্টগেজ' দিয়ে কোনো একটি জায়গায় থিতু হওয়া।

এবার আবার মামা বঙ্কুবিহারী আর ভাগ্নে ভুতোর সংলাপে ফিরে আসা যাক।

মামা বঙ্কুবিহারীঃ অ ভাগ্নে ভুতো, চাটুজ্জের কাছ থেকে পাওয়া নগদ দু-হাজার পাউন্ড ও ওর স্নাতকোত্তর শিক্ষা সমাপ্তিতে প্রাপ্য টাকার মধ্যে আমাদের মামা-ভাগ্নের যে ভাগাভাগি হল এই অর্থ নিয়ে ভবিষ্যতে তোর আর আমার মধ্যে যেন আর কোনো বাদানুবাদ না হয়, এটা তোকে কথা দিতে হবে।

ভাগ্নে ভুতোঃ না না মামা এটাই চূড়ান্ত সিদ্ধান্ত তোমার আর আমার মধ্যে।

মামা বঙ্কুবিহারীঃ বাবা ভাগ্নে ভুতো এবার তাহলে চাটুজ্জেকে ডেকে কড়কড়ে দু-হাজার পাউন্ড নগদ টাকা নিয়ে যাওয়া যাক।

ভাগ্নে ভুতোঃ তা আর বলতে মামা। আমি এক্ষুনি গিয়ে চাটুজ্জেকে ফোন করে তোমার সঙ্গে দেখা করতে বলছি। দেখা করার কারণটা অবশ্য ওকে মনে করিয়ে দেব।

মামা বঙ্কুবিহারীঃ কথায় বলে না "শুভস্য শীঘ্রম"। (এখানে ভাগ্নে ভুতোকে এর মানেটা বোঝানোর জন্য বলল।) এটার মানে শুভকাজ খুব তাড়াতাড়ি সেরে ফেলা ভাল। বেশি দেরি করলে কোনো বাধা বিপত্তি এসে ব্যাগড়া মারতে পারে।

ভাগ্নে ভুতোর সঙ্গে মামা বঙ্কুবিহারীর বেশিরভাগ ক্ষেত্রে মতে না মিললেও এ ব্যাপারে ভাগ্নে ভুতো মামার সঙ্গে একই মতের ও পথের পথিক।

ভাগ্নে ভুতোঃ তোমার কোনো চিন্তা নেই মামা। আমি এক্ষুণি চ্যাটার্জিকে ফোন করছি।

আমি আগের দিন রাত্রে অ্যাকসিডেন্ট ও ইমার্জেন্সি বিভাগে "অন ডিউটি"তে ছিলাম। আজকের দিনে আর কাজ নেই তাই ভেবেছিলাম আগের রাত্রে হাড়ভাঙ্গা খাটুনির পর আমি পুরোপুরি বিশ্রাম নেব।

আমার ফ্ল্যাটের ফোন বেজে উঠল। হ্যালো চ্যাটার্জি, আমি ডাঃ ভুতনাথ ভাদুড়ি কথা বলছি।

আমিঃ হ্যাঁ বলুন।

ভুতনাথঃ আমার মামা ডাঃ বঙ্কুবিহারী বটব্যাল আজ রাত্রে আপনার সঙ্গে দেখা করতে চান। এটা খুবই জরুরি তলব জানবেন। কারণটা নিশ্চয় জানা আছে।

আমিঃ কারণটা নিশ্চয়ই জানা আছে। তবে আজকে না গিয়ে কাল সন্ধ্যেবেলায় গেলে হত না?

ভুতনাথঃ না না, এটা আজকেই করতে হবে।

আমি ভাবলাম এই লোভীর সঙ্গে কথা বাড়িয়ে আর লাভ নেই।

আমিঃ আচ্ছা তাই হবে। কটার সময় যেতে হবে?

ভুতনাথঃ এই ছটা নাগাদ আসুন। ওই দামী জিনিসটা আনতে ভুলবেন না। মামা অধীর আগ্রহে আপনার জন্য অপেক্ষা করছেন।

আমিঃ ঠিক আছে আমি ছটার সময়ই আপনার মামার বাড়ি গিয়ে পৌঁছব "ওই দামী" জিনিসটা সঙ্গে নিয়ে।

"ওই দামী জিনিস" কথাটা আমি জোরালো ভাবে প্রকাশ করলাম।

ফোন ছেড়ে দিতে মমতা জিজ্ঞেস করল আজকেই তোমাকে যেতে হবে ওই টাকাটা দেবার জন্য? কালকে গেলে কী এমন মহাভারত অশুদ্ধ হয়ে যেত?

আমি হাসতে হাসতে মমতাকে বললাম, মহাভারত হয়তো অশুদ্ধ হয়ে যেত না কিন্তু এই কয়দিন ওদের দু-জনের মনের ওপর যেভাবে চাপ পড়ছে তাতে হৃদ্‌যন্ত্র স্তব্ধ হয়ে যেতে পারে—যতক্ষণ না পর্যন্ত ওই টাকাটা মামা ভাগ্নের করতলগত হচ্ছে।

সেইদিন সন্ধে ছ-টার সময় সদ্য ব্যাঙ্ক থেকে তোলা কড়কড়ে দু-হাজার পাউন্ডের বান্ডিলটা নিয়ে মামা বঙ্কুবিহারীর বাড়ির উদ্দেশ্যে রওনা দিলাম। আমাদের হাসপাতালের ফ্ল্যাট থেকে গাড়িতে করে মাত্র পনেরো-কুড়ি

মিনিট সময় লাগল মামা বঙ্কুবিহারীর বাড়ি পৌঁছতে। মামা ও ভাগ্নে ভুতনাথ অধীর আগ্রহে আমার জন্যে অপেক্ষা করছিল।

আমাকে ওপরে একটা ঘরে নিয়ে গেল। আসবাবপত্র ইত্যাদি দেখে বুঝলাম এটা একটা অফিস ঘর। আমি ও মামা বঙ্কুবিহারী দু-টো চেয়ারে মুখোমুখি বসলাম। ভাগ্নে ভুতো আমাদের থেকে একটু দূরে এককোণে গিয়ে বসল। মামা বঙ্কুবিহারী দন্ত বিকশিত করে জিজ্ঞেস করল, 'চাটুজ্জে কেমন আছ?' আমার সংক্ষিপ্ত উত্তর 'ভাল'। এই কথা বলেই একটা প্যাকেটে ভরা নগদ দু-হাজার পাউন্ড হস্তান্তর করার জন্য প্রস্তুত হলাম। মামা বঙ্কুবিহারী এক মুহূর্ত সময় নষ্ট না করে তাড়াতাড়ি টাকার বান্ডিলটা নিয়ে পকেটস্থ করল। আমি স্পষ্ট দেখতে পেলাম যেন একটি লোভী হিংস্র প্রাণী শিকার ধরবার জন্য ওত পেতে বসেছিল। শিকারটি অতি সহজেই ধরা দেওয়ার দন্তবিকশিত করে আমাকে বার বার বলতে থাকল, 'চাটুজ্জে তুমি খুব ভাল ছেলে, তুমি আমাকে "আশীর্বাদ" করবে।' এই কথাগুলো বার কতক শোনার পর আর আমি ধৈর্য ধরে রাখতে পারলাম না।

বললাম, 'আমি কী করে আপনাকে আশীর্বাদ করব। আমাদের দেশীয় প্রথা অনুযায়ী বড়রা ছোটদের আর্শীবাদ করে। আর জ্ঞান হওয়া থেকে আমি আমার দেব ও দেবীর মতো স্বর্গীয় বাবা মার কাছ থেকে অনেক আশীর্বাদ পেয়েছি আমার জীবনে। তাঁদের আশীর্বাদের আমি যোগ্য পাত্র কিনা তা আমি বলতে পারব না তবে আমি নিজেকে ধন্য মনে করি এই ভেবে যে ঈশ্বর আমাকে যাঁদের কাছে পাঠিয়েছিলেন তাঁরা আমাকে প্রকৃত শিক্ষা দেবার চেষ্টা করেছেন, যতদিন তাঁরা জীবিত ছিলেন।' মামা ভাগ্নে তো খুশির হাওয়ায় ভেসে যাচ্ছে দু-হাজার পাউন্ড বিনা পরিশ্রমে লাভ করে। আমার কথা শুনে ওরা সময় নষ্ট করতে চায় না। এ বার আমার ওঠার পালা। মামা বঙ্কুবিহারী বলল, 'চাটুজ্জে ভাল থেকো।' আমি মনে মনে বললাম, তোমরা কি আমাকে ভাল থাকতে দেবে? এটাই এখন বড় প্রশ্ন।

নির্দিষ্ট দিনে অর্থাৎ অক্টোবরের প্রথম দিন ১৯৮১ খৃষ্টাব্দে আমিও এদের দু-জনের সঙ্গে যোগদান করলাম। মামা বঙ্কুবিহারীর বসার ঘরে একটা

বড়সড় আকারের গ্লোব রাখা থাকত। আমার ছোট মেয়ে লুনার ওটার অবস্থান সম্বন্ধে কৌতুহল ছিল। ওইখানে ওটার প্রয়োজন কী সেটা লুনা ওই সাত বছর বয়সে বুঝে উঠতে পারেনি। স্কুলে ভুগোল পড়াবার সময় ওই বস্তুটি কাজে লাগে সেটা ওর জানা ছিল। কিন্তু বসার ঘরে বসে কে ভুগোল অধ্যয়ন করে সেটা কিছুতেই লুনা বুঝতে পারছিল না। একদিন এই সন্দেহের অবসান ঘটল। সেদিন আমাদের নেমতন্ন ছিল মামা বঙ্কুবিহারীর বাড়ি। ভাগ্নে ভুতনাথ ও ভুতোর স্ত্রী লবঙ্গলতিকাও এসেছে।

আমাকে ও ভুতনাথকে মামা জিজ্ঞেস করল, 'তোমরা কী নেবে? স্কচ চলবে?' আমি যদিও তখন অল্পবিস্তর মদ্যপান করতাম কিন্তু সেদিন আমার মদ্যপানের কিছুমাত্র ইচ্ছে ছিল না এই ভেবে যে আমার টাকায় ওই মদ কেনা হয়েছে। ভুতনাথ লাফিয়ে গিয়ে একটা মদের গেলাস জোগাড় করে নিয়ে এসে বলল, 'মামা আমার গ্লাসে স্কচ ঢালো। আজকের রাতটা আমরা সবাই মিলে উদ্‌যাপন করি।' আমার ও মমতার এদের দেখে মনে হল ফূর্তির বান ডেকেছে আজ রাত্রে। এরা মদ্যপান করে নিজেদের ভাসিয়ে নিয়ে যেতে চায়। মমতা ছাড়া আমাদের দুই মেয়ে সুদেষ্ণা ও লুনা অবাক বিস্ময়ে তাকিয়ে ছিল মামা ভাগ্নের দিকে। ওদের বিস্ময় দ্বিগুণ হল, বিশেষ করে লুনার, যখন দেখল ওই আগে দেখা গোলকটির পেট থেকে বেরিয়ে আসছে নানা আকৃতির বোতল। জনি ওয়াকার ব্ল্যাক লেবেল, লাগাভুলিন সিক্সটিন ইয়্যার ওল্ড, গ্লেনরোথস, ওল্ড পাল্টেনিউ, গ্লিনেলিস্ ফরটিন ইয়ার ওল্ড, হাইল্যান্ড পার্ক ইত্যাদি আরও মূল্যবান স্কচ হুইস্কি।এছাড়া আছে বেশ কয়েক বোতল টিচারস্ ক্রমে স্কচ্ হুইস্কি এই স্কচটির দাম খুব একটা বেশি নয়।

আমার আর মমতার কাছে জলের মত পরিষ্কার হয়ে গেল যে ওই দু-হাজার পাউন্ডের 'মোচ্ছব' শুরু হয়ে গেছে। মহামূল্যবান স্কচের বোতল দিয়ে। বুঝতে অসুবিধে হল না ওই গ্লোবটির নিত্য সঙ্গী অল্পদামের 'টিচারস' হুইস্কি। সত্যিকথা বলতে কী ওই মহামূল্যবান স্কচের বোতলগুলি ওখানে ঠিকমতো শোভা পাচ্ছে না। ভাগ্নে ভুতোর অনুরোধেও মামা দামী স্কচের

বোতল খুলতে রাজি হল না। অগত্যা ভুতনাথকে ‘টিচারস’ পান করেই আনন্দ সাগরে ভাসার পরিকল্পনা করতে হল।

অবশ্য এই বিষয়ে আমি স্থির নিশ্চিত যে মামা বঙ্কুবিহারী সেই রাত্রে আমাদের অন্তত সবচেয়ে দামী হুইস্কির স্বাদ গ্রহণ করানোর জন্য কার্পণ্য করত না।

১৯৮১-র ডিসেম্বরে ও ১৯৮২-র জানুয়ারিতে প্রবল তুষারপাত হওয়ার ফলে রাস্তাঘাট বাড়ি গাড়ি সব পুরু বরফে ঢেকে গিয়ে শুভ্র বরণ ধারণ করল। আমাদের গাড়িটি পুরোপুরি বরফের তলায় ঢাকা পড়ে গেল।

আমার গাড়ি পুরু বরফে ঢাকা। সব গাড়ির অবস্থাই এক। কিন্তু ডাক্তারদের ঘনঘন ডাক পড়ে রোগীর বাড়ি থেকে। পুলিশ বলল দেখি কী করা যায়। পরে ফোন করে বলল আমাদের নানা ইমার্জেন্সি কলে সাড়া দিতে হচ্ছে। তুমি বরঞ্চ অ্যাম্বুলেন্সকে ফোন করে দেখো। আমি জানি ওরাও কলের পর কল পেয়ে চলেছে। দশ বারো ইঞ্চি পুরু বরফে ঢাকা যুক্তরাজ্য। প্রাকৃতিক দুর্যোগ না ঘটলে এ রাজ্যে কাজকর্ম নিয়মমাফিক চলতে থাকে। অবশ্য শুধু এদেশে কেন পৃথিবীর সর্বত্র এখন একই নিয়ম। কাজকর্ম থেমে যায় তখনই যখন প্রকৃতি বিদ্রোহ ঘোষণা করে। বুঝলাম অ্যাম্বুলেন্সকে ফোন করে বিশেষ কিছু লাভ হবে না। তবুও ভাবলাম নৈতিক ও আইনের দু-টো দিকই বিচার করে আমার কর্তব্য অন্তত একবার অ্যাম্বুলেন্সকে ফোন করে দেখা। ওইবিভাগে ফোন করে ডাক্তার হিসেবে আমার অসহায়তার কথা জানালাম। ওপার থেকে মহিলা অভ্যর্থনাকারিনীর গলা শোনা গেল। হেসে বলল, ‘তোমার উৎকণ্ঠিত হওয়ার কারণ বুঝতে পারছি। কিন্তু এরকম পুরু বরফে ঢাকা দিনে তোমার পক্ষে রোগীর ডাকে সাড়া দেওয়া প্রায় অসম্ভব। আমাদের বিভাগে টেলিফোন প্রায় প্রতি মুহূর্তে বেজে চলেছে রোগীর বাড়ি থেকে। আমরা যতটা সম্ভব এদের সাহায্য করার চেষ্টা করছি। জরুরি অবস্থার রোগীদের অগ্রাধিকার দেবার জন্য এই ভয়ঙ্কর দুর্যোগের দিনেও অ্যাম্বুলেন্সের কর্মীবৃন্দ মাইলখানেক হেঁটে স্ট্রেচার নিয়ে রোগীর বাড়িতে হাজিরা দিচ্ছে। অবশ্য তোমার পক্ষে রোগীর বাড়িতে গিয়ে “কল” করা প্রায়

অসম্ভব। তোমার বাড়িতে বসেই যাদের উপদেশ দেওয়া সম্ভব তাদের তাই করো, বাকি জরুরী অবস্থার রোগীদের জন্য আমাদের ফোন করলে আমরা যা ব্যবস্থা করার তাই করব।' হাসপাতাল ছেড়ে এই প্রথম "কমিউনিটি"র ডাক্তার হিসেবে যোগদান করেছি। অবশ্য এর আগে এক বছর স্নাতকোত্তর ট্রেনিং নেবার সময় এই একই কাজের অভিজ্ঞতা আছে, কিন্তু সে বছর ডিসেম্বর-জানুয়ারিতে এই দেশটা বরফে ঢেকে যায়নি, তাই তখন এই ব্যাপারে অভিজ্ঞতার ঝুলি শূণ্য।

ওদের কথামতো আমি বাড়িতে বসেই রোগীদের উপদেশাবলী দিতে থাকলাম। আমি মাত্র দু-মাস আগে এই কাজে যোগদান করেছি। প্রথম বছরেই আমার অভিজ্ঞতার ঝুলি অনেকটাই ভরে গেল এই ভয়ঙ্কর তুষারপাতের ব্যাপারে।

১৯৮২-৮৩ সালে আমরা, বিশেষ করে আমি, দশ বছর পরে দেশে গিয়ে কতকগুলি জিনিস লক্ষ করলাম। ১৯৭৩-র ২৪শে ফেব্রুয়ারি দেশ ছেড়েছিলাম। দেশে ফিরলাম ১৯৮২-র ডিসেম্বরে ছয় সপ্তাহের জন্য। কলকাতার যে দু-কামরার বাড়ি থেকে যাত্রা শুরু করেছিলাম সেই বাড়িতেই উঠলাম। আমার দাদা-বৌদির স্থায়ী বাসস্থান। আমার দুই দিদির মধ্যে এক দিদি সপরিবার থাকতেন আসানসোলে, আরেক দিদি কাশী বিশ্বনাথধাম অর্থাৎ বারাণসী। আমরা কিছুদিন কলকাতায় থেকে আমি, মমতা, সুদেষ্ণা ও লুনা ট্রেনে ভ্রমণ করে বারাণসীতে গিয়ে পৌঁছলাম। এই নগরী বিশ্বের প্রাচীনতম নগরীর মধ্যে অন্যতম। এই নগরীতে অতি প্রাচীন কাল থেকে ধারাবাহিকভাবে মানুষ বসবাস করে আসছে। বারাণসী ভারতবর্ষের আধ্যাত্মিক রাজধানী। হিন্দুদের মধ্যে কেউ কেউ বিশ্বাস করেন বারাণসীতে মৃত্যু ঘটলে সেই মানুষের চির মুক্তি ঘটে। এক কথায় বলতে গেলে মানুষ এই বিশ্বনাথধামে একবার পদার্পণ করলে ধীরে ধীরে তার মনে ধর্মভাব জেগে ওঠে। কিন্তু সত্যিই কি তাই হয়? মনে পড়ে যায় ছোটবেলায় অনেকবারই কাশী বিশ্বনাথধামে গিয়েছিলাম। এই অতি প্রাচীনকালের ধর্মস্থানে কাশী বিশ্বনাথের মন্দির যুগ যুগ ধরে সুপরিচিত। অনেক মহাত্মাই

পদার্পন করেছেন প্রকৃত ভক্ত হিসেবে পুজো দিতে। আমি যে সময়ের কথা বলছি তখন আমার বয়য় বছর নয় দশেকের বেশি হবে না। মা, পিসিমা ও আরও দু-একজন আত্মীয়স্বজন ছিলেন। সংখ্যায় ক-জন ছিলেন এখন ঠিক পরিষ্কারভাবে মনে নেই। মন্দিরের অনেক ভেতরে যেখানে শিবলিঙ্গের অবস্থান সেখানে আমরা সবাই যথারীতি পৌঁছেছি। সে বয়সে ভক্তির চেয়ে খেলার দিকেই উৎসাহ বেশি। সার সার দিয়ে ভক্ত আসছে। ভক্তিভরে পুজো দিচ্ছে, চলে যাচ্ছে নিজের নিজের গন্তব্যস্থানে। এ সময় পাণ্ডারা খুব ব্যস্ত এইসব ভক্তদের সাহায্যকারী হিসেবে। মা পিসিমারাও ব্যস্ত হয়ে পড়েছে পুজো দেওয়ার জন্য। আমি এই সুযোগে শিবলিঙ্গের একটা পাশে বসে পড়েছি। শিবলিঙ্গকে ঘিরে ভেতরে অজস্র ফুল জলে ভাসছে। জলে হাত দিয়ে ফুলগুলো সরাতে লাগলাম। আমার কাছে এটা একটা নতুন খেলা বলে মনে হল। মনের আনন্দে এই কাজ করে চলেছি। জল থেকে ফুলগুলো তুলছি আবার জলেই ফেলে দিচ্ছি। বেশ কিছুক্ষণ ধরে আমার এই কাজ চলেছে। এরপর ঘটল এক বিপর্যয়। হঠাৎ আমার মাথাটা ঘুরে গিয়ে সামনে হেলে পড়ল, চোখে অন্ধকার দেখলাম। পরে বুঝেছিলাম কেউ আমাকে পেছন থেকে সজোরে মেরেছে এক চপেটাঘাত। তার ফলেই আমার এই অবস্থা। সেই মুহূর্তেই বুঝতে পারলাম ভাগ্যিস আমার উদ্ধারকারী মা আমার পেছনে এসে দাঁড়িয়েছে। আমার একটা হাত মা শক্ত করে ধরে আছে। চোখে সর্ষেফুল দেখার অবস্থা কাটলে বুঝতে পারলাম আমাদের বাবা বিশ্বনাথের কাছে পৌঁছে দেওয়ার লোক এক পাণ্ডাজী রাগে অন্ধ হয়ে আমাকে ওই চপেটাঘাতটি উপহার দিয়েছে। কারণ ওই পাণ্ডাজী ভেবে নিয়েছে আমি শিশু হলেও চোর, জলের ভেতর থেকে পয়সা চুরি করছি। ওই ফুল ও জলের মধ্যে ভক্তেরা অনেক মুদ্রা ফেলেছে। পাণ্ডাজীর হিসেবমতো এই পয়সার ব্যাপারটি আমার জানা আছে এবং সেখানে থেকে ফুল তুলে ফুল ও জলের মধ্যে থেকে পয়সা সংগ্রহ করার কাজের জন্য উঠে পড়ে নিজেকে নিয়োজিত রেখেছি। ইতিমধ্যে পুজোর ছলে অনেক টাকা আত্মসাৎ করেছে এই মা-পিসিদের কাছ থেকে ভুলিয়ে ভালিয়ে অনেক টাকা আত্মসাৎ করেছে

তথাকথিত মহামানবটি। আমার এই অবস্থা দেখে মায়ের প্রচণ্ড রাগ হওয়াই স্বাভাবিক। পাণ্ডামশাই তখন তার কৃতকর্মের জন্য অনুতপ্ত। ইতিমধ্যে অনেক টাকা লাভ হয়েছে মায়ের কাছে। অবশ্য লোভের তো কোনো শেষ নেই। নিজের বোকামির জন্য তখন আমার মায়ের পা ধরতে বাকি। মায়ের কনিষ্ঠ পুত্রটিকে পাণ্ডাজী এরকম ভাবে নাজেহাল করায় মায়ের রাগ আর পড়তে চাইছে না। পাণ্ডাজী আপ্রাণ চেষ্টা চালিয়ে যাচ্ছে মাকে ঈশ্বরের নানা বাণী শুনিয়ে খুশি করতে। মায়ের বক্তব্য তুমি পাণ্ডাজী হলে কী করে। যে শিশুর মনকে বুঝতে পারে না সে ঈশ্বরকে বুঝবে কী করে। আমরা মন্দির ছেড়ে আস্তে আস্তে বিশ্বনাথের গলিতে এসে পৌঁছলাম। পাণ্ডাজী তখনও আমাদের সঙ্গ ছাড়েনি। নানাভাবে বলে যাচ্ছে তোমাদের পূণ্যলাভ সম্পন্ন হয়নি। আমাকে আরও দশটাকা দিলেই আমি এক্ষুণি বাবা বিশ্বনাথের নামে পুজো চড়িয়ে দেব আর তোমাদের পুণ্যলাভে কোনো ঘাটতি থাকবে না। মা ও পিসিমাদের রাগ তখনও পূর্ণ মাত্রায়। মা পিসিমাদের জেদের কাছে ওকে শেষ পর্যন্ত হার মেনে রণে ভঙ্গ দিতে হল। অবশ্য পাণ্ডাজী যাওয়ার আগে আমাদের দিকে কিছু বাক্যবান প্রয়োগ করল। দেখলাম মা ও পিসিমারা ছি ছি বলে কানে আঙ্গুল দিল যাতে তারপরের কথাগুলো কানে না আসে। ওর বাক্যবান আমার বোধগম্যের বাইরে ছিল। যদিও মা ও পিসিমাদের দিকে তাকিয়ে বুঝলাম খুব একটা ধর্মের বাণী ওই পাণ্ডাজী শোনায় নি। একটু বয়স বাড়লে বুঝতে পেরেছিলাম এই ঠগবাজ পাণ্ডাজীর চরিত্র কেমন ছিল। আমার তো মনে হয় এইসব পাণ্ডারা এই অতি প্রাচীন মন্দিরটির পবিত্রতা নষ্ট করে চলেছে যুগ যুগ ধরে। আগেই বলেছি অর্থের প্রয়োজন সবার আছে এটা আমি স্বীকার করি। কিন্তু এইরকম একটি বিশ্বের অতি পবিত্র প্রাচীনতম মন্দিরে লোভের যে নিদর্শন সেই ছোটবেলায় দেখেছিলাম তা আমাকে এখনও মর্মাহত করে। এরপরেও অনেকবার ওই একই মন্দিরে গিয়েছি। কিন্তু সে বারের মতো এত খারাপ অভিজ্ঞতা দ্বিতীয়বার ঘটেনি।

বিশ্বনাথ মন্দিরে যে ঘটনার উল্লেখ করলাম, এরকম ঘটনা পৃথিবীর যে কোনো জায়গাতেই ঘটতে পারে। কিন্তু এখানে প্রশ্নটা হল যে অন্যান্য

জায়গায় যখন ঘটে তখন আমরা বেশির ভাগ ক্ষেত্রেই অতিসচেতন থাকি। কিন্তু ধর্মক্ষেত্রে গিয়ে আমাদের মনে ধর্মভাব জাগে। অবশ্য এই ধর্মভাব আবার ভয় থেকেও জেগে উঠতে পারে। যে কারণেই এই ধর্মভাব জাগুক না কেন, যে কোনো ধর্মক্ষেত্রে অনেক সময় দেখা যায় এই পুরোহিত শ্রেণীর ব্যক্তিরা ধর্মের ভয় দেখিয়ে ধর্মভীরু মানুষের কাছ থেকে প্রতারণা করে নিজেদের পকেট ভরতে থাকে। তবুও বলব আমাদের দেশের মন্দিরগুলি সৌন্দর্যের দিক থেকে সত্যিই অতুলনীয়।

এবার আবার ১৯৮২-৮৩ সালের ঘটনায় ফিরে যাই। এতদিন পরে দেশে ফিরেছি, হাতে সময় মাত্র ছয় সপ্তাহ, এই সময়ের মধ্যেই অনেককিছু করার ইচ্ছে। ইচ্ছে থাকলেও বেনারসে বেশিদিন থাকা হল না। ঠিক হল আমার ছোড়দি ও ভাগ্নী রমনা আমাদের সঙ্গে কলকাতা যাবে। আমার ছোট জামাইবাবু সুনুদা আমাদের সঙ্গে স্টেশনে এসে টিকিট কাটতে গেল। যেহেতু কোনোকারণে প্রথম শ্রেণীর রেলওয়ে রিজারভেশন কাউন্টার বন্ধ ছিল তাই সুনুদাকে তৃতীয় শ্রেণীর টিকিট কাটতে হল আমার ছোড়দি ও ভাগ্নী রমনার জন্য। সুনুদা আমার হাতে অনেকটা টাকা দিয়ে বললেন ট্রেনে উঠে যখন ট্রেন কন্ডাকটরের দর্শন মিলবে তখন তার হাতে তৃতীয় শ্রেণীর টিকিট দু-টোও বাকি টাকা দিয়ে প্রথম শ্রেণীর দু-টো টিকিট নিয়ে নেবে কন্ডাকটারের কাছ থেকে। আমি ভাবলাম এত খুবই সহজ কাজ, এটাই তো নিয়ম। আমরা সবাই মানে আমি, মমতা ও সুদেষ্ণা, লুনা, ছোড়দি ও রমনা ট্রেনে ওঠার কিছুক্ষণ মধ্যেই কলকাতাগামী ট্রেন ছেড়ে দিল। চারশো মাইলের ওপর রাস্তা অতিক্রম করতে হবে, রাত্রিকালীন ট্রেন যাত্রা। যারা ট্রেনে ঘুমোতে পারে তাদের কোনো অসুবিধে নেই। আমার প্লেনে বা ট্রেনে সহজে ঘুম আসতে চায় না। কিছুটা রাস্তা ট্রেন চলার পর কন্ডাকটরের দর্শন মিলল। প্রথম শ্রেণীর দু-টো টিকিটের ব্যাপারে বলল, 'কোনো অসুবিধে নেই। তৃতীয় শ্রেণীর দু-টো টিকিটের দামটা বাদ দিয়ে বাকি টাকাটা আমাকে দিয়ে দাও, তাহলে আর তোমার কোনো অসুবিধে থাকবে না।' আমিও নিশ্চিন্ত মনে টাকাটা দিয়ে দিলাম। কন্ডাকটর মহাশয় মনোযোগ দিয়ে টাকাটা গুনতে থাকল। ওর গোনা

শেষ হলে, আমি যথারীতি প্রথম শ্রেণীর নথিপত্রের জন্য হাত বাড়ালাম। লোকটি অমায়িক হেসে আমাকে বোঝাতে চাইল, 'তোমার কোনো চিন্তা নেই, টিকিটটা আমার কাছেই থাকবে, কারণ যে কোনো সময়েই টিকিট পরীক্ষক ট্রেনে উঠে পড়ে টিকিট পরীক্ষা করার জন্য, সেজন্য আমার কাছে টিকিট থাকলে তোমার কোনো চিন্তা নেই।' ওর কথা শুনে আমার সমস্ত গোলমাল হয়ে গেল। আমার মাথায় কিছুই ঢুকছে না। আমি তৃতীয় শ্রেণীর দু-টো টিকিট ওর হাতে সমর্পণ করেছি, বাকি টাকা দিয়ে প্রথম শ্রেণীর দু-টো টিকিট চাইছি, আমি তো কোনো অন্যায় কাজ কিছু করছি না। পরে ভাবলাম হিন্দী ভাষায় আমার জ্ঞান বড়ই সীমিত। আমাকে হিন্দীতে "শেক্সপীয়র" বলা চলে। একমাত্র ভরসা চোস্ত হিন্দী জানা আমার ভাগ্নী রমনা। ও ত্রিভাষী, ইংরেজি স্কুলে পড়ে তাই যথেষ্ট স্মার্ট মেয়ে। বাংলা বা ইংরেজিতে কথা বলতে হলে কোনো অসুবিধে ছিল না। ভাবলাম আমি হয়তো ওর কথা ঠিকমতো বুঝতে পারছি না।

রমনা চোস্ত হিন্দীতে ওকে টিকিট দেওয়ার কথা বলল। কিন্তু লোকটি ওর দেশওয়ালী ভাষায় গরগর করে অনেক কিছু বলতে লাগল। দুজনের মধ্যে অনেকক্ষণ ধরে কথাবার্তা চলতে লাগল। লোকটির গলার স্বর একই উচ্চতাতে থাকলেও রমনার স্বর উত্তোরত্তর বৃদ্ধি পেতে লাগল। বুঝতে পারলাম রমনা চটে গেছে। তাই হাত পা নেড়ে ও লোকটাকে যথেষ্ট বকুনি দিতে শুরু করেছে। কিন্তু কে কার কথা শোনে। ওর সঙ্গে কথা থামিয়ে রমনা আমাকে যা বলল তার মর্মার্থ এই যে আমাদের কোনো ভয় নেই। লোকটি হাওড়া পর্যন্ত ট্রেনে থাকবে ওখানেই ওর "ডিউটি" শেষ। আমরা সারারাত্র নিশ্চিন্তে ঘুমোতে পারি। আমি এমন ব্যক্তি অত সহজে যার চিন্তার মুক্তি ঘটে না। এমনিতেই রাত্রে ঘুম হয় না প্লেনে বা ট্রেনে ভ্রমণ করলে। তার ওপর এই টিকিটের দুশ্চিন্তা। আমার অন্যান্য সহযাত্রীদের মনের অবস্থা কী জানা নেই তবে আমার কাছে সেই রাত্রিটি একটি দুঃস্বপ্নের মতো মনে হলো। সারারাত্রি ধরে যে ভাবনাগুলো আমার মনের কোণে এসে জমা হল সেগুলি সংখ্যাতত্ত্বের বিচারে নেহাৎ কম নয়।

প্রথম কথা, লোকটির হাতে তৃতীয় শ্রেণীর দু-টো টিকিট ও প্রথম শ্রেণীর দু-টো টিকিটের জন্য বাড়তি টাকা। আমার মনে হল ওই টিকিট দু-টো অন্য কাউকে বিক্রি করে আমাদের দেওয়া বাড়তি টাকা জুড়ে অনেকটা রোজগার অর্থাৎ প্রথম শ্রেণীর দু-টো টিকিটের যা দাম সেটি ওই লোকটি পকটস্থ করবে। এরপর মনে হল ওর হয়তো হাওড়া পর্যন্ত ডিউটি নেই। তার আগেই কোথাও নেমে পড়বে। এরফলে আমাদের অবস্থা কী হবে তা আর বলে দিতে হবে না আমাকে। দ্বিতীয়ত, মাঝপথে আরও কিছু টাকা আদায় করে নিতে পারে টিকিট দু-টো ফেরত দেবার নাম করে। এরকম অনেক কিছু ভাবনা ভর করল আমার মনে। প্রথম শ্রেণীর কামরার ওপরের "বাংকে" শুয়ে মানসিক যন্ত্রণায় ছটফট করছি। হঠাৎ কখন ঘুমিয়ে পড়েছিলাম জানি না। বাইরের ও ভেতরের চিৎকার চেঁচামেচিতে ঘুম ভেঙ্গে গেল। যখন ঘুমিয়ে পড়েছিলাম তখন দুর্ভেদ্য অন্ধকার ভেদ করে ট্রেন বিদ্যুৎগতিতে এগিয়ে চলেছিল। এখন তাকিয়ে দেখলাম ট্রেন ঝিকঝিক শব্দে ধীর গতিতে প্ল্যাটফর্মের ভেতর ঢুকে পড়েছে। হাওড়া স্টেশনই শেষ স্টেশন যেখানে সুদীর্ঘ পথ অতিক্রম করে ভারতবর্ষের নানা রাজ্যের মানুষদের নিজ নিজ গন্তব্যস্থানে পৌঁছে দিতে দিতে স্টেশনে এসে দূর পাল্লার ট্রেনের চাকাগুলির গতি স্তব্ধ বেশকিছু সময় বিশ্রাম নেওয়ার জন্য। তাই এখানকার যাত্রীদের তাড়াহুড়ো নেই নামার জন্য। আবার ভীড় ঠেলে কেউ ট্রেনে ঢোকার চেষ্টা করে না। তাই ধীরে সুস্থে ঘুম থেকে উঠে আমি এদিক ওদিক তাকাচ্ছি। ভাবছি লোকটাকে দেখতে পাচ্ছি না কেন? ও কি আমার ভাবনামতো মাঝের যে কোনো স্টেশনে নেমে গেছে? তাহলে তো সর্বনাশ হয়ে যাবে। বিনা কারণে আমাদের ফাইন দিতে হবে। ট্রেনটি দেরাদুন এক্সপ্রেস। যেখান থেকে দু-টো টিকিটের ভাড়া শুনতে হবে, তার ওপর বড়সড় ফাইন। এইসব ভাবনার মধ্যে দন্তবিকশিত করে ওই কন্ডাকটার মহাশয় আমার দিকে এগিয়ে এসে তৃতীয় শ্রেণীর দু-টো টিকিট আমাকে হস্তান্তরিত করে বলল এখন আপনার কোনো ভয় নেই। এখানে কোনো টিকিট পরীক্ষক এই কামরায় এসে টিকিট পরীক্ষা করবে না। আমরা

গন্তব্যস্থানে পৌঁছে গেছি। আমি কিছু বলার আগেই লোকটি ট্রেন থেকে নেমে ভীড়ের মধ্যে হারিয়ে গেল। বুঝলাম ওর বেশকিছু অর্থপ্রাপ্তি ঘটল। জ্যোতিষীর বিচার না করেও বলা যায় দিনটি ওর শুভ। আমরা সবাই মিলে ট্রেন থেকে নেমে হাঁটতে শুরু করলাম। বেশকিছু ভাবনা তখন মনের কোণে বাসা বেঁধেছে। ভাবলাম এই লোকটিকে কীভাবে বিচার করব। প্রথমে ভাবলাম লোকটি কি এক ধরনের সৎ মানুষ নয়? টাকাটা নিয়ে আগেই কেটে পড়তে পারত। আমাকে টিকিট পরীক্ষক ধরে আরো অনেক ফাইন করলে ওর কিছু এসে যায় না। আমি তো ভেবেছিলাম ওর কাজ লোক ঠকানো। ওকে কি ঠগ বলতে পারব এ ক্ষেত্রে? ও তো শুধু প্রথম শ্রেণীর টিকিট না দিলেও টাকার দিক থেকে বেশি টাকা নেয়নি। অবশ্য আমি না ঠকলেও রেল প্রতিষ্ঠানকে ঠকানো হল। এইভাবে কত টাকা প্রতিদিন রেল প্রতিষ্ঠান ক্ষতিগ্রস্ত হচ্ছে কে জানে? এইভাবে প্রতিনিয়ত চলতে থাকলে প্রতিদিন কোটি কোটি টাকা লোকসান হচ্ছে, তা সহজেই অনুমেয়।

আবার মনে হল একে কি বলা যায় যে 'যার নুন খাই তার গুণ গাই'? আমার নুন খেয়ে আমাকে না ঠকিয়ে রেল প্রতিষ্ঠানকে ঠকানো। আমি এই বিষয়ে এক নতুন সংজ্ঞা তৈরি করলাম। সেই সংজ্ঞাটি হল অসততার ওপর কিছুটা সততা।

দশ বছর পর দেশে গিয়ে আমার মনে হল "ঘুষ" এর চাহিদা অনেক বেড়ে গেছে। ঘুষ ছাড়া কোনো কাজ করা একেবারে সম্ভব নয়।

এরপর যে ঘটনাটি বলব সেটি সত্যি আমাকে আশ্চর্য করেছিল। এই আশির দশকেই দেশে গিয়ে ট্রেনে চড়ে আমি, মমতা, সুদেষ্ণা ও লুনা আসানসোলে দিদি ও জামাইবাবুদের সঙ্গে দেখা করতে ও ওদের সঙ্গে কয়েকদিন থাকতে যাচ্ছি। ট্রেনটি শীততাপ নিয়ন্ত্রিত ডী লুক্স্। চেয়ার কারে করে তিন চার ঘণ্টার পথ। ট্রেনটি মোটামুটি ভর্তিই ছিল। হাওড়া থেকে বর্ধমান পৌঁছল যথাসময়ে। কিছু যাত্রী নামল আবার কিছু উঠল। বর্ধমান ছেড়ে ট্রেন আবার ছুটতে শুরু করল। আধডজন বাংলা পত্রিকা ও দৈনিক কাগজ কিনে মনোনিবেশ করার চেষ্টা করছি। হঠাৎ দেখি একটি দশ বারো

বছরের ছেলে আমার দিকে হাত পেতে আছে। ওকে দেখে আমার প্রচণ্ড রাগ হল। এইটুকু বয়স থেকে ভিক্ষাবৃত্তি ভালই শিখে ফেলেছে। বললাম, 'এইটুকু বয়স থেকে ভিক্ষা করছিস কেন?' অবশ্য বলার একটা কারণও ছিল। ছেলেটি দেখতে বেশ হৃষ্টপুষ্ট অর্থাৎ খেতে পায় না এমন চিহ্ন শরীরের কোথাও নেই। ছেলেটা বেশ সপ্রতিভ ভঙ্গিতে আমার দিকে এক দু-মিনিট তাকিয়ে থেকে বলল, 'ভিক্ষে করছি কে বলল? আপনি দেখেননি আমি ট্রেনের মেঝে ঝাঁট দিয়ে ঝক্‌ঝকে করে দিয়েছি।' মনে হল ছেলেটি যেন আমার দু-গালে দু-টো চড় মারল। আমি অত্যন্ত লজ্জিত হয়ে ভাবলাম আমি একজন অবিবেচকের মতো কাজ করেছি। ওইটুকু বয়সে ছেলেটি যত্ন করে ট্রেনের কামরার মেঝেটিকে ঝক্‌ঝক করে পরিষ্কার করেছে সেটা না দেখে ওকে আমি ধমকানি দিচ্ছি। অত্যন্ত লজ্জিত হয়ে ক্ষমা চেয়ে ওর পিঠে হাত বুলিয়ে দিলাম। এতটা হয়তো ও আমার কাছ থেকে আশা করেনি। দন্ত বিকশিত করে হাতটা আবার বাড়িয়ে দিল। আমি আমার ভুলের প্রায়শ্চিত্ত হিসেবে অনেকগুলো টাকা ওর হাতে দিলাম। এই অঙ্কটা ওর আশাতীত ছিল। খুশীতে ওর মুখ উজ্জ্বল হয়ে উঠল। ভাবলাম এইটুকু ছেলে কত পরিশ্রম করে সৎভাবে অর্থোপার্জন করছে। এই বয়সে তো ওর শিক্ষালাভের জন্য স্কুলে যাওয়ার কথা। এইটুকু ছেলের সম্ভ্রমবোধ প্রশংসা পাওয়ার যোগ্য। সেদিন সত্যি নিজেকে ছোট মনে হয়েছিল ওইটুকু ছেলের কাছে।

আমার ছুটি শেষ হয়ে গেলে আমরা সবাই ফিরে এলাম আমার কর্মস্থান বিদেশে। ১৯৭৩ সালের প্রথম জাম্বিয়া, ১৯৭৪ সালের শেষে ওই দেশ ছেড়ে ইংল্যান্ড। তারপর দশ বছর পরে স্বদেশ ভ্রমণ। সেখান থেকে ফিরে এসে আবার কর্মযজ্ঞে নিজেকে নিয়োজিত করা। ১৯৮৫ সালে ঠিক হল আমরা ইউরোপ ভ্রমণে যাব। আমরা বলতে আমি, মমতা, সুদেষ্ণা, লুনা। এছাড়া মমতার মা ও বাবা ছিলেন আমাদের সঙ্গে। ওঁরা কিছুদিন আগে এসেছিলেন মেয়ের সঙ্গে দেখা করতে। এছাড়া আমাদের সঙ্গে ছিলেন আরও চারজন। গন্তব্যস্থল ব্রাসেলস, আমস্টারডাম ও প্যারিস। কোচে করে ডোভারে পৌঁছানো গেল, সেখান থেকে জাহাজে করে ব্রাসেলস-এ পৌঁছে প্যালেস

হোটেলে একরাত্রি অবস্থান, কোনো রকমে অনেক রাত্রে ওই হোটেলে পৌঁছলাম, তাই ভাল খাবার জুটল না। রাত্রি কাটিয়েই ব্রাসেলস নগরী দর্শন। এই হোটেলটি চার তারকা বিশিষ্ট। বাড়িটি প্রাসাদোপম অর্থাৎ পুরোনো আমলের। সাজানো গোছানো বড় বড় জানলা বেশ কয়েকটি। কয়েকটি ঘরের সঙ্গে আবার ব্যালকনি যুক্ত আছে দেখলাম। সকালবেলায় হাঁটাপথে ব্রাসেলস নগরীর "সিটি সেন্টারের" ভেতর দিয়ে সেখানকার সীমারেখা ব্রাসেলস এর সুন্দর গ্র্যান্ড প্যালেস দর্শন। গাইডের বক্তৃতায় জানা গেল অনুপম সিটি হল ও গৌরবময় গিল্ড হাউসের ইতিহাস। এরপর বিলাসবহুল 'কোচ'-এ করে দর্শন হল জাঁকালো সেইন্ট মাইকেলের ক্যাথিড্রাল, বিশ্ববিখ্যাত অ্যাটোমিয়াম, চাইনিজ প্যাভেলিয়ান ও জাপানিস টাওয়ার। এছাড়াও অনেককিছু দেখা হল। যদিও সময় কম থাকায় সবকিছু দেখা গেল না।

সেখান থেকে হল্যান্ড দেশের রাজধানী আমস্টারডাম-এ পৌঁছলাম। এখানকার হোটেল ব্রাসেলস-এর হোটেলের থেকে অনেকটাই নিকৃষ্ট। একটু দূরে চেঁচামেচির শব্দে ঘুম ভেঙ্গে গেল। মনে হল একদল লোক ঝগড়া করছে তারস্বরে। এরপর এখানেও অর্থাৎ আমস্টারডামে 'কোচে' ভ্রমণ করতে করতে যা দেখা হল তা একদিনের পক্ষে যথেষ্ট।

এরপর সম্ভবত আমাদের সবার আকর্ষণ প্যারিস। যথাসময়ে লাক্সারি কোচে করে সেখানে পৌঁছলাম। প্যারিসে এসে হকচকিয়ে যেতে হয় এই ভেবে যে আমরা কোথা থেকে শুরু করব? প্রথমে কী দেখব? কারণ এখানে দেখার জিনিস অজস্র। নগরীর প্রতিটি রাস্তার কোণে সৌন্দর্য্যের ছড়াছড়ি ও অবিশ্বাস্য মনুমেণ্টের তালিকা যেন শেষ হয় না।

প্রথমেই আমরা কোচে করে পৌঁছলাম লুভ্যর। পৃথিবীর বৃহত্তম ও ভিন্ন রকমের সংগ্রহশালা। কী নেই এখানে। এখানে আছে বিংশ শতাব্দীর আগের আঁকা ছবি, ভাস্কর্য ও অসংখ্য সৌন্দর্য্যবর্ধক বস্তু। আর কিছু না বললেও, "মোনালিসার" কথা কে ভুলতে পারে! এছাড়া "ভেনাস ডি মাইলো"

বিখ্যাত শিল্পী ভারমিয়ার, কারাভ্যার্গিয়ো, রেমব্রানট্—আরও অসংখ্য বিখ্যাত শিল্পী।

এই রাজপ্রাসাদটি বিখ্যাত হয়েছে এর নিজেরই ইতিহাসের ঐশ্বর্যে। মধ্যযুগ থেকে এর শুরু, শেষ হয়েছে বর্তমান যুগে। আমার জ্ঞান এই বিষয়ে অত্যন্ত সীমিত। কিন্তু এই শিল্পসাম্রাজ্যে প্রবেশ করে আমার মনে হয়েছে আমার মতো সাধারণ মানুষকেও মুগ্ধ করবে এর প্রতিটি শিল্পকলা। এখানে ঢুকলে মনে হবে "শেষ নাহি যে শেষ কথা কে বলবে।" কী বিশাল এই সংগ্রহশালা না দেখলে বোঝা যায় না। এসব জায়গায় ভ্রমণ করলে মনে হয় এই অন্তহীন শিল্পসৌন্দর্যের সংগ্রহশালা যেন সীমার সঙ্গে অসীমের মেলবন্ধন ঘটিয়েছে। যারা শিল্পী তারা এই বিশাল সংগ্রহের মধ্যে নিশ্চয় নিজেকে হারিয়ে ফেলে। আমাদের এই প্রথমবার প্যারিসে সংক্ষিপ্ত ভ্রমণে বিখ্যাত মিউজিয়াম দর্শনের পর যে কয়েকটি বিখ্যাত দ্রষ্টব্য স্থান দেখা হল তার মধ্যে প্রথম নোতরদাম ক্যাথিড্রাল। এটি মার্বেল পাথরে তৈরি গথিক স্থাপত্য। সারা ইউরোপে ছড়ানো ক্যাথড্রালের মধ্যে এটি একটি অসাধারণ সৌন্দর্যে ভরা অদ্বিতীয় ক্যাথিড্রাল। প্যারিসের এটি একটি এমনই মাহাত্ম্যপূর্ণ স্থান যেটিকে মধ্যযুগে হৃদয়ের স্পন্দন হিসেবে পরিগণিত করা হত। এটির নিমার্ণকার্য সম্পন্ন করতে লাগে একশো বছর।

যে কোনো অন্যান্য সীমারেখার মতোই আইফেল টাওয়ার জাঁকালো সমসাময়িক প্যারিস নগরীকে চিত্রিত করে। গুস্তাভে আইফেল লোহার তৈরি এই টাওয়ার ১৮৮৯ সালে তৈরি করে। কিন্তু প্যারিসবাসীর কাছে যখন এটি প্রকাশিত হল তখন এটি মোটেই জনপ্রিয় ছিল না। এই টাওয়ারটিকে ভেঙ্গে ফেলার চেষ্টা করেছিল প্যারিসবাসী। এযুগে আইফেল টাওয়ার ছাড়া প্যারিসকে ভাবাই যায় না।

লুভ্যর থেকে সেতুর ওপরে দিয়ে হাঁটা পথে ম্যুসি দ্য ওরসে (Musee d'orsay)। এই জাদুঘরটি বিশুদ্ধ বা ক্ল্যাসিকাল শিল্পবিদ্যার সঙ্গে (চারুশিল্প, ললিতকলা, কলাবিদ্যা, শিল্পবিদ্যা, সুকুমার বা ললিত কলা) আধুনিক শিল্পবিদ্যার সংযোগ ঘটিয়েছে। বিশ্বের অত্যন্ত গুরুত্বপূর্ণ

ইমপ্রেশনিস্ট ও পোস্ট ইমপ্রেশনিস্টদের আঁকা ছবির সমারোহে ঘটেছে এই জাদুঘরে।

ম্যুসি দ্য ওরসেতে দেগাস (Degas)-এর স্বর্গীয় নৃত্যকলাবিদ থেকে মোনের (Monet's) জলপদ্ম (Water Lilies) ও গগ্যার (Gaugin) পাতায় ভরা অরণ্য।

এছাড়া ভ্যান গগ (Van Gogh), ডেলাক্রইকস্‌ (Delacroix) ও আরও অনেক বিখ্যাত শিল্পীর অপূর্ব কীর্তি অপেক্ষা করে আছে আমাদের চোখ ও হৃদয়ের স্বাদ মেটাবার জন্যে।

এরপর দর্শনীয় স্থান দ্য সরবোন ইউনিভার্সিটি। ল্যাটিন কোয়ার্টার একটি ঐতিহাসিক স্থান। এখান থেকেই বহু শতাব্দী ধরে উচ্চশিক্ষা সমৃদ্ধশালী হয়েছে। ঈশ্বরবাদে বিশ্বাসী ছোট একদল ছাত্রদের নিয়ে ১২৫৭ সালে এই ধর্মতত্ত্ব বা ব্রহ্মবিদ্যার বিশ্ববিদ্যালয়টি প্রতিষ্ঠিত হয়। এই বিদ্যালয়টি ইউরোপের সবচেয়ে পুরাতন বিশ্ববিদ্যালয়। এই বিশ্ববিদ্যালয়ে সাদর নিমন্ত্রিত হয়েছে অসংখ্য চিন্তাবিদ। চিন্তাবিদের মধ্যে রয়েছেন দার্শনিক রেনে দেকার্ত, জা পল সাত্রে ও সিমোন দ্য ব্যুভর।

এরপর দর্শনীয় সেন্টার জর্জেস পম্পিডোউ প্যারিসবাসীদের বিবেচনায় এটি একটি নগরীর হৃদস্পন্দন। এই আধুনিক কলাবিদ্যার মিউজিয়ম (জাদুঘর প্রদর্শনশালা ও সাংস্কৃতিক কেন্দ্র) প্রেসিডেন্ট জর্জেস পম্পিডোউকে সম্মান প্রদর্শনার্থে ১৯৭৭ সালে উদ্বোধন করা হয়। এছাড়া দর্শনীয় স্থান ও বিষয় Sacre Coeur and Montmarte ও Pere Lachase Cemetry ইত্যাদি।

তবে শ্যেন নদীতে নৌকাভ্রমণ বড়ই রমণীয়। প্যারিসের নদীর দু-পাড়ে সৌন্দর্যমণ্ডিত স্থান অবলোকন করতে করতে স্বচ্ছন্দে অবাধ গতিতে নৌকায় ভেসে যাওয়া সত্যই অতুলনীয়। অবশ্য যেহেতু এটা গ্রীষ্মকাল তাই নদীর দু-পাশে নারী পুরুষ জন্মদিনের পোষাক পরিহিত অবস্থায় রোদ পোহানোর আনন্দ থেকে নিজেদের বঞ্চিত করে না। গুরুজনবর্গ সঙ্গে থাকায় নিজের চোখ দু-টোকে সংযত রাখা ছাড়া আর অন্য কোনো উপায় ছিল না।

এই ভ্রমণ শেষে নোতরদাম বা আইফেল টাওয়ারের কাছে নেমে পড়া যায়।

১৯৮৫ সালের ইউরোপ ভ্রমণের গল্প এখানেই শেষ। পরে আবার ইউরোপের অন্যান্য দেশের কথা বলা যাবে।

একই পথে প্রত্যাবর্তন। প্রথমে বেশ খানিকটা পথ যথারীতি কস্‌মস্‌ বিলাসবহুল কোচ। বেলজিয়ামের ব্রাসেলস থেকে জাহাজে চড়া ও ইংল্যান্ডের ডোভারে এসে নামা। সেখান থেকে আবার কস্‌মস্‌ কোচ। এখানকার বাসে একটি অপ্রীতিকর ঘটনা ঘটল। আমার কাঁধ থেকে মাঝারি সাইজের একটা ব্যাগ ঝুলছিল। বাসে উঠে যখন আমি নিজের সিটের দিকে এগোচ্ছি হঠাৎ দেখলাম কে যেন আমার হাতের উপর মৃদু চপেটাঘাত করল। যন্ত্রণায় ছটফট করার মতো অবস্থা না হলেও আঘাত যে একদম লাগেনি তা কিন্তু একদম নয়। বাসে উঠে ড্রাইভারের পাশ দিয়ে সাবাইকে যেতে হয় নিজের সিটের দিকে। আমি লক্ষ্য করিনি বা হয়তো লক্ষ্যের মধ্যে থাকার কথাই নয় যে, ড্রাইভারের পাশে একটি মাঝারি সাইজের আবর্জনা জড়ো করে রাখার পাত্র ছিল। সেটা আমার ব্যাগে লেগে টাল খেয়ে পড়ে যায়। তাতে কোচ ড্রাইভারের ক্রোধ বৃদ্ধি পায়। একটু মাথাটা ঘুরিয়ে আমি যখন দেখতে পেলাম এই পরমপুরুষটি কে, আমিও প্রতিবাদস্বরূপ ওর থেকে আর একটু জোরে ওর হাতে আঘাত করলাম। লোকটি তখন নিজের ভুল বুঝতে পেরে অন্যদিকে মুখ ফিরিয়ে নিল। পরে ওর নামে অভিযোগ করে চিঠি পাঠিয়ে দিই ওদের অভিযোগ বিভাগে। কয়েকদিন বাদে ক্ষমা প্রার্থনা করে চিঠির উত্তর আসে এবং ওই ব্যক্তির প্রতি যে উপযুক্ত ব্যবস্থা নেওয়া হবে সে কথাও জানিয়ে দেওয়া হয়। এর বেশি আর কিছু আমি আশা করিনি। আমি অবশ্য এই ঘটনায় বর্ণবৈষম্যের রঙ চড়াতে চাই না। এই সমস্যা সব দেশেই আছে, তবে সব ঘটনাই যে এর সঙ্গে জড়িত থাকে এটা আমার বিশ্বাস হয় না। সারা পৃথিবীতে উন্নতমানের মানুষের যেমন অভাব নেই, তেমনি নিচু মনের মানুষও চারিদিকে ছড়িয়ে আছে। যাই হোক, এখানে এই বৃত্তান্তের ইতি টানা যাক।

কিছুদিন ছুটির আনন্দ কাটিয়ে আবার কর্মযোগী হতে হল। সকাল বিকেল চেম্বারে রোগী দেখা, প্রতি তিনদিন অন্তর দিবারাত্র "অনকল"। জীবনের বিভিন্ন সময়ে কবিগুরু রবীন্দ্রনাথ ঠাকুরের শরণাপন্ন হতে হয়। কাজের মাঝে মাঝে মনে হয় "জীবন যখন শুকায়ে যায় করুণাধারায় এসো।"

মাস দু-য়েক বাড়িতে থেকে মমতার বাবা মা স্বদেশে প্রত্যাবর্তন করলেন। বছর তিনেক বাদে অর্থাৎ ১৯৮৮ সালে দেশে গেলাম। ১৯৮৯ সালে আবার যেতে হল মমতার পিতৃদেবের হৃদ্‌যন্ত্রের ক্রিয়া বন্ধ হওয়ার ফলে আকস্মিক মৃত্যুতে। এরপর আবার ১৯৯২ ও ১৯৯৬ সালে। দেখলাম অর্থনৈতিক দিক দিয়ে বিচার করলে ভারতবর্ষের দ্রুত পরিবর্তন ঘটেছে ও ঘটছে।

আমার বৌদি হয়তো আশা করেছিল যে আমি উচ্ছ্বসিত হয়ে ভারতবর্ষের উন্নতির গুণকীর্তণ করব। আমার আশ্চর্য লাগে এই কথা ভেবে যে এরা বুঝতে পারে না ভারতবর্ষের মতো গণতান্ত্রিক দেশে মানুষ ভোট দিয়ে যে ব্যক্তিকে গদিতে বসায় তার কাজ দেশের উন্নতির দিকে নজর দেওয়া। ডাক্তার যেমন ডাক্তারি করে, উকিল ওকালতি করে অফিস কর্মচারিরা যেমন অফিসে কাজ করে, এদের কাজও সেই রকম—বরঞ্চ আরও দায়িত্বপূর্ণ। যে কোনো দেশের কিছু উন্নতি হলে আরও উন্নতির কথা ভাবতে হবে এবং মন্ত্রী মহোদয়ের ওপর প্রচণ্ড চাপ সৃষ্টি করে কাজ আদায় করে নিতে হবে। অবশ্য প্রত্যেকটি নাগরিককেও সৎ হতে হবে, দেখতে হবে তারাও তাদের দায়িত্ব ও কর্তব্য ঠিকমতো পালন করছে কি না। যেখানে সেখানে থুতু ফেলা, পেচ্ছাপ বা প্রকৃতির সবচেয়ে বড় ডাকে শৌচাগার ব্যবহার না করা, এইসবই নাগরিক সভ্যতার হিসেবে চরম অপরাধ। একই সঙ্গে সরকারকে কাজ করতে বাধ্য করা ছাড়াও প্রত্যেকটি নাগরিকের সাহায্যের হাত বাড়িয়ে দেওয়া অবশ্য কর্তব্য। সমালোচনা করা যত সহজ ঠিক ততটাই কঠিন মিলেমিশে কাজ করা। অবশ্য এটাও ঠিক যে, যে সব দেশে আইনের খুব কড়াকড়ি সেইসব দেশে আইনের ভয়েও অনেক কাজ

এগিয়ে যায়। অনেকদিন আগে এদেশে একটি চোদ্দো পনেরো বছরের ছেলেকে এক হাজার পাউন্ড (এখনকার হিসেবে প্রায় এক লাখ টাকা) জরিমানা করা হয়েছিল। ওর অপরাধ ও এক প্যাকেট মচমচে আলু ভাজা খেয়ে প্যাকেটটি ভুলবশত রাস্তায় ফেলে দেয়। অর্থাৎ লঘু অপরাধে গুরু দণ্ড দেওয়া হল। হয়তো সামনাসামনি পুলিশের চোখে না পড়লে ছেলেটি ধরা পড়ত না। মাঝে মাঝে এরকম অনেক ঘটনাই শোনা যায়। আমার অবশ্য মনে হয় যে এটা একটু বাড়াবাড়ির পর্যায়ে পড়ে। ওদের যুক্তি এইরকম কম অপরাধে কেউ কেউ শাস্তি পেলে অন্যেরা সাবধানতা অবলম্বন করবে। কথাটাকে ভেবে দেখলে মনে হয় একেবারে ফেলেও দেওয়া যায় না। সব ব্যাপারেই যুক্তি আছে। আবার যুক্তির খণ্ডনও হয়। এইসব দেশে ছোট সব রকমের ধরপাকড়ে সরকারের ঘরে রাজস্ব জমা পড়ে। এইসব অর্থ তো সব দেশে পরিকাঠামোর জন্য কাজে লাগে। স্কুল, হাসপাতাল, রাস্তাঘাট, দরিদ্র জনসাধারণের উন্নতির জন্য অর্থদান ও আরও কত কিছু। ভারতবর্ষেও আস্তে আস্তে এইসব কাজ এগিয়ে চলেছে বেশ কিছুদিন ধরে। অবশ্য এইসব জিনিসের রক্ষণাবেক্ষণের খরচও পাহাড়প্রমাণ। আজকের যুগে পৃথিবীর সব দেশেই বিশ্ববাজারের উপস্থিতিতে নানা দেশের বেসরকারি সংস্থা বিভিন্ন দেশে কাজ করে চলেছে। অবশ্য এদের মূল উদ্দেশ্য মুনাফা লুটে নেওয়া।

আমার কর্মস্থলের নাম অ্যাবারমন। বিংশ শতাব্দীর প্রথম দিকে অ্যাবারমনের বেশির ভাগ অধিবাসীই ওয়েলশ ভাষায় কথা বলত। এখন এই ভাষায় দখল মাত্র শতকরা হিসেবে ৯.২ জন। বাদবাকি সবাই ইংরেজিভাষী। মাঝে মাঝে চিন্তা হয় আমাদের বাঙালিদের অতিপ্রিয় সমৃদ্ধ ভাষা অর্থাৎ বাংলা ভাষাও কি দিনে দিনে এইরকম অবনতির দিকে এগিয়ে চলেছে? এ বিষয়ে তো কোনো সন্দেহ নেই যে এযুগে ইংরেজি, হিন্দি ও বাংলা ভাষা মিলিয়ে একটা জগাখিচুড়ি ভাষার সৃষ্টি হয়েছে আমাদের বঙ্গদেশে। অবশ্য দুঃখবাদের ফাঁপরে না পরে আশাবাদী হওয়া অনেক ভাল। আমার ধারণা যে দেশে শান্তিনিকেতন বা রবীন্দ্র নিকেতনের মতো প্রতিষ্ঠান আছে সেই দেশে অত তাড়াতাড়ি ভাষার অপমৃত্যু ঘটতে পারে না। তবুও বলব এখন থেকে

আমাদের সাবধান হওয়া দরকার। আমার তো মনে হয় যে আমরা বাঙালিরা যারা ভাষা গিয়ে গর্ববোধ করছি তারা এমনকী রবীন্দ্রনাথের ছবির সামনে দাঁড়াতেও লজ্জা বোধ করবে।" "পাগল হাওয়ার বাদল দিনের" সঙ্গে "ল্যা ল্যা ল্যা ল্যা" না লাগিয়ে কিছু লোক যেন নিজেদের আহাম্মকি বন্ধ করে। এতে যে তাদের নির্বুদ্ধিতা প্রমাণ হয় তাই নয়, এটাও প্রমাণ হয় যে তারা এক একজন ভাঁড় ছাড়া আর কিছু নয়। "ল্যা ল্যা ল্যা ল্যা" করে যে বিশ্বকবির অজস্র হীরকদ্যুতি সম্পন্ন সঙ্গীত লহরীর মাধুর্য্য চিরতরে নষ্ট হয়ে যাচ্ছে সেই সামান্যতম বোধটুকু অন্তত এই "ল্যা ল্যা" দলের থাকা উচিত। একটা কথা এরা ভুলে যায়, এদের তথাকথিত সম্পদ নিয়ে কিছু অমার্জিত অশিক্ষিত লোকে কিছুদিন নাচানাচি করবে। তারপরেই টেনে হিঁচড়ে নর্দমায় ফেলে দেবে। রবীন্দ্রপ্রসঙ্গই যখন এসে পড়ল তখন আর একটি কথা না বলে পারছি না। কিছু তথাকথিত শিক্ষিত ব্যক্তি শুধু দু-টো পয়সা রোজগারের জন্য রবীন্দ্রনাথ ও তাঁর পরিবারের নামে কুৎসা রটনা করে চলেছে। অর্থের প্রয়োজন সবার আছে তা অস্বীকার করছি না। আমার তো মনে হয় এইসব দেশের প্রকৃত শিক্ষিত মার্জিত ব্যক্তিদের বলা উচিত: 'দেখুন আপনি যদি সত্যি অর্থকষ্টে ভুগছেন তাহলে আমাদের কাছে এসে আর্জি করলেই চাঁদা তুলে আপনার রোজগারের ব্যবস্থা করে দেব।' মানুষ মাত্রই মরণশীল। তাই রবীন্দ্রনাথের মতো মহাপ্রাণের বিরুদ্ধে কুৎসা রটনা না করে সৎ উপায়ে যতটুকু অর্থোপার্জন হয় তাতেই সন্তুষ্ট থাকা উচিত। আমেরিক বা পশ্চিমদেশের দিকে তাকিয়ে ও-দেশের কিছু নির্বোধ কথাবার্তায় মোহিত না হয়ে ওইসব কুকথা বন্ধ করা উচিত। পশ্চিম দেশের একটি মহৎ গুণ যে, ও-দেশের প্রকৃত শিক্ষিত, মার্জিত ও সৃজনশীল ব্যক্তিরা প্রতিবাদের ঝড় তুলে সহজেই ওই গণ্ডমূর্খদের ধুলিসাৎ করে দেওয়ার ক্ষমতা রাখে। সারা বিশ্বে শেক্সপীয়র চর্চা বেড়েই চলেছে। আর তুলনায় আমাদের অতি আধুনিক একই প্রতিভার ধারক হয়ে প্রতি মুহূর্তেই রবীন্দ্রনাথ অবহেলিত হচ্ছেন কয়েকজন তথাকথিত ইংরেজি শিক্ষায় শিক্ষিত ব্যক্তিদের অর্থলালসার জন্য। এর থেকে নিদারুণ দুঃখের আর কী হতে পারে! সেইসব আঁতেলদের জ্ঞাতার্থে জানাই

যে, রবীন্দ্রসঙ্গীতে "ল্যা ল্যা ল্যা ল্যা" জুড়লে শুধু রবীন্দ্রসঙ্গীতকেই যে ছোট করা হয় তা নয়, নিজেকেও ছোট করা হয়। "ল্যা ল্যা ল্যা ল্যা" গানে বিশারদ তারা নিজে সঙ্গীত রচনা করে সুর দিলে কেউ আপত্তি করবে না।

এখন আমি একটা রোগীর কথা বলছি। এই রোগীটি একটি তরুণ যুবক। রোগীটির মা স্থানীয় হাসপাতালে নার্সিং সিস্টার হিসেবে কর্মরত ছিলেন। ডাক্তার হিসেবে আমি ওই "সিস্টার"-কে অনেক দিন ধরেই চিনতাম। কারণ আমিও ওই হাসপাতালে কয়েকটা "সেশন" করতাম ক্যাজুয়েলটি বিভাগে।

হঠাৎ একদিন সিস্টার ফোন করে আমাকে অনুরোধ করলেন সিস্টারের পুত্রটিকে আমার তালিকায় অন্তর্ভূক্ত করে নেওয়ার জন্য। ভদ্রমহিলা যেহেতু আমার চেনাশোনা তাই এই অনুরোধ। জানাশোনার খ্যাতিরে আমিও না বলতে পারলাম না। রোগীটি আমার তালিকায় অন্তর্ভূক্ত হওয়ার দিন দুই বাদে হোম ভিজিটের জন্য আমাকে অনুরোধ করা হল। সকালবেলা চেম্বারের শেষে "হোম ভিজিট" করা শুরু করলাম। এই ছেলেটির বাড়ি আমার চেম্বার থেকে খুব একটা দূরে নয়।

'হ্যালো অ্যাডম' বলতে বলতে প্রবেশদ্বার দিয়ে সামনের ঘরে গিয়ে পৌঁছলাম। দেখলাম অ্যাডাম বড়সড় ঘরটিতে একপ্রান্ত থেকে অন্যপ্রান্তে পায়চারি করে চলেছে। আমার দিকে ভ্রূক্ষেপও করল না। এক হাতে একটা বড় সাইজের হাতুড়ি আর অন্য হাতে বেশ কয়েকটা পেরেক। নিজের মনেই বিড়বিড় করে চলেছে। আমি নিচু গলায় 'অ্যাডাম' বলে ডাকতে আমার দিকে ফিরে সন্দেহের চোখে তাকাল। আমি বললাম, তোমাকে দেখতে এসেছি তোমার মায়ের অনুরোধে। অ্যাডাম তাচ্ছিল্য করে বলল, 'আমাকে দেখে কী হবে। "এমা"কে গিয়ে দেখো। ও আমার জীবনটা বরবাদ করে দিয়েছে। আমার বাচ্চাটাকে নিয়েও পালিয়েছে। ওকে আর বাড়িতে ঢুকতে দেব না। এই জন্যই তো "প্যাটিও ডোরে" (Patio door) কাঠের তক্তাটা লাগাচ্ছি এই হাতুড়ি ও পেরেকের সাহায্যে। অনেকটা ইতিমধ্যে লাগিয়ে ফেলেছি। আমি "এমা"র মুখ দর্শন করতে চাই না। ও এলে আমি হাতুড়ির বাড়ি মারব।

তোমাকে আমার দরকার নেই। এটা তো আমার আর "এমা"র ব্যাপার। আমি ওর উত্তেজনা একটু কমলে বললাম, 'দেখো তোমার মা আমাকে অনুরোধ করেছেন। তুমি যে কাজটা করছ সেটা কিছুক্ষণের জন্যে স্থগিত রেখে আমার সঙ্গে মুখোমুখি বসো। তোমার সমস্যার ব্যাপারে আলোচনা করা যাক। এই ব্যাপারে আমি তোমার কাছে অনুমতি চাইছি।' মনে হল আমার নরম ভদ্রতা সূচক কথাবার্তায় একটু যেন আশ্বস্ত হল। বলল, 'দেখো আমার বেশি সময় নেই। তুমি দশ মিনিটের মধ্যে যা বলার বলে ফেলো।' আমি মনে মনে ভাবলাম এই সুযোগটা নষ্ট করলে চলবে না। অভিজ্ঞ পাঠকমাত্রই খুব সহজেই বুঝে নিতে পেরেছেন যে আমার এই স্মারক বিবরণে আমি একজন ডাক্তার হিসেবে আমার রোগীর চিকিৎসা সংক্রান্ত ব্যাপারে কোনো সবিশেষ বর্ণনা করার অভিপ্রায় প্রকাশ করছি না। আমার ঘটনাবহুল জীবনের চলার পথে তিনটি মহাদেশের যে নানা বর্ণের মানুষের সংস্পর্শে এসেছি তারা আমার এই রচনার অনেকটা জুড়ে আছে। পেশায় যেহেতু চিকিৎসক সেই হেতু বেশির ভাগ ক্ষেত্রে আমার জীবনের চলার পথের এই তিনটি মহাদেশের মানুষের মধ্যে রোগীর সংখ্যাই বেশি। খুব প্রয়োজন না হলে আমি চিকিৎসা সংক্রান্ত ব্যাপারে বিবৃতি না দিয়ে তাদের মনের বন্ধ দরজা খোলার পর যে সমস্ত সমস্যার সম্মুখীন হয়েছি সে বিষয়গুলি নিয়েই বলতে চাই। সময় নষ্ট না করে আমি সরাসরি অ্যাডামের কাছে কয়েকটি প্রশ্ন রাখলাম। প্রথম প্রশ্ন, কবে এমা ওদের শিশু সন্তানটিকে নিয়ে এই বাড়ি ছেড়ে চলে গেছে? ইতিমধ্যে কি কোনো যোগাযোগ ঘটেছে বা সন্তানটির সঙ্গে কি ইতিমধ্যে দেখা হয়েছে? এ ছাড়াও আরও কয়েকটি প্রশ্ন রাখলাম ওর কাছে। সেদিন আমার ভাগ্য সুপ্রসন্ন ছিল। তাই অ্যাডাম সব প্রশ্নের উত্তর দিল একের পর এক। সবশেষে আমি বললাম, 'তুমি যদি অনুমতি দাও তাহলে আমি একজন বিশেষজ্ঞকে অনুরোধ করব তোমাকে তোমার বাড়িতে এসে দেখে যেতে। সঙ্গে অবশ্য আমিও থাকব।' আগেই বলেছি ভাগ্য সুপ্রসন্ন। একথায় অ্যাডাম আপত্তি করল না। আমি সার্জারিতে ফিরে গিয়ে একজন "সাইকিয়াট্রিস্ট"কে অনুরোধ করলাম অ্যাডামকে দেখে যেতে। পরের দিনই

সকাল দশটার সময় আমরা দু-জনে হাজির হলাম অ্যাডামের বাড়িতে। অনেকক্ষণ ধরে অপেক্ষা করলাম। "কলিং" বেল টিপেই যাচ্ছি। কেউ দরজা খুলছে না। ডাঃ ডেভিস একটু ভেবে বললেন, মনে হচ্ছে অ্যাডাম মত পরিবর্তন করে বাড়ি থেকে বেরিয়ে অন্য কোথাও চলে গেছে। গতকাল তোমাকে মত দিলেও পরে ওর মেজাজের পরিবর্তন হওয়ায় আমাদের সঙ্গে দেখা করবে না বলে বাড়ি ছেড়ে পালিয়েছে। ডাঃ ডেভিস বললেন, আরো মিনিট দশ-পনেরো অপেক্ষা করা যাক, যদি অ্যাডাম ফিরে আসে।

মিনিট পনেরো অপেক্ষা করার পর আমরা ঠিক করে নিলাম আর অপেক্ষা করে লাভ নেই। একটা কাগজে লিখে দিলাম যে আমরা এসেছিলাম ওকে দেখতে। পরে আবার যোগাযোগ করব একথাও জানিয়ে দিলাম। আমি ও ডাঃ ডেভিস যখন নিজের নিজের গাড়ির দিকে এগোচ্ছি সেই সময় দেখলাম একটা গাড়ি এসে থামল। গাড়ির চালক অ্যাডাম ছাড়া আর কেউ নয়। আমার চোখের ইশারায় ডাঃ ডেভিস বুঝতে পারলেন এই ব্যক্তিই অ্যাডাম। ডাঃ ডেভিস এগিয়ে গিয়ে নিজের পরিচয় দিয়ে হাত বাড়িয়ে দিলেন করমর্দন করার জন্য। অ্যাডাম পাত্তা না দিয়ে হাত গুটিয়ে রাখল। ডাঃ ডেভিস অত্যন্ত নম্র ভাষায় অ্যাডামকে বোঝাতে লাগলেন 'দেখো অ্যাডাম আমি তোমার মূল্যবান সময় নষ্ট করব না। তুমি যদি দশ মিনিটের জন্য আমাকে তোমার সঙ্গে কিছু আলোচনা করার বিষয়ে অনুমতি দাও তাহলে আমি বাধিত হব। এই আলোচনার সময় তোমার কোনো সময়ে বিরক্তবোধ হলে আমরা তোমাকে ধরে না রেখে বিদায় নেব। এতে তোমার কোনো আপত্তি না থাকলে আমাদের এখুনি জানাও।'

এত কথা শোনার পর অ্যাডাম রাজি হল। ডাঃ ডেভিসও নিশ্চিন্ত বোধ করলেন। অ্যাডাম বলল দেখো "ডক" আমি আমার বাড়ির ভেতর এখন যেতে চাই না। ডাঃ ডেভিস সঙ্গে সঙ্গে কথাটা লুফে নিয়ে বললেন, না না বাড়ির ভেতরে যেতে হবে না। আমরা গাড়িতে বসেই কথা বলব। এখানে একটা কথা বলা প্রয়োজন—ডাঃ ডেভিসের উচ্চতা ৬ ফুট ২ ইঞ্চি অর্থাৎ বেশ লম্বা, দেহটি কৃশকায়। অ্যাডাম ড্রাইভারের সিটে গিয়ে বসল। ডাঃ ডেভিস

ওর পাশের সিটে, আর আমি ডাঃ ডেভিসের পিছনের সিটে। এক্ষেত্রে কথোপকথন ডাঃ ডেভিসের সঙ্গে অ্যাডামের। আমি শ্রোতা মাত্র। লক্ষ্য করলাম ডাঃ ডেভিসের দীর্ঘ পা দুটির মধ্যে বাম পাটি দরজা খুলে রাখার জন্য ভূমি স্পর্শ করে আছে। ভাবলাম গরমকাল বলে হাওয়া বাতাস খেলার জন্য দরজাটা খুলে রেখেছেন। আমি যথারীতি দরজা বন্ধ করে পেছনের সিটে বসে আছি। ডাঃ ডেভিসের সঙ্গে অ্যাডামের কথাবার্তা শুনে যাচ্ছি। প্রায় মিনিট পনেরো কুড়ি কথাবার্তা হওয়ার পর ডাঃ ডেভিস অ্যাডামের দিকে তাকিয়ে বললেন, 'তুমি আমার সঙ্গে সহযোগিতা করলে বলে অসংখ্য ধন্যবাদ। আমি সবসময় প্রস্তুত থাকলাম আমার সাহায্যের হাত তোমার দিকে বাড়িয়ে রাখতে। তা ছাড়া ডাঃ চ্যাটার্জি তো তোমাকে দেখাশোনা করছেনই।' অ্যাডাম কোনো উত্তর দিল না। অবশ্য ওর কাছ থেকে আমরা কোনো উত্তর আশা করিনি। ও যে ধৈর্য ধরে পনেরো কুড়ি মিনিট বসে ছিল গাড়িতে এটাই আমাদের পক্ষে যথেষ্ট। আমরা দু-জন অ্যাডামের থেকে একটু দূরে দাঁড়িয়ে বেশ কিছু পেশাদার কথা বলে নিলাম।

বিদায় জানাবার আগে ডাঃ ডেভিসকে জিজ্ঞেস করলাম, 'আচ্ছা তুমি কি গরম লাগার জন্য দরজাটা খুলে রেখেছিলে?' ডাঃ ডেভিস বলল, তুমি নিশ্চয় লক্ষ্য করেছ যে আমি শুধু গাড়ির দরজাটাই খুলে রাখিনি, আমার বাঁ পাটাকেও মাটিতে ঠেকিয়ে রেখেছিলাম। কারণ ওর সমস্যা মানসিক রোগ। এইসব রোগীর মেজাজের ক্ষণে ক্ষণে পরিবর্তন ঘটে। হঠাৎ যদি গাড়ির এঞ্জিন চালু করে দিত আমরা গাড়ির বাইরে বেরিয়ে আসার সময় পেতাম না। তোমারও উচিত ছিল গাড়ির দরজা খুলে রাখা। অবশ্য ওর সামনে আমি তোমাকে সাবধান করে দিতে পারিনি। তবে আমি জানতাম সে রকম কিছু ঘটলে আমিও তড়িৎগতিতে দরজা খুলে তোমাকে বাইরে নিয়ে আসতে পারব।

ব্যস্ত কাজের ফাঁকে ফাঁকে এই সময় একটা কথাই মনে পড়ে যেত। পরম শ্রদ্ধেয় শ্রীশ্রী রামকৃষ্ণদেবের আমোঘ বাণী—"যতদিন বাঁচি ততদিন

শিখি"। শুধু রামকৃষ্ণদেব কেন, বিশ্বকবি রবীন্দ্রনাথের কবিতায় লিখেছেন— 'বিশ্বজোড়া পাঠশালা মোর সবার আমি ছাত্র।

এ বিষয়ে কোনো সন্দেহ নেই যে, আমরা সবার ছাত্র। ছাত্র এক কিন্তু গুরু অসংখ্য। শিক্ষাদানের এরকম সুব্যবস্থা আর কোথায় পাওয়া যাবে। মাঝেমাঝে মনে হত রবীন্দ্রনাথের তোতাকাহিনীর গল্প। আমরা কি অচিরেই যন্ত্র হয়ে যাব নাকি।

শিক্ষার এই দাপটে আমাদের মস্তিস্ক কি উর্বর হয়ে উঠবে নাকি অত্যধিক চাপে শুকিয়ে যাবে? মনে হত আমাদের নিয়ে শুরু হয়েছে গবেষণা। হাতে নাতে কাজ শেখা ছাড়াও শুনতে হত বক্তৃতার পর বক্তৃতা। এক একজন বিশেষজ্ঞ এক একটি বিষয়ে বক্তৃতা দিয়ে আমাদের শিক্ষিত করে তোলার চেষ্টা করত। এইসব বক্তৃতা দেবার ব্যবস্থা হতো চার বা পাঁচ তারকা হোটেলে। ভারবাহী গাধার মতো আমাদের মস্তিস্ক বহন করে চলতো নানা বিদ্যের বোঝা।

অবশ্য এসব নিয়মমাফিক বক্তৃতা শুনতে শুনতে হাঁপিয়ে উঠতাম আমরা ডাক্তারেরা। ভাবলাম এবার একটা বিষয়ে ডিপ্লোমা করা যাক। বেছে নিলাম Therapeutics (রোগচিকিৎসা বিজ্ঞান)। প্রাইমারি কেয়ার ডাক্তারদের জন্য এই "ডিপ্লোমা কোর্স" টা খোলা হয়েছে। কারণ রোগীদের জন্য যেসব ওষুধপত্র লিখি সেগুলির ব্যাপারে সম্যক জ্ঞান থাকা দরকার। হাতুড়ে ডাক্তারের মত যা হোক, কিছু লিখে দিলেই তো চলবে না। অ্যান্টিবায়োটিকের দিকে নজর রাখতে হবে। প্রসাদ বিতরণের মতো অ্যান্টিবায়োটিক প্রয়োজন আছে ঠিকই, যেন সর্বসাধারণের জন্য বিতরণ না করা হয়। এটা যে কতবড় ক্ষতিকারক তা অনেক সময় ভেবে দেখা হয় না। জীবানুপুঞ্জ বা ব্যাকটেরিয়ার জন্য অ্যান্টিবায়োটিকের প্রয়োজন আছে ঠিকই কিন্তু সংক্রামক রোগের বিষ বা ভাইরাসের ক্ষতি করতে পারে না এই ওষুধ। রোগীর ইমিউনিটি রোগ নিরাময়ের ক্ষেত্রে সাহায্য করে। কিন্তু বেশির ভাগ সময়ে ভুলবশত ভাইরাসের ক্ষেত্রেও অ্যান্টিবায়োটিক দেওয়া হয় রোগীদের। বারে বারে নানা অ্যান্টিবায়োটিকের ব্যবহারের ফলে রোগীকে জীবাণুপুঞ্জের আক্রমণের সময়ে,

ওই "অ্যান্টিবায়োটিক" জীবাণুপুঞ্জ বা ব্যাকটেরিয়াকে মেরে ফেলতে পারে না। এতে রোগ বৃদ্ধি পেয়ে ক্ষতি সাধন করে। এছাড়া রক্তের চাপের ক্ষেত্রে বা ব্লাডপ্রেসার বৃদ্ধি পেলে নানারকম ওষুধের ব্যবস্থা আছে। কিন্তু সব ওষুধই সবাইকে একইভাবে দেওয়া যায় না। রোগের বিষয়ে ডাক্তারদের জ্ঞান থাকা প্রয়োজন। রোগীর চিকিৎসার জন্য শুধু লক্ষণের দিকে অর্থাৎ সিমটমের দিকে নজর দিলেই চলবে না। পুরো রোগীটির কথা ভাবতে হবে। এমনকী তার মানসিক ও সামাজিক বিষয়গুলিও ভেবে দেখা দরকার যেটিকে ইংরেজিতে বলা হয় হোলিসটিক অ্যাপ্রোচ।

আমি অবশ্য চিকিৎসা বিষয়ে উপদেশ দেওয়ার জন্য এই লেখা লিখছি না। তবে গল্পের খাতিরে আমার যতটুকু প্রয়োজন বোধ হল ততটুকুই ব্যক্ত করলাম। আমার এই কার্যধারা বা কোর্সটি নয়মাসের। এটি কার্ডিফ বিশ্ববিদ্যালয়ের আয়োজিত শিক্ষাব্যবস্থার একটি। প্রতি সপ্তাহে "রোগচিকিৎসা বিদ্যা" বা "থেরাপিউটিকস্" বিষয়ে দশ পনেরো পাতার কাগজ পাঠাত। ওই লেখার ওপর ও মূল পাঠের বইয়ের ওপর ভিত্তি করে আমাকে আমার মতামত লিখে পাঠাতে হত। আট-নয় মাসের মাথায় একটা পরীক্ষার ব্যবস্থা ছিল। তাতে Multiple choice Question-এর উত্তর লেখার পর ওই একই দিনে মৌখিক পরীক্ষার ব্যবস্থা ছিল। পরীক্ষায় পাশের পর কার্ডিফ বিশ্ববিদ্যালয় থেকে একটি সার্টিফিকেট পাওয়া গেল। ১৯৯৫-তে এটি আরম্ভ করে ১৯৯৬ সালে এটা শেষ করা হয়।

১৯৯৬ সালে "ডিপ্লোমা ইন্ থেরাপিউটিক্স" শেষ করার পর কমিউনিটি পিডিয়াট্রিক্স-এ এম.এস.সি. কোর্সে ভর্তি হলাম ১৯৯৭ সালে। পরের বছর অর্থাৎ ১৯৯৮ সালে পোস্ট-গ্র্যাজুয়েট ডিপ্লোমা ইন কমিউনিটি পিডিয়াট্রিকস্ করে এম.এস.সি. কোর্সের জন্য গবেষণামূলক প্রবন্ধ লিখে এম.এস.সি. ডিগ্রি পেলাম।

তার আগের আট বছর নিয়মমাফিক আমার ডাক্তারি কাজের বাইরে একটি সাংস্কৃতিক সম্মেলন গড়ে তোলা হল। একটা কথা আছে—বাঙালি যেখানে কালীবাড়ি সেখানে। অবশ্য এখানে আমাদের পক্ষে কালীবাড়ি করা

অসম্ভব। তাছাড়া ওয়েলস্-এ নামকরা কালীবাড়ি আছে শুনেছি কোনো এক পাহাড়ে। খুব জাগ্রত বলে খ্যাত। ১৯৮০ সাল থেকে এখানে থাকলেও সেখানে যাওয়া হয়নি। যা বলতে চাই তাতে কালীবাড়ির কথা অতটা প্রাসঙ্গিক নয়। শুধু বলার উদ্দেশ্য এটাই যে ভারতবর্ষের বিভিন্ন জাতি ও ধর্মবিষয়ে নানা মতাবলম্বী হওয়ায় বিভিন্ন ও বিচিত্র ধরনের মন্দির এসব দেশে গড়ে উঠেছে।

আসল কথায় আসি। এই সাংস্কৃতিক সম্মেলনও ভারতবর্ষের বাইরে সারা বিশ্বে ছড়িয়ে পড়েছে। এটা বাঁচার জন্য অক্সিজেনের মতো কাজ করে। কিছুক্ষণের জন্য মুক্তি পাওয়ার চেষ্টা করা যায় এইসব সম্মেলনের নানা রকম অনুষ্ঠানের মধ্য দিয়ে। আমরা বঙ্গসন্তানেরা এক একটি বিষয়ে দায়িত্ব গ্রহণ করলাম।

আমার ওপর ভার অর্পিত হল সাংস্কৃতিক সম্পাদকের। আমাদের অর্থাৎ আমি, মমতা, সুদেষ্ণা ও লুনার আগ্রহের বিষয় 'রবীন্দ্রনাথ'। আমরা দায়িত্বভার গ্রহণ করলাম 'রবীন্দ্রনাথ' বিষয়ে নিজেদের জানা ও অন্যান্যদের জানানোর। এই বিষয়ে আমার দাদা মানিক চট্টোপাধ্যায়ের শরণাপন্ন হলাম। দাদা জেনে খুশি হল যে আমরা বিদেশে রবীন্দ্রচর্চা করতে চাই। দাদা এ বিষয়ে পূর্ণ সহযোগিতা করার প্রতিশ্রুতি দিলেন। আমার জ্ঞান হওয়া থেকে দেখেছি সাহিত্য বিষয়ে দাদার অগাধ পাণ্ডিত্য। আমার বয়স যখন আট বা নয় বছর তখন দাদার লেখা ছাপা হল কথাসাহিত্যে। ওই বয়সে যতটুকু মনে আছে, ওই লেখাটি এক গুরুগম্ভীর রচনা ছিল। বঙ্গবাসী কলেজের প্রফেসর অচ্যুত গোস্বামী লিখেছিলেন স্বপক্ষে আর আমার দাদা মানিক চট্টোপাধ্যায় বিপক্ষে। দাদা আমার থেকে নয় বছর চার মাসের বড়। তখনকার নিয়ম অনুযায়ী বয়সে অতবড় দাদাকে দূর থেকে সম্মানের চোখে দেখা হত। ওই লেখা বেরোনোর পর দাদা আমাদের বয়স ভুলে গিয়ে আমাকে ও ছোড়দি অর্থাৎ নমিতাকে ওই বিষয়টি সম্বন্ধে ব্যাখ্যা করে শোনাতে বসল। ছাপা অক্ষরে ওই বই ও দাদার নাম দেখে আমরা বিস্ময়ে অভিভূত। দাদা তখন খুশিতে এতই ডগমগ করছে যে ভুলেই গেছে যে আমাদের মতো অর্বাচীন

দুই শিশুর বোধগম্যের বাইরে এই বিষয়। দাদা উত্তেজিতভাবে পড়তে পড়তে মাঝে মাঝে বলে উঠছে, 'এবার বুঝতে পারলি তো।' আমরাও কলের পুতুলের মতো বলে উঠছি, 'হ্যাঁ বুঝেছি।' দাদাও সঙ্গে সঙ্গে বলে উঠছে, 'বাঃ বাঃ বেশ ভাল।' দাদা এমনিতে আমাদের বোকাঝকা করত না। কিন্তু গম্ভীর চেহারা দেখলে আমি ও ছোড়দি নমিতা বেশ ভয় পেতাম ও দূরে দূরে থাকতাম। আজ দাদার এত কাছাকাছি বসে দাদার মুখ থেকে নিঃসৃত বাণী শুনে আমি ধন্য বোধ করলাম। পড়া শেষ হলে দাদা আমাদের মুখের দিকে তাকালো। আমরা দু-জনেই ঢোঁক গিললাম। আমি তখন ভাবছি দাদা এবার যা পড়ালো তা যদি বলতে বলে। বিন্দুবিসর্গ তো বুঝিনি। এতক্ষণ মুগ্ধ ছিলাম ঠিকই, এবার ভয় ঢুকে গেল মনে। ভয়ে ভয়ে ভগবানকে ডাকতে শুরু করে দিয়েছি। বলছি ভগবান আগে যদি তোমার অনেক কথা নাও শুনে থাকি এবার কিন্তু সব কথা শুনব। তুমি আমাকে দাদার হাত থেকে উদ্ধার করে দাও। আমার প্রার্থনার মাঝে দাদার গলা বেজে উঠল। দাদা বলল, 'সবটা পড়া হয়ে গেছে তাই এবার আর এখানে বসে না থেকে যা করতে তোদের মন চাইছে তাই করতে পারিস। আমি জানি এ লেখাটা তোদের এখন বোঝা সম্ভব নয়। তবু এই বয়সে কঠিন জিনিসের সঙ্গে একটু পরিচয় হয়ে থাকা দরকার।'

আমরা দাদার কথা মন্ত্রমুগ্ধের মতো শুনে যাচ্ছি। তবু আমার ভয়টা পুরোপুরি যায়নি। ভাবছি তখুনি যদি দাদা মত পরিবর্তন করে পড়া ধরে। কিছুক্ষণের মধ্যেই মুক্তি পেয়ে ভগবানকে করজোড়ে বললাম, 'ভগবান তুমি সর্বত্র বিরাজমান এই বিষয়ে কোনো সন্দেহ নেই।'

১৯৮৬ সালে আমাদের অনুষ্ঠানের পরই শান্তিনিকেতন থেকে একটি দল এসে যুক্তরাজ্যের বিভিন্ন জায়গায় অনুষ্ঠান করে গেল। এই দলে ছিলেন শান্তিদেব ঘোষ, মায়া সেন, কণিকা বন্দ্যোপাধ্যায়, রমা মণ্ডল, গোরা সর্বাধিকারী ও বর্তমান রাষ্ট্রপতির সদ্যপ্রয়াত সহধর্মিণী ও সুবিখ্যাত রবীন্দ্রসঙ্গীত শিল্পী শুভ্রা মুখোপাধ্যায়। রবীন্দ্রসঙ্গীত শিল্পী ছাড়াও ছিলেন

বিখ্যাত কবি পূর্ণেন্দু পত্রী। ইনি চলচ্চিত্র পরিচালক হিসেবেও সুবিখ্যাত ছিলেন।

আমাদের কলেজের ছাত্র ডাঃ তাপস বসু শান্তিনিকেতনের প্রাক্তন ছাত্র। সেই সুবাদে কণিকা বন্দ্যোপাধ্যায়, ও গোরা, তাপসের সুপরিচিত।

সঙ্গীত শিল্পীর দায়িত্বভার নিয়েছিল তাপস। কণিকা বন্দ্যোপাধ্যায়ের ইচ্ছানুযায়ী কার্ডিফে একটি ঘরোয়া অনুষ্ঠানের ব্যবস্থা হল। সম্ভবত তাপস ও কয়েকজন স্থানীয় রবীন্দ্রসঙ্গীত শিল্পীর তত্ত্বাবধানে এই অনুষ্ঠান আয়োজিত হল। এই অনুষ্ঠানের কয়েকদিন আগে তাপস আমাদের ফোন করে এই অনুষ্ঠানে অংশগ্রহণ করতে অনুরোধ করল। তারপর একটু ভেবে বলল, এটা তো ঘরোয়া অনুষ্ঠান তাই আপনি একটা কবিতা পাঠ করতে পারেন। আমাদের বাড়ির সবার কাছে এটা খুব খুশির খবর।

আমি বিশ্বকবি রবীন্দ্রনাথের "পৃথিবী" কবিতাটি আগে প্রায় সত্তর বার পাঠ করেছিলাম। অবশ্য এতবার পাঠ করার পরও বই না দেখে আবৃত্তি করার মতো অবস্থায় পৌঁছতে পারিনি। যেদিন অনুষ্ঠান হল সেদিন দেখলাম বিখ্যাত শিল্পী কণিকা বন্দ্যোপাধ্যায়কে মঞ্চের ওপর একটি চেয়ারে উপবিষ্ট অবস্থায়। এসব মহৎ শিল্পীদের দিকে তাকালে বোঝা যায় এঁরা ছোটবেলা থেকে রবীন্দ্রনাথের বিশাল প্রতিভার সংস্পর্শে এসে সবসময় যেন একটা অন্য জগতে বসবাস করছেন।

আশেপাশে ছোটখাট ঘটনা যা ঘটছে সে সব থেকে বেশির ভাগ সময়ে মুখ ফিরিয়ে রেখেছেন। যেহেতু আমি কবিতা পাঠ করব তাই আমারও মঞ্চের ওপর স্থান হল। প্রথম দিকে কবিতা পাঠই হল। কবিতা পাঠের দলে একজন বিশিষ্ট ডাক্তার প্রথমে কবিতা পাঠ করলেন। তিনি ঠিক মতো চশমা না নিয়ে আসার জন্য কবিতা পাঠের সময় একটু অসুবিধেয় পড়েছিলেন।

অবশ্য এই ভদ্রলোককে দেখে আমার সাহস বেড়ে গেল। আমি "পৃথিবী" কবিতার মতো বড় কবিতাটি ঠিক মতো পাঠ করলাম। এরপর কণিকা বন্দ্যোপাধ্যায় একের পর এক গান গেয়ে গেলেন। আমরা মন্ত্রমুগ্ধের মতো শুনে গেলাম।

অনুষ্ঠান শেষ হতে আমি আমার সঞ্চয়িতাটা নিয়ে গিয়ে কণিকা বন্দ্যোপাধ্যায়কে বললাম, 'দিদি এই বইয়ে আপনি যদি আপনার "স্বাক্ষর" (Autograph) দিয়ে দেন তা হলে আমি নিজেকে ধন্য মনে করব।' উনি যেন গানের সুরেই বললেন 'আমার সই গুরুদেবের বই-এ।' এই কথা বলার পর তাঁর সুন্দর কলমটা বই স্পর্শ করার আগেই ওপরে উঠে এল। উনি বারে বারে তখন বলতে থাকলেন কুণ্ঠিত চিত্তে, 'না না গুরুদেবের বই-এ আমি সই করতে পারি না।' তা-ও প্রথম দিকে দু-একবার আমি একই অনুরোধ করতে ছাড়িনি। কিন্তু পরে মনে হল আমার এই অনুরোধে উনি খুবই বিব্রত বোধ করছেন। এদের মন এতই সূক্ষ্ম যে অন্য কাউকে না বলাতেও অস্বস্তি বোধ করেন। মনে মনে আমার মাথাটা যেন শ্রদ্ধায় নেমে এল।

পরে তাপস বসুকে যখন ঘটনা বললাম তখন তাপস বলল, আপনারা কাল আমার বাড়িতে আসুন উনি সই করে দেবেন। তাপস জিজ্ঞেস করল, 'আপনার কণিকা বন্দ্যোপাধ্যায়ের রেকর্ড আছে?' আমি বললাম, 'হ্যাঁ হ্যাঁ অনেকগুলো রেকর্ড আছে।' তাপস বলল, 'আপনি দু-তিনটি রেকর্ড নিয়ে আসবেন। উনি সবগুলোতে সই করে দেবেন।' কোনো কারণে পরের দিন আমার তাপসের বাড়িতে যাওয়া হয়ে ওঠেনি। সই না পাই এরকম এক যশস্বী শিল্পীর সংবেদনশীল মনের পরিচয় তো পেলাম। সেটাই বা কম কী।

ওই একই সময়ে অন্য এক পরিচালকের দল শান্তিদেব ঘোষ, মায়া সেন, পূর্ণেন্দু পত্রী, শুভ্রা মুখোপাধ্যায় ও আরও কয়েকজন শিল্পীর দায়িত্বভার গ্রহণ করেছিল। বেশির ভাগ ক্ষেত্রেই দেখা যায় এইসব পরিচালকের মধ্যে দু-একজন এমনই উদ্ধত প্রকৃতির যে তারা নিজেদের সর্ব বিষয়ে পারদর্শী ভাবে। যে দলটি এদেশে এসেছে তাদের সীমাহীন প্রতিভার পরিচয় সম্বন্ধে সম্যক জ্ঞান না থাকার ফলে প্রতিমুহূর্তে নিজেদের কর্তৃত্ব ফলাবার চেষ্টা করে গেল।

দু-একটি উদাহরণ দিলেই আমার বক্তব্যটি পরিষ্কার হয়ে যাবে। পূর্ণেন্দু পত্রী বিশিষ্ট কবি, ছোট গল্প রচয়িতা ও সমালোচক হিসেবে

ভারতবর্ষে পরিচিত। "স্ত্রীর পত্র" চলচ্চিত্র তিনি পরিচালনা করেন। এই লেখাটি যে আমাদের বাঙালিদের মাথার ওপর যিনি সূর্যের মতো কিরণ বিকিরণ করে চলেছেন সেই মহামানব বিশ্বকবি রবীন্দ্রনাথের সে বিষয়ে বলার অপেক্ষা রাখে না।

কবি ও চিত্র পরিচালক পূর্ণেন্দু পত্রী স্বরচিত একটি রবীন্দ্র বিষয়ে পাঠ শুরু করলেন। আমরা বেশ কয়েক জন মন্ত্রমুগ্ধের মতো সেই পাঠ গভীর মনোযোগ দিয়ে শুনে যাচ্ছি। বেশ খানিকটা তখন পড়া হয়ে গেছে। বাকী অংশের জন্য অধীর আগ্রহে অপেক্ষা করছি। ঠিক সে সময়ে একজন মাতব্বর এসে মাইকের সামনে দাঁড়িয়ে ঘোষণা করল, আমাদের সময় ফুরিয়ে গেছে। সুতরাং পূর্ণেন্দু বাবুকে পাঠ এখানে থামাতে হবে। পূর্ণেন্দু বাবুও এক কথায় পাঠ বন্ধ করে দিলেন।

ঠিক একই ধরনের ঘটনা ঘটল রবীন্দ্রনাথের "শ্যামা" নৃত্যনাট্যের ক্ষেত্রেও। রবীন্দ্রনাথের শ্যামা নৃত্যনাট্যের মূলভাব প্রেম, মুক্তি ও মানবিকতার ভিত্তিতে প্রতিষ্ঠিত। উত্তীয় শ্যামার ছোটবেলা থেকে পরিচিত ও ভাল বন্ধু। উত্তীয় শ্যামার প্রেমে অন্ধ। এদিকে শ্যামা বজ্রসেন নামক এক যুবকের প্রেমে আত্মহারা। উত্তীয় নিঃস্বার্থভাবে শ্যামাকে সাহায্য করে। শ্যামার কাছে তার কোনো চাহিদা নেই। এদিকে জমিদার শ্যামাকে একটি ভোজসভায় আহ্বান জানায় নৃত্য পরিবেশনা করতে। শ্যামা সেই আহ্বান প্রত্যাখ্যান করে কারণ সে বজ্রসেনের সঙ্গে বিবাহ করে ঘর বাঁধতে চায়। শ্যামা নিজেকে প্রতিষ্ঠিত করতে চায় প্রেমিকা ও স্ত্রীরূপে। জমিদার অসন্তুষ্ট হয়ে বজ্রসেনকে কারাগারে পাঠায়। মিথ্যা প্রচার করে যে বজ্রসেন একজন বিদেশী গুপ্তচর। এখানে উত্তীয় শ্যামার প্রতি তার নির্মল ভালবাসা দেখাবার সুযোগ পায়। সে জানে বজ্রসেন জীবন মৃত্যুর দ্বারে এসে উপস্থিত হয়েছে। উত্তীয় আত্মবলিদান দেওয়ার জন্য প্রস্তুত হয়। সে জানে এই আত্মবলিদানের বিনিময়ে উত্তীয় শ্যামার কাছ থেকে প্রেম গ্রহণ করার যোগ্যতা অর্জন করবে।

চুক্তির ফলে বজ্রসেনের মুক্তি মিলল উত্তীয়র আত্মত্যাগের বিনিময়ে। তাকে বন্দী করা হল ও অবশেষে তাকে হত্যা করা হল। যখন বজ্রসেন এই

সত্যটি জানতে পারল সে তখন নিজেকে ক্ষমা করতে পারল না। নিজের প্রতি ঘৃণা হল। বজ্রসেন নিজেকে উত্তীয়র প্রকৃত প্রেমের কাছে সমর্পণ করল।

এই নৃত্যনাট্য সকলেরই জানা। আমার বক্তব্য এখানেও শ্যামা নৃত্যনাট্য চলাকালীন পরিচালকদের মধ্যে একজন হঠাৎ ঘোষণা করলেন যে, নাটকটি এখানেই শেষ করতে হবে কেন না কিছুক্ষণের মধ্যে পরিচালকদের "হল"টি ছেড়ে দিতে হবে। নৃত্যনাট্যতে তখন দেখানো হচ্ছিল যে উত্তীয়ের প্রাণদণ্ড হতে চলেছে। প্রাণদণ্ড হওয়ার সঙ্গে সঙ্গেই নৃত্যনাট্য অকস্মাৎ থামিয়ে দিতে হল। এর পরের অংশ অর্থাৎ বজ্রসেনের আবির্ভাব যে কতটা প্রয়োজনীয় ছিল সেটুকু বোঝার ক্ষমতা এই মাতব্বরটির ছিল না। তাই উত্তীয়ের প্রাণদণ্ডের সঙ্গে সঙ্গেই নাটকেরও মৃত্যুদণ্ড ঘটানো হল।

আমার মনে হয় এইসব ব্যক্তির কাছে নাটকটির কোনো মূল্য নেই। মূল্য শুধু ওই ব্যক্তির মঞ্চে আগমন ও হাতে মাইক ধরে এক নাগাড়ে প্রগলভতা দেখিয়ে যাওয়া। এরা নিজেদের বিদ্যাবুদ্ধি সম্বন্ধে ওয়াকিবহাল নয়।

এইসব ভুলভ্রান্তি সত্ত্বেও আমরা যারা রবীন্দ্রভক্ত তারা মহানন্দে শান্তিদেব ঘোষ, মায়া সেন, শুভ্রা মুখোপাধ্যায়, রমা মণ্ডল, আরও কয়েকজন বিখ্যাত রবীন্দ্রসঙ্গীত শিল্পীর কণ্ঠে রবীন্দ্রসঙ্গীত শুনে মোহিত হলাম। শুভ্রা মুখোপাধ্যায় বললেন, বেশ কয়েকটি রবীন্দ্রসঙ্গীত হিন্দিতে অনুবাদ করে বিশিষ্ট শিল্পী দিয়ে গাওয়ানো হয়েছে। এটি যে একটা ভাল প্রচেষ্টা সে বিষয়ে কোনো সন্দেহ নেই।

আমাদের প্রচেষ্টায় যে সাংস্কৃতিক অনুষ্ঠান ও পুজোর ব্যবস্থা শুরু হয়েছিল তা বেশ কিছু দিন নিয়মমাফিক চলেছিল। ১৯৮৬ সালে শুরু হয়েছিল। ১৯৯৩ সালে আমি, মমতা, সুদেষ্ণা ও লুনা সাংস্কৃতিক অনুষ্ঠানের নামে শেষের দিকে যে প্রহসন চলছিল তার থেকে মুক্তি পেলাম। এরপরেও ১৯৯৪ সালে আমরা নিজেরাই অর্থাৎ আমি, মমতা, সুদেষ্ণা ও লুনা একটি রবীন্দ্র-অনুষ্ঠান করি। এই অনুষ্ঠানে সুদেষ্ণা ও লুনার স্কুলের শিক্ষকদের

আমন্ত্রণ জানানো হয়েছিল। যেহেতু ভাষ্য পাঠটি ইংরেজি ভাষায় লেখা হয়েছিল তাই সবার বুঝতে কোনো কিছু অসুবিধে হয়নি। একজন স্থানীয় স্কুলের শিক্ষিকা আমাদের অনুষ্ঠানের খবর কাগজে ছাপা হওয়ায় জানতে পারে।

এই শিক্ষিকা এখানের একজন ডাক্তারের কন্যা। ওই ডাক্তারটির নাম আমি জানতাম। কিন্তু যতদূর মনে পড়ে উনি বেশ আগেই পরলোক গমন করেছেন। ওই শিক্ষিকা আমাকে ফোন করলেন ও নিজের ও বাবার পরিচয় দিলেন।

তারপরেই বক্তব্য: 'এই অনুষ্ঠানের জন্য টিকিটের দাম কতটা ধার্য করা হয়েছে। দামটা জানতে পারলে আমি একটা টিকিট কাটতে চাই।' আমি হাসতে হাসতে বললাম, 'আমরা কোনো পেশাদার মঞ্চশিল্পী নই। আমি তোমার বাবার মতোই একজন ডাক্তার। আমরা সবাই রবীন্দ্রভক্ত তাই ছোট্ট একটু আয়োজন।' ওই শিক্ষিকা প্রচণ্ড উৎসাহে দেখিয়ে বললেন, 'না না, ছোট কী বলছ। স্থানীয় সংবাদপত্র পড়ে যেটুকু বুঝেছি প্রায় ঘণ্টা দুয়েকের এই অনুষ্ঠানটি।' আমি ওই শিক্ষিকার সঙ্গে একমত হলাম। কারণ এতে ভাষ্যপাঠ, রবীন্দ্রসঙ্গীত, রবীন্দ্রনৃত্য, কবিতাপাঠের ব্যবস্থা ছিল। অবশ্য আমরা সবাই এই শিল্পের শৌখিন চর্চাকারী, পেশাদার নই। ওই শিক্ষিকা বললেন উনিও রবীন্দ্রভক্ত ও রবীন্দ্র সাহিত্য ইংরেজিতে অধ্যয়ন করেছেন ও এখনও করেন। আমার বাঙালি হিসেবে খুশি হবারই কথা। বললাম, 'তুমি চলে এসো। এখানে টিকিটের কোনো ব্যবস্থা নেই।' মমতা, পঞ্চাশ, ষাটজন অতিথির জন্য অনেককিছু রান্নাবান্না করেছিল। একদিক দিয়ে ভাবতে গেলে এটাই আমাদের প্রথম ও শেষ ঘরোয়া অনুষ্ঠান—রবীন্দ্রনাথের জন্মানুষ্ঠান পালন। ঘণ্টা দুয়েকের অনুষ্ঠান ছিল। অনুষ্ঠানের শুরু থেকে শেষ পর্যন্ত সময়ের কোনো অপব্যবহার করা হয়নি। দু-একজন বাঙালি ডাক্তার যেমন সমালোচনা করেছিল তেমনি আবার কয়েকজন উচ্ছ্বসিত প্রশংসাও করেছিল। এইরকম ঘরোয়া অনুষ্ঠানে ভুলভ্রান্তি থাকবে এটাই মেনে নেওয়া উচিত। অষ্টাদশ ও ঊনবিংশ শতাব্দীতে আমাদের দেশে যে সব মহামানব তাঁদের অক্লান্ত

পরিশ্রমে, মেধায়, প্রতিভায় ও মানবতাবাদের ওপর বিশেষ দৃষ্টি দিয়ে ভারতীয়দের এগিয়ে নিয়ে যাওয়ার সাধনা করেছেন সেইসব মহামানবদের আমরা যেখানেই থাকি না কেন স্মরণ করব সেটাই তো স্বাভাবিক। আজকের যুগে পৃথিবীর সর্বত্রই সৃষ্টিশীল সমালোচনার নামে নিজেদের পাণ্ডিত্য জাহির করে নিজেরা বিদূষক হয়ে সবার হাসির পাত্রে পরিণত হচ্ছে।

আবার আমাদের অনুষ্ঠানের ব্যাপারে ফিরে আসি। অবশ্য খুব বেশি কিছু আর বলার নেই। আগে বর্ণিত ওই ডাক্তারের কন্যা স্কুল শিক্ষিকার কথা বলেই এই প্রসঙ্গ শেষ করছি। এরা যারা প্রকৃত শিক্ষিত তারা অন্য মানুষকে উৎসাহ দিতে জানে। আমাকে ও মমতাকে দেখে বলল, 'তোমাদের অনুষ্ঠান খুব ভাল হয়েছে। অনেক পরিশ্রমের ফসল যে এই অনুষ্ঠান তাতে আমার সন্দেহ নেই।' আমি বললাম, 'দেখো আমারা কোনো পেশাদার সংস্থা নেই। রবীন্দ্রনাথের প্রতি আমাদের শ্রদ্ধা এই অনুষ্ঠানটি করতে উৎসাহ দিয়েছে, এছাড়া আর কিছু নয়। তবে আমাদের খুবই ভাল লাগছে এই জেনে যে তোমার ভাল লেগেছে।' এক নজরে টেবিলের দিকে দৃষ্টি নিক্ষেপ করে দেখে নিলাম ওই শিক্ষিকার ইংরেজিতে অনুবাদ করা একটি বই। "কমপ্লিট ওয়র্কস অফ রবীন্দ্রনাথ" সঙ্গে করে নিয়ে এসেছেন। বুঝলাম উনি রবীন্দ্র সাহিত্য সাধনা করেন মনোযোগী ছাত্রীর মতোই। মনে সত্যিই শ্রদ্ধাভাব জাগল এই ভদ্রমহিলার প্রতি। কারণ এতদিন এই দেশে থেকে এই বিষয়ে আমরা স্থির নিশ্চিত যে কোনো লোকদেখানো ব্যাপার এদের নেই। যখন কোনো কিছু ভাল লাগে সেটিকে তখন মনপ্রাণ দিয়ে আঁকড়ে ধরে। এক্ষেত্রেও তাই ঘটেছে।

আমাদের নিজেদের সব অনুষ্ঠানের মধ্যে এই অনুষ্ঠানটি আমাদের চারজনের মনের কোঠায় উজ্জ্বল হয়ে বিরাজ করছে সে বিষয়ে কোনো সন্দেহ নেই। নানা দেশ ঘুরে ও বহু দিন বিদেশে বাস করার ফলে আমার ধারণা হয়েছে অন্য মানুষের চোখে মানুষই সবচেয়ে বিস্ময়কর।

কলকাতা থেকে পেশাদার শিল্পীরা যখন এসে অনুষ্ঠান করে যায় আমাদের মতো প্রবাসী বাঙালিরা যার পর নাই পুলকিত হই। আরও

কয়েকটা অনুষ্ঠানের কথা উল্লেখ করতে চাই। ১৯৯৬ সালে অর্ঘ্য সেন, প্রমিতা মল্লিক, শ্রীনন্দা মুখোপাধ্যায় ও আরও কয়েকজন বিশিষ্ট রবীন্দ্রসঙ্গীত শিল্পী এদেশে নানা জায়গায় অনুষ্ঠান করে দেশে ফিরে গেলেন। কার্ডিফের অনুষ্ঠানের সময় শ্রীনন্দা ও ওর স্বামী স্বপন মুখোপাধ্যায় আমাদের বাড়িতে ছিল।

আমার ও মমতার সঙ্গে ওদের হৃদ্যতা গড়ে উঠেছিল। নব্বই-এর দশেকের প্রথম দিকে বিশিষ্ট নৃত্যশিল্পী মমতাশঙ্কর কার্ডিফে একটি নৃত্যানুষ্ঠান করে গেলেন।

আশির দশকে বিশ্ববিখ্যাত সেতার শিল্পী রবিশঙ্কর আমাদের সবার মনোরঞ্জন করে গেলেন ব্রিস্টলে অনুষ্ঠান করে। অবশ্য আল্লা রাখার তবলার বোল আমাদের মতো অবোধ ব্যক্তিদেরও মুগ্ধ করে দিয়েছিল।

নব্বই-এর দশকে লন্ডনে কয়েক বছরের ব্যবধানে দু-টো থিয়েটার করে গেলেন কলকাতার বিশিষ্ট অভিনেতারা। শেষের বার এসেছিলেন রবি ঘোষ, দিলীপ রায়, দীপঙ্কর দে, তাপস পাল ও আরও কয়েকজন বিখ্যাত শিল্পী। অভিনয়ের শেষে ঘোষণা করা হল যে, দর্শকরা অভিনেতা অভিনেত্রীদের সঙ্গে আলাপ করতে চাইলে স্টেজে এসে দু-চারটে কথা বলতে পারেন। আমি দেশে থাকতে কোনোদিন কোনো বিখ্যাত অভিনেতা বা সঙ্গীতশিল্পীর কাছ থেকে তাদের স্বাক্ষর নেওয়ার জন্য আগ্রহ প্রকাশ করিনি। এদের সঙ্গীত পরিবেশনা বা অভিনয় আমাকে মুগ্ধ করে ঠিকই। সেই গান বা অভিনয় আমাকে কিছুক্ষণের জন্য বাস্তব জগৎ থেকে একটি আনন্দময় কল্পনার জগতে পৌঁছে দেয় তাদের অপূর্ব কণ্ঠস্বরের মাধ্যমে ও ভাষার যথাযথ উপস্থাপনায়।

অনুষ্ঠানের শেষে আমাদের মতোই এই শিল্পীরাও আবার বাস্তবজগতে ফিরে এসে অপেক্ষা করে থাকে কাজের শেষে পাওনা যথাযথ পারিশ্রমিকের। তাই আমি ওইসব মানুষদের সম্মান জানাই। মানুষটিকে আলাদা ভাবে আমার নিজের আসনের কোনো ওপরের আসনে বসাতে পারি

না। যে কোনো মানুষ তার নিজের পেশাতে সাধ্যমতো কিছু ভাল কাজ করার চেষ্টা করে। এ ক্ষেত্রেও তার কাজেরই প্রশংসা করা হয়।

স্টেজে উঠে প্রথমে দেখলাম তাপস পাল একটার পর একটা স্বাক্ষর দিয়ে যাচ্ছেন। মুখ তুলে তাকাবার প্রায় সময় হচ্ছে না। এরপর আমি দিলীপ রায়ের দিকে এগিয়ে গেলাম। উনি মৃদু হেসে হাতটা আমার দিকে বাড়িয়ে দিলেন। করমর্দন করা হল। আমি বললাম, 'আবার কবে আসছেন? মৃদু হেসে উত্তর, আপনারা যখন ডাকবেন তখনই আসব।' উত্তরটা শুনে আমার খুব ভাল লাগল। এই ছোট উত্তরটি আন্তরিকতায় ভরা। মনে হল এই মুহূর্তে ইনি পেশাদারের মুখোশ থেকে বেরিয়ে এসে নিজেকে সবার কাছে প্রকাশ করতে চাইছেন।

সত্যি কথা বলতে কী, দিলীপ রায়ের অভিনয় আমার খুবই ভাল লাগে। ওইটুকু সময়েই মনে হল উনি খুব অল্প সময়ের মধ্যে মানুষকে কাছে টেনে নিতে পারেন। এরপর দেখলাম রবি ঘোষ চারিদিকে ছুটে বেড়াচ্ছেন। মনে হল অভিনয় করে হয়তো আর বেশি কথা বলার ইচ্ছে নেই। শুনতে পেলাম যেন কাউকে বললেন ক্ষিদে পেয়েছে। এবার খেতে যেতে হবে। ছোট্ট কয়েকটি কথা বলার ভঙ্গীতে প্রমাণ করে দিলেন তিনি জাত রসিক।

দীপঙ্কর দে মনে হল চুপচাপ দাঁড়িয়ে কিছু দেখছিলেন। আমি পিছন দিক থেকে বলে উঠলাম, 'আপনার জ্যেতিষশাস্ত্র চর্চা কেমন লাগছে?' উনি ছোট্ট উত্তর দিলেন, 'ভালই চলছে।' তখনও আমাকে দেখেননি। দীপঙ্কর দে-র জ্যেতিষ শাস্ত্র চর্চা সম্বন্ধে কয়েকটি কথা বলতে চাই। সম্ভবত নব্বই এর দশকে বেশ কিছুদিন দীপঙ্কর দে আমার দাদা মানিক চট্টোপাধ্যায়ের কাছে এই শাস্ত্র সম্বন্ধে শিক্ষা গ্রহণ করেছিলেন। ওই প্রসঙ্গেই আমার প্রশ্ন। আমি আমার দাদার নাম করাতে ঘুরে দাঁড়ালেন। বললেন, 'পিকনিক পার্কের মানিক চট্টোপাধ্যায়ের কথা বলছেন নিশ্চয়।' আমি উত্তর দিলাম, 'ঠিক তাই'। অবশ্য সঙ্গে সঙ্গে এটিও জানিয়ে দিলাম আমার দাদা জ্যোতিষ শাস্ত্র ও জ্যোতির্বিদ্যা সম্বন্ধে অনেক জ্ঞানলাভ করলেও আমি এসব বিষয়ে কিছুই জানি না।

দীপঙ্কর দে বললেন, 'মানিকদা আমাকে বেশ কয়েকটা জিনিস শিখিয়েছিলেন। এই জন্যে আমি মানিকদার কাছে কৃতজ্ঞ।' শুনে ভাল লাগল। আরও কিছু কথা বলতে আরম্ভ করলে হঠাৎ খেতে যাওয়ার ডাক পড়ল। আমি আর কালবিলম্ব না করে মঞ্চ থেকে বেরিয়ে এলাম। ওদের খাবার কথা শুনে আমাদেরও সবার ক্ষিদে পেয়ে গেল। লন্ডনের রাস্তায় চলতে চলতে খাবার দোকানের সন্ধানে খোঁজাখুঁজি শুরু করলাম। থিয়েটার দেখে মন ভরেছে, এ বার পেট ভরাতে হবে। কিছুদিন পর আরও একটি নাটকের দল এসেছিল লন্ডনে। অন্য নাটকটিতে এসেছিলেন সমরেশ মজুমদার, সত্য বন্দ্যোপাধ্যায় আরও কয়েকজন বিশিষ্ট শিল্পী। এই নাটকটি সমরেশ মজুমদারের লেখা একটি উপন্যাস অবলম্বনে। লেখক নিজে এই অভিনয়ে অংশ গ্রহণ করেছিলেন। অবশ্য এবার স্টেজে গিয়ে অভিনেতা বা অভিনেত্রীদের সঙ্গে আলাপ করার কোনো ব্যবস্থা ছিল না। নাটক শেষে আমরা রঙ্গমঞ্চ ত্যাগ করি। এর পরের অনুষ্ঠান ১৯৯৬ সালে। যে অনুষ্টানটির কথা আগেই উল্লেখ করেছি।

সেই বছরেই স্বদেশভ্রমণে গেলে শ্রীনন্দা মুখোপাধ্যায়ের পিতৃদেব শ্রদ্ধেয় শ্রীযুক্ত সুভাষ চৌধুরীর সঙ্গে ঘরোয়াভাবে কথা বলার সুযোগ ঘটে। শ্রীনন্দা ও স্বপন মুখোপাধ্যায় শ্রীযুক্ত সুভাষ চৌধুরী ও শ্রীমতি সুপর্ণা চৌধুরির পাম অ্যাভিনিউ-এর ফ্ল্যাটে রাত্রি বেলায় আমাদের খাওয়া দাওয়ার ব্যবস্থা করে। সদ্য বাংলাদেশ থেকে ফেরত এসেছিলেন সুভাষদা।

ওই রাত্রে শ্রীযুক্ত অর্ঘ্য সেনও এসেছিলেন প্যাম অভিনিউ-এর ফ্ল্যাটে। অর্ঘ্যদা খুবই রসিক ব্যক্তি, যদিও পরিচয়ের আগে নিজের গম্ভীর স্বভাব ধরে রাখেন বলে মনে হল। সেদিন ভুরিভোজন ও গল্পগুজব করে নিজেদের ফ্ল্যাটে ফিরে এলাম। কয়েকদিন পর জানলাম অর্ঘ্যদা স্বেচ্ছায় আমাদের ফ্ল্যাটে গান গাইবার ইচ্ছে প্রকাশ করেছেন। এর থেকে আনন্দের খবর আর কী হতে পারে! সেই রাত্রে অর্ঘ্যদা ও শ্রীনন্দা অনেকগুলি রবীন্দ্রসঙ্গীত পরিবেশন করলেন। আমার দাদা মানিক চট্টোপাধ্যায় ওখানে ছিলেন। গানের শেষে খাওয়া দাওয়ার পর আমার দাদা অর্ঘ্যদাকে বললেন,

আপনি যখন গুরুদেবের "প্রভু আমার প্রিয় আমার" গানটি গান তখন আমি নিবিষ্ট চিত্তে প্রাণভরে গানটি উপভোগ করি।

অর্ঘ্যদা সঙ্গে সঙ্গে উত্তর দিলেন, আপনি আমাকে বললেই তো পারতেন, আমি নিশ্চয় আপনাকে গেয়ে শোনাতাম। দাদা এই কথা শুনে অর্ঘ্যদাকে কৃতজ্ঞতা জানালেন। আমাদের মেয়েরা—সুদেষ্ণা ও লুনা, বিশেষ করে লুনা, নারকোল নাড়ু খেতে ভালবাসে শুনে অর্ঘ্যদার সহোদরা নিজের হাতে নারকোল নাড়ু তৈরি করে পাঠিয়ে দিয়েছিলেন। আমার মনে হয় যারা প্রত্যক্ষভাবে রবীন্দ্রসান্নিধ্য পেয়েছেন তাঁদের কথা না হয় বাদই দিলাম, কিন্তু যারা বিশ্বভারতী, রবীন্দ্রভারতী ও অন্যান্য রবীন্দ্রসঙ্গীতের শিক্ষা প্রতিষ্ঠানের সঙ্গে যুক্ত, বিশেষ করে তাঁদের অনেকেই রবীন্দ্রনাথের পরোক্ষ প্রভাবও পেয়েছেন সে বিষয়ে কোনো সন্দেহ নেই।

শুধু একটি বিষয়ে সবার সাবধান হওয়া উচিত যে রবীন্দ্রসঙ্গীত পরিবেশনাকে শুধু ব্যবসার খাতিরে শিক্ষা গ্রহণ হিসেবে না দেখা। ভাল সঙ্গীত শিল্পী হলে সে গান অনেকেই শুনবে এই বিশ্বাসটুকু সবার থাকা দরকার বলে আমি মনে করি। রবীন্দ্রসঙ্গীত গভীর অন্বেষণের বিষয়। সেখানে চটুল গানের রূপ দেওয়ার চেষ্টার অর্থ হল রবীন্দ্রনাথের প্রকৃত মর্যাদা থেকে বিচ্যুতি ঘটানোর অপচেষ্টা। আমার মতে এর থেকে বড় অপরাধ আর কিছুই হতে পারে না। আমার বুদ্ধি দিয়ে যেটুকু বুঝি তাতে এইসব আধুনিক সঙ্গীতের সৃজনকর্তা বা সৃজনকর্ত্রী চেষ্টা করলেই মনোরঞ্জনকারী সঙ্গীতের সৃষ্টি করতে পারে। আন্দোলিত কোমরের সঙ্গে তাল মিলিয়ে উদ্দাম নৃত্যের প্রধান আকর্ষণ এই আধুনিক সঙ্গীত।

রবীন্দ্রসঙ্গীতের সঙ্গে এই উদ্দাম নৃত্য মানায় না। বিদেশে থেকে নানা অনুষ্ঠানের মধ্যে যে আনন্দ খুঁজে পেয়েছি, তার জন্য এইসব ভারতীয় বিশিষ্ট শিল্পীদের কাছে আমরা প্রবাসীরা কৃতজ্ঞ।

এবার অন্য কথায় ফেরা যাক। ওয়েলস্-এ ডাক্তারি করার সময় আমার যে সব অভিজ্ঞতা সঞ্চয় হয়েছিল তার কিছুটা লিপিবদ্ধ করতে চাই।

পেশাগতভাবে ডাক্তারের কাজ রোগী দেখা। এই রোগী নামধারী ব্যক্তিরা আমাদের মতোই এক একজন সাধারণ মানুষ। প্রতিদিনের সুখ দুঃখের মধ্যে দিয়ে বেড়ে ওঠা মানুষ। যখন তারা শারীরিক ও মানসিকভাবে অসুস্থ হয়ে পড়ে তখন ডাক্তারের দ্বারস্থ হয়। প্রতিদিন নতুন নতুন মুখের পরিচয় ঘটে। আমার গল্প ডাক্তারের পেশাদরী চিকিৎসার গল্প নয়। বিভিন্ন দৃষ্টিকোণ থেকে এদের বোঝার চেষ্টায় এই গল্পের অবতারণা। যে কোনো শিক্ষাপদ্ধতির মতো চিকিৎসাবিদ্যার অনুসন্ধিৎসু মন দিয়ে প্রতিটি রোগীকে গভীরভাবে বিচার করার প্রয়োজন আছে।

প্রতিটি রোগী যদি একই ছাঁচে ঢালা যন্ত্রবিশেষ হত তাহলে ডাক্তারদের কাজ করার অনেক সুবিধে হত। কিন্তু প্রতিটি মানুষ অন্য একটি মানুষ থেকে সম্পূর্ণ আলাদা। তাদের দেহের আকৃতির দিক থেকে মোটামুটি সামঞ্জস্য থাকলেও মনের দিক থেকে প্রতিটি মানুষ বৈচিত্র্যের অধিকারী। এই বৈচিত্র্য আবার দেশ-কালের দ্বারা প্রভাবান্বিত হয়।

তাই আমার চল্লিশ বছরের ডাক্তারি জীবনে মনের দিক থেকে বৈচিত্র্যে ভরা তিনটি মহাদেশের মানুষের যে পরিচয় পেয়েছি সেই পরিচয় আমার অভিজ্ঞতার থলি ভরে তুলেছে। মানুষের ভালমন্দ দিক নিয়েই এই অভিজ্ঞতা সঞ্চয়। এই অভিজ্ঞতা কখনও আমাকে মর্মাহত করেছে, কখনও বা বিস্ময়াভিভূত করেছে কখনও আবার হাস্যরসের সৃষ্টি করেছে। যুক্তরাজ্যে ডাক্তারি করার সময় বিশেষ করে হাসপাতাল ছেড়ে "কমিউনিটি" তে যখন যোগদান করলাম অর্থাৎ ১৯৭৯ সালে, সেই সময় থেকে আরম্ভ করে অবসর গ্রহণ করার সময় পর্যন্ত যেসব বিচিত্র অভিজ্ঞতাসঞ্চিত হল তারই বেশ কয়েকটা ঘটনা লিপিবদ্ধ করতে চাই। বহুকাল তিনটি মহাদেশে হাসপাতালে চাকরী করে সেই কাজে অভ্যস্ত হয়ে গিয়েছিলাম। এই হাসপাতালের চৌহদ্দির বাইরে রোগী দেখার কোনো অভিজ্ঞতা ছিল না।

১৯৭৯ সালে "রেজিস্ট্রার" হিসেবে যোগদান করলাম "প্রাইমারি কেয়ার সার্ভিসে।" সকালের সার্জারিতে রোগী দেখা শেষ হলে ভিজিটের তালিকাটি টেবিলে রাখা হত। এই কাজে প্রথম তিনমাস আমি আমার

"ট্রেনারের" সঙ্গে বসে রোগী দেখতাম। হাসপাতালে কাজ করার সময় রোগী দেখার পদ্ধতির সঙ্গে এখানকার পদ্ধতি আলাদা। কারণ এই রোগীদের মধ্যে সুস্থ লোক, মাঝারি অসুস্থ লোক ও অত্যন্ত অসুস্থ লোকের সাক্ষাৎ মেলে। প্রথম তিনমাস আমার ট্রেনারের সঙ্গে বসে এইসব রোগীর সঙ্গে পরিচয় হতে থাকল।

এখন আবার রোগীর বাড়িতে গিয়ে "ভিজিট" করার কথায় আসি। বাড়ি থেকে সার্জারিতে আসার রাস্তা আমার চেনা হয়ে গেছে। কিন্তু রোগী "ভিজিট" করতে হলে আমাকে প্রথমে বাড়ি খুঁজে বার করতে হবে। সবসময় বাড়ির সংখ্যাগুলি যে পরপর সাজানো থাকে তা নয়। আমার প্রথম অভিজ্ঞতা—প্রথম দিন তিন চারটে "কল" নিয়ে পথে বেরোলাম।

অনেক কষ্টে বাড়ির সন্ধান পেয়ে রোগী দেখার জন্য বাড়ির ভেতরে ঢুকলাম। এর পরেই আসল "খেল" শুরু হল। ভেতরে ঢুকে দেখি বেশ কয়েকজন "টিনএজার" ছেলেমেয়ে গুলতানি করছে। সার্জারি থেকে জেনেছি আমার প্রথম নাম্বার রোগীর "অ্যালার্জিক র‍্যাশ" হওয়াতে আমার ডাক পড়েছে। আমাকে দেখেও বিশেষ পাত্তা দিল না। জিজ্ঞেস করলাম, 'তোমাদের মধ্যে এখানে রোগীটি কে?' তেমন কোনো উত্তর মিলল না। একজন সম্ভবত বলল ছোট্ট করে "জানি না"। হঠাৎ খেয়াল হল একজনের মুখে সম্ভবত "ক্যালামিন" লোশন লাগানো আছে। বুঝলাম এই আমার রোগী। টেবিল ঘিরে সব কটা চেয়ারই ভর্তি। আমার বসার কোনো জায়গা নেই। রোগী দেখে যথাযথ ব্যবস্থা করে বাড়ি থেকে বেরিয়ে এলাম। প্রথম অভিজ্ঞতা খুব একটা সুবিধের হল না। অবশ্য অভিজ্ঞতার এই তো প্রথম ধাপ। অর্থাৎ এক নম্বর অভিজ্ঞতা। এবার দুই নম্বর অভিজ্ঞতার কথা বলি।

আমার দুই নম্বর অভিজ্ঞতা

আমার এই রোগীটি একটি তরুণ যুবক। কিছুদিন ধরে অবসাদগ্রস্থ হয়ে পড়েছে। আমি ওর কাজকর্মের কথা জিজ্ঞেস করলে উত্তর পেলাম, 'তেমন

কিছু কাজ করি না। ছোটখাটো কাজ যখন যেরকম জোটে তখন সেই কাজটা করে যে অর্থপ্রাপ্তি ঘটে, সেই রোজগারের টাকায় বেশ কয়েকদিন চলে যায়।'

কিন্তু কাজটা যে কী সে এবিষয়ে আলোচনা করতে চায় না। দ্বিতীয়বার জিজ্ঞেস করাতে সে বেশ বিরক্ত হল। বলল, 'ডক্ আমার কাজের কথা জেনে তোমার কী হবে। আমি অসুস্থ হয়ে তোমার কাছে এসেছি। তোমার সে বিষয়ে যা করণীয় তাই করো। বুঝলাম এই ব্যাপারে আর প্রশ্ন না করাই যুক্তিযুক্ত হবে।

ডাক্তার হিসেবে আমার যতটুকু করণীয় আমি তাই করলাম। প্রথম দিকে ঘন ঘন সার্জারিতে এসে শরীর ও মনের অসুখের নানা কথা বলত। প্রথমদিকে বেশি কথা বলত না। আস্তে আস্তে সেই অবস্থা কাটিয়ে আমার সঙ্গে সহজভাবে কথা বলতে শুরু করল। এমনকী মাঝে মাঝে ছোটখাটো রসিকতা করতেও পিছপা থাকত না। এইভাবে বেশ কিছুদিন চলার পর গ্যারেথ নিজে থেকেই বলল, 'আমি একটা স্থায়ী চাকরী পেয়েছি কিছুদিন আগে। শুধু চাকরিই নয় সুস্থিত প্রেমিকার সঙ্গে লিভ ইন বা সহবাস করছি বেশ কয়েকমাস ধরে। আমি এখন অত্যন্ত সুখী মানুষ। আগের কাজে আমার বড়ই কঠিন চাপ সহ্য করতে হয়েছে। মেয়ে বন্ধুরাও আমার কাজের কথা জেনে গেলে সঙ্গে সঙ্গে ছেড়ে চলে যেত। এ জীবন আর আমার সহ্য হচ্ছিল না। তোমার সঙ্গে কথা বলে এটুকু বুঝতে পেরেছিলাম যে নিজের ইচ্ছের বিরুদ্ধে কোনো কাজ করা উচিত নয়। তুমি বারে বারে আমাকে বলতে আমার কোনো উপায় থাকলে অন্য কাজের যেন সন্ধান করি। এখন আর তোমাকে বলতে আমার কোনো বাধা নেই আমার আগের কাজ সম্বন্ধে। তবে একথা ঠিক ওই কাজে বিপদের সম্ভাবনা অনেক বেশি ছিল।' আমি চুপচাপ ওর কথা শুনে যাচ্ছিলাম। ওর কথার মাঝে বাধা দিতে আমার মন চাইছিল না। ভাবছিলাম নিজে থেকেই যদি কিছু বলে। অনেকক্ষণ ধরে অনর্গল কথা বলার পর আমার দিকে তাকিয়ে জিজ্ঞেস করল, 'এবার নিশ্চয় তোমার জানতে ইচ্ছে হচ্ছে আমার আগের কাজের কথা।' আমি মৃদু হেসে বললাম, 'গ্যারেথ, মানুষের কৌতুহল থাকা স্বাভাবিক, তবে এই বিষয়ে আমাকে

তোমার যদি বলতে আপত্তি থাকে তাহলে না বললেও আমি কিছু মনে করব না। ডাক্তার হিসেবে ও তোমার একজন শুভানুধ্যায়ী হিসেবে আমি খুশি হয়েছি এই জেনে যে তোমার মনের আকাশ এখন কালো মেঘ থেকে মুক্তি পেয়ে রবিকিরণে সমুজ্জ্বল হয়ে উঠেছে।' গ্যারেথ আমার কথা শুনে খুবই খুশী হল। বলল, 'ডক সব ডাক্তার কিন্তু তোমার মতো এত গভীরভাবে ভাবে না তাদের রোগীদের জন্য।' আমি বললাম, 'দেখো গ্যারেথ আমরা সবাই এক একজন আলাদা মানুষ। আমাদের কর্মপদ্ধতির মধ্যে তফাৎ থাকবে বইকি। অন্য ডাক্তাররা এই একই সমস্যা অন্যভাবে সমাধান করত।'

এবার তোমার আগের কাজের কথা বলো। গ্যারেথ হো হো করে হেসে বলল, 'তুমি হয়তো বিশ্বাস করবে না আমি পেশাদার গাড়ি চোর ছিলাম।' এরপর গ্যারেথ আমার মুখের দিকে তাকিয়ে মৃদু মৃদু হাসতে শুরু করল। আমার মুখের অভিভ্যক্তি দেখে বুঝতে পেরেছে আমি ওর কথা শুনে চমকে গেছি। আমার সঙ্গে রসিকতা করে বলল, 'তুমি যদি চাও আমি পাঁচ মিনিটের মধ্যে তোমার গাড়ি চুরি করে দেখাতে পারি যে আমি তোমার সঙ্গে ঠাট্টা করছি না।' আমি থতমত খেয়ে বললাম, 'না না আমি তা ভাবছি না। তবে এটুকু বুঝতে পারছি তোমার ওই কাজে অনেক বিপদ ছিল। এখন যে তুমি মুক্ত সেটাই আনন্দের বিষয়।

আমার তিন নম্বর অভিজ্ঞতা

একটি তরুণ যুবক, সুপুরুষ 'সার্জারিতে' আমার সঙ্গে দেখা করতে এসেছ ওর কিছু সমস্যার কথা বলতে। ওর বান্ধবী সঙ্গে আসেনি কারণ ওকে না বলেই অ্যালেড গোপনে আমার সঙ্গে ওর সমস্যার কথা আলোচনা করতে চায়। প্রথম দু-এক মিনিট ব্যয় করা হল ভদ্রতাসূচক কিছু কথাবার্তা বলে, এর পরেই আমি ওর আসল সমস্যার কথা জানতে চাইলাম।

অ্যালেড প্রথম একটু অস্বস্তিবোধ করছিল। আমি ওকে আশ্বস্ত করে বললাম, 'তুমি আমাকে শুধু ডাক্তার হিসেবে নয়, বন্ধু ভেবে তোমার সমস্যার

কথা নির্ভয়ে বলে ফেলো। আমি ছাড়া আর কেউ তোমার এই সমস্যার কথা জানতে পারবে না।'

অ্যালেড আমার এই কথা শুনে নিশ্চিন্ত হয়ে ওর সমস্যার কথা আস্তে আস্তে বলতে শুরু করল। ওর বান্ধবী ডোনার সঙ্গে ওর গভীর প্রেম প্রায় বছর দুই। ওরা প্রথম থেকেই গভীরভাবে ভালোবাসতে শুরু করেছে। কিন্তু অ্যালেড সম্প্রতি বুঝতে পারছে ডোনার এই প্রেমের খেলার চাহিদা বেড়েই চলেছে। এর ফলে অ্যালেড দেহে ও মনে ক্লান্ত হয়ে পড়ছে। এখন ওর মনে এমন এক অবস্থার সৃষ্টি হয়েছে যে কিছুদিনের জন্য যদি ও নিজেকে ডোনার সান্নিধ্য থেকে মুক্ত করতে পারে। কিন্তু সেটা সম্ভব হচ্ছে না এই কারণে যে ডোনা অ্যালেডকে ভুল বুঝতে পারে। যে মেয়ে প্রেমের বন্যায় ভেসে যাচ্ছে সেখানে বাঁধ দিলে হিতে বিপরীত ফল হবে এই ভেবে অ্যালেডের মনের আকাশে কালো মেঘ জমে উঠেছে। অ্যালেড ডোনার মনে আঘাত দিতেও চায় না। আবার এদিকে ডোনার চাহিদা মতো ও ওর দেহমনের সাড়া দিতে পারছে না। ওর মতে ও এক গভীর সমস্যার মধ্যে পড়েছে। অ্যালেডের সব কথা শুনে আমি আশ্বাস দিয়ে বললাম তুমি ডোনার সঙ্গে এই বিষয়ে খোলাখুলি আলোচনা করো ও তোমার সমস্যার কথা বলো। আমার মতে তুমি ডোনাকে সঙ্গে করে নিয়ে এসো আমার সঙ্গে দেখা করার জন্য। ডোনাই যে তোমার সব সমস্যার কারণ একথা যেন ওর কানে না যায়। ডোনাকে বলবে আমি বলেছি তোমার সমস্যার ব্যাপারে আমি কয়েকটা প্রশ্ন করতে চাই। যদি ওর কোনো আপত্তি না থাকে তাহলে তোমরা দু-জনে দু-একদিনের মধ্যেই আমার সঙ্গে দেখা করো। নির্দিষ্ট দিনে অ্যালেড ও ডোনা আমার সার্জারিতে উপস্থিত হল। আঠারো উনিশ বছরের সুন্দরী তরুণী। হাল্কা বাদামী রঙের কেশ-বিশিষ্টা। কথাবার্তায় সপ্রতিভ। সোজাসুজি ডোনাকে জিজ্ঞেস করলাম সে অ্যালেডের মধ্যে সম্প্রতি কোনো পরিবর্তন লক্ষ্য করেছে কি না।

ডোনা সঙ্গে সঙ্গে আমার কথার উত্তরে বলল সে লক্ষ্য করেছে অ্যালেড বেশির ভাগ সময় মনমরা হয়ে বসে থাকে। যেন ওর সমস্ত কর্মশক্তি

নিঃশেষ হয়ে গেছে। কোনো বিষয়েই ওর মন নেই। আমি জিজ্ঞেস করলাম, 'ডোনা তোমার সঙ্গে অ্যালেড কেমন ব্যবহার করে?' ডোনা বলল, 'ডক্ এখানে তো ব্যবহারের কোনো প্রশ্নই আসছে না। ও তো একেবারে নিস্তেজ হয়ে পড়েছে। ওকে আমি চাঙ্গা করে তোলার চেষ্টা করে ব্যর্থ হয়ে পড়ছি। ওকে আমি বলি তুমি যদি দেহের দিক থেকে ক্লান্ত হয়ে পড়েছ তাতে আমার দিক থেকে কিছু আসে যায় না। তোমার বিশ্রাম প্রয়োজন তুমি বিশ্রাম নাও। এতে আমাদের মনের মিলনে তো কোনো বাধা থাকবে না।' ডোনার কথায় মনে হল অ্যালেডের কোনো কারণে পৌরুষত্বে আঘাত লেগেছে। এই কারণেই ও হীনমন্যতায় ভুগছে।

অবশ্য এক্ষেত্রে আমি যদি ডোনার কথার ওপর নির্ভর করি। অন্যদিকে অ্যালেডের কথার বিচারে ওর এই অবস্থার জন্য ডোনাকে দায়ী করতে হয়। এরপর আমি দু-জনকেই জিজ্ঞাসা করলাম ওরা এই বিষয়ে কাউন্সেলরের সঙ্গে দেখা করতে চায় কি না। ডোনা ও অ্যালেড কিছুক্ষণ পরস্পরের মুখের দিকে তাকিয়ে থাকার পর ডোনা বলল আমরা নিজেরাই হয়তো এই সমস্যার সমাধান করতে পারব, না পারলে তোমার কথামতোই কাজ হবে। অ্যালেডও সম্মতিসূচক মাথা নাড়াল।

আমার চার নম্বর অভিজ্ঞতা

চব্বিশ-পঁচিশ বছরের একটি মেয়ে ও ষাট বছরের এক ভদ্রলোক আমার সার্জারিতে এসে উপস্থিত হল। ওই ষাট বছরের ভদ্রলোক নীচের পিঠে ব্যথা নিয়ে আমাকে দেখাতে এসেছে। বিস্তারিত রোগের বিবরণ শোনার পর জিজ্ঞেস করলাম 'তোমার এই পিঠের ব্যথা কি অনেকদিন ধরেই মাঝে মাঝে হয়।' উত্তর পেলাম, 'না না এই তো কয়েকমাস ধরে এই ব্যথা হচ্ছে।'

এটাও লক্ষ্য করলাম ওই ভদ্রলোকের থেকে মেয়েটিই তাড়াতাড়ি আমার সব প্রশ্নের উত্তর দিয়ে দিচ্ছে।

বেশ কিছুক্ষণ এইভাবে চলার পর আমি মেয়েটির দিকে তাকিয়ে জিজ্ঞেস করলাম, 'তুমি বুঝি তোমার বাবার অসুখের ব্যাপারে খুবই চিন্তিত হয়ে পড়েছ? অত চিন্তা করার কোনো কারণ নেই, আমি যথাযথ ব্যবস্থা নিচ্ছি তোমার বাবার অসুখের ব্যাপারে।'

মেয়েটি বেশ বিরক্ত হয়ে আমাকে বলল, 'তুমি ওকে আমার বাবা বলছো কেন বারে বারে। ও তো আমার বন্ধু। আমি সঙ্গে সঙ্গে ওই ভদ্রলোকের পিঠে ব্যথার কারণটা বুঝে গেলাম।

আমার পাঁচ নম্বর অভিজ্ঞতা

সদ্য বিবাহিত দম্পতি। মধুচন্দ্রিমা যাপন করে কয়েকদিন হল ফিরেছে। মেয়েটি আমাকে দেখাতে এসেছে পিঠে ব্যথা নিয়ে। মেয়েটির অসুখের বিবরণ জানার আগে জানলাম ক্যানারি আইল্যান্ডে গিয়েছিল দিন দশেকের জন্য। একথা সেকথা বলার পর আমি হঠাৎ মুখ ফসকে জিজ্ঞেস করে বসলাম, 'তোমরা বুঝি খুব ঘোরাঘুরি করেছ ক্যানারি আইল্যান্ডে গিয়ে।' মেয়েটি কোনো কথা না বলে আমার মুখের দিকে অবাক বিস্ময়ে তাকিয়ে থাকল। পাশে বসা মাকে মৃদু মৃদু হাসতে দেখলাম। আমিও আমার ভুল বুঝতে পেরে লজ্জিত হলাম। চোখের সামনে যেন দেখতে পেলাম হোটেলের দরজায় লাগানো "ডু নট ডিসার্টাব" সাইনটি।

আমার ছয় নম্বর অভিজ্ঞতা

একটি সপ্তদশী বা অষ্টাদশী মেয়ে একটি ছেলের প্রেমে পড়েছে। মেয়েটি সুন্দরী। চোখ দুটি নীল বর্ণের। গভীর প্রেম, প্রেমে অন্ধ বললে ভুল বলা হবে না। ছেলেটার বয়স বাইশ তেইশ। লম্বা বোকাটে চেহারা। কথা বললে বোঝা

যায় শিক্ষার অভাব। তবে স্বভাবে খারাপ নয়। অবশ্য খারাপ নয় বলতে বোঝাতে চাইছি যে ছেলেটা সহজে রেগে যায় না। অনর্গল বোকার মত কথা বলে। মেয়েটিই ওকে সামলে সামলে চলে। বদগুণের অভাব নেই। জানলাম "ড্রাগ অ্যাবিউজ্"-এ ছেলেটি জড়িত আছে। এই বদঅভ্যাসটি ছাড়াবার জন্য যথাযথ ক্লিনিকে পাঠাবার ব্যবস্থা করলাম। দু-সপ্তাহের মতো ওকে অপেক্ষা করতে হবে। সপ্তাহখানেক বাদে দেখি মেয়েটি আমার সঙ্গে দেখা করতে এল। দেখে মনে হল বেশ বিষাদগ্রস্ত।

আমি ওকে বিষাদগ্রস্ত হওয়ার কারণ জিজ্ঞেস করলাম। মেয়েটি বলল, 'তুমি তো এদিকে ওকে ক্লিনিকে পাঠাবার ব্যবস্থা করলে। কিন্তু গতকাল ওকে পুলিশে ধরে নিয়ে গেছে।' মেয়েটি আরও বলল, 'ডক্ ও এত বোকা কেন বলতে পারো?' বেশ কয়েকজন ওর দলে জুটে ছিল একটা "ড্রাগের" আড্ডায়। অনেকেই ড্রাগ নিতে শুরু করেছিল। কিন্তু ওর বন্ধু তখন ওখানে বোকার মতো দাঁড়িয়েছিল। পুলিশের ওই ডেরায় পৌঁছনোর কয়েকমিনিট আগেই সবাই পালাতে পারল একমাত্র মেয়েটির বন্ধু হাঁদার মতো ওখানে দাঁড়িয়ে রইল। পুলিশ হাতেনাতে ওকে ধরে জেলে পুরে দিয়েছে। খুব সহজে ও জেল থেকে বেরোতে পারবে না। আমি বললাম, 'ইতিমধ্যে তুমি কী করবে?' মেয়েটি বলল, 'আমি আর কী করব? আমার কপাল। আমাকে এখন ধৈর্য ধরে আমার বন্ধুর জন্য অপেক্ষা করতে হবে ও আমি এখন আমার বন্ধুর বাড়িতে থাকব। এসময় ওর বাবা মাকে আমাকে দেখতে হবে।' মেয়েটির কথা শুনে আমি আশ্চর্য হয়ে গেলাম। মেয়েটির প্রেম খাঁটি সোনা। এইরকম একটি সুন্দরী চালাক চটপটে মেয়ে একটি বোকা হাবা, গোল্লায় যাওয়া ছেলের জন্য অপেক্ষা করবে!

আমার সাত নম্বর অভিজ্ঞতা

মেয়েটি সুন্দরী, আর ছেলেটিও দেখতে ভাল। বিবাহিত নয় তবে সুখে সহবাস করছে বেশ কিছুদিন হল। কিছুদিন বাদে একটি কন্যাসন্তানের জন্ম হল। মেয়েটি খুব খুশি। ছেলেটি কন্যাসন্তানের মুখ দর্শন করে মুখে উচ্ছ্বাস প্রকাশ করল। যেহেতু ওদের দায়িত্ব অনেক বেড়ে গেছে, তাই দুজনে বসে আলোচনা করল ও দু-জনেই একমত হল শিশুটিকে ঠিকমতো মানুষ করে তুলতে হবে। দু-চারদিন বাদে জেসন অর্থাৎ ছেলেটি একটু মুক্ত বাতাস সেবন করার জন্য সেই যে বাড়ি থেকে বেরিয়ে পথ ধরল এরপর সে আর ফিরে এল না। মেয়েটি খুবই ভেঙ্গে পড়ল। এই কারণেই আমার সার্জারিতে অ্যালিস অর্থাৎ মেয়েটি উপস্থিত হল। আমি ওর এই অবস্থার জন্য দুঃখ প্রকাশ করলাম। মেয়েটি আমাকে ধন্যবাদ জানিয়ে বলল, 'ডক্, জেসন এতটা দায়িত্বজ্ঞানহীন হবে, এটা আমি স্বপ্নেও ভাবতে পারিনি।' আমি জানতাম যে ওদের প্রেম খুব গভীর। অ্যালিসকে বললাম, 'তুমি যদি চাও আমি তোমাকে মনোরোগ বিশেষজ্ঞের কাছে পাঠাতে পারি।' অ্যালিস সঙ্গে সঙ্গে বলে উঠল, ' না না এখুনি তার দরকার হবে বলে মনে হয় না। তোমার সঙ্গে কিছুক্ষণ কথা বলতে পারলেই আমি খুশি হব।' সরাসরি মনোরোগ বিশেষজ্ঞের কাছে না গিয়ে আমার কাছে পরামর্শের জন্য এসেছে।

অ্যালিস প্রায় পনেরো মিনিট আমার সঙ্গে নানা বিষয়ে কথা বলে খানিকটা আশ্বস্ত হল। মুখটা ওরই মধ্যে একটু উজ্জ্বল হয়ে উঠল। বুঝলাম এই ধাক্কা সামলাতে ওকে অনেকদিন ধৈর্য ধরতে হবে। ওকে খুশি করার জন্য বললাম, 'তুমি যখনই আমার সঙ্গে দেখা করার প্রয়োজন মনে করবে, আমি তোমাকে জরুরি রোগী হিসেবে আমার সঙ্গে দেখা করার অনুমতি দিয়ে দেব।'

আমার কথা শুনে অ্যালিস খুশি হল। আমাকে ধন্যবাদ জানিয়ে তখনকার মতো বাচ্চা-সহ বিদায় গ্রহণ করল। বেশ কয়েক সপ্তাহ কেটে গেল। অ্যালিসের কথা প্রায় ভুলতেই বসেছিলাম। ভেবেছিলাম অ্যালিস কন্যাসন্তান নিয়ে খুবই ব্যস্ত হয়ে পড়েছে। হয়তো বা জেসন ভুল বুঝতে পেরে ফেরত এসে অ্যালিসের কাছে ক্ষমা চেয়ে মিটমাট করে নিয়েছে।

হঠাৎ একদিন সকালের সার্জারিতে অ্যালিস বাচ্চা-সহ এসে উপস্থিত হল। ওকে দেখে মনে হল ও খুব আনন্দেই আছে। চোখে মুখে সেই ভেঙ্গে পড়ার চিহ্ন দেখা যাচ্ছে না। প্রতিটি কথার মাঝে মাঝে হাসিতে উচ্ছল হয়ে উঠছে। ওকে দেখে ডাক্তার হিসেবে আমার খুব ভাল লাগল। ভাবলাম হয়তো আমার পরামর্শও ওকে সুস্থ হতে খানিকটা সাহায্য করেছে। অবশ্য এছাড়া আমি স্থির নিশ্চিত হলাম এইকথা ভেবে যে, জেসন নিশ্চয় ফিরে এসে কন্যাসন্তানের দায়িত্বভার গ্রহণ করেছে। আমি অ্যালিসকে জিজ্ঞেস করলাম, 'কি সব ঠিকমত মিটে গেছে তো? জেসন নিশ্চয় ফিরে এসে নিজের ভুল স্বীকার করেছে।'

অ্যালিস কিছুক্ষণ নীরব থেকে বলল, 'হ্যাঁ এখন আমি অনেকটা নিশ্চিন্ত। একা একা এইটুকু বাচ্চাকে সামলানো খুব কঠিন কাজ। আমার বেশ কয়েকদিন কী যে দুরবস্থা ঘটেছিল সে আর কী করে তোমাকে বোঝাতে পারব। এখন আমি সত্যিই হাল্কা বোধ করছি।'

আমি তখন ওকে কৌতুক করে বললাম, 'শিশুদের মাতৃক্রোড়ে যতটা মানায় পিতৃক্রোড়ে ততটা নয়। তবুও পিতা হিসেবে জেসন প্রথমে ভুল করলেও পরে ভুল সংশোধন করে শিশুটির দায়িত্বভার গ্রহণ করেছে জেনে আমি খুবই খুশি হয়েছি।' মেয়েটি কিছুক্ষণ লাজুক দৃষ্টিতে তাকিয়ে রইল আমার দিকে। বলল, 'কী বলছো ডক? জেসন এক নম্বরের ধড়িবাজ। সম্পূর্ণ দায়িত্বজ্ঞানহীন একজন। ওর কথা ভাবলেই আমার গা শিরশির করে ওঠে।'

'জেসনকে আমি কোনো দিনই ক্ষমা করব না।। ও কি একটা মানুষ?' বুঝলাম অ্যালিস খুবই উত্তেজিত হয়ে উঠেছে। ওকে শান্ত করার জন্য বললাম, 'অ্যালিস তোমার কথা তো আমি কিছুই বুঝে উঠতে পারছি না। তুমি আমাকে সব খুলে বলো। জেসনের সম্বন্ধে তোমার এত ক্ষোভ জমা আছে এটা তোমাকে দেখে তো আমি কিছুই বুঝে উঠতে পারিনি। আরেকটু খোলাখুলি তুমি আমার সঙ্গে আলোচনা করো।'

অ্যালিস সঙ্গে সঙ্গে বলল, 'আমার কপাল খুব ভাল বলেই এত তাড়াতাড়ি অ্যাডামের মতো জীবনসঙ্গী পেয়ে গেছি। অ্যাডাম খুব দায়িত্বজ্ঞান

সম্পন্ন ছেলে। ও খুব সহজেই আমার কন্যাসন্তানটিকে নিজের মেয়ের থেকেও বেশি আদরে আদরে ভরিয়ে রেখেছে। আমার চোখ তো বিশ্বাসই করতে চাইছে না। এখন আমি খুবই খুশি, আনন্দে আত্মহারা। আমার আনন্দের কথা আমি তোমাকে ভাষা দিয়ে বুঝিয়ে উঠতে পারব না।'

এই মুহূর্তে আমার মনে হল বিশ্বচরাচরে কত যে বিচিত্র ঘটনা ঘটে চলেছে আমাদের অজান্তে তার হিসেব কে রাখে। সারা জীবনব্যাপী আমরা শুধু শিখেই চলেছি। পুরনো ধারণা, পুরনো অভিজ্ঞতা সঞ্চয়ের ঝুলি থেকে ঝেড়ে ফেলে নূতন ধারণা নূতন অভিজ্ঞতার ঝুলি ভর্তি করতে করতে চলেছি। আজ যে ধারণা আমার কাছে মনে হচ্ছে জলের মতো পরিষ্কার, কাল তা ঝাপসা হয়ে বাতাসে মিলিয়ে যাচ্ছে। এই বিশ্বচরাচরে কেউ কি বলতে পারে আমি সব জেনে গেছি বা আমি সব শিখে গেছি?

আমার আট নম্বর অভিজ্ঞতা

স্বামী, স্ত্রী ও একটি ছেলে ও একটি মেয়ে নিয়ে সংসার। সুখী জীবন। ববের একটি মাঝারি শ্রেণীর ব্যবসা আছে। ওরা সবাই রোগী হিসেবে আমার তালিকায় অন্তর্ভুক্ত। এছাড়া ব্যবসা সংক্রান্ত ব্যাপারেও বব আমাদের বাড়ি এসেছে আমাদের বাড়ির কিছু কাজ করার জন্য। মমতা বেশ কয়েকবারই ওকে ডেকেছে ছোটখাটো কাজের জন্য। রোগী হিসেবে আমি অবশ্য ওদের চার জনকেই চিনতাম। বব ও ডিলিথ-কে দেখে মনে হত ওরা দু-জন দু-জনকে খুবই ভালবাসে। বব সুপুরুষ, ডিলিথও সুন্দরী। ছেলেমেয়ে দু-টিও ফুলের মতো সুন্দর। ওদের সঙ্গে মাঝে মাঝেই আমার সার্জারিতে দেখা হয়। ববের ব্যবহার খুব ভাল। অবশ্য ভাল ব্যবসায়ীর লক্ষণ বিনম্র ভাব ধরে রাখা। উগ্র লোকের দ্বারা ব্যবসা হয় না। দু-দিনেই ব্যবসা লাটে উঠবে ব্যবসাদার যদি খদ্দেরের সঙ্গে দুর্ব্যবহার করে। তাই ববকে দেখে আমার অসাধারণ কিছু মনে হয়নি। ডিলিথ ওর ছেলে মেয়েকে নিয়ে অনেকবারই এসেছে আমার কাছে। ঠাণ্ডার দেশে বিশেষ করে শীতকালে সর্দি-কাশি লেগেই থাকে।

এছাড়া অন্য নানারকম উপসর্গ তো আছেই। আমার প্রায় দু-হাজার রোগীর মধ্যে ওরা চারজন। বহুদিন "প্র্যাকটিস" করার পর মোটামুটি বেশিরভাগ রোগীই মুখচেনা হয়ে যায়। বব অবশ্য আমাদের বাড়িতে কাজ করায় চেনাটা একটু বেশিই হয়েছিল। পৃথিবীর আহ্নিক গতির সঙ্গে তাল রেখে আমাদের সবার কাজ এগিয়ে চলে সম্মুখ পানে। পৃথিবী নামক এই যে গ্রহটি আমাদের সবাইকে আদরে রক্ষা করে চলেছে, তার দৈনন্দিন কর্মপদ্ধতির মধ্যে কোনো গাফিলতি খুঁজে পাওয়া যায় না। পৃথিবী তার কাজের নিয়মানুবর্তিতা দিয়ে বুঝিয়ে দেয়, এগিয়ে চলাই সচল বস্তুর ও ব্যক্তির ধর্ম। সে পথ ধরে এগিয়ে চলতে চলতে পৃথিবীর মতো আমরাও হয়তো একই জায়গায় ফিরে আসব। পৃথিবীর কক্ষপথ যেমন সীমার বন্ধনে বাঁধা আমাদের নিজেদের কক্ষপথে আমরাও ঘুরে চলেছি যুগ যুগ ধরে। এই চলার পথে আমাদের আশেপাশে ঘটে চলেছে নানা ঘটনা। আমি ও মমতা একদিন পাশাপাশি বসে বিবিসির খবর শুনছি। এটা আমাদের বহুদিনের অভ্যাস। এই আধঘণ্টার মতো খবর শোনা। বিবিসির জাতীয় ও স্থানীয় দু-টো খবরই শুনতাম। সেদিন স্থানীয় সংবাদে জানতে পারলাম ডিলিথ অজ্ঞান অবস্থায় স্থানীয় হাসপাতালে ভর্তি হয়েছে। ওর অবস্থা আশঙ্কাজনক। ঘটনার বিবরণে জানতে পারলাম এই ঘটনার আগে স্বামী স্ত্রীর মধ্যে তুমুল বচসা হয়। বব নিজেকে সংযত রাখতে না পেরে ডিলিথের টুঁটি চেপে ধরে। ডিলিথ অনেকক্ষণ ধরে ছাড়াবার চেষ্টা করেও হার মানে। ও অজ্ঞান অবস্থায় মাটিতে লুটিয়ে পড়ে। ওদের সাত আট বছরের পুত্র ও কন্যা দরজার আড়াল থেকে এই ভয়াবহ দৃশ্য দেখে মুহ্যমান হয়ে পড়ে। ববও উত্তেজনার মাথায় এই কাজ করে দিশেহারা হয়ে পড়ে। ছেলে মেয়ের দিকে বিহ্বল অবস্থায় তাকিয়ে ওদের ভয়ার্ত চোখ দেখে মাটিতে বসে পড়ে। যখন হুঁশ ফেরে তখন ইমার্জেন্সি নম্বর ৯৯৯-এ ডায়েল করে বব নিজেই অ্যাম্বুলেন্স ও পুলিশকে ডাকে। অ্যাম্বুলেন্স ও পুলিশ দশ পনেরো মিনিটের মধ্যে ওখানে এসে হাজির হয় ও ডিলিথকে স্থানীয় হাসপাতালে স্থানান্তরিত করে।

ঘটনার বিবরণ থেকে জানা গেল বব ব্যবসা সংক্রান্ত ব্যাপারে ইদানীং প্রায়ই দূর দেশে চলে যেত ও সেখানে বেশ কিছুদিন কাটিয়ে নিজের জায়গায় ফিরে আসত। ব্যবসা সংক্রান্ত ব্যাপারে ওর কাজের চাপ অত্যন্ত বেড়ে গিয়েছিল। এই অবস্থা প্রায় বছর খানেক আগে থেকে শুরু হয়েছিল। অনেকদিন বাইরে থাকার পর বব বেশিরভাগ সময়ই ঘরে ফিরে মদ্যপান করে বিছানায় এলিয়ে পড়ত।

প্রথম প্রথম ডিলিথ এই অবস্থাটিকে সাধারণ ভাবে গ্রহণ করতে সক্ষম হয়েছিল। কিন্তু বেশ কয়েকমাস চলার পর ডিলিথের মনে হতে শুরু হল যেন বব ও ডিলিথের মধ্যে একটা দূরত্ব সৃষ্টি হচ্ছে। দৈহিক ও মানসিক দিক দিয়ে বব যেন ওর থেকে ক্রমশ দূরে সরে যাচ্ছে। স্বাভাবিকভাবেই ডিলিথের মনে সন্দেহের বীজ পোঁতা হয়ে গেল। ও স্থির নিশ্চিত হল যে বব কাজের অছিলায় অন্য কোনো নারীতে আসক্ত হয়েছে। এরফলেই ওদের মধ্যে দূরত্ব তৈরি হয়েছে। এসব কারণে ঝগড়াঝাঁটি অশান্তি লেগেই থাকত বব বাড়িতে ফিরে আসার পর। সোজাসুজি না বললেও আকার ইঙ্গিতে ডিলিথ আক্রমণ করত ববকে।

ববের মাথায় তখন ব্যবসা সংক্রান্ত ব্যাপার ছাড়া আর কিছুই ছিল না। ডিলিথের নিঃস্পৃহভাব ববের চোখে পড়ত না। এইভাবেই দিন চলছিল। ছেলেমেয়ে দু-টিও অসহায় বোধ করত। প্রতিদিনই ডেকে বলত, 'হে ঈশ্বর বাবা মায়ের ঝগড়া মিটিয়ে দাও।'

ডিলিথ মাসখানেক হাসপাতালে মৃত্যুর সঙ্গে লড়াই করে অবশেষে হার মেনে নিল। বব জেলে বসেই জানতে পারল ডিলিথের মৃত্যুর কথা। ইতিমধ্যে এদের ছেলেমেয়ে দু-টি বিনা মেঘে বজ্রপাতের মতো এই দুর্ঘটনার শিকার হল। "সোশ্যাল সার্ভিস ডিপার্টমেন্ট" ওদের ভার গ্রহণ করল নাবালক নাবালিকা হওয়ার জন্য। এরপর বেশ কয়েক বছর কেটে গেল। হঠাৎ একদিন বব সার্জারিতে এসে হাজির হল। ইতিমধ্যে ছেলেমেয়ে দুটি সাবালক হয়েছে। ববের চেহারায় অনেক পরিবর্তন হলেও ও তখন অনেকটা সামলে নিয়েছে। কথাবার্তায় বুঝলাম ছেলে-মেয়ে দু-টি বড় হয়ে গেলেও বব এখনও

বেশ চিন্তিত ওদের জন্য। ওদের মায়ের মৃত্যুর কারণ যে বব নিজেই সেই অপরাধবোধ থেকে সে কখনোই মুক্ত হতে পারে না।

এত বড় দুর্ঘটনার পরও ছেলে-মেয়ে দুটি বাবাকে পরিত্যাগ করেনি। এইভাবে বেশ কয়েকবছর কাটার পর একদিন শুনলাম ববের "হার্ট অ্যাটাক" হয়ে মৃত্যু ঘটেছে। আমার মনে হল বেশ কয়েকবছর মানসিক যন্ত্রণা ভোগের পর শেষ পর্যন্ত মৃত্যুই ওকে মুক্তি দিল।

এই সমস্যা জর্জরিত পৃথিবীতে ভগবানের কাজ এতই বেড়ে গেছে যে "ওভারটাইম" করেও কুলিয়ে উঠতে পারছেন না। বেশিরভাগ সমস্যাই এখন "ওয়েটিং লিস্টে" ঝুলে আছে। ভগবানের অর্থভাণ্ডারে টান ধরেছে। অর্থনীতিবিদ্ চাণক্য (কৌটিল্য) দিনরাত খেটে চলেছেন বেশি খরচা না করে কী করে পৃথিবীর নানা সমস্যা মেটানো যায়। "কস্ট এফেকটিভনেস"র কথা মাথায় রেখে বেশ কয়েকযুগ ধরে স্বর্গের অর্থনীতিবিদরা খেটে খেটে মাথার চুল খাড়া করে ফেলেছে। কারুর আবার মাথায় হাত বুলোতে বুলোতে সব চুল উঠে গেছে। এই বার্তা পৃথিবীতেও পাঠানো হয়েছে। ওখানকার মন্ত্রীমণ্ডলী এখন "খরচ বাঁচাও খরচ বাঁচাও আন্দোলনে" নেমে পড়েছে। এই সুযোগে জনগণ লোকসভা, রাজ্যসভা, হাউস ওফ কমন্স্, হাউস ওফ লর্ডস, আপার হাউস ও লোয়ার হাউসে ঢুকে নানা নীতি প্রণয়ন শুরু করে দিয়েছে আর মন্ত্রীমণ্ডলী "খরচ বাঁচাও" আন্দোলনে প্রাণবিসর্জনের প্রতিজ্ঞা নিয়ে অনশন ধর্মঘট করার সিদ্ধান্ত নিয়েছে। এই সুযোগে ছোট ছোট খাবার ব্যবসায়ীরা অর্থোপার্জনের ভাল রাস্তা খুঁজে পেয়েছে। জনগণ যেহেতু মন্ত্রীদের স্থান দখল করেছে, তাই মন্ত্রীদের দিকে নজর দেওয়ার মতো কাউকে দেখা যাচ্ছে না। মিডিয়ার লোক জনগণের সঙ্গে ভীড়ে গেছে। মন্ত্রীদের আন্দোলনের দিকে নজর দেওয়ার কোনো প্রয়োজন বোধ করেনি। এই সুযোগ নিয়ে মন্ত্রীমণ্ডলী লাগাতার নানারকম মুখরোচক খাদ্যদ্রব্য ও পানীয়ের সদ্ব্যবহার করে চলেছে। জনগণের নানা সভায় নানা স্থান দখল করার জন্য এইসব সভায় তিলধারণের আর স্থান নেই। অন্যদিকে মর্তের বৃদ্ধবৃদ্ধা যারা অবসর নিয়ে

"পেনশন ও পারিতোষিক" টাকা ভোগ করে চলেছে, মর্ত্য ছাড়ার কোনো তাগিদ নেই তাদের।

বিমাগণকের হিসেব মতো এদের যে সময়ে মর্ত্য ছাড়ার কথা ছিল, সেসময় এরা দিব্যি বহাল তবিয়তে আছে। এরা মর্ত্যে অনেকদিন ধরে কাজ না করে বসে থাকার জন্য মর্ত্যের চাপ বেড়ে চলেছে। তবু ভোটের খাতিরে মর্ত্যের শাসনব্যবস্থা কিছু বলতে সাহস পাচ্ছে না। অন্যদিকে স্বর্গের শীর্ষে থাকা ঈশ্বরও চান না স্বর্গের বোঝা বাড়িয়ে চলা। যদিও মর্ত্যের কোনো কোনো জায়গায় কখনও সখনও এইসব বৃদ্ধবৃদ্ধাদের টাকা পেতে দেরি হলে এরা বিপদগ্রস্ত হয়ে পড়ে। একথা দূত মারফৎ শীর্ষ ঈশ্বর ও স্বর্গের মন্ত্রণাগৃহে অন্যান্য ভারপ্রাপ্ত ঈশ্বরদের কানে পৌঁছনোর ফলে সবাই খুব বিরক্ত হয়েছেন।

যুগ যুগ ধরে স্বর্গের চাপ খুব বেড়েই চলেছে। এইরকম আচরণ করার ফলে শীর্ষ ঈশ্বর অত্যন্ত বিরক্ত হয়ে মর্ত্যে দূত পাঠিয়েছেন। মর্ত্যের পণ্ডিতদের এক ধমকে এইসব উদ্ভট চিন্তা থেকে বিরত হতে বলেছেন। মর্ত্যে অপরাধীর সংখ্যা দিন দিন বেড়েই চলেছে বলে সেখানে স্থানাভাব ঘটতে শুরু করেছে। বহুকাল ধরে মর্ত্যের অপরাধীরা দলে দলে আসার ফলে নরকে তিল ধারণের জায়গা নেই। এমতাবস্থায় শীর্ষ ঈশ্বর অন্যান্য বিভাগের ভারপ্রাপ্ত ঈশ্বরদের মন্ত্রণাসভায় ডেকে কীভাবে সমস্যা সমাধান করা যায় সেই বিষয়ে যুগ যুগ ধরে আলোচনা চালিয়ে যাচ্ছেন। স্বর্গের বড় বড় অর্থনীতিবিদরা যারা বহুজ্ঞান লাভ করে দীর্ঘকাল মর্ত্যের অর্থনৈতিক সমস্যা সমাধানের চেষ্টা চালিয়ে গেছেন এবং মর্ত্য ছাড়ার পর স্বর্গে এসে স্বর্গের অর্থনৈতিক বিভাগের পরিচালনাভার গ্রহণ করেছেন, তাঁদের সবাইকে শীর্ষ ঈশ্বর ডেকে পাঠিয়েছেন। এখন স্বর্গ, মর্ত্য ও পাতালের অর্থ সমস্যা সমাধানের জন্য অর্থনীতির কোন পথ ধরা দরকার, সে বিষয়ে গভীর চিন্তা করে ইস্তাহার তৈরি করতে বলেছেন বেশ কয়েকযুগ আগে। এই ইস্তাহারে অর্থনীতিবিদদের মধ্যে অনেক মতপার্থক্য দেখা গেছে। শীর্ষ ঈশ্বর ও অন্যান্য ভারপ্রাপ্ত ঈশ্বরেরা ভয়ঙ্কর চটে গিয়ে অর্থনীতিবিদদের ধমকে দিয়ে বললেন,

'তোমরা মনে করেছ কী? স্বর্গেও রাজনীতি করবে? মর্ত্য থেকে এক একটা দলের লোক হিসেবে নিজেদের ভিন্ন ভিন্ন মত জানাতে চাইছো। স্বর্গে এসব নোংরা রাজনীতি চলবে না। সবাইকে একমত হয়ে এক পথ ধরতে হবে। মর্ত্যে যেমন নিজেদের মধ্যে খেয়োখেয়ি করে এসেছ স্বর্গ রাজ্যে এসব চলবে না।' ধমকানি খেয়ে অর্থনীতিবিদরা চেষ্টা চালিয়ে যাচ্ছে, এখনও পুরোপুরি সফল হয়নি। কয়েকজন সৎ অর্থনীতিবিদ যারা নোংরা রাজনীতির খেলাতে অভ্যস্ত ছিল না মর্ত্যে, তারা গোপন আলোচনায় ঈশ্বরের মন্ত্রণা সভায় সঠিক পরামর্শ দেওয়ার চেষ্টা চালিয়ে যাচ্ছে। স্বর্গের মিডিয়ার অনেক পরিশ্রমের ফলে এইসব আলোচনাসভার ছিটেফোঁটা খবর বার করা সম্ভব হয়েছে।

অনেকটা রং চড়িয়ে স্বর্গ রাজ্যে এইসব হাতে গরম খাবার বার করে মর্ত্যের অভ্যেসমত স্বর্গের বাজার গরম করতে চাইছে। মর্ত্যের এইসব বদ অভ্যাসের কথা জানতে পেরে স্বর্গের রক্ষীবাহিনী কঠোর ব্যবস্থা গ্রহণ করেছে। কোনো ছিদ্রপথ ধরেও এইসব আলোচনা সভার কথা বেরিয়ে আসছে না। বেশ কয়েকযুগ অপেক্ষা করার পর স্বর্গের মন্ত্রণা সভা এই সিদ্ধান্ত নিয়েছে যে, এইসব সমস্যা আর স্বর্গ-মর্ত্য-পাতালে সমাধান করা যাবে না। সূর্যের চারিদিকে যে সমস্ত গ্রহ ঘুরপাক খাচ্ছে তাদের মধ্যে একটাকেও যদি প্রাণীর বসবাস করার যোগ্য করা হয়, তাহলে আংশিকভাবে এই জনসমুদ্রের সমস্যার সমাধান করা যেতে পারে।

অর্থনীতির ভারপ্রাপ্ত ঈশ্বরদের এইসব গ্রহ সম্বন্ধে খোঁজখবর নেওয়ার জন্য শীর্ষ ঈশ্বর আদেশ জারি করেছেন। কিছু যুগের মধ্যেই এই কাজ শুরু হয়ে যাবে। অন্যদিকে শীর্ষ ঈশ্বর মর্ত্যের রাজনীতির বিষয়ে অত্যন্ত বিরক্ত হয়েছেন। শীর্ষ ঈশ্বর থেকে সব ঈশ্বরই অত্যন্ত কুপিত হয়েছেন। অবশ্য এ ব্যাপারে মহাদেবেরও দোষ আছে। মর্ত্যে কোথায় কী ঘটছে সে বিষয়ে কিছু খেয়াল নেই। দিব্যি গাঁজা খেয়ে যেখানে সেখানে পড়ে থাকা তাঁর কাজ। দুর্ঘটনা ও জরুরি অবস্থা বিভাগে ভারপ্রাপ্ত মহাদেব অত্যন্ত নিপুণতার সঙ্গে শল্য চিকিৎসা ও অন্যান্য চিকিৎসা চালিয়ে যাচ্ছেন অশেষ পরিশ্রমের সাহায্যে অথচ নিজের সম্বন্ধে এতটা উদাসীন। অবশ্য শীর্ষ ঈশ্বর মহাদেবকে

অত্যন্ত স্নেহ করেন। তাই ওইরকম একজন গুণী দেবতার একটামাত্র বদাভ্যাসের জন্য মুখ ঘুরিয়ে নেওয়া যায় না। শীর্ষ ঈশ্বর পরামর্শ সভায় গাঁজা সেবন বৈধ করা যায় কি না এই নিয়ে চিন্তাভাবনা শুরু করেছেন। তাঁর দুর্বলতা শুধু তো মহাদেবের ওপরই নয়, তার অমন দশভূজা জীবনসঙ্গিনী মহাদেবের সব ঝামেলা সহ্য করে নিজের কাজ অতি নিপুণতার সঙ্গে কাজ করে চলেছেন। যুগ যুগ ধরে যে নিয়ম চালু ছিল সেই নিয়মই বহাল আছে। আর সত্যি কথা বলতে কী শীর্ষ ঈশ্বর ও অন্যান্য ঈশ্বরদের তো মর্ত্যের একটা দেশ নিয়ে মাথা ঘামালেই চলবে না, অন্যান্য অনেক দেশ তো আছে।

সূর্যদেবকে কিছুদিন আগে অনুরোধ করা হয়েছিল, যদি তিনি গ্রহের প্রয়োজনমতো এক একটি গ্রহে রবিকিরণ দান করেন, অর্থাৎ যে গ্রহে প্রাণী নিমেষের মধ্যে ধ্বংস হয়ে যাবে প্রচণ্ড তেজে, সেখানে সেই তেজ সংযত করা। আর অন্যদিকে যে সমস্ত গ্রহ সবসময় বরফে ঢাকা থাকে সেখানে প্রচণ্ড তেজে ওই বরফ গলিয়ে প্রাণীর বসবাসযোগ্য করে দেন।

রবিদেব বিরক্ত হয়ে খরব পাঠিয়েছেন যে তিনি নিয়মমাফিক চলার পক্ষপাতী তাই এই নিয়মভাঙ্গা তাঁর পক্ষে অসম্ভব। সূর্যদেব আরও বলেছেন, অন্য কোনো তারাকে জিজ্ঞেস করে দেখতে পারেন।

শীর্ষ ঈশ্বর বিশেষ করে সূর্যদেবের মত শক্তিশালী দেবতার কথা শুনে কিছুদিন এইসব বিষয়ে বৈঠক স্থগিত রাখতে চান। পরিশ্রান্ত মন্ত্রীদের সপরিবারে কয়েকযুগ ধরে বেশ কয়েকটা গ্রহ ভ্রমণ শেষ করে নতুন উদ্যমে কাজে লাগতে হবে বলে নির্দেশ দিলেন।

হঠাৎ ঘুম ভেঙ্গে গেল। ক্লান্তিতে কখন যে ঘুমিয়ে পড়েছিলাম বুঝতে পারিনি। মনে পড়ে গেল ববের ঘটনাটা প্রথমে মাথায় ঘুরছিল। পরে আমার প্র্যাকটিস সংক্রান্ত ব্যাপারে বিশেষ করে কস্ট এফেকটিভনেস (ব্যয়ের কার্যকারিতা) বিষয়ে চিন্তাভাবনা শুরু করেছিলাম। ওই চিন্তার মাঝে ঘুমিয়ে পড়ি। ঘুমিয়ে ঘুমিয়ে যে স্বপ্ন দেখি সেটাই লিপিবদ্ধ করেছি। ঘুম ভাঙ্গার পর বুঝতে পারলাম, আমি মর্ত্যের খাটেই শুয়ে আছি। স্বপ্নের ভেতর স্বর্গ মর্ত্যে

অনেক ঘোরাঘুরি করে সেখানকার অর্থাৎ স্বর্গের ব্যাপারে ধারাবিবরণী দেওয়া গেল।

১৯৯৬ সালে বড় মেয়ে সুদেষ্ণা প্যাডিংটনে সেন্ট মেরি হাসপাতাল থেকে এম.বি.বি.এস পাশ করল। এই হাসপাতালটি ১৮৪৫ সালে প্রতিষ্ঠিত হয়েছিল, ২০০৮ সাল থেকে এই হাসপাতালটি ইম্পিরিয়াল কলেজ দ্বারা পরিচালিত।

১৯৯৭ সালে ছোট মেয়ে লুনা লন্ডনের গাইস্ ও সেন্ট টমাস মেডিক্যাল কলেজ থেকে এম.বি.বি.এস ডিগ্রি লাভ করল।

দেখতে দেখতে শতাব্দীর শেষ প্রান্তে পৌঁছে গেলাম। এবার শুধু একশো বছর নয়—এক হাজার বছরের পরিবর্তন সাধিত হতে চলেছে। সহস্র বৎসর পার হয়ে দেশব্যাপী নতুন দিনের আগমনবার্তা শোনা যাচ্ছে। শুরু হয়েছিল এক হাজার বছর আগে থেকে অর্থাৎ ১০০১ থেকে। সেই দিনটির কথা স্পষ্ট মনে আছে। সেই দিনটি অর্থাৎ ৩১ ডিসেম্বর ১৯৯৯ রাত্রি বারোটা বাজার সঙ্গে সঙ্গেই ঢং ঢং করে বারোটার ঘণ্টা বেজে ওঠার ধ্বনি এখনও কানে শুনতে পাই। কী উত্তেজনা। আমি ও আমার অনেক সহকর্মী সেইদিন ও রাত্রিটি বেছে নিয়েছি কিছু অতিরিক্ত অর্থোপার্জনের জন্য। এর একটা বিশেষ কারণও ছিল। এই বিশেষ দিনে যারা কাজ করতে ইচ্ছুক, তাদের বেশ কয়েকগুণ অর্থ দেওয়া হবে বলে প্রলোভিত করা হয়েছিল।

অবশ্য এটি আইনসঙ্গত ভাবে স্বীকৃত ছিল। এদেশে অনেকেই এইসব বিশেষ দিনে আনন্দ স্ফূর্তি করতে চায়। এইসব দিনে ও রাত্রে মদের দোকানগুলিতে তিল ধারণের স্থান থাকে না। আমি বা আমার মতো অনেকেই যারা মদ্যপান করে না তারা এই দিনটিকে অনেক বেশি টাকা রোজগারের উপযুক্ত দিন ও রাত্রি বলে বিবেচনা করে। আমার কাজ ছিল সন্ধে ছটা থেকে রাত্রি ১২টা পর্যন্ত "হেলথ কল" বিভাগে। ছয় ঘণ্টার চাকরিতে যতদূর মনে আছে অন্যদিনের তুলনায় পাঁচগুণ রোজগার হয়েছিল। এই পৃথিবীতে সবারই অর্থের দরকার ভাল ভাবে বেঁচে থাকার জন্য। কখনসখনও সৎভাবে বেশি রোজগারের সুযোগ পেলে সেই অর্থ নিজেদের ইচ্ছামতো কোনো অতিরিক্ত

খরচ করার সুযোগ ঘটে। অবশ্য অর্থ রোজগারের ক্ষেত্রে জীবন দর্শন প্রত্যেক মানুষেরই আলাদা আলাদা দৃষ্টিভঙ্গীর ওপর নির্ভর করে।

রাত্রি বারোটার পর "হেলথ কল" বিভাগ ছেড়ে গৃহে প্রত্যাবর্তনের জন্য ব্যস্ত হয়ে পড়লাম। শীতকালের রাত—কাজের ফাঁকে ফাঁকে চা, বিস্কুট, কেক কিছু খাওয়া হলেও এখন যত তাড়াতাড়ি পারা যায় বাড়িতে ফিরে মনোমতো কিছু খাওয়া দরকার। মমতা এসব ব্যাপারে সিদ্ধহস্ত।

রাস্তায় বেরিয়ে দেখলাম আমাকে জনসমুদ্রের ফাঁকফোকর দিয়ে অতি সাবধানে গাড়ি চালিয়ে নিয়ে যেতে হবে। একটু অসাবধানতার ফলে বড়সড় না হলেও ছোটোখাটো দুর্ঘটনা ঘটে যেতে পারে। সাধারণ ভাবে এখানে ট্রাফিকের ভীড় বলে কিছু নেই। খুবই ছোট জায়গা। রাত্রি বারোটার পর রাস্তা ফাঁকা পাওয়া যায়। কিন্তু আজ তো বিশেষ দিন। এক হাজার বছর প্রতীক্ষার পর এই দিনটি এসে উপস্থিত হয়েছে।

কোনো মতে এই জায়গাটি ছেড়ে যখন ফাঁকা রাস্তায় পড়লাম তখন খানিকটা স্বস্তির নিশ্বাস ফেলা গেল। বাড়ির কাছাকাছি যখন পৌঁছেছি পাড়ারই বেশ কয়েজন যুবক-যুবতী অনেকটা মদ্যপান করে আমাকে গাড়িটা থামাতে বলল। বহুদিন এদেশে বাস করে দেখেছি সপ্তাহ শেষে অর্থাৎ শুক্রবার রাত্রে ও শনিবার সারাদিন ও রাতে প্রচুর মদ্যপান করলেও এরা সাধারণত অন্যদের বিরক্ত করে না। পানশালায় অতিরিক্ত মদ্যপানের পর তর্কাতর্কি অনেক সময়ই যে হাতাহাতিতে পরিণত হয়, এসব খবর জানা আছে।

এদেশে ডাক্তার হিসেবে যখন আমি অ্যাকসিডেন্ট ও ইমার্জেন্সি বিভাগে কাজ করি তখন এইসব মূর্তিমানদের শুক্র ও শনিবার রাত্রে দর্শন মিলেছে। ব্রিটিশরা এমনিতে ভদ্রজাত। অন্যের বিষয়ে সচরাচর নাক গলানো পছন্দ করে না। ভাষাও মার্জিত থাকে। কিন্তু প্রচুর মদ্যপান করার পর এদের স্বভাব সাময়িকভাবে পাল্টে যায়। অভিধানে যত রকম ইতর ভাষা লেখা আছে সেগুলির সদ্ব্যবহার করে সেইসব রাত্রে।

আমাকে বেশ কয়েকবার এইসব ঘটনার সম্মুখীন হতে হয়েছে। একবার তো একটি রোগী অত্যন্ত অভব্য আচরণ করায় আমি সাময়িকভাবে

রোগীটিকে পরীক্ষা না করে নিজের ঘরে গিয়ে খানিকক্ষণ বসেছিলাম। ওই হাসপাতালে অ্যাকসিডেন্ট বিভাগে যে "সিস্টার ইন চার্জ", তাঁর ব্যবহার ডাক্তারদের, বিশেষ করে অভিবাসীদের প্রতি, অনেক সময়ই ভদ্রজনোচিত ছিল না। এই সিস্টারটির বয়স তখন পঞ্চাশের ওপর। আমরা এই মহিলাটিকে খুব একটা সুনজরে দেখতাম না। তবে আমরা যখন পেশাদার ডাক্তার হিসেবে বিদেশে কাজ করব বলে মনস্থ করেছি, তখন এইসব ছোটোখাটোঘটনার কথা ভেবে মন খারাপ করলে তো চলে না।

আমি অনেকক্ষণ বাদে সিস্টার ইনচার্জের কাছে গিয়ে বললাম, "সিস্টার আমি ওই অভব্য রোগীটিকে পরীক্ষার মাঝখানে ছেড়ে আসার জন্য দুঃখিত।' পেশাদারি ডাক্তার হিসেবে আমার কর্তব্য তাকে দেখার। আশা করি তুমি কিছু মনে করোনি।' সিস্টার ওর স্বভাব অনুযায়ী গম্ভীরভাবে আমার সব কথা শুনল। তারপর আমার কথার উত্তরে বলল, 'আমি নিশ্চয় মনে করেছি।' সিস্টারের কথা শুনে আমি একটু ঘাবড়ে গেলাম। ভাবতে শুরু করেছি এই মহীয়সী রমণী ইতিমধ্যে আমার বিরুদ্ধে "রিপোর্ট" লিখে ফেলেছে কি না কে জানে। এইসব ক্ষেত্রে একটা প্রাথমিক অনুসন্ধান করা হয় ডাক্তার ও রোগীকে নিয়ে। অবশ্য অনেকদিন কাজ করে এটা আমি বুঝে গেছি এর পরিণতি সাধারণত মিটমাটে শেষ হয়। যেমন ডাক্তার পেশার সম্মানার্থে স্বীকার করে নেয় যে পরীক্ষার মাঝখানে রোগীটিকে ছেড়ে যাওয়া ডাক্তারের পক্ষে উচিত কাজ হয়নি এবং তার জন্য ডাক্তার ক্ষমাপ্রার্থী। এইসব ছোটোখাটো ক্ষেত্রে এই ক্ষমা চাওয়াটা যথেষ্ট।

আমি সিস্টারের বক্তব্য শুনতে থাকলাম। পরের বাক্যটি শুনে আমি তো ঘাবড়ে গেলাম। ভাবলাম আমার কানদুটো ঠিক শুনছে তো? সিস্টার বলতে থাকল, 'দেখো ডাক্তার তুমি একজন পেশাদার ডাক্তার হিসেবে তোমার রোগীকে পরীক্ষা করা শুরু করেছিল। ওই হতচ্ছাড়া নির্বোধ ছোঁড়াটা আকণ্ঠ মদ্যপান করে তোমাকে সেইসময় অশ্লীল ভাষায় গালাগালি শুরু করল। তুমি ঘর ছেড়ে চলে যাওয়ার সঙ্গে সঙ্গেই আমি ওকে নিরাপত্তা রক্ষকের সাহায্যে হাসপাতাল থেকে বার করে দিয়েছি। ওর শিক্ষা হওয়া

উচিত কোথায় কী রকম ব্যবহার করা উচিত।' আমি সিস্টারকে অনেক ধন্যবাদ জানিয়ে বললাম, 'তোমার কোনো ক্ষতি হবে না তো এই ঘটনার জন্য?' সিস্টার হো হো করে হাসতে হাসতে বলল, 'তুমি বড্ড বেশি ভাবছ অকারণে এই ঘটনা নিয়ে। আমাকে বলো তো দোষটা কার? ওর না আমাদের? আমি তো তোমার ক্ষেত্রে সাক্ষী আছি। ওকেই পরে এসে ক্ষমা চাইতে হবে।'

সিস্টারের প্রতি মনে মনে আগে যে সব রাগ পুষে রেখেছিলাম তা এক নিমেষে অদৃশ্য হয়ে গেল। আমার বুঝতে অসুবিধে হল না, কেউ অন্যায় করলে তার কাজের বিরুদ্ধে ব্যবস্থা নেওয়া হয়।

এরপর আমি সিস্টারকে অনেক ধন্যবাদ জানিয়ে কাজে মনোনিবেশ করলাম। আবার ফিরে আসি সেইসময় অর্থাৎ "মিলেনিয়াম" অর্থাৎ সহস্র বর্ষ উপলক্ষ্যে সারা বিশ্বে যে বাঁধনহারা উৎসবের আয়োজন ঘটল যেদিন, সেদিনের কথায়। হঠাৎ আমাকে গাড়ি থামাতে বলায় আমি বিস্মিত। আমার বাড়ি আর মাত্র কয়েক গজ এখান থেকে।

ভরসা করে গাড়ি দাঁড় করিয়ে কাঁচটা নামালাম। জানলাম ওরা কয়েকজন যুবক-যুবতী একটা চ্যারিটির জন্য অর্থ সংগ্রহ করছে। আমি যদি ওদের ভাণ্ডে কিছু পাউন্ড দান করি। কথা না বাড়িয়ে পাঁচ পাউন্ড ওদের একজনের হাতে দিয়ে দিলাম। ওরা খুব খুশি হয়ে আমাকে ধন্যবাদ জানাল।

এইসময় আমরা অর্থাৎ আমি, মমতা, সুদেষ্ণা ও লুনা সময় সুযোগমতো দেশভ্রমণ শুরু করি।

সেই চল্লিশ দশকে ফিরে গেলে দেখি ওই দশকের শেষের দিকে আমার ভ্রমণের স্মৃতি মনের ফ্রেমে ধরা আছে। এখন যেমন পৃথিবীর সব দেশের মানুষেরা পায়ে সর্ষে লাগিয়ে সারা বিশ্ব ভ্রমণে রত, সে যুগে কিন্তু বেশিরভাগ ক্ষেত্রেই মানুষের গতিবিধি সীমিত থাকত। আমরা ছোটোবেলায় দেওঘর, মিহিজাম (পরে চিত্তরঞ্জন) কাশীধাম ও পুরীধাম ওইসব স্থানের আশেপাশে কিছু জায়গায় গিয়ে বেশ কিছুদিন কাটিয়ে আসতাম। কাশীধামে

প্রথমবার গিয়ে বিশ্বেশ্বর পাঁড়ে ধর্মশালা বা পুরীতে সমুদ্রের ধারে বাড়িভাড়া করে একমাস কাটানোর সুখময় স্মৃতি এখনও বহন করে চলেছি।

এছাড়া অবশ্য প্রতি বছর মামার বাড়ি পাণ্ডুয়া স্টেশন থেকে "দমদমা" গ্রাম বা আমাদের আদিবাড়ি জগন্নাথপুরে যাওয়া, এ ক্ষেত্রেও পাণ্ডুয়া স্টেশনেই নামতে হত। প্রতি বছর কালিপুজোর আগে ভাটপাড়া গিয়ে বেশ কয়েকদিন থাকা হতো। পাড়াটি ছিল মুখার্জিদের। তাই মুখার্জি পাড়া বলা হত। বাবার ছোটোমামা মণি মুখার্জি কয়েক গজ দূরেই একটি বড়সড় বাড়িতে বাস করতেন। তিনি পেশায় একজন নামকরা উকিল ছিলেন। ডাক্তারি পড়ার সময় একবার সুযোগ এল মোটরগাড়ি করে আসানসোল থেকে জি.টি. রোড ধরে দেরাদুনে যাবার। আমার দাদা মানিক চট্টোপাধ্যায় তখন ওখানে কেন্দ্রীয় সরকারের অধীনে "অয়েল অ্যান্ড ন্যাচারাল গ্যাস" কমিশনে কাজ করত।

রোম ভ্রমণ

২০০১

ইংল্যান্ডের মাটিতে পা রেখেছি আজ থেকে চল্লিশ বছর আগে— ১১ সেপ্টেম্বর ১৯৭৪ সালে। দেখতে দেখতে যখন শতাব্দীর চাকা দু-হাজার সালে এসে পৌঁছলো তখন বুঝতে পারলাম, এত শুধু একশো বছর নয় এক হাজার বছর কেটে গেল যেন আমাদের অজান্তেই।

এদেশে এসে কর্মজীবনের স্রোতে গা ভাসিয়ে দেখতে দেখতে এগারো বছর কেটে গেছে। মাঝে অর্থাৎ ১৯৮২-৮৩ সালে দেশ ছাড়ার দশ বছর বাদে কলকাতা যাবার সুযোগ ঘটল। যুক্তরাজ্যে স্থায়ী চাকরীতে যোগদান করার পর সব দিক বিবেচনা করে এদেশে থাকার সিদ্ধান্তই নিতে হল এতদিন গৃহকাতর থাকার ফলে দেশে যাবার পরিকল্পনা করে উঠতে পারিনি। আমার মনে হয় আমরা, বিশেষ করে বঙ্গসন্তানরা, খুব বেশি গৃহকাতর হয়ে পড়ি। অবশ্য এটা আমার ব্যক্তিগত মতামত।

১৯৮৫-তে ঘটল বিদেশ থেকে বিদেশে ভ্রমণ। প্রথম কোচে করে ওয়েলস থেকে ডোভার। ডোভার থেকে জাহাজে করে বেলজিয়াম। বেলজিয়াম থেকে আবার কোচে করে বেলজিয়ামের নানা স্থান দর্শন। একরাত্রি প্যালেস হোটেলে থেকে পরেরদিন হল্যান্ডের রাজধানী আমস্টারডামে পৌঁছলাম। ওখানে হোটেলে দিন দুই থেকে কোচে করে প্যারিসের উদ্দেশ্যে যাত্রা শুরু হল। প্যারিসে যথাসময়ে পৌঁছানো গেল। এখানেও দু-দিন ছিলাম। এই অল্প সময়ের মধ্যে প্যারিস নগরীটিকে ভালভাবে দেখা সম্ভব নয়। তবুও বিশিষ্ট স্থান যেমন আইফেল টাওয়ার, শ্যেন নদী, বিশ্ববিখ্যাত ল্যুভ মিউজিয়াম ও নোতরদাম দ্য প্যারিস ও আরও কয়েকটি বিখ্যাত স্থান দর্শন করলাম।

১৯৮৫ সালে প্যারিসে যাওয়ার পর ২০১৪ সালের মধ্যে আরও দু-বার সেখানে গেছি। নানা দেশ দেখার সুযোগ ২০০১ সাল থেকে। ২০০১

সালে আমি, মমতা, আমাদের দুই কন্যা সুদেষ্ণা ও লুনা ইতালির রাজধানী রোমে গিয়ে পৌঁছলাম। "রোম একদিনে তৈরি হয়নি" এই কথাটি রোমের ভুমিতে দাঁড়ালেই প্রথমে মনে পড়ে।

বলতে বাধ্য হচ্ছি যে, রোম আমাদের সাদরে অভ্যর্থনা করে গ্রহণ করতে পারেনি। বিমানবন্দরে নেমে কিছুক্ষণের মধ্যে জানতে পারলাম যে আমাদের স্যুটকেস তখনও এসে পৌঁছয় নি। কখন এসে পৌঁছবে তাও সঠিক জানা গেল না। স্যুটকেস ভর্তি জামাকাপড় ও আরও অনেক প্রয়োজনীয় জিনিসপত্তর। আমরা তো আর শ্বেতবর্ণের মানুষদের মতো সমুদ্রের তটভূমিতে গিয়ে রৌদ্রস্নান করার বাসনা নিয়ে আসিনি।

অবশ্য আমাদের গাত্রবর্ণের জন্য তার প্রয়োজনও নেই। ভাবলে হাসি পায় এই ভেবে যে, আমাদের দেশে তথাকথিত কালো মেয়েদের বিয়ের বাজারে দর কত কমে যায় শুধুমাত্র গাত্রবর্ণ কালো হওয়ার জন্য। আর এখানে শ্বেতবর্ণের মেয়েরা ও ছেলেরা গাত্রবর্ণ কালো করার জন্য অনেক কষ্টবরণ করে। এদিকে আমাদের দেশের কবিরা কালো মেয়েদের পক্ষ নিয়ে ভাল ভাল কবিতা রচনা করেছেন ও করে চলেছেন।

আমরা আমাদের হ্যান্ডব্যাগ নিয়ে হোটেলের দিকে রওনা হলাম। ইতিমধ্যে এয়ারপোর্টে আমাদের হোটেলের টেলিফোন নাম্বার জানিয়ে দিলাম। এয়ারপোর্ট থেকে বেরিয়ে রোমের গ্র্যান্ড হোটেলে যাবার রাস্তার দু-ধার বেশ পরিষ্কার পরিচ্ছন্ন ও সাজানো গোছানো। আমাদের হোটেলে যখন পৌঁছলাম তখন কলকাতার গ্র্যান্ড হোটেলের কথা মনে পড়ল।

কলকাতার এই আভিজাত্যপূর্ণ পাঁচতারা হোটেলের সঙ্গে এর কোনো তুলনাই হয় না। অবশ্য রোমে "গ্র্যান্ড হোটেল প্লাজা" হোটেলটি পাঁচতারা। এটি শুনেছি বেশ বিলাসবহুল। আমরা ছিলাম "গ্র্যান্ড টিবেরিও" হোটেলে যেটি চারতারা হোটেল। তবে হোটেলটি রোম নগরের কেন্দ্রস্থলে বলে হাঁটাপথে অনেক জায়গা ঘুরে দেখার সুযোগ ঘটেছিল। অবশ্য আমরা হোটেলে "চেক ইন" করার পরই নগরের কেন্দ্রস্থলে গিয়ে হাজির হলাম।

রোম নগরী ডিজাইনার পোশাক পরিচ্ছদের জন্য বিখ্যাত। অবশ্য এখন আমাদের সবার লক্ষ্য প্রয়োজনীয় কিছু জামাকাপড় সংগ্রহ করা। কারণ আমরা জানি না কবে আমাদের স্যুটকেস রোমে এসে পৌঁছবে।

জামাকাপড় কেনার পর রোম নগরীটি হাঁটাপথে যতটা দেখা যায় দেখা শুরু করলাম। রোম ইতালীর রাজধানী ও দেশের সবচেয়ে বড় নগরী।

এই নগরী রোমান সাম্রাজ্য, দ্য সেভেন হিল্‌স, লা দোলচে ভিটা, ভ্যাটিকান সিটি ও ঝর্ণা ধারায় তিনটি মুদ্রার জন্য বিখ্যাত।

রোম বহু সহস্র বৎসর ধরে সংস্কৃতি, ধর্ম ও শাসন ক্ষমতার অধিকারী হওয়ার ফলে সারা বিশ্বে প্রভাব প্রতিপত্তি বিস্তার করেছিল প্রায় ২৮০০ বছর ধরে। দুদিন বাদে আমরা "ভ্যাটিক্যান সিটি" দর্শনে গেলাম। এই ভ্যাটিকান নগরীটি রোম নগরীর মধ্যে দেওয়ালে ঘেরা একটি "এন্‌ক্লেভ"। "এনক্লেভ" অর্থাৎ রাষ্ট্রের যে অংশ অন্য রাষ্ট্র দ্বারা পরিবেষ্টিত। ভ্যাটিকান নগরী রাজ্যের রাজধানী। এটি স্থান ও লোকসংখ্যার বিচারে পৃথবীর সবচেয়ে ছোট রাষ্ট্র হিসেবে পরিচিত। ১১০ একর জমি ও ৮৪২ জনসংখ্যার রাষ্ট্র।

আমাদের চারজনের ভাগ্য সুপ্রসন্ন ছিল। ভ্যাটিকান নগরী ভ্রমণের দিন পোপের বক্তৃতা ছিল। সেইসময় ছিলে পোপ জন পল। দেখে মনে হল পোপ বেশ অসুস্থ। দেখলাম বেশ কষ্ট করেই পোপ বক্তৃতা দিলেন। আমরা অনেক কষ্ট করে কয়েকটি ছবি তুলেছিলাম স্টিল ফটো ও মুভিতে। সেদিন এই বক্তৃতার জন্য স্বাভাবিকভাবে তুলনায় অনেক ভিড় জমেছিল। অবশ্য পোপের বক্তৃতার বিষয়ে আমাদের আগে থাকতে কিছু জানা ছিল না।

ইতালিতে পদার্পণ করার পর রোমের কেন্দ্রস্থল ও আশেপাশের জায়গাগুলি দেখা হল। তাছাড়া বিখ্যাত ভ্যাটিকান নগরী ও দ্বিতীয় পোপ জন পল এর বক্তৃতা শোনা হল। ইতিমধ্যে আমাদের স্যুটকেস একদিন বাদেই এসে পৌঁছেছে ও আমরা ওই বিষয়ে নিশ্চিন্ত হয়েছি।

এবার আমরা হোটেলের অভ্যর্থনাকারীর সাহায্যে 'কোচ' ভাড়া করলাম। ইতালিতে আসার দু-দিন পরেই আমাদের এই যাত্রাকে দীর্ঘ যাত্রা বলা যেতে পারে।

রোম থেকে সোরেনটোর দূরত্ব ২৬৬.৪ কিমি। বাসে করে যেতে লাগে তিন ঘণ্টার কিছু বেশি। রোম থেকে পম্পেই যেতে লাগে ২ ঘণ্টা ২৭ মিনিট। দূরত্ব ২৪৩.২ কিমি।

আমাদের যাত্রাপথ রোম থেকে নেপলস, পম্পেই ও সোরেনটো। যাত্রা শুরু হল ভোরে, আমাদের হোটেল থেকে যাত্রী নেওয়ার আগে ও পরেও বেশ কয়েকটা হোটেল থেকে লোক তোলা হয়েছিল। কিছুক্ষণের মধ্যেই ঐতিহাসিক রোম নগরী ছেড়ে হাইওয়ে ধরা হল। চারিদিকে পরিষ্কার পরিচ্ছন্ন, সাজানো গোছানো নানা স্থান চোখে পড়তে লাগল।

পৃথিবীর অন্যান্য দেশের মতোই অনেকটা ফাঁকা জায়গার পর এক একটি জনবসতি পেরোতে লাগলাম। এই দীর্ঘপথে বেশ খানিকটা হাইওয়ের দু-পাশে সবুজের সমারোহ দেখার পর হয়ত হঠাৎ একটি বড়সড় জনবসতি চোখে পড়ল। আবার কিছুক্ষণ বাদে ছোট্ট একটি ছবির মত গ্রাম চোখকে ধাঁধিয়ে দিয়ে অদৃশ্য হয়ে গেল।

এইরকম বেশ কিছুক্ষণ আমাদের কোচটি বিদ্যুৎগতিতে চলার পর একটি ছোট্ট শহরে এসে দাঁড়ালো। আমাদের অর্থাৎ যাত্রীদের উদ্দেশ্যে বলা হল একটু হাত পা ছাড়িয়ে নিতে। আমরা খানিকক্ষণ ঘোরাঘুরি করার পর একটি ছোটোখাটো রেঁস্তরায় ঢুকে চা, ঠাণ্ডা পানীয় ও হালকা জলখাবার দেওয়ার জন্য নির্দেশ দিলাম। আমার মতে বিভিন্ন জায়গায় ভ্রমণ করলে সেই জায়গার স্মৃতি অনেকদিন পর্যন্ত মনের কোণে জমা পড়ে। হঠাৎ হঠাৎ সেই স্থানটি যেন চোখের সামনে দেখতে পাওয়া যায়।

এই বিশাল পৃথিবীতে অসংখ্য দেশ। আবার কোনো একটি দেশে গিয়ে সেখান থেকে কোনো একটি ছোট জায়গায় গিয়ে পৌঁছেই তখন মন চায় বড় বড় জায়গার ভিড়ে সেই ছোট জায়গাটি যেন তাড়াতাড়ি হারিয়ে না যায়। অসংখ্য মানুষ প্রতিদিন এই ছোট্ট জায়গাটিতে কিছুক্ষণ ঘোরাঘুরির পর

আবার বড় ও বিখ্যাত জায়গার উদ্দেশ্যে রওনা হয়। এই ছোট্ট জায়গাটি হয়তো এখানকার কিছু মানুষের পরিচিত। কিন্তু যারা প্রতিদিনের যাত্রী তাদের এই ছোট্ট জায়গাটিকে মনে রাখবার কোনো দায় নেই। কোনো কারণে আমার এই নাম না জানা জায়গাটিকে মনে আছে। এর নিশ্চয় একটা নাম আছে। কিন্তু অসংখ্য বহু বিখ্যাত স্থানের ভীড়ে এর নামটি আমার মন থেকে মুছে গেছে। অবশ্য এতে আমার কোনো দুঃখ নেই। নাম না মনে থাকলেও স্থানটি তো আমাদের যখন তখন চোখের সামনে ভেসে ওঠে। মানুষ যতদিন বেঁচে থাকে চেষ্টা করে অনেক অনেক দেশ দেখার।

কিন্তু পৃথিবীটা এত বড় আর আমাদের জীবন তুলনামূলকভাবে এতই ছোট যে ভ্রমণবিলাসী ব্যক্তির পক্ষেও খুব বেশি দেশ ও নানা আকারের বড়, মাঝারি ও ছোট ছোট জায়্যগা দেখা সম্ভব হয়ে ওঠে না।

এখানে প্রায় এক ঘণ্টার কাছাকাছি থেকে আবার যাত্রা শুরু হল। এখন জুলাই মাস, তাই এখনকার তাপের মাত্রা ২৫° সেন্টিগ্রেড থেকে ২৭° সেন্টিগ্রেডের মতো। এইসময় তেরো চোদ্দ ঘণ্টার মতো সূর্যের আলো থাকে।

কোচের বাইরে সূর্যের তাপের প্রখরতা বোধ হচ্ছিল। অবশ্য ভেতর আমাদের দেশের কোচের মতো শীতাতপ নিয়ন্ত্রিত, তাই কোনো কষ্টবোধ হওয়ার কারণ ছিল না। সাধারণভাবে ভাবতে গেলে বলা যায় আমাদের মাথার ওপর আকাশ একই রূপ ধারণ করে থাকে। কিন্তু আমার মতে একটু খুঁটিয়ে দেখলে যেন মনে হয়, ভিন্ন ভিন্ন দেশের আকাশের নীলরঙের মধ্যে যেন কোথায় পার্থক্য রয়েছে। অবশ্য এটা আমার চোখের ভুলও হতে পারে।

অনেকটা পথ অতিক্রম করে নেপলস পৌঁছনো গেল। নতুন বিখ্যাত স্থান দেখার উৎসাহে দীর্ঘ যাত্রা কখনই ক্লান্তিকর হয়ে ওঠেনি। এরপর বাসটি যে জায়গায় এসে থামল সেই জায়গাটির নাম ক্যাসিনো। বাস থেকে নেমে আমরা এদিক ওদিক তাকাচ্ছি, কারণ আমাদের জানা নেই যে এখানে আমাদের চোখকে আরাম দেওয়ার মতো দর্শনীয় স্থান কী আছে। হঠাৎ নজরে পড়ল এক বিশাল কবরখানা। ভাবলাম এই কবরখানা দেখার জন্য আমরা নিশ্চয় এখানে আসিনি। কিন্তু কিছুক্ষণের মধ্যেই আমাদের ভাবনাকে

যেন বিদ্রুপ করে আমাদের গাইড মনে করিয়ে দিল এই বিশাল কবরখানা দর্শনই আমাদের উদ্দেশ্য। মন ধাক্কা খেল। বিশ্বের অজস্র কবরখানা বা শ্মশান কখনই দর্শনীয় হতে পারে না। একটু পরেই জানতে পারলাম এটি কমনওয়েলথ সেমেটারি।

মন্টে ক্যাসিনোর যুদ্ধে ক্যাসিনো শহর ধ্বংস হয়ে যায়। দ্বিতীয় বিশ্বযুদ্ধে এখানে যুদ্ধ চলেছিল ১৯৪৪ সালে। ভারতবাসী হিসেবে আমাদের কাছে এই কবরটির বিশেষত্ব এই যে যেখানে দ্বিতীয় বিশ্বযুদ্ধের সময় ভারতীয় বাহিনী অংশগ্রহণ করে প্রাণবিসর্জ্জন দেয়। অবশ্য ভারতীয় সৈন্য ছাড়াও ব্রিটিশ, আমেরিকান, কানাডিয়ান, ফরাসি, পোলিশ ও নিউজিল্যান্ড বাহিনী এই যুদ্ধে অংশগ্রহণ করে। এই মিত্রবাহিনীর সঙ্গে জার্মানদের প্রচণ্ড যুদ্ধ হয়।

এই যুদ্ধের পরিণতি হিসেবে অসংখ্য সৈন্যের মৃত্যু ঘটে। এই মৃত্যুর তালিকায় নিজেদের মাতৃভূমি ভারতবর্ষ থেকে অসংখ্য ভারতীয় সৈন্যের নাম দেখতে পেলাম।

ইতালির ক্যাসিনো শহরে চিরনিদ্রায় নিদ্রিত থাকা ভারতীয় সৈনিকদের উদ্দেশে প্রণাম জানিয়ে আমরা বাসে ফিরে এলাম। যাত্রাপথে আমাদের মন বেশ কিছুক্ষণ পর্যন্ত ভারাক্রান্ত হয়ে রইল।

যথাসময়ে নেপলস-এর পম্পেই নগরীতে এসে পৌঁছলাম। বিশ্বের সব প্রান্ত থেকে পর্যটকরা এখানে এসে ভীড় করে। এখানে আসার কারণ এই নগরীর ধ্বংসলীলা—যেটি ঊনবিংশ শতাব্দীতে আবিস্কৃত হয়। এই ধ্বংসের কারণ ভিসুভিয়াস পর্বত থেকে হঠাৎ উঠে আসা আগ্নেয়গিরির গ্যাস সম্পূর্ণ নগরটিকে ছাইভস্মে পরিণত করেছিল। ঘটনাটি ঘটেছিল ৭৯ খ্রিস্টাব্দে। সেই যুগের মানুষ নিমেষে জমাট ছাইয়ের আকার গ্রহণ করে প্রস্তরীভূত হয়ে গিয়েছিল। পম্পেই প্রাচীন রোমের নগরী।

এই নগরী আধুনিক নেপলস-এর কাছাকাছি। ভিসুভিয়াস আগ্নেয়গিরি থেকে গ্যাস উদ্‌গিরণ হওয়ার ফলে পম্পেই, হারকুলানিয়ম ও

অন্যান্য অনেক আশেপাশের গ্রাম ধ্বংসপ্রাপ্ত হয় এবং তেরো থেকে ২০ ফুট নীচে মাটির তলায় চাপা পড়ে থাকে।

তথ্যানুসন্ধান করে জানা গেছে যে, এই শহর যীশুখ্রিস্টের জন্মের সাত অথবা ছয় শতাব্দী আগে প্রতিষ্ঠিত হয়েছিল 'ওসি' বা অসকান দ্বারা। পরবর্তীকালে যীশুখ্রিস্টের জন্মের আশি বছর আগে রোমানরা এই শহরটিকে অধিকার করে নেয়। খননুকার্য করার সময় প্লাস্টার ব্যবহার করা হয়। এটা করার উদ্দেশ্য শূন্যস্থান পূরণ করা। এই শূন্যস্থানটি ছাই ও মানুষের দেহের মধ্যস্থান। এটি করার কারণে এত যুগ পরেও ওইসব নর-নারীর দেহ একই অবস্থায় দেখতে পাওয়া যায় যখন তারা ভয়াবহ মৃত্যুর মুখোমুখি হয়েছিল। এটি একটি মর্মান্তিক দৃশ্য।

ভারাক্রান্ত মন নিয়ে আমরা সবাই বাসের দিকে পা বাড়ালাম। দীর্ঘপথ অতিক্রম করে শ্রান্ত-ক্লান্ত অবস্থায় হোটেলে ফিরে এলাম। কিছুক্ষণের মধ্যেই নিদ্রাদেবীর দর্শন পাওয়া গেল। যাকে বলে এক ঘুমেই রাত কাবার, সেই রাত্রে তাই ঘটেছিল। পরের দিন ঠিক করলাম আমরা রোম নগরে ঘোরাঘুরি করব। সেবার খুব গরম পড়েছিল। আমরা সবাই দু-হাতে দু-টি ঠাণ্ডা জলের বোতল নিয়ে ঘোরাঘুরি শুরু করলাম। আমি ও মমতা আমাদের জীবনের অনেকটা কাল ভারতবর্ষে কাটিয়েছি। গ্রীষ্মকালের প্রচণ্ড তাপের সম্মুখীন হয়েছি দীর্ঘকাল ধরে। আবার একই ভাবে যুক্তরাজ্যের হাড়কাঁপানো ঠাণ্ডাও সহ্য করেছি অনেকদিন ধরে। অর্থাৎ শীত-গ্রীষ্মের প্রচণ্ডতা সম্বন্ধে যথেষ্ট অভিজ্ঞতা আমার ও মমতার।

এদিকে আবার আমাদের দুই মেয়ে সুদেষ্ণা ও লুনা জ্ঞান হওয়ার আগে থেকেই যুক্তরাজ্যে বসবাস করছে। ওদের পক্ষে সূর্যকিরণের তাপ সহ্য করা যে কষ্টকর হবে সে ভাবনা আমাদের ছিল। ওদের জিজ্ঞেস করলাম, 'কিরে খুব কষ্ট হচ্ছে তোদের নিশ্চয়?' সুদেষ্ণা ও লুনা সঙ্গে সঙ্গে উত্তর দিল, 'কষ্ট হবে কেন? আমাদের তো গরম খুব ভাল লাগে।' তখন সুদেষ্ণা ও লুনা ডাক্তারি পাশ করেছে কয়েকবছর আগে। ঘোরাঘুরি করতে করতে ঝর্ণার

জলে তিনটি মুদ্রা ছোঁড়ার জায়গায় এসে পৌঁছলাম। ট্রেভি ঝর্ণা। পৃথিবীর সবথেকে বিখ্যাত ঝর্ণাগুলির মধ্যে অন্যতম।

লস্ এঞ্জেলস্

২০০২

এরপর ২০০২ সালে লস এঞ্জেলস্। হিথরো বিমানবন্দরে যথাসময়ে হাজিরা দিয়ে লাইনে দাঁড়িয়ে পাসপোর্ট, ভিসা ইত্যাদি কাগজপত্র দেখিয়ে ও পরে নিরাপত্তা বিভাগ পেরিয়ে হাঁফ ছেড়ে বাঁচা গেল কিছুক্ষণের জন্য।

যথাসময়ে নারীকণ্ঠ ঘোষণা শোনার পর "হ্যান্ড ব্যাগ" টানতে টানতে বিমানের দিকে এগোনো শুরু হল।

অনেকটা পথ অতিক্রম করে আমাদের বাহনটির দর্শন মিলল। ব্রিটিশ এয়াওয়েজ-এর এই বিমানটি কিছুক্ষণের মধ্যেই আমাদের ওর পেটে বোঝাই করে আকাশ পথে আটলান্টিক মহাসাগর অতিক্রম করবে। সময়মতো বিমান চলা শুরু করল।

এবার পাখা দু-টি মেলে দিয়ে আকাশে ওড়া শুরু করার পর চাকাগুলি বেশ কিছুক্ষণের জন্য বিশ্রাম লাভের আশায় নিজেদের কক্ষে প্রবেশ করল। বাইরে ঘুটঘুটে অন্ধকার। আমার চোখের সামনে টেলিভিশনে দেখতে পাচ্ছি আমরা আটলান্টিকের অনেক ওপর দিয়ে উড়ে চলেছি। লন্ডন থেকে লস এঞ্জেলেসে পৌঁছতে এগারো ঘণ্টা সময় লাগে। বিমানে এই দীর্ঘপথ অতিক্রম করা খুব একটা আরামদায়ক ব্যাপার নয়। যাইহোক ঘুম না হলেও ঝিমোতে ঝিমোতে, ঝিমোনোর মাঝে খেতে খেতে রাত কাবার হয়ে গেল। ঘোষণায় জানা গেল কিছুক্ষণের মধ্যেই আমরা গন্তব্যস্থানে পৌঁছে যাব। আমেরিকাকে বলা হয় "সব পেয়েছির দেশ"। পৃথিবীর সব দেশ থেকে এখানে এসে মনুষ্যকুল তাদের মনস্কামনা পূর্ণ করতে পারে।

ভারতবর্ষে বা অন্যান্য দেশে যেখানে প্রতিভাধর ব্যক্তি সুযোগের অভাবে বাধাপ্রাপ্ত হয়, এই "সব পেয়েছির দেশে" এসে তারা তাঁদের স্বপ্নকে বাস্তবে রূপায়িত করতে পারে। তার ফলে তাদের জীবনে পূর্ণতা প্রাপ্তি ঘটে।

অবশ্য শুধু জ্ঞানের ক্ষেত্রেই নয়, অন্যান্য ক্ষেত্রে, যেমন ব্যবসা-বাণিজ্যে, সাফল্য লাভ করা। বিমান যথাসময়ে লস এঞ্জেলস-এর মাটি স্পর্শ করল। আমি কল্পনানেত্রে যেন দেখতে পেলাম, আমরা কয়েকজন বিমান নামধারী একটি অতি ক্ষুদ্র বিশ্ব থেকে বেশ খানিকটা বড় বিশ্বে এসে উপস্থিত হলাম। এখানে শুধু আর্য, অনার্য, হিন্দু, মুসলমান, শক, হুন, পাঠান, মোগলই নয়, বিশ্বের সব দেশ থেকে আসা মনুষ্যকুল ধীরে ধীরে আমেরিকার নাগরিক হয়ে গেছে। এখনও কালো, সাদার বিভেদ থাকলেও সবাই অধিবাসী হওয়ায় কেউ অন্যকে "এটা তোমার দেশ নয়, এটা আমার দেশ" বলতে পারে না। কারণ এখানে এককালে সবার পূর্বপুরুষই অভিবাসী আর একালে সবাই স্বাধীন আমেরিকার নাগরিক।

বিমানবন্দর ছেড়ে ট্যাক্সি চড়ে হিলটন হোটেলে গিয়ে পৌঁছলাম। এই হোটেলটি চারতারাই বিশিষ্ট। চারতারই হোক বা পাঁচতারা এ নিয়ে আমাদের মতো ভ্রমণকারীদের ততটা মাথাব্যথা নেই। আমার সোজা হিসেব আমি যে ঘরে থাকব সেটি যেন পরিষ্কার পরিচ্ছন্ন হয় ও খাবার জিনিসের মধ্যে যেন সামঞ্জস্য থাকে। বেশির ভাগ ক্ষেত্রেই দেখেছি আমার চাহিদা মেটানোর ক্ষেত্রে তিন, চার বা পাঁচ তারা বিশিষ্ট হোটেলের যে কোনো একটা সক্ষম হয়।

হোটেলে পৌঁছলাম। আমরা চারজন অর্থাৎ আমি, মমতা, সুদেষ্ণা ও লুনা। হোটেলের দু-টো ঘরই পছন্দমতো পাওয়া গেল। বিছানার মাপ বেশ বড়সড়। হোটেলটি বেশ পরিষ্কার পরিচ্ছন্ন। জানতে পারলাম হোটেল থেকে নাতিদীর্ঘপথ অতিক্রম করার জন্য গাড়ির ব্যবস্থা আছে। এই গাড়িটি আবার বিশাল আকারের "লিমুজিন"।

এই হোটেলটির আর একটি বৈশিষ্ট্য যে এখানে প্রাচীন মোহিনী শক্তি ও আধুনিক রমণীয়তার মিশ্রণ ঘটেছে। এই হোটেল থেকে রোডিও ড্রাইভ মোটামুটি কাছেই বলা যায়। রোডিও ড্রাইভের অবস্থান বেভারলি হিলস্। এর উত্তরে "সানসেট বুলেভার্ড আর দক্ষিণে বেভারর্লি হিলস ড্রাইভ

পূর্বে নর্থ বেভারলি ড্রাইভ ও পশ্চিমে নর্থ ক্যামেডিন ড্রাইভ। এই রাস্তাটি দু-মাইল লম্বা।

"রোডিও সংগ্রহে" আছে পঁয়তাল্লিশটা "স্টোর"। এটি "সত্তর হাজার স্কোয়ার ফুটের শপিং মল"। এই "শপিং মল" প্রতিষ্ঠিত হয় ১৯৮৩ সালে। এই মহামূল্যবান দোকানের সম্ভার আন্তর্জাতিক সুরুচিসম্মত মহামূল্যবান বেশভূষার মক্কা হিসেবে পরিচিত। মমতা, সুদেষ্ণা ও লুনা মহিলাদের মহামূল্যবান পারফিউমের দোকানে গিয়ে সারা বিশ্বের নামকরা পারফিউমের সংগ্রহ দেখার সৌভাগ্য অর্জন করল। ওখানে আবার উচ্চস্তরের "মেক আপের" ব্যবস্থা ছিল। এখন সারা বিশ্বে ছোট আকারে এ সবের সংগ্রহ দেখা যায়। কিন্তু দাম ও বৈচিত্র্যের দিক থেকে বিচার করলে বোঝা যায় সারা বিশ্বের শ্রেষ্ঠ ধনীদের উদ্দেশ্যেই এইসব দোকানপত্তরের সম্ভার ঘটেছে এই রোডিও ড্রাইভে। আমি ওদের থেকে কিছুক্ষণের জন্য বিচ্ছিন্ন হয়ে পুরুষ বিভাগে পদার্পণ করলাম। বছরখানেক আগেই রোমে গিয়ে একটা দামী স্যুট কিনেছিলাম। তখন রোমের প্রচলিত মুদ্রা "লিরা"। সত্তর শতাংশ কমানো মূল্যে এই দামী বস্ত্রটি সংগ্রহ করেছিলাম। এর আসল দাম এখনকার হিসেবে আশি হাজার টাকা। আমি অবশ্য পঁচিশ হাজার টাকায় স্যুটটা কিনেছিলাম। এই বস্ত্রটি ইতালীর বিখ্যাত পোশাকের মধ্যে অন্যতম। নাম "আর্মেনিয়া জিলডো জেগনা"। রোডিও ড্রাইভের পুরুষ বিভাগে গিয়ে দেখলাম এইসব মহামূল্যবান বস্ত্র সামগ্রী বিশাল দোকানের কয়েকটি ঘরে ঠেসে রাখা আছে। প্রত্যেকটি দামের দিকে তাকালে চোখ কপালে উঠে যায় আর কী। হবেই না বা কেন? হলিউডের চিত্র তারকাদের এখানে নিত্য আনাগোনা।

মমতা, সুদেষ্ণা ও লুনা কয়েকটি পারফিউম সংগ্রহ করল ওই মহিলা বিভাগ থেকে। এছাড়া মেকআপেরও সদ্ব্যবহার করেছিল। এইসব দোকানে অর্ভ্যথনা অত্যন্ত আন্তরিক। আমার এক সময়ে মনে হল যেন বিখ্যাত অভিনেত্রী জুলিয়া রবার্টসকে একটু দূরের একটি সুবিখ্যাত দোকানে

ঢুকে যেতে দেখলাম। অবশ্য আমার দেখার ভুলও হতে পারে। এছাড়া অভিনেতা অভিনেত্রীদের নিয়ে আমার কোন সময়েই হ্যাংলামো ছিল না।

এই হোটেল থেকে বেরিয়ে সান্তা মনিকা সমুদ্রতীর, হলিউড, দ্য স্টেপল্‌স সেন্টার ইন ডাউনটাউন ও গেটি সেন্টারে গিয়েছিলাম। অবশ্য এইসব জায়গা হোটেল থেকে খুব একটা দূরে না হলেও আমরা একদিন বাসে করে গিয়ে হাজির হলাম। সান্তা মনিকা সমুদ্রতট প্রশান্ত মহাসাগরের উপকূলে, এটি সাড়ে তিন মাইল লম্বা। এর মধ্যে পার্ক, পিকনিক করার জায়গা, নানা রকম খেলার জায়গা, বিশ্রামের স্থান আছে। এছাড়া সাঁতার কাটা ও মাছ ধরার ব্যবস্থা, ভলিবল খেলা, সাইকেল চড়া ও সার্ফিং এর ব্যবস্থা আছে।

আর এইসব পরিদর্শনকারী ব্যক্তিদের দেখাশোনা করার ভার গ্রহণ করে লাইফ গার্ডেরা। কয়েকটি হোটেল চোখে পড়লেও মনে ধরল না। এই আমেরিকা দেশের বসবাসকারীরা বৃহৎ-এর পূজারী। এখন বিশ্ববাজারের জন্য সবদেশের গাড়ি সবদেশেই দেখা যায়। আগে আমেরিকার বৃহৎ আকারের গাড়ি দেখা যেত হলিউড সিনেমার মাধ্যমে। সান্তা মনিকার হোটেলগুলি সত্যিই খুব সাধারণ মানের। এরপর বাসে চড়ে গেলাম লস এঞ্জেলস 'ডাউনটাউনে'। এই জেলাটি কালিফোর্নিয়ার ব্যবসা সংক্রান্ত কাজের কেন্দ্রস্থল। এছাড়া এখানে পঞ্চাশ হাজার মানুষের বসবাস।

এখানে খেলাধুলা ও অন্যান্য আমোদ-প্রমোদের ব্যবস্থা আছে।

সব দেশেই অর্থনৈতিক দিক দিয়ে বিচার করলে বোঝা যায়, মানুষে মানুষে বৈষম্যের কথা। কোথাও এই বিভেদ আকাশ ছোঁয়া, আবার কোথাও দীর্ঘদিনের প্রচেষ্টার ফলে এই বিভেদ কাছাকাছি চলে এসেছে। আজকের এই বিশ্ববাজারের অর্থনীতি ব্যবস্থায় বিশ্বের সর্বত্রই উঁচুতলার অর্থশালী ব্যক্তিরা ডলারের অঙ্কের কাছাকাছি পৌঁছতে পেরেছে।

কিন্তু সম্পদশালী দেশের সঙ্গে যখন অপেক্ষাকৃত কম বিত্তশালী দেশের তুলনা করা হয় তখন দেখা যায়, এই দুই দেশের মধ্যবিত্ত ও দরিদ্র শ্রেণীর মধ্যে অনেকটা পার্থক্য। তাই অতিরিক্ত সম্পদশালী দেশের এই ধনী

ও দরিদ্রের মধ্যে যে ফাঁকটি রয়েছে সেটিকে খানিকটা মেরামত করতে অনেক কম সময় লাগে। আমরা যখন ২০০২ সালে 'ডাউনটাউনে' গিয়েছিলাম তার থেকে এখন এই স্থানটি অনেক উন্নত হয়েছে। ২০০২ সালে দেখেছিলাম সাধারণমানের অনেক দোকানপত্তর। রাস্তাঘাট ও আমেরিকার বিত্তশালী জায়গার তুলনায় অনেকটাই ম্যাড়মেড়ে।

ছোটখাটো কয়েকটা জিনিসপত্তর স্মারক হিসেবে কেনা হল। এরপর বাকি রইল গেটি সেন্টার, হলিউড ও ইউনিভার্সাল স্টুডিও। সেদিনের পরিভ্রমণের শেষে দ্য গেটি সেন্টারে গেলাম। হোটেল থেকে ছয় মাইল দূরে। এখানকার প্রধান আকর্ষণ আধুনিক নকশার উপাদানে বিশ্বাসী আধুনিক সম্প্রদায়ের অবদান। এছাড়া এখানে ইউরোপীয় পেন্টিং বা আঁকা ছবি, ভাস্কর্য, আলোকিত করা পাণ্ডুলিপি, সৌন্দর্যবর্ধক ললিতকলা বা চারুশিল্প ইত্যাদি আছে।

ললিতকলা ইত্যাদি দর্শন করে ও বেশ খানিকটা আশেপাশে ঘোরাঘুরি করে হোটেলে ফিরলাম। সত্যিকথা বলতে কী এইসব শিল্পকলার কতটুকুই বা বুঝি। তবে মন দিয়ে দেখলে বোঝা যায়, অনেক সাধনার ফল এইসব ললিতকলা। কেউ যেন আমাদের অহরহ মনে করিয়ে দেয়, এই বিশ্বপ্রকৃতিকে কে যেন তুলির টানে প্রতিমুহূর্তে এঁকে চলেছে। আমরা চোখ দিয়ে দেখলেও মন দিয়ে না দেখার ফলে চোখের সামনে এই ছবিটি স্পষ্ট হয়ে ওঠে না।

এই পর্যটনের আরেকটি বড় আকর্ষণ 'কেবল কার'। এর ভেতরে আমাদের, অর্থাৎ পর্যটকদের, বোঝাই করে পর্বতকে বেষ্টন করে গন্তব্যস্থলে পৌঁছে দিল। আধুনিক প্রস্তরে বাঁধানো রাস্তা দিয়ে হেঁটে চলার সময় অদ্ভুত এক অনুভূতি জন্ম নেয়। মনে হয় যেন চারিদিকের সৌন্দর্যের প্রতিচ্ছবি একটি ফ্রেমে বা কাঠামোয় ধরে রাখা হয়েছে।

পরেরদিন হলিউড দর্শন। যথাসময়ে প্রস্তুত হয়ে আমরা বাসে চেপে বসলাম হলিউডের উদ্দেশে। হিলটন হোটেল থেকে হলিউড পৌঁছতে মাত্র আধঘণ্টা লাগে। হলিউডে পর্যটকদের জন্য বেশ কিছু জিনিষ আকর্ষণীয়।

প্রথমত পাহাড়ের গায়ে লেখা হলিউড সাইন। কয়েকটি বিশেষ জায়গা থেকে এই "হলিউড সাইন" দর্শন ও ছবি তোলা যেতে পারে। হলিউড বুলেভার্ড ও হাইল্যান্ড অ্যাভিনিউ-এর বিভাজনে হলিউডের হৃদয় স্থান পেয়েছে।

এখানেই আছে পর্যটকদের জন্য আকর্ষণীয় সামগ্রী। যেমন, চাইনিজ থিয়েটারের সিমেন্টের উঠানে হাত/পায়ের ছাপ, ডলবি থিয়েটার, হলিউড ও হাইল্যান্ডের আমোদ প্রমোদ ব্যবস্থা, ম্যাডাম তুসো ও আরও অনেক কিছু।

একটু এগিয়েই দেখতে পাওয়া গেল বিখ্যাত পর্যটকদের জন্য আকর্ষণীয় জিনিস যেমন "হলিউড ওয়াক্স মিউজিয়ম, গিনিস ওয়ালর্ড অব রেকর্ডস মিউজিয়ম, হলিউড মিউজিয়ম ইত্যাদি ইত্যাদি।

এছাড়া বিশ্বের সর্বত্রই এখন যেমন দোকান বাজারের সমারোহ, তেমনি হলিউডের মতো বিখ্যাত জায়গায় এইসবের ছড়াছড়ি।

বাসে করে আমাদের নিয়ে যাওয়া হল যশস্বী ব্যক্তি ও চলচ্চিত্রের তারকাদের বাড়ি দেখাতে, দু-ঘণ্টা ধরে আমরা ঘুরলাম এইসব বাড়ি দেখতে। চলচ্চিত্র তারকাদের বাড়ি দেখা আমার কাছে অত্যন্ত বিরক্তিকর বলে মনে হল।

যুক্তরাজ্যে আসার কিছুদিন পর আমি ও মমতা সত্তর দশকে বেশ কিছুদিন ডিটেকটিভ গল্প "কলম্বো" দেখতাম। এ গল্পটি অনেকদিন ধরে চলেছিল। পিটার ফল্‌ক ডিটেকটিভের অভিনয় করত। পিটারের একটি চোখ নকল চোখ।

অনেকদিন ধরে এর অভিনয় দেখে ভাল লেগেছিল বলে অনেক মিলিয়ন দামের বাড়িটা এক নজরে চলমান বাস থেকে আমি ও মমতা দেখে নিলাম। এরপর যে মহামূল্যবান প্রাসাদোপম বাড়িটা দেখা গেল চলন্ত বাস থেকে সেটির মালিক ১৯৯৭ সালে মুক্তি পাওয়া টাইটানিকের নায়ক। এটিকে আমেরিকার মহাকাব্য বলা চলে। এই ছবিটির পরিচালক ও লেখক জেমস ক্যামেরন।

প্রধান চরিত্রে নায়ক লিওনার্দো ডি কেপ্রিও ও নায়িকা কেট উইনস্লেট। এই মহামূল্যবান বাড়িটা লিওনার্দো ডি কেপ্রিও-র। টাইটানিকের বাস্তবক্ষেত্রে

ভরাডুবি ঘটেছিল মহাসমুদ্রে ১৯১৪ সালে। আগেই বলেছি, এখনও বলছি এইসব ঘরবাড়ি দেখে আমার মন ভরে না। একথা তো সবাই মানবে যে, যার যত পয়সা সে ততবড় বাড়িতে থাকব। এতে বিস্ময় বা অহঙ্কার করার কী আছে, আমি বুঝতে পারি না!

আরও অনেক বড়সড় বাড়ি চোখের সামনে এসেছে। আমি ও মমতা এদের মালিকানা নিয়ে আর মাথা ঘামাইনি। তবে পাহাড়ের আঁকাবাঁকা রাস্তা দিয়ে বাসে চড়ে ঘুরে বেড়াতে বেশ ভালই লাগছিল। পৃথিবীর সর্বত্রই আমরা কর্মব্যস্ত। আর সেই কর্মের ফলস্বরূপ পাওয়া মহামূল্যবান দ্রব্যসামগ্রীতে আমাদের নানা আকারের বাড়ি ভরিয়ে ফেলে কোলাহল তুলে ঢক্কানিনাদে সারা বিশ্বকে এটা জানাতে পারলে খুশি হই, বলতে চাই "দেখো আমার কত আছে।"

এই ঢক্কানিনাদের ফল আশানুরূপ না হলে আমরা হতাশ হয়ে সারা বিশ্বকে গালিগালাজ করে বলি—তোমাদের রুচিবোধ নেই। তাই আমার এইসব দ্রব্য সামগ্রীর মর্ম তুমি বুঝতে পারছ না। এইসব জিনিস থেকে যখন চোখ প্রকৃতির দিকে চলে যায় তখন হঠাৎ হঠাৎ যেন একটা অদ্ভুত অনুভূতি মনের কোণে জমা পড়ে। বিশ্বের যেখানেই হোক না কেন, বৈচিত্র্যের যেন আদিও নেই অন্তও নেই। একে ধরা যায় না। লক্ষ কোটি যুগ হতে প্রকৃতি তার সৌন্দর্য বিস্তার করে রয়েছে সারা পৃথিবীব্যাপী। আমাদের চোখ আছে কিন্তু আমরা উপলব্ধির অভাবে এর মর্ম বুঝতে পারি না। একথা মানতে হবে চোখ থাকলেই দেখা যায় না। এর সঙ্গে মন যুক্ত হওয়া চাই। একবার এই প্রকৃতির দিকে মন দিয়ে তাকিয়ে দেখলে মনে হয় আমরা কত নিষ্ঠুর। আমাদের ব্যক্তিগত সুখের জন্য এই প্রকৃতিকে ধ্বংস করে চলেছি। মাঝে মাঝে প্রকৃতি যখন বিদ্রোহ করে তখন আমরা দিশেহারা হয়ে পড়ি।

কয়েকঘণ্টা বাসে চড়ে ঘোরাঘুরির পর হোটেলে ফিরে এলাম। পরেরদিন লস এঞ্জেলেসের ইউনিভার্সাল স্টুডিওতে যাওয়ার কথা।

যথাসময়ে ট্যাক্সি করে স্টুডিওতে গিয়ে পৌঁছলাম। এখানে অনেক কিছু দেখার আছে। বিশেষ করে যন্ত্রকৌশল সুচারুরূপে সম্পন্ন করবার

পদ্ধতি বহুকাল ধরেই আয়ত্তাধীন হয়েছে। এখন তো সব কিছুই বিদ্যুৎবেগে এগিয়ে চলেছে এই যন্ত্রকৌশলের ক্রমাগত উন্নতির ফলে। যেন বিস্ময়ের আর শেষ নেই। বেশ কয়েকটি জিনিস দেখার আছে। ইউনিভার্সাল স্টুডিওতে পৌঁছে হাঁটতে হাঁটতে, "আউটডোর মুভি স্টুডিও" দেখা গেল। এইসব বিভিন্ন স্টুডিওতে অনেক সময়ই শুটিং চলতে থাকে। কিছু ডলার খরচ করে ট্রামে চড়ে মুভি স্টুডিওর পেছনে ঘোরাঘুরি করা যায়। আমরা যেদিন গিয়েছিলাম সেদিন জানলাম কোনো ছবি তোলা হচ্ছে না।

থিম পার্কে গাড়িতে চড়ে ঘুরে ও নানা প্রদর্শন দেখে বেশ আনন্দ পাওয়া গেল। হাঁটা পথে ইউনিভার্সাল নগর ভ্রমণ এই পার্কের একটি অন্যতম আকর্ষণ। এখানে পাশাপাশি নানা দেশের নগর চোখে পড়ে। লন্ডন, প্যারিস, রোম, বার্লিন ইত্যাদি পাশাপাশি তৈরি করা হয়েছে। এক নতুন অভিজ্ঞতা হল আমাদের। ফিল্ম স্টুডিও ও থিম পার্ক নিয়ে ইউনিভার্সাল স্টুডিও হলিউড।

এটি একটি ব্যবহারযোগ্য অতি প্রাচীন ও বিখ্যাত হলিউড ফিল্ম স্টুডিও। এই স্টুডিও লস এঞ্জেলেসের আমোদ প্রমোদের রাজধানী হিসেবে পরিচিত। ট্রামে করে বিশ্ববিখ্যাত স্টুডিও ট্যুর প্রবাদপ্রতিম আকর্ষণ।

এই ট্রামে চড়ে আমরা দেখতে পেলাম 'সাইকো' , 'জস' ও আরও কয়েকটি সিনেমার সেট। এরপর বিস্ময়কর ঘটনা নকল ভূমিকম্প। কুড়ি মিনিটের অভিজ্ঞতা। ৮.৩ ম্যাগনিটিউডের ভূমিকম্প। এই ভূমিকম্প দেখে মনে ভয় জাগল না। বরং আরামদায়ক সাবওয়ে ট্রেনের ভেতর বসে এটি উপভোগ করা গেল। এরপর দেখলাম আশেপাশে চারিদিকে দাউ দাউ করে আগুন জ্বলে উঠল। সেটাও বসে বসে দেখা গেল। এইসব ঘটার কিছুক্ষণের মধ্যেই সব ঠিকঠাক হয়ে গেল অর্থাৎ ভূমিকম্পে ভেঙ্গে যাওয়া ঘরবাড়ি আবার নিমেষের মধ্যে আগের আকৃতি ধারণ করল। এছাড়া আগুন নিভতেও বেশি সময় লাগল না। বন্যার ক্ষেত্রেও একই ব্যাপার ঘটল। জল সরে গিয়ে চারিদিকে আগের আকার ধারণ করল।

সব শেষে আমাদের চোখের সামনে একটা ধাবমান ট্রেনের অ্যাকসিডেন্ট প্রত্যক্ষ করলাম। এখানেও দেখা গেল লাইনচ্যুত ট্রেনটা আবার আগের মতো লাইনের ওপর উঠে এল। এসব ভোজবাজির মতো ঘটে গেল।

এছাড়া আমরা আলফ্রেড হিচককের "সাইকো" ছায়াছবির বাড়িটি দর্শন করলাম। এই ছবিটি ১৯৬০ সালে নির্মিত হয়েছিল। সেইসময় কলকাতায় সম্ভবত মেট্রো সিনেমা হলে এই "সাইকো" ও কিছু পরে "দ্য বার্ডস" দেখেছিলাম। "দ্য বার্ডস" ছায়াছবিটি ১৯৬৩ সালে নির্মিত হয় আলফ্রেড হিচককের পরিচালনায়।

এরপর দেখলাম জলের নীচের দৃশ্য। অর্থাৎ মেট্রো গোল্ডউইন মেয়ারের জলের চৌবাচ্চায় শার্কের খাঁচাকে আক্রমণ করার দৃশ্য।

অবশ্য প্রথমে কম অভিজ্ঞতাসম্পন্ন পরিচালক স্পিলবার্গ শার্কের এই আক্রমণের দৃশ্যটি শুরু করেছিলেন ২ রা মে ১৯৭৪ সালে মার্থার ভাইন ইয়ার্ড দ্বীপ ম্যাসাচ্যুসেটস্-এ। কিন্তু এই ছবি তুলতে গিয়ে আয়-ব্যয়ের হিসাবে ব্যয় আয়ের থেকে অনেকগুণ এগিয়ে যায়। স্পিলবার্গ যখন এই সমস্যার কথা জানতে পারেন, তখন তিনি চলচ্চিত্র বিষয়ে নিজের জ্ঞানের অপূর্ণতা ও অনভিজ্ঞতার কথা বুঝতে সমর্থ হন।

তাই পরবর্তীকালে চৌবাচ্চা বা পুকুরে 'শার্ক'-এর দৃশ্যটি নেওয়া হয়।

আমি ও মমতা অনেকদিন আগে টিভিতে এই ছায়াছবিটি দেখেছিলাম। আমরা ভেবেছিলাম আটলান্টিক মহাসমুদ্রে ওই দৃশ্যটি নেওয়া হয়েছিল। চাক্ষুস দেখার পর আমাদের এই ভুল ভাঙল। বুঝলাম সিনেমাতে অনেক ফাঁকিবাজি, যেগুলো খুব সহজে আমাদের চোখে পড়ে না।

এই অল্পদিনে যতটা সম্ভব দর্শনীয় স্থান দেখা গেল। তবে হয়তো অনেক কিছু বাকি রয়ে গেল। তা নিয়ে আমার কোনো আক্ষেপ নেই। পরের দিনই আমেরিকা যুক্তরাষ্ট্র থেকে যুক্তরাজ্যে ফিরে আসার দিন। যুক্তরাজ্য এখন আমার কর্মস্থল। পরেরদিন আসতেই সন্ধের দিকে বাক্স-প্যাঁটরা নিয়ে

আমরা চারজন লস এঞ্জেলস বিমান বন্দরের দিকে ট্যাক্সি চড়ে ধাবমান হলাম। এখানেই প্রথম আমেরিকা ভ্রমণের পরিসমাপ্তি ঘটল।

বার্সিলোনা

২০০৩

২০০৩-এ বার্সিলোনা ভ্রমণ। বার্সিলোনা বিমানবন্দর থেকে, আগে থেকে বন্দোবস্ত করা নির্দিষ্ট হোটেলের দিকে রওনা হলাম। ট্যাক্সিতে চড়ে সময় লাগল পনেরো থেকে কুড়ি মিনিটের মতো। দূরত্ব কুড়ি কিলোমিটারের মধ্যে। হোটেলটির নাম "ইউরোস্টারস্ গ্র্যান্ড মেরিনা হোটেল"। এটি পাঁচ তারকা বিশিষ্ট। এই হোটেল সারা বিশ্বের বিলাসবহুল হোটেলগুলোর মধ্যে অন্যতম। সংখ্যায় আমরা চারজন। আমি মমতা ও আমাদের দুই মেয়ে সুদেষ্ণা ও লুনা। সুদেষ্ণা ও লুনা কয়েকবছর আগেই ডাক্তারি পাশ করেছে। ওরা দু-বোনে স্যুইটের একটা বড়সড় ঘর পেয়েছে। আমার ও মমতার ঘরটাও একই রকম। দু-টি ঘরের জন্য একটি বড়সড় বসার ঘরও পেয়েছি।

আমাদের দু-টো "বাথরুম" বেশ পরিষ্কার পরিচ্ছন্ন ও আধুনিক। বসার ঘর থেকে মনোমুগ্ধকর সমুদ্র দর্শন অত্যন্ত আকর্ষণীয়। এছাড়া আমরা ওখানে পৌঁছনোর দিন থেকেই চোখে পড়ল একটি বিরাট আয়তনের বিলাসবহুল জাহাজ সমুদ্রে নোঙ্গর করা অবস্থায় রয়েছে। প্রথমে বুঝতেই পারিনি যে একটি সচল জাহাজ এখন অচল অবস্থায় রয়েছে। যখন বোধগম্য হল তখন আমাদের মন আনন্দে নেচে উঠল। ভাবলাম আমরা যে ক-দিন আছি, এর মধ্যেই হয়তো এই বিশাল জাহাজটি কোনো এক অজানা পথে পাড়ি দেবে। খানিকক্ষণ পর জেটিটিও চোখে পড়ল। মনে হল লোকজন ওঠানামা করছে। জায়গাটা আলোয় আলোয় ভরা।

সে রাত্রে হোটেল রেস্তোরাঁ থেকে খাওয়া দাওয়া সেরে ক্লান্ত দেহে বিছানায় গিয়ে পড়লাম। সকাল বেলায় অসময়ে ঘুম ভাঙার পর আমরা স্নানাদি সেরে ব্রেকফাস্ট রুমের দিকে পা বাড়ালাম। প্রাতরাশের অবস্থা খুবই ভাল। খাওয়া দাওয়ার পর আশেপাশে ঘুরতে বেরোলাম। সমুদ্রের দিকে যাওয়া ঠিক করলাম। দিনের বেলায় প্রচুর লোককে ঘোরাফেরা করতে দেখা

গেল। ওখানকার অনেকগুলো ছবি তোলা হল আমাদের সবাইকে নিয়ে। ঘোরাঘুরি করতে করতেই বেলা তিনটে বেজে গেল। হোটেলে পৌঁছে রিসেপশনে জিজ্ঞেস করলাম বাইরে কোথায় ভাল খাওয়ার ব্যবস্থা আছে। হোটেল অভ্যর্থনাকারীদের সাহায্যে ট্যাক্সি জোগাড় হল।

ট্যাক্সি ড্রাইভার আমাদের খানিকনটা দূরে নিয়ে গিয়ে একটা 'পাব' কাম রেস্তোরাঁর কাছে ছেড়ে দিল। আমরা চারজনে রেস্তোরাঁর দিকে এগিয়ে গেলাম। হোটেলের অভ্যর্থনাকারী মারফৎ আগেই জেনেছিলাম এদের চিংড়ি মাছের রান্না বিখ্যাত। রেস্তোরাঁর পরিবেশনকারী ব্যক্তিরাও একই কথা বলল। "অর্ডার" দেওয়া হল সর্বসম্মতিক্রমে। কিছুক্ষণ অপেক্ষা করার পর দেখলাম এক বিশাল থালা ভর্তি চিংড়ি মাছ এসে হাজির। দেখে আমাদের চক্ষু চড়ক গাছ। আমরা ভেবে পেলাম না, এত চিংড়ি মাছ চারজনে খাওয়া সম্ভব কী করে।

মনে হয় এটা ওদের সমস্যা নয়। যতটা সম্ভব খাওয়া যায় খাওয়া গেল। সঙ্গে আরও আনুষাঙ্গিক খাবারদাবার ছিল। তবে সেগুলো সাধারণ খাবারদাবার। তাই সবাইকে চিংড়ির দিকে মনোনিবেশ করতে হল। সবাই অনেকটা চিংড়ি খাওয়ার পরও দেখলাম এখনও অনেকটা অবশিষ্ট আছে। বাধ্য হয়ে হার স্বীকার করতে হল। মনে হল যেন চিংড়িগুলো আমাদের দিকে তাকিয়ে ব্যঙ্গ করছে। যেন বলছে চিংড়ি খাওয়ার সখ মিটল তো? কিছুক্ষণ বাদে "বিল" আমাদের সামনে হাজির করা হল। বিল দেখে চক্ষুস্থির। তিনশো ইউরোর একটা বিল ধরিয়ে দিয়েছে। এমন একটা সাধারণ মাপের দোকানে এইরকম খাবারের জন্য এত বেশি মূল্য নেবে কেউ ধারণাই করতে পারবে না। কোনও রকমে নিজেদের রাগ সামলে ইউরো ধরিয়ে দোকান থেকে বেরিয়ে আমরা সবাই প্রতিজ্ঞা করলাম অচেনা জায়গায় অন্য কারোর নির্দেশে কোনও কিছু কেনাকাটা করব না। নিজেরাই ঠিক করব কোথায় গেলে ভাল হবে। সত্যি কথা বলতে কি পৃথিবীর সর্বত্রই তো এখন একই ধরনের দোকানপত্র দেখা যায়। খাবার দোকান, জামাকাপড়, জুতোর দোকান, শাকশব্জি ফলের দোকান থেকে আসবাবপত্রের দোকান আরও কত কী! এই

তালিকার আর শেষ নেই। ফেলো কড়ি, কেনো যা ইচ্ছে তাই। এখন আবার ক্রেডিট কার্ডের দৌলতে আর একটা বাড়তি সুবিধে পাওয়া যায় যদিও এতে বিপদও আছে। "ক্রেডিট লিমিট" অনেকটাই দেওয়া থাকে তাই কিছু বেহিসেবি ব্যক্তি লোভে পড়ে প্রচুর জিনিসপত্তর কিনে ফেলে তারপর এই ধার শোধ দেবার সময় গলদঘর্ম হয়ে 'ছেড়ে দে মা কেঁদে বাঁচি' অবস্থায় পড়ে। অবশ্য এদের মুক্তি দেবার জন্য অনেক 'মধুসূদন দাদা' সংগঠন আছে যারা নানা উপায়ে এদের ধার শোধের ব্যাপারে ব্যবস্থা নেয়।

আমাদের সেসব কোনো ব্যাপার ঘটেনি। তবে আমাদের সবাইকে যে বোকা বানিয়েছে, সে বিষয়ে কোনো সন্দেহ নেই। আমরা খাবারের দোকান থেকে বেরিয়ে ট্যাক্সি করে গিয়ে নগরীর মধ্যস্থলে গিয়ে হাজির হলাম। চিংড়ি মাছের বৃত্তান্ত ভুলে এখন কিছু প্রয়োজনীয়, নাকি অপ্রয়োজনীয়, জিনিসপত্তর কেনাকাটা করা যাক। বেশ কিছুদিন ধরে একটা ভাল "রিস্টওয়াচ" কেনার ইচ্ছে। একটা ঘড়ির দোকান চোখে পড়ল। বেশ কয়েকটা ঘড়িও দেখলাম। কোনটাই পছন্দ হল না। তখন আমি অন্যান্য ঘড়ির দোকান দেখতে লাগলাম। মমতা, সুদেষ্ণা ও লুনাকে বললাম, 'তোমরা মেয়েদের দোকানে ঢুকে পড়ো। আমার কোনো ঘড়ি পছন্দ হলে তোমাদের ডাকব।' খানিকক্ষণ ঘোরাঘুরি করার পর একটা ঘড়ি পছন্দ হল। বিশেষ করে এই ঘড়িটির আকৃতির জন্য। এটি একটা ত্রিকোণ বিশিষ্ট ঘড়ি। নাম হ্যামিলটন ভেনটুরা অটোমেটিক। ১৮৯২ সালে এই ঘড়ি তৈরি হয় যুক্তরাষ্ট্রের ল্যাংকেস্টার পেনসিলভানিয়ায়। মমতা ও মেয়েদের ডেকে এনে ঘড়িটা দেখালাম। ওদের পছন্দ হল। যতদূর মনে পড়ছে, তখন এই ঘড়িটির দাম ছিল পাঁচশো ইউরো। দেখলাম ইতিমধ্যে মমতা, সুদেষ্ণা ও লুনা কিছু কেনাকাটা করে নিয়েছে।

এই হ্যামিলটন ঘড়িটি মণিবন্ধে বেঁধে নিয়ে মনের আনন্দে আমরা শপিং সেন্টার ঘুরপাক খেতে থাকলাম। ঘণ্টা দুই ঘুরপাক খাওয়ার পর ক্লান্ত হয়ে হোটেলে ফিরে এলাম। পরেরদিন বার্সিলোনায় দর্শনীয় স্থান পরিদর্শন করার পরিকল্পনা করা হল। পরের দিন উপস্থিত হলাম যেখানে, সেখানে

রোম সভ্যতার ধ্বংসাবশেষ দিয়ে শুরু, সেখান থেকে উপস্থিত হওয়া গেল মধ্যযুগীয় নগরীতে ও সবশেষে আধুনিক নগরীতে। কয়েক মুহূর্তের মধ্যে অতিপ্রাচীন, প্রাচীন ও আধুনিকতার সঙ্গে পরিচয় ঘটল। ঐতিহাসিক নগরীর কেন্দ্রস্থল সমতলের ওপর প্রতিষ্ঠিত কিন্তু আধুনিক নগরীর কেন্দ্রভূমি নিজেকে ছড়িয়ে দিয়েছে চারিদিকে—পাহাড়ের দিকে। খাড়া রাস্তাগুলি পাড় হিসেবে শোভা পাচ্ছে চারিদিকে। অদ্ভূত এক শিহরণ জেগে ওঠে অতি প্রাচীন, প্রাচীন ও আধুনিক নগরীকে পাশাপাশি দেখতে পাওয়ার ফলে। অবশ্য আমাদের ভারতবর্ষেও তো নানা সভ্যতার সংমিশ্রণ ঘটেছে। প্রতিমুহূর্তেই তো ইতিহাস সেখানে চোখের সামনে উপস্থিত হয়।

যাইহোক এবার আমরা একটা গির্জা দেখতে পেলাম যেটা তখনও নির্মাণের পথে। যে কোনো বাড়িঘর তৈরীর নিয়মানুযায়ী সেখানে প্রচুর লোকজন কর্মরত। কোনো কোনো জায়গায় জল জমে আছে। আমাদের সাবধান করে দেওয়া হল যাতে আমাদের পতন না ঘটে। দেখলাম চারিদিকে ভারা বাঁধা আছে। যেখানে সিঁড়ি তৈরি করা হয়েছে সেই সিঁড়ি দিয়ে উঠে গির্জার দেওয়ালের কারুকার্য দেখলাম, অবশ্য এখনও কাজ অনেক বাকি, দেখতে দেখতে অনেকটা সময়ই কেটে গেল। এরপর লা রামব্লা (La Rambla) দিয়ে হাঁটতে হাঁটতে চোখে পড়ে পৃথিবী বিখ্যাত অপেরা হাউস এল্ লিসিউ (El Liceu), লা বোকেরিয়ার (La Boqueria)। খাবারের বাজার ও প্লাকা রিয়াল (Placa Real)।

এছাড়া সব শেষে মোম মিউজিয়াম। এখানে আবার এত সৌন্দর্যের ছড়াছড়ির মধ্যে পকেটমারের দিকে খেয়াল রাখা দরকার হয়ে পড়ে। যাইহোক পরের দিন সকালে এদের বিখ্যাত ফুটবল স্টেডিয়াম দেখার জন্য হোটেল থেকে বের হলাম। ভেতরে ঢুকে স্টেডিয়ামের "প্যানোরোমিক দৃশ্য" বা বিস্তৃত দৃশ্য খেলার মাঠের ছাউনিযুক্ত গ্যালারি থেকে দেখা হল। স্টেডিয়ামে কিছুক্ষণ ঘোরাঘুরির পর বাইরে বেরিয়ে এলাম। রোদ ঝলমলে দিন। মৃদুমন্দ শীতল বাতাসের স্পর্শ পাওয়া যাচ্ছে মাঝে মাঝে।

বার্সিলোনা ভূমধ্যসাগরের ওপর সবচেয়ে বড় প্রধান নগরী। এই নগরী সারা পৃথিবীর মধ্যে প্রধান পর্যটন, অর্থনৈতিক ব্যবসাবাণিজ্য, সাংস্কৃতিক ও খেলাধুলা সম্পর্কীয় কেন্দ্র হিসেবে অন্যতম। যে দেশেই যাই না কেন কতটুকুই বা দেখা সম্ভব? কারণ আমাদের হাতে থাকে গোনা কয়েকটা দিন। "বিপুলা এই পৃথিবীর" কতটুকুই বা এই ক্ষুদ্র মস্তিস্কে ধারণ করা যায়। তাই তৃপ্তি ও অতৃপ্তির মাঝামাঝি এক অবস্থানে থেকে হোটেল থেকে বার্সিলোনা বিমানবন্দরের দিকে যথাসময়ে রওনা দিলাম। যাওয়ার পথে আমি, মমতা, সুদেষ্ণা ও লুনা দু-দিকের দৃশ্য দেখতে দেখতে বিমানবন্দরে গিয়ে উপস্থিত হলাম।

নিউ ইয়র্ক

মার্চ ২০০৪

ব্রিটেনের আবহাওয়া অনুযায়ী বসন্তকালের শুরু কিন্তু ভারতবর্ষের সঙ্গে তুলনা করলে বলতে হয় ওই সময় ব্রিটেনের হাড়কাঁপানো ঠান্ডা থেকে খানিকটা অব্যাহতি পাওয়ার সম্ভবনা থাকে। এবার আমাদের গন্তব্যস্থান নিউ ইয়র্ক। লস এঞ্জেলেস-এ গিয়েছিলাম দু-বছর আগে। সে বারের মতো এবারও আটলান্টিক মহাসমুদ্র পার হতে হবে। সময় লাগবে আট ঘণ্টা। যথাসময়ে হিথরো থেকে বিমানের পেটে আশ্রয় নিলাম। আমি, মমতা, সুদেষ্ণা ও লুনা। এবারেও রাতের অন্ধকারে আটলান্টিক মহাসমুদ্রের ওপর দিয়ে এই বিমান আমাদের অর্থাৎ দু-শো পঞ্চাশ/ষাট জন যাত্রীকে নিয়ে উড়ে যাবে। প্রথমবার বিমানযাত্রী হিসেবে যে উত্তেজনা থাকে পরের বার আর তা থাকে না। বিমানের ভেতর একঘেয়েমির যন্ত্রণা এতটাই সহ্য করতে হয় যে আকাশপথে দীর্ঘযাত্রা কিছুক্ষণের মধ্যে ক্লান্তিকর ঠেকে। এই ক্লান্তিকে ঠেকিয়ে রাখার ব্যবস্থা রয়েছে। সম্ভবত ক্ষণে ক্ষণে খাদ্যবস্তু মুখের সামনে তুলে ধরা। অবশ্য এক শ্রেণীর মানুষ আছে যারা যেখানে সেখানে যখন তখন ঘুমিয়ে পড়তে পারে। এইসব বিমানযাত্রী সহজেই বিমানযাত্রাকে সহনীয় করে তোলে। আমরা কেউই কোনোদিন ঘুমকাতর নই। ভোরের দিকে হয়তো ঝিমিয়ে পড়েছিলাম। হঠাৎ ঘোষকের কণ্ঠস্বরে ঘুম ভেঙ্গে গেল। বুঝলাম কিছুক্ষণের মধ্যেই এই বিমান জে.এফ কেনেডি বিমানবন্দরের ভূমি স্পর্শ করবে। জানলার বাইরে দৃষ্টি নিক্ষেপ করে দেখতে পেলাম নিউ ইয়র্ক নগরীর 'প্যানোরোমিক ভিউ' অর্থাৎ কিছুটা উচ্চতা থেকে বা দূরত্ব থেকে যখন সমগ্র স্থানটি পরিপূর্ণভাবে চোখের সামনে ধরা পড়ে। নিউ ইয়র্ক এখন লন্ডনের স্থান অধিকার করে পৃথিবীর অর্থনৈতিক রাজধানী হিসেবে পরিচিত।

যথাসময়ে আমাদের বিমান নিউ ইয়র্কের বিমানবন্দরে অবতরণ করল। হোটেলে যাওয়ার জন্য গাড়ির ব্যবস্থা করা ছিল। সুদেষ্ণা ও লুনা

অনেক পরিশ্রম করে সব ব্যবস্থা করে রেখেছিল। চেক আউট করে বেরিয়ে এসে আমরা কাউকে দেখতে পেলাম না। সাধারণত যাত্রীদের লেখা একটা ছোট বোর্ড নিয়ে ট্যাক্সি ড্রাইভাররা দাঁড়িয়ে থাকে। অনেক নামের মধ্যে আমাদের নাম কোথাও চোখে পড়ল না।

ফোন করে জানা গেল ট্যাক্সি ড্রাইভার ভীড়ে আটকে পড়েছে। পনেরো কুড়ি মিনিটের মধ্যে এসে হাজির হবে। যাইহোক একটা ছোটখাটো আশঙ্কা থেকে মুক্তি পাওয়া গেল। বিমানবন্দরে কিছুক্ষণ ঘোরাঘুরি করতে না করতেই ড্রাইভারের দেখা পাওয়া গেল। কৃষ্ণবর্ণের ড্রাইভার। দেরি হওয়ার জন্য দুঃখ প্রকাশ করল। সুদেষ্ণা ও লুনা আগেই জানত এই ট্যাক্সিটি বিশাল লিমুজিন। দু-বছর আগে লস এঞ্জেলস-এ লিমুনিজ চড়ার অভিজ্ঞতা হয়েছিল। ভাবলাম এই লিমুজিনের গায়ে গা ঠেকিয়ে দু-একটা ছবি তোলা যাক। আমাদের চালাক মহাশয়কেও আমাদের সঙ্গে দাঁড়াতে বললাম। লোকটি প্রথমে খানিকটা ইতঃস্তত করলেও পরে রাজী হল। মনে হল যাত্রীরা কেউ সাধারণত ড্রাইভারের সঙ্গে ছবি তোলে না। যথাসময়ে লিমুনিজের পেটে ঢুকে হাত পা ছড়িয়ে বসে গেলাম। বেশ খানিকটা সময় অর্থাৎ প্রায় পঁয়তাল্লিশ মিনিট লাগল ওয়ালডর্ফ অ্যাসটোরিয়া হোটেলে পৌঁছতে। দূরত্ব পনেরো ষোলো মাইল। এই হোটেলটি পাঁচ তারকা বিশিষ্ট ম্যানহাটনের বিলাসবহুল হোটেল হিসেবে পরিচিত। চব্বিশে এপ্রিল ১৮৯৪ সালে স্বামী বিবেকানন্দ বোস্টন থেকে ফিরে এসে প্রথম বক্তৃতা দিয়েছিলেন নিউ ইয়র্কের এই বিখ্যাত হোটেলে। এই ঘটনাটি আমাদের জানা থাকায় অদ্ভূত ধরনের আনন্দের শিহরণ জেগে উঠেছিল আমাদের সবার শরীরে ও মনে। স্বামী বিবেকানন্দের মতো মনীষীর যেখানে পদধূলি পড়েছিল সেই স্থানটি কোটি কোটি হোটেলের মধ্যে একটি হলেও পবিত্র স্থান হিসেবে বিবেচিত বলেই আমি মনে করি।

এখানে পাঁচদিনের অবস্থান। এই হোটেলটি বিলাসবহুল হোটেল হলেও আমাদের ঘর দু-টোতে কিছু ছোটোখাটো সমস্যা ছিল। হোটেল কর্তৃপক্ষ জানাতে শুধু মেরামতের ব্যবস্থা করে দিয়ে থেমে গেল তাই নয়, আমরা যে ক-দিন ছিলাম সেই কয়দিনের প্রাতরাশ আমাদের সবাইকে বিনামূল্যে বিতরণ

করা হল। অভিজাত তন্ত্রের নিয়মাবলী মেনেই এই ব্যবস্থা করা হল। সুতরাং এই হোটেলের বিরুদ্ধে আমাদের কোনো অভিযোগ নেই। হয়তো আমারা সবাই খরচে স্বভাবের বলেই এইরকম হোটেলে গিয়ে থাকার স্পর্ধা দেখিয়েছিলাম। অবশ্য এখানেও পৃথিবীর সব বড় বড় হোটেলের মতে ঘরের শ্রেণী বিভাগ আছে।

এই পাঁচদিনে আমাদের গন্তব্য স্থান ছিল।

(১) এম্পায়ার স্টেট বিল্ডিং

(২) স্ট্যাচু অব লিবার্টি

(৩) ৯/১১ মেমোরিয়াল

(৪) ব্রডওয়ে থিয়েটার

(৫) ওয়ার্লড ট্রেড় সেন্টার

(৬) হাডসন নদীতে জাহাজে করে ইতস্তত ভ্রমণ

আমরা সার্কল লাইনের জাহাজে আড়াই ঘণ্টা ভ্রমণ করেছিলাম।

এম্পায়ার স্টেট বিল্ডিং—এই বিল্ডিংটি ১০৩ তলা গগনচুম্বী প্রাসাদ।

নিউ ইয়র্ক নগরীর মিড টাউন ম্যানহাটনে এর অবস্থান। এই অট্টালিকাটি পৃথিবীর সবচেয়ে উঁচু বলে পরিচিত ছিল।

এরপর ওয়ার্লড ট্রেড সেন্টারের উচ্চ টাওয়ার সত্তর দশকের শেষ দিকে তৈরি হয়। কিন্তু ১১ই সেপ্টেম্বর ২০০১ সালে এই টাওয়ারটি আক্রান্ত হলে সেইসময় আবার দ্য এম্পায়ার স্টেট বিল্ডিং উচ্চতম আসন দখল করে। এখন আরেকটি ওয়ার্লড সেন্টার ৩০ শে এপ্রিল ২০১২-তে সেটির থেকেও বেশি বেশি উচ্চতা প্রাপ্ত হয়েছে। "দ্য আমেরিকান স্টেট বিল্ডিং" আধুনিক বিশ্বে সপ্তম আশ্চর্যের মধ্যে একটি হিসেবে ধরা হয়। এই আকাশচুম্বী অট্টালিকা থেকে চারিদিকে ছড়ানো ম্যানহাটন দৃষ্টিগোচর হয়। অবশ্য আজকের যুগে আকাশচুম্বী অট্টালিকা সারা পৃথিবীতে ছড়াছড়ি। সেইসব অট্টালিকার শেষ ধাপে উঠলে নানা নগর, শহর ও গ্রামের পরিপূর্ণ ছবি চোখের সামনে এসে হাজির হয়। বিমান যখন নীচের দিকে নামতে থাকে সেখান থেকেও এই দৃশ্য দেখা যায় ঠিকই তবে তার স্থায়িত্ব কয়েক মিনিটের জন্য হওয়ার ফলে

ভালভাবে আমাদের দৃষ্টিগোচর হয় না। এরপরের গন্তব্যস্থান ওয়ার্লড ট্রেড সেন্টার। কিন্তু দুঃখের বিষয় ২০০৪ সালে এই সেন্টারের কোনো অস্তিত্ব নেই।

২০০১ সালের ১১ই সেপ্টেম্বর দিনটি স্পষ্ট মনে আছে। সেদিন মঙ্গলবার। আমার সার্জারিতে সেদিন একটা ছোটোখাটো আলোচনা সভার ব্যবস্থা করা হয়েছে অপরাহ্ণ তিনটে নাগাদ। কোনো একটি ডাক্তারি বিষয়ে আলোচনা। এই সভার পরিচালক আমি ঠিকই কিন্তু যিনি প্রধান ব্যক্তি তিনি স্থানীয় হাসপাতালের মেডিক্যাল বিভাগের একজন বিশেষজ্ঞ ডাক্তার। তিনি বেশ কিছুক্ষণ কোনো একটি ডাক্তারি বিষয়ে বক্তৃতা দেবেন এইরকম ব্যবস্থা ঠিক করা আছে। আমি ও অন্যান্য ডাক্তাররাও নানা সমস্যার কথা ওই বিশেষজ্ঞ ডাক্তারকে জানাব এবং ওইসব সমস্যার কীভাবে উন্নতিসাধন করা যায় সে ব্যাপারে তার সুচিন্তিত মতামত জানাবেন। এইসব আলোচনা সভা আমাদের ডাক্তারি কাজের অনুসন্ধিৎসু মনের পরিচায়ক বিষয় হিসেবে পরিচিত। আমরা যারা কমিউনিটির ডাক্তার তাদের স্থানীয় হাসপাতালের বিশেষজ্ঞ ডাক্তারের সঙ্গে যোগাযোগ স্থাপনের প্রয়োজন হয়। তাই সারাবছর ধরে এইসব নানা ধরনের বক্তৃতা আলোচনা সভার ব্যবস্থা আছে। সেদিন অর্থাৎ ১১ই সেপ্টেম্বর আমি টেলিভিশনে খরব শুনছি। তখন সময় দুপুর দেড়টা থেকে দু-টোর মধ্যে। হঠাৎ দেখলাম একটা বিমান আমেরিকার একটি আকাশচুম্বী অট্টালিকাকে আঘাত করল। যদিও আগে বলেছি খবর শুনছি, কিন্তু বেশিরভাগ সময়েই দেখা যায় এই খবর শোনা বা টেলিভিশনে অন্য কোনো অনুষ্ঠান দেখার সময় অন্যমনস্ক হয়ে পড়ি। এক্ষেত্রেও সেই অবস্থাই ঘটেছিল। তাই ঘটনাটি মন দিয়ে অনুসরণ না করার ফলে ভেবেছিলাম হলিউডে হয়তো নতুন একটি ছায়াছবি বানিয়েছে যেখানে এরকম একটা দৃশ্য আছে। হলিউড তো এরকম কত ছবিই তৈরি করে চলেছে। কিন্তু একটু মনোযোগ দিতে বুঝতে পারলাম এই ঘটনাটি কোনো অবাস্তব ঘটনা নয়। এটি একটি অতি বাস্তব ঘটনা। কিছুক্ষণের মধ্যেই হাহাকারের শব্দ। ভীত সন্ত্রস্ত নারী পুরুষ চিৎকার চেঁচামিচি করতে করতে দিশাহারা হয়ে এদিক ওদিক ছিটকে পড়ছে। চোখের সামনে দেখতে পেলাম একটি টাওয়ার বিল্ডিং মাটির সঙ্গে ধীরে ধীরে

মিশে যাচ্ছে। এই ঘটনার পুনরাবৃত্তি ঘটতে থাকল। আর একটি বিমান একই পদ্ধতিতে অন্য একটি আকাশচুম্বী প্রাসাদোপম অট্টালিকাকে ধূলিসাৎ করল। ভাবলাম এটা কি একটি আকস্মিক ঘটনা। তাই বা কী করে হয়। একটা বিমান একটা অট্টালিকাকে দুর্ঘটনাবশত ধ্বংস করতে পারে। কিন্তু দু-দু-টো অট্টালিকা এর অল্প সময়ের ব্যবধানে ধূলিসাৎ হয়ে গেল তা কী করে সম্ভব।

কিছুক্ষণের মধ্যেই বুঝলাম, তা সম্ভব নয়। এটা একটি সন্ত্রাসবাদীদের সুপরিকল্পিত আক্রমণের পরিণতি। একই সঙ্গে চারটি জায়গায় এই ধরনের আক্রমণ ঘটেছিল। তিন হাজার লোকের মৃত্যু ঘটেছিল এই আক্রমণে।

আমরা ট্যাক্সিতে করে ওয়ার্লড ট্রেড সেন্টারের দিকে রওনা হলাম। পথে যেতে যেতে আমাদের কৃষ্ণবর্ণের ড্রাইভার অনেক কথা বলে গেল সেদিনের ভয়াবহ ঘটনা সম্পর্কে। তার মতে এই ঘটনার পর সারা আমেরিকাবাসী বুঝতে পেরেছে তাদের বিরুদ্ধ-শক্তি অর্থ, শারীরিক ও মানসিক শক্তিতে অত্যন্ত বলশালী। এই ভয়াবহ ঘটনা তাদের সজাগ করে দিয়েছে অনেক অনেক হাজার গুণ।

কিছুক্ষণের মধ্যে আমরা গন্তব্যস্থানে পৌঁছে গেলাম। ছবিতে দেখা "ওয়ার্লড ট্রেড সেন্টারের" চিহ্ন মাত্র। চোখে পড়ল তিন হাজার মৃত মানুষের খোদাই করা নাম। মৃত মানুষের আত্মার শান্তি কামনা করে জোড় হস্তে প্রণাম জানিয়ে আমরা কিছুক্ষণের মধ্যেই স্থান ত্যাগ করলাম।

সেদিন সন্ধেবেলায় ম্যানহাটনের ব্রডওয়ে থিয়েটারের আশেপাশে ঘোরাঘুরি করছিলাম। জানতাম এখানে কাউন্টারে দাঁড়িয়ে সঙ্গে সঙ্গে টিকিট পাওয়া অসম্ভব। যুক্তরাজ্যে অভিজ্ঞতা আছে লন্ডনের "ওয়েস্ট এন্ড" থিয়েটারে অনেকদিন আগে থাকতে টিকিট কাটতে হয়। হলের বাইরে দাঁড়িয়ে দেখলাম "ফিডলার অন দ্য রুফ্" থিয়েটারে দেখানো হচ্ছে। সুদেষ্ণা ও লুনা বলল, 'আমরা তো আরও তিনদিন থাকব নিউ ইয়র্কে। একবার চেষ্টা করতে দোষ কী।' মমতাও আশা করল ও বলল, 'হ্যাঁ একবার জিজ্ঞেস করতে দোষ কী?' আমি বললাম, 'দেখো চেষ্টা করে, আমি এর মধ্যে নেই। আরও বললাম ওরা

হয়তো হাসবে আমরা দু-দিনের মধ্যে এই নাটকটি দেখব বললে।' ঠিক হল জিজ্ঞেস করতে দোষ কী?' ওরা জিজ্ঞেস করল, 'ঘণ্টাখানেকের মধ্যে "শো" শুরু হলে তোমাদের দেখার ইচ্ছে আছে?' আমরা ভাবলাম ঠাট্টা করছে নাকি। আমেরিকানরা কথা ভাল বলতে পারে, রসিকতাতেও ওস্তাদ। আমরা ভাবলাম এবার সত্যি কথাটা বলবে যে এত সহজে টিকিট পাওয়া যায় না। কিন্তু দেখলাম আমাদের কাছে একটা বিশেষ অঙ্কের ডলার চাইল। আমরা এগিয়ে দিতেই চারটে টিকিট ধরিয়ে দিল। আমাদের আনন্দ আর ধরে না। কিছুক্ষণের মধ্যেই হলের মধ্যে প্রবেশ করে নির্দিষ্ট স্থানে গিয়ে বসে পড়লাম।

বিংশ শতাব্দীর প্রারম্ভে ইহুদি ও গোঁড়া ক্রিস্টান অ্যানাটেডকা নামক জায়গায় বাস করত। এই ঘটনাটি রাশিয়ার বিপ্লবের আগের ঘটনা। বিবাহ, প্রেম, মিলন ইত্যাদি নানা ঘটনার সংযোগে ঘটনার পর ঘটনা।

পরেরদিন ঠিক হল আড়াই ঘণ্টা ধরে আমরা হাডসন নদীতে ভেসে বেড়াবো 'সার্কেল' লাইনের জাহাজে চড়ে। এই আড়াই ঘণ্টা সময়ের মধ্যে নদীতে "ম্যানহাটন" ভ্রমণ সম্পূর্ণ হবে।

পরেরদিন সকাল এগারোটার সময় নির্দিষ্ট স্থানে গিয়ে হাজির হয়ে কাউন্টারের সামনে দাঁড়িয়ে পড়লাম। সুদেষ্ণা ও লুনা সামনে ছিল, আমি ও মমতা পিছনে। লাইনে আর কোনো লোক ছিল না। যে আমেরিকান ব্যক্তিটি কাউন্টারের পিছনে বসেছিল, সে হঠাৎ উঠে চলে গেল। আমরা দাঁড়িয়ে থাকলাম। মিনিট দশেক পরে এসে আবার হাজির হল। কিছুক্ষণ ধরে দেখলাম ওর কর্মব্যস্ততা। মনে হল আমাদের ইচ্ছে করেই যেন লক্ষ্য করছে না। সুদেষ্ণা ও লুনার ধৈর্যের বাঁধ ভেঙ্গে গেল। ওরা বেশ বিরক্তির ভঙ্গিতে বলল, 'তুমি কি ইচ্ছে করেই আমাদের এড়িয়ে যাওয়ার ভান করছ, আমরা অনেকক্ষণ ধরে টিকিটের জন্য অপেক্ষা করছি।' লোকটিও বিরক্তির ভঙ্গীতে বলল, 'তোমরা কি বুঝতে পারছ না যে আমি ব্যস্ত আছি। সময় হলেই টিকিট পাবে।' সুদেষ্ণা ও লুনা এবার রেগে গিয়ে বলল, 'আমরা তো জানি তোমার কাজ খদ্দেরদের খুশি করা। তোমার এই খুশি করার কাজ অর্থের বিনিময়ে টিকিট দেওয়া।' লোকটি বিরক্তভাবে গজর গুজর করতে করতে তাচ্ছিল্যের

সাথে চারটে টিকিট আমাদের দিকে এগিয়ে দিল। আমরা আর কালবিলম্ব না করে গন্তব্যস্থানের দিকে এগোলাম। একথা সত্যি যে পৃথিবীর সবদেশেই কিছু লোক অন্য লোকের সঙ্গে অমার্জিত ব্যবহার করেই তৃপ্তি লাভ করে। একজন বা কয়েকজন কোন দেশের লোক তা দেখে সেই দেশকে বিচার করা যুক্তিযুক্ত নয়। এসব দেশে তো বটেই, এমনকী বেশিরভাগ দেশেই ব্যবসা বাণিজ্যের ক্ষেত্রে বিক্রেতারা ক্রেতার সঙ্গে পেশাদার সভ্যতা ভদ্রতা মেনে চলার চেষ্টা করে। এর ফলে এদের কর্মচারীরা সেইভাবেই শিক্ষাপ্রাপ্ত হয়। তবে কথায় আছে না "স্বভাব যায় না মলে, কয়লার কালি যায় না ধুলে"। কিছু কিছু লোক আছে তারা কখনই স্বভাব পাল্টায় না। বুঝলাম এই লোকটি সেই দলের। আমাদের আড়াই ঘণ্টার "ক্রুজ" জাহাজে চড়ে ইতস্ততঃ ঘোরা দশ পনেরো মিনিটের মধ্যে শুরু হবে "হাডসন" নদীর বুকের ওপর দিয়ে। হাডসন নদীর একদিকে ম্যানহাটন, অন্যদিকে নিউ জার্সি।

যথাসময়ে জাহাজ চলতে শুরু করে দিল, রৌদ্রস্নাত নিউ ইয়র্ক। খুবই আরামদায়ক আবহাওয়া, না ঠান্ডা না গরম। ম্যানহাটনের বেশ কিছু নয়নাভিরাম দৃশ্য দেখতে দেখতে আমাদের সময় কাটল। বসার জায়গা খুব একটা আরামদায়ক ছিল না। অবশ্য বেশিরভাগ সময় আমরা খোলা আকাশের নীচে দাঁড়িয়ে দাঁড়িয়ে নানাদৃশ্য দেখতে দেখতে এগিয়ে চললাম। একটু বাদে বাদেই ক্যামেরায় ছবি তোলা হতে থাকল। "ট্যুর গাইড" ম্যানহাটন সম্বন্ধে অনেক কথা বলে যাচ্ছিল কমা-ফুলস্টপ ছাড়াই। মনে হল নিউ ইয়র্কের পাহাড়প্রমাণ ঐশ্বর্যের জন্য অত্যন্ত গর্বিত। হাডসন নদীর ধারে ম্যানহাটনের বাড়িগুলি কেনার ক্ষমতা যে কেবলমাত্র মুষ্টিমেয় কয়েকজন বিপুল অর্থশালী ব্যক্তির পক্ষে সম্ভব সেকথা স্মরণ করিয়ে দিল। এই "গাইড" ব্যক্তিটি মহামূল্যবান জিনিসপত্তরের ব্যাপারেই আমাদের ওয়াকিবহাল করতে চাইছিল। আমরা অপেক্ষা করছিলাম কখন ম্যানহাটনে সূর্যাস্ত দেখা যাবে।

ম্যানহাটন দ্বীপ বারো মাইল লম্বা এবং দু-মাইল চওড়া। অবশ্য জল থেকে এই দ্বীপটি দেখতে খুবই মনোমুগ্ধকর।

বেশ খানিকটা ভ্রমণের পর স্ট্যাচু অব লিবার্টির (Statue of Liberty) কাছে এসে পৌঁছলাম। এই স্ট্যাচুটিকে বেষ্টন করে আমাদের চারিদিকটা দেখানো হল।

এই ছোট জাহাজটি দক্ষিণগামী হয়ে ভ্রমণের সময় আকাশচুম্বী অট্টালিকাগুলি দৃষ্টিগোচর হল বাঁদিকে, অন্যদিকে চোখে পড়ল নিউ জার্সি সমুদ্রতট। এই নিউ জার্সিতে অনেক ভারতীয় তথা বঙ্গসন্তানদের বাস। বেশিরভাগই বিখ্যাত ব্যক্তি পেশা বা ব্যবসার দিকে বিচারে। বেশ খানিকটা পরে দূরে দেখা গেল ইউনাইটেড নেশনের অট্টালিকা। একটা "ব্রিজ" পার হলাম। তারপর ওদের হিসেব মতো আমাদের এই ছোট জাহাজটি ঘরে ফেরার পালা শুরু করল। এবার "গাইড" মহাশয় মুখ বন্ধ করে অন্য কাজে ব্যস্ত হয়ে পড়ল। কিছুক্ষণের মধ্যেই ম্যানহাটনের সূর্যাস্ত দেখা গেল। একসময় দেখলাম আমাদের এই ছোট্ট জাহাজটি ঘাটে এসে ভিড়েছে। আমরা সবাই খুশি মনে ডাঙ্গায় পা রাখলাম। আর মাত্র একদিন হাতে। পরশুদিন রাত্রের বিমানে ইংল্যান্ডে ফিরে যাবার কথা। এক বিদেশ থেকে আরেক বিদেশে।

পরেরদিন রাখা আছে কিছু কেনাকাটার জন্য। এগারোটার মধ্যে প্রস্তুত হয়ে এদের বিখ্যাত "ডিপার্টমেন্ট স্টোরে" গিয়ে হাজির হলাম। অবশ্য এইসব দোকানপত্তর পৃথিবীর সর্বত্রই এক। আমরা সবাই কিছু না কিছু নিয়মমাফিক কিনলাম। সন্ধ্যাবেলায় ট্যাক্সিতে করে খানিকটা গিয়ে একটা চাইনিজ দোকান দেখে সবাই ঢুকে পড়লাম। খাওয়া দাওয়ার পরে বাইরে বেরিয়ে দেখি খুব জোরে জোরে বৃষ্টি শুরু হয়েছে। হঠাৎ ঠান্ডা পড়ে গেছে। বৃষ্টির ছাট ছুরির ফলার মতো সারা শরীর যেন বিঁধে ফেলছে।

আমাদের সময়ের অভাবে ম্যানহাটনের অনেক পার্কের মধ্যে অন্যতম বিখ্যাত সেন্ট্রাল পার্কে যাওয়া হয়ে উঠল না। প্রধান কারণ যেদিন সেখানে যাবার ঠিক ছিল সেদিন ম্যানহাটন কুয়াশায় ছেয়ে গিয়েছিল। বাইরে বেরোলে এক হাত দূরের মানুষ বা অন্য কিছু জিনিস দেখা সম্ভব ছিল না। মনকে বোঝালাম দেখার তো অনেক কিছুই থাকে। সবকিছু দেখা কি সম্ভব এই অল্প সময়ের মধ্যে? পরেরদিন সন্ধ্যেবেলায় ট্যাক্সি চড়ে জে এফ কেনেডি

এয়ারপোর্টের দিকে রওনা হলাম। এখানেই নিউ ইয়র্ক ভ্রমণের পরিসমাপ্তি ঘটল।

ক্রীট

সেপ্টেম্বর ২০০৪

মার্চ মাসে নিউ ইয়র্ক থেকে ফিরে এসে আমরা সবাই যথারীতি কাজকর্মে ব্যস্ত হয়ে পড়লাম। পরের বছর অর্থাৎ ২০05 সালে আবার কোনো একটা দেশে চলে যাব এইরকম এক পরিকল্পনা মাথায় ঘুরতে থাকল।

কিন্তু ছয়মাস যেতে না যেতেই আবার আমরা স্যুটকেসে জামাকাপড় ও অন্যান্য প্রয়োজনীয় জিনিসপত্তরভরে ফেললাম।

গন্তব্যস্থান ক্রীট। সে দেশটা আবার কোথায়? সুদেষ্ণা ও লুনার কাছ থেকে ওই দ্বীপটি সম্বন্ধে একটা ধারণা পেলাম।

নির্দিষ্ট দিনে আকাশপথে "ক্রীট" দ্বীপে গিয়ে পৌঁছলাম। বিমানবন্দরটির নাম হার্কালিয়ন। আমাদের গন্তব্যস্থান মালিয়া। মালিয়া পৌঁছতে সময় লাগল পঁয়ত্রিশ মিনিট। দূরত্ব ৩৪/৩৫ কিলোমিটার। একটা চার তারকা বিশিষ্ট হোটেলে আগে থেকে দু-টো ঘর সংরক্ষিত রাখা ছিল। মালিয়া একটি সুন্দর সমুদ্র উপকূলবর্তী নগর, এই দ্বীপের প্রধান আকর্ষণ প্রত্নতাত্ত্বিক স্থান ও রাতের আমোদ প্রমোদ ও সামাজিক জীবনের আকর্ষণ।

আমরা চারজন অর্থাৎ আমি, মমতা ও আমাদের দুই মেয়ে সুদেষ্ণা ও লুনার মন আকৃষ্ট করার জন্য নির্বাচিত হল এই প্রত্নতাত্ত্বিক স্থানগুলি। রাতের ফূর্তির জীবন আমাদের নয় স্বাভাবিক কারণেই। এছাড়া মাইনোয়ান সভ্যতা ছিল এজিয়ান ব্রোঞ্জ যুগ সভ্যতা। এই সভ্যতা বিস্তৃত ছিল ক্রীটের একদিক থেকে অন্যদিকে পর্য্যন্ত আনুমানিক ২৬০০ থেকে ১১০০ খৃষ্টপূর্ব অবধি।

এই সভ্যতাকে বিংশ শতাব্দীর প্রারম্ভে আবার আবিষ্কার করেন ব্রিটিশ প্রত্নতত্ত্ববিদ আর্থার এভেনস্। মাইনোয়ান শহরের ধ্বংসাবশেষ আমরা দেখার সুযোগ পেলাম আমাদের হোটেল থেকে ট্যাক্সি করে তিন কিলোমিটার গিয়ে। এছাড়া অন্যান্য দর্শনীয় স্থানের মধ্যে মালিয়ার রাজপ্রাসাদ। এই

প্রাসাদটিও মধ্য ব্রোঞ্জ যুগে নির্মাণ করা হয়েছিল। কিন্তু এই যুগের শেষে ভূমিকম্পে ধ্বংসপ্রাপ্ত হয়। এটিকে আবার নির্মাণ করা হয়। এই ক্রীট দ্বীপে মালিয়ার এই প্রত্নতাত্ত্বিক ধ্বংসাবশেষ (মালিয়ার রাজপ্রসাদ) অন্যান্য মাইনোয়ান নগরীর মধ্যে একটি অতি সমৃদ্ধশালী নগরী বলে পরিগণিত।এই রাজপ্রাসাদটির গঠনপ্রণালী সবার দৃষ্টি আকর্ষণ করে। এই প্রাসাদটি একটি অঙ্গনের চতুর্দিকে নির্মিত হয়েছিল। এর মাঝে একটি বেদী স্থাপন করা হয়। এই বেদী বা টেবিল খ্রিস্টানদের গির্জায় প্রার্থনাসভার জন্য ব্যবহৃত হয়। এর ভেতরে গেলে গুপ্ত গোলকধাঁধার চক্করে পড়ে যেতে হত। সম্ভবত এখানে অতিরিক্ত শ্রদ্ধার সঙ্গে ধর্মকর্ম করা হত।

মাটির নীচে থেকে যে সমস্ত অত্যন্ত গুরুত্বপূর্ণ বহুমূল্য দ্রব্য খুঁড়ে বার করা হয়েছে তার মধ্যে ছিল একটি পাত্র যেটি এর উৎসর্গকরণের জন্য সম্ভবত ব্যবহৃত হত।

এই ক্রীট দ্বীপ ইউরোপের সবচেয়ে প্রাচীন সভ্যতার জন্মস্থান হিসেবে পরিচিত।

মাইনোয়ান ঐতিহ্য ও সংস্কৃতি চারহাজার বছর আগে প্রবলভাবে বেড়ে ওঠে ও সফলতা লাভ করে। ক্রীটের প্রধান নগরী হল ইরাকলিও। এই নগরীটি হেরাকলিওন বলেও পরিচিত।

চ্যানিয়া ও রেদিমনো ক্রীটের আরও দু-টি প্রধান শহর। এছাড়া সামারিয়া গিরিখাত প্রাকৃতিক সৌন্দর্যের নিরিখে অতুলনীয়। সমস্ত গ্রীক দ্বীপপুঞ্জের মধ্যে ক্রীটই সবচেয়ে বড় ও একটি জনাকীর্ণ দ্বীপ ও ভূমধ্যসাগরের মধ্যে এটির স্থান পঞ্চম। ক্রীট নামক এই বিশাল দ্বীপটি চারিদিকে পাহাড় দিয়ে ঘেরা। এই পাহাড় এই দ্বীপকে সমৃদ্ধ করেছে উপত্যকা, উর্বর মালভূমি গুহা ও অনেকগুলি গিরিখাত প্রদান করে। এছাড়া এখানে নদী ও হ্রদের সংখ্যাও কম নয়। এখানকার অর্থনীতি পৃথিবীর নানা জায়গা থেকে আসা পর্যটকদের উপর নির্ভরশীল খুব একটা না হওয়ার কারণ এই দ্বীপটি কৃষিপ্রধান। এর ফলে প্রমোদভ্রমণের ব্যবস্থার জন্য যে শ্রমশিল্প গড়ে ওঠে তার উপর নির্ভরশীল হওয়ার কোনো কারণ এখানে নেই।

আধুনিক যুগে অবশ্য মালিয়া একটি বিখ্যাত আমোদপ্রমোদের স্থান বলে চিহ্নিত। প্রমোদভ্রমণের ব্যবস্থার জন্য ও বিকিকিনির ফলে অর্থনৈতিক কর্ম তৎপরতা অনেক বৃদ্ধি পেয়েছে। চারিদিকে ছড়িয়ে আছে রেস্তোরাঁ, উপহার কেনার দোকান, অজস্র হোটেল ও নাইট ক্লাব। এই নাইট ক্লাবগুলি সন্ধ্যা থেকে ভোর পর্যন্ত খোলা থাকে। এই ক্লাবের উদ্দেশ্য এইসব বাইরে থেকে আসা খদ্দেরদের জন্য সারারাত ধরে বিশুদ্ধ সুরাসার বিতরণ করা, ও পপ মিউজিকের তালে তালে ঘণ্টার পর ঘণ্টা নেচে যাওয়ার ব্যবস্থা রাখা।'

এখানকার পর্যটকদের মধ্যে বেশিরভাগই যুবক যুবতী সম্প্রদায়। এরাই এখানে রাতের জীবনকে জীবন্ত করে রাখে।উত্তর ইউরোপ ও ব্রিটেন থেকেই তরুণ সম্প্রদায় এই মালিয়াতে এসে ভীড় জমায়। কয়েকবছর আগে এদের অসামাজিক ব্যবহার ও রাতের বন্য জীবনকে কেন্দ্র করে ব্রিটিশ সংবাদমাধ্যম আকর্ষিত হয়।

আমরা চারজন অর্থাৎ আমি, মমতা ও আমাদের দুই মেয়ে সুদেষ্ণা ও লুনার এইসব ব্যাপারে মন আকৃষ্ট হয় না। প্রধান আকর্ষণ পশ্চিম দেশের উচ্চাঙ্গ সঙ্গীত ও রবীন্দ্রসঙ্গীত।

একদিন দশটা এগারোটার সময় একটা খোলামেলা ট্রেনের মতো দেখতে বাসে উঠলাম। এই বাসগুলো ট্রেনের মতো লম্বা আকৃতির। আমরা সবাই মেজাজে বসে জানলা দিয়ে সূর্যস্নাত দিনের মাধুর্য উপভোগ করতে করতে সামনের দিকে এগিয়ে চললাম। এখানকার মালিয়া রাজপ্রাসাদের কথা আগেই উল্লেখ করেছি। এই প্রাসাদের ধ্বংসাবশেষ দেখার পর মন ইতিহাসের পাতায় ঘোরাঘুরি করতে শুরু করেছিল। একদিন ট্যাক্সি করে আমরা একটা সমুদ্রতটে গিয়ে পৌঁছলাম। ট্যাক্সির চালক আমাদের উপদেশ দিল এই বলে যে ওখানে তটের ওপর একটি সুন্দর রেস্তোরাঁ আছে। পছন্দমতো খাবারদাবার পাওয়া যায়। চালকের কথামতো আমরা সবাই সেখানে যাবারই ইচ্ছা প্রকাশ করলাম।

চারিদিকেই সমুদ্র তাই সামুদ্রিক মাছের কোনো অভাব নেই। তবে এই রেস্তোরাঁয় গিয়ে বড় বড় গলদা চিংড়ি খেলাম আমরা। এই শহরে নানা

রকমের দোকান চোখে পড়ল। কয়েকটা নাম করা গয়নার দোকানও ছিল।মমতা, সুদেষ্ণা ও লুনা আংটি, দুল ইত্যাদি কিনল, সেগুলি দামী পাথরের অর্থাৎ চুনী ও হীরের।

আরেকদিন বিকেলবেলায় আরেকটি সমুদ্রতটে গিয়ে দেখলাম নানা ধরনের সামুদ্রিক মাছ ঝলসানো বা রোস্ট করার লোহার খাঁচায় একটার পর একটা মাছ রোস্ট করে চলেছে।

এসব দেখে আমাদের খিদে পেয়ে গেল। আমরা কয়েকটা পছন্দমতো মাছ ঝলসে বা রোস্ট করে দিতে বললাম। বেশ তৃপ্তির সঙ্গে সেদিন আমরা মাছ উপভোগ করেছিলাম। আমরা মালিয়াতে যে হোটেলটিতে ছিলাম ওখানকার খাবারদাবারও বেশ ভাল ছিল। কিছু কিছু খাবার খেয়ে মনে হতো এতো আমাদের দেশে তৈরি করা—আমাদেরই মনোমতো খাবার। কোথায় যেন এইসব খাবারের সাদৃশ্য আছে। যদিও এদের খাবার খুব সাধারণ মৌলিক এবং এরা কখনও অতিরিক্ত মশলা দেওয়া পছন্দ করে না। ক্রীটের খাবার অন্যান্য রন্ধন প্রণালী থেকে আলাদা। কারণ ক্রীটবাসী খাবারে সুগন্ধ বিতরণ করে এমন জিনিস ব্যবহার করে না। যদিও নানা রকম মৌলিক পদার্থ ও উপাদান প্রতিদিনের খাবারের সঙ্গে ব্যবহার করা হয়, একটা উপাদান অন্যটিকে অস্পষ্ট করে দেয় না। ক্রীটবাসী সুস্বাস্থ্যের অধিকারী। এদের খাবারদাবার আর্দশ খাবার বলে মনে করা হয়। এর কারণ এইসব খাবার সবাইকে সুস্থ রাখে ও দীর্ঘজীবন দান করে। এদের হৃদরোগ অনেক কম হয়।

এরা প্রচুর পরিমাণে ফল খায়, অন্যদিকে পরিমাণে মাংস অনেক কম ও ডাল অনেক বেশি। আমি, মমতা, সুদেষ্ণা ও লুনা এইসব খাবারদাবার খেয়ে খুবই তৃপ্ত হয়েছিলাম। আমাদের এই আনন্দের কয়েকদিন যেন খুব তাড়াতাড়ি কেটে গেল। যা যা দেখলাম তাতে মন আনন্দে ভরপুর হয়ে উঠল। সব তো দেখা সম্ভব নয়। বাস্তবে দেখা সব ছবির সঙ্গে কল্পনায় কিছু ছবি এঁকে বিমানবন্দরের দিকে এগিয়ে চললাম। এদেশে বার বার আসা যায়। এখানকার অধিবাসীরা মনে হল ঈশ্বর বিশ্বাসী, আন্তরিক ও মিশুকে। পথে

যেতে যেতে অসংখ্য গির্জা চোখে পড়েছে। প্রত্যেকটির গাড়ির চালককে দেখেছি গির্জার দিকে তাকিয়ে শ্রদ্ধাঞ্জলি জানাতে। কয়েকজন ড্রাইভার বাইরের থেকে আসা কিছু মানুষের বন্য জীবনযাপনের সম্বন্ধে বিরক্তি প্রকাশ করেছে আমাদের কাছে।

এইসব কথা শুনে আমার মনে হয়েছিল আমরা যখন একদেশ থেকে অন্যদেশে যাই তখন সেই দেশের মানুষ যাতে কোনোরকম ভাবে আমাদের সম্বন্ধে বিরূপ মত প্রকাশ না করে সেদিকে আমাদের সব সময় লক্ষ্য রাখা উচিত। এইসব ভাবতে ভাবতে যথাসময়ে বিমানবন্দরে এসে পৌঁছলাম।

টেনেরিফ

২০০৪-২০০৫

২০০৪ সালে নিউ ইয়র্ক ও ক্রিট ঘুরে এসেছি। ভাবলাম কাজের ফাঁকে পরের বছরের জন্য "হলি ডে" প্ল্যান করা যাক। কিন্তু হঠাৎই ২০০৪ সালের শেষদিনে অর্থাৎ ৩১ ডিসেম্বর টেনেরিফ যাবার বন্দোবস্ত করা হল। এবারেও সুদেষ্ণা ও লুনার সুপরিকল্পনায় প্লেনের টিকিট ও হোটেলের বন্দোবস্ত সবকিছু অনেক আগে থেকেই ঠিক হয়ে গেল। টেনেরিফ (দক্ষিণ) বিমানবন্দরে গিয়ে আমাদের প্লেন যথাসময়ে ল্যান্ড করল।

এখানে সাতটি ক্যানারি দ্বীপের মধ্যে টেনেরিফ অন্যতম। ঘন জনবসতিপূর্ণ এই দ্বীপটি অন্যান্য সব দ্বীপের থেকে সবচেয়ে বড় দ্বীপ।

বিমানবন্দরের বাইরে আমরা নির্দিষ্ট বাসে উঠে পড়লাম। এই বাসটিতে আরোহী শুধু আমরা চারজন। অনেকটা পথ বিমানবন্দর থেকে আমাদের হোটেল পৌঁছতে। দক্ষিণ পশ্চিম থেকে পূর্বগামী হয়ে শেষ প্রান্তে পৌঁছে উত্তরে আমাদের গন্তব্য সান্তা ক্রুজ 'দ্য' টেনেরিফ অবস্থিত। হোটেলে সময় লাগল চল্লিশ-পঁয়তাল্লিশ মিনিট। আগে থেকে রিজার্ভ করা হোটেলের ঘরে ঢুকে গেলাম। বিমানবন্দর থেকে হোটেল অভিমুখে যাওয়ার দীর্ঘপথে বেশ খানিকটা রাস্তায় আলোর ঝলকানিতে চারিদিকের বাড়িঘর, রাস্তাঘাট, গাছপালার ও আরও অনেক কিছু স্পষ্ট হয়ে উঠছিল। আবার কখনও বা অন্ধকারে তারকাখচিত আকাশে পূর্ণচাঁদের প্রভায় একটা মায়ামোহময় মুগ্ধতার আবেশে আমাদের সবার মন ভরে উঠল। এখানে কোনো কথা নয়, শুধু দৃষ্টি প্রসারিত করে একটি বছরের শেষদিনে পৃথিবীর একটি নূতন দ্বীপের অভিজ্ঞতা মনের গহন গভীরে যতদিন সম্ভব ধরে রাখার বাসনা আমাদের ক্ষণে ক্ষণে পুলকিত করছিল। আমাদের এই ক্ষুদ্র জীবনে কতটুকুই বা আমরা দেখার সুযোগ পাই। প্রকৃতির দিকে দু-দণ্ড আমাদের তাকিয়ে দেখার সুযোগ কোথায়। 'কলুর চোখ বাঁধা বলদের মতো' আমরা কর্মের ঘানিতে ঘুরেই মরছি। কারণ বাঁচার জন্য প্রথম প্রয়োজন অর্থ উপার্জন। তাই যেটুকু সময়ে

আমরা সুযোগ পাই এই কর্মযজ্ঞের বাইরে কিছু চোখ মেলে দেখার, সেটুকু সময়ের অপব্যবহার না করে প্রকৃতির দিকে দৃষ্টি প্রসারিত করে উপভোগ করা উচিত সে পূর্ণচাঁদের মায়াই হোক বা "একটি ধানের শিষের উপর একটি শিশির বিন্দুর" ক্ষণিকের উপস্থিতিই হোক।

আজ রাত্রে কিছু করার নেই। এখানকার আবহাওয়া বড়ই সুন্দর, কিছুক্ষণ বাদে হোটেল থেকে কয়েক পা এগিয়ে একটা চীনে রেস্তোরাঁয় ঢুকলাম। লোকজনের ভীড় ভালই আছে। রাস্তাতেও অনেক লোক দেখলাম বোধহয় বছরের শেষদিন ও রাতটাকে আনন্দোৎসব করে স্মরণীয় করে রাখতে চায়। আমরা চারজন অবশ্য নতুন অতিথি এইদেশে কোনো একবছরের শেষদিনে। ওই রেস্তোরাঁয় বসে থাকতে থাকতেই ঢঙ ঢঙ করে বারোটার ঘণ্টা বেজে গেল। ২০০৪ কে বিদায় দিয়ে ২০০৫ সালকে অভিনন্দন জানানো হল। ঘণ্টা বাজার সঙ্গে সঙ্গেই বেশ কিছু হৈচৈ চারদিকে কিছুক্ষণের জন্য। তারপরই নিস্তব্ধ রাত নতুন বছরকে যেন আলিঙ্গন করল। আমরা খাওয়া দাওয়ার পর হোটেলে ফিরে গেলাম। সকালে উঠে প্রাতরাশ করে আমরা হাঁটাপথে এগিয়ে চললাম যেন অজানা, অচেনার সন্ধানে। "অচেনাকে ভয় কী আমার ওরে"। অজানাকে জানতে কতটুকুই বা সময় লাগে। রাস্তার একধারে একটি লোহার স্তম্ভের উপরে সেদিনের আবহাওয়া জানিয়ে দেওয়া হচ্ছিল। দেখলাম বত্রিশ ডিগ্রী সেন্টিগ্রেড। আমরা কিছুক্ষণের মধ্যেই সমুদ্রের দর্শন পেলাম। ইতিমধ্যে জেনেছি টেনেরিফের অতি প্রাচীন পর্বতমালা অ্যাটলান্টিক মহাসাগর থেকে আগ্নেয়গিরির উদ্‌গিরণের ফলে উঠে এসেছে। এর ফলে এই দ্বীপপুঞ্জের সৃষ্টি বারো মিলিয়ন অর্থাৎ একশো কুড়ি লক্ষ বছর আগে। দ্বীপের ইতিহাসের বিস্তৃত বিবরণ আমি দিতে চাই না।

বিশেষ প্রয়োজনে ইতিহাসের দিকে মুখ ফেরানো যাবে। সমুদ্রতটে দাঁড়িয়ে আমরা চারজন সুদূরে দৃষ্টি প্রসারিত করলাম। চারিদিকের নীলাভ সবুজ জল ছোট ছোট ঢেউ-এর মাধ্যমে যেন আমাদের মতো দর্শনার্থীদের অভিনন্দন জানাল। বেশ কিছুক্ষণ মুগ্ধ নয়নে সমুদের দিকে তাকিয়ে থাকার পর সমুদ্রতট ছেড়ে আশেপাশে ঘোরাঘুরি শুরু করলাম। চারিদিকে মৃদুমন্দ

বাতাস বয়ে চলেছে, আমাদের মনপ্রাণ পূর্ণতার প্রাপ্তিতে যেন সমস্ত অপ্রাপ্তির বেদনা অন্তত কিছুক্ষণের জন্যেও ভুলতে বসেছে।

আমাদের অজান্তে অনেকটা সময় কেটে গেল। এবার আমরা বাস্তব জগতে ফিরে এলাম। হাঁটতে হাঁটতে একটা ছোটোখাটো বাজারে এসে পৌঁছলাম। কিছুক্ষণ বাদে আমরা সবাই কিছু জিনিস কিনে বেরিয়ে এলাম। পরেরদিন আমাদের গন্তব্যস্থান ট্যাক্সিতে চড়ে পাহাড়ে ওঠা। সকাল সকাল উঠে প্রাতরাশ সেরে ট্যাক্সির জন্য আমরা হোটেলের লাউঞ্জে অপেক্ষা করার কিছুক্ষণ পরেই গাড়ির চালক আমাদের সামনে এসে উপস্থিত হল।

আমরা কিছু খাবারদাবার সঙ্গে নিয়ে নিলাম। ট্যাক্সিতে ওঠার পর খানিকক্ষণ বাদে শহর থেকে আসতে আসতে ট্যাক্সি পাহাড়ের ঘোরানো পথে ওপরের দিকে উঠতে থাকল। পাহাড়ের গাঁ ঘেঁষে, নানা গাছপালার সারি চোখে পড়ল। আমাদের গন্তব্যস্থান তেইদে জাতীয় উদ্যান। স্পেনের সাতটি দ্বীপপুঞ্জের বা ক্যানারি দ্বীপপুঞ্জের একটি তেনেরিফের জাতীয় উদ্যান। স্পেনের সবচেয়ে উঁচু পর্বত অর্থাৎ তেইদে পর্বত এর কেন্দ্রস্থলে অবস্থিত। এই পাহাড়ের উচ্চতা বারো হাজার ফুটের কিছু বেশি। এই পাহাড়টি আটলান্টিক মহাসাগরের সবচেয়ে উঁচু পাহাড়।

এছাড়া এই পাহাড়টি বিশ্বের তৃতীয় বৃহত্তম আগ্নেয়গিরি। এই আগ্নেয়গিরি সক্রিয়। ১৯০৯ সালে অর্থাৎ মাত্র একশো পাঁচবছর আগে এই আগ্নেয়গিরির উদ্গিরণ ঘটেছে।

ইউনেস্কো ১৯ জুন ২০০৭ সালে এই উদ্যানটিকে বিশ্ব ঐতিহ্যবাহী (World Heritage) স্থান হিসেবে স্বীকৃতি দিয়েছে। এই পাহাড়ের মাঝপথে টেলিস্কোপ লাগানো আছে। এখানকার চারিদিকের পরিবেশের অবস্থা ও ভূতত্ত্ববিষয়ক তেইদে জাতীয় উদ্যান এবং মঙ্গলগ্রহের সাদৃশ্য থাকায় এই অঞ্চলটিকে আগ্নেয়গিরির মূল নির্ধারণ করার ভিত্তি হিসেবে উল্লেখ করা হয়েছে। উদ্দেশ্য এই লাল গ্রহ সম্বন্ধে পড়াশোনা করে জ্ঞানলাভ করা। এই লাল গ্রহ ও তেনেরিফের কিছু অংশের সাদৃশ্য থাকায় এই দ্বীপটিকে আদর্শ স্থান হিসেবে বিবেচিত করা হয়েছে। মঙ্গল গ্রহে পাঠানোর জন্য যন্ত্রপাতির

সাহায্যে মঙ্গলগ্রহের আগের ও বর্তমান জীবন সম্বন্ধে সম্যক জ্ঞান লাভ করা সম্ভব হবে।

এই স্থানটিতে এসে আমাদের সবার মনে হল আমরা কোনো গ্রহে এসে উপস্থিত হয়েছি।

আমি তো মজা করার জন্য যেন চাঁদে বা কোনো গ্রহে এসে পৌঁছেছি এই ভেবে গ্রহের চলার নকল কায়দা দেখিয়ে হাঁটতে শুরু করলাম কিছুক্ষণ ধরে। আমরা সত্যিই খুব আনন্দ পেয়েছিলাম। মমতার হঠাৎ খুব শীত করতে লাগল। সুদেষ্ণা, লুনা ও আমার খুব একটা শীত করেনি। আমি আমার সুতির জ্যাকেটটা মমতাকে দিলাম ঠান্ডা আটকানোর জন্য।

এই অঞ্চলের উদ্ভিদ শ্রেণীর মধ্যে পড়ে ক্যানারি দ্বীপের দেবদারু ও পাইন জাতীয় গাছ ও পাহাড়ে বেড়ে ওঠা অন্যান্য গাছের সারি। পাহাড়ের আরেকটু উঁচু স্থানে পাইন ও সেডার জাতীয় গাছ দেখা যায়।

এই জাতীয় উদ্যানে সবচেয়ে প্রধান উদ্ভিদ প্রজাতি হল "হোয়াইট ব্রুম" যার সাদা ও গোলাপি রঙের ফুল দেখা যায়। এছাড়া আছে ওয়াল ফ্লাওয়ার। দেওয়ালের গায়ে লতিয়ে ওঠা সুগন্ধযুক্ত ফুল ও লতা বিশেষ। এই ফুলের রঙ সাদা ও বেগুনি। এছাড়া ঘাসের মধ্যে ফোটা ডেইজি ফুল ফোটে পাহাড়ের অনেক উঁচুতে। তেইদে "ভায়োলেট" আগ্নেয়গিরির সর্বোচ্চ বিন্দুতে এই ফুলগাছের অবস্থান স্পেনের সবচেয়ে উঁচুতে। এইরকম উচ্চতায় বেড়ে ওঠা বৃক্ষশ্রেণী আগ্নেয়গিরির শক্ত পরিবেশে উপযোগী হয়ে ওঠে।

শক্ত পরিবেশ বলতে বোঝায় এখানকার উচ্চতা। সূর্যের প্রখর তেজ, চরম তাপের মাত্রাভেদ ও আর্দ্রতার অভাব। পাহাড়ের উচ্চতার বিচারে যেখানে গাড়ি এসে থামতে বাধ্য হল সেখানে আমরা গাড়ি থেকে নেমে ঘোরাঘুরি করলাম। ওখান থেকে আমরা সবাই আর একটু উঁচু জায়গায় যাওয়ার সুযোগ পেলাম। সেখান থেকে পাহাড়ের চূড়া দেখলাম বরফে ঢাকা পড়েছে। বরফ ঢাকা ওই বিখ্যাত পাহাড়ের দিকে মুগ্ধ নয়নে বেশ কিছুক্ষণ তাকিয়ে থেকে সেই অদৃশ্য শিল্পীর মূর্তি কল্পনার তুলি দিয়ে এঁকে নেবার প্রয়াস করলাম। এই বিশ্ব ব্রহ্মাণ্ডের চারিদিকে ছড়িয়ে থাকা অজস্র সুষমামণ্ডিত নয়নশোভন দৃশ্যের

সৃষ্টিকর্তা প্রতিমুহূর্তে সেই অদৃশ্য শক্তি আমাদের জ্ঞানেন্দ্রিয়কে সজাগ করে তুলছে। প্রতিনিয়ত আমাদের স্মরণ করিয়ে দিচ্ছে চারিদিকের মিথ্যা কলকলানিতে আত্মবিসর্জন না দিয়ে মনের দরজা খুলে স্থির দৃষ্টিতে আমার অর্থাৎ বিশ্ব প্রকৃতির দিকে দৃষ্টি প্রসারিত কর। এর ফলে মনের সব জঞ্জাল ধুয়ে মুছে সাফ হয়ে যাবে। দিনের কিছু সময় নিমীলিত চোখে প্রকৃতির ধ্যান করো। দেখবে জীবনের সব মলিনতা মুহূর্তের মধ্যে অদৃশ্য হয়ে যাবে।

হঠাৎ ধ্যান ভেঙ্গে যেন বাস্তব জগতে ফিরে এলাম। দেখলাম মমতা, সুদেষ্ণা ও লুনার সবার চোখে ঘোর লেগেছে। সবাই কিছুক্ষণের জন্য হলেও প্রকৃতির কোলে আশ্রয় নিয়েছে।

'এবার ফেরা যাক' আমার এই কথা শুনে সবাই গাড়ির দিকে এগোতে থাকল। এবার আমাদের নামার পালা। বিকেল গড়িয়ে ধীরে ধীরে সন্ধ্যা নেমে আসছে। পাহাড়ের গায়ে গায়ে আলোগুলো একে একে জ্বলে উঠছে। নীচের বাড়ি ও চলমান গাড়ি সবই আস্তে আস্তে আমদের চোখে স্পষ্ট হয়ে দেখা দিচ্ছে। সমতল ভূমিতে পৌঁছতে আর বেশি দেরি নেই।

কিছুক্ষণের মধ্যেই আমরা হোটেলে পৌঁছে গেলাম। পরেরদিন কাকভোরে উঠে ট্যাক্সিতে চড়ে টেনেরিফের বিমানবন্দরের দিকে রওনা দিলাম। আসার সময় পূর্ণিমা রাতে টেনেরিফের মূর্তি আমাদের কাছে প্রকাশ পেয়েছিল। এখন কিছুক্ষণের মধ্যে টেনেরিফ্ সূর্যকে বরণ করে নেবে। আমরা হয়তো তখন টেনেরিফের আকাশ ছেড়ে অনেকটা এগিয়ে গিয়েছি আমাদের গন্তব্যস্থানের দিকে।

নিস (ফ্রান্স)

সেপ্টেম্বর ২০০৫

২০০৪ সালে নিউইয়র্ক, ক্রিটদ্বীপ ও টেনেরিফ দ্বীপে ভ্রমণ শেষে আবার যথারীতি কর্মযজ্ঞে নিজেকে সমর্পণ করলাম। মমতাও আমার প্র্যাকটিসে ম্যানেজার পদে বহাল। সুদেষ্ণা ও লুনা নিজের নিজের হাসপাতালে যথানিয়মে যোগদান করলো। ডাক্তার হিসেবে রোগীদের সঙ্গে যে সময়টা কাটাই সে সময়টা ভালোই কাটে। কিন্তু এ দেশের অর্থাৎ ব্রিটেনের জাতীয় স্বাস্থ্য পরিষদ অজস্র নিয়মাবলীর জালে জড়ানো।

২০০১ সালে রোম ভ্রমণ করার পর থেকে নিয়মিত ছুটির আনন্দ উপভোগ করার সুযোগ আর ছাড়তে চাইনি। সুদেষ্ণা ও লুনা দু-জনে মিলেও অনেক জায়গা ঘুরেছে। তা ছাড়া সুদেষ্ণা বিশেষজ্ঞ ডাক্তার হিসেবে ইউরোপ ও আমেরিকা নানা দেশে গিয়ে অধিবেশন যোগদান করেছে আমি অবশ্য একবারই ব্রিটেনের বাইরে জার্সিতে গিয়েছিলাম। অন্য সময় এই দেশে অর্থাৎ ব্রিটেনের নানা জায়গায় অধিবেশনে যোগদান করেছি।

২০০৪ সালে সুদেষ্ণা, লুনা ও কিছুটা মমতাও "নিস"-এ যাওয়ার সব বন্দোবস্ত করলো। এই নিস ফ্রান্সের একটি নগরী। এই নগরী ফ্রান্সের দক্ষিণপূর্ব উপকূলে ভূমধ্যসাগরের কোলে অবস্থিত। নির্দিষ্ট দিনে আমরা প্রথমে প্যারিসে পৌঁছলাম। আমরা প্রথম একটা দিন ও রাত প্যারিসে কাটালাম। আমাদের হোটেল থেকে বিকেলের একটু আগেই আমরা চারজন হাঁটা শুরু করেছিলাম।

অনেকক্ষণ হেঁটে ছিলাম আমরা অর্থাৎ আমি, মমতা, সুদেষ্ণা ও লুনা। আগেই ১৯৮৫ সালে এসেছি প্যারিসে। জাহাজে করে "ইংলিস চ্যানেল" পার হয়েছিলাম সে বার। সে সময় ল্যুভর, আইফেল টাওয়ার, নোতরদাম, শ্যেন নদী আরো অনেক কিছু দেখেছিলাম। এ বারে আমাদের প্রধান গন্তব্য স্থান নিস।

পরের দিন প্যারিস "চার্লস দ্য গল" বিমানবন্দরে গিয়ে "নিস" অভিমুখী বিমানে চড়ে বসলাম। এক ঘণ্টার মতো লাগলো নিসে পৌঁছতে। বিমানবন্দর থেকে নেগ্রেসকো হোটেলে পৌঁছতে লাগলো পনেরো মিনিট। নেগ্রেসকো হোটেলের সামনে প্রথমে গাড়ি চলাচলের চওড়া রাস্তা, তারপরে সমুদ্রের তটভূমির ওপর মানুষের চলাচলের পথ।

চোখের সামনে ভূমধ্যসাগর, এই সাগরের অপূর্ব নীলাভ সবুজ জলরাশি আদিগন্ত বিস্তৃত হয়ে নীলাকাশের সঙ্গে একাত্ম্য অনুভব করছে। আজকের দিনটি বড়োই সুন্দর। রৌদ্রালোকিত দিনে মৃদু মৃদু বাতাস সবার শরীরকে সুশীতল করে রেখেছে। মৃদু মন্দ হাওয়ার পরশ দিয়ে আমাদের সবাইকে যেন নিস নগরী অভ্যর্থনা জানালো।

পাঁচ তারা বিশিষ্ট এই হোটেলটির স্থাপত্য অতুলনীয়। বিংশ শতাব্দীর প্রথম যুগে এই প্রাসাদটি নির্মিত হয়েছিলো। হোটেলে প্রবেশ করার সঙ্গে সঙ্গেই এর আভিজাত্য ও অভ্যন্তরীণ শোভা আমাদের মনকে মুগ্ধ ও মোহিত করে দিলো। এই প্রাসাদোপম অট্টালিকাটি একশো বছরের পুরনো।

প্রথমে আমাদের একটা "স্যুইট" দেওয়া হয়েছিলো। সুদেষ্ণা ও লুনার জন্য সাজানো গোছানো আর একটি ঘর।

আমরা "স্যুইট" পেয়ে খুশিই হয়েছিলাম। কিন্তু পরে দেখলাম এই "স্যুইট"-এর ঘরগুলির দু'একটা ঠিক মতো মেরামত করা ছিলো না। পরে আমরা অন্য একটা ঘরে চলে যাই। অবশ্য অনেক ভালো ভালো হোটেলে থেকে দেখেছি বেশির ভাগই কিছু না কিছু খুঁত থাকে। এ সব ব্যাপারে কিছুটা মেনে নেওয়াই যুক্তিসঙ্গত বলে মনে হয়। তবে এইসব বড়ো হোটেলগুলি কোনো না কোনোভাবে খরিদ্দারকে পুষিয়েও দেয়।

এবার অন্য কথায় আসা যাক। এখানকার নৈসর্গে গাছগাছড়া ভূমধ্যসাগরের প্রাকৃতিক ভূদৃশ্যের প্রতিরূপ। চারিদিকে ছড়িয়ে আছে চওড়া পাতার চিরসবুজ গুল্ম। বেশির ক্ষেত্রে দেখা যায় গাছগুলো ছাড়া ছাড়া অবস্থায় দাঁড়িয়ে আছে। কিন্তু কোথাও বা আবার গভীর জঙ্গলও চোখে পড়ে। তালগাছ, ইউক্যালিপট্যাস, এ ছাড়া জামির গাছ, কমলালেবু, পাতিলেবু ও বাতাবি লেবুর

গাছ। আমরা যখন বিমানবন্দর থেকে হোটেলের দিকে রওনা দিলাম তখন চারিদিকে এইসব নানা গাছের সারি চোখে পড়েছিলো। বিমানে প্যারিস থেকে মাত্র এক ঘণ্টার পথ। প্যারিস শীতপ্রধান দেশ। নিস ঠিক তার উল্টো—অর্থাৎ গ্রীষ্মপ্রধান।

পরের দিন একটু একটু বৃষ্টি পড়া শুরু হলো। আমরা হোটেল থেকে বেরিয়ে সমুদ্রের ধার দিয়ে বেশ খানিকটা হেঁটে গেলাম। ট্যাক্সি না পাওয়াতে একটি বাসে চারজনে উঠে পড়লাম। গন্তব্যস্থান "দা প্লেস ম্যাসেনা"।

এই স্থানটি নগরীর প্রধান চারকোণা প্রাঙ্গণ। চারকোণা প্রাঙ্গণের চারিদিকে বাড়ি নজরে পড়লো। বাইরে তাকিয়ে দেখলাম তখনো টিপ টিপ করে বৃষ্টি পড়েই চলেছে। কিছুক্ষণ বাদে লক্ষ্য করলাম বাসটা খুব একটা থামছে না। আমরা ড্রাইভারকে জানিয়ে রেখেছিলাম আমাদের গন্তব্যস্থান কোথায় অর্থাৎ প্রাঙ্গণ। হঠাৎ যখন বাসটা একটা সরু গলিতে ঢুকলো তখন আমরা বাসটা দাঁড়ানোর সঙ্গে সঙ্গে নেমে পড়লাম। অচেনা অজানা জায়গায় সাবধান হওয়া দরকার আমাদের।

বাস থেকে নেমে হাঁটা শুরু করলাম। তখন বৃষ্টি থেমে গেছে। চারিদিকে বাড়ি ও দোকানপত্তর চোখে পড়লো। খুব একটা ভালো দিন নয় তাই খানিকটা ঘোরাঘুরি করে হোটেলে ফিরে এলাম। সকালে ভালোভাবে ব্রেকফাস্ট করেছি। মাঝে "স্ন্যাক্স" বা জলখাবার খেয়ে কাজ সেরেছি। সন্ধ্যাবেলায় একটা ট্যাক্সিতে চারজনে উঠে পড়লাম। সমুদ্রের পাড় দিয়ে রাস্তার একদিকে আলোর মালা ও ভূমধ্যসাগর, অন্যদিকে হোটেল, ঘরবাড়ি, অফিস আরো কত কী! দু'পাশ চোখ রেখে দেখতে দেখতে এগিয়ে চললাম। বেশ খানিকক্ষণ বাদে একটা বেশ জনবহুল জায়গায় পৌঁছলাম। কয়েকটা রেস্তোরাঁ চোখে পড়লো। বেশ বড়ো অঙ্কের ট্যাক্সির ভাড়া মিটিয়ে আমরা একটা চাইনিজ রেস্তোরাঁয় গিয়ে ঢুকলাম। এখানেও প্রচুর লোক। ভীড় সত্ত্বেও বসার জায়গা পাওয়া গেলো, কারণ দোকানটা বেশ বড়োসড়ো। খাদ্যের তালিকার বিবরণ দেওয়ার কোনো প্রয়োজন বোধ করছি না। কারণ এইরকম

একটা বিশাল আকারের চিনা দোকানে কোনো খাবার পাওয়া যাবে না, সেটাই বিবেচনার বিষয়। দুপুরে প্রাঙ্গণে ঘোরাঘুরি করার জন্য ক্ষিদেও পেয়েছিলো যথেষ্ট। কিছুক্ষণের মধ্যেই খাওয়ার পর্ব শেষ করে হোটেলে ফিরে এলাম। লোকমুখে জানলাম নিস থেকে কান পয়ত্রিশ মাইলের মতো। সময় লাগে চল্লিশ মিনিট। এই জায়গাটি নিসের দক্ষিণ পশ্চিমে, সমুদ্রের গা ঘেঁষে রাস্তা চলে গেছে।

সমুদ্রের ধারে দুটো নগরী বলেই দূর থেকে কান জায়গাটা দেখা যায় নিস থেকে। কান সম্বন্ধে আমার আর বলার দরকার নেই। কারণ আজকাল টেলিভিশনের ও অন্যান্য প্রযুক্তিবিদ্যা ও প্রয়োগ বিদ্যার কল্যাণে সারা পৃথিবী হাতের মুঠোর মধ্যে এসে ধরা দিয়েছে। যেহেতু ছায়াছবির প্রতি আসক্তি দিনদিন বেড়ে চলেছে তাই কান ফেস্টিভ্যাল বা উৎসব সবার জানা থাকাই স্বাভাবিক। আমাদের ছোটোবেলায় এইসব সুযোগ ছিলো না। তাছাড়া আমি ব্যক্তিগত ভাবে কোনোদিনই সিনেমার ব্যাপারে উৎসাহী ছিলাম না। অবশ্য সত্যজিৎ রায়, তপন সিংহ ও আরো দু'একজন পরিচালকের কথা আলাদা। ইংরেজি সিনেমা বেশ কয়েকটা দেখলেও সংখ্যার দিক থেকে তা অজস্র নয়।

পরের দিন আমাদের পরিকল্পনা মতো নিস থেকে প্রথমে মনাকো তারপর ওখানে বেশ কিছুক্ষণ থেকে ইতালীর স্যানন মেরিনোতে যাওয়ার কথা। নিস থেকে মনাকো যেতে বেশি সময় লাগবে না। মাত্র আধঘণ্টার পথ। দূরত্ব একুশ মাইলের মতো। কিন্তু মনাকো থেকে স্যান মেরিনো পৌঁছতে পাঁচ ঘণ্টা সময় লেগে যাবে।

সকাল সকাল হোটেল থেকে বেরিয়ে পড়লাম। বাইরে ঝিরি ঝিরি করে বৃষ্টি পড়ছিলো। মনাকো খুব তাড়াতাড়ি পৌঁছে গেলাম। মনাকো সর্বশক্তিসম্পন্ন শাসক অর্থাৎ রাজার অধীনে একটি নগর রাষ্ট্র ও খুবই ছোটো রাষ্ট্র। এই রাষ্ট্রটি পশ্চিম ইউরোপে ফ্রান্সের 'দ্য রিভিইয়েরা' অর্থাৎ সমুদ্র উপকূলবর্তী অঞ্চল। যেখানে গ্রীষ্মমণ্ডলীয় আবহাওয়া বিদ্যমান। এছাড়া ওই আবহাওয়ায় বেড়ে ওঠা গাছপালা দৃষ্টিগোচর হয়।

মনাকোর রাজা অ্যালবার্ট। উনবিংশ শতাব্দীতে এই ছোট রাষ্ট্রের অর্থনৈতিক উন্নতি ঘটে। উন্নতির প্রধান কারণ এর প্রথম কারণ ক্যাসিনো, মন্টে কার্লো ও রেলপথে প্যারিসের সঙ্গে যোগাযোগ। পৃথিবীর বিখ্যাত ও ধনী সম্প্রদায়ের আমোদ প্রমোদের ও জুয়া খেলার জন্যে এটা সখের পর্যটকদের আকর্ষণীয় গন্তব্য স্থান। এই রাষ্ট্রে উপার্জনের কোনো কর ধার্য করা হয় না। এমনকী ব্যবসার ক্ষেত্রেও খুব অল্প কর নেওয়া হয়। তাই এই রাষ্ট্র করদাতাদের স্বর্গরাজ্য বলে পরিচিত।

মন্টে কার্লোতে এই জুয়াখেলার কেন্দ্রকে নিয়ে আন্তর্জাতিক জনশ্রুতি হল এই যে এইস্থানে উড়নচণ্ডী প্রদর্শন বা জাঁক করা ও বেপরোয়াভাবে ধনসম্পত্তি চারিদিকে ছড়িয়ে দেওয়ার কেরামতি প্রদর্শন করা হয়।

আমরা নিয়মমাফিক একবার এই ক্যাসিনো বা আমোদপ্রমাদের কক্ষটিকে দেখে এলাম। এখানে কীভাবে অর্থ নিয়ে ছিনিমিনি খেলা হয় তার কিছুটা বিবরণ শোনা গেল।

আমি আমার জীবনে লটারির টিকিট কেনা ছাড়া আর কোনো ভাগ্যের খেলা খেলিনি। এসব আমার মাথায় ঢোকে না। অবশ্য তার থেকেও বড় কথা এটা আমাদের সাধ্যের বাইরে। "এসেছি যখন দেখে যাই" এই মনোভাব নিয়ে ভেতরে ঢুকেই কিছুক্ষণের মধ্যেই বেরিয়ে গেলাম। আমাদের মতো মধ্যবিত্তদের কখনই "ঘোড়ারোগ" হওয়া উচিত নয়। এই বিষয়ে সজাগ থাকা উচিত। ওখান থেকে বেরিয়ে রাজপ্রাসাদ দেখা গেল। আশেপাশে অনেক দোকান দেখতে পেলাম। সব দোকানেই মহামূল্যবান জিনিস রাখা আছে। চারিদিকে নামী ডিজাইনার শপ।

এই ক্ষুদ্র দেশ মনাকোর থেকেও ছোট ইতালির ভ্যাটিকান নগরী। মনাকোর একদিকে আল্পস পর্বতমালা, অন্যদিকে ভূমধ্যসাগর। এই দেশের আয়তন ১.৪৫ বর্গকিলোমিটার। জনসংখ্যা চৌত্রিশ হাজার। এই ছবির মতো দেশটির সীমারেখার পশ্চিমদিকে "ফ্রেঞ্চ রিভিয়েরা" আর "ইটালিয়ান রিভিয়েরা" পূর্বদিকে।

সকাল সকাল তৈরি হয়ে ট্যাক্সি করে আমি, মমতা ও সুদেষ্ণা ও লুনা যখন মনাকোর দিকে যাত্রা করলাম তখন চারিদিকে মনোরম প্রাকৃতিক দৃশ্য আমাদের মুগ্ধ ও মোহিত করল। কখনো রাস্তার একদিকে পাহাড় আবার কখনো বা উপত্যকা অন্যদিকে সমুদ্র। আমাদের দীর্ঘ এই যাত্রাপথের অনেক নীচে কখনো বা শহর চোখে পড়ল। ফেরার পথে রাতের অন্ধকারে যখন একই রাস্তা দিয়ে ফিরছিলাম, তখন অনেক নীচে, স্থানে স্থানে আলোর মালার শোভায় প্রকৃতিকে যেন দিন রাত্রের ব্যবধানে নব নব সাজে সজ্জিত হতে দেখা গেল।

আমাদের যাত্রাপথের মধ্যে একটি রাস্তা দেখিয়ে আমাদের গাড়ির চালক একটি ভয়াবহ দুর্ঘটনার কথা বর্ণনা করল। ঘটনাটি ঘটেছিল অনেকদিন আগে।

আমেরিকার চিত্র তারকা গ্রেস প্যাট্রেসিয়া কেলির মনাকোর রাজকুমার রেইনার-এর সঙ্গে বিয়ে হয়। এই গ্রেস কলির ছেলে অ্যালবার্ট এখন মনাকোর রাজ্য। একদিন গ্রেস কেলি মেয়েকে সঙ্গে নিয়ে গাড়ি চালিয়ে গ্রামের বাড়ি থেকে যখন মনাকোর রাজপ্রাসাদে ফিরে আসছিলেন তখন আঁকা বাঁকা পথের একটা বাঁকের মুখে এসে গাড়িটির ওপর নিয়ন্ত্রণ হারিয়ে ফেলেন। গাড়িটি একশো ফুট নিচে আরেকটা খাড়া উঁচু পাহাড়ের ওপর আছড়ে পড়ে যায় ও মাথায় আঘাতের ফলে তাদের মৃত্যু ঘটে।

মনাকোতে বেশ খানিকক্ষণ কাটিয়ে আমরা অনেকটা রাস্তা পেরিয়ে ইতালির স্যান ম্যারিনোতে এসে পৌঁছলাম। স্যান ম্যারিনো একটি প্রজাতান্ত্রিক দেশ। এই অনুরাষ্ট্রটির কিছু অংশ ইতালির দ্বারা পরিবেষ্টিত। এই রাষ্ট্রটি মাত্র চব্বিশ বর্গমাইল ও এখানকার জনসংখ্যা ত্রিশ হাজারের কিছু বেশি। স্যান মেরিনো নগরী এই রাষ্ট্রের রাজধানী। এখানকার পর্যটকদের মধ্যে বেশিরভাগই ইতালীয়। এই নগরী ইতালির উপদ্বীপে অবস্থিত। স্যান মেরিনো নগরীর অর্থনীতি বর্তমানে প্রমোদ ভ্রমণের ব্যবসা, ব্যাপক বাণিজ্য ও ডাকটিকিট বিক্রীর ওপর নির্ভরশীল।

এখানে যেহেতু ত্রিশ লক্ষ লোক পর্যটক হিসেবে আসে, তাই এই নগরীটিকে পর্যটন কেন্দ্র হিসেবে ধরা যায়। এখানে খুচরো বিক্রয়যোগ্য সামগ্রীর বাজার এক হাজারের বেশি। এইসব দোকানে নানাধরনের চিত্তাকর্ষক বা পছন্দমতো জিনিসের ছড়াছড়ি। আমি একটি দোকানে ঢুকে দু-টো নামকরা "সামার স্যুট" কিনলাম। পৃথিবীর যেকোনো দেশের বড় বড় দোকানে এইসব স্যুটের দাম অনেক বেশি। এখানে তুলনামূলকভাবে অনেক কম দাম নিল। একঘণ্টার মধ্যে আমার মাপ অনুযায়ী সুন্দরভাবে সেলাই করে দিল। আমিও পরমানন্দে প্যাকেটটি নিয়ে রাস্তায় বেরিয়ে এলাম। মমতা, সুদেষ্ণা ও লুনা স্মারক জাতীয় ছোটখাটো কিছু জিনিস কিনেছিল। অবশ্য ঠিক কী কিনেছিল সেটা আমরা কেউই এখন মনে করতে পারি না।

এখানে অনেকগুলি গির্জা ও রাজপ্রাসাদ আছে যেখানে পর্যটকরা ভীড় করে। তবে সবচেয়ে বড় আকর্ষণ এগারো, তেরো ও চোদ্দো শতাব্দীতে তৈরি তিনটি টাওয়ার বা উঁচু অট্টালিকা।

অবশ্য আমাদের সময় বেশি ছিল না। অনেকটা পথ পেরিয়ে হোটেলে পৌঁছতে হবে। তাই এই ছোট্ট নগরীতে হাঁটা ও কিছু কেনাকাটা করে আমরা গাড়িতে চড়ে বসলাম। কিছুক্ষণের মধ্যেই দিনের আলো নিভে গিয়ে অন্ধকার ঘনিয়ে এল। যাত্রাপথে পাহাড়, উপত্যকা, সমুদ্র, কোথাও বা গিরিখাত। বেশ কিছুক্ষণ অন্ধকারে, অবশ্য কিছু কিছু জায়গায় রাস্তার আলো ও হঠাৎ গিরিখাতে আলোর মালা নজরে পড়ছে। তবে গাড়ির হেডলাইটের চোখ ধাঁধানো আলো কখনও কখনও উল্টোদিক থেকে আমাদের গাড়ির ওপর ঝাঁপিয়ে পড়ছে আবার কিছুক্ষণ ঘন অন্ধকার অবশ্য আমাদের গাড়ির হেডলাইটের আলোয় বেশ কিছুদূর পর্যন্ত আঁকাবাঁকা পাহাড়ি রাস্তা দৃষ্টিগোচর হচ্ছে।

চারিদিকের অন্ধকার, নিস্তব্ধ। আমাদের মানসলোকে প্রতিমুহূর্তে এক নতুন ধরনের ভাবনা উন্মীলিত হচ্ছে। প্রকৃতির সঙ্গে প্রাণীকূলের যে একটি

অঙ্গাঙ্গী সম্পর্ক রয়েছে যুগ যুগ ধরে, সেকথা আমরা ক্ষণে ক্ষণেই ভুলে যাই। আজকের রাতের মতো পরিবেশই সেই ভাবনা আমাদের মনে ভেসে ওঠে।

অনেকটা রাস্তা পেরিয়ে হোটেলে ফিরে এলাম। পরের দিন প্যারিস হয়ে ইংল্যান্ড পৌঁছব। ফেরার পথে প্যারিসের বিমানবন্দরে কিছু ঘটনাতে আমরা সবাই বিরক্ত হয়েছিলাম। পরে বুঝেছিলাম এইসব বিচ্ছিন্ন ঘটনা যে কোনো জায়গাতেই ঘটতে পারে। আমরা যথাসময়ে আমাদের গন্তব্যস্থানে এসে পৌঁছলাম।

ভেনিস

যথাসময়ে আমরা ভেনিস 'মার্কো পোলো' বিমানবন্দরে পৌঁছে গেলাম। জানা আছে এখানে যে ক-দিন থাকব, সে ক-দিনই জলপথে বিচরণ করতে হবে। বিমানবন্দর থেকে বেরিয়ে এসে স্যুটকেস টানতে টানতে "ওয়াটার ট্যাক্সি" ধরতে জলের ধারে এসে পৌঁছলাম। ট্যাক্সিতে ওঠার পরই ট্যাক্সি ছেড়ে দিল। চারিদিকে জল শুধুই জল। এর মধ্য দিয়ে ওয়াটার ট্যাক্সি ছুটে চলেছে। দৃষ্টি নিক্ষেপ করে আমরা চারিদিক দেখে নিতে শুরু করলাম। হোটেল ব্যাগলিয়নির সামনে যখন পৌঁছলাম, তখন নামার পালা। সময় লাগল কুড়ি পঁচিশ মিনিট। সুদেষ্ণা ও লুনা কিছুদিন আগে ভেনিসে এসে এই হোটেলেই ছিল। তাই এই জায়গাটা ওদের আগে থাকতেই জানা।

ওয়াটার ট্যাক্সি ড্রাইভারের সাহায্যে ট্যাক্সি থেকে একে একে আমরা চারজন ডাঙায় উঠলাম। চোখের সামনে এখন লুনা হোটেল। নিজেদের ঘরে গিয়ে কিছুক্ষণ বিশ্রামের প্রয়োজন। একটা আরামদায়ক চেয়ারে বসে জানলা দিয়ে বাইরের দিকে দৃষ্টি প্রসারিত করলাম। মনে পড়ে গেল দ্য মার্চেন্টস অব ভেনিসের কথা। মহাকবি শেক্সপীয়রের লেখা নয়, বহু যুগ আগের ভেনিসের বণিক সম্প্রদায়ের কথা। মনে হল এই অবসর মুহূর্তে ইতিহাসের দিকে চোখ ফেরানো যাক। নবম শতাব্দী, সেইসময় থেকে ছয়শো বৎসর ইউরোপের ব্যবসা-বাণিজ্যের প্রধান কর্মশক্তি হিসেবে ভেনিস পরিচিত ছিল। পৃথিবীব্যাপী ছড়িয়ে দিল ভেনিসের এই ব্যবসা বাণিজ্যের সংযোগ। অনেককাল আগে কনস্ট্যান্টিনোপল (এখন ইস্তানবুল) পূর্ব রোমান সাম্রাজ্যের রাজধানী ছিল। ১৯৫৩ সালে তূর্কীদের আক্রমণে এই নগরী হস্তান্তরিত হয়। তখন থেকে এই নগরীটি ইস্তানবুল হিসেবে পরিচিত। অনেক কাল আগে ভেনিসের সঙ্গে কনস্ট্যান্টিনোপলের ব্যবসাবাণিজ্য সর্বপ্রধান স্থান অধিকার করেছিল।

পরবর্তীকালে ভেনিস পূর্বের দেশ থেকে ভোগবিলাসের বস্তু সংগ্রহ করত যেমন রেশম, মশলা ও সুগন্ধি দ্রব্য। ত্রয়োদশ শতাব্দীতে এই ব্যবসা বাণিজ্যের পথ পূর্ব দিক থেকে দক্ষিণে স্থানান্তরিত হল সিরিয়ার অ্যালেপ্পো,

আর মিশরের অ্যালেকজান্দ্রিয়াতে এরাই হল ভেনিসের ব্যবসা বাণিজ্যের প্রধান অংশীদার।

নাবিকদের এই নগরী জাহাজ নির্মাণের শিল্পস্থল হিসেবেও বিশেষ পরিচিত ছিল। চতুর্দ্দশ শতাব্দীতে এইসব জাহাজের মধ্যে কিছু জাহাজ এশিয়া থেকে বিউবোনিক প্লেগ বহন করে নিয়ে এল ইউরোপে। কেউ কেউ বলে এই "ব্ল্যাক ডেথ"-এ ভেনিসের জনসংখ্যার দুই তৃতীয়াংশ মৃত্যুমুখে পতিত হয়। রেনেসাঁসের যুগে ভেনিস, ফ্লোরেন্স ও রোমের সঙ্গে শিল্পবোধ সম্পন্ন গৌরবলাভের জন্য প্রতিদ্বন্দ্বিতা করে। অসাধারণ প্রতিভাধর শিল্পী যেমন টিশিয়ান ও টিনটরেটোর নাম উল্লেখযোগ্য।

১৪৫৩ সালের কনস্ট্যান্টিনোপলে তুর্কি আক্রমণ পূর্ব পশ্চিমের মধ্যে ব্যবসা বাণিজ্যকে অনেকটা হ্রাস করল। এছাড়া ১৪৯২ সালের আমেরিকা আবিষ্কারের ফলে ব্যবসা বাণিজ্যের শক্তিশালী নগরী হিসেবে পরিচিত ভেনিসের পতন শুরু হল। যাইহোক এবার সুদূর অতীত থেকে বর্তমানে ফিরে আসা যাক। এই হোটেল থেকে সেন্ট মার্কস স্কোয়ার খুবই কাছে। এমন কী, নগরীর খুবই বিখ্যাত ঐতিহাসিক আকর্ষণের স্থানগুলিও খুব দূরে নয়।

প্রথমে হোটেলের কাছে সেন্ট মার্কস স্কোয়ারের কথা বলা যাক। এখানে বেশিরভাগ সময়ই প্রচুর ভীড় হয়। হয় খুব সকালে উঠে যেতে হবে, নয়তো বিকেল পাঁচটার পর। দর্শনীয়ের মধ্যে "বাসিলিকা" অর্থাৎ আয়তক্ষেত্রকার গির্জা, যার শেষ প্রান্ত গোলাকৃতি ও স্তম্ভ পরিবেষ্টিত ঘুরানো স্থান বা গলি। গির্জা থেকে যাবার পথে একটি লাইব্রেরি। আগেই বলেছি বেশিরভাগ সময়ই এখানে জনারণ্য। এছাড়া ফেরিওয়ালারা নানাধরনের জিনিস বিক্রী করার চেষ্টা চালিয়ে যাচ্ছে যেগুলোর কোন প্রয়োজনীয়তা নেই বললেই চলে। সন্ধের দিকে গানবাজনার আসর বসে। চারিদিক আলোক সজ্জায় সজ্জিত দেখা গেল। ঘোরাঘুরি করতে করতে এক জায়গায় দেখলাম কয়েকজন বেহালায় পাশ্চাত্য দেশের উচ্চাঙ্গসঙ্গীতের লহরী তুলেছে। দেখে মনে হল এরা মনপ্রাণ সঁপেই এই কাজ করে চলেছে। এদের রক্তে উচ্চাঙ্গসঙ্গীতের সুর কল্লোলিত হয়ে চলেছে বহুযুগ ধরে।

সেন্ট মার্কস স্কোয়ারের মাঝপথে দাঁড়িয়ে নেপোলিয়ন এই স্থানটিকে "ইউরোপের ড্রইং রুম" বলে উল্লেখ করেছিলেন।

সত্যিকথা বলতে কী ভেনিসে ঐতিহ্যশালী, কারুকার্যময় স্থাপত্যের এতই ছড়াছড়ি যে নির্দিষ্টভাবে তালিকা দেখে না গেলেও অনেককিছু অল্প সময়ের মধ্যে দেখা সম্ভব। যেমন প্রথমদিন হোটেল থেকে বেরিয়ে আমরা চারজন হাঁটা শুরু করলাম। এখানে কোনো যানবাহন নেই। হাঁটাপথেই অনেককিছু দেখা যায়। দূরে কোথাও যেতে হলে ওয়াটার ট্যাক্সি আছে। আর আছে নৌকা যাকে ভেনিসে বলা হয় গন্ডোলা। এর মাঝির নাম গন্ডোলিয়ার।

সুদেষ্ণা ও লুনার নির্দেশমতো আমরা হাঁটতে শুরু করলাম। যেকোনো নতুন দেশে এলে প্রথমে সবই অচেনা মনে হয়। এই নতুনত্বের স্বাদ পাওয়ার আকাঙ্খা প্রায় সব মানুষেরই থাকে। ভেনিসে আবার এই নতুনত্বের স্বাদ আরও জোরালো। কোনে এক জায়গা থেকে দৃষ্টি নিক্ষেপ করলে চোখে পড়ে "লাগুন" অর্থাৎ সমুদ্রের নিকটবর্তী অগভীর লবনাক্ত হ্রদ, যাকে উপহ্রদ বলা যায়। এই লবনাক্ত হ্রদটি বলয়াকৃতি প্রবালদ্বীপের মধ্যস্থ সমুদ্রজল। এই উপহ্রদের মধ্যে মধ্যে ছোট ছোট দ্বীপ ভেসে উঠেছে বহুযুগ আগে। দিনের আলো নিভে গেলে এই দ্বীপগুলি আলোকমালায় সজ্জিত হয়ে এক অপরূপ সৌন্দর্যের সৃষ্টি করে থাকে। যেকোনো মানুষের মনকে উদাসীন করে পিছনের ইতিহাসের দিকে ঠেলে দেয়। এই ইতিহাসের কাহিনী ছোট করে আগেই বলেছি।

নদীস্রোতে বা বন্যা দ্বারা সঞ্চিত জলের ওপর ছোট ছোট দ্বীপপুঞ্জের এড্রিয়াটিক সমুদের ওপর অবস্থান হেতু ভেনিসকে সমুদ্রের বধু হিসেবে প্রায়ই উল্লেখ করা হয়।

সেন্ট মার্কের "ব্যাসিলিকা চার্চ" সৌন্দর্য সৃষ্টির বিশেষ নিদর্শন। এই ব্যাসিলিকার মধ্যে তিনটি ছোট ছোট প্রদর্শনশালা বা মিউজিয়াম আছে। বেশিরভাগ যাত্রীর ধারণা ভেনিসের সব জায়গাতেই ঢুকতে হলে খরচ লাগে। কিন্তু দ্য ব্যাসিলিকা দ্য সান মার্কো বা ব্যাসিলিকা চার্চে ঢুকতে হলে খরচ লাগে না। তবে সেন্ট মার্কসের মিউজিয়ামে ঢুকতে হলে "ইউরো" খরচ করতে হয়।

এই গির্জার গম্বুজওয়ালা অভ্যন্তর জটিল, মোজায়েক দিয়ে নির্মিত। আমাদের পরের আকর্ষণ হল সেন্ট মার্ক স্কোয়ারে "কাম্পানাইল" এ বড় ও দ্রুতগামী "লিফট"-এ চড়ে ছাদের ওপর থেকে পুরো ভেনিস নগরী দেখা।

পরেরদিন আমরা ভেনিসের নৌকা গন্ডোলায় চড়ে ভেনিস নগরীর কেন্দ্রস্থলে এক একটা সরু গলির মধ্যে দিয়ে যাওয়ার সময় বেনারসের কথা মনে পড়ে যাচ্ছিল। তফাৎ শুরু জল ও ডাঙার। কল্পনা নেত্রে ভাবা যেতে পারে একদিকে জলহীন ভেনিস অন্যদিকে বেনারসে নৌকায় চড়ে এক গলি থেকে আর এক গলিতে ঘুরে বেড়ানো। ঘুরপাক খেতে খেতে গ্র্যান্ড ক্যানেলে এসে পড়লাম। রৌদ্রস্নাত দিনে আমরা চারজন মিলে গন্ডোলিয়ারের সঙ্গে নানা বিষয়ে কথা বলতে বলতে সময় কাটাতে থাকলাম। আমাদের সারথি বেশ রসিক ব্যক্তি। ভেনিস সম্বন্ধে রসিয়ে রসিয়ে অনেক কথাই বলে যাচ্ছিল। চারিদিকে অজস্র গন্ডোলায় অজস্র যাত্রী। এই যাত্রীদের মধ্যে আমাদের প্রতিবেশী চীন দেশীয় ভ্রাতা ভগিনীদের দর্শন ঘটেছিল ক্ষণে ক্ষণে। চীন এখন বিত্তশালী দেশ, অর্থনৈতিক দিক দিয়ে বিচার করলে আমেরিকার পরই চিনের স্থান। অবশ্য ভারতও আগের থেকে এগিয়ে গেছে। কিছুদিন পর প্যারিসে গিয়ে অনেক ভারতীয় দেখলেও ভেনিসে কোনো ভারতীয়ের দর্শন মিলল না।

এই ভ্রমণে গোলাপী রঙের দেওয়াল ও সবুজাভ জলের আভাস দেখতে পাওয়া গেল ক্ষণে ক্ষণে।

গন্ডোলিয়ায় বসে একের পর এক অনেকগুলি বড় ও ছোট সেতুর ভেতর দিয়ে আমরা এগিয়ে চললাম স্থান থেকে স্থানান্তরে। চারিদিকে দৃষ্টি নিক্ষেপ করে আমরা অর্থাৎ আমি, মমতা, সুদেষ্ণা ও লুনা বড় জলের ওপর ভাসমান নানা আকারের বসতি ও অট্টালিকা দেখার পর এক অনির্বচনীয় আনন্দ উপভোগ করলাম। জীবনের চলার পথে অনেক পথ অতিক্রম করে যখনই কোনো এক মুহূর্তে না বলা দৃশ্যের যবনিকার উত্তোলন ঘটে আমাদের প্রসারিত দৃষ্টির সামনে, তখনই সৌজন্যের মুখোশ খুলে দিয়ে আশেপাশের সবার সঙ্গে অংশগ্রহণ করে চিৎকার করে বলতে ইচ্ছে করেঃ 'এসো আমরা সবাই সবকিছু ভুলে গিয়ে এই মুহূর্তে এই অবর্ণনীয় আনন্দ লাভ করে তৃপ্তি

লাভ করি।' আমাদের মধ্যে যারা বিশেষ করে কবি মনোভাবাপন্ন তারা পাতার পর পাতা কবিতা লিখে খাতা ভর্তি করে ফেলে। কিন্তু প্রকৃতির দিকে ঠিক মতো দৃষ্টি প্রসারিত করলে প্রতীতি হয় যে, এই বিশ্বচরাচরে প্রতিমুহূর্তে অজস্র কবিতার জন্ম ঘটে চলেছে।

আগেই বলেছি এইসব ছোট ছোট দ্বীপপুঞ্জ রাতের অন্ধকারে আলোর মালায় সজ্জিত হয়ে সৌন্দর্য বিতরণ করে। রাতের অন্ধকারে মেঘহীন আকাশে অজস্র তারাপুঞ্জ যেন মিতালী পাতাতে চায় পৃথিবীর এইসব দৃশ্যমান আলোকে সজ্জিত দ্বীপপুঞ্জের সঙ্গী।

গন্ডোলা চড়ে জলপ্রবাহের ওপর ধীর গতিতে ভাসতে ভাসতে আর মাঝে নালা আকারের সেতুর ভেতর দিয়ে যেতে যেতে একসময় আমাদের গন্ডোলা নির্দিষ্ট জায়গায় এসে থামল। আমরা একে একে স্থলভূমিতে পা রাখলাম। হোটেলে গিয়ে স্নানাদি সেরে ও কিছুক্ষণ বিশ্রাম নিয়ে আমাদের বিশ্ববরেণ্য সঙ্গীতাচার্য ভিভালডির ফোর সীজনস-এর কনসার্ট শোনা ও দেখার জন্য লাইনে দাঁড়িয়ে পড়লাম। আমরা চারজন তিন-চারজনের পরেই ছিলাম। হলটা তখন বন্ধ ছিল। পনেরো মিনিটের মধ্যে দরজা খোলার পর টিকিট দেওয়া শুরু করল। তখন আমাদের পেছনে বিরাট লাইন অনেকটা দূর পর্যন্ত দেখা যাচ্ছে। সূর্য অস্ত গেছে বেশ কিছুক্ষণ আগে, চারিদিকে অন্ধকার ঘনিয়ে এসেছে, রাস্তার আলোগুলো পথনির্দেশ করছে।

আমরা চারজনে টিকিট সংগ্রহ করে নিজের নিজের জায়গায় বসে পড়লাম। আমরা আমাদের আসন প্রথম সারিতেই পেলাম। সময়মতো ঘড়ি ধরেই রাত্রি আটটার সময় ভিভলডি কনসার্ট শুরু হয়ে গেল। পাশ্চাত্যের উচ্চাঙ্গসঙ্গীত ভেবে প্রথমে একটু ভয় পেয়েছিলাম। কিন্তু সঙ্গীত শুরু হলে আস্তে আস্তে বুঝতে পারলাম পৃথিবীব্যাপী ভাষাহীন সঙ্গীতের একটাই ভাষা। মন দিয়ে শুনলে এর ভাব আপনা থেকেই মন ও প্রাণ ভরিয়ে দিয়ে যায়। অবশ্য এটাও ঠিক এক্ষেত্রে সঙ্গীত বিশারদদের প্রতিভা ও পেশাদারিত্ব সফল সঙ্গীত পরিবেশনের কৃতিত্ব লাভ করে। আমার মতে সাধারণ শ্রোতা ও দর্শকদেরও আনন্দ থেকে বঞ্চিত করে না।

এদের প্রতিভা ও পেশাদারিত্ব অতুলনীয়। এই হলটি খুবই, সাধারণ মানের ও আকারেও এমন কিছু বড় নয়। এই সঙ্গীতের সৃষ্টি কর্তা "অ্যানটোনিও লুসিও ভিভালডি" পশ্চিমদেশীয় সুকুমার কলা বা ললিলতকলা (চিত্র, সংগীত ইত্যাদি) যথা সংগীত সৃষ্টিকারী। ইনি ১৬৭৮ সালে ভেনিসে জন্মগ্রহণ করেন।

এই সঙ্গীতানুষ্ঠান এক দেড়ঘণ্টা চলেছিল। পেশাদার সঙ্গীতশিল্পীদের দ্বারা চারটি ঋতুর বর্ণনা বাজানো হল বেহালাতে। বসন্ত থেকে শুরু হল। তারপর গ্রীষ্ম, শরৎ ও শীতের বর্ণনা ভাষায় নয় বেহালার মূর্ছনায়। ভাষা যেহেতু এখানে প্রতিবন্ধ নয়, তাই সঙ্গীতের স্বাদ গ্রহণ করতে কোনো অসুবিধে ছিল না। ঠিক সময় মতোই কনসার্ট শেষ হল। বিরতির সময়ে একটা অদ্ভূত ঘটনা ঘটেছিল। টয়লেটে যাবার জন্য অনেকেই লাইনে দাঁড়িয়ে আছে। সবারই তাড়া আছে এই কারণে যে কিছুক্ষণের মধ্যেই কনসার্ট আবার শুরু হবে। দু-টো মাত্র "টয়লেট"। স্ত্রী পুরুষ লাইনে সবাই দণ্ডায়মান। হঠাৎ একটা টয়লেট থেকে একজনের চিৎকার শোনা গেল। কিছুক্ষণ পরে বোঝা গেল ওই ব্যক্তিটি কোনো কারণে আটকে গিয়ে টয়লেট থেকে বেরোতে পারছে না। বাইরে থেকে দু-একজন খোলার চেষ্টা করলেও কিছুতেই দরজা খুলতে পারছে না। তখন আমার পেছনে একজন আমেরিকান মহিলা দাঁড়িয়ে ছিল। কিছুক্ষণ দেখার পর আমাকে বলল, 'আমি একজন এখানকার কর্মচারীকে ডেকে নিয়ে আসছি, তুমি আমার জায়গাটা একটু দেখো।' আমি বললাম, 'তোমার কোনো চিন্তা নেই।' ভদ্রমহিলা কিছুক্ষণের মধ্যেই একজন কর্মচারীকে নিয়ে হাজির হল। অনেক কষ্টে দরজা খোলার পর একজন চীন দেশীয় ভদ্রলোককে ঘর্মাক্ত কলেবরে টয়লেট থেকে বেরিয়ে আসতে দেখা গেল। আমি, আমার পিছনে দাঁড়ানো ওই আমেরিকার অধিবাসী মহিলাকে বললাম, 'ওই টয়লেটে গিয়ে আমি বিপদে পড়তে চাই না। তুমি যদি আমার আগে যেতে চাও যেতে পারো।' ভদ্রমহিলা কালবিলম্ব না করে, 'আমি একদম পরোয়া করি না' বলে গটগট করে ওই সমস্যাসৃষ্টিকারী টয়লেটে ঢুকে গেল। আমি হাঁফ ছেড়ে বেঁচে গেলাম ও অন্য টয়লেটের জন্য অপেক্ষা করতে থাকলাম। একদিকে বিশ্ববরণ্য

সঙ্গীত স্রষ্টা ভিভালডির সঙ্গীতের শ্রোতা আমরা যা আমাদের মুহূর্তের মধ্যে এক অনির্বচনীয় আনন্দের রাজ্যে পৌঁছে দেয়, অন্যদিকে বিরতির সময় টয়লেট সমস্যা নিয়ে বেশ কিছু শ্রোতা ও দর্শকদের মানসিক অশান্তির শিকার হতে হল।

একেই বলে বা বৈষম্য প্রদর্শন। পৃথিবীর সর্বত্র আমরা বিভিন্ন সময় নানা রকম বৈষম্যই দেখতে পাই। সেই রাত্রে একটি নতুন অভিজ্ঞতা সঞ্চয় করে হোটেলে ফিরে এলাম। আমাদের সবার কাছেই মনে হল একদিক দিয়ে দেখতে গেলে এই অনুষ্ঠানের মাহাত্ম্য, হৃদয়গ্রাহিতা, নন্দনতত্ত্ব মানুষের হৃদয়ের গভীরে প্রবেশ করে যাতে এক নতুন ধরনের অনুভূতি লাভ হয়।

পরেরদিন আমরা সবাই ঠিক করেছি হোটেল থেকে "ওয়াটার ট্যাক্সি" করে মুরানো দ্বীপে যাব। পরেরদিন যথাসময়ে অর্থাৎ সকাল দশটার মধ্যে "ওয়াটার ট্যাক্সিতে" চড়ে ত্রিশ থেকে চল্লিশ মিনিটের মধ্যে মুরানো দ্বীপে গিয়ে পৌঁছলাম। এক নতুন অভিজ্ঞতা। ওয়াটার ট্যাক্সি নোঙর করা হলে আমরা ডাঙার দিকে এগোতে থাকলাম। দেখলাম একটি দীর্ঘকায় সুপুরুষ ব্যক্তি আমাদের দিকে হাত বাড়িয়ে দিয়েছে। ওই ব্যক্তির সাহায্যে একে একে মুরানো দ্বীপে পা রাখলাম। ও আমাদের স্বাগত সম্ভাষণ করে নিজের পরিচয় দিল। নাম রোমিও। জুলিয়েটেকে আশেপাশে কোথাও দেখলাম না। হয়তো ব্যালকনিতে রোমিওর জন্যে অপেক্ষা করছে। না সেরকম কোনো সম্ভাবনা নেই। রোমিও একজন বিশিষ্ট ব্যবসাদার হিসেবে আমাদের একটি বেশ বড়সড় দোকানে নিয়ে গেল। প্রথমে ভেবেছিলাম রোমিও এই দোকানের একজন উচ্চপদস্থ কর্মচারী। পরে জানতে পারলাম ও বিশাল ব্যবসার একজন অংশীদার। বহুকাল ধরে বংশ পরম্পরায় এই ব্যবসা চলে আসছে। চারিদিকে মহামূল্যবান ঝাড়বাতি রাখা আছে দেখলাম। সবচেয়ে দামি ঝাড়বাতিটার দাম এক কোটি টাকার ওপর। সস্তার জিনিস বলতে দেড় দু-লাখের কম নয়। যাই হোক ঘুরে ফিরে দেখলাম। লোভ সামলাতে না পেরে তিনটি ঝাড়বাতি কিনে ফেলা হল। দর কষাকষি করতে রোমিও কিছুটা দাম কমালো। অবশ্য এইসব জিনিসের দাম বাড়ে কিন্তু কমে না। আমরা অপেক্ষাকৃত অনেকটা কম দামের

ঝাড়বাতি কিনলাম। এই ঝাড়লণ্ঠনকে "অ্যাসেট" বা প্রয়োজনীয় পদার্থ বলে গণ্য করা যেতে পারে। দামের দিক দিয়ে বিচার করলে সারা পৃথিবীতে এই ঝাড়লণ্ঠনের বিশেষ কদর আছে। রোমিও আমাদের দোকানের নীচে নিয়ে গেল।

এই দ্বীপের নানা জায়গায় একটি নলের সাহায্যে অর্ধেক গলিত কাঁচের মধ্যে ফুঁ দিয়ে দক্ষ কারিগর কাঁচের পাত্রাদি নির্মাণ করে বহুযুগ ধরে এই কারুশিল্প সৃষ্টি করে চলেছে। আমাদের চোখের সামনেই এই অভিনব পদ্ধতিতে একটি কাঁচের গ্লাস তৈরি করে দেখানো হল। আরও খানিকটা এদিক ওদিক ঘুরে রোমিওকে বিদায় জানিয়ে ওয়াটার ট্যাক্সিতে চড়ে বুরানোর দিকে এগোলাম। বুরানো দ্বীপে পৌঁছতে সম্ভবত আধঘণ্টা লেগে গেল। মুরানো "গ্লাস" তৈরির জন্য বিখ্যাত আর বুরানো দ্বীপে লেস। এই বুরানো দ্বীপে বাস জেলেদের। এখানে একটা জিনিস লক্ষ্য করে আমরা প্রথমে বেশ অবাক হয়ে গিয়েছিলাম। এক একটা বাড়ি এক একরকম রঙের। পাশাপাশি দু-টো বাড়ি এক রঙের নয়। নীল, সবুজ, লাল রঙের আবার কোনোটা কমলালেবু ও বেগুনি রঙের। এই রকমই বিচিত্র বর্ণের সমাহার।

প্রত্যেকটি বাড়ির জানলার তাকে ধাতুপাত্রে রাখা আছে ফুল। এছাড়া বাইরে থেকে দেখতে পেলাম প্রত্যেক বাড়ির শুকোতে দেওয়া কাপড় চোপড়। শুনলাম গ্রীষ্মের সময় এদের বাড়ির দরজা খোলা থাকে। এরফলে চোখে পড়ে ডোরা কাটা পর্দা। এই পর্দাগুলো হাওয়াতে আন্দোলিত হতে থাকে।

এইসব বাড়িগুলোতে বিচিত্র বর্ণের কারণ জানা গেল আমাদের এক মহিলা পথপ্রদর্শকের কাছ থেকে। পথপ্রদর্শক যখন ব্যাখ্যা করল তখন ব্যাপারটা খুব সহজ হয়ে গেল। এখাককার অধিবাসীরা যেহেতু জেলে সম্প্রদায়, তাই রাত্রিশেষে নিজের নিজের বাড়ি ফিরে আসে। বহু যুগ ধরে এই ঘটনা ঘটে চলেছে। পর্যাপ্ত আলোর অভাবে নৌকা নোঙর করার পর নিজের বাড়ি চিনে নিতে অসুবিধের সৃষ্টি হত। তাই পরবর্তীকালে নিজের বাড়ির রঙ চিনে প্রবেশ করত, এর ফলে ভুলের কোনো সম্ভাবনা থাকত না। আগেই বলেছি এসব দ্বীপের সর্বত্রই হাঁটা পথ। মুরানো বা বুরানো তো আবার বেশ

ছোটই দ্বীপ। হাঁটাহাঁটি করতে করতে ঠান্ডা পানীয়, আইসক্রীম সবই খাওয়া গেল। সেদিন ভালই গরম ছিল। এরপর আমরা একটা লেসের দোকান দেখলাম। এই দোকানটিও বৈচিত্র্যে ভরা। কত বিচিত্র রকমের লেসের কাজ করা মেয়েদের পোশাকের সমারোহ। এরা যে জাতশিল্পী তা বুঝতে দেরি লাগে না। মমতা মেয়েদের অর্থাৎ সুদেষ্ণা ও লুনার সঙ্গে পরামর্শ করে একটা স্কার্ফ কিনল। এইসব দ্বীপের শৈল্পিক ক্রিয়াকলাপের যে ধীরে ধীরে অবলুপ্তি ঘটে চলেছে, এখানকার মহিলা কর্মীরা বেশ দুঃখের সঙ্গেই আমাদের জানিয়ে দিল। মহিলাকর্মীরা মনে করিয়ে দিল পৃথিবীর সর্বত্রই এখন যন্ত্রের উপযোগিতা স্বীকার করে নিয়েছে। এই যন্ত্রযুগে সময়ের বড় অভাব। ধীরে সুস্থে কোনো কিছু করার সুযোগ আর মেলে না। দিবারাত্র যন্ত্রের গতিতে কাজ করে যেতে হবে। তুমি তা না করলে পেছনে পরে থাকবে। এখন প্রতিযোগীতার যুগ। তুমি কতবড় যোগানদার তা প্রমাণ করতে হবে তোমার উন্নতির মাপকাঠি দেখে। তোমাকে নীচে ফেলে পা দিয়ে পিষে মেরে ফেলবার জন্য হাজার হাজার লোক ওত পেতে আছে। এইরকম অবস্থায় কোনো শিল্পের কল্পনা করা বোকামির পরিচয়। এই শিল্পকর্মের দোকান থেকে বেরিয়ে অল্পবিস্তর খাওয়াদাওয়া করে আমাদের মহিলা পথপ্রদর্শককে বিদায় জানিয়ে ওয়াটার ট্যাক্সিতে চড়ে ভেনিসের হোটেলের দিকে রওনা দিলাম। পৌঁছতে পৌঁছতে প্রায় সন্ধে ঘনিয়ে এলো। কাল সকালেই ভেনিস ছেড়ে যাব। তাই রাত্রির অন্ধকারে সেন্ট মার্কস স্কোয়ারে খানিকটা ঘুরে বেড়ালাম। দেখলাম এক কোণে বেহালাবাদকরা পাশ্চাত্য উচ্চাঙ্গ সঙ্গীতের আসর জমিয়ে বসেছে। এইসব বেহালাবাদকদের পাশ্চাত্য উচ্চাঙ্গ সঙ্গীতের উদ্দেশ্যে আত্মসমর্পণের ছবি আমাদের সবার মনের মধ্যে গাঁথা হয়ে রইল। আধুনিক যুগের উত্তেজনাপূর্ণ "পপ মিউজিকের" ঘনঘটার মাঝেও যে এইসব উঁচু মানের সঙ্গীত এখনও পৃথিবীর নানা জায়গায় বেঁচে আছে—তা দেখলে বা শুনলে আশ্চর্য হতে হয়।

সারাদিন ঘোরাঘুরি করে আমাদের ক্ষিধের কথা মনে পড়ে গেল। সারাদিন ধরে সেরকম কিছু খাওয়ার সুযোগ ঘটেনি। এবার তাই প্রতিরাত্রের মতো আমাদের জানা খাবার দোকানের দিকে এগোলাম।

খাদ্যবস্তুর মধ্যে মাছের অনেকগুলি পছন্দসই খাবার পাওয়া যায়। যেমন ক্ষুধাবর্ধক মাছের প্রস্তুতি হিসেবে স্যামন, টুনা ও অক্টোপাস। নানা ধরনের স্যালাডের সমারোহ। এছাড়া বারকোশে সাজানো নানাধরনের মাছ ভাজা। আমরা চারজনের জন্য বারকোশ সাজানো স্যামন মাছভাজা দিতে বললাম। এর আগের রাত্রে "সী ফুড" খেয়েছি আমরা সবাই।

মেন কোর্সে আমি নিলাম "ল্যাম চপ"। মমতা, সুদেষ্ণা ও লুনা অর্ডার করল সী ফুড মেশানো পাস্তা। "অদ্য শেষ রজনী।" খাওয়াদাওয়া সেরে খানিকটা আবার ঘোরাঘুরি করে হোটেলে ফিরে গেলাম।

সকালবেলা উঠেই ব্রেকফাস্ট খেয়ে ওয়াটার ট্যাক্সিতে চড়ে ভেনিস বিমানবন্দরের দিকে যাত্রা করলাম। ভেনিসের বিমানবন্দরে পৌঁছে কিছুক্ষণের মধ্যে অমূল্য স্মৃতি রোমন্থন করতে করতে আকাশ পথে পাড়ি দিলাম।

সুন্দরবন

স্বামী বিবেকানন্দের একশো পঞ্চাশতম জন্মদিনে অর্থা ১২ই জানুয়ারী ২০১৩ সালে আমরা দেশে এসে পৌঁছলাম। হিথরো লন্ডন বিমানবন্দরে এসে “এয়ার ইন্ডিয়া” বিমানে চড়ে বসলাম। পরেরদিন সন্ধে ছটার মধ্যে কলকাতা বিমানবন্দর থেকে বেরিয়ে এলাম। কিছুদিন পর সুদেষ্ণা ও লুনা এলে ওরা প্রথমে ওদের পিসতুতো দিদি রমনা ও জামাইবাবু আশিস মুখোপাধ্যায়ের ফ্ল্যাটে গেল জয়পুরে। সেখানে কিছুদিন কাটিয়ে আবার কলকাতায় ফিরে এল। রমনা ও আশিসের একমাত্র সন্তান রাহুল এখন মুম্বাইতে সুপ্রতিষ্ঠিত। সুদেষ্ণা ও লুনা ফিরে আসার কিছুদিনের মধ্যেই আমরা সুন্দরবনে যাব বলে ঠিক করলাম। আমরা চারজন ছাড়া সঙ্গে রইল ছোড়দি ও বৌদি।

নির্দিষ্টদিনে আমরা একটা “টাটা সুমো” গাড়ি করে যাত্রা শুরু করলাম। দেশে গেলে এই গাড়িটিই আমাদের প্রতিবারের কাজে লাগে। সকাল সকাল বেরিয়ে অনেকটা পথ অতিক্রম করতে হল। প্রথমে আমাদের গন্তব্যস্থান ক্যানিং হয়ে গড়খালি। এই দীর্ঘপথ অতিক্রম করার সময় দু-পাশে বেশ কয়েকটি নয়নাভিরাম গ্রাম চোখে পড়ল। বহু দেশ দেখে আমার মনে হয়েছে প্রত্যেক দেশের সৌন্দর্য্য ও বৈচিত্র্য ওইসব দেশের গ্রামের মধ্যে ধরা থাকে। একটি দেশের গ্রামের চেহারা অন্য একটি আলাদাভাবেই চোখে পড়ে। কারণ শহরগুলি আধুনিকতার সঙ্গে ছন্দ মিলিয়ে গড়ে ওঠে। এর ফলে এক দেশের শহরের সঙ্গে অন্য দেশের শহরের কিছু না কিছু মিল খুঁজে পাওয়া যায়। কিন্তু গ্রামগুলি প্রত্যেকটি দেশের প্রাকৃতিক পরিবেশ শীত-গ্রীষ্মের তারতম্যে বেড়ে ওঠা বিভিন্ন ধরনের গাছগাছালি ও বিভিন্ন প্রকৃতির ও নামের ফুল ও ফলের বৈচিত্র্য ও সৌন্দর্য্যের উপর নির্ভর করে সেই নির্দিষ্ট গ্রামের সৌন্দর্য্য বিতরণ করে। এইসব গ্রামগুলিকে প্রকৃতি যেন নিজের পছন্দমতো সাজিয়ে এক স্বর্গীয় আনন্দ উপভোগ করে। অবশ্য এটি আমার সম্পূর্ণ ব্যক্তিগত মতামত।

যথাসময়ে গড়খালি গিয়ে পৌঁছলাম। ওইখানেই গাড়িটিকে পার্ক করা হল। আগে থাকতেই সজনেখালি সরকারি অতিথি ভবনে থাকার বন্দোবস্ত করা হয়েছিল। নদীতে "মোটর বোট" আমাদের জন্য অপেক্ষা করছিল।

সজনেখালি গেস্ট হাউসে পৌঁছতে আমাদের চারঘণ্টা সময় লাগবে। যথাসময়ে আমাদের নৌকা চলতে শুরু করল, দু-চোখ ভরে আমরা দুই পাড়ের প্রাকৃতিক সৌন্দর্য উপভোগ করতে করতে এগিয়ে চললাম। আমরা নৌকার খোলা জায়গায় বসেছিলাম। এই সুন্দরবন নদীর বুকে গ্রীষ্মমণ্ডলের বৈশিষ্ট্য স্বরূপ অনাবৃত শিকড়-সহ বৃক্ষকুঞ্জ বা গ্রোভ। এই বৃক্ষকুঞ্জ এখন বাঘের বাসস্থান। এখানে "রয়েল বেঙ্গল টাইগার" ছাড়া চিতাবাঘ, হরিণ, বাঁদর, খট্টাশ, গিরগিটি ও আরও অনেক জন্তু-জানোয়ারের বাস। সুন্দরবন বঙ্গোপসাগরের উপকূলে প্রশস্ত বনভূমি। সুন্দরবন ১৯৯৭ খৃষ্টাব্দে ইউনেস্কো বিশ্ব-ঐতিহ্যবাহী স্থান হিসেবে স্বীকৃত হয়েছে। অনেকের মতে সুন্দরী গাছ থেকে এই বনের নামকরণ হয়েছে সুন্দরবন। অবশ্য এই বিষয়ে মতবিরোধ আছে। উদ্ভিদ বৈচিত্র্যের মধ্যে রয়েছে প্রচুর পরিমানে সুন্দরী, গেঁওয়া, গরান ও কেওড়া। এখানে অবশ্য অসংখ্য প্রজাতির উদ্ভিদ আছে। এই সুন্দরবনের বিস্তার দু-টি দেশ অর্থাৎ ভারতের পশ্চিমবঙ্গ ও বাংলাদেশকে নিয়ে।

সুন্দরবনে যেতে যেতে বিচিত্র ধরনের পাখি দেখার সৌভাগ্য সুযোগ ঘটল। এদের মধ্যে কাঠঠোকরা পাখি, মাছরাঙা পাখি, বক, দোয়েল পাখি, সারস জাতীয় পাখি, পেঁচা আরও অসংখ্য শ্রেণীর পাখি। এইসব দেখতে দেখতে আমরা গেস্ট হাউসে এসে পৌঁছলাম। বিকেল গড়িয়ে গোধুলি লগ্নের দ্বারে এসে পৌঁছেছে প্রকৃতি। চারদিকে বনরাজি শোভিত এই নিস্তব্ধ রাজ্যে এসে আমরা যেন প্রাচীন মহাভারতের উচ্চারিত মন্ত্র ধ্বনির শব্দ শুনতে পাচ্ছি চর্তুদিকে।

আধুনিক সভ্যতার অগ্রগণ্য শহরে নগরের জনারণ্যে নিজেদের নিক্ষেপ করে আমরা নিজেদেরই ভুলতে বসেছি। এই সদাব্যস্ত জীবন ছাড়া মানুষের আর একটি গভীর জীবনের সন্ধান পাওয়া যায় যখন আমরা শহর বা নগর সভ্যতা থেকে নিজেদের বিচ্ছিন্ন করে কিছুক্ষণের জন্য সুন্দরবনের মতো

পরিবেশে নিজেকে সমপর্ণ করে জীবনের একটা অজানা অচেনা দিককে আবিষ্কার করি, নির্জন নিস্তব্ধতার মধ্যেও যেন কোনো একশব্দ ধ্বনিত হতে থাকে অহরহ, সেই শব্দ যত না কানের তার থেকে বেশি মনের।

ওই অতিথিভবনের তত্ত্বাবধায়ক ও সহকারি আমাদের অভ্যর্থনা জানিয়ে অফিস ঘরে নিয়ে গেল। কিছু প্রয়োজনীয় কথাবার্তা বলার পর আমাদের কয়েকটি ঘর দেখানো হল। অনেকটা পথ গাড়ি ও মোটরবোটে কাটানোর পর আমরা বেশ খানিকটা ক্লান্ত হয়ে পড়েছিলাম। সবাই চা-পানের পর একে একে স্নান করে নিলাম। ঘণ্টাখানেকের মধ্যে রাতের খাবার খেয়ে নেওয়া গেল। এখানকার এই দুই ভদ্রলোকের আন্তরিকতার অভাব ছিল না। একটা জিনিস লক্ষ্য করলাম এখানে সব ঘরগুলো শুধু নতুন রঙ করা নয়, কিছু কিছু মেরামত কাজও করা হয়েছে। অবশ্য এই "তত্ত্বাবধায়ক" ভদ্রলোকের কাছে জানতে পারলাম এখানে নাকি কিছুদিন আগে মাননীয়া মুখ্যমন্ত্রীর আসার ও থাকার কথা ছিল। আগেও নাকি তিনি এখানে এসেছেন।

সে যাইহোক, আমরা কিছুক্ষণের মধ্যেই শয্যাগ্রহণ করে চারিদিকের নিস্তব্ধতা উপভোগ করতে করতে ঘুমিয়ে পড়লাম। সকালবেলায় উঠে স্নানটান করার পর প্রাতরাশ করে বেরিয়ে পড়লাম। এই অতিথি ভবনটি সুন্দরবন জাতীয় পুরোদ্যানের লাগোয়া সজনেখালিতে অবস্থিত ও চারিদিকে জাল দিয়ে সুরক্ষিত। এর ফলে কোনো বন্য প্রাণীর হঠাৎ ভেতরে ঢোকার সম্ভবনা নেই। এই অতিথি ভবন থেকে কয়েক গজ এগোলেই একটি রক্ষী স্তম্ভ বা ওয়াচ টাওয়ার চোখে পড়ে।

ওদের কথামতো জানতে পারলাম ওই স্তম্ভে ধৈর্য ধরে অনেকক্ষণ দাঁড়িয়ে থাকলে কখনওসখনও বাঘ বা অন্যান্য জন্তুকে জঙ্গলের একপ্রান্ত থেকে খানিকটা মাঝের ফাঁকা রাস্তা দিয়ে অন্যদিকে তড়িৎ গতিতে চলে যেতে দেখা যায়। আমরা ও অন্যান্য পর্যটকেরা স্তম্ভে দাঁড়িয়ে অনেকক্ষণ ধরে ওইদিকে তাকিয়ে থাকলাম কিন্তু কোনো জন্তুর দর্শন ঘটল না। অবশ্য বেড়ার বাইরে বাঘের পায়ের ছাপ দেখা গেল। আমরা বেড়ার ভেতর থেকে স্পষ্ট পায়ের ছাপ দেখতে পেলাম।

একটা বড়সড় ডোবাতে কুমীর ধরে রাখা আছে দেখলাম। এরপর আবার মোটরবোট চড়ে জলযাত্রা শুরু হল। এবারেও অনেকক্ষণ জলযানে সময় কাটবে। রৌদ্র-স্নাত দিনে চারিদিক ঝলমল করছে। চারিদিক স্পষ্ট দেখা যাচ্ছে। সবাই দূরবীনের সাহায্যে চারপাশের জঙ্গল, নানারকমের ও বর্ণের পাখির দর্শন পেলাম। দু-চারটে ছোটখাটো জন্তু জানোয়ারও চোখে পড়ল। এইসব দেখতে দেখতে সকাল গড়িয়ে দুপুর এসে গেল। খাবারদাবারের ব্যবস্থা মোটরবোটেই সারা হবে। বড় কাঁকড়ার ঝোল, ভেটকি মাছ ভাজা ও তরকারি সহ ভাত খাওয়া গেল। এবারে আমাদের সঙ্গে পথপ্রদর্শক হিসেবে হরি নামের এক যুবক। হরি আজ প্রথম থেকেই আমাদের সঙ্গে নৌকাতে উঠেছে।

হরির কাছ থেকে আমরা নানারকম গল্প শুনছি। সাহিত্যিক অমিতাভ ঘোষের লেখা "হাংরি টাইড" উপন্যাসটি এখানকার ঘটনা সমাবেশের উপর লেখা। অমিতাভ ঘোষ ওই উপন্যাসটি লেখার আগে নাকি অনেকদিন এখানে বাস করেছিলেন। দেশে আসার বেশ কিছুদিন আগে এই উপন্যাসটি আমি পড়েছিলাম। এরফলে ওই জায়গা সম্বন্ধে আমার খানিকটা জানা হয়ে গিয়েছিল। হরি বলল আমরা খানিকক্ষণ বাদে গোসাবাতে গিয়ে নামব। যাইহোক বেশ খানিকটা সময় অতিবাহিত হওয়ার পর হঠাৎ দেখলাম হরি কেমন যেমন অন্যমনস্ক হয়ে গেছে। সে একদৃষ্টিতে সামনের দিকে তাকিয়ে আছে। আমি বললাম, 'হরি কী হল, তুমি চুপচাপ হয়ে গেলে কেন?' হরি বল, 'এক মিনিট স্যার' খানিকক্ষণ স্থির দৃষ্টিতে তাকিয়ে ওর দূরবীনটা চোখে লাগালো। কিছুক্ষণ পর বলল, 'আপনারা একে একে দূরবীনটা চোখে লাগান। কিছুদূরে একটা বড়সড় কুমির দেখতে পাবেন পাড়ের ওপর শুয়ে রোদ পোহাচ্ছে ও বিশ্রাম নিচ্ছে।' আমরা সত্যিই ভাগ্যবান। কথায় আছে "জলে কুমির ডাঙায় বাঘ।" ডাঙায় বাঘ না দেখতে পেলেও বেশ বড়সড় কুমির দেখতে পেলাম। সবার দেখা হওয়ার পর শুধু চোখেই ওই বৃহদাকার জন্তু নজরে পড়ল। এখন তো আমরা জন্তুটির অনেকটা কাছে চলে এসেছি। ঠিক এইরকম সময়ই ওই কুমিরটি পাড় থেকে নেমে জলে অদৃশ্য হয়ে গেল।

আস্তে আস্তে দিনাবসান ঘটতে শুরু হল। আলো-আঁধারি অবস্থায় আমাদের নৌকা গোসাবার ঘাটে এসে নোঙর বাঁধল। হরি এখানেই থাকে। হরির সঙ্গে সঙ্গে আমরা সামনের দিকে এগিয়ে চললাম। গতরাতে ছিলাম একটি জনহীন নিস্তব্ধ জায়গায়। সেখানকার অতিথি ভবন ঘিরে বহুদূর বিস্তৃত ঘন জঙ্গল যার নাম সুন্দরবন।

এখানে হিংস্র প্রাণীর বাস। কিছুদূরেই এদের আস্তানা। জঙ্গলের এপারে যেখানে আমরা একরাত্রি কাটালাম সেখানে আমরা অনাহুত লোভনীয় খাদ্য হিসেবে বন্য জন্তুদের মধ্যে এক রাত্রির জন্য বাস করেছি। বলতে ভুলে গেছি সকালবেলায় এক ডজন বাঁদর আমাদের অতিথিশালায় হানা দিয়েছিল। বেশ কয়েকটা বাঁদর আমাদের ঘরগুলোতে ঢুকে কয়েক প্যাকেট “পটেটো চিপস্” নিয়ে চম্পট দিয়েছিল। অনেকদিন পরে এই অভিজ্ঞতা হল। সুদেষ্ণা ও লুনা এরকম দৃশ্য আগে দেখেনি। গোসাবার হাট বাজারের ভেতর দিয়ে এগিয়ে চললাম। বাজার ছাড়িয়ে একটা বেশ বড়সড় ফাঁকা মাঠে এসে পড়লাম।

হরি আমাদের একটা বাড়ি দেখিয়ে বলল এখানে অনেকদিন আগে কবিগুরু রবীন্দ্রনাথ এসেছিলেন। এরপর হরি আমাদের এই বাড়িটার ইতিহাস বলে শোনালো। স্যরা ড্যানিয়েল ম্যাকিননন হ্যামিলটন (জন্ম ৬ই ডিসেম্বর ১৮৬০, মৃত্যু ৬ই ডিসেম্বর ১৯৩৯)একজন ব্যবসাদার ছিলেন। ইনি স্কটল্যান্ডবাসী। গোসাবাতে ওই ভদ্রলোকের জমিদারী ছিল। এখানে গ্রাম ও সমাজের উন্নতির চেষ্টা করেছিলেন। কবিগুরু রবীন্দ্রনাথের সঙ্গে হ্যামিলটনের বেশ কয়েকটি চিঠির আদানপ্রদান ঘটে। এই চিঠিগুলিতে গ্রামোন্নয়নের পরিকল্পনা বিষয়ে লেখালেখি ঘটেছিল। ইনি মহাত্মা গান্ধীরও বিশেষ পরিচিত ছিলেন।

আমরা যতটা সম্ভব বাড়িটা ও তার আশেপাশের জায়গা ঘুরে ঘুরে দেখলাম। এরপর আমাদের বিদায় নেবার পালা। নৌকা বাঁধা ঘাটে ফিরে এলাম। হরি বিদায় জানালো। আমরা একই পথে ফিরে এসে গাড়িতে চেপে রাজারহাটের দিকে এগোলাম। এ এক নতুন অভিজ্ঞতা। এদেশে বহুকাল

আগে আর একটি বিস্ময়কর জায়গায় গিয়েছিলাম—যার নাম সাগরমেলা। সুন্দরবন ও সাগরমেলা এই দুটি বিস্ময়কর জায়গা আমার মনের নিভৃত কোণে চিরদিনের জন্য আঁকা হয়ে রইল।

কেরালা

মার্চ ২০১৩

হঠাৎ ঠিক হল আমি, মমতা ও আমার দু-জন সহপাঠী সস্ত্রীক, এই ছ-জনের একটা দল কয়েকদিনের জন্য কেরালা রাজ্যে ভ্রমণ পর্ব শেষ করে যথাসময়ে স্বস্থানে অর্থাৎ কলকাতায় ফিরে আসব। সাধারণত আমরা যখন অন্যদেশে ছুটি কাটাতে যাই আমাদের দুই মেয়ে সুদেষ্ণা ও লুনা কম্পিউটারের সাহায্যে ঠিক স্থানটি নির্বাচিত করে। মমতাও ওদের সঙ্গে আলোচনা করে ও আমাকে সেই পরিকল্পনার কথা জানিয়ে দেয়। মেয়েদের ও মমতার পরিশ্রমকে আমি যথাযথ মর্যাদা দিয়ে থাকি। কারণ আমরা ছুটির দিনে যতগুলি দেশ দেখেছি, সেইসব জায়গাতে যথেষ্ট আনন্দ ও অভিজ্ঞতা সঞ্চয় করে নিজস্থানে ফিরে এসেছি।

নির্দিষ্ট দিনে আমরা ছয়জন নেতাজী সুভাষচন্দ্র বোস বিমানবন্দরে এসে উপস্থিত হলাম। রাতের অন্ধকার থাকতে আমাদের প্রস্তুতিপর্ব শুরু করতে হয়েছিল। যথাসময়ে বিমান কলকাতার মাটি ছেড়ে আকাশে ডানা মেলে দিল। প্রথম গন্তব্যস্থান বেঙ্গালুরু। ভারতের দক্ষিণ কেন্দ্রের নগরী এই বেঙ্গালুরু কর্নাটকের রাজধানী। আকাশপথে সময় লাগে আড়াই ঘণ্টাও দূরত্ব ৯৬৯ মাইল বা ১৫৫৯ কিমি। অনেকক্ষন ধরে মেঘ দেখতে দেখতে হঠাৎ চোখে পড়ল ছোট ছোট ঘরবাড়ি। বুঝতে পারলাম আমাদের বিমান নীচের দিকে নামতে শুরু করেছে। অবশ্য সময়টা তাড়াতাড়িই কেটে গেল। এইসব অল্প সময়ের বিমানভ্রমণে খাওয়াদাওয়ার ব্যবস্থা থাকে না। টিকিট কেনার সময় বলে দেওয়া হয় যে অতিরিক্ত অর্থব্যয় করে নিজের পছন্দমতো খাবার কেনার সুবিধে পাওয়া সম্ভব। আমাদের খুব একটা ক্ষিধে পাইনি। সঙ্গে কিছু খাবার ছিল। ওগুলিরই সদ্ব্যবহার করা গেল। অবশ্য সবাই একপাত্র গরম গরম চা খেয়ে নিলাম। যথসময়ে আমাদের বিমান বেঙ্গালুরু বিমানবন্দরের "রানওয়েতে" নেমে দৌড়তে আরম্ভ করল। কিছুক্ষণের মধ্যেই বিমানের গতি

কমতে কমতে বিমানবন্দরের খানিকটা কাছাকাছি এসে থেমে গেল। আমরা বিমান থেকে নামলাম না। এখানে অবস্থান পঁয়তাল্লিশ মিনিটের বেশি নয় বলে জানা গেল। আমাদের পক্ষে সময় কাটানো খুব একটা কঠিন কাজ নয়। কিছুক্ষণের মধ্যে যাত্রী এসে যাওয়ার পরই আমাদের বিমান আবার আকাশে ডানা মেলে দিল। এবার গন্তব্যস্থান কেরালার রাজধানী। সেখানে পৌঁছতে বেশিক্ষণ সময় লাগল না। আকাশপথে দূরত্ব ৫০৪ কিমি। সময় লাগে এক ঘণ্টা থেকে এক ঘণ্টা দশ মিনিট। এই দূরত্বটুকুই মনে হল এমন কিছুই নয়।

যথাসময়ে আমরা তিরুঅনন্তপুরম বিমানবন্দরে এসে পৌঁছলাম। মালপত্র নিয়ে বাইরে বেরিয়ে এসে দেখলাম আমাদের জন্য সাদা রঙের "টয়োটা ইনোভা" বিমানবন্দরের পার্কিং-এর জায়গায় পার্ক করা আছে। সাতজন আরোহীকে নেওয়ার মতো জায়গা রয়েছে। এই গাড়িটার ড্রাইভারকে নিয়ে আমরাও সাতজন। প্রথমদিকে মনে হয়েছিল এই পিছনের আসন দু-টি বসার পক্ষে খুব আরামদায়ক ছিল না। পরে অবশ্য খুব তাড়াতাড়ি অভ্যস্ত হয়ে গিয়েছিলাম। তাছাড়া যে ক-দিন কেরালায় ছিলাম এই গাড়িটি যেহেতু অপরিহার্য ছিল তাই পালাক্রমে আমরা পিছনের আসনে বসেছিলাম, বিশেষ করে আমরা বন্ধুরা। পরের দিকে পিছনে বসতে কোনো অসুবিধে হয়নি। এই গাড়িটি যে খুবই আরামদায়ক সে বিষয়ে কোনো সন্দেহ নেই।

যাত্রা শুরু হল। আমরা এখন তিরুঅনন্তপুরম বা ত্রিবান্দ্রমের রাস্তা দিয়ে চলেছি। মালাবার উপকূলে আরব সাগরের তীরে অবস্থিত এই শহরটি কেরল রাজ্যের রাজধানী। সুতি ও রেশমের তাঁতশিল্পের জন্য বিখ্যাত।

যত সামনের দিকে এগিয়ে চলেছি চারদিকে চোখে পড়ছে গাছ-গাছালির সমারোহ। এই সবুজের সমারোহ দেখে মহাত্মা গান্ধী এই স্থানটিকে "ভারতের চিরসবুজ শহর" আখ্যা দিয়েছিলেন। এই জেলায় উর্বর বনস্পতির দিকে তাকিয়ে প্রাকৃতিক নিয়মে এই সবুজ রঙের ছড়াছড়ি মনকে উদাস করে দেয়। এই গাছগাছালির মধ্যে চোখে পড়ে বিরল শ্রেণীর অর্কিড। এই গাছের নয়নাভিরাম ফুলের বাহার মনকে স্নিগ্ধ করে। এছাড়া ভেষজ উদ্ভিদ,

ঝোপঝাড়ের বেড়াতে নানারকম মসলা ও আলু, ওল প্রভৃতি কন্দ ও অন্যান্য গাছগাছালি যার থেকে ভোজ্য ফল আঁশ, সুগন্ধিযুক্ত গুল্ম ও মশলা যেমন গোলমরিচ এখানকার পার্বত্য অঞ্চলে চাষ করা হয়। এই জেলার বড় একটা অংশ ঘিরে চাষ করা হয় নারকেল, চাল, আলু, কলা ও শাকসবজি। টয়োটার জানালা দিয়ে এই সবুজ বণানীর শোভা দেখতে দেখতে অনেকটা সময় কেটে গেল। হঠাৎ দেখলাম আমরা একটা হোটেলের সামনে। মালপত্র নামিয়ে চাবি নিয়ে নেওয়া হল নির্দিষ্ট ঘরের দিকে যাওয়ার জন্য। এই হোটেলের চেহারা আমার ও মমতার এক নতুন অভিজ্ঞতা। অনেকটা জমি নিয়ে চারিদিকে ছড়ানো রয়েছে হোটেলের অজস্র ঘরবাড়ি। একতলা দু-তলার থেকে বেশি উঁচু নয়। প্রথমে আমরা একটা খোলামেলা বসার জায়গায় খানিকটা সময় কাটালাম। দক্ষিণ দেশের কিছু খাবার, ঠাণ্ডা পানীয় খাওয়া হল। তারপর আমরা চাবি নিয়ে ঘরের দিকে এগোলাম।

একটা একতলা বাড়ির মধ্যে তিনটে তিনটে করে ছ-টা ঘর দু-টো সারিতে। আমাদের নির্দিষ্ট ঘরে ঢুকে দেখলাম উল্টোদিকে বাইরে যাবার দরজা রয়েছে। বাইরে বেরিয়ে আমরা দু-জনেই হতবাক। দেখলাম "শাওয়ার" নেওয়ার ব্যবস্থা চারিদিকে দেওয়াল ঘেরা জায়গার একস্থানে, এর ওপরে কোনো ছাদ নেই। কিছুক্ষণ পর বোধগম্য হল এই স্নানের জায়গার নির্জনতা রক্ষা কোনো রকমেই ব্যাহত হবে না। কারণ স্নানের জায়গা থেকে শুধুমাত্র অজস্র গাছগাছালিই দর্শনীয়, এছাড়া দু-একটা পাখিও চোখে পড়া অসম্ভব নয়। চারিদিকের পাঁচিল অনেকটাই উঁচু। আমার ও মমতার এটি নতুন অভিজ্ঞতা বলেই এত কথার মাধ্যমে এটা প্রকাশ করতে হল। গ্রীষ্মপ্রধান দেশে এইধরনের খোলামেলা ব্যবস্থা খুবই যুক্তিযুক্ত ও আরামদায়ক বলেই আমার মনে হল।

পরেরদিন প্রাতরাশ সেরে আমরা একটা নদীর ঘাটে এসে পৌঁছলাম। সেখানে ঠিক হল ঘণ্টাখানেক ধরে মোটর বোটে করে নদীতে ভ্রমণ করা হবে। যেই ভাবা সেই কাজ। আমরা মোটর বোটে চড়ার পর একজন তড়িৎ গতিতে সবাইকে "লাইফ জ্যাকেট" পরিয়ে দিল। নদীর পাড়ে

নানা ধরনের ও বর্ণের পাখী চোখে পড়ল। কয়েকটা ছবি তোলা হল। কয়েকটা বাঁদরও নজরে পড়ল। এই সবুজের দেশে বিভিন্ন জাতির গাছ ও ফুল ফলে ভরা নদীর দু-পাড়। দেখতে দেখতে একঘণ্টা কেটে গেল। আমরা ইতিমধ্যে হোটেল ছেড়ে দিয়েছি। এবার আবার দীর্ঘপথ অতিক্রম করতে হবে। মাঝপথে আবার আমরা একটা জায়গায় গিয়ে থামলাম। ওখানে এদিক ওদিক ঘোরাঘুরি করতে করতে দেখলাম অনেকেই একে একে হাতির পিঠে চড়ছে। আমাদের সবার চড়ার সখ হল। বয়সকে পাত্তা না দিয়ে একে একে আমরা হাতির পিঠে চড়ে বসলাম। হাতির পিঠে আগে না চড়লেও আমি অনেককাল আগে, যখন আমার বয়স একুশ বছর, সেই সময় ঘোড়ার পিঠে চড়েছিলাম মুসৌরিতে, অবশ্যই অশ্বারোহন সম্বন্ধীয় বিদ্যায় শিক্ষিত ব্যক্তির সাহায্যে, নিজেই অশ্বারোহী নয়। এখানে আমরা বেশ কয়েকটা ছবি তুললাম। আবার শুরু হল পথ চলা, অবশ্যই গাড়িতে করে। আমাদের সারথী একটি হোটেলের সামনে আমাদের হাজির করল। নিজের নিজের ঘরে গিয়ে বেশ খানিকটা বিশ্রামের প্রয়োজন হয়ে পড়েছিল। পথের ক্লান্তির জন্য কোথাও না গিয়ে আমরা আমাদের ঘরে বসে কিছু খাওয়া দাওয়া করলাম। আজ আর এখন আড্ডা নয়। এখন ঘুমোনো দরকার। সেই রাত্রে সবারই ঘুম ভালো হয়েছিল। এরপর সন্ধ্যার দিকে নদীর আর একটা দিকে গিয়ে দেখলাম সেখানে বহু মানুষের ভীড় জমেছে। নদীর পাড়ে অনেকগুলি সাজানো দোকানে জিনিসপত্র বিক্রী হচ্ছে।

এখানে আবার কয়েকজনকে ঘোড়ায় চড়তে দেখলাম। আমাদের যে লোকটি ঘোড়াটিকে ধরে রেখেছিল সে তিন চার মিনিটের মধ্যেই এদিক ওদিক ঘুরিয়ে আবার একই জায়গায় ফেরত এনে পয়সা পকেটস্থ করল। এরপর আমি দোকানের কাছে এলাম তখন সন্ধ্যা হয়ে গেছে। চারিদিকে কয়েকটা আলো জ্বলে উঠেছে। এইরকম পরিবেশে মনটা উদাস হয়ে যায়। দোকানগুলো ঘুরে ঘুরে দেখলাম। কিছু জিনিস স্মারক হিসেবে কিনলাম। এটা আমার স্বভাব, কারণে অকারণে যেখানে যাই সেখানে কিছু না কিছু সংগ্রহ করি, সেটা একটা ছোট নোটবুকও হতে পারে বা একটা সস্তাদরের

কলম। এছাড়া ছোটখাটো কত কিছুই তো পাওয়া যায়। এসব জায়গায় এসে তো অর্থের দিক থেকে বিচার করে মহামূল্যবান জিনিস কেনার সুযোগ নেই। তবে অনেক ক্ষেত্রে টাকার হিসেবে সব জিনিসের মূল্য ঠিক করা উচিত নয়।

একটা কথা আগেই বলা উচিত ছিল। আমরা যখন "তিরুঅনন্তপুরম" বিমানবন্দর থেকে হোটেলে গিয়ে পৌঁছলাম, সেখানে গিয়ে আলোচনার মাধ্যমে জানতে পারলাম এখানে দু-রাত্রি থাকার পর প্রাতরাশ করে আলেপ্পিতে গিয়ে "ব্যাক ওয়াটার" দর্শন করা হবে। এর মধ্যে একবার কাছাকাছি সমুদ্র দর্শনে গেলাম। এই সমুদ্রতীরটির নাম কোভালাম। এটি আরব সাগরের তীরে তিরুঅনন্তপুরম নগরীর কাছে একটি শহর। নগরীর কেন্দ্র থেকে মাত্র ১৬ কিলোমিটার দূরে।

এই জায়গাটি অসংখ্য নারকেল গাছের জন্য বিখ্যাত। এছাড়া এখানে পদ্মনাভস্বামী মন্দির বিখ্যাত। এইসব মন্দিরে প্রবেশ করতে গেলে অনেকগুলি নিয়মকানুন মানতে হয়। সম্ভবত আমরা যেসময় গিয়েছিলাম এই মন্দিরটি খোলা ছিল না। আশেপাশে, বিশেষ করে সমুদ্রের পাশে, খানিকক্ষণ ঘোরাঘুরি করে আমরা হোটেলে ফিরে এলাম।

নির্দিষ্ট দিনে আলেপ্পির উদ্দেশ্যে রওনা হলাম। ১৩৫ কিলোমিটারের পথ অতিক্রম করতে হবে। সময় লাগবে অন্ততপক্ষে তিন ঘণ্টা। সেখানে গিয়ে হাউসবোট বা বজরাতে চড়ে নদীতে এদিক ওদিক ঘুরে বেড়ানো যাবে। হাউসবোট আমাদের জন্য অপেক্ষা করছিল। নদীর ঘাটে দেখলাম নানা আকারের নৌকা নোঙর করা আছে। দু-একটি নৌকা বেশ বড় আকারের ও বিলাসবহুল। আমাদেরটা মাঝারি আকারের ও সেখানে প্রয়োজনীয় জিনিসপত্তরের কোনো অভাব ছিল না। কিছুক্ষণের মধ্যে নৌকা ছেড়ে দিল। দু-পাশে সবুজে ভরা গ্রাম চোখে পড়ল। নৌকাতে বসে এইসব দৃশ্য দেখতে দেখতে মনপ্রাণ আনন্দে ভরে ওঠে। সারা বিশ্বব্যাপী এইসব গ্রামের সৌন্দর্যের মধ্যে পার্থক্য চোখে পড়ে। কেরালা আসার পর আমার এই ধারণা জন্ম নিয়েছে যে, এখানকার অধিবাসী প্রকৃতিকে অবহেলা করে না। প্রকৃতির সঙ্গে মনুষ্যকুলের যে একটা নিবিড় সম্পর্ক আছে শহরে বা নগরে বাস করে

সেকথা আমরা ভুলে গেছি। বেশ কিছুক্ষণ নৌকাবিহার করার পর একটি নির্দিষ্ট জায়গায় এই হাউসবোটটিকে নোঙর করা হল। লক্ষ্য করলাম এই নৌকোয় চার পাঁচটা ঘর আছে। আমরা ছয়জন তিনটি ঘর দখল করলাম। একটা ঘর রান্নাবান্নার জন্য অন্যটা নাবিক দলের, সংখ্যায় ওরা তিনজন।

হাউসবোট চলা অবস্থায় আমরা জলখাবার সেরে নিলাম। মুখরোচক দক্ষিণ ভারতীয় ও কিছু সর্বভারতীয় খাবারের সংমিশ্রণে তৈরি খাবার খাওয়ার সময় ও পরে আমরা খোশমেজাজে গল্প শুরু করে দিলাম। জীবনের পুরোনো নানা ঘটনা ও স্মৃতি রোমন্থন করতে থাকলাম। কতদিন আগেকার কথা, ষাটের দশক। মোটকথা সবার বেশ আনন্দেই সময় কেটে চলেছে।

এইসব গল্পগুজব করতে করতে রাতের খাওয়ার সময় হল। টেবিল সাজানো হলে একের পর এক মুখরোচক খাবার পরিবেশন করা হল। ভেটকি মাছ, চিংড়ি মাছ, মুর্গির ঝোল আরও কত কী! খাওয়া দাওয়ার পর আবার খানিকক্ষণ আড্ডা। একটা কথা বলতে ভুলে গেছি—বিকেলের দিকে নৌকা নোঙর করার পর আমরা তিনজন নৌকা থেকে নেমে পড়লাম। আমরা এখন আমাদের বয়সের কথা ভুলে গিয়ে যেন ষাটের দশকে ফিরে গেছি মনে হল। একসময় আমরা তিনজন হাঁটতে হাঁটতে একটা ছোটোখাটো দোকানের সামনে এসে পৌঁছলাম। চারিদিকে দৃষ্টি প্রসারিত করলে নদীর দু-পারে বেশকিছু হাউসবোট নোঙর করা থাকলেও আর বিশেষ কিছু চোখে পড়ে না। আস্তে আস্তে সন্ধ্যা নেমে আসছে। আমরা ওই ছোট্ট দোকানে ঢুকে জিনিসপত্তর দেখতে থাকলাম। কিছু বরফে জমানো খাবার-দাবার, বিশেষ করে নানারকমের মাছ, শাকসব্জি, সিগারেট ও দু-এক বোতল জল ও মদের বোতল রাখা ছিল। মনে হল নোঙর করা হাউসবোটের এক দু-রাতের বাসিন্দাদের জন্য কিছু জিনিসের ব্যবস্থা আছে। সত্যিকথা বলতে কী আমাদের তেমন কিছু কেনার ছিল না। আমরা কিছুক্ষণের মধ্যেই বোটে ফিরে এসেছিলাম। সকালবেলায় প্রাতরাশ শেষ হওয়ার পরই হাউসবোট চলতে শুরু করল। তিনজন নাবিককে বিদায় জানিয়ে গাড়িতে চড়ে বসলাম। আবার যাত্রা শুরু হল।

এবার আমাদের গন্তব্যস্থান আলেপ্পি থেকে থেকাডি। থেকাডি পৌঁছতে সময় লাগবে প্রায় চারঘণ্টার মতো। দূরত্ব ১৪৫/৪৬ মাইল। যাত্রা শুরু হল। চারিদিকে সবুজের সমারোহ। প্রকৃতি যেন নিপুনভাবে নিজেকে সাজিয়ে নিয়েছে সবার দৃষ্টি আকর্ষণ করার জন্য। মাঝে মাঝে চোখে পড়ে লাল টালি দেওয়া বাড়ির ছাদ ও এই বাড়িগুলির সামনে ও পিছনে নানা ফুল-ফুলের বাগান। বড় রাস্তার দু-পাশে একটু দূরে দূরে ছোট ছোট রাস্তা দেখা যায়। ত্রিবান্দ্রম আসার পর অনেকটা রাস্তা পার হলাম। কোথাও কোনো ট্রাফিক জ্যামের জন্য আমাদের অপেক্ষা করতে হয়নি। চারঘণ্টার পথ অতিক্রম করে থেকাডিতে এসে পৌঁছলাম। এই স্থানটি ত্রিবান্দ্রম থেকে ১৬০ মাইল দূরে পেরিয়ার জাতীয় পুরোদ্যান হিসেবে পরিচিত। এটি বন্য পশুপক্ষী প্রভৃতি সংরক্ষণের ও রক্ষণাবেক্ষণের জন্য নির্দিষ্ট স্থান বা স্যাংচুয়ারি। এটি ঘন সবুজ, অর্ধেক সবুজ, ক্ষণস্থায়ী ভিজে ঝরে পড়া পাতার জঙ্গল ও বৃক্ষহীন গাছের প্রান্তর হওয়ার জন্যও বিখ্যাত। এখানে হাতির দল, সম্বর বাঘ, গাউর অর্থাৎ একধরনের বন্য ষাঁড় দেখা যায়। এর মাথাটা খুব বড়, ঘন পিঙ্গল অথবা কালো আচ্ছাদনের ওপর সাদা ছোপ ও কুঁজ থাকে। এই জন্তুটি ভারতে বাইসন নামেও পরিচিত। এছাড়া নীলগিরি লাঙ্গুর অর্থাৎ দীর্ঘ লেজবিশিষ্ট বানর বিশেষেরও বাসস্থান। ১৯৭৮ সালে এই পুরোদ্যান বন্যজন্তুদের স্যাংচুয়ারি এবং বাঘেদের জন্য সংরক্ষিত ভূমি বা জমি হিসেবে স্বীকৃতি লাভ করেছে। বন্য হাতি, হরিণ ও বাইসন এখানে তৈরি কৃত্রিম হ্রদে জল খেতে আসে। এখানে জীপে চড়ে ভ্রমণ ও নৌকায় ঘোরাঘুরি করা ও দীর্ঘপথ হাঁটা (Treking) আইনসম্মত।

থেকাডি হোটেলে পৌঁছে আলোচনাসভা বসল। আলোচনার বিষয় হল যে, আমরা যারা যারা ইচ্ছুক তারা হাত তুলে সম্মতি জানাবো যে ওই রাত্রে ওই নিরাপত্তা বাহিনীর সাহায্যে জঙ্গলের ভেতরে যেতে আমাদের কোনো আপত্তি নেই। আমরা সবাই রাজী হয়ে গেলাম। কিন্তু দুর্ভাগ্যের বিষয় কোনো কারণে আমাদের এ সুযোগ থেকে বঞ্চিত হতে হল। সম্ভবত আমরা অনেকটা পথ চলার পর ক্লান্ত হয়ে পড়েছিলাম।

পরেরদিন প্রাতরাশের পর এখানকার নদীর কাছে গিয়ে পৌঁছলাম। উদ্দেশ্য স্পীড বোটে চড়া। বন্ধুরা একটা অপেক্ষাকৃত বড় নৌকায় চড়ল। আমি ও মমতা অন্য একটা ছোট নৌকায়। বিদ্যুৎগতিতে নৌকা দু-টো বেশ কিছুক্ষণ ঘুরপাক খেতে থাকল। এইভাবে প্রায় আধঘণ্টা কেটে যাওয়ার পর আমরা হোটেলে এসে পৌঁছলাম।

কিছুক্ষণের মধ্যেই আমাদের যাত্রা শুরু হল। এবারে আমাদের গন্তব্যস্থান মুন্নার। প্রাকৃতিক মশলা যেমন কালো গোলমরিচ এলাচি দারুচিনি, লবঙ্গ ইত্যাদির জন্য থেকাডি স্বর্গোদ্যান হিসেবে পরিচিত। এর কাছাকাছি স্থানের মধ্যে মুরিক্কাডি মসলা ও কফির আবাদস্থল। এছাড়া থেকাডিতে মঙ্গলা দেবীর মন্দির পনেরো কিলোমিটার দূরে পাহাড়ের ওপর অবস্থিত।

এবারে আমাদের পাহাড়ে ওঠার পালা। যাত্রা শুরু হল। কিছুক্ষণ চলার পর একটা জায়গায় এসে থামলাম। এখনও আমরা থেকাডি ছেড়ে যাইনি। কারণ এই স্থানটি বিভিন্ন মশলার কেন্দ্রস্থল বলা হয়। এখানে এলাচি, লঙ্কা, লবঙ্গ, ভ্যানিলা, জায়ফল আরও অনেক কিছুর চাষ হয়। আমরা একটা সুন্দর মশলার দোকানে ঢুকলাম। শুধু মশলা নয়, এখানে নানা ধরনের চা পাতাও পাওয়া যায়। জানলাম এদের পেছন দিকে মশলার বাগান আছে। কোনো একটা কারণে আমাদের বাগানে ঢুকে দেখার সুযোগ হল না। টাটকা মশলার সুগন্ধে জায়গাটি সুবাসিত হয়েছিল। অনেক প্যাকেট মশলা ও চা পাতা সংগ্রহ করা হল। এখন বুঝতে অসুবিধা হয় না, কেন পশ্চিমদেশ ও আরবদেশ থেকে নাবিক সম্প্রদায় এই মহামূল্যবান সুগন্ধি মশলা, চা, কফি প্রভৃতির লোভে প্রাণের মায়া ছেড়ে সমুদ্রপথ অতিক্রম করে এই দেশে ঝাঁপিয়ে পড়েছিল। ওই দোকানের কয়েকজন মহিলা বিক্রেতার ব্যবহার খুবই আন্তরিক ছিল। ওখানে কিছুক্ষণ বসে চা পান করে যাত্রা শুরু হল। গন্তব্যস্থল মুন্নার। এটি একটি পার্বত্য শহর। কেরালার দক্ষিণ পশ্চিমে অবস্থিত। সমুদ্রপৃষ্ঠ থেকে ২৬০০ মিটার ওপরে অবস্থিত। এটি পশ্চিমঘাট পর্বতমালার অন্তর্ভুক্ত। স্থলপথে থেকাডি থেকে মুন্নার-এ যেতে ৫৯ বর্গমাইল পথ

অতিক্রম করতে হবে, আমাদের গাড়ির চালকের কাছ থেকে জানতে পারলাম। সময় লাগবে দু-ঘণ্টার কিছু বেশি।

আস্তে আস্তে পাহাড়ের গা বেয়ে ওপরে উঠতে শুরু করলাম। আঁকাবাঁকা রাস্তা ধরে গাড়ি ওপরের দিকে চলেছে। আমরা দিনের বেলায় যাত্রা শুরু করেছি, রোদে ঝলমল দিন, তাই সামনের রাস্তা পরিষ্কার দেখা যাচ্ছে, যদিও সেই সামনেটা খুব কাছেই। কারণ এক একটা বাঁক একটু দূরের রাস্তাকে ঢেকে রেখেছে। আমাদের গাড়ির চালক যে খুবই অভিজ্ঞ ব্যক্তি সে বিষয়ে কোনো সন্দেহ নেই। কিন্তু আমার মতে ওইসব জায়গায় গাড়ির গতি কমের দিকেই রাখা যুক্তিযুক্ত। কারণ প্রতিটি বাঁকের মুখে এসে বেশ জোড়েই ব্রেক কষতে হচ্ছিল। ওই চালকের ওইসব রাস্তায় গাড়ি চালানোর বহু অভিজ্ঞতার ফলে খুব একটা অসুবিধে হচ্ছিল না তা ঠিকই, কিন্তু এইসব ক্ষেত্রে বিপদের সম্ভাবনাকে কেউ নাকচ করে দিতে পারে না। অন্যেরা আমার সাথে একমত না হলেও আমি বিনীতভাবে গাড়ির চালককে গাড়ির স্পীড একটু কম করতে বললাম। আমার কথায় সবাই হৈ হৈ করে উঠল ও ড্রাইভার সাহেব একটু মনোক্ষুণ্ণ হলেও আমি আমার কথা ফিরিয়ে নিলাম না। এরপর কোনো অসুবিধে হয়নি। আমি ড্রাইভার সাহেবের ড্রাইভিং-এর ভূয়সী প্রশংসা করতে ভুললাম না। মনে হল ব্যাপারটা এখানেই মিটে গেল।

আগেই বলেছি এসব রাস্তায় শীতের সময় অনেকরকম বিপদের সম্মুখীন হতে হয়, যেমন কুয়াশা চারিদিক ঢেকে দিতে পারে। কখনও বা বৃষ্টি নামার আগে ঘন মেঘ আকাশ ছেয়ে ফেলে। এসব কারণে গাড়ি চালানোর সময় সামনের দিকে কিছু দেখতে পাওয়া যায় না। আবার প্রচণ্ড ধারাবর্ষণের ফলে রাস্তা পিছল হয়ে যায়। এরফলে গাড়িকে নিয়ন্ত্রণে রাখা মুশকিল হয়ে পড়ে। এসব কথা আমরা সবাই জানলেও মাঝে মাঝে ভুল করে বসি ও বিপদের সম্মুখীন হই। এই পাহাড়ের এক জায়গায় গাড়ি দাঁড় করানো হল। একটা ছোট্ট দোকান দেখলাম। টুকিটাকি অনেক কিছু জিনিস দেখলাম। পঁয়ত্রিশ টাকায় একটা বাঁশের পিঠ চুলকানির লাঠি কিনলাম।

একটু নাড়াচাড়া করতেই ভেঙে গেল। আরও দু-একটা বাঁশের তৈরি জিনিস আমি ও মমতা কিনলাম। অবশ্য দোকানদারটিকে ভাঙা বাঁশের লাঠিটা-সহ অন্যান্য জিনিসের দাম মিটিয়ে দিলাম। কারণ এইসব পলকা জিনিসের ভেঙে যাওয়াই স্বাভাবিক। একসময়ে একটা হোটেলের সামনে এসে পৌঁছলাম।

রাত্রের খাবার খেয়ে ঘরে এসে ঘুমিয়ে পড়লাম। সকালবেলায় চানটান করে পর্দাটা সরিয়ে পাহাড়ের দিকে তাকিয়ে মন অভিভূত হয়ে পড়ল। পরিষ্কার দিন, তাই পাহাড়ের আকৃতি, প্রকৃতি, রাস্তা, গাছপালা যেন পটে আঁকা ছবি। কোন এক অদৃশ্য তুলির টানে যেন বহুযুগ আগে এই ছবি আঁকা হয়ে গেছে। বুঝলাম ওই পাহাড়ে সভ্য মানুষের পদধুলি কোনোদিন পড়েনি, তাই এখনও অক্ষত অবস্থায় বিরাজ করছে।

আমাদের আর বেশি সময় নেই। আশেপাশে একটু ঘোরাঘুরি করে সবুজের মহোৎসব দেখে আমাদের সবার মন আনন্দে ভরে উঠল। মুন্নার শহরটিকে দক্ষিণের দার্জিলিং বলা হয়। এবার আবার নামার পালা। যতটা উঠেছি ততটাই নামতে হবে। এবার আমাদের গন্তব্যস্থান কোচি। আঁকাবাঁকা পাহাড়ের রাস্তা বেয়ে গাড়ি নীচের দিকে নামতে শুরু করল। অনেক্ষণ বাদে আমরা সমতলে এসে পৌঁছলাম। বেশ কিছুক্ষণ গাড়ি চলার পর হোটেলের কাছে এসে পৌঁছলাম। এটি একটি তিন তারা বিশিষ্ট হোটেল। হোটেলটি ভালই মনে হল। বেশ বড় সাইজের ঘর। এখানে একটা বিশাল "আপমার্কেট" ডিপার্টমেন্ট স্টোরস আছে। সেখানে অজস্র বিভিন্ন দামের শাড়ি পাওয়া যায়। বিকেলের দিকে ওই দোকানে আমরা ছ-জন হাজির হলাম। অনেকগুলি তলা নিয়ে এই স্টোরস, খুবই সুন্দরভাবে সাজানো। মমতা শাড়ি কিনতে ব্যস্ত হয়ে পড়ল। আমি ভাবলাম ওপর থেকে ঘুরে আসি। ওপরে উঠে দেখলাম একটা তলা ছেলেদের জিনিসে ঠাসা। এদিক ওদিক ঘোরাঘুরি করে আমরা শাড়ি বিভাগে ফিরে এলাম। সবার শাড়ি কেনা হয়ে গেল। আমরা নীচের তলায় দাম দিয়ে বেরিয়ে এলাম।

অবশ্য সকালে কোচিতে এসে কয়েকটা জিনিস দেখা হয়ে গেছে। কোচিকে কেরালার "প্রবেশ দ্বার" বলা হয়। অনেক কাল আগে এখানে কে

না এসেছে দূর দেশ থেকে। যেমন—আরব, ব্রিটিশ, ডাচ, চীনা ও পর্তুগীজ। এখানকার ঐতিহাসিক কোচি দুর্গ সমস্ত পর্যটকদের কাছে টানে। ইহুদিদের শহর, মাট্টনচেরী, সেন্ট ফ্রান্সিস চার্চ, প্রিন্সেস স্ট্রিট আরও কত কী। আমরা বিখ্যাৎ চাইনিজ ফিশিং নেটস্ দেখতে গেলাম সমুদ্রের ধারে গিয়ে। এই বিশাল জালটি চোদ্দো শতাব্দী থেকে একইভাবে ব্যবহার করা হয়।

ইহুদিদের শহর মশলা ব্যবসায়ের কেন্দ্র। মাট্টনচেরীতে প্রচুর ঔপনিবেশিক অট্টালিকা চোখে পড়ে। এখানকার কথাকলি নৃত্য বিখ্যাত।

এখানকার অজস্র মন্দির ও চার্চ একদিনে দেখা আমাদের পক্ষে সম্ভব নয়।

আর দু-একটা কথা বলে ভ্রমণবৃত্তান্ত শেষ করছি। কোচি (কোচিনও বলা হয়) একটি প্রধান বন্দর হিসেবে পরিচিত। এছাড়া কোচি নগরীতে কোচি তৈল পরিশোধনাগার বিখ্যাত। যতটা সম্ভব ওই অল্প সময়ের মধ্যে ঘোরাঘুরি করে দেখা হল। অবশ্য ওইসব দর্শনীয় স্থান দেখতে দু-দিন ব্যয় করেছিলাম।

পরেরদিন কিছু দর্শনীয় স্থান দেখার পর সুটকেস নিয়ে কোচি বিমাবন্দরের দিকে রওনা হলাম। অনেকটা পথ যেতে হল। আমাদের ফেরার পথে "বেঙ্গালুরু" বিমানবন্দরে অনেকক্ষণ বসে থাকতে হয়েছিল। তারপর নির্দিষ্ট সময়ে বিমানে চড়ে কলকাতা অভিমুখে যাত্রা শুরু হল আকাশ পথে।

আমাদের কেরালা ভ্রমণ শেষ হল।

বিবেকানন্দ রক মেমোরিয়াল

ভারতের তামিলনাড়ু রাজ্যের কন্যাকুমারীতে "বিবেকানন্দ রক মেমোরিয়াল" অবস্থিত। আমরা বাবাতুরাই-এ পৌঁছে এই পবিত্র স্মারক স্থল দর্শনের জন্য "টিকিট" সংগ্রহ করার লাইনে সবাই পর পর দাঁড়িয়ে পড়লাম। লাইন দেখে আমি প্রথমে ঘাবড়ে গিয়েছিলাম। মনে হল অনন্তকাল আমাদের এই লাইনে দাঁড়িয়ে থাকতে হবে। কিন্তু আশ্চর্যের সঙ্গে লক্ষ্য করলাম, দশ মিনিটের মধ্যে আমাদের সবার হাতে টিকিট চলে এলো। এখান থেকে কিছুক্ষণ পর পর জাহাজ ছাড়বে "বিবেকানন্দ রক মেমোরিয়াল" পৌঁছে দিতে। আমাদের হাতে অনেকটা সময় ছিল। ওখানকার অনেক বিখ্যাত মন্দিরের মধ্যে একটি বিখ্যাত মন্দিরের কাছে গেলাম। মন্দিরের আশেপাশেই গাড়ি পার্ক করা হয়েছিল। ভারতের বিভিন্ন মন্দিরের মধ্যে এই মন্দির গাত্রের স্থাপত্য ও কারুকার্য অতুলনীয়। আমি ছাড়া অন্য সবাই মন্দিরের ভেতর দেবদর্শনে গেল। আমি মন্দিরের আশেপাশে দু-একটা বই ওখানকার একটা ছোটোখাটো দোকান থেকে সংগ্রহ করলাম। এইভাবেই আমার সময় কাটছিল। এদিক ওদিক ঘোরাঘুরি করতে করতে হঠাৎ দেখলাম, ওরা সবাই মন্দির থেকে বেরিয়ে আসছে। জামা পড়ে ওখানে কোনো পুরুষ মানুষের ঢোকার নিয়ম নেই। আমি ভাবলাম একদিক দিয়ে আমার ভালই হল, জামাটামা খোলার ঝামেলা পোহাতে হল না।

কিছুক্ষণ সমুদ্রতটে ঘোরাঘুরি করে সময় কাটালাম। সেদিন সূর্যের তেজ জোরালো ছিল। আমি একটা কাপড়ের টুপি কিনলাম রোদের তেজ থেকে মাথাকে বাঁচাবার জন্য। আমার অবশ্য টুপি পরার অভ্যেস নেই। এইভাবেই সময় কেটে গেল। ঠিকসময়ে জেটিতে পৌঁছোবার পর জাহাজের একজন কর্মচারী আমাদের সবাইকে বেশ যত্ন সহকারে লাইফ জ্যাকেট পরিয়ে দিল। কিন্তু জাহাজে ওঠার সময় আমার মেজাজটা খারাপ হয়ে গেল। সেই একই ট্র্যাডিশন সমানে চলছে—অর্থাৎ ঠেলাঠেলি, গুঁতোগুঁতি।

এমন কিছু বেশি যাত্রী নেই, একটু ধৈর্য ধরে লাইনে দাঁড়িয়ে খুব কম সময় খরচ করেই জাহাজে ওঠা যেত। দেখলাম জাহাজের কর্মচারীরাও এই ঠেলাঠেলি গুঁতোগুঁতি খেলায় যোগ দিয়েছে। ওদের ঠেলার চোটে জাহাজে ঢুকে গেলাম। জাহাজ ঠিক সময়ে ছেড়ে দিল। বিবেকানন্দ রক মেমোরিয়াল কন্যাকুমারীর বাবা তুরই-এর মূল ভূখণ্ড থেকে পাঁচশো মিটার দূরে সমুদ্রের ওপর অবস্থিত। বিবেকানন্দ রক ভারতবর্ষের প্রধান স্থলভাগ অঞ্চলের দক্ষিণতম বিন্দু। স্বামী বিবেকানন্দ ১৮৯২ সালের ডিসেম্বর মাসে এই "রকে" অর্থাৎ শিলাখণ্ডে বসে দীর্ঘ সময় ধ্যানমগ্ন ছিলেন। এই ঘটনাটি ঘটে ১৮৯২ সালের ডিসেম্বর মাসে। এখানে এই শিলাখণ্ডের ওপর বসে ভারতবর্ষের অতীত, বর্তমান ও ভবিষ্যৎ বিষয়ে অনেকক্ষণ চিন্তা করেন।

এই ঘটনার আটাত্তর বছর পরে অর্থাৎ ১৯৭০ সালে "বিবেকানন্দ রক মেমোরিয়াল কমিটি" এখানে একটি স্মারকস্থল নির্মান করেন। বর্তমান শিলাখণ্ডের ওপর একটি ধ্যানমণ্ডপ তৈরি করা হয়েছে। পর্যটকরা এই ধ্যানমণ্ডপে বসে ধ্যান করেন। আমরা সবাই সেই বিশাল ঘরে প্রবেশ করলাম। এখানে এই আলো আঁধারির শান্ত পরিবেশে "ওম" এই মহাওঙ্কার ধ্বনি ক্ষণে ক্ষণে ভেসে এসে সবার দেহমনকে যেন এক অসাধারণ জগতের সঙ্গে প্রতিমুহূর্তে পরিচয় ঘটিয়ে চলেছে। এখানে কোনো কথা নয়। চারিদিকে তাকিয়ে দেখলাম বেশ কয়েকজন ধ্যানমণ্ডপে বসে ধ্যানমগ্ন। আমরাও চুপচাপ বসে রইলাম বেশ কিছুক্ষণ। আমার ভাবনায় স্থান পেল বেশ কয়েকটি কথা। মণ্ডপের ভেতরে স্বামী বিবেকানন্দের মূর্তির দিকে তাকিয়ে আমি মনে মনে বললাম, হে মানব শ্রেষ্ঠ স্বামীজি, তোমার মহাপ্রয়ানের পর একশো বছর কেটে গেছে। তোমার উনচল্লিশ বছরের জীবন তুমি আমাদের প্রত্যেকের জন্য উৎসর্গ করেছ, বিনিময়ে আমরা কি কিছু প্রতিদান দিতে পেরেছি তোমাকে? আজকের ভারতই কি তোমার স্বপ্নের ভারত!

জানি এইসব প্রশ্নের কোনো উত্তর নেই। কিছুক্ষণ বাদে ধ্যানমণ্ডপ থেকে বেরিয়ে এলাম। সূর্যের প্রখর তাপে খালি গায়ে উত্তপ্ত পাথরের ওপর পা রেখে ঘুরে বেড়ানো আমাদের সবার পক্ষে খুবই কষ্টকর বলে মনে

হচ্ছিল। এরই মধ্যে একটু ছায়াতে দাঁড়িয়ে আমাদের সমুদ্রদর্শন এক অভাবনীয় অভিজ্ঞতা। ভারতের অন্যান্য মন্দিরের মতো এখানকার মন্দিরের স্থাপত্য ও কারুকার্য দেখেও আনন্দে মন প্রাণ ভরে উঠল।

লক্ষ্য করলাম একদিকে দেবী কুমারীর পবিত্রপদ যুগল বেদীর ওপর স্থাপিত, অন্যদিকে অর্থাৎ মণ্ডপে স্বামী বিবেকানন্দের মূর্তি। প্রাচীন তামিল প্রবাদ অনুসারে দেবী কুমারী এই শিলাতে বসে তপস্যা করেছিলেন। তাই এই শিলার আগেকার নাম ছিল শ্রীপদ পারাই (দেবী কুমারীর পদস্পর্শ ধন্য শিলা)। এখান থেকে আরব সাগর, ভারতমহাসাগর ও বঙ্গোপসাগরের মিলনস্থল দেখা যায়।

প্রচলিত আছে স্বামী বিবেকানন্দ সাঁতার কেটে রকে পৌঁছে ধ্যানমগ্ন হয়েছিলেন। এই পবিত্র স্মারকস্থল একটি স্মৃতিস্তম্ভ যার মধ্যে রয়েছে দু-টি প্রধান কাঠামো, একটি বিবেকানন্দ মণ্ডপ, অন্যটি শ্রীপদ।

এই স্মৃতিস্তম্ভ ২৬ শে ডিসেম্বর ২০০৪ সালে "ভারত মহাসাগর সুনামি" দ্বারা ক্ষতিগ্রস্ত হয়। আমরা বেশ খানিকক্ষণ এখানে কাটালাম। কয়েকটা ছবি তোলা হল। জাহাজ নির্দিষ্ট সময়ে সেখানে এসে হাজির হল। দশ মিনিটের মধ্যে আমরা সমুদ্রতটে এসে পৌঁছলাম।

ম্যারাকেশ

মরক্কো দেশের উত্তর পশ্চিমে বসবাসকারী আফ্রিকাবাসীদের একটি প্রধান নগরী। ভেনিস থেকে ফিরে আসার এক বছর বাদে আমরা চারজনে ম্যারাকেশে যাবার পরিকল্পনা করলাম।

এয়ারপোর্টে ঘণ্টা তিনেকের দুর্ভোগের পর আমাদের একে একে মুক্তি দেওয়া হল, অর্থাৎ "চেক আউট" করে বাইরে বেরিয়ে এলাম। এবার ট্যাক্সি করে গন্তব্যস্থানে পৌঁছতে পারলে বাঁচা যায়। বেশ খানিকটা পথ অতিক্রম করা হল। দেখলাম বড় রাস্তা পার হয়ে খানিকটা গলিঘুঁজি দেখা যাচ্ছে। এতদিন যেসব দেশে গিয়েছি সেসব দেশে এরকম অভিজ্ঞতা হয়নি। আমার ধারণায় ছিল মোটামুটি বড়সড় রাস্তার ওপর আমাদের হোটেল হবে। তাহলে গলিঘুঁজির মধ্যেই আমাদের হোটেল হবে নাকি? আবার কখনও ভাবনার মধ্যে স্থান পাচ্ছে যে হয়তো কয়েকটা গলি পেরিয়ে একটা বড় রাস্তায় পড়বে আর সেখানেই আমাদের হোটেল হবে। একটা জায়গায় এসে আমাদের গাড়ি থামল। রাস্তাটা অপেক্ষাকৃত চওড়া, কিন্তু এখানে হোটেল কোথায়? আশেপাশে হোটেলের চিহ্নমাত্র নেই। জিনিসপত্তর নামানো হল। দু-জন লোক ঠ্যালাগাড়িতে জিনিসপত্তর চড়িয়ে হাঁটা শুরু করল। এরকম ক্ষেত্রে অচেনা জায়গায় একটু গা ছমছম করলে দোষ দেওয়া যায় না। সুদেষ্ণা ও লুনার দিকে তাকিয়ে বুঝলাম ওরা নির্বিকার ও নিশ্চিন্ত। ওদের পেছনে পেছনে দু-জনে গল্প করতে করতে চলেছে। পেছনে আমি ও মমতা। একটুখানি অপেক্ষাকৃত বড় রাস্তা তারপরে কয়েকটা গলি। গলিতে বাজার বসে বোঝা গেল। এখন সব ঝাঁপ বন্ধ। কয়েকটা লোক এদিক ওদিক বসে গড়গড়া টেনে চলেছে নির্বিকার চিত্তে। আমাদের দেখে ওদের মুখে কোনো ভাবান্তর ঘটছে না। এদিকে আমরা চলেছি তো চলেছিই। একটা সময় অর্থাৎ প্রায় আধঘণ্টা কাটার পর ওই দু-জন লোকের একজন চাবি দিয়ে একটা বাড়ির দরজা খুলে ফেলল। ভাবলাম হোটেলে তো এইভাবে দরজা খোলে না। শ্রীশ্রী রামকৃষ্ণদেবের কথা মনে পড়ে গেল—'যতদিন বাঁচি ততদিন

শিখি'। ভেতরে ঢুকে আমার 'কম্পিউটারে' দেখা ছবির সঙ্গে মিলে গেলে একদিক দিয়ে নিশ্চিন্ত হওয়া গেল। আমাদের সঙ্গে যারা আসছিল তাদের একজন এই হোটেলের ম্যানেজার, নাম হুসেন। সে একদিকে আমার ও মমতার ঘর অন্যদিকে আমাদের দুই মেয়ে সুদেষ্ণা ও লুনার ঘর দেখিয়ে দিল। সুদেষ্ণা ও লুনার কাছে জেনেছিলাম একজন ইংরেজ দম্পতি এই ম্যারাকেশে বেশ কয়েকটি হোটেল খুলেছে। তারমধ্যে এই হোটেলটি অন্যতম। কিছুক্ষণের মধ্যেই জানতে পারলাম, আমরা চারজন ছাড়া এই হোটেলে কেউ নেই। হুসেন ক্যায়ারটেকার কাম ম্যানেজার হিসেবে এই হোটেলে থাকে। আমি ও মমতা আমাদের মেয়েদের সাহস দেখে বিস্মিত হয়েছিলাম। মমতারও সাহসের অভাব নেই। প্রায়ই বলে একবার রাত্রি আটটার পরে বিষ্ণুপুর থেকে লয়াবাদ কলিয়ারী ধানবাদে একা এসে পৌঁছেছিল। মেয়েদের পক্ষে এটা একটা অতিরিক্ত সাহসিকতার পরিচয়। অবশ্য যে ক-দিন ছিলাম তাতে আমাদের ধারণা পাল্টে গেল। জানতে পারলাম হুসেনের বয়স উনত্রিশ বছর। ছেলেটি অত্যন্ত দায়িত্বশীল, অতিথিবৎসল। কাজে কোনো ফাঁকি দেয় না। ওখানেই ও আমাদের ইচ্ছেমতো খাবারদাবার তৈরি করে দিত। ওদের দেশের রান্নার পদ্ধতি আমাদের দেশের রান্নার পদ্ধতির সঙ্গে খানিকটা মিল থাকলেও ভারতে যেসব মশলাপত্তর ব্যবহার করা হয়, এখানে ঠিক সেই ধরনের মশলাপত্তর ব্যবহার করা হয় না বা ঠিকভাবে বললে বলতে হয়, মুখরোচক খাবার তৈরির জন্য যে ধরনের মশলা দরকার এরা সেসব ব্যবহার করে না। তাই ভারতের বিভিন্ন স্থানে তৈরি মুখরোচক খাদ্যবস্তু রসনার পক্ষে উপযোগী হলেও শরীরের পক্ষে কখনও কখনও ক্ষতিকরও হতে পারে। আর রসনা তৃপ্তিদায়ক বিচিত্র রকমের খাদ্যবস্তুর সদ্ব্যবহার করা খুব কঠিন কাজ নয়। তাই আমাদের দেশে ষড়রিপুর একটা রিপু অর্থাৎ লোভকে সংযত রাখাই বুদ্ধিমানের কাজ। রাতের অন্ধকারে আশেপাশের জায়গাটার কিছুটা ধারণা করে নিতে পেরেছিলাম। এবার দিনের আলোয় সারাদিন ধরে আশেপাশে ঘোরাঘুরি করে এই ম্যারাকেশ সম্বন্ধে ধারণা করা সম্ভব হবে। এইভেবে আমরা চারজন

প্রাতরাশ খেয়ে বেরিয়ে পড়লাম। প্রথম দিন বলে হুসেন আমাদের খানিকটা এগিয়ে দিতে চাইল। ওর মোবাইলের নম্বরটা আমরা লিখে নিলাম। মাঝপথে যদি আটকে যাই অর্থাৎ হোটেলে আসার রাস্তা ভুল করি তাহলে হুসেন আমাদের যত তাড়াতাড়ি সম্ভব উদ্ধার করবে। এই ম্যারাকেশ নগরী মরক্কোর উত্তর-পশ্চিম আফ্রিকাবাসীদের একটি বৃহত্তম নগরী। এটি ক্যাসাব্লাঙ্কা ও রাবাত নগরীর পর তৃতীয় বৃহত্তম নগরী হিসাবে পরিচিত।

অন্যদিক দিয়ে বলা যায়—ম্যারাকেশ চারটে রাজকীয় নগরীর মধ্যে অন্যতম। মরক্কোর অন্যান্য নগরীর মতই ম্যারাকেশকে দুর্গ দ্বারা সুরক্ষিত করা একটি অতি প্রাচীন নগরী হিসেবে অন্তর্ভুক্ত করা যায়। এই নগরীটির চারিদিক বিক্রেতা ও তাদের ছোট ছোট দোকান গিজগিজ করছে দেখতে পেলাম। আফ্রিকার খুবই ব্যস্ত নগরী ম্যারাকেশ একটি বৃহৎ অর্থনৈতিক কেন্দ্র ও পর্যটকদের গন্তব্যস্থান। দু-পাশে এই দোকানের সারির মাঝে ঘোরানো গলিপথ দিয়ে হাঁটতে হাঁটতে একসময় পৌঁছলাম এখানকার পৃথিবী বিখ্যাত চারিকোণা প্রাঙ্গণে নাম—জেম্মা-এল-ফ্না।

এই প্রাঙ্গনটি নগরীর কেন্দ্রস্থল। এই স্থানটি প্রাচীন ও আধুনিকের সংযোগসেতু হিসেবে পরিচিত। এখানে মরক্কোর ঐতিহ্যের সঙ্গে আধুনিকতার মিলন ঘটেছে। “ইউনেসকো বিশ্ব উত্তরাধিকার” এর একটি অংশ। এই চারকোণা প্রাঙ্গণ স্কোয়ারে ভিড় করে আছে নানা ধরনের ব্যবসায়ীরা।

এছাড়া আছে সাপ নিয়ে খেলা করার যাদুকর। অর্থাৎ সাপুড়ে। এই চারকোণা প্রাঙ্গণের চারদিকে মসজিদ, রাজপ্রাসাদ, হাসপাতাল, “প্যারেড গ্রাউণ্ড” ও সুন্দর সাজানো বাগান। গাইয়ে বাজিয়েদের মধ্যে দেখা গেল বংশীবাদক। এছাড়া ট্যামবোরিন ও আফ্রিকার ঢোল। এই প্রাঙ্গণে পৃথিবীর বিভিন্ন দেশ থেকে আসা পর্যটকদের ভীড় লেগে থাকে। এখানে এলে “পকেটমার হইতে সাবধান” এই আপ্তবাক্যটি সদাই মনে রাখা দরকার। কী নেই এখানে—সাপুড়ে, যাদুকর, গাইয়ে, বাজিয়ে, গল্প বলিয়ে, দন্তচিকিৎসক, শূন্যে অনুষ্ঠিত নানা ধরনের ক্রীড়া, এয়ারোব্যাটিক্স, অতীন্দ্রীয়বাদী বা মরমী গায়ক, বাঁদরকে নাচানোর ব্যবসাদার, ঔষধি বিক্রেতা ও মধ্যযুগীয় পোষাক

পরিহিত চিত্তবিনোদনকারী ব্যক্তি। এছাড়া আগেই বলেছি, পকেটমারের দাপট। সারাদিন এইসব দেখতে দেখতে সময় কেটে যায়। একটা অদ্ভুত ব্যাপার লক্ষ্য করলাম, সাপুড়েদের ছবি তুলতে গেলেই ওরা ঠিক দেখে ফেলে। তারপর সাপকে নিয়ে ফটোগ্রাফারের দিকে তেড়ে আসে। পয়সাকড়ি নেওয়ার ফিকির ছাড়া আর কিছু নয়।

এই প্রাঙ্গণে অনেক ছবি তোলা হল স্টিল ও ভিডিওতে। অনেকিদন পর এই প্রাঙ্গণে এসে দেখলাম বাঁদর নৃত্য, সাপের খেলা, নানা বাদ্যযন্ত্রের বিচিত্র সুর ও বিশ্বের নানা জায়গা থেকে আগত বিভিন্ন ভাষার সংমিশ্রণে যেন এক সার্বজনীন ভাষার মুক্তি ঘটছে অহরহ এই প্রাঙ্গণে। এই প্রাঙ্গণ ছাড়িয়ে একটু বাইরের দিকে গেলে দেখা যায় বাইরের জগতের সঙ্গে যোগ স্থাপন করার জন্য ব্যাঙ্ক, প্রচলিত মুদ্রা (আমাদের ক্ষেত্রে স্টার্লিং পাউন্ড) বিনিময় করার কার্যালয় অফিস, তিন ও চার তারা বিশিষ্ট হোটেল ও ছোট ছোট রেস্তোরাঁ, ভোজনালয়। এইসব জায়গায় শুধু ভেতরে নয়, বাইরেও চেয়ার টেবিল পাতা থাকে খাবারদাবার জন্য। আমরা ওই প্রাঙ্গণ ছেড়ে বাইরে খানিকটা ঘোরাঘুরি করে একটা ছোট ভোজনালয়ের বাইরে পাতা চেয়ারে বসে খেলাম। খাবারদাবার আসার সঙ্গে সঙ্গে বিনি পয়সার অনেক খাদ্য এসে উপস্থিত হল। কয়েকটি সজ্জিত ছোটোছোটো ছেলেমেয়ে আমাদের দিকে হাত পেতে দিল। এছাড়া ক্ষুদ্র প্রাণীর অর্থাৎ মাছির আক্রমণ থেকেও রক্ষা পাওয়া গেল না। কোনোরকমে এদের হাত থেকে মুক্তি পাওয়া গেল। খাওয়া দাওয়া সেরে হোটেলের রাস্তা ধরলাম। আবার ওই চারকোণা প্রাঙ্গণের ভেতর দিয়ে এদের বিখ্যাত আরব বাজার যাকে "সুক" বলা হয় সেখানে এসে দু-পাশে ছোটছোট সাজানো দোকান চোখে পড়ল। এখানে সবই আছে, যেমন জামাকাপড়, মুদিখানার দোকান, নানা ধরনের চটি জুতো। এই চটিগুলি আবার উজ্জ্বল কারুকার্যময় নানা রঙের চুমকি, পুঁতি ও পাথর বসানো। এছারা খুচরো বিক্রেতা হিসেবে এরা চামড়া, কার্পেট, মাটির পাত্র, ধাতুর কাজ ও নানা ধরনের জিনিস বিক্রি করে চলেছে।

এইসব "সুকস"-এর মধ্যে অনেকগুলি কার্পেট চামড়ার ব্যাগ ও লণ্ঠন সাজিয়ে রেখেছে। এছাড়া কোনো কোনো দোকানে চামড়ার পুফ, কাপ্তান ও নানারকম মূল্যবান পাথরের সমারোহ। দেখলাম অন্য একটি সুকের দোকানে সাজানো আছে লেবু, লঙ্কা, নানারকমের আচার, নানাবর্ণের জলপাই যেমন লাল সবুজ ও কালো জলপাই, পুদিনা ইত্যাদি। এছাড়া মরক্কোর রন্ধনপ্রণালীর সাধারণ উপাদান ও চা।

অন্য একটি সুকে সাজানো আছে শুকনো ফল ও বাদাম। এই ফলের মধ্যে আছে ডুমুর, কাজু বাদাম, খেজুর, খোবানি ও আখরোট। অন্য একটি সুকে হাতে বোনা চুপড়ি, সুগন্ধি দ্রব্য, বোনা টুপি, টি শার্ট, ওড়না, চাদর ও আরও কত কী! একটা দোকানে নানাবর্ণের চামড়ার জিনিসের সঙ্গে নানাবর্ণের চামড়ার বেল্ট ও চামড়ার ব্যাগ ইত্যাদি দেখেই ঢুকে পড়লাম। এখানে রাস্তায় রাস্তায় দেখলাম চামড়া শুকতে দেওয়া আছে। এরফলে এইসব জায়গায় চারিদিকে কাঁচা চামড়ার গন্ধ পাওয়া যায়। এমনকী চামড়ার দোকানেও এই গন্ধ পাওয়া যায়। আমি একটা ছেলেদের বড়সড় ব্যাগ ও বেশ কয়েকটা বেল্ট কিনলাম। মমতা, সুদেষ্ণা ও লুনা কয়েকটি চামড়ার ব্যাগ ও টুপি কিনল। আমিও একটা টুপি কিনলাম, যদিও টুপি পরার তেমন অভ্যাস নেই। এবার এই গলিঘুপচি ছাড়িয়ে তুলনামূলকভাবে বলতে গেলে একটা বড় দোকানের প্রবেশদ্বারে পৌঁছলাম। দোকানটি বেশ বড়সড় ও পরিষ্কার পরিচ্ছন্ন। ওই দোকানের একজন ফিটফাট যুবক হাসিমুখে আমাদের অভ্যর্থনা করে ভেতরের একটা ঘরে নিয়ে গেল। এই দোকানটি কিছুক্ষণ আগে দেখা আরব বাজারের মতো নয়। আমরা সবাই চেয়ারে বসে পড়লাম। এবার ওই যুবক হাসান একটি নাতিদীর্ঘ বক্তৃতা দিল ওদের দোকানের যাবতীয় জিনিসপত্তর বিষয়ে। ও ইংরেজি ভাষাতেই কথা বলল আমাদের সঙ্গে। ওদের ভাষা আরবি, এছাড়া ফ্রেঞ্চও ভাষাও। ফ্রান্সের কলোনি তালিকায় "ম্যারাকেশ" অন্যতম। হাসানের বক্তৃতা শুনে বুঝলাম ওরা নানারকম ক্রিম, তেল ইত্যাদি বিক্রি করে মুখ ও গলাতে লাগিয়ে ম্যাসাজ করার জন্য। বেশ কয়েকজন উৎসাহী হয়ে আমাদের অনুরোধ করল এই ম্যাসাজের একটু

অভিজ্ঞতা সঞ্চয় করতে। অবশ্য আসল উদ্দেশ্য এইসব ক্রিম ও তেল বিক্রি করা। আমি রাজি হলাম না। একটি মেয়ে, মমতা, সুদেষ্ণা ও লুনাকে বেশ কিছুক্ষণ ধরে "ম্যাসাজ" করল ও ওদের গলার চামড়ার সম্বন্ধে প্রশস্তি বাণী শোনাল। বুঝলাম এরা আরব বাজারের নিয়মাবলীর দিক দিয়ে অনেক এগিয়ে। খরিদ্দারকে কী করে সন্তুষ্ট করতে হয় তা এদের জানা আছে। আমরা বেশ কয়েকটা তেল ও ক্রিম কিনলাম। পরে বোঝা গেল আমরা ঠকিনি। এই জিনিসগুলি অকেজো নয়। আমরা একসঙ্গে দাঁড়িয়ে ওদের দোকানে কয়েকটা ফটো তুললাম। ওদের বিদায় জানিয়ে আমরা সেদিন হোটেলে ফিরে এলাম।

পরেরদিন সকালে আমাদের বেশ কয়েকটি জায়গায় যাওয়ার কথা। হোটেল থেকে বেরিয়ে বেশ কয়েকটা গলিঘুপচি পেরিয়ে আমরা বড় রাস্তায় এসে পড়লাম। সেখানে আমাদের জন্য অপেক্ষা করেছিল দু-টো বলশালী ঘোড়ায় টানা এক্কাগাড়ি। বহুকাল আগে, অর্থাৎ ছোটবেলায়, দেশে এইসব গাড়িতে চড়েছি। দেশ স্বাধীন হওয়ার পর ধীরে ধীরে এইসব গাড়ি অদৃশ্য হয়ে গেল।

বিশেষ করে সুদেষ্ণা ও লুনার এটা একটা নতুন অভিজ্ঞতা। গাড়িতে চড়ার পর ঘোড়া দু-টি চলতে শুরু করল। আমাদের যে চালক ও পথপ্রদর্শক, সে আশেপাশের বিখ্যাত ঘরবাড়ি, মসজিদ ও নানা স্থপতিবিদ্যার কৃতিত্ব বিষয়ে আমাদের ওয়াকিবহাল করতে করতে এগিয়ে চলতে থাকল। গাড়ির গতিবিধি তুলনামূলকভাবে কম থাকাতে আশেপাশের সব জিনিস আমাদের চোখের সামনে স্পষ্ট হয়ে দেখা দিচ্ছিল। অবশ্য আমাদের প্রথম গন্তব্যস্থান এদের বিখ্যাত "বেন ইউসেফ" মাদ্রাসা।

মাদ্রাসা যাওয়ার পথ ধুলোয় ঢাকা। ভেতরে ঢুকে জানতে পারা গেল, এই মাদ্রাসা একসময়ে সবচেয়ে বড় স্কুল ছিল মহম্মদীয় ধর্ম পড়ানোর জন্য। এখানে একশো ত্রিশটি শয্যাবিশিষ্ট ছোট ছোট শয়নকক্ষ আছে। এই শয়নকক্ষগুলি মধ্যবর্তী অঙ্গনের চারপাশে ভিড় করে আছে। এই স্কুলে পাঁচশো বছর ধরে কোরান শিক্ষার ব্যবস্থা আছে। একটি অগভীর জলের

ডোবার চারিদিকে এই অঙ্গনের চার দেওয়ালকে অলংকৃত করা আছে। এই মাদ্রাসাটি ১৫৬৫ সালের কাছাকাছি তৈরি করা হয়েছিল এবং এটি সকলেরই দৃষ্টি আকর্ষণ করে। একসময় এখানে নয়শোজন ছাত্র কোরান শিক্ষালাভ করত।

এখন এই অট্টালিকাটি কলেজ হিসেবে পরিচিত এবং এখানে যথারীতি কোরান পড়ানো হয়। চর্তুদশ শতাব্দীর প্রাথমিক অট্টালিকাগুলি ষোড়শ শতাব্দীতে নতুন রূপ গ্রহণ করে। অবশ্য এটাই অত্যন্ত আশ্চর্যের বিষয় এইসব অতি ছোটছোট ঘরে কী করে ছাত্ররা বাস ও পড়াশোনা করত। আমি বেশ কয়েকটা ঘরে একলা ঢুকে বোঝার চেষ্টা করলাম এইরকম ছোট ঘরে আমি কী করে থাকতে পারতাম। জানি না এ-ও কী এক ধরনের সাধনার ফল। আমাদের দেশে ব্রহ্মচর্যাশ্রমে তো গাছ-গাছালিসহ খোলামেলা জায়গায় প্রকৃতির সঙ্গে নিবিড় সম্পর্কযুক্ত হয়ে ছাত্রেরা বাস করত। বিশ্ববরেণ্য কবি রবীন্দ্রনাথ শান্তিনিকেতনে ওইসব "ব্রহ্মচর্যাশ্রম" এর আদর্শের ভিত্তিতে আধুনিক যুগের সঙ্গে সামঞ্জস্য সাধন করে শান্তিনিকেতন বিদ্যালয় ও পরে বিশ্ববিদ্যালয় স্থাপন করেছিলেন। শান্তিনিকেতনের খোলামেলা আবহাওয়ায় প্রকৃতির সঙ্গে নিবিড় সম্পর্ক তৈরি হয়েছিল বিশেষ করে ওই মহামানবের প্রচেষ্টায়, সে তো আমাদের সবারই জানা। অবশ্য আমার মনে হল এই মাদ্রাসার আদর্শ অন্য সুরে বাঁধা। আমার বোধগম্য না হলেও সেযুগে যারা এই ভাবনার দ্বারা ভাবিত ছিল তারাই যে সঠিক পথনির্দেশক, সে বিষয়ে কোনো সন্দেহ নেই।

একবারই ভেতরে ঢোকার টিকিট কেটে এই মাদ্রাসা, ম্যারাকেশ মিউজিয়াম এবং অতি প্রাচীন মসজিদের ধ্বংসাবশেষ দেখার সুযোগ পাওয়া গেল। অবশ্য এইসব ঐতিহাসিক দেশে দেখার অনেক কিছুই থাকে। তবে কয়েকদিনের মধ্যে সব তো দেখা সম্ভব নয়। এবার মসজিদের কথায় আসা যাক। কৌতোবিয়া মসজিদ এই নগরীর সবচেয়ে বড় মসজিদ। এই মসজিদটি অনেক কাল আগে লাল পাথর ও ইট দিয়ে তৈরি হয়েছিল। এই মসজিদটি আমাদের ক-দিনের অতি পরিচিত প্রাঙ্গণ বরাবর অবস্থিত।

বেন ইউসেফ মসজিদের ছাদ ও চূড়া সবুজ টালি দিয়ে তৈরি। এটিই এই মসজিদের বৈশিষ্ট্য। তৃতীয় মসজিদটির নাম আল আশরফ মসজিদ।

এরপরের আকর্ষণীয় স্থান বিখ্যাত জাদুঘর বা মিউজিয়াম। ম্যারাকেশ মিউজিয়াম তৈরি হয়েছে "দার মেনেভি" প্রাসাদে।

এই প্রাসাদটি ঊনবিংশ শতাব্দীর শেষদিকে তৈরি করা হয়েছিল। ১৯৯৭ সালে এটিকে মিউজিয়ামে পরিবর্তিত করা হয়। এই প্রসাদটি উচ্চশ্রেণির আনদালুসিয়ান স্থাপত্যবিদ্যার নিদর্শন।

এই প্রাসাদটির অঙ্গনের কেন্দ্রস্থলে ঝর্ণার উপস্থিতি এখানকার ঐতিহ্যপূর্ণ বসার জায়গা, হামাম ও জটির টালির খোদাই করা অন্যান্য কাজ মিউজিয়ামের শোভা বর্ধন করেছে। আধুনিক ও প্রাচীন মরক্কোর শিল্পকলা, এছাড়া ঐতিহাসিক বই, মুদ্রা ও অনেক মাটির পাত্র এই মিউজিয়ামটিকে অলংকৃত করে রেখেছে।

এই মিউজিয়ামে বেশ কিছুক্ষণ ঘোরাঘুরি করে আমরা সবাই খুব খুশি হয়েছিলাম। এইসব জায়গায় এলে ইতিহাসের পাতায় মনকে ছেড়ে দিতে হয়। এছাড়া সংক্ষেপে বলতে হলে বলতে হয়, এদেশে দর্শনীয় জায়গার মধ্যে আছে নগরীর দেওয়াল ও গেট, মেনারা বাগান। এছাড়া ম্যাজোরেল ও আগডাল বাগান।

নগরীর ঐতিহাসিক ধনসম্পত্তির দর্শন মেলে প্রাসাদ, সুবৃহৎ অট্টালিকা ও অন্যান্য ব্যয়বহুল দৃষ্টি আকর্ষণকারী অট্টালিকায়। এদের মধ্যে রয়েছে "এল বাদি প্রাসাদ", রয়্যাল প্রাসাদ ও বাহিয়া প্রাসাদ।

আমাদের হাতে তো ছিল মাত্র কয়েকদিন। এখানে আসার আগে ভেবেছিলাম যদি সাহারা মরুভূমি দেখতে যাওয়ার সুযোগ ঘটে। এখানে এসে জানলাম এখান থেকে সাহারা মরুভূমির দূরত্ব অনেক।

যা দেখলাম তাই বা কম কী। আমাদের জীবনে, এই অল্প সময়ের মধ্যে, বিপুলা এই পৃথিবীর কতটুকুই বা জানা যায়—কতটুকুই বা দেখা যায়। সারাদিনের পরিশ্রমে আমরা বেশ ক্লান্ত হয়ে পড়েছিলাম। পরেরদিন আমাদের

ফিরে যাবার পালা। তাড়াতাড়ি রাতের খাবার খেয়ে শুয়ে পড়া গেল। সকালবেলা তৈরি হয়ে হুসেনকে অসংখ্য ধন্যবাদ জানিয়ে ম্যারাকেশ বিমানবন্দরের দিকে যাত্রা করলাম।

মেডিক্যাল কলেজের পুনর্মিলন উৎসব ইংল্যান্ড

২-৩ অগস্ট, ২০১৪

আমাদের কলেজের 'ব্যাচ' পুনর্মিলন উৎসব। আমরা সব ১৯৫৯ সালের মেডিক্যাল কলেজের ছাত্র। দীর্ঘ পঞ্চান্ন বছর অতিক্রান্ত। অক্লান্ত কাজের চাপে আমাদের দিনরাত অতিবাহিত হয়েছে। এখন আমরা প্রায় সবাই 'অবসরপ্রাপ্ত' চিকিৎসক। আমাদের আর সময়ের কোনো অভাব নেই।

আমাদের কলেজের বহু দলের যে পুনর্মিলন উৎসব, সেই উৎসব শুরু হয় এই দেশে অর্থাৎ যুক্তরাজ্যে, ১৯৭৪ সাল থেকে। সেই বছরের ১১ই সেপ্টেম্বর আমি যুক্তরাজ্যে এসে পৌঁছেছিলাম। তারপর দীর্ঘ চল্লিশ বছর কেটে গেছে। ঘুরে বেড়িয়েছি এই দেশের নানা প্রান্তে। অবশ্য সেটা আমার কর্মজীবনের প্রয়োজনে।

২০১২ থেকে আমাদের নিজেদের দলের যে পুনর্মিলন উৎসব শুরু হয়েছে, সেই কয়েকটি উৎসব এখনও উজ্জ্বলতা হারায়নি। অবশ্য ভবিষ্যতের কথা কে বলতে পারে। আমাদের এই পুনর্মিলন উৎসব অনুষ্ঠিত হল "চেলটেনহাম" শহরে। আমি ও মমতা থাকি "ওয়েলস"-এ। এখান থেকে চেলটেনহামের দূরত্ব প্রায় ছিয়াশি মাইল, পৌঁছতে সময় লাগে ১ ঘণ্টা ৪০ মিনিটের মতো।

২রা অগস্ট আমি ও মমতা বেলা একটার সময় যাত্রা শুরু করলাম। যাত্রার প্রথমদিকে মেঘ ও রোদের খেলার মাঝে, যখন কার্ডিফ্ ছাড়িয়ে ব্রিস্টলের দিকে এগিয়ে চলেছি, তখন বৃষ্টি শুরু হল। এই বৃষ্টি শুরুতে ছিল ঝিরঝিরে, পরে শুরু হল বর্ষণ। কিছুক্ষণের মধ্যেই চারদিক কালো হয়ে উঠল। যতই সামনের দিকে এগিয়ে চলেছি, ততই এই বরিষণ উতল ধারাইয় পরিনত হল। রাতের আলো জ্বালিয়েও সামনের রাস্তা ভালভাবে দৃষ্টিগোচর হয় না। অবশ্য সবাই গাড়ির গতি কমাতে বাধ্য হয়েছে। অনেক কষ্টে অনেকটা পথ অতিক্রম করার পর একটা সার্ভিস স্টেশন দেখে ঢুকে পড়লাম। এখানে পটেটো চিপস্ ও চা কিনে গাড়িতে ফিরে এলাম।

মমতা বাড়ি থেকে মুর্গির স্যান্ডউইচ করে নিয়ে এসেছিল। তাই দুপুরের খাওয়াটা সেরে নেওয়া গেল। ইতিমধ্যে দেখা গেল আকাশ পরিষ্কার হয়ে এসেছে, মাঝে মাঝে সূর্য কিছুক্ষণের জন্য উদয় হয়েই অদৃশ্য হয়ে যাচ্ছে। বৃষ্টি থামার জন্য আমরা নিশ্চিন্ত হলাম। পথ আর বেশি দূর নয়, মাত্র পনেরো মাইল। এই রাস্তাটা অতিক্রম করতে বেশি সময় লাগল না। গাড়িটিকে যথাস্থানে 'পার্ক' করে হোটেলের দিকে এগিয়ে যেতে চোখে পড়ল গোপাল অর্থাৎ গোপাল বন্ধু চৌধুরীকে। গোপাল বড় মনের মানুষ, কথাবার্তা পরিস্কার। সবাইকে হাসিয়ে আসর জমিয়ে রাখে। হাস্যরসে ওর তুলনা মেলা ভার। গোপালের আগে অবশ্য চোখে পড়েছিল স্বপনকে অর্থাৎ স্বপন সেন। স্বপন অত্যন্ত মার্জিত ও ভদ্র। ওর মুখে কখনওই বড় বড় কথা শোনা যায় না। ওর স্ত্রী রূপা মেডিক্যাল কলেজে আমাদের থেকে এক ক্লাসের জুনিয়র। রূপার কর্মশক্তির কোনো অভাব নেই। রূপা একদিন অসুস্থ হয়ে পড়লেও এই আনন্দের হাট থেকে নিজেকে দূরে সরিয়ে রাখেনি। পরের দিন নৌকা চড়ে প্রমোদ ভ্রমণের ব্যবস্থা ছিল। সেই ভ্রমণে কেউ অনুপস্থিত ছিল না। হোটেলের অভ্যর্থনার জায়গায় পৌঁছে দেখতে পেলাম একটু দূরে সুশান্ত ও রেখা বসে বসে চা বা কফি খাচ্ছে। ওদের সঙ্গে কথা বলে জানতে পারলাম, ওরা বেলা এগারোটা থেকে 'লবি'তে অপেক্ষা করছে। তখন বিকেল পাঁচটা অর্থাৎ ছ'ঘণ্টা পর সবাই একে একে হোটেলে জমায়েত হতে থাকল। রুম থেকে আমরা বেশভূষা পরিবর্তন করে লবিতে ফিরে এলাম। দেখলাম একই সঙ্গে সবাই এসে পৌঁছেছে। দীপক আমাদের সবার থেকে দৈর্ঘ্যে বড়, ডাক্তারি বিদ্যা ছাড়া অনেক বিষয়ে পারদর্শী। কয়েকটি উদাহরণ দিই, রবীন্দ্রসঙ্গীত ও উচ্চাঙ্গ সঙ্গীতে পারদর্শী, আবৃত্তিকার, ব্যঙ্গরসাত্মক গান ও কবিতা রচয়িতা, তবলা বাদ্যে পারদর্শী। এছাড়া আমাদের এই সব অনুষ্ঠানে দীপক তবলিয়া হিসেবে সব সময় নির্বাচিত। সব ডাক্তার গায়ক গায়িকাদের জন্য দীপক সর্বদা প্রস্তুত। ওর এই তবলা বাজানো নিয়ে আমরা একটা মজার কথা শুনলাম। দেশ থেকে স্বনামধন্য রবীন্দ্রসংগীত বিশেষজ্ঞ ও গায়িকা সুচিত্রা মিত্র আমন্ত্রিত হয়েছেন ইংল্যান্ডে অনুষ্ঠান করার জন্য।

দীপকের কথামতো জানলাম পেশাদার কোনো তবলচি হাতের কাছে না থাকায় দীপককে অনুরোধ করে হয়েছে সুচিত্রা মিত্রের সংগীত পরিবেশনের সময় তবলার সঙ্গত দিতে। দীপক ঘাবড়ে যাওয়ার পাত্র নয়। সোজাসুজি সুচিত্রা মিত্রের সঙ্গে দেখা করে বলল, 'দেখুন দিদি আপনাকে একটা দুঃসংবাদ জানাতে বাধ্য হচ্ছি।' এই কথা বলার সঙ্গে সঙ্গেই জানালো, 'সুচিত্রাদি আপনি যখন সুমধুর কণ্ঠে রবীন্দ্রসঙ্গীত পরিবেশন করবেন, তখন তবলা সঙ্গতে থাকবে আমার মতো এক আনাড়ি তবলিয়া। তাই আপনি যদি কিছু সরল সহজ রবীন্দ্রগীতি পরিবেশন করেন, তাহলে এ যাত্রায় আমি পার পেয়ে যাব। অসম্ভব হবে না বলেই আমি মনে করি।' দীপকের এই রকম কথা বলার ভঙ্গীতে সুচিত্রা মিত্র বেশ মজা পেয়েছিলেন। উনি সঙ্গে সঙ্গে উত্তর দিয়েছিলেন, 'কোনো অসুবিধে নেই। আমার কোনো অসুবিধা হবে না।' দীপকের স্ত্রী অলোকার সঙ্গে "শেষের কবিতা" নিয়েই আলোচনা শুরু হল। আমার এক পাশে মমতা ও অন্য দিকে সুশান্তর স্ত্রী রেখা ও সুশান্ত বসে ছিল। আর আমার ডানদিকে বসেছিল দীপক। আমি কিছুক্ষণ "শেষের কবিতা" নিয়ে কথা বলার পর হয়তো দীপক কিছু বলতে চাইছিল। যদিও এই বিষয়টি আমার নজরে পড়েনি। হঠাৎ সুশান্ত আমাকে বাধা দেওয়ায় আমি বেশ বিরক্ত হয়েছিলাম। সুশান্তকে উদ্দেশ্য করে বললাম, 'আলোচনার মাঝে কাউকে থামিয়ে দিতে চাইলে সেই ব্যক্তিকে অপমান করা হয়।' আমি হঠাৎ বলে ফেললাম, 'আমি তো মদ খেয়ে মাতাল হয়ে গিয়ে প্রলাপ বকছি না। তাই আমার কথা শেষ হলে তখন অন্যেরা বললে আমি শুনব।' আমার এই কথায় দীপক একটু মনঃক্ষুণ্ণ হল। আমাকে উদ্দেশ করে বলল, 'তুই মদ খাস না বলে তোর মনের মধ্যে জটিলতার সৃষ্টি হয়েছে।' আমি তখন দীপককে বুঝিয়ে বললাম যে, 'মদ খাওয়ার ব্যাপারে আমার কোনো ছুতমার্গ নেই। আমি এখন বেশ কিছু দিন মদ না খেলেও আগে বহুদিন মদ্যপান করেছি। তাই মদ্যপান করার মধ্যে আমি কোনো অস্বাভাবিকতা দেখি না। কারণ নানা প্রকারের খাদ্য পানীয়ের মধ্যে এটি একটি মহার্ঘ পানীয়। এই ধরণের পানীয় পান করার প্রচলন অভিজাত শ্রেণীর মধ্যে বহুযুগ ধরে

প্রচলিত সব দেশেই। কিন্তু আমার বক্তব্য শুধু সেই শ্রেণীদের উদ্দেশে যারা অনিয়ন্ত্রিত মদ্যপানের ফলে নিজেদের উপর নিয়ন্ত্রণের ক্ষমতা হারায়। আমি আমাদের দলের কাউকে সে ভাবে নিয়ন্ত্রণ হারাতে দেখিনি।' আমরা তৃতীয় বার আমাদের ১৯৫৯ সালের ব্যাচের পুনর্মিলন উৎসবে যোগদান করেছি। এই ছোট দলের মধ্যে যে যোগাযোগ ঘটে তাতে অত্যন্ত নিবিড়ভাবে এক জন আরেকজনের কাছাকাছি আসতে সক্ষম হয়। এই হোটেলটির নাম থিসেল হোটেল। এটি চার তারকা বিশিষ্ট। সুমিত ও প্যাট্রেসিয়া সারা বছর বহু পরিশ্রমের ফলে এই হোটেলটির সন্ধান পেয়েছিল। আবার বন্ধুদের কথায় ফিরে আসি। শঙ্কর অর্থাৎ শুভেন্দু শঙ্কর হোম চৌধুরী ও শঙ্করের স্ত্রী অপর্ণা চৌধুরী। ওদের সঙ্গে এসেছে গোপাল চৌধুরী। শংকর ও অপর্ণার রবীন্দ্রসংগীতের প্রতি গভীর শ্রদ্ধা।

সুমিতের বেটার হাফ অর্থাৎ স্ত্রী প্যাট্রেসিয়া আমাদের চোখে বিদেশিনী। অবশ্য এই শব্দটি বিশেষ করে মনে পড়ল কারণ সুমিত আমাদের এই পুনর্মিলন উৎসবে প্রায়ই বলে উঠেছিল-আমার বিদেশিনী স্ত্রী কোথায় গেল? সুমিতের এই ডাকটি বড়ই মধুর।

সুরেশ পারিখ ম্যান্ডোলিন বাদ্যে পারদর্শী ও ছাত্রজীবন থেকেই সঙ্গীতের প্রতি গভীর ভালোবাসা। সুরেশের স্ত্রী মীরা একই ব্যাচের ছাত্রী। আমাদের এই অনুষ্ঠানে ঘরোয়া ভাবে অনেকেই সঙ্গীত পরিবেশন করে। এদের মধ্যে রূপা, প্রশান্তর স্ত্রী সুলেখা ও অপর্ণার নাম উল্লেখযোগ্য। এ ছাড়া অনেকেই কৌতুকবিদ্যায় পারদর্শী, বিশেষ করে দীপক ও গোপাল। ৪ঠা অগস্ট আমরা সবাই নৌকা বিহারে গিয়ে অনেক আনন্দ করলাম। জায়গাটির নাম "স্ট্যাটফোর্ড আপন অ্যাভন"। এই জায়গাটি যে জগৎ বিখ্যাত ইংরেজি কবি, নাট্যকার ও অভিনেতা শেক্সপীয়রের তা বলে দেওয়ার প্রয়োজন হয় না। ইনি সর্বশ্রেষ্ট ইংরেজ লেখক হিসেবে সর্বজন স্বীকৃত ও সারা বিশ্বের সব চেয়ে প্রসিদ্ধ নাট্যকার হিসাবে সম্মানীয়। 'বোটে' একটি তরুণ যুবক আমাদের সবাইকে স্বাগত সম্ভাষণ জানিয়ে নিজের পরিচয় দিল। ওর নাম নাকি 'রোমিও'। এই কথায় বোটের সবাই মজা পেয়ে গেল। আমাদের মুখ

খোলার আগেই বলল, 'তোমরা নিশ্চয়ই আমার জুলিয়েটের সম্বন্ধে জানতে চাইবে তাই আগেই বলে দিচ্ছি সে কোথাও আমার জন্য অপেক্ষা করে আছে। ঠিক সময়েই আমার সঙ্গে দেখা হবে।' বুঝলাম এই আধুনিক রোমিও ফচ্ছকেমিতে ওস্তাদ। শেক্সপীয়র সম্বন্ধে আমাদের প্রশ্ন করতে শুরু করল। শেক্সপীয়রের জন্ম ১৫৬৪ অর্থাৎ এখন ৪৫০ বছর বয়স। মৃত্যু ১৬১৬।

মোটরবোট ধীরে ধীরে চলতে শুরু করল। রোমিও বলতে থাকল, 'দেখো, তোমরা সাঁতার জানো কি না জানি না। যদি না জানো, তাহলে আগেই বলে দিচ্ছি এই "মোটরবোট" টা উল্টে গেলে আমরা তোমাদের কিন্তু সাহায্য করতে পারব না অর্থাৎ সাঁতার না জানলে তোমরা ডুবে যাবে।' এই বলে হাসতে থাকল, আমরা সবাই বুঝলাম রোমিও ইয়ার্কি মারছে। একটু বাদেই বলল, 'তোমাদের সুবিধের জন্য বলে রাখছি যদি তোমরা 'বোট' থেকে জলে পড়ে যাও তাহলে তাড়াতাড়ি খাড়া হয়ে দাঁড়িয়ে যাবে। হাঁটু পর্যন্ত জল দিয়ে ঢাকা থাকবে। অবশ্য উল্টোদিকে পড়লে জল গভীর হওয়ার জন্য ডুবে যাবে।' ওর কোনটা সত্যি, কোনটা মিথ্যে বোঝা ভার।

চারদিকে চেয়ে দেখলাম বেশ বড় বড় সাইজের রাজহংস ও হংসী ভেসে চলেছে মনের আনন্দে।

আমরা যখন একটি সেতুর কাছে এসে পৌঁছলাম, তখন রোমিও এই সেতুটি সম্বন্ধে অনেক কিছু বলতে শুরু করল। এটি নাকি আমেরিকা আবিষ্কার হবার দু-বছর আগে তৈরি হয়েছিল। এই সেতুটিকে গভীরভাবে পর্যবেক্ষণ করলে বুঝতে পারা যায় যে এটিকে সমানভাবে বানানোর পরিবর্তে এবড়োখেবড়ো করে বানানো হয়েছে। ক্রিস্টোফার কলম্বাস ১২ই অক্টোবর ১৪৯২ সালে আমেরিকা আবিষ্কার করে। এই সেতুটি নিশ্চয় ১৪৯০ সালে তৈরি করা হয়েছিল।

একঘণ্টার বোট ট্রিপ ছিল। আমরা নদীবক্ষে ভাসতে ভাসতে দূর থেকে শেক্সপীয়রের সমাধিস্থল ও রয়েল শেক্সপীয়র থিয়েটার দর্শন করলাম। অবশ্য বেশ কিছুদিন আগে এখানে আমি মমতা, সুদেষ্ণা ও লুনা "দ মিডসামার্স নাইটস ড্রিম" দেখেছিলাম। এই নাটকটি একটি 'কমেডি' নাটক।

এই ধরনের নাটক অবশ্যই কৌতুকপ্রদ। অবশ্য অনেক সময়ই পরিচালক ও অভিনেতাদের উৎসাহের প্রাবল্য ঘটলে কৌতুকের মাত্রা ছাড়িয়ে অশিষ্ট আচার ব্যবহার প্রাধান্য পায়। এইসব উচ্চাঙ্গের নাটক যে নিজগুণে সম্মানের আসন অনায়াসেই লাভ করতে পারে সেকথা অনেকেই অনেকসময় ভুলে যায়। এইসব নাটক যদি সর্বসাধারণের মনোরঞ্জনের জন্য করার বাসনা জাগে, তাহলে নাটকের চিরন্তন বক্তব্য ও উদ্দেশ্য চাপা পড়ে সস্তা বক্তব্য প্রাধান্য পায়।

অবশ্য অনেকে হয়তো আমার মতের সঙ্গে একমত নাও হতে পারে। এক ঘণ্টার মধ্যে 'বোট-ট্রিপ' সমাপ্ত করে এই শহরের আশেপাশে কিছুক্ষণ ঘোরাঘুরি করলাম। অপর্ণা বাড়ি থেকে কিছু সুস্বাদু খাবারদাবার সবার জন্য তৈরি করে নিয়ে এসেছিল। সেগুলি সবাই সদ্ব্যবহার করলাম। কিছুক্ষণের মধ্যেই আমরা হোটেলে খাওয়া দাওয়া ও হইচই করে পরেরদিন সকালে যে যার গন্তব্যস্থানের দিকে রওনা দিলাম।

এটি আমাদের তৃতীয় পুনর্মিলন উৎসব। ২০১৩ সালে আমি ও মমতা আমাদের বাড়ি থেকে তিন মাইল দূরে এই উৎসবের আয়োজন করি। গতবারেও মমতা কিছু খাবার দাবার বাড়ি থেকে তৈরি করে নিয়ে গিয়েছিল। ২০১২ ও ২০১৪ সালে এই দু-বারই সুমিত ও ওর বিদেশিনী স্ত্রী প্যাট্রিসিয়া এই উৎসবের দায়ভার নিয়ে এই উৎসবটি সুসম্পন্ন করেছে।

প্যারিস

মে ২০১৪

বিশেষ কোনো এক উপলক্ষে প্যারিস যাওয়ার কথা ঠিক হল। আগে দু-বার আমরা প্যারিসে গিয়েছিলাম, ১৯৮৫ ও নিস যাবার পথে ২০০৫। প্রথমবার দলে ভারী ছিলাম জনসংখ্যার বিচারে—নয়জন। মমতার বাবা ও মা এসেছিলেন মেয়ের সঙ্গে দেখা করতে।

এবারে আমাদের যথারীতি চারজন, আমি, মমতা, সুদেষ্ণা ও লুনা। সুদেষ্ণা ও লুনা কয়েকদিন প্যারিস থেকে ঘুরে আসার বন্দোবস্ত করল। ওরা এইসব ব্যাপারে অত্যন্ত উৎসাহী ও ওদের পরিকল্পনা নিখুঁত বললে অত্যুক্তি করা হবে না। অবশ্য মমতাও মেয়েদের সঙ্গে যোগ দেয় ভ্রমণবৃত্তান্ত সম্বন্ধে ওয়াকিবহাল থাকতে। আমি এসব ব্যাপার নিয়ে বিশেষ মাথা ঘামাই না। কারণ আমার মনে হয়, ঘামালে হয়ত হিতে বিপরীত হয়ে যাওয়ার সম্ভাবনা থাকবে।

নির্দিষ্ট দিনে প্যারিস বিমানবন্দরে গিয়ে পৌঁছলাম। সেখান থেকে বেরিয়ে এসে ট্যাক্সির খোঁজে আমরা যখন এদিক ওদিক করছি হঠাৎ দেখি, একজন ট্যাক্সিচালক আমাদের মালপত্র গাড়িতে তুলতে শুরু করে দিল। আমরাও নিশ্চিন্ত মনে ট্যাক্সিতে চড়ে বসলাম। গন্তব্যস্থানে অর্থাৎ হোটেলে পৌঁছতে অনেকটা সময় লাগে। এই ফ্রেঞ্চ চালকটি বেশ মিশুকে। ইংরেজিতে আমাদের সঙ্গে ভালই গল্প শুরু করে দিয়েছিল ফ্রান্স সম্বন্ধে।

দেশের বিস্তৃতি ভূমধ্যসাগর থেকে ইংলিশ চ্যানেল ও নর্থ সি। এছাড়া রাইন থেকে অ্যাটলান্টিক মহাসাগর। এই যাত্রাপথে এই শিক্ষিত চালক ফ্রান্সের কিছু কিছু ইতিহাস ও বর্তমান পরিস্থিতি আমাদের সঙ্গে গল্পের ছলে বলে যাচ্ছিল। সুদেষ্ণা ও লুনাকে অবশ্য স্কুলে ইউরোপের ইতিহাস সম্বন্ধে পড়তে হয়েছিল। বিশেষে করে "ফ্রেঞ্চ রিভোলিউশন" বা বিদ্রোহ সম্বন্ধে। চালক গাড়ি চালাতে চালাতে বলল নেপোলিয়ন বোনাপার্টের কথা। ফ্রান্স সাম্রাজ্যের সম্রাট হয়েছিলেন ঊনবিংশ শতাব্দীর প্রথমে। ১৮০৪-১৮১৪-

১৫ সালে ওয়াটারলু যুদ্ধে নেপোলিয়ন পরাজিত হয়েছিল। ফ্রান্সের ঔপনিবেশিক অধিকার ও সম্পত্তি নানাভাবে বিস্তারলাভ করে। সপ্তদশ শতাব্দীর প্রথম দিকে বিশেষ করে ঊনবিংশ ও বিংশ শতাব্দীতে এই দেশের ঔপনিবেশিক সাম্রাজ্য পৃথিবীর বিভিন্ন দেশে প্রসারিত হয়েছিল। এই প্রসারণের বিচারে ফ্রান্সের স্থান ব্রিটিশ সাম্রাজ্য বিস্তারের পরেই। অবশ্য এর মধ্যে চালক মারিয়া আঁতোঁয়ানেতের কথা দু-চার কথায় ব্যক্ত করেছিল। ইনি ফ্রান্সের রানি হিসেবে নিজেকে প্রতিষ্ঠিত করেন ১৭৭৪ সালের মে মাসে। প্রথমে ফ্রান্সের অধিবাসী ব্যক্তিত্ব ও সৌন্দর্য্যের জন্য এই রানিকে মেনে নিলেও কিছুদিন পরে রানিকে অপছন্দ করতে শুরু করে। এরফলে এই রানির উদ্দেশে জনগণ গালিবর্ষণ শুরু করে।

এই রানির রাজত্বের সময়ে ফ্রান্সের অর্থনীতিতে সংকটকাল উপস্থিত হয়। ফ্রান্সের জনসাধারণ এই সংকটকালের জন্য রানিকে দোষী সাব্যস্ত করে। কারণ রানির জীবনযাপন অত্যন্ত ব্যয়বহুল ছিল। বেশ কিছুদিন কারাবরণ করার পর ১৬ই অক্টোবর ১৭৯৩ সালে রানির গিলোটিনে মুণ্ডচ্ছেদ করা হয়। রানির এই পরিণতি ফ্রান্সে রাষ্ট্রবিপ্লবের ফলে ঘটেছিল। চালকের মুখে গল্পের ছলে ফ্রান্সের ইতিহাসের পাতায় কিছুক্ষণ ঘোরাঘুরি করা গেল। অবশ্য এই গল্প ছোট হলেও আমারই সবচেয়ে বেশি লাভ হল এইটুকু জ্ঞান লাভের জন্য। ওদের সবার জানা ছিল। লুনা স্কুলজীবনে ফ্রান্সের এই রাষ্ট্রবিপ্লবের সম্বন্ধে প্রচুর পড়াশোনা করেছিল। গাড়ি চালাতে চালাতে আমাদের কিছুক্ষণের সঙ্গী এই গাড়ির চালক রাজনৈতিক বিচারের দিক দিয়ে ফ্রান্সের বর্তমান অবস্থার কিছু কথাও আমাদের জানিয়ে দিল।

বর্তমান পরিস্থিতিতে বেকার মানুষের সংখ্যা অত্যন্ত বেশি, প্রায় তেত্রিশ লক্ষের মতো। ফ্রান্সের বর্তমান প্রেসিডেন্ট ভোটের আগে বারবার বলেছিল, প্রেসিডেন্টের পদ পাওয়ার পর এই সংখ্যা কমানো হবে, কিন্তু বাস্তবে তা ঘটেনি। ফ্রান্সের কর নির্ধারণ হাতের বাইরে চলে গেছে। এসব সত্ত্বেও, অর্থাৎ দুবর্লতা ও ক্ষমতার বিচারে, মোটের উপর ফ্রান্সের অর্থনৈতিক অবস্থা এখনও সুস্থ ও জীবন্ত আছে চালকের বিচারে।

"জি ২০" এর বিচারে গড়পড়তা হিসেবে ফ্রান্সের অর্থনৈতিক অবস্থা ওপরের দিকে। এইসব দেশের অভাবসূচক কারণের জন্য অনেক সময় ফরাসিকে অলস জাতি বলে দোষারোপ করা হয়। ফরাসি জাতি নাকি কর্মভীরু ইত্যাদি ইত্যাদি।

সে যাইহোক, অনেক বিভাগে ফ্রান্সের অর্থনীতি সারা পৃথিবীর হিসেবে যথেষ্ট শক্তিশালী।

এইসব গল্প শুনতে শুনতে হোটেলের সামনে এসে পৌঁছলাম। আমাদের জিনিসপত্তর অর্থাৎ স্যুটকেসগুলো গাড়ি থেকে নামিয়ে দেবার পর আমরা চালককে বিদায় সম্ভাষণ জানিয়ে হোটেলের মধ্যে ঢুকলাম। এই হোটেলটির নাম "হোটেল চ্যাটিউ ফ্রন্টটেন্যাক" (Hotel Chateau Frontenac)। এটি চারতারা বিশিষ্ট হোটেল। যেহেতু এই হোটেলটির অবস্থান এখানকার নামকরা জায়গায়, তাই দামটা একটু বেশির দিকে।

খানিকক্ষণ বিশ্রাম নিয়ে আমরা হাঁটাপথে একটা নামকরা চাইনিজ রেস্টুরেন্টের দিকে এগোলাম। ইংল্যান্ড থেকেই সুদেষ্ণা ও লুনা ফোন করে চারজনের জায়গা "রিজার্ভ" করে রেখেছিল। চিনে খাবার আমাদের সবার খেতে ভাল লাগে।

তবে এই রেস্তোরাঁর খাবারদাবার সত্যি অতুলনীয়। তাছাড়া এটি বেশ বড়সড় আকারের ও পরিষ্কার পরিচ্ছন্ন।

এখানকার বিল মিটিয়ে বেরিয়ে পড়লাম। রাতের প্যারিস চারিদিকে আলোয় ঝলমল করছে। আমাদের হোটেল থেকে আইফেল টাওয়ার হাঁটাপথ। খাওয়াদাওয়ার পর বেশ কিছুক্ষণ হাঁটাহাঁটি করা ভাল অভ্যাস। আমরা সবাই জোর কদমে হাঁটতে শুরু করে দিলাম। এখন এমন কিছু গভীর রাত হয়নি। রাস্তায় লোকজন ও গাড়ি দেখা যাচ্ছে। আইফেল টাওয়ারের মাথাটি লক্ষ্য করে আমরা এগিয়ে চলেছি, টাওয়ারের একটা ঘূর্ণায়মান আলো আমাদের পথ নির্দেশ করছে। এদিক ওদিক করতে করতে কিছুক্ষণের মধ্যেই শ্যেন নদীর ধারে পৌঁছে গেলাম। রাতের নদী কুল কুল করে বয়ে চলেছে। দু-একটা মোটরবোট আলোকসজ্জায় সজ্জিত হয়ে দ্রুতগতিতে

এদিক ওদিক যেতে দেখা গেল। নদীর ওপারে আইফেল টাওয়ার দৃষ্টিগোচর হল। আগে দু-বার প্যারিসে এসেছি। প্রথমবার এসে সবাই আইফেল টাওয়ারে চড়ে পুরো প্যারিস নগরী দর্শন করেছিলাম। অবশ্য সেসময় দিনের আলো ঝলমল করছিল। এবার আর যাওয়ার প্রয়োজন বোধ করলাম না।

আমাদের হোটেল থেকে Champs—Elysees (উচ্চারণ ঠিক জানা নেই। অনেককে বলতে শুনেছি "সাঁজেলিজে") রাস্তাও খুব বেশি দূরে নয়। এই রাস্তাটা রাজধানীর বিখ্যাত রাস্তা যেটির দু-দিকে উন্মুক্ত "পেভমেন্ট" বেশ চওড়া। আর এখানে ছড়িয়ে থাকা 'ক্যাফে' সিনেমা ও দোকানপত্তর দলে দলে আসা পর্যটকদের আকর্ষণ করে। এখানে কোথাও বা বাদাম গাছের সারি ও নানাবর্ণের ফুলের শোভা দেখা যায়। এছাড়া পাঁচ তারকা বিশিষ্ট হোটেল। সুন্দর সুন্দর রেস্তোরাঁ ও মহামূল্যবান দোকানের প্রাচুর্য চোখে পড়ে। চওড়া রাস্তার দুধার দিয়ে অজস্র গাড়ির সারি। এইসব গাড়ির হেডলাইটকে বলা হয় হিরে আর ব্যাক লাইটকে রুবি বা চুনি। এরফলে রাস্তার দুই পাশের সারিবদ্ধ গাড়িগুলোর থেকে একধারে লাল ও অন্যদিকে হলুদ রঙ বিচ্ছুরিত হতে থাকে। এ এক অপূর্ব দৃশ্য। আমরা রাতের প্যারিস খানিকটা ঘোরাঘুরি করে হোটেলে ফিরে এলাম। হোটেলের রিসেপ্শন্-এ দাঁড়ানো অভ্যর্থনাকারীদের সঙ্গে আমদের খুব তাড়াতাড়ি জানাশোনা হয়ে গেল। নানাদেশ থেকে, বিশেষ করে পূর্ব ইউরোপের নানা জায়গা থেকে ও আফ্রিকা বা ওয়েস্ট ইন্ডিজ থেকে আসা নারী-পুরুষরা বেশির ভাগ ক্ষেত্রে নানা হোটেলে কর্মরত দেখা যায়। এখানেও তার অভাব ঘটেনি।

পরেরদিন সকালে আমরা খানিকটা হেঁটে, পরে মেট্রো চড়ে নোতরদাম গির্জার উদ্দেশে রওনা দিলাম। এই মেট্রোটি দোতলা। আগে কখনও দোতলা মেট্রো চড়িনি। যথাস্থানে এসে লম্বা লাইনের পেছনে দাঁড়িয়ে পড়লাম। ভাবলাম হয়তো এখানে দাঁড়িয়ে অনন্তকাল কাটাতে হবে। কিন্তু আমাদের ভাগ্য সুপ্রসন্ন ছিল। কিছুক্ষণের মধ্যেই গির্জার ভেতরে ঢুকে গেলাম।

পোপ আলেকজান্ডার তৃতীয় ১১৬৩ সালে এই গির্জার প্রথম প্রস্তরটি স্থাপন করেন। শিল্পীর শ্রেষ্ঠ অবদান এই সার্থক কাজটি একশো সত্তর বছরের অক্লান্ত পরিশ্রমের ফসল। এই গির্জার দেওয়ালের কাজের মধ্যে চোখে পড়ে আঁকা ছবি ও ভাস্কর্যের নিদর্শন। এই খ্রিস্টান ধর্মমন্দিরের মধ্যভাগে রাখা আছে ফ্রান্সের সবচেয়ে বড় অর্গান।

এর ভেতরের কারুকার্যের বিবরণ দেওয়া আমার সাধ্যের অতীত। পৃথিবীর সবদেশে ছড়িয়ে থাকা সেরা জিনিসের সম্ভার শুধু উপভোগ করবার জিনিস। এইসব ঐতিহ্যময় শিল্প দেখে মনে হয় পৃথিবীর প্রাচীন সভ্যতা কত উন্নত ছিল। শত শত বছরের পরিশ্রমের ফলে এইসব নয়নাভিরাম প্রাসাদোপম অট্টালিকা, গির্জা, মন্দিরের কারুকার্য দেখে আমরা মোহিত হয়ে যাই। আজকের আধুনিক সভ্যতার যুগে আমরা দেখতে পাই চারিদিকে গজিয়ে ওঠা গগনচুম্বী অট্টালিকা। ফ্ল্যাট বাড়িতে মানুষের দম বন্ধ হয়ে আসে। শিল্পের এরকম কুরুচি প্রদর্শন আমাদের ভাবনায় না আসাই ভাল বলে মনে করি।

এরপর আমাদের গন্তব্যস্থান ল্যুভ্র মিউজিয়াম। আগে থাকতে টিকিট রাখা ছিল, তাই লম্বা লাইনে দাঁড়াতে হল না।

এই ল্যুভ্র মিউজিয়াম পৃথিবীর সবচেয়ে বৃহদাকায় মিউজিয়ামের মধ্যে অন্যতম। এই মিউজিয়ামে ঢোকার পরই আমরা ইতিহাসের পাতায় ঢুকে গেলাম। প্রথমেই বলতে হয় বিখ্যাত শিল্পী লিওনার্দো দ্য ভিঞ্চির আঁকা মোনালিসার ছবি। এখানকার বিখ্যাত শিল্পের সংকলন তিন লক্ষ পঞ্চাশ হাজারেরও বেশি। লিওনার্দো দ্য ভিঞ্চির কাজের সর্বোৎকৃষ্ট মোনালিসা ছাড়া জ্যানভারমিয়ারের "দ্য লেসমেকার" আরেকটি উৎকৃষ্ট অবদান। বিপুল সংখ্যক ভাস্কর্যের মধ্যে "ভেনাস ডি মিলো" আর এক অতুলনীয় ভাস্কর্যের নিদর্শন।

এখানে প্রাচীন কালের নিদর্শন হিসেবে রাখা আছে মিশর, গ্রীস, রোম ও আরও কয়েকটি দেশের দ্রব্যের নিদর্শন। এই বিশাল শিল্প সংগ্রহশালায় ঢুকে হতবাক হওয়া ছাড়া আর কী বা করা যায়।

এখানে ওখানে প্রচুর ভিড়। আমরা অনেকক্ষণ ধরে এইসব শিল্পকলা দেখে চলেছি। আমরা কেউ শিল্পী নই। তাই এসব যুগান্তকারী সৃষ্টি সম্বন্ধে সম্যক ধারণা হওয়া প্রায় অসম্ভব। অনেকক্ষণ ধরে ঘুরে বেড়ানোর পর মোনালিসার নির্দিষ্ট ঘরে এসে ঢুকলাম। সেখানে তিলধারণের স্থান নেই। সবার মাথার ওপরে ক্যামেরা স্থান পেয়েছে। সবার চেষ্টা এই অমূল্য শিল্পের ছবি তুলে রাখার। আমার সামনে একজন ছয়ফুটের ওপর লম্বা ভদ্রলোক আপ্রাণ চেষ্টা করে চলেছে একটা ছবি তোলার। আমি এই ভদ্রলোকের দিকে তাকিয়ে বললাম, 'তোমার উচ্চতার জন্য ছবি তোলা খুব অসুবিধে হবে না।' ভদ্রলোক আমেরিকান অ্যাকসেন্টে বললেন, 'না না, কী বলছেন এই ভিড়ে ছবি তোলা প্রায় অসম্ভব। সবার পিঠে পিঠ ঠেকে আছে এমন অবস্থা।' সংরক্ষিত জায়গা থেকে মোনালিসা মৃদু মৃদু হেসে চলেছে—সম্ভবত আমাদের দূরবস্থা দেখে। ছবি তুলে আমরাও বেরিয়ে এলাম। যেন হাঁফ ছেড়ে বাঁচা গেল। এই মিউজিয়ামে ঢোকার পর কয়েক মাইল হাঁটা হয়ে গেল। মোনালিসার ঘর থেকে বেরিয়ে দোকান থেকে মোনালিসার ছবিওলা একটা খাতা ও একটি ছবি কিনে ফেললাম। আরও বেশ খানিকটা হেঁটে বাইরে বেরিয়ে এলাম। কিছুক্ষণের মধ্যেই একটা ট্যাক্সি পেয়ে গেলাম হোটেলে ফেরার জন্য। আমাদের গাড়ির চালক স্যুট-টাই পরা ভদ্রলোক। কথাবার্তাও বেশ কায়দা দুরস্থ, আপাতদৃষ্টিতে ভদ্র। প্যারিস নগরী আমাদের পরিচত নয়, তবু কেন জানি না মনে হল অনেকক্ষণ সময় লাগল হোটেলে পৌঁছতে। হোটেলের সামনে ট্যাক্সি থামালে আমরা নেমে পড়লাম। বাইরে থেকে ইউরো দেবার সঙ্গে সঙ্গেই গাড়ি চালিয়ে চলে গেল, আমাদের বাকি ইউরো ফেরত না দিয়ে।

প্যারিসের মতো সভ্য মহানগরীতে ভদ্রলোক চালকের পরিচয় পাওয়া গেল। তবে আমরা যে ক-দিন প্যারিসে ছিলাম বেশ কয়েকবার ট্যাক্সি ভাড়া করেছিলাম। এই লোকটি ছাড়া সবাই নিপাট ভদ্রলোকের মতো ব্যবহার করেছিল। একথা ঠিক একজন দু-জন দুষ্টলোক দিয়ে দেশকে বিচার করা ঠিক নয়। আমাদের হোটেলের আশেপাশে খাবারদাবারের অসংখ্য দোকান

চোখে পড়ে। পরেরদিন রাত্রে লুনার জন্মদিন উপলক্ষে প্যারিসের বিখ্যাত রেস্টুরেন্টদের মধ্যে অন্যতম ল্যাডুরেতে চারজনের জায়গা সংরক্ষিত করে রাখা হয়েছিল অনেক আগেই। সুদেষ্ণা দিদি হিসেবে বন্দোবস্ত করেছিল। আবার দিদির জন্মদিন পালন করার দায়িত্বভার বহন করে ছোট বোন লুনা। আমরা কখনও সখনও কাছাকাছি থাকলে ওদের সঙ্গী হই। যথাসময়ে আমরা হোটেলে গিয়ে পৌঁছলাম। এখানে সব খাবারের রন্ধনপ্রণালী ফ্রান্স দেশের নিয়ম অনুযায়ী করা হয়েছিল।

জন্মদিন উপলক্ষে মোমবাতির ব্যবস্থাও রাখা ছিল।

মোমবাতি আড়াল করে এসে ইংরেজি ভাষায় "হ্যাপি বার্থ ডে টু ইউ" ইত্যাদি ইত্যাদি শুরু করে দিল। গানের শেষে হাততালি। সেইদিন সন্ধ্যাটা ভালই কাটল।

পরেরদিনের জন্য হোটেল থেকে ট্যাক্সির ব্যবস্থা করা হয়েছিল। গন্তব্যস্থান "মারি আঁতোঁয়ানেত"-এর রাজপ্রাসাদ দর্শন।

দু-টোর সময় মহিলা ট্যাক্সি ড্রাইভার এসে হাজির হলে আমরা চারজন ট্যাক্সিতে উঠে পড়লাম। আমি, মমতা ও লুনা পেছনের সিটে, সুদেষ্ণা মহিলা ড্রাইভারের পাশে। ইনি মধ্যবয়স্ক ভদ্রমহিলা। ইংরেজিতে প্যারিস সম্বন্ধে নানা কথা বলতে বলতে গাড়ি চালাতে থাকল। আগের প্রেসিডেন্ট নিকোলাস সারকোজি ও কার্লা ব্রুনি এখন যে বিশাল বড় বাড়িটিতে থাকে আমাদের যাওয়ার পথে সে বাড়িটা দেখতে পেলাম।

ওই মহিলা ড্রাইভার আস্তে আস্তে সুদেষ্ণার সঙ্গে অনেক কথা বলে চলেছিল, বিশেষ করে মারি আঁতোঁয়ানেতের কাহিনী। পেছনের সিটে বসে একটু আধটু শুনতে পাচ্ছিলাম। অবশ্য কিছুক্ষণ পরে ওই ভদ্রমহিলার কথাবার্তায় অমনোযোগী হয়ে রাস্তার দিকে চোখ ফেরালাম। অনেকটা রাস্তা পার হয়ে রানি মারি আঁতোঁয়ানেতের রাজপ্রাসাদ "দ্য প্যালেস অব ভারসেই" (The Palace of Versailles) –এ পৌঁছলাম। এই রাজপ্রসাদটি প্যারিস নগরী থেকে কুড়ি কিলোমিটার দক্ষিণ পশ্চিমে। আমাদের টিকিট আগেই কাটা ছিল। এই মহিলা ড্রাইভার আমাদের এক জায়গায় দাঁড় করিয়ে ভেতরে

চলে গেল। দেখলাম লাইনে প্রচুর লোক দাঁড়িয়ে। আমাদের অবশ্য লাইনে দাঁড়াতে হল না। মিনিট দশেক বাদে এসে আমাদের হাতে টিকিটগুলো দেওয়ার পর আমরা হাতে একটা রেকর্ডার ও ইয়ারফোন দেওয়া হল। এরপর শুরু হল আমাদের ঐতিহাসিক রাজপ্রাসাদ দর্শন ও শ্রবণ। এক একটা ঘরে ঢুকে কানে ইয়ারফোন গুঁজে রেকর্ডারটা চালু করে দিতে থাকলাম। ঘরের নম্বরের সঙ্গে রেকর্ডারের নম্বর মিলিয়ে বোতাম টেপার সঙ্গে সঙ্গে সেই ঘরের ইতিহাস বলা শুরু হল।

একটা বিশাল হল ঘরের চারদিকে আয়না লাগানো। এই হল ঘরটি তৈরি হয়েছিল ১৬৯০ সালে। এছাড়া রাজা ও রানীর শয়নকক্ষ, সুবিশাল বসার ঘর, খাবার ঘর ও আরও অজস্র ঘর। কেই বা মনে রাখে। সব ঘরেই লোকে লোকারণ্য। সত্যি কথা বলতে কী রানির বাগানটা আমাদের সবার খুব ভাল লাগল। এমন সাজানো বাগান দেখলে মোহিত হয়ে যেতে হয়। আমরা অনেকক্ষণ বাগানে হাঁটাহাঁটি করলাম একপ্রান্ত থেকে অন্যপ্রান্ত পর্যন্ত। আমাদের ফিরে যাওয়ার সময় হয়ে গেল। যথাসময়ে হোটেলে ফিরে এলাম। একটা কথা বলতে ভুলে গেছি যে, আমরা যখন রাজপ্রাসাদ যাবার জন্য হোটেল ছাড়লাম তার কিছুক্ষণের মধ্যেই শ্যেন নদীর ওপর একটা স্ট্যাচু দেখিয়ে মহিলা ড্রাইভার আমাদের জানালো এটি "স্ট্যাচু অব লিবার্টি"। সেইসময় আমরা সেইন নদীর ওপর একটা ব্রিজ দিয়ে যাচ্ছিলাম।

বেশ কিছুদিন আগে আমরা যখন নিউ ইয়র্ক গিয়েছিলাম, তখন ম্যানহাটনের নিউইয়র্ক পোতাশ্রয়ের মধ্যস্থানে "স্ট্যাচু অব লিবার্টি" দেখার সুযোগ ঘটেছিল। এই মূর্তিটি একজন ইটালিয়ান ফ্রেঞ্চ ভাস্করের সৃষ্টি।

আমেরিকার এই বিশাল স্ট্যাচুটির সৃষ্টির কথা আগেই লিখেছি। এটি ফরাসিরা আমেরিকাকে উপহার হিসেবে পাঠিয়েছিল। এদিকে প্যারিসের এই ছোট স্ট্যাচুটি ফরাসি দেশে তৈরি হলেও, এটিকে উপহার হিসেবে দিয়েছিল আমেরিকা। ওইদিনই একটা ট্যানেলের ভেতর দিয়ে যাবার সময় মহিলা ড্রাইভার আমাদের মনে করিয়ে দিল ব্রিটিশ রাজকুমারি ডায়নার পথ দুর্ঘটনা ঘটিত শোচনীয় মৃত্যুর কথা। এই ঘটনাটি ঘটে ৩১ শে অগস্ট ১৯৯৭

সালে। আমরা তখন সেই টানেলের মধ্যে ঢুকে পড়েছি। টানেলটিকে দেখে কিছু অস্বাভাবিক বলে মনে হল না।

পরেরদিন সকালে আমরা হাজির হলাম ল্যাডুরে নামক বিখ্যাত “পেষ্ট্রি”-র দোকানে। ওখানে পৌঁছে দেখি বেশ কয়েকজন লোক লাইনে দাঁড়িয়ে আছে। একটা লাইন বাইরের দিকে, আরেকটা প্রধান দরজার বাইরে। আমরা দরজার দিকের লাইনটাতে দাঁড়ালাম। এই লাইনের খদ্দেররা দোকানে বসে খাবার জন্য দাঁড়িয়েছে। অন্য লাইনটা তাদের জন্য যারা কিনে বাড়ি চলে যাবে। বেশ খানিকটা অপেক্ষা করতে হল। সত্যি কথা বলতে কী, যে রকমই ভাল খাবার হোক না কেন আমি লাইনে দাঁড়িয়ে অপেক্ষা করতে পছন্দ করি না। তাছাড়া মিষ্টি আমার প্রিয় খাদ্য নয় ও আমার শরীরের পক্ষে উপযুক্ত নয়। মমতা, সুদেষ্ণা ও লুনাও যে খুব মিষ্টি ভক্ত তাও মনে হয় না তবে ল্যাডুরের মিষ্টি পৃথিবী বিখ্যাত। বেশ কিছুক্ষণ বাদে চেয়ারে বসে পেষ্ট্রি, কেক ও নানা রকমের চায়ের অর্ডার দেওয়া হল। অনেক মিষ্টি কেনাও হল। সবসময় এই দোকানটার ভিড় জমে থাকে। শুনলাম এখান থেকে পেষ্ট্রি চলে যায় আগের প্রেসিডেন্ট সারকোজির বাড়িতে। তখন “ফ্রেঞ্চ ওপেন” টেনিস খেলা চলছিল। খুব একটা নামকরা নয় এমন একজন টেনিস খেলোয়াড় চেয়ারে বসেছিল আরও কয়েকজনের সঙ্গে।

কিছুক্ষণের মধ্যেই আমরা দোকান থেকে বেরিয়ে এলাম। আমাদের প্লেন বিকেলে। ঠিক সময় মতো ট্যাক্সি এসে হোটেলের দরজার সামনে দাঁড়ালো। হোটেলের অভ্যর্থনাকারী হাসিমুখে আমাদের বিদায় জানালো। আরও বলল, ‘তোমাদের ব্যবহার আমাদের মুগ্ধ করেছে। সবসময় আমাদের ভাগ্যে এমন ব্যবহার জোটে না।’ আমরা বললাম, ‘তোমরা আমাদের সবরকম সুখ সুবিধের ওপর নজর রেখেছ এতে আমরা সবাই খুব খুশি হয়েছি।’ ওরা কৃতজ্ঞ চিত্তে আমাদের বিদায় জানালো।

গাড়িতে চড়ার আগে ছোট পুরস্কার হিসেবে কিছু ইউরো সবার হাতে তুলে দিলাম। ওরা বলল এর কোনো দরকার ছিল না। বলল, ‘আমাদের ভুলে যেও না, আবার এসো।’ এদের আন্তরিকতা আমাদের মুগ্ধ

করল। ট্যাক্সি ছেড়ে দিল। এই ট্যাক্সিটার ড্রাইভার একজন ভারতীয়। এই ভদ্রলোক পণ্ডিচেরীর অধিবাসী ছিলেন। ১৯৫৪ সালে পণ্ডিচেরী ফ্রেঞ্চ উপনিবেশ থেকে মুক্ত হয়ে স্বাধীনতালাভ করে। একসময় পণ্ডিচেরী থেকে বহুলোক ফ্রান্সে এসে স্থায়ীভাবে বসবাস করছে। আমরা সময় মতো বিমানবন্দরের দিকে এগিয়ে গেলাম।

উপসংহার

আমাদের চারজনের এই আনন্দ ভ্রমণ শেষ হল। শুধু ভ্রমণই নয়, আমার গল্পও শেষ হল।

এই গল্পের শুরু হয়েছিল চল্লিশ দশকে, কলিয়ারি অঞ্চলে।

১৯৪৭ সালে যখন আমার বয়স ছয় বছর তখন আমার স্কুলজীবন শুরু হয়। দূরত্বের জন্য স্কুলে যাওয়া না গেলেও বাড়িতেই পড়াশোনার ব্যবস্থা ছিল। এই ভাবেই ছয় বছর কেটে গেল। প্রতিদিন স্কুলে গেছি মাত্র চার বছর, অর্থাৎ ১৯৫৭ সাল পর্যন্ত। কলিয়ারি অঞ্চল ছাড়ার পর আসানসোলে দু-বছরের মত অবস্থান। তারপর ডাক্তারি পাশ ও ডাক্তারি করা নিয়ে কলকাতায় চোদ্দো বছর কাটিয়ে দিলাম। এরপর মায়ের মৃত্যুর পর দেশ ছাড়া হলাম। গন্তব্যস্থান জাম্বিয়া, সঙ্গী স্ত্রী মমতা। সেখানে দেড় বছর থাকার পর ইংল্যান্ডে। ইংল্যান্ডে এক হাসপাতাল ছেড়ে আর এক হাসপাতালে কাজ করলাম ছয় বছর। তারপর প্রাইমারি কেয়ারে যোগদান করার আগে এক বছরের ট্রেনিং। ১৯৮১ সালে স্থায়ীভাবে বাস ওয়েলস উপত্যকায়। সেই বছরই স্থায়ী চাকরিতে যোগদান। ২০০৮ সাল পর্যন্ত ডাক্তারি কাজ করার পর অবসরগ্রহণ করলাম। এই অঞ্চলটিও কলিয়ারি অঞ্চল।

পৃথিবীর বিভিন্ন দেশে অনেক মানুষই গতিশীল, আবার অনেক মানুষই আছে যারা যেদেশে যে বাড়িতে জন্মগ্রহণ করল সেই বাড়িতে দীর্ঘকাল বাস করার পর সেখানেই জীবনাবসান হল। আমার সার্জারির পাশেই একটা বাড়িতে আমার একজন রোগী থাকত। বয়স ছিল তার আশি বছর। ওই বাড়িতে জন্ম, কিছুদিন পড়ে ওইখানেই মৃত্যু হল।

আমার ক্ষেত্রে জ্ঞান হওয়া থেকে দেখেছি কলিয়ারিতে তিনটে বাংলো ও সব শেষে একটা ফ্ল্যাটে কিছুদিন থেকে আসানসোলে ইয়ং রোডে একটা ভাড়াবাড়িতে কিছুদিন ছিলাম। এরপর ওই বাড়িটি ছেড়ে আমার জামাইবাবু ডা. আশুতোষ মুখার্জির চেম্বারের পাশে মনোরমা বিল্ডিং-এ এসে উঠলাম। বাবার মৃত্যুর পর কলকাতায় পিকনিক পার্কে প্রথমে সি২ ও পরে

ডি ৩ দু-কামরা বাড়িতে আমাদের স্থান হল। আমি অবশ্য ডাক্তারি পড়তে এসে সুন্দরীমোহন হোস্টেলে এক বছর ছিলাম।

এরপর ডাক্তারি পাশ করে বাঙ্গুর হাসপাতালে ডাক্তারদের আবাসস্থলে কাটিয়েছিলাম ১৯৭৩ সালের ফেব্রুয়ারী মাস পর্যন্ত। মাঝে দিদি-জামাইবাবুর বাড়িতে দেড় দু-মাস কাটিয়েছিলাম একটা স্থানীয় নার্সিংহোমে চাকরী করার সময়।

জাম্বিয়াতে আমার ও মমতার স্থান হল নার্সদের থাকার একটি ঘরের মধ্যে। সেখানকার হাসপাতালের কর্তৃপক্ষের অমানবিকতার জন্য আমাদের, বিশেষ করে মমতাকে, দুঃসহ কষ্টবরণ করতে হয়েছিল। এরপর আমাদের প্রথম কন্যা সুদেষ্ণার জন্মের কিছুদিন পর থেকে প্রথম কয়েকদিনের জন্য দু-টো বাড়িতে থাকার পর এক “বেডরুম” বিশিষ্ট একটা বাড়ি পাওয়া গেল। প্রথমে মমতা দেশে চলে গেল। আমিও কিছুদিন বাদে ইংল্যান্ডে চলে এলাম। এখানে প্রথমে দু-টি হাসপাতালে দু-টি ঘরে কয়েকমাস কাটিয়ে ১৯৭৫ সালে একটি বাড়ি ভাড়া নিলাম। মমতা ও দুই মেয়ে আমার সঙ্গে যোগদান করল। এরপর কেটারিং, ওয়াঁলসল, শ্রুস্‌বেরি।

ওখান থেকে ক্রাইস্টচার্চ, বারি সেন্ট এডমন্ডস ও হার্টস অ্যান্ড এসেকস্ হাসপাতাল। এবার প্রাইমারি হেলথ কেয়ারে যোগদান করার আগে ওয়েলস-এর প্রিন্স চালর্স হাসপাতালে কিছুদিন কাজ করলাম ও স্থায়ী চাকরির জন্য সন্ধান চালাতে থাকলাম। ইতিমধ্যে এগারোটা বাড়িতে থাকা হল।

১৯৮১ সালের অক্টোবর মাসে স্থায়ী চাকরিতে যোগদান করলে একটা সার্জারির ওপরের ফ্ল্যাটে কিছুদিনের জন্য বসবাস করলাম। এই বাড়িটি বারো নম্বর। এরপর ১৯৮২ সালের মার্চ মাসে আমরা একটি বাড়ি কিনলাম মর্টগেজে। এতদিন ভাড়া বাড়িতে থাকার পর। এই বাড়িটি তেরো নম্বর বাড়ি। এই ব্রিটেনেই আমাদের চোদ্দোটা বাড়িতে থাকা হল। এতকথা বলার উদ্দেশ্য যাযাবর বলে নিজেদের প্রতিপন্ন করা।

দেশে এগারোটা-বারোটা বাড়িতে থেকেছি। জাম্বিয়াতে চারটে। তাই সবশুদ্ধ ত্রিশটা ঘর ও বাড়িতে আমার থাকা হল। এই পৃথিবীতে কিছু লোকের প্রথম থেকেই থাকে স্থায়ী ঠিকানা। আমার ও মমতার ক্ষেত্রে সেই ঠিকানা অনেকদিন পর্যন্ত ছিল অস্থায়ী। জীবনের প্রয়োজনে বহুদিন পর্যন্ত এই অস্থায়ী অবস্থাকে আমাকে ও মমতাকে মানিয়ে নিতে হয়েছিল। সত্যি কথা বলতে কী আমাদের জীবনই তো স্থায়ী নয়, অনেকটা পদ্মপরে জলের মত। এই আছি এই নেই। বেশিরভাগ মানুষকেই সারাজীবন ধরে লড়াই চালিয়ে যেতে হয় বেঁচে থাকা জন্য। আমি ও মমতা বহুদিন ধরে সাধ্যমতো লড়াই চালিয়ে গেলাম নিজেদের অস্তিত্ব ধরে রাখার জন্য।

২০০৮ সালে অবসর গ্রহণের পর কিছুদিন বাদে আমার খেয়াল হল আমাদের অর্থাৎ অতি সাধারণ দু-টি মানুষের জীবনের নানা ঘটনা লিপিবদ্ধ করে রাখতে। এই স্মারক বিবরণ শুধু সাধারণ দু-টি মানুষের কথা বলা নয়, এই দু-টি মানুষকে ঘিরে চল্লিশ দশক ধরে চলার পথে যা যা ঘটেছে বা যারা তাদের কাছে এসেছে তাদের সম্বন্ধে কিছু বলা কিন্তু আমাদের ও আমাদের মতো সাধারণ মানুষের কথা কেই বা জানে, কেই বা মনে রাখে।

প্রত্যেকটি মানুষই সেই ছোটবেলা থেকে নানা সফলতা অসফলতার মধ্যেই বড় হতে থাকে। জীবনকে এগিয়ে নিয়ে যেতে না পারলে কেউ কেউ হতাশায় ভুগে জীবনের পরিণতি টানে। আবার অনেকে নানা বাধা বিপত্তির মধ্য দিয়ে যেতে যেতে জীবনতরীকে পাড়ে এনে ভেড়াতে সক্ষম হয়। হারজিতের এই খেলাই তো মানুষের জীবন। বেশিরভাগ ক্ষেত্রে মানুষ চায় চায় তা পায় না। সে ক্ষেত্রে না পাওয়ার যন্ত্রণায় নিজেকে ধ্বংস না করে সামনের দিকে এগিয়ে চলার নামই তো জীবন।

তাই আমি ও মমতা নানা বাধাবিপত্তির মধ্য দিয়ে আমাদের জীবনকে সামনের দিকে ঠেলে নিয়ে যাওয়ার কাহিনী বিবৃত করলাম। এইসঙ্গে জড়িয়ে রইল আমার দেখা বহু দেশ ও অসংখ্য মানুষের জীবন

কাহিনী। এই সবকটি জীবনই প্রতিদিনের দেখা সাধারণ মানুষের জীবনের কাহিনী, পৃথিবীর যে কোনো প্রান্তে।

আমার ও মমতার জীবনের ও এদের জীবনের কাহিনী দিয়েই আমার গল্পের শুরু ও শেষ।

যেটুকু বাকি রইল

GONDOLA

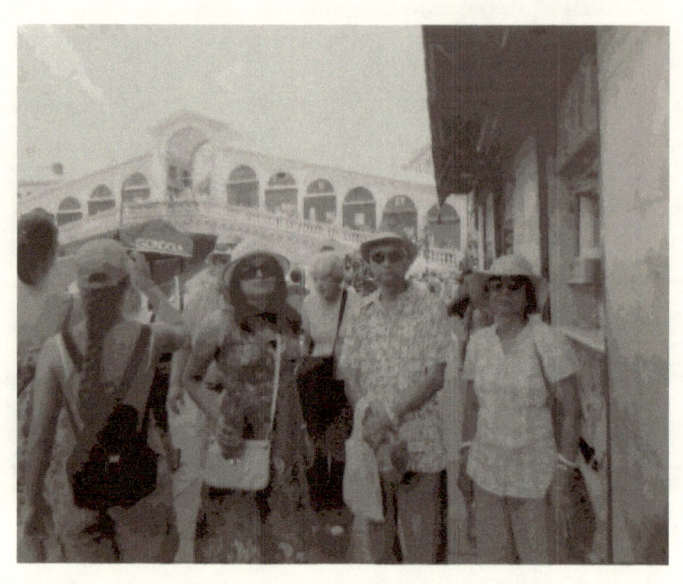

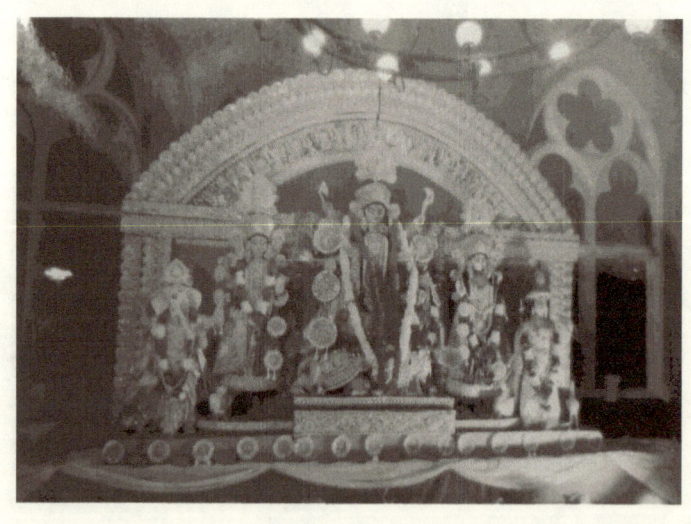

LUNA
OTEL BAGLIONI

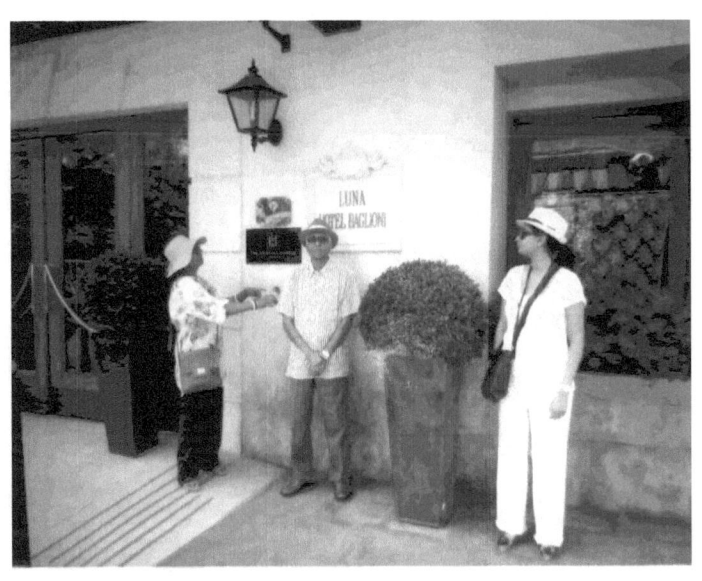

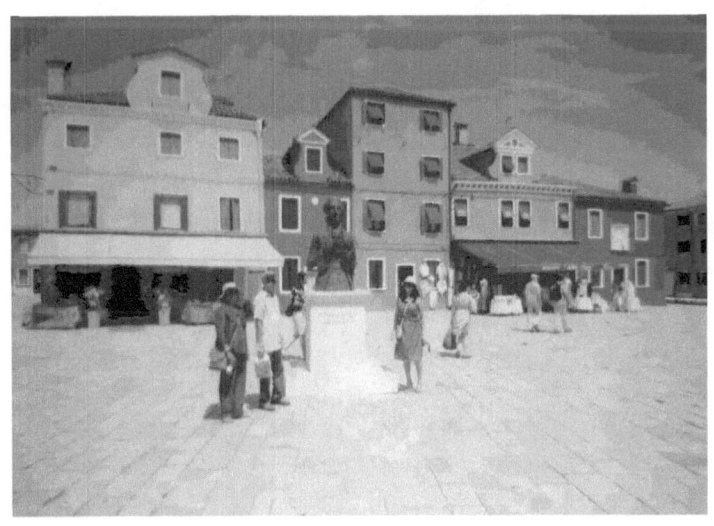

SERVIZIO
GONDOLE

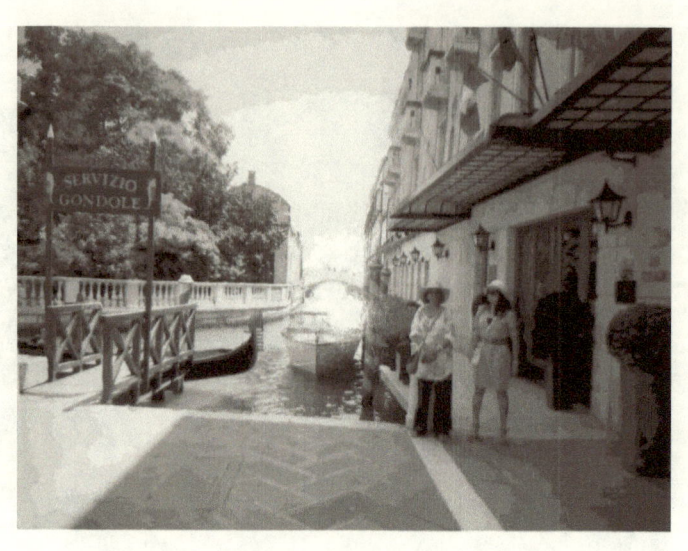

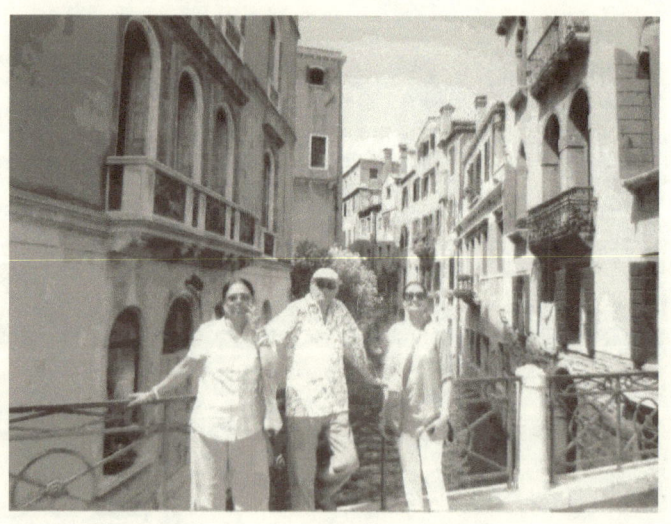

5

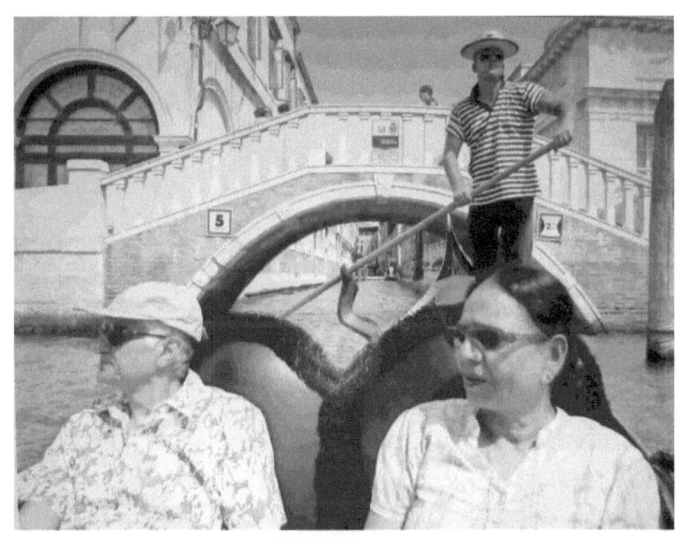